AF277062

Ley General de la Seguridad Social

Lefebvre

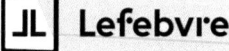

Decimocuarta Edición: Julio de 2025

ISBN: 979-13-87732-14-1
Depósito legal: M-14778-2025
PVP: 10,19 € (IVA incluido)
Imprime: Printing'94

© Lefebvre-El Derecho, S.A.
CIF: A79216651
Monasterios de Suso y Yuso, 34.28049 Madrid. Tfno.: 91 210 80 00
clientes@lefebvre.es
www.efl.es

Accede gratis a este Código Básico en nuestras aplicaciones móviles

1. Apunta y escanea

Abre la cámara de tu smartphone y apúntala al código QR que encontrarás en esta página.

2. Descarga nuestra app (si aún no la tienes)

- Si es la primera vez que escaneas nuestro QR, te llevaremos directamente a la tienda de aplicaciones de tu dispositivo (Google Play o App Store).
- Descarga nuestra app gratuita Códigos Lefebvre con un solo clic.
- Una vez instalada, ábrela y tendrás acceso inmediato al contenido actualizado del Código que acabas de escanear.

3. Para usuarios que ya tienen la app

- Si ya tienes nuestra app instalada pero nunca la has usado, simplemente escanea el código QR desde la pantalla de inicio de sesión.
- ¿Ya has utilizado nuestra app antes? Abre el menú lateral y selecciona "Escanear código QR" para acceder al nuevo Código

Este acceso estará disponible hasta el 1 de septiembre de 2026, fecha en que se publicarán las nuevas ediciones en formato papel.

Todos los ejemplares se entregarán retractilados. No se admitirá ninguna devolución de Códigos sin esta protección.

ÍNDICE

RELACIÓN DE REFORMAS A LA PRESENTE LEY

Real Decreto 746/2016, de 30 de diciembre, sobre revalorización y complementos de pensiones de Clases Pasivas y sobre revalorización de las pensiones del sistema de la Seguridad Social y de otras prestaciones sociales públicas para el ejercicio 2017.

Ley 3/2017, de 27 de junio, de Presupuestos Generales del Estado para el año 2017.

Ley 6/2017, de 24 de octubre, de Reformas Urgentes del Trabajo Autónomo.

Real Decreto 1079/2017, de 29 de diciembre, sobre revalorización de pensiones de Clases Pasivas, de las pensiones del sistema de la Seguridad Social y de otras prestaciones sociales públicas para el ejercicio 2018.

Ley 6/2018, de 3 de julio, de Presupuestos Generales del Estado para el año 2018.

Real Decreto-ley 20/2018, de 7 de diciembre, de medidas urgentes para el impulso de la competitividad económica en el sector de la industria y el comercio en España.

Real Decreto-ley 26/2018, de 28 de diciembre, por el que se aprueban medidas de urgencia sobre la creación artística y la cinematografía.

Real Decreto-ley 28/2018, de 28 de diciembre, para la revalorización de las pensiones públicas y otras medidas urgentes en materia social, laboral y de empleo.

Ley 3/2019, de 1 de marzo, de mejora de la situación de orfandad de las hijas e hijos de víctimas de violencia de género y otras formas de violencia contra la mujer.

Real Decreto-ley 6/2019, de 1 de marzo, de medidas urgentes para garantía de la igualdad de trato y de oportunidades entre mujeres y hombres en el empleo y la ocupación.

Real Decreto-ley 8/2019, de 8 de marzo, de medidas urgentes de protección social y de lucha contra la precariedad laboral en la jornada de trabajo.

Real Decreto-ley 18/2019, de 27 de diciembre, por el que se adoptan determinadas medidas en materia tributaria, catastral y de seguridad social.

Real Decreto-ley 15/2020, de 21 de abril, de medidas urgentes complementarias para apoyar la economía y el empleo.

Real Decreto-ley 17/2020, de 5 de mayo, por el que se aprueban medidas de apoyo al sector cultural y de carácter tributario para hacer frente al impacto económico y social del COVID-2019.

Real Decreto-ley 19/2020, de 26 de mayo, por el que se adoptan medidas complementarias en materia agraria, científica, económica, de empleo y Seguridad Social y tributarias para paliar los efectos del COVID-19.

Real Decreto-ley 20/2020, de 29 de mayo, por el que se establece el ingreso mínimo vital.

Real Decreto-ley 30/2020, de 29 de septiembre, de medidas sociales en defensa del empleo.

Real Decreto-ley 35/2020, de 22 de diciembre, de medidas urgentes de apoyo al sector turístico, la hostelería y el comercio y en materia tributaria.

Ley 11/2020, de 30 de diciembre, de Presupuestos Generales del Estado para el año 2021.

Real Decreto-ley 2/2021, de 26 de enero, de refuerzo y consolidación de medidas sociales en defensa del empleo.

Real Decreto-ley 3/2021, de 2 de febrero, por el que se adoptan medidas para la reducción de la brecha de género y otras materias en los ámbitos de la Seguridad Social y económico.

Sentencia 155/2021 del Tribunal Constitucional, Sala 1ª, de 13 de Septiembre de 2021

Real Decreto-ley 21/2021, de 26 de octubre, por el que se prorrogan las medidas de protección social para hacer frente a situaciones de vulnerabilidad social y económica.

Ley 18/2021, de 20 de diciembre, por la que se modifica el texto refundido de la Ley sobre Tráfico, Circulación de Vehículos a Motor y Seguridad Vial, aprobado por el Real Decreto Legislativo 6/2015, de 30 de octubre, en materia del permiso y licencia de conducción por puntos.

Ley 19/2021, de 20 de diciembre, por la que se establece el ingreso mínimo vital.

Real Decreto-ley 29/2021, de 21 de diciembre, por el que se adoptan medidas urgentes en el ámbito energético para el fomento de la movilidad eléctrica, el autoconsumo y el despliegue de energías renovables.

Ley 21/2021, de 28 de diciembre, de garantía del poder adquisitivo de las pensiones y de otras medidas de refuerzo de la sostenibilidad financiera y social del sistema público de pensiones.

Ley 22/2021, de 28 de diciembre, de Presupuestos Generales del Estado para el año 2022.

Real Decreto-ley 32/2021, de 28 de diciembre, de medidas urgentes para la reforma laboral, la garantía de la estabilidad en el empleo y la transformación del mercado de trabajo.

Real Decreto-ley 2/2022, de 22 de febrero, por el que se adoptan medidas urgentes para la protección de los trabajadores autónomos, para la transición hacia los mecanismos estructurales de defensa del empleo, y para la recuperación económica y social de la isla de La Palma, y se prorrogan determinadas medidas para hacer frente a situaciones de vulnerabilidad social y económica.

Real Decreto-ley 3/2022, de 1 de marzo, de medidas para la mejora de la sostenibilidad del transporte de mercancías por carretera y del funcionamiento de la cadena logística, y por el que se transpone la Directiva (UE) 2020/1057, de 15 de julio de 2020, por la que se fijan normas específicas con respecto a la Directiva 96/71/CE y la Directiva 2014/67/UE para el desplazamiento de los conductores en el sector del transporte por carretera, y de medidas excepcionales en materia de revisión de precios en los contratos públicos de obras.

Ley Orgánica 2/2022, de 21 de marzo, de mejora de la protección de las personas huérfanas víctimas de la violencia de género.

Real Decreto-ley 5/2022, de 22 de marzo, por el que se adapta el régimen de la relación laboral de carácter especial de las personas dedicadas a las actividades artísticas, así como a las actividades técnicas y auxiliares necesarias para su desarrollo, y se mejoran las condiciones laborales del sector.

Ley 12/2022, de 30 de junio, de regulación para el impulso de los planes de pensiones de empleo, por la que se modifica el texto refundido de la Ley de Regulación de los Planes y Fondos de Pensiones, aprobado por Real Decreto Legislativo 1/2002, de 29 de noviembre.

Real Decreto-ley 13/2022, de 26 de julio, por el que se establece un nuevo sistema de cotización para los trabajadores por cuenta propia o autónomos y se mejora la protección por cese de actividad.

Ley 16/2022, de 5 de septiembre, de reforma del texto refundido de la Ley Concursal, aprobado por el Real Decreto Legislativo 1/2020, de 5 de mayo, para la transposición de la Directiva (UE) 2019/1023 del Parlamento Europeo y del Consejo, de 20 de junio de 2019, sobre marcos de reestructuración preventiva, exoneración de deudas e inhabilitaciones, y sobre medidas para aumentar la eficiencia de los procedimientos de reestructuración, insolvencia y exoneración de deudas, y por la que se modifica la Directiva (UE) 2017/1132 del Parlamento Europeo y del Consejo, sobre determinados aspectos del Derecho de sociedades (Directiva sobre reestructuración e insolvencia).

Ley Orgánica 10/2022, de 6 de septiembre, de garantía integral de la libertad sexual.

Real Decreto-ley 16/2022, de 6 de septiembre, para la mejora de las condiciones de trabajo y de Seguridad Social de las personas trabajadoras al servicio del hogar.

Ley 24/2022, de 25 de noviembre, para el reconocimiento efectivo del tiempo de prestación del servicio social de la mujer en el acceso a la pensión de jubilación parcial.

Ley 30/2022, de 23 de diciembre, por la que se regulan el sistema de gestión de la Política Agrícola Común y otras materias conexas.

Ley 31/2022, de 23 de diciembre, de Presupuestos Generales del Estado para el año 2023.

Real Decreto-Ley 20/2022, de 27 de diciembre, de medidas de respuesta a las consecuencias económicas y sociales de la Guerra de

Ucrania y de apoyo a la reconstrucción de la isla de La Palma y a otras situaciones de vulnerabilidad.

Real Decreto-ley 1/2023, de 10 de enero, de medidas urgentes en materia de incentivos a la contratación laboral y mejora de la protección social de las personas artistas.

Ley 3/2023, de 28 de febrero, de Empleo.

Ley Orgánica 1/2023, de 28 de febrero, por la que se modifica la Ley Orgánica 2/2010, de 3 de marzo, de salud sexual y reproductiva y de la interrupción voluntaria del embarazo.

Real Decreto-ley 2/2023, de 16 de marzo, de medidas urgentes para la ampliación de derechos de los pensionistas, la reducción de la brecha de género y el establecimiento de un nuevo marco de sostenibilidad del sistema público de pensiones.

Real Decreto-ley 5/2023, de 28 de junio, por el que se adoptan y prorrogan determinadas medidas de respuesta a las consecuencias económicas y sociales de la Guerra de Ucrania, de apoyo a la reconstrucción de la isla de La Palma y a otras situaciones de vulnerabilidad; de transposición de Directivas de la Unión Europea en materia de modificaciones estructurales de sociedades mercantiles y conciliación de la vida familiar y la vida profesional de los progenitores y los cuidadores; y de ejecución y cumplimiento del Derecho de la Unión Europea.

Real Decreto-ley 7/2023, de 19 de diciembre, por el que se adoptan medidas urgentes, para completar la transposición de la Directiva (UE) 2019/1158, del Parlamento Europeo y del Consejo, de 20 de junio de 2019, relativa a la conciliación de la vida familiar y la vida profesional de los progenitores y los cuidadores, y por la que se deroga la Directiva 2010/18/UE del Consejo, y para la simplificación y mejora del nivel asistencial de la protección por desempleo.

Real Decreto-ley 8/2023, de 27 de diciembre, por el que se adoptan medidas para afrontar las consecuencias económicas y sociales derivadas de los conflictos en Ucrania y Oriente Próximo, así como para paliar los efectos de la sequía.

Resolución de 10 de enero de 2024, del Congreso de los Diputados, por la que se ordena la publicación del Acuerdo de derogación del Real Decreto-ley 7/2023, de 19 de diciembre, por el que se adoptan medidas urgentes, para completar la transposición de la Directiva (UE) 2019/1158, del Parlamento Europeo y del Consejo, de 20 de junio de 2019, relativa a la conciliación de la vida familiar y la vida profesional de los progenitores y los cuidadores, y por la que se deroga la Directiva 2010/18/UE del Consejo, y para la simplificación y mejora del nivel asistencial de la protección por desempleo.

Real Decreto-ley 2/2024, de 21 de mayo, por el que se adoptan medidas urgentes para la simplificación y mejora del nivel asistencial de la protección por desempleo, y para completar la transposición de la Directiva (UE) 2019/1158 del Parlamento Europeo y del Consejo, de 20 de junio de 2019, relativa a la conciliación de la vida familiar y la vida profesional de los progenitores y los cuidadores, y por la que se deroga la Directiva 2010/18/UE del Consejo.

Ley 3/2024, de 30 de octubre, para mejorar la calidad de vida de personas con Esclerosis Lateral Amiotrófica y otras enfermedades o procesos de alta complejidad y curso irreversible.

Sentencia 140/2024 del Tribunal Constitucional, Pleno, de 6 de Noviembre de 2024

Ley 6/2024, de 20 de diciembre, para la mejora de la protección de las personas donantes en vivo de órganos o tejidos para su posterior trasplante.

Ley 7/2024, de 20 de diciembre, por la que se establecen un Impuesto Complementario para garantizar un nivel mínimo global de imposición para los grupos multinacionales y los grupos nacionales de gran magnitud, un Impuesto sobre el margen de intereses y comisiones de determinadas entidades financieras y un Impuesto sobre los líquidos para cigarrillos electrónicos y otros productos relacionados con el tabaco, y se modifican otras normas tributarias.

Real Decreto Ley 11/2024, de 23 de diciembre, para la mejora de la compatibilidad de la pensión de jubilación con el trabajo.

Real Decreto-ley 9/2024, de 23 de diciembre, por el que se adoptan medidas urgentes en materia económica, tributaria, de transporte, y de Seguridad Social, y se prorrogan determinadas medidas para hacer frente a situaciones de vulnerabilidad social.

Resolución de 22 de enero de 2025, del Congreso de los Diputados, por la que se ordena la publicación del Acuerdo de derogación del

Real Decreto-ley 9/2024, de 23 de diciembre, por el que se adoptan medidas urgentes en materia económica, tributaria, de transporte, y de Seguridad Social, y se prorrogan determinadas medidas para hacer frente a situaciones de vulnerabilidad social.

Real Decreto-ley 1/2025, de 28 de enero, por el que se aprueban medidas urgentes en materia económica, de transporte, de Seguridad Social, y para hacer frente a situaciones de vulnerabilidad.

Ley 2/2025, de 29 de abril, por la que se modifican el texto refundido de la Ley del Estatuto de los Trabajadores, aprobado por el Real Decreto Legislativo 2/2015, de 23 de octubre, en materia de extinción del contrato de trabajo por incapacidad permanente de las personas trabajadoras, y el texto refundido de la Ley General de la Seguridad Social, aprobado por el Real Decreto Legislativo 8/2015, de 30 de octubre, en materia de incapacidad permanente.

Real Decreto-ley 9/2025, de 29 de julio, por el que se amplía el permiso de nacimiento y cuidado, mediante la modificación del texto refundido de la Ley del Estatuto de los Trabajadores, aprobado por el Real Decreto Legislativo 2/2015, de 23 de octubre, el texto refundido de la Ley del Estatuto Básico del Empleado Público, aprobado por el Real Decreto Legislativo 5/2015, de 30 de octubre, y el texto refundido de la Ley General de la Seguridad Social, aprobado por el Real Decreto Legislativo 8/2015, de 30 de octubre, para completar la transposición de la Directiva (UE) 2019/1158 del Parlamento Europeo y del Consejo, de 20 de junio de 2019, relativa a la conciliación de la vida familiar y la vida profesional de los progenitores y los cuidadores, y por la que se deroga la Directiva 2010/18/UE del Consejo.

INDICE DE PRECEPTOS AFECTADOS POR LAS REFORMAS

Real Decreto Legislativo 8/2015, de 30 de octubre, por el que se aprueba el texto refundido de la Ley General de la Seguridad Social.

Última reforma de la presente disposición realizada por RDL 9/2025, de 29 de julio , por el que se amplía el permiso de nacimiento y cuidado

El artículo uno.c) de la Ley 20/2014, de 29 de octubre, por la que se delega en el Gobierno la potestad de dictar diversos textos refundidos, en virtud de lo establecido en el artículo 82 y siguientes de la Constitución Española, autorizó al Gobierno para aprobar un texto refundido en el que se integrasen, debidamente regularizadas, aclaradas y armonizadas, el texto refundido de la Ley General de la Seguridad Social, aprobado por el Real Decreto Legislativo 1/1994, de 20 de junio, y todas las disposiciones legales relacionadas que se enumeran en ese apartado, así como las normas con rango de ley que las hubieren modificado. El plazo para la realización de dicho texto se fijó en doce meses a partir de la entrada en vigor de la citada Ley 20/2014, de 29 de octubre, que tuvo lugar el 31 de octubre de 2014.

Este real decreto legislativo ha sido sometido a consulta de las organizaciones sindicales y empresariales más representativas. Además, ha sido informado por el Consejo Económico y Social.

En su virtud, a propuesta de la Ministra de Empleo y Seguridad Social, de acuerdo con el Consejo de Estado y previa deliberación del Consejo de Ministros en su reunión del día 30 de octubre de 2015,

DISPONGO:

Único. *Aprobación del texto refundido de la Ley General de la Seguridad Social.* Se aprueba el texto refundido de la Ley General de la Seguridad Social que se inserta a continuación.

DISPOSICIÓN ADICIONAL

Disposición adicional única. *Remisiones normativas.* Las referencias efectuadas en otras normas a las disposiciones que han sido integradas en el texto refundido que se aprueba, se entenderán realizadas a los preceptos correspondientes del texto refundido.

DISPOSICIÓN DEROGATORIA

Disposición derogatoria única. *Derogación normativa.* Quedan derogadas cuantas disposiciones de igual o inferior rango se opongan a lo dispuesto en el texto refundido de la Ley General de la Seguridad Social, y en particular, las siguientes:

1. El texto refundido de la Ley General de la Seguridad Social, aprobado por el Real Decreto Legislativo 1/1994, de 20 de junio.

2. Los artículos 30 y 31 de la Ley 42/1994, de 30 de diciembre, de Medidas Fiscales, Administrativas y del Orden Social.

3. La disposición adicional decimoquinta de la Ley 30/1995, de 8 de noviembre, de ordenación y supervisión de los Seguros Privados.

4. Los artículos 69 y 77 de la Ley 13/1996, de 30 de diciembre, de Medidas Fiscales, Administrativas y del Orden Social.

5. La disposición adicional decimoquinta de la Ley 66/1997, de 30 de diciembre, de Medidas Fiscales, Administrativas y del Orden Social.

6. La Ley 47/1998, de 23 de diciembre, por la que se dictan reglas para el reconocimiento de la jubilación anticipada del Sistema de la Seguridad Social, en determinados casos especiales.

7. Los artículos 29 y 30 de la Ley 50/1998, de 30 de diciembre, de Medidas Fiscales, Administrativas y del Orden Social.

8. El artículo 26 de la Ley 55/1999, de 29 de diciembre, de Medidas Fiscales, Administrativas y del Orden Social.

9. La disposición adicional sexta de la Ley 12/2001, de 9 de julio, de Medidas urgentes de Reforma del Mercado de Trabajo para el Incremento del Empleo y la Mejora de su Calidad.

10. El artículo 4, la disposición adicional segunda y la disposición transitoria segunda de la Ley 45/2002, de 12 de diciembre, de medidas urgentes para la reforma del sistema de protección por desempleo y mejora de la ocupabilidad.

11. La Ley 28/2003, de 29 de septiembre, reguladora del Fondo de Reserva de la Seguridad Social.

12. La disposición adicional quincuagésima octava de la Ley 30/2005, de 29 de diciembre, de Presupuestos Generales del Estado para el año 2006.

13. La disposición adicional cuarta de la Ley 8/2006, de 24 de abril, de Tropa y Marinería.

14. El artículo 2 de la Ley 37/2006, de 7 de diciembre, relativa a la inclusión en el Régimen General de la Seguridad Social y a la extensión de la protección por desempleo a determinados cargos públicos y sindicales.

15. La Ley 18/2007, de 4 de julio, por la que se procede a la integración de los trabajadores por cuenta propia del Régimen Especial Agrario de la Seguridad Social en el Régimen Especial de la Seguridad Social de los Trabajadores por Cuenta Propia o Autónomos, salvo la disposición transitoria primera.

16. Las disposiciones adicionales quinta, novena, decimocuarta y vigésimo séptima de la Ley 40/2007, de 4 de diciembre, de medidas en materia de Seguridad Social.

17. La disposición adicional decimoquinta de la Ley 27/2009, de 30 de diciembre, de Medidas Urgentes para el Mantenimiento y el Fomento del Empleo y la Protección de las Personas Desempleadas.

18. La Ley 32/2010, de 5 de agosto, por la que se establece un sistema específico de protección por cese de actividad de los trabajadores autónomos, salvo las disposiciones adicionales décima y undécima.

19. La disposición adicional tercera de la Ley 35/2010, de 17 de septiembre, de medidas urgentes para la reforma del mercado de trabajo.

20. El artículo 20 del Real Decreto-ley 13/2010, de 3 de diciembre, de actuaciones en el ámbito fiscal, laboral y liberalizadoras para fomentar la inversión y la creación de empleo.

21. El artículo 5 del Real Decreto-ley 5/2011, de 29 de abril, de medidas para la regularización y control del empleo sumergido y fomento de la rehabilitación de viviendas.

22. Las disposiciones adicionales decimoquinta, trigésima tercera, trigésima novena, cuadragésima primera, cuadragésima sexta y quincuagésima segunda y el apartado 2 de la disposición final duodécima de la Ley 27/2011, de 1 de agosto, sobre actualización, adecuación y modernización del sistema de Seguridad Social.

23. La Ley 28/2011, de 22 de septiembre, por la que se procede a la integración del Régimen Especial Agrario de la Seguridad Social en el Régimen General de la Seguridad Social, salvo la disposición adicional séptima y la disposición final cuarta.

24. La disposición adicional octava del Real Decreto-ley 20/2012, de 13 de julio, de Medidas para Garantizar la Estabilidad Presupuestaria y de Fomento de la Competitividad.

25. La disposición adicional segunda del Real Decreto-ley 29/2012, de 28 de diciembre, de mejora de gestión y protección social en el Sistema Especial de Empleados de Hogar y otras medidas de carácter económico y social.

26. El capítulo I y la disposición adicional primera del Real Decreto-ley 5/2013, de 15 de marzo, de medidas para favorecer la continuidad de la vida laboral de los trabajadores de mayor edad y promover el envejecimiento activo.

27. La disposición adicional segunda del Real Decreto-ley 16/2013, de 20 de diciembre, de medidas para favorecer la contratación estable y mejorar la empleabilidad de los trabajadores.

28. El capítulo I, las disposiciones adicionales primera, segunda, tercera y cuarta y la disposición final quinta de la Ley 23/2013, de 23 de diciembre, reguladora del factor de sostenibilidad y del índice de revalorización del sistema de pensiones de la Seguridad Social.

DISPOSICIÓN FINAL

Disposición final única. *Entrada en vigor.* [1] El presente real decreto legislativo y el texto refundido que aprueba entrarán en vigor el 2 de enero de 2016.

Sin perjuicio de lo anterior, el complemento por maternidad por aportación demográfica a la Seguridad Social regulado en el artículo 60 del texto refundido será de aplicación, cuando concurran las circunstancias previstas en el mismo, a las pensiones contributivas que se causen a partir de 1 de enero de 2016.

La aplicación del factor de sostenibilidad regulado en el artículo 211 del Texto Refundido se llevará a cabo una vez que, en el seno de la Comisión de Seguimiento y Evaluación de los Acuerdos del Pacto de Toledo, se alcance un acuerdo acerca de la aplicación de las medidas necesarias para garantizar la sostenibilidad del sistema. No obstante

---

[1] Dada nueva redacción por disposición final 38 apartado 5 de Ley 6/2018 de 3 de julio de 2018, con vigencia desde 05/07/2018

y en todo caso, su entrada en vigor se producirá en una fecha no posterior al 1 de enero de 2023.

TEXTO REFUNDIDO DE LA LEY GENERAL DE LA SEGURIDAD SOCIAL

TÍTULO I
Normas generales del sistema de la Seguridad Social

CAPÍTULO I
Normas preliminares

1. *Derecho de los españoles a la Seguridad Social.* El derecho de los españoles a la Seguridad Social, establecido en el artículo 41 de la Constitución, se ajustará a lo dispuesto en la presente ley. [2]

2. *Principios y fines de la Seguridad Social.* 1. El sistema de la Seguridad Social, configurado por la acción protectora en sus modalidades contributiva y no contributiva, se fundamenta en los principios de universalidad, unidad, solidaridad e igualdad.

2. El Estado, por medio de la Seguridad Social, garantiza a las personas comprendidas en el campo de aplicación de esta, por cumplir los requisitos exigidos en las modalidades contributiva o no contributiva, así como a los familiares o asimilados que tuvieran a su cargo, la protección adecuada frente a las contingencias y en las situaciones que se contemplan en esta ley.

---

[2] Téngase en cuenta que el art. 1.2 RDLeg. 6/2004, de 29 octubre, por el que se aprueba el texto refundido de la Ley de ordenación y supervisión de los seguros privados, excluye de su ámbito de aplicación el régimen general y los regímenes especiales que integran el sistema de Seguridad Social obligatoria

3. *Irrenunciabilidad de los derechos de la Seguridad Social.* Será nulo todo pacto, individual o colectivo, por el cual el trabajador renuncie a los derechos que le confiere la presente ley. [3]

4. *Delimitación de funciones.* 1. Corresponde al Estado la ordenación, jurisdicción e inspección de la Seguridad Social. [4]

2. Los trabajadores y empresarios colaborarán en la gestión de la Seguridad Social en los términos previstos en la presente ley, sin perjuicio de otras formas de participación de los interesados establecidas por las leyes, de acuerdo con el artículo 129.1 de la Constitución.

3. En ningún caso, la ordenación de la Seguridad Social podrá servir de fundamento a operaciones de lucro mercantil.

5. *Competencias del Ministerio de Empleo y Seguridad Social y de otros departamentos ministeriales.* 1. Las funciones no jurisdiccionales del Estado en materia de Seguridad Social que no sean propias del Gobierno se ejercerán por el Ministerio de Empleo y Seguridad Social, sin perjuicio de las que puedan corresponder, en el ámbito específico de sus respectivas áreas, a otros departamentos ministeriales. [5]

2. Dentro de las competencias del Estado, corresponden al Ministerio de Empleo y Seguridad Social, en relación con las materias reguladas en la presente ley, las siguientes facultades:

a) Proponer al Gobierno los reglamentos generales para su aplicación.

b) El ejercicio de la potestad reglamentaria no comprendida en la letra a).

c) El desarrollo de las funciones económico-financieras de la Seguridad Social, a excepción de las encomendadas en la Ley 47/2003, de 26 de noviembre, General Presupuestaria, y disposiciones concordantes al Ministerio de Hacienda y Administraciones Públicas o, en su caso, a otros órganos a los que dicha ley otorgue competencias específicas en la materia, y de dirección y tutela de las entidades gestoras y

---

[3] Véanse arts. 3.5 ET y 246 LRJS

[4] Véase art. 149.1.17 CE

[5] Téngase en cuenta que los RD 432/2008, de 12 abril, y RD 438/2008, de 14 abril, por los que se reestructuran los departamentos ministeriales, reconocen estas competencias al Ministerio de Trabajo e Inmigración

servicios comunes de la Seguridad Social, así como de las entidades que colaboren en la gestión de la misma, pudiendo suspender o modificar los poderes y facultades de los mismos en los casos y con las formalidades y requisitos que se determinen reglamentariamente.

d) La inspección de la Seguridad Social a través de la Inspección de Trabajo y Seguridad Social. [6]

e) Establecer los supuestos y condiciones en que los sujetos responsables en el ámbito de la Seguridad Social quedan obligados a recibir las notificaciones por medios electrónicos de acuerdo con lo previsto en el artículo 27.6 de la Ley 11/2007, de 22 de junio, de acceso electrónico de los ciudadanos a los Servicios Públicos. [7]

3. Por el Ministerio de Empleo y Seguridad Social se organizarán en forma adecuada los servicios e instituciones que hayan de llevar a cabo los oportunos estudios jurídicos, sociológicos, económicos y estadísticos de la Seguridad Social, así como los de simplificación y racionalización de las operaciones y trámites administrativos que exijan su desarrollo y aplicación. [8]

4. El ejercicio de las competencias atribuidas al Ministerio de Empleo y Seguridad Social en relación con la Seguridad Social corresponderá a los órganos y servicios determinados en esta ley, en sus disposiciones de aplicación y desarrollo o en las orgánicas del Ministerio.

6. *Coordinación de funciones afines.* Corresponde al Gobierno dictar las disposiciones necesarias para coordinar la acción de los organismos, servicios y entidades gestoras del sistema de la Seguridad Social con la de los que cumplen funciones afines de previsión social, sanidad, educación y asistencia social. [9]

---

[6] Véase la Ley 23/2015, de 21 de julio, Ordenadora del Sistema de Inspección de Trabajo y Seguridad Social

[7] Véase O ISM/903/2020 de 24 septiembre, por la que se regulan las notificaciones y comunicaciones electrónicas en el ámbito de la Administración de la Seguridad Social

[8] Véase O TAS/3988/2004, de 25 noviembre, por la que se crean los órganos administrativos para el fomento de la investigación de la protección social y se determina su composición y funcionamiento

[9] Téngase en cuenta los RD 432/2008, de 12 abril, y RD 438/2008, de 14 abril, por los que se reestructuran los departamentos ministeriales

CAPÍTULO II
Campo de aplicación y estructura del sistema de la Seguridad Social

Sección 1ª
Disposiciones generales

7. *Extensión del campo de aplicación.* 1. Estarán comprendidos en el sistema de la Seguridad Social, a efectos de las prestaciones contributivas, cualquiera que sea su sexo, estado civil y profesión, los españoles que residan en España y los extranjeros que residan o se encuentren legalmente en España, siempre que, en ambos supuestos, ejerzan su actividad en territorio nacional y estén incluidos en alguno de los apartados siguientes [10]:

a) Trabajadores por cuenta ajena que presten sus servicios en las condiciones establecidas por el artículo 1.1 del texto refundido de la Ley del Estatuto de los Trabajadores, en las distintas ramas de la actividad económica o asimilados a ellos, bien sean eventuales, de temporada o fijos, aun de trabajo discontinuo, e incluidos los trabajadores a distancia, y con independencia, en todos los casos, del grupo profesional del trabajador, de la forma y cuantía de la remuneración que perciba y de la naturaleza común o especial de su relación laboral. [11]

b) Trabajadores por cuenta propia o autónomos, sean o no titulares de empresas individuales o familiares, mayores de dieciocho años, que reúnan los requisitos que de modo expreso se determinen en esta ley y en su normativa de desarrollo [12].

---

[10] Véanse la disp. adic. 4.ª Ley 39/2006, de 14 diciembre, de Promoción de la Autonomía Personal y Atención a las personas en situación de dependencia en relación con el RD 615/2007, de 11 mayo, por el que se regula la Seguridad Social de los cuidadores de las personas en situación de dependencia, así como la disp. adic. 5.ª RDL 28/2018 de 28 diciembre, en relación con las personas que desarrollan programas de formación y prácticas no laborales y académicas

[11] Véanse arts. 1.1, 1.3, 2.1, 11, 12, 13 y 15 ET

[12] Véanse disp. adic. 1, de Real Decreto Legislativo 2/2015, de 23 de octubre, por el que se aprueba el texto refundido de la Ley del Estatuto de los Trabajadores y disposición adicional 1 Ley 24/1997, de 15 julio, de Consolidación y Racionalización del Sistema de Seguridad Social

c) Socios trabajadores de cooperativas de trabajo asociado. [13]

d) Estudiantes.

e) Funcionarios públicos, civiles y militares. [14]

2. Asimismo, estarán comprendidos en el campo de aplicación del sistema de la Seguridad Social, a efectos de las prestaciones no contributivas, todos los españoles residentes en territorio español.

También estarán comprendidos en el campo de aplicación del sistema de la Seguridad Social, a efectos de las prestaciones no contributivas, los extranjeros que residan legalmente en territorio español, en los términos previstos en la Ley Orgánica 4/2000, de 11 de enero, sobre derechos y libertades de los extranjeros en España y su integración social y, en su caso, en los tratados, convenios, acuerdos o instrumentos internacionales aprobados, suscritos o ratificados al efecto.

3. El Gobierno, en el marco de los sistemas de protección social pública, podrá establecer medidas de protección social en favor de los españoles no residentes en España, de acuerdo con las características de los países de residencia [15].

4. El Gobierno, como medida para facilitar la plena integración social y profesional de los deportistas de alto nivel, podrá establecer la inclusión de los mismos en el sistema de la Seguridad Social.

5. No obstante lo dispuesto en los apartados anteriores del presente artículo, el Gobierno, a propuesta del Ministerio de Empleo y Seguridad Social y oídos las organizaciones sindicales más representativas o el colegio oficial competente, podrá, a instancia de los interesados, excluir del campo de aplicación del régimen de la Seguridad Social correspondiente, a las personas cuyo trabajo por cuenta ajena, en atención a su jornada o a su retribución, pueda considerarse marginal y no constitutivo de medio fundamental de vida.

8. *Prohibición de inclusión múltiple obligatoria.* 1. Las personas comprendidas en el campo de aplicación del sistema de la Seguridad

---

[13] Véanse arts. 80 y ss. Ley 27/1999, de 16 julio, de Cooperativas, y la disposición adicional 2 Ley 24/1997, de 15 de julio, de Consolidación y Racionalización del Sistema de Seguridad Social

[14] Véanse, respecto de los funcionarios civiles, Real Decreto Legislativo 5/2015, de 30 de octubre, por el que se aprueba el texto refundido de la Ley del Estatuto Básico del Empleado Público y respecto de los funcionarios militares, Ley 39/2007, de 19 de noviembre, de la carrera militar

[15] Véanse arts. 17 a 19 Ley 40/2006, de 14 diciembre, del Estatuto de la ciudadanía española en el exterior y RD 8/2008, de 11 enero, por el que se regula la prestación por razón de necesidad a favor de los españoles residentes en el exterior y retornados

Social no podrán estar incluidas por el mismo trabajo, con carácter obligatorio, en otros regímenes de previsión distintos de los que integran dicho sistema.

2. Los sistemas de previsión obligatoria distintos de los regulados en esta ley, que pudieran tener constituidos determinados grupos profesionales, se integrarán en el Régimen General o en los regímenes especiales, según proceda, siempre que resulte obligatoria la inclusión de los grupos mencionados en el campo de aplicación de dichos regímenes. [16]

9. *Estructura del sistema de la Seguridad Social.* 1. El sistema de la Seguridad Social viene integrado por los siguientes regímenes:

a) El Régimen General, que se regula en el título II de la presente ley.

b) Los regímenes especiales a que se refiere el artículo siguiente.

2. Los regímenes especiales del sistema de la Seguridad Social se regularán de conformidad con lo previsto en el artículo 10, apartados 3 y 4. Reglamentariamente se establecerán el tiempo, alcance y condiciones para la conservación de los derechos en curso de adquisición de las personas que pasen de unos a otros regímenes, mediante la totalización de los períodos de permanencia en cada uno de dichos regímenes, siempre que no se superpongan. Dichas normas se ajustarán a lo dispuesto en el presente apartado, cualquiera que sea el régimen a que hayan de afectar, y tendrán en cuenta la extensión y contenido alcanzado por la acción protectora de cada uno de ellos.

10. *Regímenes especiales.* 1. Se establecerán regímenes especiales en aquellas actividades profesionales en las que, por su naturaleza, sus peculiares condiciones de tiempo y lugar o por la índole de sus procesos productivos, se hiciera preciso tal establecimiento para la adecuada aplicación de los beneficios de la Seguridad Social.

2. Se considerarán regímenes especiales los que encuadren a los grupos siguientes:

---

[16] Téngase en cuenta, respecto de las personas pertenecientes a colegios profesionales, la disp.adic. 18 de este texto refundido

a) Trabajadores por cuenta propia o autónomos. [17]

b) Trabajadores del mar. [18]

c) Funcionarios públicos, civiles y militares. [19]

d) Estudiantes. [20]

e) Los demás grupos que determine el Ministerio de Empleo y Seguridad Social, por considerar necesario el establecimiento para ellos de un régimen especial, de acuerdo con lo previsto en el apartado 1. [21]

3. Los regímenes especiales correspondientes a los grupos incluidos en las letras b) y c) del apartado anterior se regirán por las leyes específicas que se dicten al efecto, debiendo tenderse en su regulación a la homogeneidad con el Régimen General, en los términos que se señalan en el apartado siguiente.

4. Sin perjuicio de lo previsto en el título IV, en las normas reglamentarias de los regímenes especiales no comprendidos en el apartado anterior, se determinará para cada uno de ellos su campo de aplicación y se regularán las distintas materias relativas a los mismos, ateniéndose a las disposiciones del presente título y tendiendo a la máxima homogeneidad con el Régimen General que permitan las disponibilidades financieras del sistema y las características de los distintos grupos afectados por dichos regímenes.

5. De conformidad con la tendencia a la unidad que debe presidir la ordenación del sistema de la Seguridad Social, el Gobierno, a propuesta del Ministerio de Empleo y Seguridad Social, podrá disponer la integración en el Régimen General de cualquiera de los regímenes especiales correspondientes a los grupos que se relacionan en el apartado 2, a excepción de los que han de regirse por leyes específicas, siempre que ello sea posible teniendo en cuenta las peculiares características

---

[17] Véase Decreto 2530/1970, de 20 de agosto, por el que se regula el régimen especial de la Seguridad Social de los trabajadores por cuenta propia o autónomos

[18] Véase Ley 47/2015, de 21 de octubre, reguladora de la protección social de las personas trabajadoras del sector marítimo-pesquero

[19] Véanse RDLeg. 4/2000, de 23 de junio (Funcionarios Civiles del Estado); RDLeg. 3/2000, de 23 de junio (personal al servicio de la Administración de Justicia) y RDLeg. 1/2000, de 9 de junio (Fuerzas Armadas)

[20] Véase Ley de 17 de julio de 1953 sobre establecimiento del Seguro Escolar en España

[21] Véase Decreto 298/1973, de 8 de febrero, sobre actualización del Régimen Especial de la Seguridad Social para la minería del carbón

de los grupos afectados y el grado de homogeneidad con el Régimen General alcanzado en la regulación del régimen especial de que se trate.

De igual forma, podrá disponerse que la integración prevista en el párrafo anterior tenga lugar en otro régimen especial cuando así lo aconsejen las características de ambos regímenes y se logre con ello una mayor homogeneidad con el Régimen General.

11. *Sistemas especiales.* Además de los sistemas especiales regulados en esta ley, en aquellos regímenes de la Seguridad Social en que así resulte necesario, podrán establecerse sistemas especiales exclusivamente en alguna o algunas de las siguientes materias: encuadramiento, afiliación, forma de cotización o recaudación. En la regulación de tales sistemas informará el ministerio competente por razón de la actividad o condición de las personas en ellos incluidos.

Sección 2ª
Disposiciones aplicables a determinados colectivos

12. *Familiares.* 1. A efectos de lo dispuesto en el artículo 7.1, no tendrán la consideración de trabajadores por cuenta ajena, salvo prueba en contrario: el cónyuge, los descendientes, ascendientes y demás parientes del empresario, por consanguinidad o afinidad hasta el segundo grado inclusive y, en su caso, por adopción, ocupados en su centro o centros de trabajo, cuando convivan en su hogar y estén a su cargo. [22]

2. Sin perjuicio de lo previsto en el apartado anterior, y de conformidad con lo establecido en la disposición adicional décima de la Ley 20/2007, de 11 de julio, del Estatuto del trabajo autónomo, los trabajadores autónomos podrán contratar, como trabajadores por cuenta ajena, a los hijos menores de 30 años, aunque convivan con ellos. En este caso, del ámbito de la acción protectora dispensada a los familiares contratados quedará excluida la cobertura por desempleo.

Se otorgará el mismo tratamiento a los hijos que, aun siendo mayores de 30 años, tengan especiales dificultades para su inserción

---

[22] Véase art. 1.3 e) ET

laboral. A estos efectos, se considerará que existen dichas especiales dificultades cuando el trabajador esté incluido en alguno de los grupos siguientes:

a) Personas con parálisis cerebral, personas con enfermedad mental o personas con discapacidad intelectual, con un grado de discapacidad reconocido igual o superior al 33 por ciento.

b) Personas con discapacidad física o sensorial, con un grado de discapacidad reconocido igual o superior al 33 por ciento e inferior al 65 por ciento, siempre que causen alta por primera vez en el sistema de la Seguridad Social.

c) Personas con discapacidad física o sensorial, con un grado de discapacidad reconocido igual o superior al 65 por ciento. [23]

13. *Trabajadores con discapacidad.* 1. Los trabajadores con discapacidad empleados en los centros especiales de empleo quedarán incluidos como trabajadores por cuenta ajena en el régimen de la Seguridad Social que corresponda a su actividad.

2. Por el Gobierno se aprobarán normas específicas relativas a sus condiciones de trabajo y de Seguridad Social en atención a las peculiares características de su actividad laboral.

14. *Socios trabajadores y socios de trabajo de cooperativas.* 1. Los socios trabajadores de las cooperativas de trabajo asociado disfrutarán de los beneficios de la Seguridad Social, pudiendo optar la cooperativa entre las modalidades siguientes:

a) Como asimilados a trabajadores por cuenta ajena. Dichas cooperativas quedarán integradas en el Régimen General o en alguno de los regímenes especiales de la Seguridad Social, según proceda, de acuerdo con su actividad.

b) Como trabajadores autónomos en el régimen especial correspondiente.

Las cooperativas ejercitarán la opción en sus estatutos, y solo podrán modificarla en los supuestos y condiciones que el Gobierno establezca.

2. Los socios trabajadores de las cooperativas de explotación comunitaria de la tierra y los socios de trabajo a los que se refiere el artículo

---

[23] Dada nueva redacción apartado 2 por disposición final 6 apartado 2 de Ley 6/2017 de 24 de octubre de 2017, con vigencia desde 26/10/2017

13.4 de la Ley 27/1999, de 16 de julio, de Cooperativas, serán asimilados a trabajadores por cuenta ajena a efectos de Seguridad Social.

3. En todo caso, no serán de aplicación a las cooperativas de trabajo asociado, ni a las cooperativas de explotación comunitaria de la tierra ni a los socios trabajadores que las integran, las normas sobre cotización y prestaciones del Fondo de Garantía Salarial.

4. Se autoriza al Gobierno para regular el alcance, términos y condiciones de la opción prevista en este artículo, así como para, en su caso, adaptar las normas de los regímenes de la Seguridad Social a las peculiaridades de la actividad cooperativa. [24]

CAPÍTULO III
Afiliación, cotización y recaudación

Sección 1ª
Afiliación al sistema y altas, bajas y variaciones de datos en los regímenes que lo integran

15. *Obligatoriedad y alcance de la afiliación.* La afiliación a la Seguridad Social es obligatoria para las personas a que se refiere el artículo 7.1 y única para toda su vida y para todo el sistema, sin perjuicio de las altas y bajas en los distintos regímenes que lo integran, así como de las demás variaciones que puedan producirse con posterioridad a la afiliación.

16. *Afiliación, altas, bajas y variaciones de datos.* 1. La afiliación podrá practicarse a petición de las personas y entidades obligadas a dicho acto, a instancia de los interesados o de oficio por la Administración de la Seguridad Social. [25]

---

[24] Véase RD 1278/2000, de 30 junio, por el que se adaptan determinadas disposiciones de Seguridad Social para su aplicación a las sociedades cooperativas

[25] Véase RD 84/1996, de 26 enero, por el que se aprueba el Reglamento general sobre Inscripción de Empresas y Afiliación, altas, bajas y variaciones de datos de trabajadores en la Seguridad Social

2. Corresponderá a las personas y entidades que reglamentariamente se determinen, el cumplimiento de las obligaciones de solicitar la afiliación y de dar cuenta a los correspondientes organismos de la Administración de la Seguridad Social de los hechos determinantes de las altas, bajas y variaciones a que se refiere el artículo anterior.

3. Si las personas y entidades a quienes incumban tales obligaciones no las cumplieran, podrán los interesados instar directamente su afiliación, alta, baja o variación de datos, sin perjuicio de que se hagan efectivas las responsabilidades en que aquellas hubieran incurrido, incluido, en su caso, el pago a su cargo de las prestaciones, y de que se impongan las sanciones que resulten procedentes.

4. Tanto la afiliación como los trámites determinados por las altas, bajas y variaciones a que se refiere el artículo anterior podrán ser realizados de oficio por los correspondientes organismos de la Administración de la Seguridad Social cuando, a raíz de los datos de que dispongan, de las actuaciones de la Inspección de Trabajo y Seguridad Social o por cualquier otro procedimiento, se compruebe la inobservancia de dichas obligaciones.

5. Cuando, por cualquiera de los procedimientos a que se refiere el apartado anterior, se constate que la afiliación y las altas, bajas y variaciones de datos no son conformes con lo establecido en las leyes y sus disposiciones complementarias, los organismos correspondientes de la Administración de la Seguridad Social podrán revisar de oficio, en cualquier momento, sus actos dictados en las citadas materias, declarándolos indebidos por nulidad o anulabilidad, según proceda, conforme al procedimiento establecido en la normativa reglamentaria reguladora de las mismas, y dictando los actos administrativos necesarios para su adecuación a las citadas leyes y disposiciones complementarias.

Procederá, asimismo, en cualquier momento, la rectificación de los errores materiales o de hecho y aritméticos producidos en los actos dictados en materia de afiliación, altas, bajas y variaciones de datos. [26]

6. Sin perjuicio de lo previsto en el artículo 42 del texto refundido de la Ley del Estatuto de los Trabajadores, los empresarios que contraten o subcontraten con otros la realización de obras o servicios correspondientes a la propia actividad de aquellos o que se presten de

---

[26] Añadido apartado 5 por disposición final 4 apartado 1 de Real Decreto-Ley 1/2023 de 10 de enero de 2023, con vigencia desde 12/01/2023

forma continuada en sus centros de trabajo deberán comprobar, con carácter previo al inicio de la prestación de la actividad contratada o subcontratada, la afiliación y alta en la Seguridad Social de cada uno de los trabajadores que estos ocupen en los mismos durante el periodo de ejecución de la contrata o subcontrata. [27]

7. El deber de comprobación establecido en el apartado anterior no será exigible cuando la actividad contratada se refiera exclusivamente a la construcción o reparación que pueda contratar el titular de un hogar respecto de su vivienda, así como cuando el propietario de la obra o industria no contrate su realización por razón de una actividad empresarial. [28]

17. *Obligaciones de la Administración de la Seguridad Social y derecho a la información.* 1. Los organismos de la Administración de la Seguridad Social competentes en la materia mantendrán al día los datos relativos a las personas afiliadas, así como los de las personas y entidades a las que corresponde el cumplimiento de las obligaciones establecidas en esta sección.

2. Los empresarios y los trabajadores tendrán derecho a ser informados por los organismos de la Administración de la Seguridad Social acerca de los datos a ellos referentes que obren en los mismos. De igual derecho gozarán las personas que acrediten un interés personal y directo, de acuerdo con lo establecido en esta ley.

A estos efectos, la Administración de la Seguridad Social informará a cada trabajador sobre su futuro derecho a la jubilación ordinaria prevista en el artículo 205.1, a partir de la edad y con la periodicidad y contenido que reglamentariamente se determinen.

No obstante, esta comunicación sobre el derecho a la jubilación ordinaria que pudiera corresponder a cada trabajador se remitirá a efectos meramente informativos, sin que origine derechos ni expectativas de derechos a favor del trabajador o de terceros.

Esta obligación será exigible también con relación a los instrumentos de carácter complementario o alternativo que contemplen compro-

---

[27] Renumerado apartado 5 por disposición final 4 apartado 1 de Real Decreto-Ley 1/2023 de 10 de enero de 2023 como apartado 6, con vigencia desde 12/01/2023

[28] Renumerado apartado 6 por disposición final 4 apartado 1 de Real Decreto-Ley 1/2023 de 10 de enero de 2023 como apartado 7, con vigencia desde 12/01/2023

misos por jubilación tales como mutualidades de previsión social, mutualidades alternativas, planes de previsión social empresariales, planes de previsión asegurados, planes y fondos de pensiones y seguros individuales y colectivos de instrumentación de compromisos por pensiones de las empresas. La información deberá facilitarse con la misma periodicidad y en términos comparables y homogéneos con la suministrada por la Seguridad Social. [29]

Sección 2ª
Cotización a la Seguridad Social y por conceptos de recaudación conjunta

18. *Obligatoriedad.* 1. La cotización a la Seguridad Social es obligatoria en todos los regímenes del sistema. [30]

La cotización por la contingencia de desempleo así como al Fondo de Garantía Salarial, por formación profesional y por cuantos otros conceptos se recauden conjuntamente con las cuotas de la Seguridad Social será obligatoria en los regímenes y supuestos y con el alcance establecidos en esta ley y en su normativa de desarrollo, así como en otras normas reguladoras de tales conceptos.

2. La obligación de cotizar nacerá desde el momento de iniciación de la actividad correspondiente, determinándose en las normas reguladoras de cada régimen las personas que han de cumplirla.

3. Son responsables del cumplimiento de la obligación de cotizar y del pago de los demás recursos de la Seguridad Social las personas físicas o jurídicas o entidades sin personalidad a las que las normas reguladoras de cada régimen y recurso impongan directamente la obligación de su ingreso y, además, los que resulten responsables solidarios, subsidiarios o sucesores mortis causa de aquellos, por concurrir hechos, omisiones, negocios o actos jurídicos que determinen esas responsabilidades, en aplicación de cualquier norma con rango de ley

---

[29] Véanse Ley 39/2015, de 1 de octubre, del Procedimiento Administrativo Común de las Administraciones Públicas; O 17 enero 1996, sobre control de accesos al Sistema Informático de la Seguridad Social y LO 15/1999, de 13 diciembre, de Protección de Datos de Carácter Personal

[30] Véase, respecto de las cotizaciones recíprocas a varios regímenes, art. 11 RDL 2/2003, de 25 abril, de medidas de reforma económica

que se refiera o no excluya expresamente las obligaciones de Seguridad Social, o de pactos o convenios no contrarios a las leyes. Dicha responsabilidad solidaria, subsidiaria o mortis causa se declarará y exigirá mediante el procedimiento recaudatorio establecido en esta ley y en su normativa de desarrollo.

4. En caso de que la responsabilidad por la obligación de cotizar corresponda al empresario, podrá dirigirse el procedimiento recaudatorio que se establece en esta ley y en su normativa de desarrollo contra quien efectivamente reciba la prestación de servicios de los trabajadores que emplee, aunque formalmente no figure como empresario en los contratos de trabajo, en los registros públicos o en los archivos de las entidades gestoras y servicios comunes.

19. *Bases y tipos de cotización.* [31]

1. Las bases y tipos de cotización a la Seguridad Social y por los conceptos que se recauden conjuntamente con las cuotas de la Seguridad Social serán los que establezca cada año la correspondiente Ley de Presupuestos Generales del Estado. [32]

2. Las bases de cotización a la Seguridad Social, en cada uno de sus regímenes, tendrán como tope máximo las cuantías fijadas para cada año por la correspondiente Ley de Presupuestos Generales del Estado y como tope mínimo las cuantías del salario mínimo interprofesional vigente en cada momento, incrementadas en un sexto, salvo disposición expresa en contrario. [33]

3. El tope máximo establecido para las bases de cotización de la Seguridad Social de cada uno de sus regímenes se actualizará anualmente en la Ley de Presupuestos Generales del Estado en un porcentaje igual

---

[31] Véase la O PJC/178/2025, de 25 de febrero, por la que se desarrollan las normas legales de cotización a la Seguridad Social, desempleo, protección por cese de actividad, Fondo de Garantía Salarial y formación profesional para el ejercicio 2025 Téngase en cuenta la cotización adicional finalista introducida por el art. 127 bis de la presente Ley que establece el Mecanismo de Equidad Intergeneracional

[32] Para el año 2023 conforme al art. 122 Ley 31/2022 de 27 diciembre. Para el año 2022 conforme al art. 106 Ley 22/2021 de 28 diciembre. Para el año 2021 conforme al art. 119 Ley 11/2020 de 30 diciembre

[33] Véase el RDL 3/2004, de 25 junio, para la racionalización de la regulación del salario mínimo interprofesional y para el incremento de su cuantía, y téngase en cuenta que el salario mínimo para 2025 ha sido fijado por RD 87/2025 de 11 febrero

al que se establezca para la revalorización de las pensiones contributivas de acuerdo con el artículo 58.2. [34] [35]

4. Sin perjuicio de lo indicado en el apartado 1, la cotización correspondiente a las contingencias de accidentes de trabajo y enfermedades profesionales se realizará mediante la aplicación de los tipos de
cotización establecidos para cada actividad económica, ocupación o
situación en la tarifa de primas establecidas legalmente. Las primas
correspondientes tendrán a todos los efectos la condición de cuotas de
la Seguridad Social [36] .

La base de cotización para la contingencia de desempleo, en todos
los regímenes de la Seguridad Social que tengan cubierta la misma,
será la correspondiente a las contingencias de accidentes de trabajo y
enfermedades profesionales.

De igual modo, la base de cotización para determinar las aportaciones al Fondo de Garantía Salarial y para formación profesional,
en todos los regímenes de la Seguridad Social en los que exista la
obligación de efectuarlas, será la correspondiente a las contingencias
de accidentes de trabajo y enfermedades profesionales. [37]

19 bis. *Cotización adicional de solidaridad.* [38] [39]

El importe de las retribuciones a las que se refiere el artículo 147,
que supere el importe de la base máxima de cotización establecida para
las personas trabajadoras por cuenta ajena del sistema de la Seguridad
Social a los que resulte de aplicación dicho artículo, quedará sujeto, en
toda liquidación de cuotas, a una cotización adicional de solidaridad
de acuerdo con los siguientes tramos:

---

[34] Véase la disp. trans. 38ª de la presente Ley para la fijación del tope máximo de la
base de cotización

[35] Añadido apartado 3 por art. único apartado 1 de Real Decreto-Ley 2/2023 de 16
de marzo de 2023, con vigencia desde 01/01/2024

[36] Véase RD 2064/1995, de 22 diciembre, por el que se aprueba el Reglamento
general sobre Cotización y Liquidación de otros Derechos de la Seguridad Social

[37] Renumerado apartado 3 por art. único apartado 1 de Real Decreto-Ley 2/2023
de 16 de marzo de 2023 como apartado 4, con vigencia desde 01/01/2024

[38] Añadido por art. único apartado 2 de Real Decreto-Ley 2/2023 de 16 de marzo
de 2023, con vigencia desde 01/01/2025

[39] Téngase en cuenta el periodo transitorio de aplicación de este precepto establecí-
do en la disp. trans. 42.ª

La cuota de solidaridad será el resultado de aplicar un tipo del 5,5 por ciento a la parte de retribución comprendida entre la base máxima de cotización y la cantidad superior a la referida base máxima en un 10 por ciento; el tipo del 6 por ciento a la parte de retribución comprendida entre el 10 por ciento superior a la base máxima de cotización y el 50 por ciento; y el tipo del 7 por ciento a la parte de retribución que supere el anterior porcentaje.

La distribución del tipo de cotización por solidaridad entre empresario y trabajador mantendrá la misma proporción que la distribución del tipo de cotización por contingencias comunes.

20. *Adquisición, mantenimiento, pérdida y reintegro de beneficios en la cotización.* 1. Únicamente podrán obtener reducciones, bonificaciones o cualquier otro beneficio en las bases, tipos y cuotas de la Seguridad Social y por conceptos de recaudación conjunta, las empresas y demás sujetos responsables que se encuentren al corriente en el cumplimiento de sus obligaciones con la Seguridad Social en relación al ingreso por cuotas y conceptos de recaudación conjunta, así como respecto de cualquier otro recurso de la Seguridad Social que sea objeto de la gestión recaudatoria de la Seguridad Social, en la fecha de su concesión. [40]

2. La adquisición y mantenimiento de los beneficios en la cotización a que se refiere el apartado anterior requerirán, en todo caso, que las empresas y demás sujetos responsables del cumplimiento de la obligación de cotizar que hubieren solicitado u obtenido tales beneficios suministren por medios electrónicos los datos relativos a la inscripción de empresas, afiliación, altas y bajas de trabajadores, variaciones de datos de unas y otros, así como los referidos a cotización y recaudación en el ámbito de la Seguridad Social, en los términos y condiciones que se establezcan por el Ministerio de Empleo y Seguridad Social.

No obstante lo anterior, la Tesorería General de la Seguridad Social podrá autorizar, excepcionalmente y con carácter transitorio, la presentación de dicha documentación en soporte distinto al electrónico previa solicitud del interesado y en atención al número de trabajadores, su dispersión o la naturaleza pública del sujeto responsable.

---

[40] Dada nueva redacción apartado 1 por disposición final 28 apartado 1 de Ley 22/2021 de 28 de diciembre de 2021, con vigencia desde 01/01/2022

3. La falta de ingreso en plazo reglamentario de las cuotas de la Seguridad Social y por conceptos de recaudación conjunta devengadas con posterioridad a la obtención de los beneficios en la cotización dará lugar únicamente a su pérdida automática respecto de las cuotas correspondientes a períodos no ingresados en dicho plazo, salvo que sea debida a error de la Administración de la Seguridad Social.

4. Cuando, por causa no imputable a la Administración, los beneficios en la cotización no se hubieran deducido en los términos reglamentariamente establecidos, podrá solicitarse el reintegro de su importe dentro del plazo de tres meses, a contar desde la fecha de presentación de la liquidación en que el respectivo beneficio debió descontarse. De no efectuarse la solicitud en dicho plazo se extinguirá este derecho.

De proceder el reintegro en este supuesto, si el mismo no se efectuase dentro de los tres meses siguientes a la fecha de presentación de la respectiva solicitud, el importe a reintegrar se incrementará con el interés de demora previsto en el artículo 31.3, que se aplicará al del beneficio correspondiente por el tiempo transcurrido desde la fecha en que se presente la solicitud hasta la de la propuesta de pago.

Sección 3ª
Liquidación y recaudación de las cuotas y demás recursos del sistema

Subsección 1ª
Disposiciones generales

21. *Competencia.* 1. La Tesorería General de la Seguridad Social, como caja única del sistema de la Seguridad Social, llevará a efecto la gestión liquidatoria y recaudatoria de los recursos de esta, así como de los conceptos de recaudación conjunta con las cuotas de la Seguridad Social, tanto en período voluntario como en vía ejecutiva, bajo la dirección y tutela del Estado.

2. El ejercicio de la función liquidatoria se efectuará sin perjuicio de las competencias que tengan atribuidas sobre la materia la Inspección de Trabajo y Seguridad Social y, respecto a determinados recursos distintos a cuotas, otros organismos u órganos administrativos.

3. Para realizar la función recaudatoria, la Tesorería General de la Seguridad Social podrá concertar los servicios que considere convenientes con las distintas administraciones públicas o con entidades particulares habilitadas al efecto.

Las habilitaciones que se otorguen a las entidades particulares a que se refiere el párrafo anterior tendrán, en todo caso, carácter temporal. Los conciertos con tales entidades habrán de ser autorizados por el Consejo de Ministros.

22. *Liquidación e ingreso de las cuotas y demás recursos.* 1. Las cuotas de la Seguridad Social, desempleo y por conceptos de recaudación conjunta se liquidarán, en los términos previstos en esta ley y en sus normas de aplicación y desarrollo, mediante alguno de los siguientes sistemas:

a) Sistema de autoliquidación por el sujeto responsable del ingreso de las cuotas de la Seguridad Social y por conceptos de recaudación conjunta.

b) Sistema de liquidación directa por la Tesorería General de la Seguridad Social, por cada trabajador, en función de los datos de que disponga sobre los sujetos obligados a cotizar y de aquellos otros que los sujetos responsables del cumplimiento de la obligación de cotizar deban aportar, en los términos previstos en el artículo 29.2.

Mediante este sistema, la Tesorería General de la Seguridad Social determinará la cotización correspondiente a cada trabajador, a solicitud del sujeto responsable de su ingreso y cuando los datos que este deba facilitar permitan realizar el cálculo de la liquidación.

No se procederá a la liquidación de cuotas por este sistema respecto de aquellos trabajadores que no figuren en alta en el régimen de la Seguridad Social que corresponda durante el período a liquidar, aunque el sujeto responsable del ingreso hubiera facilitado sus datos a tal efecto.

c) Sistema de liquidación simplificada, que se aplicará para la determinación de las cuotas de los trabajadores por cuenta propia incluidos en el Régimen Especial de la Seguridad Social de los Trabajadores por Cuenta Propia o Autónomos y en el Régimen Especial de la Seguridad Social de los Trabajadores del Mar, de las cuotas de los Sistemas Especiales del Régimen General para Empleados de Hogar y para Trabajadores por Cuenta Ajena Agrarios durante la situación de inactividad, así como de las cuotas fijas del Seguro Escolar, de convenios especiales y de cualquier otra cuota cuya liquidación pueda establecerse a través de este sistema.

2. Los recursos del sistema de la Seguridad Social distintos a cuotas se liquidarán en la forma y con los requisitos que en esta ley o en sus normas de aplicación y desarrollo se determinen respecto a cada uno de ellos.

3. El ingreso de las cuotas y demás recursos se realizará en el plazo y forma que se establezcan en esta ley, en sus normas de aplicación y desarrollo o en las disposiciones específicas aplicables a los distintos regímenes y a los sistemas especiales, bien directamente en la Tesorería General de la Seguridad Social o bien a través de las entidades concertadas conforme al artículo 21, así como, en su caso, en otras condiciones legalmente previstas. [41]

También se podrán ingresar las cuotas y demás recursos en las entidades autorizadas al efecto por el Ministerio de Empleo y Seguridad Social, quien dictará las normas para el ejercicio de esta función y podrá revocar la autorización concedida, en caso de incumplimiento, previo expediente incoado al efecto.

El ingreso de las cuotas y demás recursos en las entidades concertadas o autorizadas surtirá, desde el momento en que se lleve a cabo, los mismos efectos que si se hubiera realizado en la propia Tesorería General de la Seguridad Social.

23. *Aplazamiento de pago.* 1. La Tesorería General de la Seguridad Social, a solicitud del deudor y en los términos y con las condiciones que reglamentariamente se establezcan, podrá conceder aplazamiento del pago de las deudas con la Seguridad Social, que suspenderá el procedimiento recaudatorio que se establece en esta ley. [42]

---

[41] Téngase en cuenta, en relación con la DANA ocurrida entre el 28 de octubre y el 4 de noviembre de 2024, las medidas en materia de recaudación de cuotas establecidas en los arts. 20, 21 y 22 RDL 6/2024, de 5 de noviembre, en cuanto a ampliación de plazo de ingreso o suspensión del procedimiento

[42] Véase, en relación con la DANA ocurrida entre el 28 de octubre y el 4 de noviembre de 2024, el aplazamiento y moratoria en el pago de la cotización a la Seguridad Social y por conceptos de recaudación conjunta dispuesto en el art. 19 RDL 6/2024, de 5 de noviembre. Asimismo, en relación con la reconstrucción de La Palma, téngase en cuenta la prórroga del aplazamiento en el pago de cuotas a la Seguridad Social cuyo devengo tenga lugar entre los meses de diciembre de 2024 a mayo de 2025, en el caso de empresas, y entre los meses de enero a junio de 2025, en el caso de trabajadores autónomos, conforme al art. 78 RDL 1/2025 de 28 enero

2. El aplazamiento no podrá comprender las cuotas correspondientes a la aportación de los trabajadores y a las contingencias de accidente de trabajo y enfermedad profesional. La eficacia de la resolución administrativa de concesión quedará supeditada al ingreso de las que pudieran adeudarse en el plazo máximo de un mes desde su notificación.

3. El aplazamiento comprenderá el principal de la deuda y, en su caso, los recargos, intereses y costas del procedimiento que fueran exigibles en la fecha de solicitud, sin que a partir de la concesión puedan considerarse exigibles otros, a salvo de lo que se dispone para el caso de incumplimiento.

4. El cumplimiento del aplazamiento deberá asegurarse mediante garantías suficientes para cubrir el principal de la deuda y los recargos, intereses y costas, considerándose incumplido si no se constituyesen los derechos personales o reales de garantía que establezca la resolución de concesión, en el plazo que esta determine.

No será exigible dicha obligación en los supuestos en que, en razón a la cuantía de la deuda aplazada o a la condición del beneficiario, se establezca reglamentariamente. Excepcionalmente, podrá eximirse total o parcialmente del requisito establecido en el párrafo anterior cuando concurran causas de carácter extraordinario que así lo aconsejen.

5. El principal de la deuda, los recargos sobre ella y las costas del procedimiento que fueran objeto de aplazamiento devengarán interés, que será exigible desde su concesión hasta la fecha de pago, conforme al interés de demora que se encuentre vigente en cada momento durante la duración del aplazamiento. Dicho interés se incrementará en dos puntos si el deudor fuera eximido de la obligación de constituir garantías por causas de carácter extraordinario. [43]

6. En caso de incumplimiento de cualquiera de las condiciones o pagos del aplazamiento, se proseguirá, sin más trámite, el procedimiento de apremio que se hubiera iniciado antes de la concesión. Se dictará asimismo sin más trámite providencia de apremio por aquella deuda que no hubiera sido ya apremiada, a la que se aplicará el recargo del 20 por ciento del principal, de haberse cumplido dentro de plazo

---

[43] Véase la disp. adic 42.ª Ley 31/2022, de 23 diciembre, que fija el interés de demora para 2023; Véase la disp. adic 46.ª Ley 22/2021 de 28 diciembre, que fija el interés de demora para 2022; Véase la disp. adic 49.ª Ley 11/2020 de 30 diciembre, que fija el interés de demora para 2021

las obligaciones establecidas en los apartados 1 y 2 del artículo 29, o del 35 por ciento en caso contrario.

En todo caso, los intereses de demora que se exijan serán los devengados desde el vencimiento de los respectivos plazos reglamentarios de ingreso.

7. Se considerará incumplido el aplazamiento en el momento en que el beneficiario deje de mantenerse al corriente en el pago de sus obligaciones con la Seguridad Social, con posterioridad a su concesión.

24. *Prescripción.* 1. Prescribirán a los cuatro años los siguientes derechos y acciones:

a) El derecho de la Administración de la Seguridad Social para determinar las deudas por cuotas y por conceptos de recaudación conjunta mediante las oportunas liquidaciones.

b) La acción para exigir el pago de las deudas por cuotas de la Seguridad Social y conceptos de recaudación conjunta.

c) La acción para imponer sanciones por incumplimiento de las normas de Seguridad Social.

2. Respecto de las obligaciones con la Seguridad Social cuyo objeto sean recursos distintos a cuotas, el plazo de prescripción será el establecido en las normas que resulten aplicables en razón de la naturaleza jurídica de aquellas.

3. La prescripción quedará interrumpida por las causas ordinarias y, en todo caso, por cualquier actuación administrativa realizada con conocimiento formal del responsable del pago conducente a la liquidación o recaudación de la deuda y, especialmente, por su reclamación administrativa mediante reclamación de deuda o acta de liquidación. La prescripción quedará interrumpida, asimismo, por el inicio de las actuaciones a que se refiere el artículo 20.6 de la Ley 23/2015, de 21 de julio, Ordenadora del Sistema de Inspección de Trabajo y Seguridad Social.

25. *Prelación de créditos.* Los créditos por cuotas de la Seguridad Social y conceptos de recaudación conjunta y, en su caso, los recargos o intereses que sobre aquellos procedan gozarán, en su totalidad, de igual orden de preferencia que los créditos a que se refiere el artículo 1924.1.º del Código Civil. Los demás créditos de la Seguridad Social gozarán del orden de preferencia establecido en el apartado 2.º E) del referido precepto.

En caso de concurso, los créditos por cuotas de la Seguridad Social y conceptos de recaudación conjunta y, en su caso, los recargos e intereses que sobre aquellos procedan, así como los demás créditos de la Seguridad Social, quedarán sometidos a lo establecido en la legislación concursal.

Sin perjuicio del orden de prelación para el cobro de los créditos establecido por la ley, cuando el procedimiento de apremio administrativo concurra con otros procedimientos de ejecución singular, de naturaleza administrativa o judicial, será preferente aquel en el que primero se hubiera efectuado el embargo.

26. *Devolución de ingresos indebidos, reembolso de los costes de las garantías y pago de cantidades declaradas por sentencia.* 1. Las personas obligadas a cotizar o al pago de otras deudas con la Seguridad Social objeto de gestión recaudatoria por la Administración de la Seguridad Social tendrán derecho, en los términos y supuestos que reglamentariamente se establezcan, a la devolución total o parcial del importe de los ingresos que por error se hubiesen realizado.

El importe a devolver a consecuencia de un ingreso indebido estará constituido por:

a) El importe del ingreso indebidamente efectuado y reconocido como tal.

b) Los recargos, intereses, en su caso, y costas que se hubieran satisfecho cuando el ingreso indebido se hubiera realizado por vía de apremio.

c) El interés de demora previsto en el artículo 31.3, aplicado a las cantidades indebidamente ingresadas por el tiempo transcurrido desde la fecha de su ingreso en la Tesorería General de la Seguridad Social hasta la propuesta de pago.

En todo caso, el tipo de interés de demora aplicable será el vigente a lo largo del período en que dicho interés se devengue.

2. No procederá la devolución de cuotas u otros recursos ingresados maliciosamente, sin perjuicio de la responsabilidad de todo orden a que hubiera lugar.

3. El derecho a la devolución de ingresos indebidos prescribirá a los cuatro años, a contar desde el día siguiente al de su ingreso.

4. La Administración de la Seguridad Social reembolsará, previa acreditación de su importe, el coste de las garantías aportadas para suspender la ejecución de una deuda con la Seguridad Social, en

cuanto esta sea declarada improcedente por sentencia o resolución administrativa y dicha declaración adquiera firmeza.

Cuando la deuda sea declarada parcialmente improcedente, el reembolso alcanzará a la parte correspondiente del coste de las referidas garantías.

Asimismo, en los supuestos de estimación parcial del recurso o la reclamación interpuestos, tendrá derecho el obligado a la reducción proporcional de la garantía aportada en los términos que se establezcan reglamentariamente.

5. Los ingresos que, en virtud de resolución judicial firme, resulten o se declaren objeto de devolución a los interesados, tendrán la consideración de ingresos indebidos y serán objeto de devolución en los términos fijados en dicha resolución, con aplicación de lo dispuesto, en su caso, en el artículo 24 de la Ley 47/2003, de 26 de noviembre, General Presupuestaria.

27. *Transacciones sobre los derechos de la Seguridad Social.* 1. No se podrá transigir judicial ni extrajudicialmente sobre los derechos de la Seguridad Social ni someter a arbitraje las contiendas que se susciten respecto de los mismos, sino mediante real decreto acordado en Consejo de Ministros, previa audiencia del Consejo de Estado.

2. El carácter privilegiado de los créditos de la Seguridad Social otorga a la Tesorería General de la Seguridad Social el derecho de abstención en los procesos concursales. No obstante, la Tesorería General de la Seguridad Social podrá suscribir en el curso de estos procesos los acuerdos o convenios previstos en la legislación concursal, así como acordar, de conformidad con el deudor y con las garantías que se estimen oportunas, unas condiciones singulares de pago, que no pueden ser más favorables para el deudor que las recogidas en el convenio o acuerdo que ponga fin al proceso judicial.

Subsección 2ª
Liquidación y recaudación en periodo voluntario

28. *Efectos de la falta de pago en plazo reglamentario.* La falta de pago de la deuda dentro del plazo reglamentario de ingreso establecido determinará la aplicación del recargo y el devengo de los intereses de demora en los términos establecidos en esta ley.

El recargo y los intereses de demora, cuando sean exigibles, se ingresarán conjuntamente con las deudas sobre las que recaigan.

Cuando el ingreso fuera del plazo reglamentario sea imputable a error de la Administración, sin que la misma actúe en calidad de empresario, no se aplicará recargo ni se devengarán intereses.

29. *Cumplimiento de obligaciones en materia de liquidación de cuotas y compensación.* 1. En el sistema de autoliquidación de cuotas a que se refiere la letra a) del artículo 22.1, los sujetos responsables del cumplimiento de la obligación de cotizar deberán transmitir por medios electrónicos a la Tesorería General de la Seguridad Social las liquidaciones de cuotas de la Seguridad Social y por conceptos de recaudación conjunta, salvo en aquellos supuestos en que dicha liquidación proceda mediante la presentación de los correspondientes documentos de cotización.

La transmisión o presentación a que se refiere el párrafo anterior podrá efectuarse hasta el último día natural del respectivo plazo reglamentario de ingreso.

2. En el sistema de liquidación directa de cuotas a que se refiere la letra b) del artículo 22.1, los sujetos responsables del cumplimiento de la obligación de cotizar deberán solicitar a la Tesorería General de la Seguridad Social el cálculo de la liquidación correspondiente a cada trabajador y transmitir por medios electrónicos los datos que permitan realizar dicho cálculo, hasta el penúltimo día natural del respectivo plazo reglamentario de ingreso.

El referido cálculo se efectuará en función de los datos de que disponga la Tesorería General de la Seguridad Social sobre los sujetos obligados a cotizar, constituidos tanto por los que ya hayan sido facilitados por los sujetos responsables en cumplimiento de las obligaciones establecidas en materia de inscripción de empresas y afiliación, altas, bajas y variaciones de datos de trabajadores, y por aquellos otros que obren en su poder y afecten a la cotización, como por los que deban aportar, en su caso, los citados sujetos responsables en cada período de liquidación.

Asimismo, la Tesorería General de la Seguridad Social aplicará las deducciones que correspondan a los trabajadores por los que se practique la liquidación dentro de plazo reglamentario así como, en su caso, la compensación del importe de las prestaciones abonadas a aquellos en régimen de pago delegado con el de las cuotas debidas correspondientes al mismo período de liquidación, en función de los datos recibidos de las entidades gestoras y colaboradoras de la Seguridad Social, conforme a lo previsto en el apartado 5 de este artículo.

Cuando, una vez practicada la liquidación, el sujeto responsable del ingreso de las cuotas solicite su rectificación aportando datos distintos a los inicialmente transmitidos, las obligaciones a que se refiere el párrafo primero de este apartado solo se considerarán cumplidas cuando resulte posible efectuar una nueva liquidación de cuotas dentro de plazo reglamentario, salvo que la imposibilidad de liquidar en plazo se deba a causas imputables exclusivamente a la Administración.

Tampoco se considerarán incumplidas las citadas obligaciones cuando, una vez practicada la liquidación y dentro del plazo reglamentario, el sujeto responsable del ingreso solicite la rectificación de errores materiales, aritméticos o de cálculo en la citada liquidación imputables exclusivamente a la Administración y ello comporte la práctica de una nueva liquidación corrigiendo tales errores fuera de dicho plazo.

3. El incumplimiento de las obligaciones a que se refieren los apartados anteriores o su cumplimiento dentro de los plazos reglamentariamente establecidos, aun cuando no se ingresen las cuotas correspondientes o se ingrese exclusivamente la aportación del trabajador, producirán los efectos señalados en esta ley y en sus disposiciones de aplicación y desarrollo.

4. En el sistema de liquidación simplificada de cuotas a que se refiere la letra c) del artículo 22.1 no será exigible el cumplimiento de las obligaciones establecidas en los apartados 1 y 2 de este artículo, siempre que el alta de los sujetos obligados a que se refieran dichas cuotas en el régimen de la Seguridad Social que corresponda, en los supuestos en que ese alta proceda, se haya solicitado dentro del plazo reglamentariamente establecido.

De solicitarse el alta fuera del plazo reglamentario, el cumplimiento de las obligaciones establecidas en los apartados 1 y 2 de este artículo no será exigible respecto a la liquidación de las cuotas correspondientes a los periodos posteriores a la presentación de la solicitud, que se efectuará mediante este sistema.

En tales casos, será aplicable lo previsto en esta ley para los supuestos en que, existiendo dichas obligaciones, se hubieran cumplido dentro de plazo.

5. El cumplimiento de las obligaciones establecidas en los apartados 1 y 2 dentro de plazo permitirá a los sujetos responsables compensar su crédito por las prestaciones abonadas como consecuencia de su colaboración obligatoria con la Seguridad Social y su deuda por las cuotas debidas en el mismo período a que se refieren las respectivas liquidaciones, cualquiera que sea el momento del pago de tales cuotas.

Fuera del supuesto regulado en este apartado, los sujetos responsables del pago de cuotas no podrán compensar sus créditos frente a la Seguridad Social por prestaciones satisfechas en régimen de pago delegado o por cualquier otro concepto con el importe de aquellas cuotas, cualquiera que sea el momento del pago de las mismas y hayan sido o no reclamadas en período voluntario o en vía de apremio, sin perjuicio del derecho de los sujetos responsables para solicitar el pago de sus respectivos créditos frente a la Tesorería General de la Seguridad Social o a la entidad gestora o colaboradora correspondiente.

30. *Recargos por ingreso fuera de plazo.* [44] 1. Transcurrido el plazo reglamentario establecido para el pago de las cuotas a la Seguridad Social sin ingreso de las mismas y sin perjuicio de las especialidades previstas para los aplazamientos, se devengarán los siguientes recargos:

a) Cuando los sujetos responsables del pago hubieran cumplido dentro de plazo las obligaciones establecidas en los apartados 1 y 2 del artículo 29:

1.º Recargo del 10 por ciento de la deuda, si se abonasen las cuotas debidas dentro del primer mes natural siguiente al del vencimiento del plazo para su ingreso.

2.º Recargo del 20 por ciento de la deuda, si se abonasen las cuotas debidas a partir del segundo mes natural siguiente al del vencimiento del plazo para su ingreso.

b) Cuando los sujetos responsables del pago no hubieran cumplido dentro de plazo las obligaciones establecidas en los apartados 1 y 2 del artículo 29:

---

[44] Dada nueva redacción por art. 1 de Ley 6/2017 de 24 de octubre de 2017, con vigencia desde 01/01/2018

1.º Recargo del 20 por ciento de la deuda, si se abonasen las cuotas debidas antes de la terminación del plazo de ingreso establecido en la reclamación de deuda o acta de liquidación.

2.º Recargo del 35 por ciento de la deuda, si se abonasen las cuotas debidas a partir de la terminación de dicho plazo de ingreso.

2. Las deudas con la Seguridad Social que tengan carácter de ingresos de derecho público y cuyo objeto esté constituido por recursos distintos a cuotas, cuando no se abonen dentro del plazo reglamentario que tengan establecido se incrementarán con el recargo del 20 por ciento.

31. *Interés de demora.* 1. Los intereses de demora por las deudas con la Seguridad Social serán exigibles, en todo caso, si no se hubiese abonado la deuda una vez transcurridos quince días desde la notificación de la providencia de apremio o desde la comunicación del inicio del procedimiento de deducción.

Asimismo serán exigibles dichos intereses cuando no se hubiese abonado el importe de la deuda en el plazo fijado en las resoluciones desestimatorias de los recursos presentados contra las reclamaciones de deuda o actas de liquidación, si la ejecución de dichas resoluciones fuese suspendida en los trámites del recurso contencioso-administrativo que contra ellas se hubiese interpuesto.

2. Los intereses de demora exigibles serán los que haya devengado el principal de la deuda desde el vencimiento del plazo reglamentario de ingreso y los que haya devengado, además, el recargo aplicable en el momento del pago, desde la fecha en que, según el apartado anterior, sean exigibles.

3. El tipo de interés de demora será el interés legal del dinero vigente en cada momento del período de devengo, incrementado en un 25 por ciento, salvo que la Ley de Presupuestos Generales del Estado establezca uno diferente.

32. *Imputación de pagos.* Sin perjuicio de las especialidades previstas en esta ley para los aplazamientos y en el ordenamiento jurídico para el deudor incurso en procedimiento concursal, el cobro parcial de la deuda apremiada se imputará, en primer lugar, al pago de la que hubiera sido objeto del embargo o garantía cuya ejecución haya producido dicho cobro y, luego, al resto de la deuda. Tanto en un caso como en otro, el cobro se aplicará primero a las costas y luego a los títulos más antiguos, distribuyéndose proporcionalmente el importe entre principal, recargo e intereses.

33. *Reclamaciones de deudas.* 1. Transcurrido el plazo reglamentario sin ingreso de las cuotas debidas, la Tesorería General de la Seguridad Social reclamará su importe al sujeto responsable incrementado con el recargo que proceda, conforme a lo dispuesto en el artículo 30, en los siguientes supuestos:

a) Falta de cotización respecto de trabajadores dados de alta, cuando no se hubiesen cumplido dentro de plazo las obligaciones establecidas en los apartados 1 y 2 del artículo 29 o cuando, habiéndose cumplido, las liquidaciones de cuotas o datos de cotización transmitidos o los documentos de cotización presentados contengan errores materiales, aritméticos o de cálculo que resulten directamente de los mismos.

Si estas circunstancias fuesen comprobadas por la Inspección de Trabajo y Seguridad Social, lo comunicará a la Tesorería General de la Seguridad Social con la propuesta de liquidación que proceda.

b) Falta de cotización en relación con trabajadores dados de alta que no consten en las liquidaciones de cuotas o datos de cotización transmitidos ni en los documentos de cotización presentados en plazo, respecto de los que se considerará que no se han cumplido las obligaciones establecidas en los apartados 1 y 2 del artículo 29.

c) Diferencias de importe entre las cuotas ingresadas y las que legalmente corresponda liquidar, que resulten directamente de las liquidaciones o datos de cotización transmitidos o de los documentos de cotización presentados, siempre que no proceda realizar una valoración jurídica por la Inspección de Trabajo y Seguridad Social sobre su carácter cotizable, en cuyo caso se procederá conforme a lo previsto en el apartado 1.b) del artículo siguiente.

d) Deudas por cuotas cuya liquidación no corresponda a la Inspección de Trabajo y Seguridad Social.

2. Procederá también reclamación de deuda cuando, en atención a los datos obrantes en la Tesorería General de la Seguridad Social o comunicados por la Inspección de Trabajo y Seguridad Social, y por aplicación de cualquier norma con rango de ley que no excluya la responsabilidad por deudas de Seguridad Social, deba exigirse el pago de dichas deudas:

a) A los responsables solidarios, en cuyo caso la reclamación comprenderá el principal de la deuda a que se extienda la responsabilidad solidaria, los recargos, intereses y costas devengados hasta el momento en que se emita dicha reclamación.

b) A los responsables subsidiarios, en cuyo caso y salvo que su responsabilidad se halle limitada por ley, la reclamación comprenderá el principal de la deuda exigible al deudor inicial en el momento de su emisión, excluidos recargos, intereses y costas.

c) A quien haya asumido la responsabilidad por causa de la muerte del deudor originario, en cuyo caso la reclamación comprenderá el principal de la deuda, los recargos, intereses y costas devengados hasta que se emita.

3. Los importes exigidos en las reclamaciones de deudas por cuotas, impugnadas o no, deberán hacerse efectivos dentro de los plazos siguientes:

a) Las notificadas entre los días 1 y 15 de cada mes, desde la fecha de la notificación hasta el día 5 del mes siguiente o el inmediato hábil posterior.

b) Las notificadas entre los días 16 y último de cada mes, desde la fecha de notificación hasta el día 20 del mes siguiente o el inmediato hábil posterior.

4. Las deudas con la Seguridad Social por recursos distintos a cuotas serán también objeto de reclamación de deuda, en la que se indicará el importe de la misma, así como los plazos reglamentarios de ingreso.

5. La interposición de recurso de alzada contra las reclamaciones de deuda solo suspenderá el procedimiento recaudatorio cuando se garantice con aval suficiente o se consigne el importe de la deuda, incluido, en su caso, el recargo en que se hubiese incurrido.

En caso de resolución desestimatoria del recurso, transcurrido el plazo de quince días desde su notificación sin pago de la deuda se iniciará el procedimiento de apremio mediante la expedición de la providencia de apremio o el procedimiento de deducción, según proceda.

34. *Actas de liquidación de cuotas.* 1. Procederá la formulación de actas de liquidación en las deudas por cuotas originadas por:

a) Falta de afiliación o de alta de trabajadores en cualquiera de los regímenes del sistema de la Seguridad Social.

b) Diferencias de cotización por trabajadores dados de alta, resulten o no directamente de las liquidaciones o datos de cotización transmitidos o de los documentos de cotización presentados, dentro o fuera de plazo.

c) Derivación de la responsabilidad del sujeto obligado al pago, cualquiera que sea su causa y régimen de la Seguridad Social aplicable, y con base en cualquier norma con rango de ley que no excluya la responsabilidad por deudas de Seguridad Social. En los casos de responsabilidad solidaria legalmente previstos, la Inspección de Trabajo y Seguridad Social podrá extender acta a todos los sujetos responsables o a alguno de ellos, en cuyo caso el acta de liquidación comprenderá el principal de la deuda a que se extienda la responsabilidad solidaria, los recargos, intereses y costas devengadas hasta la fecha en que se extienda el acta.

d) Aplicación indebida de las bonificaciones en las cotizaciones de la Seguridad Social, previstas reglamentariamente para la financiación de las acciones formativas del subsistema de formación profesional para el empleo.

En los casos a los que se refieren las letras a), b) y c), la Inspección de Trabajo y Seguridad Social podrá formular requerimientos a los sujetos obligados al pago de cuotas adeudadas por cualquier causa, previo reconocimiento de la deuda por aquellos ante el funcionario actuante. En este caso, el ingreso de la deuda por cuotas contenida en el requerimiento será hecho efectivo en el plazo que determine la Inspección de Trabajo y Seguridad Social, que no será inferior a un mes ni superior a cuatro meses. En caso de incumplimiento del requerimiento, se procederá a extender acta de liquidación y de infracción por impago de cuotas.

Las actas de liquidación de cuotas se extenderán por la Inspección de Trabajo y Seguridad Social, notificándose en todos los casos a través de los órganos de dicha Inspección que, asimismo, notificarán las actas de infracción practicadas por los mismos hechos, en la forma que reglamentariamente se establezca.

2. Las actas de liquidación extendidas con los requisitos reglamentariamente establecidos, una vez notificadas a los interesados, tendrán el carácter de liquidaciones provisionales y se elevarán a definitivas mediante acto administrativo de la Dirección General o de la respectiva Dirección Provincial de la Tesorería General de la Seguridad Social, a propuesta del órgano competente de la Inspección de Trabajo y Segu-

ridad Social, preceptiva y no vinculante, tras el trámite de audiencia al interesado. Contra dichos actos liquidatorios definitivos cabrá recurso de alzada ante el órgano superior jerárquico del que los dictó. De las actas de liquidación se dará traslado a los trabajadores, pudiendo los que resulten afectados interponer reclamación respecto del período de tiempo o la base de cotización a que la liquidación se contrae.

3. Los importes de las deudas figurados en las actas de liquidación serán hechos efectivos hasta el último día del mes siguiente al de su notificación, una vez dictado el correspondiente acto administrativo definitivo de liquidación, iniciándose en otro caso el procedimiento de deducción o el procedimiento de apremio en los términos establecidos en esta ley y en sus normas de desarrollo.

4. Las actas de liquidación y las de infracción que se refieran a los mismos hechos se practicarán simultáneamente por la Inspección de Trabajo y Seguridad Social. La competencia y el procedimiento para su resolución son los señalados en el apartado 2.

Las sanciones por infracciones propuestas en dichas actas de infracción se reducirán automáticamente al 50 por ciento de su cuantía, si el infractor diese su conformidad a la liquidación practicada ingresando su importe en el plazo señalado en el apartado 3. Esta reducción automática solo podrá aplicarse en el supuesto de que la cuantía de la liquidación supere la de la sanción propuesta inicialmente.

35. *Determinación de las deudas por cuotas.* 1. Las reclamaciones de deudas y las providencias de apremio por cuotas de la Seguridad Social, en los supuestos en que unas y otras procedan, se extenderán conforme a las siguientes reglas:

a) De cumplir el sujeto responsable del ingreso las obligaciones establecidas en los apartados 1 y 2 del artículo 29 dentro de plazo, se emitirán en función de las bases de cotización por las que se hubiera efectuado la liquidación de cuotas correspondiente.

b) De incumplir el sujeto responsable del ingreso las obligaciones establecidas en los apartados 1 y 2 del artículo 29 dentro de plazo, se emitirán tomando como base de cotización la media entre la base mínima y máxima correspondiente al último grupo de cotización conocido en que estuviese encuadrado el grupo o categoría profesional de los trabajadores a que se refiera la reclamación de deuda, salvo en aquellos supuestos en que resulten de aplicación bases únicas.

2. Las actas de liquidación se extenderán con base en la remuneración total que tenga derecho a percibir el trabajador o la que efectivamente perciba de ser esta superior en razón del trabajo que realice por cuenta ajena y que deba integrar la base de cotización en los términos establecidos en la ley o en las normas de desarrollo.

Cuando la Inspección de Trabajo y Seguridad Social se vea en la imposibilidad de conocer el importe de las remuneraciones percibidas por el trabajador, se estimará como base de cotización la media entre la base mínima y máxima correspondiente al último grupo de cotización conocido en que estuviese encuadrado el grupo o categoría profesional de los trabajadores a que se refiera el acta de liquidación, salvo en aquellos supuestos en que resulten de aplicación bases únicas. [45]

36. *Facultades de comprobación.* [46] 1. Las liquidaciones de cuotas calculadas mediante los sistemas a que se refiere el artículo 22.1 podrán ser objeto de comprobación por la Tesorería General de la Seguridad Social, pudiendo requerir a tal efecto cuantos datos o documentos resulten precisos para ello. Las diferencias de cotización que pudieran resultar de dicha comprobación serán exigidas:

a) En el ámbito de los sistemas a que se refiere el artículo 22.1.a) y b), mediante reclamación de deuda o mediante acta de liquidación expedida por la Inspección de Trabajo y Seguridad Social, conforme a lo previsto, respectivamente, en los artículos 33.1 y 34.1.

b) En el ámbito del sistema a que se refiere el artículo 22.1.c), serán exigidas por la Tesorería General de la Seguridad Social mediante liquidación de cuotas complementaria, sin aplicación de recargos, a aquella que es objeto de comprobación y cobro a través del sistema de domiciliación en cuenta para la cotización a efectuar en el plazo reglamentario de ingreso, en aquellos supuestos en que dicho sistema resulte obligatorio, así como en aquellos casos de aplicación voluntaria del mismo. En caso de impago, se continuará con el procedimiento de recaudación de la Seguridad Social.

---

[45] Véanse Real Decreto 1415/2004, de 11 de junio, por el que se aprueba el Reglamento General de Recaudación de la Seguridad Social y Orden TAS/1562/2005, de 25 de mayo, por la que se establecen normas para la aplicación y desarrollo del Reglamento General de Recaudación de la Seguridad Social, aprobado por el Real Decreto 1415/2004, de 11 de junio

[46] Dada nueva redacción por disposición final 4 apartado 2 de Real Decreto-Ley 1/2023 de 10 de enero de 2023, con vigencia desde 12/01/2023

c) La Tesorería General de la Seguridad Social pondrá a disposición de los sujetos responsables del ingreso de las diferencias de cotización y, en su caso, de los autorizados al Sistema RED, mediante los correspondientes servicios telemáticos a través de la Sede Electrónica de la Seguridad Social y del Sistema de remisión electrónica de datos en el ámbito de la Seguridad Social (Sistema RED), la información relativa al cálculo, con los nuevos datos, de las liquidaciones de cuotas objeto de comprobación, siendo suficiente dicha puesta a disposición para el cumplimiento de lo establecido en el artículo 35 de la Ley 39/2015, de 1 de octubre, del Procedimiento Administrativo Común de las Administraciones Públicas.

2. Lo dispuesto en el apartado anterior se entenderá sin perjuicio de las facultades de comprobación que corresponden a la Inspección de Trabajo y Seguridad Social en ejercicio de las funciones que tiene atribuidas legalmente.

Subsección 3ª
Recaudación en vía ejecutiva

37. *Medidas cautelares.* 1. Para asegurar el cobro de las deudas con la Seguridad Social, la Tesorería General de la Seguridad Social podrá adoptar medidas cautelares de carácter provisional cuando existan indicios racionales de que, en otro caso, dicho cobro se verá frustrado o gravemente dificultado.

Las medidas habrán de ser proporcionadas al daño que se pretenda evitar. En ningún caso se adoptarán aquellas que puedan producir un perjuicio de difícil o imposible reparación.

2. La medida cautelar podrá consistir en alguna de las siguientes:

a) Retención del pago de devoluciones de ingresos indebidos o de otros pagos que deba realizar la Tesorería General de la Seguridad Social, en la cuantía estrictamente necesaria para asegurar el cobro de la deuda.

La retención cautelar total o parcial de una devolución de ingresos indebidos deberá ser notificada al interesado juntamente con el acuerdo de devolución.

b) Embargo preventivo de bienes o derechos. Este embargo preventivo se asegurará mediante su anotación en los registros públicos correspondientes o mediante el depósito de los bienes muebles embargados. [47]

c) Cualquiera otra legalmente prevista.

3. Cuando la deuda con la Seguridad Social no se encuentre liquidada pero se haya devengado y haya transcurrido el plazo reglamentario para su pago, y siempre que corresponda a cantidades determinables por la aplicación de las bases, tipos y otros datos objetivos previamente establecidos que permitan fijar una cifra máxima de responsabilidad, la Tesorería General de la Seguridad Social podrá adoptar medidas cautelares que aseguren su cobro, previa autorización, en su respectivo ámbito, de sus directores provinciales o, en su caso, de su Director General o autoridad en quien deleguen.

4. Las medidas cautelares así adoptadas se levantarán, aun cuando no haya sido pagada la deuda, si desaparecen las circunstancias que justificaron su adopción o si, a solicitud del interesado, se acuerda su sustitución por otra garantía que se estime suficiente.

Las medidas cautelares podrán convertirse en definitivas en el marco del procedimiento de apremio. En otro caso, se levantarán de oficio, sin que puedan prorrogarse más allá del plazo de seis meses desde su adopción.

5. Se podrá acordar el embargo preventivo de dinero y mercancías en cuantía suficiente para asegurar el pago de la deuda con la Seguridad Social que corresponda exigir por actividades y trabajos lucrativos ejercidos sin establecimiento cuando los trabajadores no hayan sido afiliados o, en su caso, no hayan sido dados de alta en el régimen de la Seguridad Social que corresponda.

Asimismo, podrán intervenirse los ingresos de los espectáculos públicos de las empresas cuyos trabajadores no hayan sido afiliados ni dados de alta o por los que no hubieran efectuado sus cotizaciones a la Seguridad Social.

38. *Providencia de apremio, otros actos del procedimiento ejecutivo y procedimiento de deducción.* 1. Transcurrido el plazo reglamentario de ingreso y una vez adquiera firmeza en vía administrativa la reclamación de deuda o el acta de liquidación, en los casos en que estas

[47] Véase Res. de 17 julio 2001, de la Dirección General de la TGSS, por la que se dictan instrucciones para efectuar por medios telemáticos el embargo de dinero en cuentas abiertas en entidades de depósito

procedan, sin que se haya satisfecho la deuda, se iniciará el procedimiento de apremio mediante la emisión de providencia de apremio, en la que se identificará la deuda pendiente de pago con el recargo correspondiente.

2. La providencia de apremio, emitida por el órgano competente, constituye el título ejecutivo suficiente para el inicio del procedimiento de apremio por la Tesorería General de la Seguridad Social y tiene la misma fuerza ejecutiva que las sentencias judiciales para proceder contra los bienes y derechos de los sujetos obligados al pago de la deuda.

En la notificación de la providencia de apremio se advertirá al sujeto responsable de que si la deuda exigida no se ingresa dentro de los quince días siguientes a su recepción o publicación serán exigibles los intereses de demora devengados y se procederá al embargo de sus bienes.

3. El recurso de alzada contra la providencia de apremio solo será admisible por los siguientes motivos, debidamente justificados:

a) Pago.

b) Prescripción.

c) Error material o aritmético en la determinación de la deuda.

d) Condonación, aplazamiento de la deuda o suspensión del procedimiento.

e) Falta de notificación de la reclamación de deuda, cuando esta proceda, del acta de liquidación o de las resoluciones que las mismas o las autoliquidaciones de cuotas originen.

La interposición del recurso suspenderá el procedimiento de apremio, sin necesidad de la presentación de la garantía, hasta la resolución de la impugnación.

4. Si los interesados formularan recurso de alzada o contencioso-administrativo contra actos dictados en el procedimiento ejecutivo distintos de la providencia de apremio, el procedimiento de apremio no se suspenderá si no se realiza el pago de la deuda perseguida, se garantiza con aval suficiente o se consigna su importe, incluidos el recargo, los intereses devengados y un 3 por ciento del principal como cantidad a cuenta de las costas reglamentariamente establecidas, a disposición de la Tesorería General de la Seguridad Social.

5. La ejecución contra el patrimonio del deudor se efectuará mediante el embargo y la realización del valor o, en su caso, la adjudicación de bienes del deudor a la Tesorería General de la Seguridad Social.

El embargo se efectuará en cuantía suficiente para cubrir el principal de la deuda, los recargos y los intereses y costas del procedimiento que se hayan causado y se prevea que se causen hasta la fecha de ingreso o de la adjudicación a favor de la Seguridad Social, con respeto siempre al principio de proporcionalidad.

Si el cumplimiento de la obligación con la Seguridad Social estuviera garantizado mediante aval, prenda, hipoteca o cualquiera otra garantía personal o real, se procederá en primer lugar a ejecutarla, lo que se realizará en todo caso por los órganos de recaudación de la Administración de la Seguridad Social, a través del procedimiento administrativo de apremio.

6. Si el deudor fuese una administración pública, organismo autónomo, entidad pública empresarial o, en general, cualquier entidad de derecho público, el órgano competente de la Tesorería General de la Seguridad Social, transcurridos los plazos a que se refiere el apartado 1, iniciará el procedimiento de deducción, acordando, previa audiencia de la entidad afectada, la retención a favor de la Seguridad Social en la cuantía que corresponda por principal, recargo e intereses, sobre el importe total que con cargo a los Presupuestos Generales del Estado deba transferirse a la entidad deudora, quedando extinguida total o parcialmente la deuda desde que la Tesorería General de la Seguridad Social aplique el importe retenido al pago de la misma.

Solo se iniciará la vía de apremio sobre el patrimonio de estas entidades, en los términos establecidos en el apartado 2, cuando la ley prevea que puedan ostentar la titularidad de bienes embargables. En este caso y una vez definitiva en vía administrativa la providencia de apremio, el órgano competente de la Tesorería General de la Seguridad Social acordará la retención prevista en el párrafo anterior, sin perjuicio de la continuación del procedimiento de apremio sobre los bienes embargables hasta completar el cobro de los débitos.

7. Las costas y gastos que origine la recaudación en vía ejecutiva serán siempre a cargo del sujeto responsable del pago.

8. El Gobierno, a propuesta del titular del Ministerio de Empleo y Seguridad Social, aprobará el procedimiento para el cobro de las deudas con la Seguridad Social en vía de apremio.

9. Lo dispuesto en los apartados anteriores se entiende sin perjuicio de lo especialmente previsto en el artículo 39 y en la normativa reguladora de la jurisdicción contencioso-administrativa.

39. *Tercerías.* 1. Corresponde a la Tesorería General de la Seguridad Social la resolución de las tercerías que se susciten en el procedimiento de apremio. Su interposición ante dicho organismo será requisito previo para que puedan ejercitarse ante los tribunales de la jurisdicción ordinaria.

2. La tercería solo podrá fundarse en el dominio de los bienes embargados al deudor o en el derecho del tercerista a ser reintegrado de su crédito con preferencia al perseguido en el expediente de apremio.

3. Si la tercería fuese de dominio, se suspenderá el procedimiento de apremio hasta que aquella se resuelva y una vez se hayan tomado las medidas de aseguramiento subsiguientes al embargo, según la naturaleza de los bienes. Si fuese de mejor derecho, proseguirá el procedimiento hasta la realización de los bienes y el producto obtenido se consignará en depósito a resultas de la tercería. No será admitida la tercería de dominio después de otorgada la escritura pública, de consumada la venta de los bienes de que se trate o de su adjudicación en pago a la Seguridad Social. La tercería de mejor derecho no se admitirá después de haber recibido el recaudador el precio de la venta.

40. *Deber de información por parte de las personas y entidades sin personalidad, entidades financieras, funcionarios públicos, profesionales oficiales y autoridades.* [48] 1. Las personas físicas o jurídicas, públicas o privadas, así como las entidades sin personalidad, estarán obligadas a proporcionar a la Tesorería General de la Seguridad Social y al Instituto Social de la Marina, cuando así lo requieran, aquellos datos, informes, antecedentes y justificantes con incidencia en las competencias de la Administración de la Seguridad Social, especialmente en el ámbito de la liquidación, control de la cotización y de recaudación de los recursos de la Seguridad Social y demás conceptos de recaudación conjunta.

Especialmente, las personas o entidades depositarias de dinero en efectivo o en cuenta, valores u otros bienes de deudores a la Seguridad Social en situación de apremio, estarán obligadas a informar a la Tesorería General de la Seguridad Social y a cumplir los requerimientos que le sean hechos por la misma en el ejercicio de sus funciones legales.

---

[48] Dada nueva redacción por disposición final 5 apartado 1 de Real Decreto-Ley 2/2021 de 26 de enero de 2021, con vigencia desde 27/01/2021

2. Las obligaciones a que se refiere el apartado anterior deberán cumplirse bien con carácter general o bien a requerimiento individualizado de los órganos competentes de la Administración de la Seguridad Social, en la forma y plazos que reglamentariamente se determinen.

3. El incumplimiento de las obligaciones establecidas en los números anteriores de este artículo no podrá ampararse en el secreto bancario.

Los requerimientos relativos a los movimientos de cuentas corrientes, depósitos de ahorro y a plazo, cuentas de préstamos y créditos y demás operaciones activas o pasivas de los bancos, cajas de ahorro, cooperativas de crédito y cuantas personas físicas o jurídicas se dediquen al tráfico bancario o crediticio, se efectuarán previa autorización del titular de la Dirección General de la Tesorería General de la Seguridad Social o, en su caso, y en las condiciones que reglamentariamente se establezcan, el titular de la Dirección Provincial de la Tesorería General de la Seguridad Social competente, y deberán precisar las operaciones objeto de investigación, los sujetos pasivos afectados y el alcance de la misma en cuanto al período de tiempo a que se refieren.

4. Los funcionarios públicos, incluidos los profesionales oficiales, están obligados a colaborar con la Administración de la Seguridad Social suministrando toda clase de información de que dispongan, siempre que sea necesaria para el cumplimiento de las funciones de la Administración de la Seguridad Social, especialmente respecto de la liquidación, control de la cotización y la recaudación de recursos de la Seguridad Social y demás conceptos de recaudación conjunta, salvo que sea aplicable:

a) El secreto del contenido de la correspondencia.

b) El secreto de los datos que se hayan suministrado a la Administración pública para una finalidad exclusivamente estadística.

c) El secreto del protocolo notarial, que abarcará los instrumentos públicos a que se refieren los artículos 34 y 35 de la Ley de 28 de mayo de 1862, del Notariado, y los relativos a cuestiones matrimoniales, con excepción de los referentes al régimen económico de la sociedad conyugal.

5. La obligación de los profesionales de facilitar información de transcendencia recaudatoria a la Administración de la Seguridad Social no alcanzará a los datos privados no patrimoniales que conozcan por razón del ejercicio de su actividad, cuya revelación atente al ho-

nor o a la intimidad personal o familiar de las personas. Tampoco alcanzará a aquellos datos confidenciales de sus clientes de los que tengan conocimiento como consecuencia de la prestación de servicios profesionales de asesoramiento o defensa.

Los profesionales no podrán invocar el secreto profesional a efectos de impedir la comprobación de su propia cotización a la Seguridad Social.

A efectos del artículo octavo, apartado uno, de la Ley Orgánica 1/1982, de 5 de mayo, de protección civil del derecho al honor, a la intimidad personal y familiar y a la propia imagen, se considerará autoridad competente al titular del Ministerio de Inclusión, Seguridad Social y Migraciones, a los titulares de los órganos y centros directivos de la Secretaría de Estado de la Seguridad Social y Pensiones y del Organismo Estatal Inspección de Trabajo y Seguridad Social así como al titular de la Dirección General y a los titulares de las direcciones provinciales de la Tesorería General de la Seguridad Social.

6. La cesión de aquellos datos de carácter personal que se deba efectuar a la Administración de la Seguridad Social conforme a lo dispuesto en este artículo o, en general, en cumplimiento del deber de colaborar con la Administración de la Seguridad Social para el desempeño de cualquiera de sus funciones, especialmente respecto de la efectiva liquidación, control de la cotización, recaudación de los recursos de la Seguridad Social y de los conceptos de recaudación conjunta con las cuotas de la Seguridad Social, no requerirá el consentimiento del afectado.

A los efectos señalados en el párrafo anterior, así como respecto de la cesión de datos de carácter no personal, las autoridades, cualquiera que sea su naturaleza, los titulares de los órganos del Estado, de las comunidades autónomas y de las entidades locales; los organismos autónomos, las agencias y las entidades públicas empresariales; las autoridades laborales; las cámaras y corporaciones, colegios y asociaciones profesionales; las mutualidades de previsión social; las demás entidades públicas y quienes, en general, ejerzan o colaboren en el ejercicio de funciones públicas, estarán obligados a suministrar a la Administración de la Seguridad Social cuantos datos, informes y antecedentes precise esta para el adecuado ejercicio de cualquiera de las funciones de la Administración de la Seguridad Social, especialmente respecto de sus funciones liquidatorias, de control de la cotización y recaudatorias, mediante disposiciones de carácter general o a través de requerimientos concretos y a prestarle, a ella y a su personal, apoyo, concurso, auxilio y protección para el ejercicio de sus competencias.

La cesión de datos a que se refiere este artículo se instrumentará preferentemente por medios informáticos. A tal efecto la Administración de la Seguridad Social podrá recabar a través de sus redes corporativas o mediante consulta a las plataformas de intermediación de datos u otros sistemas habilitados al efecto, los datos o la información necesaria para la tramitación de los procedimientos que resulten de su competencia.

7. Los datos, informes y antecedentes suministrados conforme a lo dispuesto en este artículo únicamente serán tratados en el marco de las funciones de la Administración de la Seguridad Social, especialmente en el ámbito de control de la cotización y de recaudación de los recursos del sistema de Seguridad Social, así como de sus funciones estadísticas, sin necesidad del consentimiento de los afectados y sin perjuicio de lo dispuesto en el artículo 77 de esta ley.

41. *Levantamiento de bienes embargables.* Las personas o entidades depositarias de bienes embargables que, con conocimiento previo del embargo practicado por la Seguridad Social, conforme al procedimiento administrativo de apremio reglamentariamente establecido, colaboren o consientan en el incumplimiento de las órdenes de embargo o en el levantamiento de los bienes, serán responsables solidarios del pago de la deuda hasta el importe del valor de los bienes que se hubieran podido embargar o enajenar.

CAPÍTULO IV
Acción protectora

Sección 1ª
Disposiciones generales

42. *Acción protectora del sistema de la Seguridad Social.* 1. La acción protectora del sistema de la Seguridad Social comprenderá [49] :

a) La asistencia sanitaria en los casos de maternidad, de enfermedad común o profesional y de accidente, sea o no de trabajo. [50]

b) La recuperación profesional, cuya procedencia se aprecie en cualquiera de los casos que se mencionan en la letra anterior.

c) Las prestaciones económicas en las situaciones de incapacidad temporal; nacimiento y cuidado de menor; riesgo durante el embarazo; riesgo durante la lactancia natural; ejercicio corresponsable del cuidado del lactante; cuidado de menores afectados por cáncer u otra enfermedad grave; incapacidad permanente contributiva e incapacidad no contributiva; jubilación, en sus modalidades contributiva y no contributiva; desempleo, en sus niveles contributivo y asistencial; protección por cese de actividad; pensión de viudedad; prestación temporal de viudedad; pensión de orfandad; prestación de orfandad; pensión en favor de familiares; subsidio en favor de familiares; auxilio por defunción; indemnización en caso de muerte por accidente de trabajo o enfermedad profesional; ingreso mínimo vital, así como las que se otorguen en las contingencias y situaciones especiales que reglamentariamente se determinen por real decreto, a propuesta del titular del Ministerio competente [51] . [52]

---

[49] Véase Ley 14/1986, de 25 abril, General de Sanidad

[50] Véase Ley 41/2002, de 14 noviembre, reguladora de la autonomía del paciente y de derechos y obligaciones en materia de información y documentación clínica

[51] Véase RD 357/1991, de 15 marzo, por el que se desarrolla en materia de pensiones no contributivas la Ley 26/1990, de 20 diciembre, por la que se establecen en la Seguridad Social prestaciones no contributivas

[52] Dada nueva redacción apartado 1 apartado c por disposición adicional única de Ley 2/2025 de 29 de abril de 2025, sustituyendo «invalidez no contributiva» por «incapacidad no contributiva», con vigencia desde 01/05/2025

d) Las prestaciones familiares de la Seguridad Social, en sus modalidades contributiva y no contributiva [53] .

e) Las prestaciones de servicios sociales que puedan establecerse en materia de formación y rehabilitación de personas con discapacidad y de asistencia a las personas mayores, así como en aquellas otras materias en que se considere conveniente.

2. Igualmente, y como complemento de las prestaciones comprendidas en el apartado anterior, podrán otorgarse los beneficios de la asistencia social.

3. La acción protectora comprendida en los apartados anteriores establece y limita el ámbito de extensión posible del Régimen General y de los especiales de la Seguridad Social, así como de las prestaciones no contributivas.

4. Cualquier prestación de carácter público que tenga como finalidad complementar, ampliar o modificar las prestaciones contributivas de la Seguridad Social, forma parte del sistema de la Seguridad Social y está sujeta a los principios recogidos en el artículo 2.

Lo previsto en el párrafo anterior se entiende sin perjuicio de las ayudas de otra naturaleza que, en el ejercicio de sus competencias, puedan establecer las comunidades autónomas en beneficio de los pensionistas residentes en ellas. [54]

43. *Mejoras voluntarias.* 1. La modalidad contributiva de la acción protectora que el sistema de la Seguridad Social otorga a las personas comprendidas en el artículo 7.1 podrá ser mejorada voluntariamente en la forma y condiciones que se establezcan en las normas reguladoras del Régimen General y de los regímenes especiales.

2. Sin otra excepción que el establecimiento de mejoras voluntarias, conforme a lo previsto en el apartado anterior, la Seguridad Social no podrá ser objeto de contratación colectiva. [55]

44. *Caracteres de las prestaciones.* 1. Las prestaciones de la Seguridad Social, así como los beneficios de sus servicios sociales y de la

---

[53] Véase RD 1335/2005, de 11 noviembre, por el que se regulan las prestaciones familiares de la Seguridad Social
[54] Véase art. 43 CE
[55] Véase art. 85.1 ET

asistencia social, no podrán ser objeto de retención, sin perjuicio de lo previsto en el apartado 2, cesión total o parcial, compensación o descuento, salvo en los dos casos siguientes:

a) En orden al cumplimiento de las obligaciones alimenticias a favor del cónyuge e hijos. [56]

b) Cuando se trate de obligaciones contraídas por el beneficiario dentro de la Seguridad Social.

En materia de embargo se estará a lo establecido en la Ley de Enjuiciamiento Civil. [57]

2. Las percepciones derivadas de la acción protectora de la Seguridad Social estarán sujetas a tributación en los términos establecidos en las normas reguladoras de cada impuesto. [58]

3. No podrá ser exigida ninguna tasa fiscal, ni derecho de ninguna clase, en cuantas informaciones o certificaciones hayan de facilitar los correspondientes organismos de la Administración de la Seguridad Social, y los organismos administrativos, judiciales o de cualquier otra clase, en relación con las prestaciones y beneficios a que se refiere el apartado 1.

45. *Responsabilidad en orden a las prestaciones.* 1. Las entidades gestoras de la Seguridad Social serán responsables de las prestaciones cuya gestión les esté atribuida, siempre que se hayan cumplido los requisitos generales y particulares exigidos para causar derecho a las mismas en las normas establecidas en esta ley y en las específicas que sean aplicables a los distintos regímenes especiales.

2. Para la imputación de responsabilidades en orden a las prestaciones contributivas, a entidades o personas distintas de las determinadas en el apartado anterior, se estará a lo dispuesto en la presente ley, en sus disposiciones de desarrollo y aplicación o en las normas reguladoras de los regímenes especiales.

46. *Pago de las pensiones contributivas derivadas de contingencias comunes y de las pensiones no contributivas.* 1. Las pensiones contribu-

---

[56] Téngase en cuenta que, según el art. 44 CC, el matrimonio tendrá los mismos requisitos y efectos cuando ambos contrayentes sean del mismo o de diferente sexo

[57] Véase art. 607 LEC

[58] Véanse arts. 7 f) h) n) y 17.1 y 2 Ley 35/2006, de 28 noviembre, del Impuesto sobre la Renta de las Personas Físicas

tivas derivadas de contingencias comunes de cualquiera de los regímenes que integran el sistema de la Seguridad Social serán satisfechas en catorce pagas, correspondientes a cada uno de los meses del año y dos pagas extraordinarias que se devengarán en los meses de junio y noviembre.

2. Asimismo, el pago de las pensiones no contributivas de invalidez y jubilación se fraccionará en catorce pagas, correspondientes a cada uno de los meses del año y dos pagas extraordinarias que se devengarán en los meses de junio y noviembre. [59]

Sección 2ª
Reconocimiento, determinación y mantenimiento del derecho a las prestaciones

47. *Requisito de estar al corriente en el pago de las cotizaciones.* [60]

1. En el caso de trabajadores que sean responsables del ingreso de cotizaciones, para el reconocimiento de las correspondientes prestaciones económicas de la Seguridad Social será necesario que el causante se encuentre al corriente en el pago de las cotizaciones de la Seguridad Social, aunque la correspondiente prestación sea reconocida, como consecuencia del cómputo recíproco de cotizaciones, en un régimen de trabajadores por cuenta ajena.

A tales efectos, será de aplicación el mecanismo de invitación al pago previsto en el artículo 28.2 del Decreto 2530/1970, de 20 de agosto, por el que se regula el Régimen Especial de la Seguridad Social de los Trabajadores por Cuenta Propia o Autónomos, cualquiera que sea el régimen de la Seguridad Social en que el interesado estuviese incorporado en el momento de acceder a la prestación o en el que se cause esta.

2. Cuando al interesado se le haya considerado al corriente en el pago de las cotizaciones a efectos del reconocimiento de una prestación en virtud de un aplazamiento en el pago de las cuotas adeudadas, pero

---

[59] Véanse RD 771/1997, de 30 mayo, por el que se establecen reglas de determinación de los importes de las pagas extraordinarias de las pensiones de la Seguridad Social y O de 25 junio2001, para su aplicación y desarrollo

[60] Téngase en cuenta que la STC Pleno 61/2018, de 6 junio 2018, anula, desde el 7 julio 2018, la nueva redacción dada por el RDL 5/2013, de 15 marzo a la disp. adic. 39ª RDLeg. 1/1994 de 20 junio 1994, que ha sido refundida en este artículo

posteriormente incumpla los plazos o condiciones de dicho aplazamiento, perderá la consideración de hallarse al corriente en el pago y, en consecuencia, se procederá a la suspensión inmediata de la prestación reconocida que estuviere percibiendo, la cual solamente podrá ser rehabilitada una vez que haya saldado la deuda con la Seguridad Social en su totalidad. A tal fin, de conformidad con lo establecido en elartículo 44.1.b), la entidad gestora de la prestación podrá detraer de cada mensualidad devengada por el interesado la correspondiente cuota adeudada.

3. A efectos del reconocimiento del derecho a una pensión, las cotizaciones correspondientes al mes del hecho causante de la pensión y a los dos meses previos a aquel, cuyo ingreso aún no conste como tal en los sistemas de información de la Seguridad Social, se presumirán ingresadas sin necesidad de que el interesado lo tenga que acreditar documentalmente. En estos supuestos, la entidad gestora revisará, con periodicidad anual, todas las pensiones reconocidas durante el ejercicio inmediato anterior bajo la presunción de situación de estar al corriente para verificar el ingreso puntual y efectivo de esas cotizaciones. De no haberse producido el mismo, se procederá inmediatamente a la suspensión del pago de la pensión, aplicándose las mensualidades retenidas a la amortización de las cuotas adeudadas hasta su total extinción, rehabilitándose el pago de la pensión a partir de ese momento.

Lo previsto en el párrafo anterior será de aplicación siempre que el trabajador acredite el periodo mínimo de cotización exigible, sin computar a estos efectos el periodo de tres meses referido en el mismo.

48. *Transformación de los plazos en días.* Para el acceso a las pensiones de la Seguridad Social, así como para la determinación de su cuantía, los plazos señalados en la presente ley en años, semestres, trimestres o meses, serán objeto de adecuación a días mediante las correspondientes equivalencias.

49. *Efecto de las cotizaciones superpuestas en varios regímenes en orden a las pensiones de la Seguridad Social.* Cuando se acrediten cotizaciones a varios regímenes y no se cause derecho a pensión en uno de ellos, las bases de cotización acreditadas en este último en régimen de pluriactividad podrán ser acumuladas a las del régimen en que se cause la pensión, exclusivamente para la determinación de la base reguladora de la misma, sin que la suma de las bases pueda exceder del límite máximo de cotización vigente en cada momento.

50. *Cómputo de ingresos a efectos del reconocimiento o mantenimiento del derecho a prestaciones.* Cuando se exija, legal o reglamentariamente, la no superación de un determinado límite de ingresos para el acceso o el mantenimiento del derecho a prestaciones comprendidas en el ámbito de la acción protectora de esta ley, distintas de las pensiones no contributivas y de las prestaciones por desempleo, se considerarán como tales ingresos los rendimientos del trabajo, del capital y de actividades económicas y las ganancias patrimoniales, en los mismos términos en que son computados en el artículo 59.1 para el reconocimiento de los complementos por mínimos de pensiones.

50 bis. *Resolución provisional de pensiones reconocidas al amparo de normas internacionales.* [61] 1. Cuando durante la tramitación de una solicitud de pensión al amparo de una norma internacional se compruebe que el solicitante reúne todos los requisitos para acceder a la pensión computando únicamente las cotizaciones efectuadas en España, se reconocerá el derecho a dicha pensión sin necesidad de esperar a conocer los periodos de seguro certificados por los demás estados afectados. Este reconocimiento será provisional y puede verse afectado por los periodos de seguro certificados o por las resoluciones adoptadas por los estados afectados recibidas con posterioridad a esta resolución. Recibida la citada certificación, se dictará resolución definitiva confirmando la resolución provisional o modificándola, en caso de que la cuantía de la pensión resultante de totalizar dichos periodos varíe respecto de la de la pensión reconocida provisionalmente.

2. Lo establecido en el apartado anterior será igualmente aplicable a las pensiones que se reconozcan a prorrata temporis como consecuencia del cómputo de periodos que el otro Estado haya certificado expresamente como provisionales.

51. *Residencia a efectos de prestaciones y de complementos por mínimos.* 1. Los beneficiarios de prestaciones económicas, o de com-

---

[61] Añadido por art. único apartado 3 de Real Decreto-Ley 2/2023 de 16 de marzo de 2023, con vigencia desde 17/06/2023

plementos por mínimos, cuyo disfrute se encuentre condicionado a la residencia efectiva en España podrán ser citados a comparecencia en las oficinas de la entidad gestora competente con la periodicidad que esta determine.

2. A efectos del mantenimiento del derecho a las prestaciones económicas de la Seguridad Social, o a los complementos por mínimos, para cuya percepción se exija la residencia en territorio español, se entenderá que el beneficiario tiene su residencia habitual en España aun cuando haya tenido estancias en el extranjero, siempre que estas no superen los noventa días naturales a lo largo de cada año natural, o cuando la ausencia del territorio español esté motivada por causas de enfermedad debidamente justificadas.

No obstante lo dispuesto en el párrafo anterior, a efectos de las prestaciones y subsidios por desempleo, será de aplicación lo que determine su normativa específica.

3. Para el mantenimiento del derecho a las prestaciones sanitarias en las que se exija la residencia en territorio español, se entenderá que el beneficiario de dichas prestaciones tiene su residencia habitual en España aun cuando haya tenido estancias en el extranjero, siempre que estas no superen los noventa días naturales a lo largo de cada año natural.

52. *Adopción de medidas cautelares.* 1. El incumplimiento por parte de los beneficiarios o causantes de las prestaciones económicas del sistema de la Seguridad Social de la obligación de presentar, en los plazos establecidos, declaraciones preceptivas, documentos, antecedentes, justificantes o datos que no obren en la entidad gestora, cuando a ello sean requeridos, siempre que los mismos puedan afectar a la conservación del derecho a las prestaciones, o al complemento por mínimos, podrá dar lugar a que por las entidades gestoras de la Seguridad Social se suspenda cautelarmente el abono de las citadas prestaciones o del complemento hasta que quede debidamente acreditado, por los citados beneficiarios o causantes, que se cumplen los requisitos legales imprescindibles para el mantenimiento del derecho a aquellos.

2. Asimismo, la incomparecencia de los beneficiarios de prestaciones económicas del sistema de la Seguridad Social, o del complemento por mínimos, cuyo disfrute se encuentre condicionado a la residencia efectiva en España, cuando sean citados por la entidad gestora competente de conformidad con lo previsto en el artículo 51.1, podrá

dar lugar a la suspensión cautelar del abono de la prestación o del complemento.

3. Si se presenta la información solicitada o se comparece transcurrido el plazo fijado, se producirá la rehabilitación de la prestación o, en su caso, del complemento por mínimos, cuando concurran los requisitos para el mantenimiento del derecho, con una retroactividad máxima de noventa días naturales.

4. Lo previsto en los apartados anteriores se entiende sin perjuicio de lo establecido en el artículo 47.1.d) del texto refundido de la Ley sobre Infracciones y Sanciones en el Orden Social, aprobado por el Real Decreto Legislativo 5/2000, de 4 de agosto. [62]

Sección 3ª
Prescripción, caducidad y reintegro de prestaciones indebidas

53. *Prescripción.* 1. El derecho al reconocimiento de las prestaciones prescribirá a los cinco años, contados desde el día siguiente a aquel en que tenga lugar el hecho causante de la prestación de que se trate, sin perjuicio de las excepciones que se determinen en la presente ley y de que los efectos de tal reconocimiento se produzcan a partir de los tres meses anteriores a la fecha en que se presente la correspondiente solicitud.

Si el contenido económico de las prestaciones ya reconocidas resultara afectado con ocasión de solicitudes de revisión de las mismas, los efectos económicos de la nueva cuantía tendrán una retroactividad máxima de tres meses desde la fecha de presentación de dicha solicitud. Esta regla de retroactividad máxima no operará en los supuestos de rectificación de errores materiales, de hecho o aritméticos ni cuando de la revisión derive la obligación de reintegro de prestaciones indebidas a la que se refiere el artículo 55.

2. La prescripción se interrumpirá por las causas ordinarias del artículo 1973 del Código Civil y, además, por la reclamación ante la Administración de la Seguridad Social o el Ministerio de Empleo y Seguridad Social, así como en virtud de expediente que tramite la

[62] Lo establecido en esta disposición será de aplicación a las prestaciones correspondientes gestionadas por MUFACE, ISFAS y MUGEJU, conforme a la disp. adic. 15ª Ley 24/2001 de 27 diciembre

Inspección de Trabajo y Seguridad Social en relación con el caso de que se trate.

3. En el supuesto de que se entable acción judicial contra un presunto culpable, criminal o civilmente, la prescripción quedará en suspenso mientras aquella se tramite, volviendo a contarse el plazo desde la fecha en que se notifique el auto de sobreseimiento o desde que la sentencia adquiera firmeza.

54. *Caducidad.* 1. El derecho al percibo de las prestaciones a tanto alzado y por una sola vez caducará al año, a contar desde el día siguiente al de haber sido notificada en forma al interesado su reconocimiento.

2. Cuando se trate de prestaciones periódicas, el derecho al percibo de cada mensualidad caducará al año de su respectivo vencimiento.

55. *Reintegro de prestaciones indebidas.* 1. Los trabajadores y las demás personas que hayan percibido indebidamente prestaciones de la Seguridad Social vendrán obligados a reintegrar su importe. [63]

2. Quienes por acción u omisión hayan contribuido a hacer posible la percepción indebida de una prestación responderán subsidiariamente con los perceptores, salvo buena fe probada, de la obligación de reintegrar que se establece en el apartado anterior. [64]

3. La obligación de reintegro del importe de las prestaciones indebidamente percibidas prescribirá a los cuatro años, contados a partir de la fecha de su cobro, o desde que fue posible ejercitar la acción para exigir su devolución, con independencia de la causa que originó la percepción indebida, incluidos los supuestos de revisión de las prestaciones por error imputable a la entidad gestora [65] .

4. Lo dispuesto en este artículo se entiende sin perjuicio de la responsabilidad administrativa o penal que legalmente corresponda.

---

[63] Véase RD 148/1996, de 5 febrero, por el que se regula el procedimiento especial para el reintegro de las prestaciones de la Seguridad Social indebidamente percibidas

[64] Véanse arts. 24, 25, 26 y 47 LISOS

[65] Véase art. 80 RD 1415/2004, de 11 junio, por el que se aprueba el Reglamento General de Recaudación de la Seguridad Social

Sección 4ª
Revalorización, importes máximos y mínimos de pensiones y complemento de maternidad por aportación demográfica a la Seguridad Social

Subsección 1ª
Disposiciones comunes

56. *Consideración como pensiones públicas.* Las pensiones abonadas por el Régimen General y los regímenes especiales, así como las no contributivas de la Seguridad Social, tendrán, a efectos de lo previsto en la presente sección, la consideración de pensiones públicas, a tenor de lo establecido en el artículo 42 de la Ley 37/1988, de 28 de diciembre, de Presupuestos Generales del Estado para 1989.

Subsección 2ª
Pensiones contributivas

57. *Limitación de la cuantía inicial de las pensiones.* [66] El importe inicial de las pensiones contributivas de la Seguridad Social no podrá superar la cuantía íntegra mensual que establezca anualmente la correspondiente Ley de Presupuestos Generales del Estado [67].

Cuando el importe inicial de la pensión quede limitado en el ejercicio en el que se cause en la cuantía máxima de las pensiones contributivas establecida en el párrafo anterior, dicho importe se revalorizará el año siguiente mediante la aplicación del porcentaje previsto en el artículo 58.2 y las sucesivas revalorizaciones anuales se efectuarán sobre el importe resultante de la revalorización del año anterior.

---

[66] Dada nueva redacción por art. único apartado 4 de Real Decreto-Ley 2/2023 de 16 de marzo de 2023, con vigencia desde 01/01/2025

[67] Véase: - para 2025, el art. 64 RDL 1/2025, de 28 enero, que establece el límite máximo de 3.267,60 euros mensuales o 45.746,40 euros anuales. Así como los arts. 3 y 4 RD 316/2025 de 15 abril; - para 2024, art. 78.1, párrafo 4.º RDL 8/2023, de 27 diciembre, que establece el límite máximo de 3.175,04 euros mensuales o 44.450,56 euros anuales

En el caso de pensiones concurrentes, la suma de todas ellas no podrá superar el importe de la cuantía máxima vigente en la fecha del hecho causante de la nueva pensión, sin perjuicio de las revalorizaciones ulteriores conforme al artículo 58.2.

Si se extinguiera una de las pensiones concurrentes, la suma de las restantes no podrá superar la cuantía máxima vigente en el ejercicio en el que se reconoció la última pensión en vigor, sin perjuicio de las revalorizaciones ulteriores.

58. *Revalorización y garantía de mantenimiento del poder adquisitivo de las pensiones.* [68] 1. Las pensiones contributivas de la Seguridad Social mantendrán su poder adquisitivo en los términos previstos en esta ley [69].

2. A estos efectos, todas las pensiones de Seguridad Social, en su modalidad contributiva, incluido el complemento de brecha de género, se revalorizarán al comienzo de cada año en el porcentaje equivalente al valor medio de las tasas de variación interanual expresadas en tanto por ciento del Índice de Precios al Consumo de los doce meses previos a diciembre del año anterior [70].

En ese mismo porcentaje se actualizarán anualmente en la correspondiente Ley de Presupuestos Generales del Estado la cuantía máxima de las pensiones a que se refiere el artículo 57 y la cuantía mínima de las pensiones prevista en el artículo 59. [71]

3. Si el valor medio al que se refiere el apartado anterior fuera negativo, el importe de las pensiones no variará al comienzo del año.

Apartado 4 (Derogado) [72]

---

[68] Dada nueva redacción por art. 1 apartado 1 de Ley 21/2021 de 28 de diciembre de 2021, con vigencia desde 01/01/2022

[69] Véase disp. adic. 39ª de la presente Ley

[70] Véase: - para 2025, el art. 65.1 RDL 1/2025, de 28 enero, que establece una revalorización del 2,8 por ciento. Así como los arts. 6 y 7 RD 316/2025 de 15 abril; - para 2024, el art. 78.1 RDL 8/2023, de 27 diciembre, que establece una revalorización del 3,8 por ciento

[71] Dada nueva redacción apartado 2 por art. único apartado 5 de Real Decreto-Ley 2/2023 de 16 de marzo de 2023, con vigencia desde 01/01/2024

[72] Derogado apartado 4 por disposición derogatoria única apartado 3 de Real Decreto-Ley 2/2023 de 16 de marzo de 2023, con vigencia desde 01/01/2025

5. La revalorización de pensiones reconocidas en virtud de normas internacionales de las que esté a cargo de la Seguridad Social española un tanto por ciento de su cuantía teórica se llevará a cabo aplicando dicho tanto por ciento al incremento que hubiera correspondido de hallarse a cargo de la Seguridad Social española el cien por cien de la citada pensión. [73]

59. *Complementos para pensiones inferiores a la mínima.* [74] 1. Los beneficiarios de pensiones contributivas del sistema de la Seguridad Social que no perciban rendimientos del trabajo, del capital, de actividades económicas, de régimen de atribución de rentas y ganancias patrimoniales, de acuerdo con el concepto establecido para dichas rentas en el Impuesto sobre la Renta de las Personas Físicas, o que, percibiéndolos, no excedan de la cuantía que anualmente establezca la correspondiente Ley de Presupuestos Generales del Estado, tendrán derecho a percibir los complementos necesarios para alcanzar la cuantía mínima de las pensiones, siempre que residan en territorio español en los términos que legal o reglamentariamente se determinen [75].

Los complementos por mínimos serán incompatibles con la percepción por el pensionista de los rendimientos indicados en el párrafo anterior cuando la suma de todas las percepciones mencionadas, excluida la pensión que se vaya a complementar, exceda el límite fijado en la correspondiente Ley de Presupuestos Generales del Estado para cada ejercicio.

A efectos del reconocimiento de los complementos por mínimos de las pensiones contributivas de la Seguridad Social, de los rendimientos íntegros procedentes del trabajo, de capital y de actividades económicas percibidos por el pensionista y computados en los términos establecidos en la legislación fiscal, se excluirán los gastos deducibles de acuerdo con dicha legislación.

---

[73] Añadido apartado 5 por art. único apartado 5 de Real Decreto-Ley 2/2023 de 16 de marzo de 2023, con vigencia desde 18/03/2023

[74] Dada nueva redacción por art. único apartado 6 de Real Decreto-Ley 2/2023 de 16 de marzo de 2023, con vigencia desde 18/03/2023

[75] Véanse la disp. trans. 27ª de la presente Ley y el art. 10 RD 1716/2012 de 28 diciembre. Asimismo véanse en cuanto a cuantías mínimas y límite de ingresos para su reconocimiento: - para 2025, art. 65.3 y 9 y los importes que se especifican en el anexo I RDL 1/2025, de 28 enero. Así como los arts. 8, 9, 10 y 16 RD 316/2025, de 15 abril; - para 2024, art. 78.3 y 10 y anexo IV RDL 8/2023, de 27 diciembre

2. A las pensiones prorrateadas reconocidas en virtud de normas internacionales, una vez revalorizadas conforme a lo dispuesto en el artículo 58.5, se les añadirá, cuando proceda, el complemento por mínimos que corresponda. Dicho complemento consistirá en la diferencia entre la cuantía resultante de aplicar el tanto por ciento a cargo de la Seguridad Social española a la cuantía mínima establecida en cada ejercicio para la pensión de que se trate y la suma de la pensión prorrateada española más el importe de las pensiones públicas extranjeras que tenga reconocidas el beneficiario en el caso de que sean concurrentes.

3. Si después de haber aplicado lo dispuesto en el apartado anterior la suma de los importes de las pensiones reconocidas al amparo de una norma internacional y, en su caso, del importe del complemento, calculado según lo previsto en el apartado anterior, fuese inferior al importe mínimo de la pensión de que se trate vigente en cada momento en España, se garantizará al beneficiario, en tanto resida en territorio español y reúna los requisitos exigidos al efecto, la diferencia entre la suma de las pensiones reconocidas, españolas y extranjeras, y el referido importe mínimo. A estos efectos, las cuantías fijas del extinguido Seguro Obligatorio de Vejez e Invalidez tendrán la consideración de importes mínimos.

4. El importe de los complementos en ningún caso podrá superar la cuantía establecida en cada ejercicio para las pensiones no contributivas de jubilación e invalidez. Cuando exista cónyuge a cargo del pensionista, el importe de tales complementos no podrá rebasar la cuantía que correspondería a la pensión no contributiva por aplicación de lo establecido en el artículo 364.1.a) para las unidades económicas en las que concurran dos beneficiarios con derecho a pensión.

Cuando la pensión de orfandad se incremente en la cuantía de la pensión de viudedad, el límite del importe de los complementos por mínimos a que se refiere el párrafo anterior solo quedará referido al de la pensión de viudedad que genera el incremento de la pensión de orfandad.

Los pensionistas de gran incapacidad que tengan reconocido el complemento destinado a remunerar a la persona que les atiende no resultarán afectados por los límites establecidos en este apartado. [76]

60. *Complemento de pensiones contributivas para la reducción de la brecha de género.* [77] [78]

1. Las mujeres que hayan tenido uno o más hijos o hijas y que sean beneficiarias de una pensión contributiva de jubilación, de incapacidad permanente o de viudedad, tendrán derecho a un complemento por cada hijo o hija, debido a la incidencia que, con carácter general, tiene la brecha de género en el importe de las pensiones contributivas de la Seguridad Social de las mujeres. El derecho al complemento por cada hijo o hija se reconocerá o mantendrá a la mujer siempre que no medie solicitud y reconocimiento del complemento en favor del otro progenitor y si este otro es también mujer, se reconocerá a aquella que sea titular de pensiones públicas cuya suma sea de menor cuantía.

Para que los hombres puedan tener derecho al reconocimiento del complemento deberá concurrir alguno de los siguientes requisitos:

a) Tener reconocida una pensión de viudedad por el fallecimiento del otro progenitor de los hijos o hijas en común, siempre que alguno de ellos tenga derecho a percibir una pensión de orfandad.

b) Causar una pensión contributiva de jubilación o incapacidad permanente y haber interrumpido o haber visto afectada su carrera profesional con ocasión del nacimiento o adopción, con arreglo a las siguientes condiciones:

1.ª En el supuesto de hijos o hijas nacidos o adoptados hasta el 31 de diciembre de 1994, tener más de ciento veinte días sin cotización entre los nueve meses anteriores al nacimiento y los tres años posteriores a dicha fecha o, en caso de adopción, entre la fecha de la resolución judicial por la que se constituya y los tres años siguientes, siempre que

---

[76] Dada nueva redacción apartado 4 párrafo 3 por disposición adicional única de Ley 2/2025 de 29 de abril de 2025, sustituyendo «gran invalidez» por «gran incapacidad», con vigencia desde 01/05/2025

[77] Dada nueva redacción por art. 1 apartado 1 de Real Decreto-Ley 3/2021 de 2 de febrero de 2021, con vigencia desde 04/02/2021

[78] Téngase en cuenta que el complemento regulado por este artículo se reconocerá a las pensiones causadas a partir del 4 febrero 2021, conforme a la disp. adic. 1.ª RDL 3/2021 de 2 febrero

la suma de las cuantías de las pensiones reconocidas sea inferior a la suma de las pensiones que le corresponda a la mujer.

2.ª En el supuesto de hijos o hijas nacidos o adoptados desde el 1 de enero de 1995, que la suma de las bases de cotización de los veinticuatro meses siguientes al del nacimiento o al de la resolución judicial por la que se constituya la adopción sea inferior, en más de un 15 por ciento, a la de los veinticuatro meses inmediatamente anteriores, siempre que la cuantía de las sumas de las pensiones reconocidas sea inferior a la suma de las pensiones que le corresponda a la mujer.

3.ª En cualquiera de los supuestos a que se refieren las condiciones 1.ª y 2.ª para el cálculo de períodos cotizados y de bases de cotización no se tendrán en cuenta los beneficios en la cotización establecidos en el artículo 237.

4.ª Si los dos progenitores son hombres y se dan las condiciones anteriores en ambos, se reconocerá a aquel que sea titular de pensiones públicas cuya suma sea de menor cuantía.

5.ª El requisito, para causar derecho al complemento, de que la suma de las pensiones reconocidas sea inferior a la suma de las pensiones que le corresponda al otro progenitor se exigirá en el momento en que ambos progenitores causen derecho a una prestación contributiva en los términos previstos en la norma. [79]

2. El reconocimiento del complemento al segundo progenitor supondrá la extinción del complemento ya reconocido al primer progenitor y producirá efectos económicos el primer día del mes siguiente al de la resolución, siempre que la misma se dicte dentro de los seis meses siguientes a la solicitud o, en su caso, al reconocimiento de la pensión que la cause; pasado este plazo, los efectos se producirán desde el primer día del séptimo mes.

Antes de dictar la resolución reconociendo el derecho al segundo progenitor se dará audiencia al que viniera percibiendo el complemento.

3. Este complemento tendrá a todos los efectos naturaleza jurídica de pensión pública contributiva.

El importe del complemento por hijo o hija se fijará en la correspondiente Ley de Presupuestos Generales del Estado. La cuantía a percibir estará limitada a cuatro veces el importe mensual fijado por

[79] Dada nueva redacción apartado 1 por art. único apartado 7 de Real Decreto-Ley 2/2023 de 16 de marzo de 2023, con vigencia desde 18/03/2023

hijo o hija y será incrementada al comienzo de cada año en el mismo porcentaje previsto en la correspondiente Ley de Presupuestos Generales del Estado para las pensiones contributivas [80].

La percepción del complemento estará sujeta además a las siguientes reglas:

a) Cada hijo o hija dará derecho únicamente al reconocimiento de un complemento.

A efectos de determinar el derecho al complemento, así como su cuantía, únicamente se computarán los hijos o hijas que con anterioridad al hecho causante de la pensión correspondiente hubieran nacido con vida o hubieran sido adoptados.

b) No se reconocerá el derecho al complemento al padre o a la madre que haya sido privado de la patria potestad por sentencia fundada en el incumplimiento de los deberes inherentes a la misma o dictada en causa criminal o matrimonial.

Tampoco se reconocerá el derecho al complemento al padre que haya sido condenado por violencia contra la mujer, en los términos que se defina por la ley o por los instrumentos internacionales ratificados por España, ejercida sobre la madre, ni al padre o a la madre que haya sido condenado o condenada por ejercer violencia contra los hijos o hijas.

c) El complemento será satisfecho en catorce pagas, junto con la pensión que determine el derecho al mismo.

d) El importe del complemento no será tenido en cuenta en la aplicación del límite máximo de pensiones previsto en los artículos 57 y 58.7.

e) El importe de este complemento no tendrá la consideración de ingreso o rendimiento de trabajo en orden a determinar si concurren los requisitos para tener derecho al complemento por mínimos previsto en el artículo 59. Cuando concurran dichos requisitos, se reconocerá la cuantía mínima de pensión según establezca anualmente la correspondiente Ley de Presupuestos Generales del Estado. A este importe se sumará el complemento para la reducción de la brecha de género.

f) Cuando la pensión contributiva que determina el derecho al complemento se cause por totalización de períodos de seguro a prorra-

---

[80] Establecido el importe: - para el año 2025 en 35,90 euros/mes, conforme al art. 65.2 RDL 1/2025 de 28 enero y al art. 12 RD 316/2025 de 15 abril; - para el año 2024 en 33,20 euros/mes, conforme al art. 78.2 RDL 8/2023 de 27 diciembre

ta temporis en aplicación de normativa internacional, el importe real del complemento será el resultado de aplicar a la cuantía a la que se refiere el apartado anterior, que será considerada importe teórico, la prorrata aplicada a la pensión a la que acompaña.

4. No se tendrá derecho a este complemento en los casos de jubilación parcial, a la que se refiere el artículo 215 y el apartado sexto de la disposición transitoria cuarta.

No obstante, se reconocerá el complemento que proceda cuando desde la jubilación parcial se acceda a la jubilación plena, una vez cumplida la edad que en cada caso corresponda.

5. Sin perjuicio de lo dispuesto en el apartado 2, el complemento se abonará en tanto la persona beneficiaria perciba una de las pensiones citadas en el apartado 1. En consecuencia, su nacimiento, suspensión y extinción coincidirá con el de la pensión que haya determinado su reconocimiento. No obstante, cuando en el momento de la suspensión o extinción de dicha pensión la persona beneficiaria tuviera derecho a percibir otra distinta, de entre las previstas en el apartado 1, el abono del complemento se mantendrá, quedando vinculado al de esta última.

6. Los complementos que pudieran ser reconocidos en cualquiera de los regímenes de Seguridad Social serán incompatibles entre sí, siendo abonado en el régimen en el que el causante de la pensión tenga más periodos de alta.

7. Para determinar qué pensiones o suma de pensiones de los progenitores tiene menor cuantía se computarán dichas pensiones teniendo en cuenta su importe inicial, una vez revalorizadas, sin computar los complementos que pudieran corresponder.

Cuando ambos progenitores sean del mismo sexo y coincida el importe de las pensiones computables de cada uno de ellos, el complemento se reconocerá a aquél que haya solicitado en primer lugar la pensión con derecho a complemento. [81]

61. *Pensiones extraordinarias originadas por actos de terrorismo.* 1. Las pensiones extraordinarias que se reconozcan por la Seguridad Social, originadas por actos de terrorismo, no estarán sujetas a los límites

---

[81] Añadido apartado 7 por art. único apartado 7 de Real Decreto-Ley 2/2023 de 16 de marzo de 2023, con vigencia desde 18/03/2023

de reconocimiento inicial y de revalorización de pensiones previstos en esta ley. [82]

2. El importe mínimo mensual de las pensiones extraordinarias por actos de terrorismo que se reconozcan y abonen por la Seguridad Social será el equivalente al triple del indicador público de renta de efectos múltiples vigente en cada momento.

Las diferencias existentes entre las cuantías de las pensiones que hubieran correspondido y las que realmente se abonen serán financiadas con cargo a los Presupuestos del Estado.

A los efectos previstos en este apartado, las pensiones por muerte y supervivencia causadas por un mismo hecho se computarán conjuntamente.

Subsección 3ª
Pensiones no contributivas

62. *Revalorización.* Las pensiones no contributivas de la Seguridad Social serán actualizadas en la correspondiente Ley de Presupuestos Generales del Estado, al menos, en el mismo porcentaje que dicha ley establezca como incremento general de las pensiones contributivas de la Seguridad Social. [83]

---

[82] Véanse RD 1576/1990, de 7 diciembre, por el que se regula la concesión en el sistema de la Seguridad Social de pensiones extraordinarias motivadas por actos de terrorismo y RD 671/2013, de 6 de septiembre, por el que se aprueba el Reglamento de la Ley 29/2011, de 22 de septiembre, de Reconocimiento y Protección Integral a las Víctimas del Terrorismo

[83] Establecida la cuantía anual de las pensiones no contributivas de invalidez y jubilación: - para 2025 en 7.905,80 euros, conforme al art. 65.5 RDL 1/2025, de 28 enero y al art. 21 RD 316/2025 de 15 abril; - para 2024 en 7.250,60 euros, conforme al art.78.5 RDL 8/2023, de 27 diciembre. Téngase en cuenta el complemento de pensión para el alquiler de vivienda regulado en el RD 1191/2012, de 3 agosto y el apartado 2 del art. 21 RD 316/2025, de 15 abril, que fija su importe en 525,00 euros anuales para 2025

Sección 5ª
Servicios sociales

63. *Objeto.* Como complemento de las prestaciones correspondientes a las situaciones específicamente protegidas por la Seguridad Social, esta, con sujeción a lo dispuesto por el departamento ministerial que corresponda y en conexión con sus respectivos órganos y servicios, extenderá su acción a las prestaciones de servicios sociales, establecidas legal o reglamentariamente, de conformidad con lo previsto en el artículo 42.1.e). [84]

Sección 6ª
Asistencia social

64. *Concepto.* 1. La Seguridad Social, con cargo a los fondos que a tal efecto se determinen, podrá dispensar a las personas incluidas en su campo de aplicación y a los familiares o asimilados que de ellas dependan los servicios y auxilios económicos que, en atención a estados y situaciones de necesidad, se consideren precisos, previa demostración, salvo en casos de urgencia, de que el interesado carece de los recursos indispensables para hacer frente a tales estados o situaciones.

En las mismas condiciones, en los casos de separación judicial o divorcio, tendrán derecho a las prestaciones de asistencia social el cónyuge o ex cónyuge y los descendientes que hubieran sido beneficiarios por razón de matrimonio o filiación. [85]

Reglamentariamente se determinarán las condiciones de la prestación de asistencia social al cónyuge e hijos, en los casos de separación de hecho, de las personas incluidas en el campo de aplicación de la Seguridad Social.

2. La asistencia social podrá ser concedida por las entidades gestoras con el límite de los recursos consignados a este fin en los Presupuestos correspondientes, sin que los servicios o auxilios económicos

---

[84] Véase RD 1452/2005, de 2 diciembre, por el que se regula la ayuda económica establecidapara víctimas de la violencia de género

[85] Véase la disposición adicional 1ª Ley 13/2005, de 1 julio, por la que se modifica el CC en materia de derecho a contraer matrimonio

otorgados puedan comprometer recursos del ejercicio económico siguiente a aquel en que tenga lugar la concesión.

65. *Contenido de las ayudas asistenciales.* Las ayudas asistenciales comprenderán, entre otras, las que se dispensen por tratamientos o intervenciones especiales, en casos de carácter excepcional, por un determinado facultativo o en determinada institución; por pérdida de ingresos como consecuencia de la rotura fortuita de aparatos de prótesis, y cualesquiera otras análogas cuya percepción no esté regulada en esta ley ni en las normas específicas aplicables a los regímenes especiales.

CAPÍTULO V
Gestión de la Seguridad Social

Sección 1ª
Entidades gestoras

66. *Enumeración.* 1. La gestión y administración de la Seguridad Social se efectuará, bajo la dirección y tutela de los respectivos departamentos ministeriales, con sujeción a los principios de simplificación, racionalización, economía de costes, solidaridad financiera y unidad de caja, eficacia social y descentralización, por las siguientes entidades gestoras [86]:

a) El Instituto Nacional de la Seguridad Social, para la gestión y administración de las prestaciones económicas del sistema de la Seguridad Social, con excepción de las que se mencionan en el apartado c) siguiente [87].

---

[86] Véase RD 438/2008, de 14 abril, por el que se aprueba la estructura orgánica básica de los departamentos ministeriales

[87] Véase RD 2583/1996 de 13 diciembre, de estructura orgánica y funciones del INSS y de modificación parcial de la Tesorería General de la Seguridad Social. Esta letra quedará derogada en el momento de constitución y entrada en funcionamiento de la Agencia Estatal de la Administración de la Seguridad Social, conforme a la disp. derog. única.2 Ley 27/2011 de 1 agosto

b) El Instituto Nacional de Gestión Sanitaria, para la administración y gestión de servicios sanitarios [88] .

c) El Instituto de Mayores y Servicios Sociales, para la gestión de las pensiones no contributivas de invalidez y de jubilación, así como de los servicios complementarios de las prestaciones del sistema de la Seguridad Social [89] .

2. Las distintas entidades gestoras, a efectos de la debida homogeneización y racionalización de los servicios, coordinarán su actuación en orden a la utilización de instalaciones sanitarias, mediante los conciertos o colaboraciones que al efecto se determinen entre las mismas.

67. *Estructura y competencias.* 1. El Gobierno, a propuesta del departamento ministerial de tutela, reglamentará la estructura y competencias de las entidades a que se refiere el artículo anterior.

2. Las entidades gestoras desarrollarán su actividad en régimen descentralizado, en los diferentes ámbitos territoriales.

3. Los centros asistenciales de las entidades gestoras podrán ser gestionados y administrados por las entidades locales.

68. *Naturaleza jurídica.* 1. Las entidades gestoras tienen la naturaleza de entidades de derecho público y capacidad jurídica para el cumplimiento de los fines que les están encomendados [90] .

2. El régimen jurídico de dichas entidades será el establecido en la disposición adicional sexta de la Ley 6/1997, de 14 de abril, de Organización y Funcionamiento de la Administración General del Estado.

69. *Participación en la gestión.* Se faculta al Gobierno para regular la participación en el control y vigilancia de la gestión de las entidades gestoras, que se efectuará desde el nivel estatal al local, por

---

[88] Véase RD 29/2000, de 14 enero, sobre nuevas formas de gestión del Instituto Nacional de la Salud, y téngase en cuenta que el art. 15 RD 1450/2000, de 28 julio, por el que se desarrolla la estructura orgánica básica del Ministerio de Sanidad y Consumo, dispone que el INSALUD pasa a denominarse Instituto Nacional de Gestión Sanitaria

[89] Conforme a RD 1226/2005 de 13 octubre

[90] Véase disposición adicional 6 Ley 6/1997, de 14 abril, de Organización y Funcionamiento de la Administración General del Estado

órganos en los que figurarán, fundamentalmente, por partes iguales, representantes de las organizaciones sindicales, de las organizaciones empresariales y de la Administración Pública [91].

70. *Relaciones y servicios internacionales.* Las entidades gestoras, con la previa conformidad del departamento ministerial de tutela, podrán pertenecer a asociaciones y organismos internacionales, concertar operaciones, establecer reciprocidad de servicios con instituciones extranjeras de análogo carácter y participar, en la medida y con el alcance que se les atribuya, en la ejecución de los convenios internacionales de Seguridad Social.

71. *Suministro de información a la Administración de la Seguridad Social* [92]. 1. Se establecen los siguientes supuestos de suministro de información a la Administración de la Seguridad Social:

a) Por los organismos competentes dependientes del Ministerio de Hacienda o, en su caso, de las comunidades autónomas o de las diputaciones forales, se facilitarán, dentro de cada ejercicio anual, conforme al artículo 95 de la Ley 58/2003, de 17 de diciembre, General tributaria y normativa foral equivalente, a las entidades gestoras de la Seguridad Social responsables de la gestión de las prestaciones económicas y, a petición de las mismas, los datos relativos a los niveles de renta, patrimonio y demás ingresos o situaciones de los titulares de prestaciones en cuanto determinen el derecho a las mismas, así como de los beneficiarios, cónyuges y otros miembros de las unidades familiares, siempre que deban tenerse en cuenta para el reconocimiento, mantenimiento o cuantía de dichas prestaciones a fin de verificar si aquellos cumplen en todo momento las condiciones necesarias para la percepción de las prestaciones y en la cuantía legalmente establecida.

Asimismo, facilitarán a las entidades gestoras de la Seguridad Social que gestionen ayudas o subvenciones públicas, la información sobre el cumplimiento de las obligaciones tributarias, así como los datos relativos a las inhabilitaciones para obtener este tipo de ayudas o subvenciones y a la concesión de las mismas que deban tenerse en

---

[91] Véase art. 6.3 a) LOLS
[92] Dada nueva redacción leyenda por disposición final 5 apartado 2 de Real Decreto-Ley 2/2021 de 26 de enero de 2021, con vigencia desde 27/01/2021

cuenta para el reconocimiento del derecho o el importe de las ayudas o subvenciones a conceder.

Igualmente, deberán facilitar a la Tesorería General de la Seguridad Social, a través de los procedimientos telemáticos y automatizados que se establezcan, toda la información de carácter tributario necesaria de que dispongan para la realización de la regularización de cuotas a la que se refiere el artículo 308. El suministro de esta información deberá llevarse a cabo en el plazo más breve posible tras la finalización de los plazos de presentación por parte de los sujetos obligados de las correspondientes declaraciones tributarias, debiendo establecerse los adecuados mecanismos de intercambio de información. [93]

b) El organismo que designe el Ministerio de Justicia facilitará a las entidades gestoras de la Seguridad Social la información que estas soliciten acerca de las inscripciones y datos que guarden relación con el nacimiento, modificación, conservación o extinción del derecho a las prestaciones económicas de la Seguridad Social.

Además, el encargado del Registro Central de Penados y el del Registro de Medidas Cautelares, Requisitorias y Sentencias no Firmes comunicará al menos semanalmente a las entidades gestoras de la Seguridad Social los datos relativos a penas, medidas de seguridad y medidas cautelares impuestas por existir indicios racionales de criminalidad por la comisión de un delito doloso de homicidio en cualquiera de sus formas, cuando la víctima fuera ascendiente, descendiente, hermano, cónyuge o ex cónyuge del investigado, o estuviera o hubiese estado ligada a él por una relación de afectividad análoga a la conyugal. Estas comunicaciones se realizarán a los efectos de lo previsto en los artículos 231, 232, 233 y 234 de la presente ley; en los artículos 37 bis y 37 ter del texto refundido de la Ley de Clases Pasivas del Estado, aprobado por el Real Decreto Legislativo 670/1987, de 30 de abril, y en los artículos 4, 5, 6, 7 y 10 del Real Decreto-ley 20/2020, de 29 de mayo, por el que se establece el ingreso mínimo vital.

c) Los empresarios facilitarán a las entidades gestoras de la Seguridad Social los datos que estas les soliciten, por vía telemática siempre que esté habilitado un canal para su remisión informática, con el fin de poder efectuar las comunicaciones a través de sistemas electrónicos que garanticen un procedimiento de comunicación ágil en el reconoci-

---

[93] Dada nueva redacción apartado 1 letra a por art. 1 apartado 1 de Real Decreto-Ley 13/2022 de 26 de julio de 2022, con vigencia desde 01/01/2023

miento y control de las prestaciones de la Seguridad Social relativas a sus trabajadores.

Los datos que se faciliten en relación con los trabajadores deberán identificar, en todo caso, nombre y apellidos, documento nacional de identidad o número de identificación de extranjero y domicilio.

d) Por el Instituto Nacional de Estadística se facilitarán a las entidades gestoras de la Seguridad Social responsables de la gestión de las prestaciones económicas, así como de la formación marítima y sanitaria de los trabajadores del mar, los datos de domicilio relativos al Padrón municipal referidos al periodo que se requiera, comprendiendo, en su caso, los del padrón histórico y/o colectivo del domicilio, así como dónde residen o han residido los ciudadanos, cuando dichos datos puedan guardar relación con el nacimiento, modificación, conservación o extinción del derecho a dichas prestaciones en cualquier procedimiento, así como con la actualización de la información obrante en las bases de datos del sistema de Seguridad Social.

e) El Ministerio del Interior facilitará a las entidades gestoras de la Seguridad Social por medios informáticos las fechas de concesión, prórroga o modificación de las situaciones de las personas extranjeras en España, de renovación, recuperación o, en su caso, extinción de las autorizaciones de residencia, y sus efectos, así como los movimientos fronterizos de las personas que tengan derecho a una prestación para cuya percepción sea necesario el cumplimiento del requisito de residencia efectiva en España.

Asimismo, facilitará a las entidades gestoras de la Seguridad Social por medios informáticos los datos incorporados en el Documento Nacional de Identidad o, en el caso de extranjeros, documentación de identidad equivalente de las personas, cuyos datos tengan trascendencia en procedimientos seguidos ante dichas entidades gestoras.

f) Las mutuas colaboradoras con la Seguridad Social facilitarán telemáticamente a las entidades gestoras responsables de la gestión de las prestaciones económicas de la Seguridad Social los datos que puedan afectar al nacimiento, modificación, conservación o extinción del derecho a las prestaciones y los importes de las mismas que sean reconocidas por aquellas. Asimismo, facilitaran a la Dirección General de Ordenación de la Seguridad Social los datos que puedan afectar a la prestación por cese de actividad cuando así sea requerido para ello.

g) El Instituto de Mayores y Servicios Sociales y los organismos competentes de las comunidades autónomas facilitarán a las entidades gestoras de la Seguridad Social los datos de grado y nivel de dependencia y los datos incluidos en los certificados de discapacidad que puedan guardar relación con el nacimiento, modificación, conservación o extinción del derecho a las prestaciones en cualquier procedimiento, así como con la actualización de la información obrante en las bases de datos del sistema de Seguridad Social y en el sistema de información Tarjeta Social Digital.

Con la misma finalidad, facilitarán los datos de los beneficiarios, importes y fecha de efectos de concesión, modificación o extinción, de las prestaciones económicas previstas en la Ley 39/2006, de 14 de diciembre, de Promoción de la Autonomía Personal y Atención a las personas en situación de dependencia.

Sin perjuicio de lo previsto en el párrafo anterior, el Instituto de Mayores y Servicios Sociales suministrará al Instituto Nacional de la Seguridad Social la información relativa a las mencionadas prestaciones económicas que figure en el sistema de información del Sistema para la Autonomía y Atención a la Dependencia, previsto en el artículo 37 de la Ley 39/2006, de 14 de diciembre.

h) Las comunidades autónomas facilitarán a las entidades gestoras de la Seguridad Social por medios informáticos los datos relativos a las fechas de reconocimiento y vencimiento de los títulos de familias numerosas, así como los datos relativos a los miembros de la unidad familiar incluidos en los mismos, que puedan guardar relación con el nacimiento, modificación, conservación o extinción del derecho a las prestaciones en cualquier procedimiento, así como con la actualización de la información obrante en las bases de datos del sistema.

Asimismo, facilitarán a las entidades gestoras de Seguridad Social que gestionen ayudas o subvenciones públicas, los datos sobre el cumplimiento de las obligaciones tributarias que deban tenerse en cuenta para el reconocimiento del derecho o el importe de las ayudas o subvenciones a conceder.

Por otra parte, facilitarán a la entidad gestora del Régimen Especial de la Seguridad Social de los Trabajadores del Mar los datos sobre el permiso de explotación marisquera, que puedan guardar relación con la incorporación de los trabajadores dedicados al marisqueo en el citado Régimen Especial.

i) La Dirección General de la Marina Mercante facilitará a la entidad gestora del Régimen Especial de la Seguridad Social de los Trabajadores del Mar los datos sobre las titulaciones correspondientes a los trabajadores embarcados que puedan guardar relación con el acceso a la formación marítima prestada por dicha entidad.

j) Las mutualidades de previsión social alternativas al Régimen Especial de la Seguridad Social de los Trabajadores por Cuenta Propia o Autónomos y los colegios profesionales, facilitarán a la Administración de la Seguridad Social, cuando así se le solicite, los datos de los profesionales colegiados que puedan afectar a las prestaciones, así como a la afiliación, alta, baja y variación de datos y cotización. [94]

k) Las entidades gestoras de los fondos de pensiones en los que se integren los planes de pensiones, en su modalidad de sistema de empleo, en el marco del texto refundido de la Ley de Regulación de Planes y Fondos de Pensiones, aprobado por el Real Decreto Legislativo 1/2002, de 29 de noviembre, y de instrumentos de modalidad de empleo propios de previsión social establecidos por la legislación de las comunidades autónomas con competencia exclusiva en materia de mutualidades no integradas en la Seguridad Social facilitarán anualmente antes de la finalización del mes de marzo, a la Inspección de Trabajo y Seguridad Social y a la Tesorería General de la Seguridad Social, la información sobre las contribuciones empresariales satisfechas a dichos instrumentos respecto de cada trabajador y relativas a cada uno de los meses a los que se refiera la información. [95]

2. Todos los datos relativos a los solicitantes de prestaciones económicas del Sistema de Seguridad Social que obren en poder de las entidades gestoras y que hayan sido remitidos por otros organismos públicos o por empresas mediante transmisión telemática, o cuando aquellos se consoliden en las bases de datos corporativas del sistema de la Seguridad Social como consecuencia del acceso electrónico directo a las bases de datos corporativas de otros organismos o empresas, surtirán plenos efectos y tendrán la misma validez que si hubieran sido notificados por dichos organismos o empresas mediante certificación en soporte papel.

Los suministros de información a las entidades gestoras de la Seguridad Social mencionados en este apartado y en el anterior no precisarán consentimiento previo del interesado.

---

[94] Dada nueva redacción apartado 1 por disposición final 5 apartado 2 de Real Decreto-Ley 2/2021 de 26 de enero de 2021, con vigencia desde 27/01/2021

[95] Dada nueva redacción apartado 1 letra k por art. único apartado 8 de Real Decreto-Ley 2/2023 de 16 de marzo de 2023, con vigencia desde 01/04/2023

Los datos, informes y antecedentes suministrados conforme a lo dispuesto en este apartado y en el anterior únicamente serán tratados en el marco de las funciones de gestión de prestaciones atribuidas a las entidades gestoras y servicios comunes de la Seguridad Social, sin perjuicio de lo dispuesto en el artículo 77.

3. En los procedimientos de declaración y revisión de la incapacidad permanente, a efectos de las correspondientes prestaciones económicas de la Seguridad Social, así como en lo que respecta al reconocimiento y control de las prestaciones por incapacidad temporal, orfandad o asignaciones familiares por hijo a cargo, las instituciones sanitarias, las mutuas colaboradoras con la Seguridad Social y las empresas colaboradoras remitirán a las entidades gestoras de la Seguridad Social los informes, la historia clínica y demás datos médicos, relacionados con las lesiones y dolencias padecidas por el interesado que resulten relevantes para la resolución del procedimiento.

Los inspectores médicos adscritos al Instituto Nacional de la Seguridad Social, en el ejercicio de sus funciones, cuando sea necesario para el reconocimiento y control del percibo de las prestaciones de los trabajadores pertenecientes al sistema de la Seguridad Social, y para la determinación de contingencia, así como los médicos de sanidad marítima adscritos al Instituto Social de la Marina, para llevar a cabo los reconocimientos médicos de embarque marítimo, informando de estas actuaciones, y en los términos y condiciones que se acuerden entre el Instituto Nacional de la Seguridad Social y los Servicios de Salud de las Comunidades Autónomas y el Instituto Nacional de Gestión Sanitaria, tendrán acceso electrónico y en papel a la historia clínica de dichos trabajadores, existente en los servicios públicos de salud, en las mutuas colaboradoras con la Seguridad Social, en las empresas colaboradoras y en los centros sanitarios privados.

Las entidades gestoras de la Seguridad Social, en el ejercicio de sus competencias de reconocimiento y control de las prestaciones, recibirán los partes médicos de incapacidad temporal expedidos por los servicios públicos de salud, las mutuas colaboradoras con la Seguridad Social y las empresas colaboradoras, a efectos del tratamiento de los datos contenidos en los mismos. Asimismo, las entidades gestoras y las entidades colaboradoras con la Seguridad Social podrán facilitarse, recíprocamente, los datos relativos a las beneficiarias que resulten necesarios para el reconocimiento y control de las prestaciones por riesgo durante el embarazo y riesgo durante la lactancia natural [96].

La inspección médica de los servicios públicos de salud tendrá acceso electrónico a los datos médicos necesarios para el ejercicio de sus competencias, que obren en poder de las entidades gestoras de la Seguridad Social [97].

En los supuestos previstos en este apartado no será necesario recabar el consentimiento del interesado, de conformidad con lo dispuesto en los artículos 6.1. e) y 9.2 h), del Reglamento (UE 2016/679) del Parlamento y el Consejo, de 27 de abril, relativo a la protección de las personas físicas en lo que respecta al tratamiento de datos personales y a la libre circulación de estos datos y por el que se deroga la Directiva 95/46/CE (Reglamento general de protección de datos). [98]

4. Reglamentariamente se determinará la forma en que se remitirán a las entidades encargadas de la gestión de las pensiones de la Seguridad Social los datos que aquellas requieran para el cumplimiento de sus funciones.

72. *Registro de Prestaciones Sociales Públicas.* [99]

1. Corresponde al Instituto Nacional de la Seguridad Social la gestión y funcionamiento del Registro de Prestaciones Sociales Públicas, constituido en la Seguridad Social, con arreglo a las prescripciones establecidas legal y reglamentariamente. [100]

---

[96] Véase Res. de 19 septiembre 2007, de la Secretaría de Estado de la Seguridad Social, sobre determinación de la contingencia causante en el ámbito de las prestaciones por incapacidad temporal y por muerte y supervivencia del sistema de la Seguridad Social

[97] Véase RD 625/2014, de 18 de julio, por el que se regulan determinados aspectos de la gestión y control de los procesos por incapacidad temporal en los primeros trescientos sesenta y cinco días de su duración

[98] Dada nueva redacción apartado 3 por disposición final 5 apartado 2 de Real Decreto-Ley 2/2021 de 26 de enero de 2021, con vigencia desde 27/01/2021

[99] Artículo derogado desde el 5 julio 2018 por disp. derog. 1ª Ley 6/2018, de 3 julio. Téngase en cuenta que conforme a la disp. trans. 3ª de esa misma ley, el RPSP se mantendrá en vigor en los términos previstos en este art. 72 hasta la fecha que se determine en la norma reglamentaria que, en desarrollo de la disp. adic. 141ª de la ley citada, regule la Tarjeta Social Universal

[100] Véase el Real Decreto 397/1996, de 1 de marzo, por el que se regula el Registro de Prestaciones Sociales Públicas

2. El Registro de Prestaciones Sociales Públicas integrará las prestaciones sociales públicas de carácter económico, destinadas a personas o familias, que se relacionan a continuación:

a) Las pensiones abonadas por el Régimen de Clases Pasivas del Estado y, en general, las abonadas con cargo a créditos de la Sección 07 del Presupuesto de Gastos del Estado.

b) Las pensiones abonadas por el Régimen General y los regímenes especiales de la Seguridad Social y, en general, cualesquiera otras abonadas por las entidades gestoras y colaboradoras del sistema de la Seguridad Social, en cuanto estén financiadas con recursos públicos.

c) Las pensiones abonadas por aquellas entidades que actúan como sustitutorias de las entidades gestoras del sistema de la Seguridad Social, a que se refiere el Real Decreto 1879/1978, de 23 de junio, por el que se dictan normas de aplicación a las entidades de previsión social que actúan como sustitutorias de las correspondientes entidades gestoras del Régimen General o de los regímenes especiales de la Seguridad Social.

d) Las pensiones no contributivas de la Seguridad Social.

e) Las pensiones abonadas por el Fondo Especial de la Mutualidad General de Funcionarios Civiles del Estado, por los Fondos Especiales del Instituto Social de las Fuerzas Armadas y de la Mutualidad General Judicial y también, en su caso, por estas Mutualidades Generales, así como las abonadas por el Fondo Especial del Instituto Nacional de la Seguridad Social.

f) Las pensiones abonadas por el sistema o regímenes de previsión de las comunidades autónomas, las corporaciones locales y por los propios entes.

g) Las pensiones abonadas por las mutualidades, montepíos o entidades de previsión social que se financien en todo o en parte con recursos públicos.

h) Las pensiones abonadas por empresas o sociedades con participación mayoritaria, directa o indirecta, en su capital del Estado, comunidades autónomas, corporaciones locales u organismos autónomos de uno y otras, bien directamente, bien mediante la suscripción de la correspondiente póliza de seguro con una institución distinta cualquiera que sea la naturaleza jurídica de esta, o por las mutualidades o entidades de previsión de aquellas, en las cuales las aportaciones directas de los causantes de la prestación no sean suficientes para la cobertura de las prestaciones a sus beneficiarios y su financiación se complemente con recursos públicos, incluidos los de la propia empresa o sociedad.

i) Las pensiones abonadas por la Administración del Estado o las comunidades autónomas en virtud de la Ley 45/1960, de 21 de julio, de Fondos Nacionales para la aplicación social del Impuesto y del Ahorro, y del Real Decreto 2620/1981, de 24 de julio, por el que se regula la concesión de ayudas del Fondo Nacional de Asistencia Social a ancianos y a enfermos o inválidos incapacitados para el trabajo.

j) Los subsidios económicos de garantía de ingresos mínimos y de ayuda por tercera persona previstos en la Ley 13/1982, de 7 de abril, de Integración Social de los Minusválidos, cuya percepción se mantenga conforme a lo previsto en la disposición transitoria única del texto refundido de la Ley General de derechos de las personas con discapacidad, aprobado por el Real Decreto Legislativo 1/2013, de 29 de noviembre.

k) Las prestaciones económicas abonadas en virtud del Real Decreto 728/1993, de 14 de mayo, por el que se establecen pensiones asistenciales por ancianidad en favor de los emigrantes españoles, así como del Real Decreto 8/2008, de 11 de enero, por el que se regula la prestación por razón de necesidad a favor de los españoles residentes en el exterior y retornados.

l) Los subsidios de desempleo en favor de trabajadores mayores de cincuenta y cinco años, así como los de mayores de cincuenta y dos cuya percepción se mantenga.

m) Las asignaciones económicas de la Seguridad Social por hijo a cargo con dieciocho o más años y con un grado de discapacidad igual o superior al 65 por ciento.

n) La prestación económica vinculada al servicio, la prestación económica para cuidados en el entorno familiar y la prestación económica de asistencia personalizada, reguladas en la Ley 39/2006, de 14 de diciembre, de Promoción de la Autonomía Personal y Atención a las personas en situación de dependencia.

ñ) La prestación económica de la Seguridad Social, de naturaleza no contributiva, de ingreso mínimo vital. [101]

3. Las entidades, organismos o empresas responsables de la gestión de las prestaciones enumeradas en el apartado anterior quedan obli-

---

[101] Dada nueva redacción apartado 2 apartado ñ por disposición final 4 apartado 2 de Ley 19/2021 de 20 de diciembre de 2021, con vigencia desde 01/01/2022

gados a facilitar al Instituto Nacional de la Seguridad Social, en la forma y en los plazos que reglamentariamente se establezcan, los datos identificativos de los titulares de las prestaciones sociales económicas, así como, en cuanto determinen o condicionen el reconocimiento y mantenimiento del derecho a aquellas, de los beneficiarios, cónyuges y otros miembros de las unidades familiares, y los importes y clases de las prestaciones abonadas y fecha de efectos de su concesión.

4. Las entidades y organismos responsables de la gestión de las prestaciones sociales públicas enumeradas en el apartado 2 podrán consultar los datos incluidos en el Registro de Prestaciones Sociales Públicas que sean necesarios para el reconocimiento y mantenimiento de las prestaciones por ellos gestionadas, en los términos que reglamentariamente se establezcan.

Sección 2ª
Servicios comunes

73. *Creación.* [102]

Corresponde al Gobierno, a propuesta del Ministerio de Empleo y Seguridad Social, el establecimiento de servicios comunes, así como la reglamentación de su estructura y competencias.

74. *Tesorería General de la Seguridad Social.* [103]

1. La Tesorería General de la Seguridad Social es un servicio común con personalidad jurídica propia, en el que, por aplicación de los principios de solidaridad financiera y caja única, se unifican todos los recursos financieros, tanto por operaciones presupuestarias como extrapresupuestarias. Tendrá a su cargo la custodia de los fondos, valores y créditos y las atenciones generales y de los servicios de recaudación

---

[102] Este artículo quedará derogado en el momento de constitución y entrada en funcionamiento de la Agencia Estatal de la Administración de la Seguridad Social, conforme a la disp. derog. única.2 Ley 27/2011 de 1 agosto

[103] Este artículo quedará derogado en el momento de constitución y entrada en funcionamiento de la Agencia Estatal de la Administración de la Seguridad Social, conforme a la disp. derog. única.2 Ley 27/2011 de 1 agosto

de derechos y pagos de las obligaciones del sistema de la Seguridad Social. [104]

2. A la Tesorería General de la Seguridad Social le será de aplicación lo previsto para las entidades gestoras en el artículo 70.

74 bis. *Gerencia de informática de la Seguridad Social.* [105] 1. La Gerencia de Informática de la Seguridad Social es un servicio común para la gestión y administración de las tecnologías de la información y las comunicaciones en el sistema de Seguridad Social, con personalidad jurídica propia y plena capacidad de obrar para el cumplimiento de sus fines, dependiente del Ministerio de Empleo y Seguridad Social y adscrita a la Secretaría de Estado de la Seguridad Social, con rango de Subdirección General.

2. Su régimen jurídico es el establecido en ladisposición adicional decimotercera de la Ley 40/2015, de 1 de octubre, de Régimen Jurídico del Sector Público, para las entidades gestoras y servicios comunes de la Seguridad Social.

Sección 3ª
Normas comunes a las entidades gestoras y servicios comunes

75. *Reserva de nombre.* Ninguna entidad pública o privada podrá usar en España el título o los nombres de las entidades gestoras y servicios comunes de la Seguridad Social, ni los que puedan resultar de la adición a los mismos de algunas palabras o de la mera combinación, en otra forma, de las principales que los constituyen. Tampoco podrán incluir en su denominación la expresión Seguridad Social, salvo expresa autorización del Ministerio de Empleo y Seguridad Social.

76. *Exenciones tributarias y otros beneficios.* 1. Las entidades gestoras y servicios comunes disfrutarán en la misma medida que el Estado, con las limitaciones y excepciones que, en cada caso, establezca

---

[104] Véase RD 1314/1984, de 20junio, por el que se regula la estructura y competencias de la TGSS

[105] Añadido por disposición final 31 apartado 2 de Ley 3/2017 de 27 de junio de 2017, con vigencia desde 29/06/2017

la legislación fiscal vigente, de exención tributaria absoluta, incluidos los derechos y honorarios notariales y registrales, por los actos que realicen o los bienes que adquieran o posean afectados a sus fines, siempre que los tributos o exacciones de que se trate recaigan directamente sobre los organismos de referencia en concepto legal de contribuyente y sin que sea posible legalmente la traslación de la carga tributaria a otras personas.

2. También gozarán, en la misma medida que el Estado, de franquicia postal y telegráfica.

3. Las exenciones y demás privilegios contemplados en el presente artículo alcanzarán también a las entidades gestoras en cuanto afecten a la gestión de las mejoras voluntarias previstas en el artículo 43.

77. *Reserva de datos.* 1. Los datos, informes o antecedentes obtenidos por la Administración de la Seguridad Social en el ejercicio de sus funciones tienen carácter reservado y solo podrán utilizarse para los fines encomendados a las distintas entidades gestoras, servicios comunes y órganos que integran la Administración de la Seguridad Social, sin que puedan ser cedidos o comunicados a terceros, salvo que la cesión o comunicación tenga por objeto: [106]

a) La investigación o persecución de delitos públicos por los órganos jurisdiccionales, el Ministerio Público o la Administración de la Seguridad Social.

b) La colaboración con las Administraciones tributarias a efectos del cumplimiento de obligaciones fiscales en el ámbito de sus competencias.

c) La colaboración con la Intervención General de la Seguridad Social, en el ejercicio de su control interno o con las demás entidades gestoras y servicios comunes de la Seguridad Social, distintas del cedente y demás órganos de la Administración de la Seguridad Social. [107]

d) La colaboración con cualesquiera otras administraciones públicas para la lucha contra el fraude en la obtención o percepción de ayudas o subvenciones a cargo de fondos públicos, incluidos los de

---

[106] Dada nueva redacción apartado 1 párrafo 1 por disposición final 5 apartado 3 de Real Decreto-Ley 2/2021 de 26 de enero de 2021, con vigencia desde 27/01/2021

[107] Dada nueva redacción apartado 1 letra c por disposición final 5 apartado 3 de Real Decreto-Ley 2/2021 de 26 de enero de 2021, con vigencia desde 27/01/2021

la Unión Europea, para la obtención o percepción de prestaciones incompatibles en los distintos regímenes del sistema de la Seguridad Social y, en general, para el ejercicio de las funciones encomendadas legal o reglamentariamente a las mismas para las que los datos obtenidos por la Administración de la Seguridad Social resulten relevantes. [108]

e) La colaboración con las comisiones parlamentarias de investigación en el marco legalmente establecido.

f) La protección por los órganos judiciales o por el Ministerio Público de los derechos e intereses de los menores y personas en cuyo favor se hayan establecido medidas de apoyo a su capacidad jurídica. [109]

g) La colaboración con el Tribunal de Cuentas en el ejercicio de sus funciones de fiscalización de la Administración de la Seguridad Social.

h) La colaboración con los jueces y tribunales en el curso del proceso y para la ejecución de resoluciones judiciales firmes. La solicitud judicial de información exigirá resolución expresa, en la que, por haberse agotado los demás medios o fuentes de conocimiento sobre la existencia de bienes y derechos del deudor, se motive la necesidad de recabar datos de la Administración de la Seguridad Social.

i) La colaboración con el Organismo Estatal Inspección de Trabajo y Seguridad Social en el ejercicio de sus funciones de inspección. El Organismo Estatal Inspección de Trabajo y Seguridad Social tendrá acceso directo a los datos, informes y antecedentes obtenidos por la Administración de la Seguridad Social en el ejercicio de sus funciones, que resulten necesarios para la preparación y ejercicio de sus funciones de inspección. [110]

j) La colaboración con el Organismo Autónomo Jefatura Central de Tráfico para que este inicie, en su caso, el procedimiento de declaración de pérdida de vigencia del permiso o la licencia de conducción de vehículo a motor por incumplimiento de los requisitos para su otorgamiento cuando, con ocasión de la tramitación de un procedimiento para el reconocimiento de una pensión de incapacidad permanente a

---

[108] Dada nueva redacción apartado 1 letra d por disposición final 5 apartado 3 de Real Decreto-Ley 2/2021 de 26 de enero de 2021, con vigencia desde 27/01/2021

[109] Dada nueva redacción apartado 1 apartado f por art. único apartado 9 de Real Decreto-Ley 2/2023 de 16 de marzo de 2023, con vigencia desde 01/04/2023

[110] Añadida apartado 1 letra i por disposición final 5 apartado 3 de Real Decreto-Ley 2/2021 de 26 de enero de 2021, con vigencia desde 27/01/2021

un trabajador profesional de la conducción en el dictamen-propuesta emitido por el órgano competente se proponga la declaración de la situación de incapacidad permanente como consecuencia de presentar limitaciones orgánicas y/o funcionales que disminuyan o anulen su capacidad de conducción de vehículos a motor.

La colaboración se realizará mediante un aviso al citado organismo emitido por la correspondiente Dirección Provincial del Instituto Nacional de la Seguridad Social a propuesta del órgano competente para la emisión del dictamen-propuesta, en el que no se harán constar otros datos relativos a la salud del trabajador afectado. [111]

k) La finalidad de facilitar la información que sea estrictamente necesaria para el reconocimiento y control de las prestaciones de carácter social competencia de las Comunidades Autónomas y entidades locales, a través de la adhesión a los procedimientos informáticos y con los requisitos de tratamiento de la información establecidos por la correspondiente entidad gestora. La información facilitada no podrá ser utilizada con ninguna otra finalidad si no es con el consentimiento del interesado. [112]

l) La colaboración con cualesquiera otras administraciones públicas para el suministro e intercambio de datos en materia de Seguridad Social para fines de estadística pública en los términos de la legislación reguladora de dicha función pública. [113]

m) Fines de investigación científica en el ámbito de la protección social, en el marco establecido por el Reglamento (UE) 2016/679 del Parlamento Europeo y del Consejo de 27 de abril de 2016 relativo a la protección de las personas físicas en lo que respecta al tratamiento de datos personales y a la libre circulación de estos datos (Reglamento general de protección de datos), incluidas las posibles comunicaciones instrumentales que, a efectos de la realización de la investigación, resulte preciso efectuar a sujetos distintos de aquellos que lleven a cabo directamente dicha investigación. Se entenderán comprendidas en esta finalidad las actividades de evaluación de las políticas públicas en materia de protección social.

---

[111] Dada nueva redacción apartado 1 letra j por disposición final 2 de Ley 18/2021 de 20 de diciembre de 2021, con vigencia desde 21/03/2022

[112] Añadida apartado 1 letra k por disposición final 5 apartado 3 de Real Decreto-Ley 2/2021 de 26 de enero de 2021, con vigencia desde 27/01/2021

[113] Añadida apartado 1 letra l por disposición final 5 apartado 3 de Real Decreto-Ley 2/2021 de 26 de enero de 2021, con vigencia desde 27/01/2021

Los tratamientos que se efectúen en relación con esta finalidad se limitarán a los datos estrictamente imprescindibles para la realización de la actividad de que se trate, utilizándose los procedimientos adecuados que no permitan la identificación de los interesados. Ello no impedirá la comunicación de datos sin anonimizar a efectos meramente instrumentales cuando ello resulte imprescindible para realizar la actividad, se limite a los datos estrictamente necesarios, se garantice que el encargado del tratamiento no podrá utilizarlos con otra finalidad y el tratamiento ulterior garantice la no identificación de los interesados.

El tratamiento de los datos a los que se refieren los artículos 9 y 10 del Reglamento (UE) 2016/679 únicamente se efectuará cuando exista consentimiento expreso de los afectados. [114]

n) La colaboración con la Dirección General de la Marina Mercante para el control de la situación de alta en la Seguridad Social y respecto al reconocimiento médico de embarque marítimo de los tripulantes y de los botiquines de las embarcaciones en el ejercicio de las funciones que tiene encomendadas en relación con el despacho de buques. [115]

ñ) La colaboración con la Agencia Española de Empleo y los servicios públicos de empleo autonómicos con objeto de garantizar un óptimo desarrollo de las políticas activas de empleo en el marco competencial que le atribuye la Ley 3/2023, de 28 de febrero, de Empleo, y la demás normativa vigente en la materia, concretamente en lo referido a la información relativa a la protección de las contingencias de desempleo y cese de actividad de las personas, y a sus períodos de actividad laboral. [116]

o) El suministro, a través de procedimientos automatizados, a las Administraciones tributarias de la información necesaria para la regularización de bases de cotización y cuotas a la que se refiere el artículo 308. [117]

---

[114] Añadida apartado 1 letra m por disposición final 5 apartado 3 de Real Decreto-Ley 2/2021 de 26 de enero de 2021, con vigencia desde 27/01/2021

[115] Añadida apartado 1 letra n por disposición final 5 apartado 3 de Real Decreto-Ley 2/2021 de 26 de enero de 2021, con vigencia desde 27/01/2021

[116] Añadida apartado 1 letra ñ por disposición final 4 apartado 1 de Ley 3/2023 de 28 de febrero de 2023, con vigencia desde 02/03/2023

[117] Añadida apartado 1 letra o por art. 1 apartado 2 de Real Decreto-Ley 13/2022 de 26 de julio de 2022, con vigencia desde 01/01/2023

Los datos, informes o antecedentes a los que se refiere este apartado se cederán o comunicarán a través de medios electrónicos, salvo que, a criterio de la Administración de la Seguridad Social, por la naturaleza de los informes o antecedentes no puedan utilizarse tales medios. La entidad gestora, servicio común u órgano que ceda o comunique estos datos, informes o antecedentes, establecerá los procedimientos y datos a través de los cuales se debe realizar dicha cesión o comunicación. [118]

2. El acceso a los datos, informes o antecedentes de todo tipo obtenidos por la Administración de la Seguridad Social sobre personas físicas o jurídicas, cualquiera que sea su soporte, por el personal al servicio de aquella y para fines distintos de las funciones que le son propias, se considerará siempre falta disciplinaria grave.

3. Cuantas autoridades y personal al servicio de la Administración de la Seguridad Social tengan conocimiento de estos datos o informes estarán obligados al más estricto y completo sigilo respecto de ellos, salvo en los casos de los delitos citados, en los que se limitarán a deducir el tanto de culpa o a remitir al Ministerio Fiscal relación circunstanciada de los hechos que se estimen constitutivos de delito. Con independencia de las responsabilidades penales o civiles que pudieran corresponder, la infracción de este particular deber de sigilo se considerará siempre falta disciplinaria muy grave.

78. *Régimen de personal.* 1. Los funcionarios de la Administración de la Seguridad Social se regirán por lo dispuesto en la Ley 7/2007, de 12 de abril, del Estatuto Básico del Empleado Público, la Ley 30/1984, de 2 de agosto, de Medidas para la Reforma de la Función Pública, y las demás disposiciones que les sean de aplicación.

2. Corresponde al Gobierno, a propuesta del ministro competente, el nombramiento y cese de los cargos directivos con categoría de director general o asimilada.

---

[118] Añadido apartado 1 párrafo 2 por disposición final 5 apartado 3 de Real Decreto-Ley 2/2021 de 26 de enero de 2021, con vigencia desde 27/01/2021

CAPÍTULO VI
Colaboración en la gestión de la Seguridad Social

Sección 1ª
Entidades colaboradoras

79. *Enumeración.* 1. La colaboración en la gestión del sistema de la Seguridad Social se llevará a cabo por mutuas colaboradoras con la Seguridad Social y por empresas, de acuerdo con lo establecido en el presente capítulo [119].

2. La colaboración en la gestión se podrá realizar también por asociaciones, fundaciones y entidades públicas y privadas, previa su inscripción en un registro público.

Sección 2ª
Mutuas colaboradoras con la Seguridad Social

Subsección 1ª
Disposiciones generales

80. *Definición y objeto.* 1. Son mutuas colaboradoras con la Seguridad Social las asociaciones privadas de empresarios constituidas mediante autorización del Ministerio de Empleo y Seguridad Social e inscripción en el registro especial dependiente de este, que tienen por finalidad colaborar en la gestión de la Seguridad Social, bajo la dirección y tutela del mismo, sin ánimo de lucro y asumiendo sus asociados responsabilidad mancomunada en los supuestos y con el alcance establecidos en esta ley.

Las mutuas colaboradoras con la Seguridad Social, una vez constituidas, adquieren personalidad jurídica y capacidad de obrar para el

---

[119] Véase RD 1993/1995, de 7 diciembre, por el que se aprueba el Reglamento sobre colaboración de las Mutuas de Accidentes de Trabajo y Enfermedades Profesionales de la Seguridad Social

cumplimiento de sus fines. El ámbito de actuación de las mismas se extiende a todo el territorio del Estado.

2. Las mutuas colaboradoras con la Seguridad Social tienen por objeto el desarrollo, mediante la colaboración con el Ministerio de Empleo y Seguridad Social, de las siguientes actividades de la Seguridad Social:

a) La gestión de las prestaciones económicas y de la asistencia sanitaria, incluida la rehabilitación, comprendidas en la protección de las contingencias de accidentes de trabajo y enfermedades profesionales de la Seguridad Social, así como de las actividades de prevención de las mismas contingencias que dispensa la acción protectora.

b) La gestión de la prestación económica por incapacidad temporal derivada de contingencias comunes.

c) La gestión de las prestaciones por riesgo durante el embarazo y riesgo durante la lactancia natural.

d) La gestión de las prestaciones económicas por cese en la actividad de los trabajadores por cuenta propia, en los términos establecidos en el título V.

e) La gestión de la prestación por cuidado de menores afectados por cáncer u otra enfermedad grave.

f) Las demás actividades de la Seguridad Social que les sean atribuidas legalmente.

3. La colaboración de las mutuas en la gestión de la Seguridad Social no podrá servir de fundamento a operaciones de lucro mercantil ni comprenderá actividades de captación de empresas asociadas o de trabajadores adheridos. Tampoco podrá dar lugar a la concesión de beneficios de ninguna clase a favor de los empresarios asociados, ni a la sustitución de estos en las obligaciones que les correspondan por su condición de empresarios.

4. Las mutuas colaboradoras con la Seguridad Social forman parte del sector público estatal de carácter administrativo, de conformidad con la naturaleza pública de sus funciones y de los recursos económicos que gestionan, sin perjuicio de la naturaleza privada de la entidad.

81. *Constitución de las mutuas colaboradoras con la Seguridad Social.* 1. La constitución de una mutua colaboradora con la Seguridad Social exige el cumplimiento de los siguientes requisitos:

a) Que concurran un mínimo de cincuenta empresarios, quienes a su vez cuenten con un mínimo de treinta mil trabajadores y un volumen de cotización por contingencias profesionales no inferior a veinte millones de euros.

b) Que limiten su actividad al ejercicio de las funciones establecidas en el artículo 80.

c) Que presten fianza, en la cuantía que establezcan las disposiciones de aplicación y desarrollo de esta ley, para garantizar el cumplimiento de sus obligaciones.

d) Que exista autorización del Ministerio de Empleo y Seguridad Social, previa aprobación de los estatutos de la mutua, e inscripción en el registro administrativo dependiente del mismo.

2. El Ministerio de Empleo y Seguridad Social, una vez comprobada la concurrencia de los requisitos establecidos en las letras a), b) y c) del apartado anterior y que los estatutos se ajustan al ordenamiento jurídico, autorizará la constitución de la mutua colaboradora con la Seguridad Social y ordenará su inscripción en el Registro de Mutuas Colaboradoras con la Seguridad Social dependiente del mismo. La orden de autorización se publicará en el «Boletín Oficial del Estado», en la que asimismo se consignará su número de registro, adquiriendo desde entonces personalidad jurídica.

3. La denominación de la mutua incluirá la expresión «Mutua Colaboradora con la Seguridad Social», seguida del número con el que haya sido inscrita. La denominación deberá ser utilizada en todos los centros y dependencias de la entidad, así como en sus relaciones con sus asociados, adheridos y trabajadores protegidos, y con terceros.

82. *Particularidades de las prestaciones y servicios gestionados.* 1. Las prestaciones y los servicios atribuidos a la gestión de las mutuas colaboradoras con la Seguridad Social forman parte de la acción protectora del sistema y se dispensarán a favor de los trabajadores al servicio de los empresarios asociados y de los trabajadores por cuenta propia adheridos conforme a las normas del régimen de la Seguridad Social en el que estén encuadrados y con el mismo alcance que dispensan las entidades gestoras en los supuestos atribuidos a las mismas, con las particularidades establecidas en los siguientes apartados.

2. Respecto de las contingencias profesionales, corresponderá a las mutuas la determinación inicial del carácter profesional de la contingencia, sin perjuicio de su posible revisión o calificación por la entidad gestora competente de acuerdo con las normas de aplicación.

Los actos que dicten las mutuas, por los que reconozcan, suspendan, anulen o extingan derechos en los supuestos atribuidos a las mismas, serán motivados y se formalizarán por escrito, estando supeditada su eficacia a la notificación al interesado. Asimismo se notificarán al empresario cuando el beneficiario mantenga relación laboral y produzcan efectos en la misma.

Las prestaciones sanitarias comprendidas en la protección de las contingencias profesionales serán dispensadas a través de los medios e instalaciones gestionados por las mutuas, mediante convenios con otras mutuas o con las administraciones públicas sanitarias, así como mediante conciertos con medios privados, en los términos establecidos en el artículo 258 y en las normas reguladoras del funcionamiento de las entidades.

3. Las actividades preventivas de la acción protectora de la Seguridad Social son prestaciones asistenciales a favor de los empresarios asociados y de sus trabajadores dependientes, así como de los trabajadores por cuenta propia adheridos, que no generan derechos subjetivos, dirigidas a asistir a los mismos en el control y, en su caso, reducción de los accidentes de trabajo y de las enfermedades profesionales de la Seguridad Social. También comprenderán actividades de asesoramiento a las empresas asociadas y a los trabajadores autónomos al objeto de que adapten sus puestos de trabajo y estructuras para la recolocación de los trabajadores accidentados o con patologías de origen profesional, así como actividades de investigación, desarrollo e innovación a realizar directamente por las mutuas, dirigidas a la reducción de las contingencias profesionales de la Seguridad Social.

Corresponderá al órgano de dirección y tutela de las mutuas colaboradoras con la Seguridad Social, dependiente del Ministerio de Empleo y Seguridad Social, establecer la planificación periódica de las actividades preventivas de la Seguridad Social que desarrollarán aquellas, sus criterios, contenido y orden de preferencias, así como tutelar su desarrollo y evaluar su eficacia y eficiencia. Las comunidades autónomas que ostenten competencia de ejecución compartida en materia de actividades de prevención de riesgos laborales, y sin perjuicio de lo establecido en sus respectivos estatutos de autonomía, podrán comunicar al órgano de tutela de las mutuas las actividades que consideren que deban desarrollarse en sus respectivos ámbitos territoriales para que se incorporen a la planificación de las actividades preventivas de la Seguridad Social. [120]

4. La gestión de la prestación económica por incapacidad temporal derivada de contingencias comunes a favor de los trabajadores al servicio de los empresarios asociados y de los trabajadores por cuenta propia adheridos se desarrollará de conformidad con lo dispuesto en los artículos 83.1.a), párrafo segundo, y 83.1.b), párrafo primero, y en las normas contenidas en el capítulo V del título II, así como en sus disposiciones de aplicación y desarrollo, con las particularidades previstas en los regímenes especiales y sistemas en que aquellos estuvieran encuadrados y en este apartado.

a) Corresponde a las mutuas colaboradoras con la Seguridad Social la función de declaración del derecho a la prestación económica, así como las de denegación, suspensión, anulación y declaración de extinción del mismo, sin perjuicio del control sanitario de las altas y bajas médicas por parte de los servicios públicos de salud y de los efectos atribuidos a los partes médicos en esta ley y en sus normas de desarrollo.

Los actos que se dicten en el ejercicio de las funciones mencionadas en el párrafo anterior serán motivados y se formalizarán por escrito, estando supeditada su eficacia a la notificación al beneficiario. Asimismo se notificarán al empresario en los supuestos en que el beneficiario mantenga relación laboral.

Recibido el parte médico de baja, la mutua comprobará el cumplimiento por el beneficiario de los requisitos de afiliación, alta, periodo de carencia y restantes exigidos en el régimen de la Seguridad Social correspondiente y determinará el importe del subsidio, adoptando el acuerdo de declaración inicial del derecho a la prestación.

Durante el plazo de dos meses siguientes a la liquidación y pago del subsidio, los pagos que se realicen tendrán carácter provisional, pudiendo las mutuas regularizar los pagos provisionales, que adquirirán el carácter de definitivos cuando transcurra el mencionado plazo de dos meses.

b) Cuando las mutuas colaboradoras con la Seguridad Social, sobre la base del contenido de los partes médicos y de los informes emitidos

---

[120] Véase el RD 860/2018 de 13 julio, por el que se regulan las actividades preventivas de la acción protectora de la Seguridad Social a realizar por las mutuas colaboradoras con la Seguridad Social

en el proceso, así como a través de la información obtenida de las actuaciones de control y seguimiento o de las asistencias sanitarias previstas en la letra d), consideren que el beneficiario podría no estar impedido para el trabajo, podrán formular propuestas motivadas de alta médica a través de los médicos dependientes de las mismas, dirigidas a la Inspección Médica de los Servicios Públicos de Salud. Las mutuas comunicarán simultáneamente al trabajador afectado y al Instituto Nacional de la Seguridad Social, para su conocimiento, que se ha enviado la mencionada propuesta de alta.

La Inspección Médica de los Servicios Públicos de Salud estará obligada a comunicar a la mutua y al Instituto Nacional de la Seguridad Social, en un plazo máximo de cinco días hábiles desde el siguiente a la recepción de la propuesta de alta, la estimación de esta, con la emisión del alta, o su denegación, en cuyo caso acompañará informe médico motivado que la justifique. La estimación de la propuesta de alta dará lugar a que la mutua notifique la extinción del derecho al trabajador y a la empresa, señalando la fecha de efectos de esta.

En el supuesto de que la Inspección Médica considere necesario citar al trabajador para revisión médica, esta se realizará dentro del plazo de cinco días previsto en el párrafo anterior y no suspenderá el cumplimiento de la obligación establecida en el mismo. No obstante, en el caso de incomparecencia del trabajador el día señalado para la revisión médica, se comunicará la inasistencia en el mismo día a la mutua que realizó la propuesta. La mutua dispondrá de un plazo de cuatro días para comprobar si la incomparecencia fue justificada y suspenderá el pago del subsidio con efectos desde el día siguiente al de la incomparecencia. En caso de que el trabajador justifique la incomparecencia, la mutua acordará levantar la suspensión y repondrá el derecho al subsidio, y en caso de que la considere no justificada, adoptará el acuerdo de extinción del derecho en la forma establecida en la letra a) y lo notificará al trabajador y a la empresa, consignando la fecha de efectos de este, que se corresponderá con el primer día siguiente al de su notificación al trabajador.

Cuando, excepcionalmente, la Inspección Médica del servicio público de salud no conteste a la propuesta de alta formulada por la mutua en la forma y plazo establecidos, esta última podrá solicitar la emisión del parte de alta al Instituto Nacional de la Seguridad Social, de acuerdo con las atribuciones conferidas en el artículo 170.1 y en el apartado

4 de la disposición adicional primera. El plazo para resolver la solicitud será de cinco días hábiles desde el siguiente a su recepción. [121]

c) Las comunicaciones que se realicen entre los médicos de las mutuas, los pertenecientes al servicio público de salud y las entidades gestoras se realizarán preferentemente por medios electrónicos, siendo válidas y eficaces desde el momento en que se reciban en el centro donde aquellos desarrollen sus funciones.

Igualmente las mutuas comunicarán las incidencias que se produzcan en sus relaciones con el servicio público de salud o cuando la empresa incumpla sus obligaciones al Ministerio de Empleo y Seguridad Social, que adoptará, en su caso, las medidas que correspondan.

Las mutuas no podrán desarrollar las funciones de gestión de la prestación a través de medios concertados, sin perjuicio de recabar, en los términos establecidos en la letra d), los servicios de los centros sanitarios autorizados para realizar pruebas diagnósticas o tratamientos terapéuticos y rehabilitadores que las mismas soliciten.

d) Son actos de control y seguimiento de la prestación económica, aquellos dirigidos a comprobar la concurrencia de los hechos que originan la situación de necesidad y de los requisitos que condicionan el nacimiento o mantenimiento del derecho, así como los exámenes y reconocimientos médicos. Las mutuas colaboradoras con la Seguridad Social podrán realizar los mencionados actos a partir del día de la baja médica y, respecto de las citaciones para examen o reconocimiento médico, la incomparecencia injustificada del beneficiario será causa de extinción del derecho a la prestación económica, de conformidad con lo establecido en el artículo 174, en los términos que se establezcan reglamentariamente, sin perjuicio de la suspensión cautelar prevista en el artículo 175.3.

Asimismo las mutuas colaboradoras con la Seguridad Social podrán realizar pruebas diagnósticas y tratamientos terapéuticos y rehabilitadores, con la finalidad de evitar la prolongación innecesaria de los procesos previstos en esta disposición, previa autorización del médico del servicio público de salud y consentimiento informado del paciente.

Los resultados de estas pruebas y tratamientos se pondrán a disposición del facultativo del servicio público de salud que asista al trabajador a través de los servicios de interoperabilidad del Sistema Nacional

---

[121] Dada nueva redacción apartado 4 apartado b por art. único apartado 10 de Real Decreto-Ley 2/2023 de 16 de marzo de 2023, con vigencia desde 18/03/2023

de Salud, para su incorporación en la historia clínica electrónica del paciente.

Las pruebas diagnósticas y los tratamientos terapéuticos y rehabilitadores se realizarán principalmente en los centros asistenciales gestionados por las mutuas para dispensar la asistencia derivada de las contingencias profesionales, en el margen que permita su aprovechamiento, utilizando los medios destinados a la asistencia de patologías de origen profesional, y, con carácter subsidiario, podrán realizarse en centros concertados, autorizados para dispensar sus servicios en el ámbito de las contingencias profesionales, con sujeción a lo establecido en el párrafo anterior y en los términos que se establezcan reglamentariamente. En ningún caso las pruebas y tratamientos supondrán la asunción de la prestación de asistencia sanitaria derivada de contingencias comunes ni dará lugar a la dotación de recursos destinados a esta última.

e) Las mutuas colaboradoras con la Seguridad Social podrán celebrar convenios y acuerdos con las entidades gestoras de la Seguridad Social y con los servicios públicos de salud, previa autorización del Ministerio de Empleo y Seguridad Social, para la realización en los centros asistenciales que gestionan, de reconocimientos médicos, pruebas diagnósticas, informes, tratamientos sanitarios y rehabilitadores, incluidas intervenciones quirúrgicas, que aquellos les soliciten, en el margen que permita su destino a las funciones de la colaboración. Los convenios y acuerdos autorizados fijarán las compensaciones económicas que hayan de satisfacerse como compensación a la mutua por los servicios dispensados, así como la forma y condiciones de pago.

Con carácter subsidiario respecto de los convenios y acuerdos previstos en el párrafo anterior, siempre que los centros asistenciales que gestionan dispongan de un margen de aprovechamiento que lo permita, las mutuas colaboradoras con la Seguridad Social podrán celebrar conciertos con entidades privadas, previa autorización del Ministerio de Empleo y Seguridad Social y mediante compensación económica conforme a lo que se establezca reglamentariamente, para la realización de las pruebas y los tratamientos señalados a favor de las personas que aquellos les soliciten, los cuales se supeditarán a que las actuaciones que se establezcan no perjudiquen los servicios a que los centros están destinados, ni perturben la debida atención a los trabajadores protegidos ni a los que remitan las entidades públicas, ni minoren los niveles de calidad establecidos para los mismos.

Los derechos de créditos que generen los convenios, acuerdos y conciertos son recursos públicos de la Seguridad Social, siendo de aplicación a los mismos lo dispuesto en el artículo 84.2.

f) Sin perjuicio de los mecanismos y procedimientos regulados en los apartados anteriores, las entidades gestoras de la Seguridad Social o la mutuas colaboradoras con la Seguridad Social podrán establecer acuerdos de colaboración, con el fin de mejorar la eficacia en la gestión y el control de la incapacidad temporal, con el Instituto Nacional de Gestión Sanitaria o los servicios de salud de las comunidades autónomas.

g) La mutuas colaboradoras con la Seguridad Social asumirán a su cargo, sin perjuicio del posible resarcimiento posterior por los servicios de salud o por las entidades gestoras de la Seguridad Social, el coste originado por la realización de pruebas diagnósticas, tratamientos y procesos de recuperación funcional dirigido a evitar la prolongación innecesaria de los procesos de baja laboral por contingencias comunes de los trabajadores del sistema de la Seguridad Social y que deriven de los acuerdos o convenios que se celebren de acuerdo con lo previsto reglamentariamente.

83.   *Régimen de opción de los empresarios asociados y de los trabajadores por cuenta propia adheridos.* 1. Los empresarios y los trabajadores por cuenta propia, en el momento de cumplir ante la Tesorería General de la Seguridad Social sus respectivas obligaciones de inscripción de empresa, afiliación y alta, harán constar la entidad gestora o la mutua colaboradora con la Seguridad Social por la que hayan optado para proteger las contingencias profesionales, la prestación económica por incapacidad temporal derivada de contingencias comunes y la protección por cese de actividad, de acuerdo con las normas reguladoras del régimen de la Seguridad Social en el que se encuadren, y comunicarán a aquella sus posteriores modificaciones. Corresponderá a la Tesorería General de la Seguridad Social el reconocimiento de tales declaraciones y de sus efectos legales, en los términos establecidos reglamentariamente y sin perjuicio de las particularidades que se disponen en los apartados siguientes en caso de optarse a favor de una mutua colaboradora con la Seguridad Social.

La opción a favor de una mutua colaboradora con la Seguridad Social se realizará en la forma y tendrá el alcance que se establecen seguidamente:

a) Los empresarios que opten por una mutua para la protección de los accidentes de trabajo y las enfermedades profesionales de la Seguridad Social deberán formalizar con la misma el convenio de asociación y proteger en la misma entidad a todos los trabajadores correspondientes a los centros de trabajo situados en la misma provincia, entendiéndose por estos la definición contenida en el texto refundido de la Ley del Estatuto de los Trabajadores.

Igualmente, los empresarios asociados podrán optar porque la misma mutua gestione la prestación económica por incapacidad temporal derivada de contingencias comunes respecto de los trabajadores protegidos frente a las contingencias profesionales.

El convenio de asociación es el instrumento por el que se formaliza la asociación a la mutua y tendrá un periodo de vigencia de un año, que podrá prorrogarse por periodos de igual duración. Reglamentariamente se regulará el procedimiento para formalizar el convenio, su contenido y efectos.

b) Los trabajadores comprendidos en el ámbito de aplicación del Régimen Especial de la Seguridad Social de los Trabajadores por Cuenta Propia o Autónomos deberán formalizar la cobertura de la acción protectora por contingencias profesionales, incapacidad temporal y cese de actividad con una mutua colaboradora con la Seguridad Social, debiendo optar por la misma mutua colaboradora para toda la acción protectora indicada. Asimismo, deberán formalizar con una mutua colaboradora dicha acción protectora los trabajadores que cambien de entidad.

Para formalizar la gestión por cese de actividad suscribirán el anexo correspondiente al documento de adhesión, en los términos que establezcan las normas reglamentarias que regulan la colaboración.

Los trabajadores por cuenta propia incluidos en el Régimen Especial de la Seguridad Social de los Trabajadores del Mar podrán optar por proteger las contingencias profesionales con la entidad gestora o con una mutua colaboradora con la Seguridad Social. Los trabajadores incluidos en el grupo tercero de cotización deberán formalizar la protección de las contingencias comunes con la entidad gestora de la Seguridad Social. En todo caso, deberán formalizar la protección por cese de actividad con la entidad gestora o con la mutua con quien protejan las contingencias profesionales.

La protección se formalizará mediante documento de adhesión, por el cual el trabajador por cuenta propia se incorpora al ámbito gestor de la mutua de forma externa a la base asociativa de la misma y sin adquirir los derechos y obligaciones derivados de la asociación. El periodo de vigencia de la adhesión será de un año, pudiendo prorrogarse por periodos de igual duración. El procedimiento para formalizar el documento de adhesión, su contenido y efectos, se regulará reglamentariamente. [122]

2. Las mutuas colaboradoras con la Seguridad Social deberán aceptar toda proposición de asociación y de adhesión que se les formule, sin que la falta de pago de las cotizaciones sociales les excuse del cumplimiento de la obligación ni constituya causa de resolución del convenio o documento suscrito, o sus anexos.

3. La información y datos sobre los empresarios asociados, los trabajadores por cuenta propia adheridos y los trabajadores protegidos que obren en poder de las mutuas colaboradoras con la Seguridad Social y, en general, los generados en el desarrollo de su actividad colaboradora en la gestión de la Seguridad Social, tienen carácter reservado y están sometidos al régimen establecido en el artículo 77, sin que, en consecuencia, puedan ser cedidos o comunicados a terceros, salvo en los supuestos establecidos en dicho artículo.

84. *Régimen económico financiero.* 1. El sostenimiento y funcionamiento de las mutuas colaboradoras con la Seguridad Social, así como de las actividades, prestaciones y servicios comprendidos en su objeto, se financiarán mediante las cuotas de la Seguridad Social adscritas a las mismas, los rendimientos, incrementos, contraprestaciones y compensaciones obtenidos tanto de la inversión financiera de estos recursos como de la enajenación y cese de la adscripción por cualquier título de los bienes muebles e inmuebles de la Seguridad Social que estén adscritos a aquellas y, en general, mediante cualquier ingreso obtenido en virtud del ejercicio de la colaboración o por el empleo de los medios de la misma.

La Tesorería General de la Seguridad Social entregará a las mutuas las cuotas por accidentes de trabajo y enfermedades profesionales in-

---

[122] Dada nueva redacción apartado 1 por disposición final 2 apartado 1 de Real Decreto-Ley 28/2018 de 28 de diciembre de 2018, con vigencia desde 01/01/2019

gresadas en aquella por los empresarios asociados a cada una o por los trabajadores por cuenta propia adheridos, así como la fracción de cuota correspondiente a la gestión de la prestación económica por incapacidad temporal derivada de contingencias comunes, la cuota por cese en la actividad de los trabajadores autónomos y el resto de cotizaciones que correspondan por las contingencias y prestaciones que gestionen, previa deducción de las aportaciones destinadas a las entidades públicas del sistema por el reaseguro obligatorio y por la gestión de los servicios comunes, así como de las cantidades que, en su caso, se establezcan legalmente [123].

2. Los derechos de crédito que se generen a consecuencia de prestaciones o servicios que dispensen las mutuas a favor de personas no protegidas por las mismas o, cuando estando protegidas, corresponda a un tercero su pago por cualquier título, así como los originados por prestaciones indebidamente satisfechas, son recursos públicos del sistema de la Seguridad Social adscritos a aquellas.

El importe de estos créditos será liquidado por las mutuas, las cuales reclamarán su pago del sujeto obligado en la forma y condiciones establecidas en la norma o concierto del que nazca la obligación y hasta obtener su pago o, en su defecto, el título jurídico que habilite la exigibilidad del crédito, el cual comunicarán a la Tesorería General de la Seguridad Social para su recaudación con arreglo al procedimiento establecido en esta ley y en sus normas de desarrollo [124].

Los ingresos por servicios previstos en el artículo 82.2 dispensados a trabajadores no incluidos en el ámbito de actuación de la mutua, generarán crédito en el presupuesto de gastos de la mutua que presta el servicio, en los conceptos correspondientes a los gastos de la misma naturaleza que los que se originaron por la prestación de dichos servicios.

---

[123] Véanse los arts. 71 y 76 Reglamento sobre colaboración de las Mutuas de Accidentes de Trabajo y Enfermedades Profesionales de la Seguridad Social, el art. 26 O PJC/178/2025 por el que se determina la fracción de cuota correspondiente a la gestión de la IT derivada de contingencias comunes para el ejercicio 2025 y la Res. 30 de mayo de 2025, DGOSS, que establece los requisitos y condiciones para el acceso en 2025 a los coeficientes especiales del 0,07 y 0,033, así como el incremento de la fracción de cuota y el procedimiento para su solicitud por las mutuas colaboradoras

[124] Véase el cap. 5 RD 1630/2011 de 14 noviembre, por el que se regula la prestación de servicios sanitarios y de recuperación por las mutuas de accidentes de trabajo y enfermedades profesionales de la Seguridad Social

El Ministerio de Empleo y Seguridad Social, en todos los procedimientos dirigidos al cobro de la deuda, podrá autorizar el pago de los derechos de crédito en forma distinta a la de su ingreso en metálico y determinará el importe líquido del crédito que resulte extinguido, así como los términos y condiciones aplicables hasta la extinción del derecho. Cuando el sujeto obligado sea una administración pública o una entidad de la misma naturaleza y las deudas tengan su causa en la dispensación de asistencia sanitaria, el Ministerio de Empleo y Seguridad Social podrá asimismo autorizar el pago mediante dación de bienes, sin perjuicio de la aplicación del resto de facultades que se atribuyen al mismo hasta la extinción del derecho.

3. Las obligaciones económicas que se atribuyan a las Mutuas serán pagadas con cargo a los recursos públicos adscritos para el desarrollo de la colaboración, sin perjuicio de que aquellas obligaciones que tengan por objeto pensiones se financien de conformidad con lo dispuesto en el artículo 110.3.

4. Son gastos de administración de las mutuas colaboradoras con la Seguridad Social los derivados del sostenimiento y funcionamiento de los servicios administrativos de la colaboración y comprenderán los gastos de personal, los gastos corrientes en bienes y servicios, los gastos financieros y las amortizaciones de bienes inventariables. Estarán limitados anualmente al importe resultante de aplicar sobre los ingresos de cada ejercicio el porcentaje que corresponda de la escala que se establecerá reglamentariamente.

5. Las mutuas colaboradoras con la Seguridad Social gozarán de exención tributaria, en los términos que se establecen para las entidades gestoras en el artículo 76.1.

Subsección 2ª
Órganos de gobierno y participación

85. *Enumeración.* Los órganos de gobierno de las mutuas colaboradoras con la Seguridad Social son la Junta General, la Junta Directiva y el Director Gerente.

El órgano de participación institucional es la Comisión de Control y Seguimiento.

La Comisión de Prestaciones Especiales es el órgano a quien corresponde la concesión de los beneficios de la asistencia social potestativa prevista en el artículo 96.1.b).

86. *La Junta General.* 1. La Junta General es el órgano de gobierno superior de la mutua y estará integrada por todos los empresarios asociados, por una representación de los trabajadores por cuenta propia adheridos en los términos que reglamentariamente se establezcan, y por un representante de los trabajadores dependientes de la mutua. Carecerán de derecho a voto aquellos empresarios asociados, así como los representantes de los trabajadores por cuenta propia adheridos, que no estén al corriente en el pago de las cotizaciones sociales.

2. La Junta General se reunirá con carácter ordinario una vez al año, para aprobar el anteproyecto de presupuestos y las cuentas anuales, y con carácter extraordinario las veces que sea convocada por la Junta Directiva cumplidos los requisitos que reglamentariamente se establezcan para su convocatoria y celebración.

3. Es competencia de la Junta General, en todo caso, la designación y renovación de los miembros de la Junta Directiva, ser informada sobre las dotaciones y aplicaciones del patrimonio histórico, la reforma de los estatutos, la fusión, absorción y disolución de la entidad, la designación de los liquidadores y la exigencia de responsabilidad a los miembros de la Junta Directiva.

4. Reglamentariamente se regulará el procedimiento y requisitos de convocatoria de la Junta General y el régimen de deliberación y adopción de sus acuerdos, así como el ejercicio por los asociados de las acciones de impugnación de los acuerdos que sean contrarios a la ley, a los reglamentos e instrucciones de aplicación a la mutua o lesionen el interés de la entidad en beneficio de uno o varios asociados o de terceros, así como los intereses de la Seguridad Social. La acción de impugnación caducará en el plazo de un año desde la fecha de su adopción.

87. *La Junta Directiva.* 1. La Junta Directiva es el órgano colegiado al que corresponde el gobierno directo de la mutua. Estará compuesta por entre diez y veinte empresarios asociados, de los cuales el treinta por ciento corresponderá a aquellas empresas que cuenten con mayor número de trabajadores, determinadas con arreglo a los tramos que se establecerán reglamentariamente, y un trabajador por cuenta propia adherido, todos ellos designados por la Junta General. También formará parte el representante de los trabajadores mencionado en el artículo anterior.

El nombramiento como miembro de la Junta Directiva estará supeditado a la confirmación del Ministerio de Empleo y Seguridad Social, a excepción del representante de los trabajadores, y entre sus miembros se designará al Presidente de la misma, que será el Presidente de la entidad.

2. Es competencia de la Junta Directiva la convocatoria de la Junta General, la ejecución de los acuerdos adoptados por la misma, la formulación de los anteproyectos de presupuestos y de las cuentas anuales, que deberán ser firmados por el Presidente de la Junta Directiva, así como la exigencia de responsabilidad al Director Gerente y demás funciones que se establezcan que no estén reservadas a la Junta General. Reglamentariamente se regulará el régimen de funcionamiento de la Junta Directiva y de exigencia de responsabilidad.

3. Corresponde al Presidente de la Junta Directiva la representación de la mutua colaboradora con la Seguridad Social, la convocatoria de las reuniones a la misma y moderar sus deliberaciones.

El régimen de indemnizaciones que se establezca regulará las que correspondan al Presidente de la Junta Directiva por las funciones específicas atribuidas y que en ningún caso podrán superar en su conjunto las retribuciones del Director Gerente.

4. No podrá recaer simultáneamente en la misma persona más de un cargo de la Junta Directiva, ya sea por sí misma o en representación de otras empresas asociadas, ni podrán formar parte de la Junta las personas o empresas que mantengan relación laboral o de servicios con la mutua, a excepción del representante de los trabajadores.

88. *El Director Gerente y el resto de personal de la mutua.* 1. El Director Gerente ejerce la dirección ejecutiva de la mutua y le corresponde desarrollar sus objetivos generales y la dirección ordinaria de la entidad, sin perjuicio de estar sujeto a los criterios e instrucciones que, en su caso, le impartan la Junta Directiva y el Presidente de la misma.

El Director Gerente mantendrá informado al Presidente de la gestión de la mutua y seguirá las indicaciones que el mismo, en su caso, le imparta.

El Director Gerente estará vinculado mediante contrato de alta dirección regulado por el Real Decreto 1382/1985, de 1 de agosto, por el que se regula la relación laboral de carácter especial del personal de alta dirección. Será nombrado por la Junta Directiva, estando supeditada la eficacia del nombramiento y la del contrato de trabajo a la confirmación del Ministerio de Empleo y Seguridad Social.

No podrán ocupar el cargo de Director Gerente las personas que pertenezcan al Consejo de Administración o desempeñen actividad remunerada en cualquier empresa asociada a la mutua, sean titulares de una participación igual o superior al 10 por ciento del capital social de aquellas o bien la titularidad corresponda al cónyuge o hijos de aquel. Tampoco podrán ser designadas las personas que hayan sido suspendidas de sus funciones en virtud de expediente sancionador hasta que se extinga la suspensión.

2. El resto del personal que ejerza funciones ejecutivas dependerá del Director Gerente, estará vinculado por contratos de alta dirección y también estará sujeto al régimen de incompatibilidades y limitaciones previstas para el Director Gerente, quedando igualmente supeditada la eficacia de sus nombramientos, la de los contratos de alta dirección del personal con funciones ejecutivas y sus posibles modificaciones a la confirmación del Ministerio de Inclusión, Seguridad Social y Migraciones. [125]

3. A efectos retributivos, así como para la determinación del número máximo de personas que ejerzan funciones ejecutivas en las mutuas, el titular del Ministerio de Empleo y Seguridad Social clasificará a las mutuas por grupos en función de su volumen de cuotas, número de trabajadores protegidos y eficiencia en la gestión.

4. Las retribuciones del Director Gerente y del personal que ejerza funciones ejecutivas en las mutuas se clasificarán en básicas y complementarias y estarán sujetas a los límites máximos fijados para cada grupo por el Real Decreto 451/2012, de 5 de marzo, por el que se regula el régimen retributivo de los máximos responsables y directivos en el sector público empresarial y otras entidades. Asimismo estarán también sujetos a los límites previstos en el citado Real Decreto 451/2012, de 5 de marzo, el número máximo de personas que ejerzan funciones ejecutivas en cada mutua.

---

[125] Dada nueva redacción apartado 2 por disposición final 28 apartado 2 de Ley 22/2021 de 28 de diciembre de 2021, con vigencia desde 01/01/2022

Las retribuciones básicas del Director Gerente y del personal que ejerza funciones ejecutivas incluyen su retribución mínima obligatoria y se fijarán por la Junta Directiva conforme al grupo de clasificación en que resulte catalogada la mutua.

Las retribuciones complementarias del Director Gerente y del personal que ejerza funciones ejecutivas comprenden un complemento del puesto y un complemento variable que se fijarán por la Junta Directiva de la mutua.

El complemento del puesto se asignará teniendo en cuenta la situación retributiva del directivo en comparación con puestos similares del mercado de referencia, la estructura organizativa dependiente del puesto, el peso relativo del puesto dentro de la organización y el nivel de responsabilidad.

El complemento variable, que tendrá carácter potestativo, retribuirá la consecución de unos objetivos previamente establecidos por la Junta Directiva de la mutua de conformidad con los criterios que pueda fijar el Ministerio de Empleo y Seguridad Social. Estos objetivos tendrán carácter anual y deberán estar fundamentados en los resultados del ejercicio generados por la mutua en la gestión de las diferentes actividades de la Seguridad Social en las que colabora.

En ningún caso, la retribución total puede exceder del doble de la retribución básica y ningún puesto podrá tener una retribución total superior a la que tenía con anterioridad a la entrada en vigor de la Ley 35/2014, de 26 de diciembre, por la que se modifica el texto refundido de la Ley General de la Seguridad Social en relación con el régimen jurídico de las mutuas de accidentes de trabajo y enfermedades profesionales de la Seguridad Social.

5. El personal no directivo estará sujeto a relación laboral ordinaria, regulada en el texto refundido de la Ley del Estatuto de los Trabajadores. En cualquier caso, ningún miembro del personal de la mutua podrá obtener unas retribuciones totales superiores a las del Director Gerente. En todo caso, las retribuciones del conjunto del personal estarán sujetas a las disposiciones sobre la masa salarial y a las limitaciones o restricciones que establezcan, en su caso, las Leyes de Presupuestos Generales del Estado de cada año.

6. Con cargo a los recursos públicos, las mutuas colaboradoras con la Seguridad Social no podrán satisfacer indemnizaciones por extinción de la relación laboral con su personal, cualquiera que sea la forma de dicha relación y la causa de su extinción, que superen las

establecidas en las disposiciones legales y reglamentarias reguladoras de dicha relación.

7. Asimismo, las mutuas no podrán establecer planes de pensiones para su personal, ni seguros colectivos que instrumenten compromisos por pensiones, ni planes de previsión social empresarial sin la aprobación del Ministerio de Empleo y Seguridad Social. Los planes de pensiones, los contratos de seguros y los planes de previsión social empresarial, y las aportaciones y primas periódicas que se realicen estarán sujetos a los límites y criterios que las Leyes de Presupuestos Generales del Estado establezcan en esta materia para el sector público.

89. *La Comisión de Control y Seguimiento.* 1. La Comisión de Control y Seguimiento es el órgano de participación de los agentes sociales, al que corresponde conocer e informar de la gestión que realiza la entidad en las distintas modalidades de colaboración, proponer medidas para mejorar el desarrollo de las mismas en el marco de los principios y objetivos de la Seguridad Social, informar el anteproyecto de presupuestos y las cuentas anuales y conocer los criterios que mantiene y aplica la mutua en el desarrollo de su objeto social.

Para desarrollar esa labor, la Comisión dispondrá periódicamente de los informes sobre litigiosidad, reclamaciones y recursos, así como de los requerimientos de los órganos de supervisión y dirección y tutela, junto con la información relativa a su cumplimiento. Anualmente elaborará una serie de recomendaciones que serán enviadas tanto a la Junta Directiva como al órgano de dirección y tutela.

2. La Comisión estará compuesta por un máximo de doce miembros designados por las organizaciones sindicales y empresariales más representativas, así como por una representación de las asociaciones profesionales de los trabajadores autónomos. Será Presidente de la Comisión el que en cada momento lo sea de la Junta Directiva.

No podrá formar parte de la Comisión de Control y Seguimiento ningún miembro de la Junta Directiva, a excepción del Presidente, o persona que trabaje para la entidad.

3. El Ministerio de Empleo y Seguridad Social regulará la composición y régimen de funcionamiento de las Comisiones de Control y Seguimiento, previo informe del Consejo General del Instituto Nacional de la Seguridad Social.

90. *La Comisión de Prestaciones Especiales.* 1. La Comisión de Prestaciones Especiales será competente para la concesión de los beneficios derivados de la Reserva de Asistencia Social que tenga establecidos la mutua colaboradora con la Seguridad Social a favor de los trabajadores protegidos o adheridos y sus derechohabientes que hayan sufrido un accidente de trabajo o una enfermedad profesional y se encuentren en especial estado o situación de necesidad. Los beneficios serán potestativos e independientes de los comprendidos en la acción protectora de la Seguridad Social.

2. La Comisión estará integrada por el número de miembros que se establezca reglamentariamente, los cuales estarán distribuidos, por partes iguales, entre los representantes de los trabajadores de las empresas asociadas y los representantes de empresarios asociados, siendo estos últimos designados por la Junta Directiva; asimismo tendrán representación los trabajadores adheridos. El Presidente será designado por la Comisión entre sus miembros.

91. *Incompatibilidades y responsabilidades de los miembros de los órganos de gobierno y de participación.* 1. No podrán formar parte de la Junta Directiva, de la Comisión de Control y Seguimiento ni de la Comisión de Prestaciones Especiales de una mutua colaboradora con la Seguridad Social las personas que formen parte de cualquiera de estos órganos en otra mutua, por sí mismas o en representación de empresas asociadas o de organizaciones sociales, así como aquellas que ejerzan funciones ejecutivas en otra entidad.

2. Los cargos anteriores o sus representantes en los mismos, así como las personas que ejerzan funciones ejecutivas en las mutuas no podrán comprar ni vender para sí mismos cualquier activo patrimonial de la entidad ni celebrar contratos de ejecución de obras, de realización de servicios o de entrega de suministros, excepto las empresas de servicios financieros o de suministros esenciales, que requerirán para contratar autorización previa del Ministerio de Empleo y Seguridad Social, ni celebrar contratos en los que concurran conflictos de intereses. Tampoco podrán realizar esos actos quienes estén vinculados a aquellos cargos o personas mediante relación conyugal o de parentesco, en línea directa o colateral, por consanguinidad, adopción o afinidad, hasta el cuarto grado, ni las personas jurídicas en las que cualquiera de las mencionadas personas, cargos o parientes sean titulares, directa o indirectamente, de un porcentaje igual o superior al 10 por ciento del capital social, ejerzan en las mismas funciones

que impliquen poder de decisión o formen parte de sus órganos de administración o gobierno [126].

3. La condición de miembro de la Junta Directiva, de la Comisión de Control y Seguimiento y de las Comisiones de Prestaciones Especiales será gratuita, sin perjuicio de que la mutua en la que se integren les indemnice y compense por los gastos de asistencia a las reuniones de los respectivos órganos, en los términos que se establezcan reglamentariamente, teniendo en cuenta lo establecido en el artículo 87.3 en relación con el Presidente de la Junta Directiva.

4. Los miembros de la Junta Directiva, el Director Gerente y las personas que ejerzan funciones ejecutivas serán responsables directos frente a la Seguridad Social, la mutua y los empresarios asociados de los daños que causen por sus actos u omisiones contrarios a las normas jurídicas de aplicación, a los estatutos o a las instrucciones dictadas por el órgano de tutela, así como por los realizados incumpliendo los deberes inherentes al desempeño del cargo, siempre y cuando haya intervenido dolo o culpa grave. Se entenderán como acto propio las acciones y omisiones comprendidas en los respectivos ámbitos funcionales o de competencias.

La responsabilidad de los miembros de la Junta Directiva será solidaria. No obstante, estarán exentos aquellos miembros que prueben que, no habiendo intervenido en la adopción o ejecución del acto, desconocían su existencia o, conociéndola, hicieron todo lo conveniente para evitar el daño o, al menos, se opusieron expresamente a él.

Las mutuas colaboradoras con la Seguridad Social, mediante la responsabilidad mancomunada regulada en el artículo 100.4, responderán directamente de los actos lesivos en cuya ejecución concurra culpa leve o en los que no exista responsable directo. Asimismo, responderán subsidiariamente en los supuestos de insuficiencia patrimonial de los responsables directos.

5. Los derechos de crédito que nazcan de las responsabilidades establecidas en este artículo, así como de la responsabilidad mancomunada que asumen los empresarios asociados, prevista en el artículo 100.4, son recursos públicos de la Seguridad Social adscritos a las mutuas en las que concurrieron los hechos origen de la responsabilidad.

Corresponde al órgano de dirección y tutela la declaración de las responsabilidades establecidas en el párrafo anterior, de las obligacio-

---

[126] Véanse arts. 27 a 29 LISOS

nes objeto de las mismas, así como determinar su importe líquido, reclamar su pago con arreglo a las normas que regulan la colaboración de las entidades y determinar los medios de pago, que podrán incluir la dación de bienes, las modalidades, formas, términos y condiciones aplicables hasta su extinción. Cuando el Tribunal de Cuentas inicie procedimiento de reintegro por alcance por los mismos hechos, el órgano de dirección y tutela acordará la suspensión del procedimiento administrativo hasta que aquel adopte resolución firme, cuyas disposiciones de naturaleza material producirán plenos efectos en el procedimiento administrativo.

El órgano de dirección y tutela podrá solicitar a la Tesorería General de la Seguridad Social la recaudación ejecutiva de los derechos de crédito derivados de estas responsabilidades, a cuyo efecto trasladará a la misma el acto de liquidación de aquellos y la determinación de los sujetos obligados. Las cantidades que se obtengan se ingresarán en las cuentas que dieron lugar a la exigencia de la responsabilidad en los términos que establezca el órgano de dirección y tutela.

El Ministerio de Empleo y Seguridad Social, en aplicación de sus facultades de dirección y tutela, podrá reclamar el pago o ejercitar las acciones legales que sean necesarias para la declaración o exigencia de las responsabilidades generadas con motivo del desarrollo de la colaboración, así como comparecer y ser parte en los procesos legales que afecten a las responsabilidades establecidas.

Subsección 3ª
Patrimonio y régimen de contratación

92. *Patrimonio de la Seguridad Social adscrito a las mutuas.* 1. De acuerdo con lo establecido en los artículos 19.3 y 103.1, los ingresos establecidos en el artículo 84.1, así como los bienes muebles e inmuebles en que puedan invertirse los mismos, y, en general, los derechos, acciones y recursos relacionados con ellos, forman parte del patrimonio de la Seguridad Social y están adscritos a las mutuas para el desarrollo de las funciones de la Seguridad Social atribuidas, bajo la dirección y tutela del Ministerio de Empleo y Seguridad Social.

2. La adquisición por cualquier título de los inmuebles necesarios para el desarrollo de las funciones atribuidas y su enajenación se

acordará por las mutuas, previa autorización del Ministerio de Empleo y Seguridad Social, correspondiendo a la Tesorería General de la Seguridad Social la formalización del acto en los términos autorizados, y se titularán e inscribirán en el Registro de la Propiedad a nombre del Servicio Común. La adquisición llevará implícita su adscripción a la mutua autorizada. Igualmente podrán solicitar autorización para que se les adscriban inmuebles del patrimonio de la Seguridad Social adscritos a las entidades gestoras, los servicios comunes u otras mutuas, así como para el cese de la adscripción de aquellos afectados, lo que requerirá conformidad de los interesados y obligará a compensar económicamente a la entidad cedente por aquella que reciba la posesión de los bienes.

Corresponde a las mutuas colaboradoras con la Seguridad Social la conservación, disfrute, mejora y defensa de los bienes adscritos, bajo la dirección y tutela del Ministerio de Empleo y Seguridad Social. Respecto de los bienes inmuebles, corresponderá a aquellas el ejercicio de las acciones posesorias y a la Tesorería General de la Seguridad Social el ejercicio de las acciones dominicales.

3. No obstante la titularidad pública del patrimonio, dada la gestión singularizada del mismo y el régimen económico-financiero establecido para las actividades de la colaboración, los bienes que integran el patrimonio adscrito estarán sujetos a los resultados de la gestión, pudiendo liquidarse para atender las necesidades de la misma y el pago de prestaciones u otras obligaciones derivadas de las expresadas actividades, sin perjuicio de la responsabilidad mancomunada de los empresarios asociados. El producto que se obtenga de la enajenación de los indicados bienes o de su cambio de adscripción a favor de otra mutua o de las entidades públicas del sistema, se ingresará en la mutua de la que procedan.

93. *Patrimonio histórico.* 1. Los bienes incorporados al patrimonio de las mutuas con anterioridad a 1 de enero de 1967 o durante el período comprendido entre esa fecha y el 31 de diciembre de 1975, siempre que en este último caso se trate de bienes que provengan del 20 por 100 del exceso de excedentes, así como los que procedan de recursos distintos de los que tengan su origen en las cuotas de Seguridad Social, constituyen el patrimonio histórico de las mutuas, cuya propiedad les corresponde en su calidad de asociación de empresarios, sin perjuicio de la tutela a que se refiere el artículo 98.1.

Este patrimonio histórico se halla igualmente afectado estrictamente al fin social de la entidad, sin que de su dedicación al mismo puedan derivarse rendimientos o incrementos patrimoniales que, a su vez, constituyan gravamen para el patrimonio único de la Seguridad Social. Considerando la estricta afectación de este patrimonio a los fines de colaboración de las mutuas con la Seguridad Social, ni los bienes ni los rendimientos que, en su caso, produzcan pueden desviarse hacia la realización de actividades mercantiles.

2. Sin perjuicio de lo establecido con carácter general en el apartado anterior, previa autorización del Ministerio de Empleo y Seguridad Social y en los términos y condiciones que se establezcan reglamentariamente, formarán parte del patrimonio histórico de las mutuas los ingresos a los que se refieren los apartados siguientes:

a) Las mutuas que cuenten con bienes inmuebles integrantes de su patrimonio histórico, destinados a ubicar centros y servicios sanitarios o administrativos adscritos al desarrollo de las actividades propias de la colaboración con la Seguridad Social que tienen encomendada, podrán imputar en sus correspondientes cuentas de resultados un canon o coste de compensación por la utilización de tales inmuebles.

b) Las mutuas que posean inmuebles vacíos que pertenezcan a su patrimonio histórico, que por las circunstancias concurrentes no puedan ser utilizados para la ubicación de centros y servicios sanitarios o administrativos para el desarrollo de actividades propias de la colaboración con la Seguridad Social y sean susceptibles de ser alquilados a terceros, podrán hacerlo a precios de mercado.

c) Las mutuas podrán percibir de las empresas que contribuyan eficazmente a la reducción de las contingencias profesionales de la Seguridad Social parte de los incentivos contemplados en el artículo 97.2, previo acuerdo de las partes. Reglamentariamente se establecerá el límite máximo de participación de las mutuas en dichos incentivos.

94. *Contratación.* 1. Las mutuas colaboradoras con la Seguridad Social ajustarán su actividad contractual a las normas de aplicación a los poderes adjudicadores que no revisten el carácter de Administración Pública, contenidas en el texto refundido de la Ley de Contratos del Sector Público, aprobado por el Real Decreto Legislativo 3/2011, de 14 de noviembre, y sus normas de desarrollo.

2. El Ministerio de Empleo y Seguridad Social aprobará los pliegos generales que regirán la contratación, así como las instrucciones de

aplicación a los procedimientos que tengan por objeto contratos no sujetos a regulación armonizada, previo informe del Servicio Jurídico de la Administración de la Seguridad Social.

3. En los procedimientos de contratación se garantizarán los principios de publicidad, concurrencia, transparencia, confidencialidad, igualdad y no discriminación, pudiendo licitar en los mismos los empresarios asociados y los trabajadores adheridos, en cuyo caso no podrán formar parte de los órganos de contratación, por sí mismos ni a través de mandatarios. Tampoco podrán formar parte de los órganos de contratación las personas vinculadas al licitador por parentesco, en línea directa o colateral, por consanguinidad o afinidad, hasta el cuarto grado, ni las sociedades en las que las mismas ostenten una participación, directa o indirecta, igual o superior al 10 por ciento del capital social o ejerzan en las mismas funciones que impliquen el ejercicio de poder de decisión.

4. Reglamentariamente se regularán las especialidades de aplicación a las operaciones que supongan inversiones reales, inversiones financieras o a la actividad contractual excluida del ámbito de aplicación del texto refundido de la Ley de Contratos del Sector Público.

Subsección 4ª
Resultados de la gestión

95. *Resultado económico y reservas.* 1. El resultado económico patrimonial se determinará anualmente por la diferencia entre los ingresos y los gastos imputables a las actividades comprendidas en cada uno de los siguientes ámbitos de la gestión:

a) Gestión de las contingencias de accidentes de trabajo y de las enfermedades profesionales, de la prestación económica por riesgo durante el embarazo o la lactancia natural, de la prestación por cuidado de menores afectados por cáncer u otra enfermedad grave y de las actividades preventivas de la Seguridad Social.

b) Gestión de la prestación económica por incapacidad temporal derivada de contingencias comunes.

c) Gestión de la protección por cese de actividad de los trabajadores por cuenta propia, sin perjuicio de que la mutua actúe en este ámbito exclusivamente como organismo gestor.

En el ámbito de la gestión de las contingencias profesionales se constituirá una provisión para contingencias en tramitación, que comprenderá la parte no reasegurada del importe estimado de las prestaciones de carácter periódico previstas por incapacidad permanente y por muerte y supervivencia derivadas de accidentes de trabajo y enfermedades profesionales, cuyo reconocimiento se encuentre pendiente al cierre del ejercicio.

2. En cada uno de los ámbitos mencionados en el apartado 1, se constituirá una Reserva de Estabilización que se dotará con el resultado económico positivo obtenido anualmente, cuyo destino será corregir las posibles desigualdades de los resultados económicos generados entre los diferentes ejercicios en cada uno de los ámbitos. Las cuantías de las Reservas serán las siguientes:

a) La Reserva de Estabilización de Contingencias Profesionales tendrá una cuantía mínima equivalente al 20 por ciento de la media anual de las cuotas ingresadas en el último trienio por las contingencias y prestaciones señaladas en el apartado 1.a), la cual, voluntariamente, podrá elevarse hasta el 30 por ciento, que constituirá el nivel máximo de dotación de la reserva.

b) La Reserva de Estabilización de Contingencias Comunes tendrá una cuantía mínima equivalente al 5 por ciento de las cuotas ingresadas durante el ejercicio económico por las mencionadas contingencias, la cual podrá incrementarse voluntariamente hasta el 20 por ciento, que constituirá el nivel máximo de cobertura.

c) La Reserva de Estabilización por Cese de Actividad tendrá una cuantía mínima equivalente al 5 por ciento de las cuotas ingresadas por esta contingencia durante el ejercicio, que podrá incrementarse voluntariamente hasta el 20 por ciento de las mismas cuotas, que constituirá el nivel máximo de cobertura.

Asimismo, las mutuas ingresarán en la Tesorería General de la Seguridad Social la dotación de la Reserva Complementaria de Estabilización por Cese de Actividad, que constituirá la misma, con la finalidad de garantizar la suficiencia financiera de este sistema de protección. La cuantía se corresponderá con la diferencia entre el importe destinado a la Reserva de Estabilización por Cese de Actividad y la totalidad del resultado neto positivo. [127]

---

[127] Dada nueva redacción apartado 2 por disposición final 25 apartado 1 de Ley 31/2022 de 23 de diciembre de 2022, con vigencia desde 01/01/2023

3. Los resultados negativos obtenidos en los ámbitos previstos en las letras a) y b) del apartado 1 se cancelarán aplicando la respectiva Reserva de Estabilización. En caso de que la misma se sitúe por debajo de su nivel mínimo de cobertura, se repondrá hasta el mencionado nivel con cargo a la Reserva Complementaria prevista en el artículo 96.1.b).

Cuando después de realizadas las operaciones establecidas en el párrafo anterior persista el déficit en el ámbito de la gestión de las contingencias profesionales o la dotación de la Reserva de Estabilización Específica sea inferior al mínimo obligatorio, se aplicará a la cancelación del déficit y a dotar la Reserva hasta el mencionado nivel mínimo obligatorio, el tramo de dotación voluntaria de la Reserva de Estabilización de Contingencias Comunes y, en caso de insuficiencia, será de aplicación, en su caso, lo establecido en el artículo 100.

Respecto del ámbito de la gestión de la prestación económica por incapacidad temporal derivada de contingencias comunes, en el supuesto de que después de aplicada la Reserva Complementaria prevista en el párrafo primero persista el déficit o la dotación de la Reserva Específica se sitúe en una cuantía inferior a su nivel mínimo obligatorio, se aplicará a la cancelación del déficit y a dotar la Reserva de Estabilización específica de este ámbito, hasta situarla en su nivel mínimo de cobertura, la Reserva de Estabilización de Contingencias Profesionales. En caso de que una vez aplicada esta última Reserva, la misma se sitúe en los niveles previstos en el artículo 100.1.a), resultarán de aplicación las medidas establecidas en este artículo.

Asimismo, el Ministerio de Empleo y Seguridad Social podrá establecer las condiciones en las que autorizar, en su caso, la aplicación de un porcentaje adicional sobre la fracción de cuota que financia la gestión de las prestaciones económicas por incapacidad temporal derivadas de contingencias comunes a las mutuas que acrediten una insuficiencia financiera del coeficiente general en base a circunstancias estructurales en los términos que se determinen [128].

4. El resultado negativo de la gestión de las prestaciones por cese en la actividad se cancelará aplicando la Reserva específica constituida en las mutuas y, en caso de insuficiencia, se aplicará la Reserva Com-

[128] Véase Res. 30 de mayo de 2025, DGOSS, que establece los requisitos y condiciones para el acceso en 2025 a los coeficientes especiales del 0,07 y 0,033, así como el incremento de la fracción de cuota y el procedimiento para su solicitud por las mutuas colaboradoras

plementaria de Estabilización por Cese de Actividad constituida en la Tesorería General de la Seguridad Social hasta extinguir el déficit y reponer hasta su nivel mínimo de dotación aquella Reserva, en los términos que se establezcan reglamentariamente.

96. *Excedentes.* 1. El excedente que resulte después de dotar la Reserva de Estabilización de Contingencias Profesionales se aplicará de la siguiente forma:

a) El 5 por ciento del excedente obtenido en el ámbito de la gestión señalado en el artículo 95.1.a), se ingresará con anterioridad al 31 de julio de cada ejercicio en la cuenta especial del Fondo de Contingencias Profesionales de la Seguridad Social, abierta en el Banco de España a nombre de la Tesorería General de la Seguridad Social y a disposición del Ministerio de Inclusión, Seguridad Social y Migraciones.

b) El 5 por ciento del excedente señalado en el primer párrafo de este apartado se aplicará a la dotación de la Reserva Complementaria que constituirán las mutuas, cuyos recursos se podrán destinar al pago de exceso de gastos de administración, de gastos procesales derivados de pretensiones que no tengan por objeto prestaciones de Seguridad Social y de sanciones administrativas, en el caso de que no resulte necesaria su aplicación a los fines establecidos en el artículo 95.3.

El importe máximo de la Reserva Complementaria no podrá superar la cuantía equivalente al 25 por ciento del nivel máximo de la Reserva de Estabilización de Contingencias Profesionales al que se refiere el artículo 95.2.a).

c) El 10 por ciento del excedente señalado en el primer párrafo de este apartado se aplicará a la dotación de la Reserva de Asistencia Social, que se destinará al pago de prestaciones de asistencia social autorizadas, que comprenderán, entre otras, acciones de rehabilitación y de recuperación y reorientación profesional y medidas de apoyo a la adaptación de medios esenciales y puestos de trabajo, a favor de los trabajadores accidentados protegidos por las mismas y, en particular, para aquellos con discapacidad sobrevenida, así como, en su caso, ayudas a sus derechohabientes, las cuales serán ajenas y complementarias a las incluidas en la acción protectora de la Seguridad Social.

Reglamentariamente se desarrollará el régimen de las aplicaciones de estas reservas [129].

d) El 80 por ciento del excedente señalado en el primer párrafo de este apartado se ingresará, con anterioridad al 31 de julio de cada ejercicio, en el Fondo de Reserva de la Seguridad Social. [130]

2. En ningún caso la Reserva Complementaria y la Reserva de Asistencia Social podrán aplicarse al pago de gastos indebidos, por no corresponder a prestaciones, servicios u otros conceptos comprendidos en la colaboración, o a retribuciones o indemnizaciones del personal de las mutuas por cuantía superior a la establecida en las normas de aplicación, los cuales serán pagados en la forma establecida en el artículo 100.4.

3. El excedente que resulte después de dotar la Reserva de Estabilización de Contingencias Comunes se ingresará en el Fondo de Reserva de la Seguridad Social.

4. El excedente que resulte después de dotar la Reserva de Estabilización por Cese de Actividad se ingresará en la Tesorería General de la Seguridad Social con destino a la dotación de la Reserva Complementaria de Estabilización por Cese de Actividad, cuya finalidad será la cancelación de los déficits que puedan generar las mutuas en este ámbito de la gestión después de aplicada su Reserva de Estabilización por Cese de Actividad, así como la reposición de la misma al nivel mínimo obligatorio, en los términos establecidos en el artículo 95.4, sin perjuicio de ser de aplicación a la misma las previsiones establecidas en el artículo 97.3, sobre materialización y disposiciones transitorias de los fondos.

97. *Fondo de Contingencias Profesionales de la Seguridad Social.* 1. El Fondo de Contingencias Profesionales de la Seguridad Social estará integrado por el metálico depositado en la cuenta especial, por los valores mobiliarios y demás bienes muebles e inmuebles en que aquellos fondos se inviertan y, en general, por los recursos, rendimientos e incrementos que tengan su origen en el excedente de los recursos de la Seguridad Social generado por las mutuas. Los rendimientos y gastos

---

[129] Véanse el art. 67 bis RD 1993/1995 de 7 diciembre y el apartado 4 Res. de 28 octubre de 2019, en cuanto a la documentación a aportar

[130] Dada nueva redacción apartado 1 por disposición final 25 apartado 2 de Ley 31/2022 de 23 de diciembre de 2022, con vigencia desde 01/01/2023

que produzcan los activos financieros y los de la cuenta especial se imputarán a la misma, salvo que el Ministerio de Empleo y Seguridad Social disponga otra cosa.

El Fondo estará sujeto a la dirección del Ministerio de Empleo y Seguridad Social y adscrito a los fines de la Seguridad Social.

2. El Ministerio de Empleo y Seguridad Social podrá aplicar los recursos del Fondo de Contingencias Profesionales de la Seguridad Social a la creación o renovación de centros asistenciales y de rehabilitación adscritos a las mutuas, a actividades de investigación, desarrollo e innovación de técnicas y tratamientos terapéuticos y rehabilitadores de patologías derivadas de accidentes de trabajo y de enfermedades profesionales a desarrollar en los centros asistenciales adscritos a las mutuas, así como a incentivar en las empresas la adopción de medidas y procesos que contribuyan eficazmente a la reducción de las contingencias profesionales de la Seguridad Social, mediante un sistema que se regulará reglamentariamente y, en su caso, a dispensar servicios relacionados con la prevención y el control de las contingencias profesionales. Los bienes muebles e inmuebles que se adquieran estarán sujetos al régimen establecido en el artículo 92.

3. La Tesorería General de la Seguridad Social podrá materializar los fondos depositados en la cuenta especial en activos financieros emitidos por personas jurídicas públicas, así como enajenar los mismos en las cantidades, plazos y demás condiciones que determine el Ministerio de Empleo y Seguridad Social, hasta que el mismo disponga su uso para las aplicaciones expresadas.

Igualmente la Tesorería General de la Seguridad Social podrá disponer de los fondos depositados en la cuenta especial, con carácter transitorio, para atender a los fines propios del Sistema de la Seguridad Social, así como a las necesidades o desfases de tesorería, en la forma y condiciones que establezca el Ministerio de Empleo y Seguridad Social, hasta su aplicación por el mismo Ministerio a los fines señalados.

Subsección 5ª
Otras disposiciones

98. *Competencias del Ministerio de Empleo y Seguridad Social.* 1. De conformidad con lo establecido en el artículo 5, corresponden al

Ministerio de Empleo y Seguridad Social las facultades de dirección y tutela sobre las mutuas colaboradoras con la Seguridad Social, las cuales se ejercerán a través del órgano administrativo al que se atribuyan las funciones.

2. Las mutuas colaboradoras con la Seguridad Social serán objeto anualmente de una auditoría de cuentas, de conformidad con lo establecido en el artículo 168.a) de la Ley 47/2003, de 26 de noviembre, General Presupuestaria, que será realizada por la Intervención General de la Seguridad Social. Asimismo anualmente realizará una auditoría de cumplimiento, de conformidad con lo previsto en el artículo 169 de la referida ley.

3. Las mutuas colaboradoras con la Seguridad Social elaborarán anualmente sus anteproyectos de presupuestos de ingresos y gastos de la gestión de la Seguridad Social y los remitirán al Ministerio de Empleo y Seguridad Social para su integración en el Proyecto de Presupuestos de la Seguridad Social. Igualmente, estarán sujetas al régimen contable establecido en el título V de la Ley 47/2003, de 26 de noviembre, que regula la contabilidad en el sector público estatal, en los términos de aplicación a las entidades del sistema de la Seguridad Social, sin perjuicio de presentar en sus cuentas anuales el resultado económico alcanzado como consecuencia de la gestión de cada una de las actividades señaladas en el artículo 95.1, conforme a las disposiciones que establezca el organismo competente con sujeción a lo dispuesto en la citada ley. Las mutuas colaboradoras con la Seguridad Social deberán rendir sus cuentas anuales al Tribunal de Cuentas en los términos previstos en el título V de la Ley 47/2003, de 26 de noviembre.

4. La inspección de las mutuas colaboradoras con la Seguridad Social será ejercida por la Inspección de Trabajo y Seguridad Social con arreglo a lo dispuesto en el texto refundido de la Ley sobre Infracciones y Sanciones en el Orden Social, aprobado por el Real Decreto Legislativo 5/2000, de 4 de agosto, que comunicará al órgano de dirección y tutela el resultado de las actuaciones desarrolladas y los informes y propuestas que resulten de las mismas.

5. Las mutuas colaboradoras con la Seguridad Social estarán obligadas a facilitar al Ministerio de Empleo y Seguridad Social cuantos datos e información les solicite en orden al adecuado conocimiento del estado de la colaboración y de las funciones y actividades que desarrollan, así como sobre la gestión y administración del patrimonio

histórico, y deberán cumplir las instrucciones que imparta el órgano de dirección y tutela.

6. El Ministerio de Empleo y Seguridad Social editará anualmente, para conocimiento general, un informe comprensivo de las actividades desarrolladas por las mutuas durante el ejercicio en el desarrollo de su colaboración en la gestión, en los distintos ámbitos autorizados, así como de los recursos y medios públicos adscritos, su gestión y aplicaciones. Igualmente editará un informe sobre las quejas y peticiones formuladas ante la misma, de conformidad con lo establecido en el apartado anterior, y su incidencia en los ámbitos de la gestión atribuidos.

99. *Derecho de información, quejas y reclamaciones.* 1. Los empresarios asociados, sus trabajadores y los trabajadores por cuenta propia adheridos tendrán derecho a ser informados por las mutuas acerca de los datos referentes a ellos que obren en las mismas. Asimismo podrán dirigirse al órgano de dirección y tutela formulando quejas y peticiones con motivo de las deficiencias que aprecien en el desarrollo de las funciones atribuidas, a cuyo efecto las mutuas colaboradoras con la Seguridad Social mantendrán en todos sus centros administrativos o asistenciales un Libro de Reclamaciones a disposición de los interesados, destinadas al mencionado órgano administrativo, sin perjuicio de que los mismos puedan utilizar los medios establecidos en el artículo 38 de la Ley 30/1992, de 26 de noviembre, de Régimen Jurídico de las Administraciones Públicas y del Procedimiento Administrativo Común, y aquellos que se establezcan reglamentariamente.

En cualquiera de los casos, la mutua dará contestación directamente a las quejas y reclamaciones que reciba y deberá comunicar estas junto con la respuesta dada al órgano de dirección y tutela.

2. Las reclamaciones que tengan por objeto prestaciones y servicios de la Seguridad Social objeto de la colaboración en su gestión o que tengan su fundamento en las mismas, incluidas las de carácter indemnizatorio, se sustanciarán ante el orden jurisdiccional social de conformidad con lo establecido en la Ley 36/2011, de 10 de octubre, reguladora de la jurisdicción social.

100. *Medidas cautelares y responsabilidad mancomunada.* 1. El Ministerio de Empleo y Seguridad Social podrá adoptar las medidas cautelares establecidas en el apartado 2 cuando la mutua se halle en alguna de las siguientes situaciones:

a) Cuando la Reserva de Estabilización de Contingencias Profesionales no alcance el 80 por ciento de su cuantía mínima.

b) Cuando concurran circunstancias de hecho, determinadas en virtud de comprobaciones de la Administración General del Estado, que muestren la existencia de desequilibrio económico-financiero en la entidad, que, a su vez, ponga en peligro la solvencia o liquidez de la misma, los intereses de los asociados, de los beneficiarios y de la Seguridad Social o el cumplimiento de obligaciones contraídas.

Asimismo, cuando aquellas comprobaciones determinen la insuficiencia o irregularidad de la contabilidad o de la administración, en términos que impidan conocer la situación real de la mutua.

2. Las medidas cautelares que podrán adoptarse serán adecuadas y proporcionales en función de las características de la situación, y consistirán en:

a) Requerir a la entidad para que en el plazo de un mes presente un plan de viabilidad, rehabilitación o saneamiento a corto o medio plazo, aprobado por su Junta Directiva, en el que se propongan las medidas adecuadas de carácter financiero, administrativo o de otro orden, y formule previsión de los resultados y sus efectos, fijando asimismo los plazos para su ejecución, con la finalidad de superar la situación que dio origen a dicho requerimiento, garantizando en todo caso los derechos de los trabajadores protegidos y de la Seguridad Social.

La duración del plan no será superior a tres años, según las circunstancias, y concretará la forma y periodicidad de las actuaciones a realizar.

El Ministerio de Empleo y Seguridad Social aprobará o denegará el plan propuesto en el plazo de un mes desde su presentación y, en su caso, fijará la periodicidad con la que la entidad deberá informar de su desarrollo.

b) Convocar los órganos de gobierno de la entidad, designando la persona que deba presidir la reunión y dar cuenta de la situación.

c) Suspender en sus funciones a todos o algunos de los directivos de la entidad, debiendo esta designar las personas que, aceptadas previamente por el Ministerio de Empleo y Seguridad Social, hayan de sustituirlos interinamente. Si la entidad no lo hiciera, podrá dicho Ministerio proceder a su designación.

d) Ordenar la ejecución de medidas correctoras de las tendencias desfavorables registradas en su desarrollo económico y en el cumplimiento de sus fines sociales durante los últimos ejercicios analizados.

e) Intervenir la entidad para comprobar y garantizar el correcto cumplimiento de órdenes concretas emanadas del citado Ministerio cuando, en otro caso, pudieran infringirse tales órdenes y de ello derivarse perjuicio mediato o inmediato para los trabajadores protegidos o la Seguridad Social.

f) Ordenar el cese en la colaboración en caso de infracción calificada como muy grave conforme a lo dispuesto en el texto refundido de la Ley sobre Infracciones y Sanciones en el Orden Social, aprobado por el Real Decreto Legislativo 5/2000, de 4 de agosto.

3. Para adoptar las medidas cautelares previstas en el apartado anterior, se instruirá el correspondiente procedimiento administrativo con audiencia previa de la entidad interesada. Tales medidas cesarán por acuerdo del Ministerio de Empleo y Seguridad Social cuando hayan desaparecido las causas que las motivaron.

Las medidas cautelares son independientes de las sanciones que legalmente procedan por los mismos hechos, y de la responsabilidad mancomunada regulada en el apartado siguiente [131].

4. La responsabilidad mancomunada de los empresarios asociados a las mutuas tendrá por objeto las siguientes obligaciones:

a) La reposición de la Reserva de Estabilización de Contingencias Profesionales hasta el nivel mínimo de cobertura, cuando la misma no alcance el 80 por ciento de su cuantía mínima, después de aplicarse las reservas en la forma establecida en el artículo 95 y el Ministerio de Empleo y Seguridad Social lo entienda necesario para garantizar la adecuada dispensación por la entidad de las prestaciones de la Seguridad Social o el cumplimento de sus obligaciones.

b) Los gastos indebidos por no corresponder a prestaciones, servicios u otros conceptos comprendidos en la colaboración en la gestión de la Seguridad Social.

c) Los excesos en los gastos de administración y por sanciones económicas impuestas.

d) Las retribuciones o indemnizaciones del personal al servicio de la mutua por cuantía superior a la establecida en las normas que

---

[131] Véanse arts. 27 a 29 LISOS

regulen la relación laboral de aplicación o por superar las limitaciones legalmente establecidas.

e) La cancelación del déficit que resulte de la liquidación de la mutua, por la inexistencia de recursos suficientes una vez agotados los patrimonios en liquidación, incluido el patrimonio previsto en el artículo 93.

f) Las obligaciones contraídas por la mutua cuando la misma no las cumpla en la forma establecida legalmente.

g) Las obligaciones atribuidas a la mutua en virtud de la responsabilidad directa o subsidiaria, establecidas en el artículo 91.4.

La responsabilidad mancomunada se extenderá hasta el pago de las obligaciones contraídas durante el periodo de tiempo en el que haya permanecido asociado el empresario o sean consecuencia de operaciones realizadas durante el mismo. En caso de cese en la asociación, la responsabilidad prescribirá a los cinco años del cierre del ejercicio en que finalizó aquella.

El sistema que se aplique para determinar las derramas salvaguardará la igualdad de los derechos y obligaciones de los empresarios asociados y será proporcional al importe de las cuotas de la Seguridad Social que les corresponda satisfacer por las contingencias protegidas por la mutua.

Las derramas tienen el carácter de recursos públicos de la Seguridad Social. La declaración de los créditos que resulten de la derrama y, en general, de la aplicación de la responsabilidad mancomunada se realizará por el Ministerio de Empleo y Seguridad Social, quién establecerá el importe líquido de los mismos, reclamará su pago y determinará la forma, los medios, modalidades y condiciones aplicables hasta su extinción, en los términos establecidos en el artículo 91.5.

5. Asimismo, la mutua podrá hacer frente a esta responsabilidad mediante el patrimonio previsto en el artículo 93. En el caso de que este patrimonio no fuera suficiente para atender la citada responsabilidad a corto plazo, podrá autorizarse por el Ministerio de Empleo y Seguridad Social, a propuesta de la Junta General de la mutua, un plan de viabilidad y/o un aplazamiento en el que podrá no ser necesaria la constitución de garantías, en las condiciones y plazos que reglamentariamente se establezcan.

101. *Disolución y liquidación.* Las mutuas colaboradoras con la Seguridad Social cesarán en la colaboración en la gestión de la misma, produciéndose la disolución de la entidad, en los supuestos siguientes:

a) Acuerdo adoptado en Junta General Extraordinaria.

b) Fusión o absorción de la mutua.

c) Ausencia de alguno de los requisitos exigidos para su constitución o funcionamiento.

d) Acuerdo del Ministerio de Empleo y Seguridad Social por incumplimiento del plan de viabilidad, rehabilitación o saneamiento previsto en el artículo 100.2.a), dentro del plazo establecido en la resolución que apruebe el mismo.

e) En el supuesto previsto en el artículo 100.2.f).

f) Cuando exista insuficiencia del patrimonio previsto en el artículo 93 para hacer frente al total de la responsabilidad mancomunada prevista en el artículo 100.5, o se incumplan el plan de viabilidad o el aplazamiento del mencionado artículo.

En los supuestos anteriores y conforme al procedimiento que se regulará reglamentariamente, el Ministerio de Empleo y Seguridad Social acordará la disolución de la mutua, iniciándose seguidamente el proceso liquidatorio, cuyas operaciones y resultado requerirán la aprobación del mismo Ministerio. Los excedentes que resulten se ingresarán en la Tesorería General de la Seguridad Social para los fines del sistema, excepto los que se obtengan de la liquidación del patrimonio histórico, que se aplicarán a los fines establecidos en los estatutos una vez extinguidas las obligaciones de la mutua.

Aprobada la liquidación, el Ministerio de Empleo y Seguridad Social acordará el cese de la entidad como mutua en liquidación, ordenará la cancelación de su inscripción registral y publicará el acuerdo en el Boletín Oficial del Estado.

En los supuestos de fusión y absorción no se iniciará proceso liquidatorio de las mutuas integradas. La mutua resultante de la fusión o la absorbente se subrogará en los derechos y obligaciones de las que se extingan.

Sección 3ª
Empresas

102. *Colaboración de las empresas.* 1. Las empresas, individualmente consideradas y en relación con su propio personal, podrán colaborar en la gestión de la Seguridad Social exclusivamente en alguna o algunas de las formas siguientes [132] :

a) Asumiendo directamente el pago, a su cargo, de las prestaciones por incapacidad temporal derivada de accidente de trabajo y enfermedad profesional y las prestaciones de asistencia sanitaria y recuperación profesional, incluido el subsidio consiguiente que corresponda durante la indicada situación [133] .

b) Pagando a sus trabajadores, a cargo de la entidad gestora o mutua obligada, las prestaciones económicas por incapacidad temporal, así como las demás que puedan determinarse reglamentariamente. [134]

2. El Ministerio de Empleo y Seguridad Social podrá establecer con carácter obligatorio, para todas las empresas o para algunas de determinadas características, la colaboración en el pago de prestaciones a que se refiere el apartado c) anterior.

La colaboración obligatoria consiste en el pago por la empresa a sus trabajadores, a cargo de la entidad gestora o colaboradora, de las prestaciones económicas, compensándose su importe en la liquidación de las cotizaciones sociales que aquella debe ingresar. La empresa deberá comunicar a la entidad gestora, a través de los medios electrónicos establecidos, los datos obligación de la misma requeridos en el parte médico de baja, en los términos que se establezcan reglamentariamente. El Ministerio de Empleo y Seguridad Social podrá suspender o dejar sin efecto la colaboración obligatoria cuando la empresa incumpla las obligaciones establecidas.

---

[132] Véase O de 25 noviembre 1966 que regula la colaboración de las empresas en la gestión del RGSS

[133] Téngase en cuenta lo dispuesto en la disposición transitoria 6 Ley 66/1997, de 30 diciembre, de Medidas Fiscales, Administrativas y del Orden Social, sobre colaboración de las empresas en la gestión de la Seguridad Social

[134] Renumerada apartado 1 letra c por disposición final 2 apartado 2 letra a de Real Decreto-Ley 28/2018 de 28 de diciembre de 2018 como letra b), con vigencia desde 01/01/2019

3. El Ministerio de Empleo y Seguridad Social determinará las condiciones por las que ha de regirse la colaboración prevista en los números anteriores del presente artículo.

4. La modalidad de colaboración de las empresas en la gestión de la Seguridad Social a que se refiere el apartado 1 podrá ser autorizada a agrupaciones de empresas, constituidas a este único efecto, siempre que reúnan las condiciones que determine el Ministerio de Empleo y Seguridad Social. [135]

5. En la regulación de las modalidades de colaboración establecidas en la letra a) del apartado 1 y en el apartado 4 se armonizará el interés particular por la mejora de prestaciones y medios de asistencia con las exigencias de la solidaridad nacional. [136] [137]

CAPÍTULO VII
Régimen económico

Sección 1ª
Patrimonio de la Seguridad Social

103. *Patrimonio.* [138] [139]

1. Las cuotas, bienes, derechos, acciones y recursos de cualquier otro género de la Seguridad Social constituyen un patrimonio único afecto a sus fines, distinto del patrimonio del Estado [140].

Asimismo, los inmuebles que forman parte del patrimonio de la Seguridad Social, además de estar afectos, con carácter prioritario,

---

[135] Véase RDLeg. 6/2004, de 29 octubre, por el que se aprueba el texto refundido de la Ley de ordenación y supervisión de los seguros privados

[136] Véanse arts. 27 a 29 LISOS

[137] Dada nueva redacción apartado 5 por disposición final 2 apartado 2 letra b de Real Decreto-Ley 28/2018 de 28 de diciembre de 2018, con vigencia desde 01/01/2019

[138] Dada nueva redacción por disposición final 25 apartado 3 de Ley 31/2022 de 23 de diciembre de 2022, con vigencia desde 01/01/2023

[139] Véase disp. adic. 3.ª Ley 33/2003, de 3 noviembre, del Patrimonio de las Administraciones Públicas

[140] Véase RD 1221/1992, de 9 octubre, sobre el patrimonio de la Seguridad Social

a los fines de la Seguridad Social, podrán ser destinados a fines de utilidad pública a través de su adscripción, en la forma prevista en el artículo 104, o de la cesión de su uso, en la forma prevista en el artículo 107.

2. La regulación del patrimonio de la Seguridad Social se regirá por las disposiciones específicas contenidas en la presente ley, en sus normas de aplicación y desarrollo y, en lo no previsto en las mismas, por lo establecido en la Ley 33/2003, de 3 de noviembre, del Patrimonio de las Administraciones Públicas. Las referencias que en dicha Ley se efectúan a las Delegaciones de Economía y Hacienda, a la Dirección General del Patrimonio del Estado y al Ministerio de Hacienda y Función Pública se entenderán hechas, respectivamente, a las Direcciones Provinciales de la Tesorería General de la Seguridad Social, a la Dirección General de la Tesorería General de la Seguridad Social y al Ministerio de Inclusión, Seguridad Social y Migraciones.

104. *Titularidad, adscripción, administración y custodia.* [141] [142]

1. La titularidad del patrimonio único de la Seguridad Social corresponde a la Tesorería General de la Seguridad Social. Dicha titularidad, así como la adscripción, administración y custodia del referido patrimonio, se regirá por lo establecido en esta ley y demás disposiciones reglamentarias.

2. Los bienes inmuebles del patrimonio de la Seguridad Social podrán ser adscritos, por el titular del Ministerio de Inclusión, Seguridad Social y Migraciones, a órganos de la Administración General del Estado o sus Organismos públicos, o a otras administraciones públicas o a entidades de derecho público con personalidad jurídica propia o vinculadas o dependientes de las mismas. La adscripción no alterará la titularidad del bien.

Cuando la adscripción se realice a favor de un órgano de la Administración General del Estado o de un Organismo Público dependiente de ella, para que surta efecto deberá aceptarse en la forma prevista en la legislación patrimonial.

---

[141] Dada nueva redacción por disposición final 25 apartado 4 de Ley 31/2022 de 23 de diciembre de 2022, con vigencia desde 01/01/2023

[142] Véase RD 255/1980, de 1 febrero, por el que se atribuye a la TGSS la titularidad y administración del patrimonio único de la Seguridad Social

3. Corresponde a las administraciones o entidades a las que figuren adscritos los bienes inmuebles las siguientes funciones, salvo que en el acuerdo de adscripción o traspaso se haya previsto otra cosa:

a) Realizar las reparaciones necesarias en orden a su conservación.

b) Efectuar las obras de mejora que estimen convenientes.

c) Ejercitar las acciones posesorias que, en defensa de dichos bienes, procedan en derecho.

d) Asumir, por subrogación, el pago de las obligaciones tributarias que afecten a dichos bienes.

4. Los bienes inmuebles adscritos a otras administraciones o entidades de derecho público, salvo que otra cosa se establezca en el acuerdo de adscripción o traspaso, revertirán a la Tesorería General de la Seguridad Social en el caso de no uso o cambio de destino, conforme a lo dispuesto en la Ley del Patrimonio de las Administraciones Públicas, siendo a cargo de la administración o entidad a la que fueron adscritos los gastos derivados de su conservación y mantenimiento, así como la subrogación en el pago de las obligaciones tributarias que afecten a los mismos, hasta la finalización del ejercicio económico en el que se produzca dicha reversión. No obstante, no procederá la reversión cuando el titular del Ministerio de Inclusión, Seguridad Social y Migraciones autorice el cambio de uso o destino de los bienes adscritos o transferidos.

5. Los certificados que se libren con relación a los inventarios y documentos oficiales que se conserven en la Administración de la Seguridad Social serán suficientes para su titulación e inscripción en los registros oficiales correspondientes.

105. *Adquisición de bienes inmuebles.* 1. La adquisición a título oneroso de bienes inmuebles de la Seguridad Social, para el cumplimiento de sus fines, se efectuará por la Tesorería General de la Seguridad Social mediante concurso público, salvo que, en atención a las peculiaridades de la necesidad a satisfacer o a la urgencia de la adquisición a efectuar, el Ministerio de Empleo y Seguridad Social autorice la adquisición directa.

2. Corresponde al Director General del Instituto Nacional de Gestión Sanitaria autorizar los contratos de adquisición de bienes inmuebles que dicho Instituto precise para el cumplimiento de sus fines, previo informe de la Tesorería General de la Seguridad Social. Será necesaria la autorización del Ministro de Sanidad, Servicios Sociales

e Igualdad, según la cuantía que se fije en la correspondiente Ley de Presupuestos Generales del Estado.

3. Por el Ministerio de Empleo y Seguridad Social se determinará el procedimiento aplicable para la adquisición de los bienes afectos al cumplimiento de los fines de colaboración en la gestión de las mutuas colaboradoras con la Seguridad Social.

106. *Enajenación de bienes inmuebles y de títulos valores.* 1. La enajenación de los bienes inmuebles integrados en el patrimonio de la Seguridad Social requerirá la oportuna autorización del Ministerio de Empleo y Seguridad Social cuando su valor, según tasación pericial, no exceda de las cuantías fijadas por la Ley del Patrimonio de las Administraciones Públicas, o del Gobierno en los restantes casos.

La enajenación de los bienes señalados en el párrafo anterior se realizará mediante subasta pública, salvo cuando el Consejo de Ministros, a propuesta del titular del Ministerio de Empleo y Seguridad Social, autorice la enajenación directa. Esta podrá ser autorizada por el titular del Ministerio de Empleo y Seguridad Social cuando se trate de bienes que no superen el valor fijado en la Ley del Patrimonio de las Administraciones Públicas.

2. La enajenación de títulos valores, ya sean estos de renta variable o fija, se efectuará previa autorización en los términos establecidos en el apartado anterior. Por excepción, los títulos admitidos a negociación en Mercados Oficiales se enajenarán necesariamente a través de los sistemas reconocidos en dichos mercados según la legislación vigente reguladora del mercado de valores, sin que se requiera autorización previa para su venta cuando esta venga exigida para atender al pago de prestaciones reglamentariamente reconocidas y el importe bruto de la venta no exceda el montante fijado por la correspondiente Ley de Presupuestos Generales del Estado. De las enajenaciones de tales títulos se dará cuenta inmediata al Ministerio de Empleo y Seguridad Social.

107. *Arrendamiento y cesión de bienes inmuebles.* 1. Los arrendamientos de bienes inmuebles que deba efectuar la Seguridad Social se concertarán mediante concurso público, salvo en aquellos casos en que, a juicio del Ministerio de Empleo y Seguridad Social, sea necesario o conveniente concertarlos de modo directo.

2. Corresponde al Director General del Instituto Nacional de Gestión Sanitaria autorizar los contratos de arrendamiento de bienes inmuebles que dicho Instituto precise para el cumplimiento de sus fines. Será necesaria la autorización de la persona titular del Ministerio de Sanidad, Servicios Sociales e Igualdad cuando su importe supere la cuantía de renta anual establecida en la correspondiente Ley de Presupuestos Generales del Estado.

3. Por el Ministerio de Empleo y Seguridad Social se determinará el procedimiento aplicable para el arrendamiento de los bienes afectos al cumplimiento de los fines de colaboración en la gestión de las mutuas colaboradoras con la Seguridad Social.

4. Los bienes inmuebles del patrimonio de la Seguridad Social, que no resulten necesarios para el cumplimiento de sus fines, podrán ser cedidos gratuitamente en uso para fines de utilidad pública o de interés de la Seguridad Social por el titular del Ministerio de Inclusión, Seguridad Social y Migraciones, a propuesta de la Tesorería General de la Seguridad Social, previa comunicación a la Dirección General de Patrimonio del Estado. [143]

108. *Inembargabilidad.* Los bienes y derechos que integran el patrimonio de la Seguridad Social son inembargables. Ningún tribunal ni autoridad administrativa podrá dictar providencia de embargo ni despachar mandamiento de ejecución contra los bienes y derechos del patrimonio de la Seguridad Social, ni contra sus rentas, frutos o productos del mismo, siendo de aplicación, en su caso, lo dispuesto sobre esta materia en los artículos 23, 24 y 25 de la Ley 47/2003, de 26 de noviembre, General Presupuestaria.

Sección 2ª
Recursos y sistemas financieros de la Seguridad Social

109. *Recursos generales.* 1. Los recursos para la financiación de la Seguridad Social estarán constituidos por:

---

[143] Dada nueva redacción apartado 4 por disposición final 25 apartado 5 de Ley 31/2022 de 23 de diciembre de 2022, con vigencia desde 01/01/2023

a) Las aportaciones progresivas del Estado, que se consignarán con carácter permanente en sus Presupuestos Generales, y las que se acuerden para atenciones especiales o resulten precisas por exigencia de la coyuntura [144].

b) Las cuotas de las personas obligadas.

c) Las cantidades recaudadas en concepto de recargos, sanciones u otras de naturaleza análoga.

d) Los frutos, rentas o intereses y cualquier otro producto de sus recursos patrimoniales en los supuestos que estos se produzcan, sin perjuicio de las facultades de disposición patrimonial no onerosas previstas en la sección anterior del presente capítulo.

e) Cualesquiera otros ingresos, sin perjuicio de lo previsto en la disposición adicional décima. [145]

2. La acción protectora de la Seguridad Social, en su modalidad no contributiva y universal, se financiará mediante aportaciones del Estado al Presupuesto de la Seguridad Social, sin perjuicio de lo establecido en el artículo 10.3, primer inciso, en relación con la letra c) del apartado 2 del mismo artículo, con excepción de las prestaciones y servicios de asistencia sanitaria de la Seguridad Social y servicios sociales cuya gestión se halle transferida a las comunidades autónomas, en cuyo caso, la financiación se efectuará de conformidad con el sistema de financiación autonómica vigente en cada momento.

Las prestaciones contributivas, los gastos derivados de su gestión y los de funcionamiento de los servicios correspondientes a las funciones de afiliación, recaudación y gestión económico-financiera y patrimonial serán financiadas básicamente con los recursos a que se refieren las letras b), c), d) y e) del apartado anterior, así como, en su caso, por las aportaciones del Estado que se acuerden para atenciones específicas.

3. A los efectos previstos en el apartado anterior, la naturaleza de las prestaciones de la Seguridad Social será la siguiente:

a) Tienen naturaleza contributiva:

1.ª Las prestaciones económicas de la Seguridad Social, con excepción de las señaladas en la letra b) siguiente.

---

[144] Véase art. 12 Ley 31/2022, de 23 diciembre, de Presupuestos Generales del Estado para 2023

[145] Dada nueva redacción apartado 1 por disposición final 25 apartado 6 de Ley 31/2022 23 de diciembre de 2022, con vigencia desde 01/01/2023

2.ª La totalidad de las prestaciones derivadas de las contingencias de accidentes de trabajo y enfermedades profesionales.

b) Tienen naturaleza no contributiva:

1.ª Las prestaciones y servicios de asistencia sanitaria incluidos en la acción protectora de la Seguridad Social y los correspondientes a los servicios sociales, salvo que se deriven de accidentes de trabajo y enfermedades profesionales.

2.ª Las pensiones no contributivas por incapacidad y jubilación. [146]

3.ª El subsidio por maternidad regulado en los artículos 181 y 182 de esta ley.

4.ª Los complementos por mínimos de las pensiones de la Seguridad Social.

5.ª Las prestaciones familiares reguladas en el capítulo I del título VI.

6.ª El ingreso mínimo vital. [147]

110. *Sistema financiero.* 1. El sistema financiero de todos los regímenes que integran el sistema de la Seguridad Social será el de reparto, para todas las contingencias y situaciones amparadas por cada uno de ellos, sin perjuicio de lo previsto en el apartado 3.

2. En la Tesorería General de la Seguridad Social se constituirá un fondo de estabilización único para todo el sistema de la Seguridad Social, que tendrá por finalidad atender las necesidades originadas por desviaciones entre ingresos y gastos.

3. En materia de pensiones causadas por incapacidad permanente o muerte derivadas de accidente de trabajo o enfermedad profesional cuya responsabilidad corresponda asumir a las mutuas colaboradoras con la Seguridad Social o, en su caso, a las empresas declaradas responsables, se procederá a la capitalización del importe de dichas pensiones, debiendo las entidades señaladas constituir en la Tesorería General de la Seguridad Social, hasta el límite de su respectiva responsabilidad, los capitales coste correspondientes.

---

[146] Dada nueva redacción apartado 3 apartado b apartado 2 por disposición adicional única de Ley 2/2025 de 29 de abril de 2025, sustituyendo «invalidez no contributiva» por «incapacidad no contributiva», con vigencia desde 01/05/2025

[147] Dada nueva redacción apartado 3 apartado b apartado 6 por disposición final 4 apartado 3 de Ley 19/2021 de 20 de diciembre de 2021, con vigencia desde 01/01/2022

Por capital coste se entenderá el valor actual de dichas prestaciones, que se determinará en función de las características de cada pensión y aplicando los criterios técnicos-actuariales más apropiados, de forma que los importes que se obtengan garanticen la cobertura de las prestaciones con el grado de aproximación más adecuado y a cuyo efecto el Ministerio de Empleo y Seguridad Social aprobará las tablas de mortalidad y la tasa de interés aplicables [148].

Asimismo, el Ministerio de Empleo y Seguridad Social podrá establecer la obligación de las mutuas colaboradoras con la Seguridad Social de reasegurar los riesgos asumidos que se determinen, a través de un régimen de reaseguro proporcional obligatorio y no proporcional facultativo o mediante cualquier otro sistema de compensación de resultados.

4. Las materias a que se refiere el presente artículo serán reguladas por los reglamentos a que alude el artículo 5.2.a) [149].

111. *Inversiones.* Las reservas de estabilización que no hayan de destinarse de modo inmediato al cumplimiento de las obligaciones reglamentarias serán invertidas de forma que se coordinen las finalidades de carácter social con la obtención del grado de liquidez, rentabilidad y seguridad técnicamente preciso.

---

[148] Ténganse en cuenta la O TAS/4054/2005, de 27 diciembre, por la que se desarrollan los criterios técnicos para la liquidación de capitales coste de pensiones y otras prestaciones periódicas de la Seguridad Social, y Res. 27 de mayo de 2009, de la Dirección General de Ordenación de la Seguridad Social, por la que se dictan instrucciones en materia de cálculo de capitales coste y sobre constitución por las mutuas de accidentes de trabajo y enfermedades profesionales de la Seguridad Social del capital coste correspondiente a determinadas prestaciones derivadas de enfermedades profesionales

[149] Véase RD 696/2018, de 29 junio, por el que se aprueba el Reglamento general de la gestión financiera de la Seguridad Social. Téngase en cuenta, en lo que no se oponga al citado decreto, la O de 22 febrero 1996

Sección 3ª
Presupuesto, intervención y contabilidad de la Seguridad Social

112. *Disposición general y normas reguladoras de la intervención.* 1. El Presupuesto de la Seguridad Social, integrado en los Presupuestos Generales del Estado, se regirá por lo previsto en el título II de la Ley 47/2003, de 26 de noviembre, General Presupuestaria, y la contabilidad y la intervención de la Seguridad Social, respectivamente, por lo previsto en los títulos V y VI de la misma ley, así como, en ambos casos, por las normas de la presente sección [150].

2. A efectos de procurar una mejor y más eficaz ejecución y control presupuestario, el Gobierno, a propuesta de la Intervención General de la Administración del Estado y a iniciativa de la Intervención General de la Seguridad Social, aprobará las normas para el ejercicio por esta última del control en las entidades que integran el sistema de la Seguridad Social. [151]

En los hospitales y demás centros sanitarios del Instituto Nacional de Gestión Sanitaria, la función interventora podrá ser sustituida por el control financiero de carácter permanente a cargo de la Intervención General de la Seguridad Social. [152]

La Intervención General de la Administración del Estado podrá delegar en los interventores de la Seguridad Social el ejercicio de la función interventora respecto de todos los actos que realice el Instituto Nacional de Gestión Sanitaria en nombre y por cuenta de la Administración del Estado [153].

---

[150] Véanse RD 508/2000, de 14 abril, por el que se estructura el sistema de información contable de la Seguridad Social y se desarrolla, en el ámbito de la contabilidad de la Seguridad Social, el art. 151 LGP

[151] Véase RD 508/2000, de 14 abril, por el que se estructura el sistema de información contable de la Seguridad Social y se desarrolla, en el ámbito de la contabilidad de la Seguridad Social, el art. 151 LGP

[152] Téngase en cuenta la disposición adicional 3 Ley 26/2009, de 23 de diciembre, de Presupuestos Generales del Estado para el año 2010, sobre pago de las deudas de instituciones sanitarias

[153] Véanse RD 706/1997, de 16mayo, por el que se desarrolla el Régimen de Control Interno ejercido por la Intervención General de la Seguridad Social, y RD 412/2025, de 27 mayo, por el que se determina la naturaleza, estructura y funciones de la Intervención General de la Seguridad Social

113. *Modificación de créditos, remanentes e insuficiencias presupuestarias en el Instituto Nacional de Gestión Sanitaria.* 1. No obstante lo establecido en la Ley 47/2003, de 26 de noviembre, General Presupuestaria, todo incremento del gasto del Instituto Nacional de Gestión Sanitaria, con excepción del que pueda resultar de las generaciones de crédito, que no pueda financiarse con redistribución interna de sus créditos ni con cargo al remanente afecto a la entidad, se financiará durante el ejercicio por aportación del Estado.

2. Los remanentes derivados de una menor realización en el Presupuesto de dotaciones del Instituto Nacional de Gestión Sanitaria y los producidos por un incremento en los ingresos previstos por asistencia sanitaria serán utilizados para la financiación de los gastos de la citada entidad.

3. Se autoriza al titular del Ministerio de Hacienda y Administraciones Públicas a reflejar, mediante ampliaciones de crédito en el Presupuesto del Instituto Nacional de Gestión Sanitaria, las repercusiones que en el mismo tengan las variaciones que experimente la aportación del Estado. Corresponde asimismo al titular del Ministerio de Hacienda y Administraciones Públicas la autorización de las modificaciones de crédito que se financien con cargo al remanente de dicha entidad.

114. *Amortización de adquisiciones.* El inmovilizado de la Seguridad Social deberá ser objeto de la amortización anual, dentro de los límites que fije el titular del Ministerio de Empleo y Seguridad Social por los principios y procedimientos establecidos en el Plan General de la Contabilidad Pública.

115. *Plan anual de auditorías.* 1. El plan anual de auditorías de la Intervención General de la Administración del Estado incluirá el elaborado por la Intervención General de la Seguridad Social, en el que estarán comprendidas las entidades gestoras, servicios comunes, así como las mutuas colaboradoras con la Seguridad Social, de acuerdo con lo previsto en el artículo 98.2.

Para la ejecución del plan de auditorías de la Seguridad Social se podrá recabar la colaboración de empresas privadas, en caso de insuficiencia de los servicios de la Intervención General de la Seguridad Social, que deberán ajustarse a las normas e instrucciones que determine el centro directivo mencionado, el cual podrá efectuar las revisiones y controles de calidad que considere oportunos.

2. Para recabar la colaboración de las empresas privadas, será necesaria la inclusión de la autorización correspondiente en la orden a que se refiere la disposición adicional segunda de la Ley 47/2003, de 26 de noviembre, General Presupuestaria.

Será necesaria una orden del Ministerio de Empleo y Seguridad Social o del Ministerio de Sanidad, Servicios Sociales e Igualdad cuando la financiación de la indicada colaboración se realice con cargo a créditos de los presupuestos de las entidades y servicios de la Seguridad Social adscritos a uno u otro departamento.

116. *Cuentas de la Seguridad Social.* 1. Las cuentas de las entidades que integran el sistema de la Seguridad Social se formarán y rendirán de acuerdo con los principios y normas establecidos en el título V de la Ley 47/2003, de 26 de noviembre.

2. Se autoriza a la persona titular del Ministerio de Empleo y Seguridad Social para que pueda disponer la no liquidación o, en su caso, la anulación y baja en contabilidad de todas aquellas liquidaciones de las que resulten deudas inferiores a la cuantía que se estime y fije como insuficiente para la cobertura del coste que su exacción y recaudación representen. [154]

Sección 4ª
Fondo de Reserva de la Seguridad Social

117. *Constitución del Fondo de Reserva de la Seguridad Social.* [155] En la Tesorería General de la Seguridad Social se constituirá un Fondo de Reserva de la Seguridad Social con la finalidad de atender las necesidades financieras en materia de prestaciones contri-

[154] Véase art. 70 Ley 66/1997, de 30 diciembre, de Medidas Fiscales, Administrativas y del Orden Social, sobre presupuesto de la Intervención

[155] Dada nueva redacción por art. único apartado 11 de Real Decreto-Ley 2/2023 de 16 de marzo de 2023, con vigencia desde 01/04/2023

butivas del sistema de la Seguridad Social en la forma y condiciones previstos en esta ley. [156]

118. *Dotación del Fondo.* [157] 1. Los excedentes de ingresos que financian las prestaciones de carácter contributivo y demás gastos necesarios para su gestión que, en su caso, resulten de la consignación presupuestaria de cada ejercicio o de la liquidación presupuestaria del mismo se destinarán, siempre que las posibilidades económicas y la situación financiera del sistema de Seguridad Social lo permitan, al Fondo de Reserva de la Seguridad Social.

2. De conformidad con lo dispuesto en el artículo 96.3, el excedente que resulte después de dotar la Reserva de Estabilización de Contingencias Comunes de las mutuas colaboradoras con la Seguridad Social se ingresará en el Fondo de Reserva de la Seguridad Social.

3. El importe correspondiente al porcentaje del excedente que resulte de la gestión de las contingencias profesionales al que se refiere el artículo 96.1.d) se ingresará por las mutuas colaboradoras con la Seguridad Social en el Fondo de Reserva de la Seguridad Social.

4. Los ingresos obtenidos de la cotización finalista fijada en el artículo 127 bis. 1 se ingresarán en el Fondo de Reserva de la Seguridad Social.

119. *Determinación del excedente y de la cotización finalista.* [158] 1. El excedente al que se refiere el artículo 118.1 será el correspondiente a las operaciones que financian prestaciones de carácter contributivo y demás gastos para la gestión del sistema de la Seguridad Social y, en concreto, en lo referente a las prestaciones contributivas, conforme a la delimitación establecida en el artículo 109.3.a), con exclusión del resultado obtenido por las mutuas colaboradoras con la Seguridad Social y del importe líquido recaudado en concepto de cotización finalista, referida en el artículo 118.4.

---

[156] Véanse arts. 2 a 11 del Cap. II «Fondo de Reserva de la Seguridad Social» del RD 100/2025 de 18 febrero

[157] Dada nueva redacción por art. único apartado 12 de Real Decreto-Ley 2/2023 de 16 de marzo de 2023, con vigencia desde 01/04/2023

[158] Dada nueva redacción por art. único apartado 13 de Real Decreto-Ley 2/2023 de 16 de marzo de 2023, con vigencia desde 01/04/2023

2. El excedente por gastos relativos a prestaciones de naturaleza contributiva del sistema de la Seguridad Social en cada ejercicio económico será el constituido por la diferencia entre los ingresos y gastos derivados de los importes reconocidos netos por operaciones no financieras, correspondientes a las entidades gestoras y servicios comunes de la Seguridad Social, corregida con arreglo a criterios de máxima prudencia, en la forma que reglamentariamente se establezca, respetando los principios y normas de contabilidad establecidos en el Plan General de Contabilidad Pública.

3. La cotización finalista es la establecida en el artículo 127 bis.1.

120. *Procedimiento para la dotación del Fondo.* [159] 1. Las dotaciones efectivas del Fondo de Reserva de la Seguridad Social, siempre que las posibilidades económicas y la situación financiera del sistema lo permitan, serán las acordadas, al menos una vez en cada ejercicio económico, por el Consejo de Ministros, a propuesta conjunta de las personas titulares de los Ministerios de Inclusión, Seguridad Social y Migraciones, de Asuntos Económicos y Transformación Digital y de Hacienda y Función Pública.

2. El importe que se recaude en concepto de cotización finalista establecida en el artículo 127 bis.1 se integrará automáticamente en las dotaciones del Fondo de Reserva de la Seguridad Social.

3. Los rendimientos de cualquier naturaleza que generen la cuenta del Fondo de Reserva y los activos financieros en que se hayan materializado las dotaciones del Fondo de Reserva se integrarán automáticamente en las dotaciones del Fondo.

121. *Disposición de activos del Fondo.* [160] 1. La disposición de los activos del Fondo de Reserva de la Seguridad Social se destinará con carácter exclusivo a la financiación de las pensiones de carácter contributivo para reforzar el equilibrio y sostenibilidad del sistema de Seguridad Social.

2. La Ley de Presupuestos Generales del Estado establecerá para cada ejercicio económico, desde 2033, el desembolso anual a efectuar

[159] Dada nueva redacción por art. único apartado 14 de Real Decreto-Ley 2/2023 de 16 de marzo de 2023, con vigencia desde 01/04/2023

[160] Dada nueva redacción por art. único apartado 15 de Real Decreto-Ley 2/2023 de 16 de marzo de 2023, con vigencia desde 01/04/2023

por el Fondo de Reserva de la Seguridad Social, que consistirá en el porcentaje del PIB que se determine cada año con el límite máximo que se establece seguidamente:

Desembolsos máximos del Fondo de Reserva de la Seguridad Social por año en puntos porcentuales del Producto Interior Bruto

2033	0,10%
2034	0,12%
2035	0,15%
2036	0,17%
2037	0,19%
2038	0,22%
2039	0,25%
2040	0,28%
2041	0,46%
2042	0,50%
2043	0,54%
2044	0,77%
2045	0,82%
2046	0,87%
2047	0,91%
2048	0,86%
2049	0,84%
2050	0,82%
2051	0,53%
2052	0,51%
2053	0,50%

122. *Gestión financiera del Fondo.* Los valores en que se materialice el Fondo de Reserva serán títulos emitidos por personas jurídicas públicas.

Reglamentariamente se determinarán los valores que han de constituir la cartera del Fondo de Reserva, grados de liquidez de la misma, supuestos de enajenación de los activos financieros que lo integran y demás actos de gestión financiera del Fondo de Reserva.

123. *Comité de Gestión del Fondo de Reserva de la Seguridad Social.* 1. Al Comité de Gestión del Fondo de Reserva de la Seguridad

Social le corresponde el superior asesoramiento, control y ordenación de la gestión económica del Fondo de Reserva.

2. Dicho comité estará presidido por el Secretario de Estado de la Seguridad Social y se compondrá, además, de:

a) Un vicepresidente primero, que será el Secretario de Estado de Economía y Apoyo a la Empresa.

b) Un vicepresidente segundo, que será el Secretario de Estado de Presupuestos y Gastos.

c) El Director General de la Tesorería General de la Seguridad Social.

d) El Director General del Tesoro.

e) El Interventor General de la Seguridad Social.

f) El Subdirector General de Ordenación de Pagos y Gestión del Fondo de Reserva de la Tesorería General de la Seguridad Social, que ejercerá las funciones de secretario de la comisión, sin voz ni voto.

3. Las funciones de este comité serán las de formular propuestas de ordenación, asesoramiento, selección de valores que han de constituir la cartera del fondo, enajenación de activos financieros que lo integren y demás actuaciones que los mercados financieros aconsejen y el control superior de la gestión del Fondo de Reserva de la Seguridad Social, así como elaborar el informe a presentar a las Cortes Generales sobre la evolución de dicho Fondo.

124. *Comisión Asesora de Inversiones del Fondo de Reserva de la Seguridad Social.* 1. La Comisión Asesora de Inversiones del Fondo de Reserva de la Seguridad Social tendrá como función asesorar al Comité de Gestión del Fondo de Reserva de la Seguridad Social en orden a la selección de los valores que han de constituir la cartera del Fondo, formulación de propuestas de adquisición de activos y de enajenación de los mismos y demás actuaciones financieras del Fondo.

2. Esta comisión estará presidida por el Secretario de Estado de Economía y Apoyo a la Empresa y estará compuesta, además, por:

a) El Director General de la Tesorería General de la Seguridad Social.

b) El Director General del Tesoro.

c) El Director General de Política Económica.

d) El Interventor General de la Seguridad Social.

e) El Subdirector General de Ordenación de Pagos y Gestión del Fondo de Reserva de la Tesorería General de la Seguridad Social, que ejercerá las funciones de secretario de la comisión, con voz pero sin voto.

125. *Comisión de Seguimiento del Fondo de Reserva de la Seguridad Social.* 1. El conocimiento de la evolución del Fondo de Reserva de la Seguridad Social corresponderá a la Comisión de Seguimiento del Fondo de Reserva de la Seguridad Social.

2. Esta Comisión de Seguimiento estará presidida por el Secretario de Estado de la Seguridad Social o persona que el mismo designe y se compondrá, además, de:

a) Tres representantes del Ministerio de Empleo y Seguridad Social, designados por el Secretario de Estado de la Seguridad Social.

b) Un representante del Ministerio de Economía y Competitividad.

c) Un representante del Ministerio de Hacienda y Administraciones Públicas.

d) Cuatro representantes de las distintas organizaciones sindicales de mayor implantación.

e) Cuatro representantes de las organizaciones empresariales de mayor implantación.

f) El Subdirector General de Ordenación de Pagos y Gestión del Fondo de Reserva de la Tesorería General de la Seguridad Social actuará como secretario de la comisión, sin voz ni voto.

3. La Comisión de Seguimiento conocerá semestralmente de la evolución y composición del Fondo de Reserva de la Seguridad Social, para lo cual el Comité de Gestión, la Comisión Asesora de Inversiones y la Tesorería General de la Seguridad Social facilitarán información sobre tales extremos con carácter previo a las reuniones que mantenga dicha comisión.

126. *Carácter de las operaciones de gestión e imputación presupuestaria.* Las materializaciones, inversiones, reinversiones, desinversiones y demás operaciones de adquisición, disposición y gestión de los activos financieros del Fondo de Reserva de la Seguridad Social correspondientes a cada ejercicio tendrán carácter extrapresupuestario y se imputarán definitivamente, al último día hábil del mismo, al presupuesto de la Tesorería General de la Seguridad Social, conforme a la situación patrimonial del Fondo en dicha fecha, a cuyo efecto serán objeto de adecuación los créditos presupuestarios.

127. *Informe anual.* El Gobierno presentará a las Cortes Generales un informe anual sobre la evolución y composición del Fondo de Reserva de la Seguridad Social.

Dicho informe será remitido por el Gobierno a las Cortes Generales a través de su Oficina Presupuestaria que lo pondrá a disposición de los Diputados, Senadores y las Comisiones parlamentarias.

Sección 5ª
Mecanismo de Equidad Intergeneracional [161]

127 bis. *Mecanismo de Equidad Intergeneracional.* [162] [163]

1. Con el fin de preservar el equilibrio entre generaciones y fortalecer la sostenibilidad del sistema de la Seguridad Social a largo plazo, se establece un Mecanismo de Equidad Intergeneracional consistente en una cotización finalista aplicable en todos los regímenes y en todos los supuestos en los que se cotice por la contingencia de jubilación, que no será computable a efectos de prestaciones y que nutrirá el Fondo de Reserva de la Seguridad Social.

La cotización será de 1,2 puntos porcentuales. En el supuesto de trabajadores por cuenta ajena un punto porcentual corresponderá a la empresa y 0,2 puntos porcentuales al trabajador. En el caso de que se modifique la estructura de distribución de la cotización entre empresa y trabajador por contingencias comunes esta cotización finalista se ajustará a la nueva estructura.

2. La cotización adicional finalista que nutrirá el Fondo de Reserva de la Seguridad Social no podrá ser objeto de bonificación, reducción, exención o deducción alguna. De igual forma no podrá ser objeto de disminución por la aplicación de coeficientes u otra fórmula que disminuya la cotización ni por cualquier otras variables que puedan resultar de aplicación respecto de las aportaciones empresariales o de los trabajadores, en función de las condiciones de cotización aplicables

[161] Añadida por art. único apartado 16 de Real Decreto-Ley 2/2023 de 16 de marzo de 2023, con vigencia desde 01/01/2023

[162] Añadido por art. único apartado 16 de Real Decreto-Ley 2/2023 de 16 de marzo de 2023, con vigencia desde 01/01/2023

[163] Téngase en cuenta el periodo transitorio de aplicación de este precepto establecido en la disp. trans. 43.ª Asimismo véase el art. 16 O PJC/178/2025, de 25 febrero

a los mismos por su inclusión en cualesquiera de los regímenes y sistemas especiales de la Seguridad Social, o en función de las situaciones de alta o asimilada al alta que determine la obligación de ingreso de cuotas, así como del sujeto responsable del ingreso de las mismas, salvo lo previsto para los trabajadores de los grupos segundo y tercero del artículo 10 de la Ley 47/2015, de 21 de octubre, reguladora de la protección social de las personas trabajadoras del sector marítimo-pesquero.

Sección 6ª

Contratación en la Seguridad Social [164]

128. *Contratación.* El régimen de contratación de las entidades gestoras y servicios comunes de la Seguridad Social se ajustará a lo dispuesto en el texto refundido de la Ley de Contratos del Sector Público, aprobado por el Real Decreto Legislativo 3/2011, de 14 de noviembre, en el Real Decreto 1098/2001, de 12 de octubre, por el que se aprueba el Reglamento General de la Ley de Contratos de las Administraciones Públicas, y en otras normas de desarrollo y complementarias, con las especialidades siguientes:

a) La facultad de celebrar contratos corresponde a los directores de las distintas entidades gestoras y servicios comunes, pero necesitarán autorización para aquellos cuya cuantía sea superior al límite fijado en la respectiva Ley de Presupuestos Generales del Estado.

La autorización será adoptada, a propuesta de dichas entidades y servicios, por los titulares de los departamentos ministeriales a que se hallen adscritos y, en su caso, por el Consejo de Ministros, según las competencias definidas en el texto refundido de la Ley de Contratos del Sector Público.

b) Los directores de las entidades gestoras y servicios comunes no podrán delegar o desconcentrar la facultad de celebrar contratos, sin la autorización previa del titular del ministerio al que se hallen adscritos.

c) Los proyectos de obras que elaboren las entidades gestoras y servicios comunes de la Seguridad Social deberán ser supervisados por

---

[164] Renumerada por art. único apartado 16 de Real Decreto-Ley 2/2023 de 16 de marzo de 2023 como sección 6.ª, con vigencia desde 01/01/2023

la oficina de supervisión de proyectos del departamento ministerial del que dependan, salvo que ya tuvieran establecidas oficinas propias, en cuyo caso serán estas las supervisoras de los mismos.

d) Los informes jurídicos o técnicos que preceptivamente se exijan en la legislación del Estado se podrán emitir por los órganos competentes en el ámbito de la Seguridad Social o de los ministerios respectivos. [165]

CAPÍTULO VIII
Procedimientos y notificaciones en materia de Seguridad Social

129. *Normas de procedimiento, autenticación y firma* [166] . 1. La tramitación de las prestaciones y demás actos en materia de Seguridad Social, incluida la protección por desempleo, que no tengan carácter recaudatorio o sancionador se ajustará a lo dispuesto en la Ley 39/2015, de 1 de octubre, del Procedimiento Administrativo Común de las Administraciones Públicas, con las especialidades en ella previstas para tales actos en cuanto a impugnación y revisión, así como con las establecidas en este capítulo o en otras disposiciones que resulten de aplicación. [167]

2. En caso de actuación por medio de representante, la representación deberá acreditarse por cualquier medio válido en Derecho que deje constancia fidedigna o mediante declaración en comparecencia personal del interesado ante el órgano administrativo competente. A estos efectos, serán válidos los documentos normalizados de representación que apruebe la Administración de la Seguridad Social para determinados procedimientos.

3. En los procedimientos iniciados a solicitud de los interesados, una vez transcurrido el plazo máximo para dictar resolución y notificarla fijado por la norma reguladora del procedimiento de que se trate sin que haya recaído resolución expresa, se entenderá desestimada la petición por silencio administrativo.

---

[165] Véase Ley 30/2007, de 30 octubre, de Contratos del Sector Público

[166] Dada nueva redacción leyenda por disposición final 5 apartado 4 de Real Decreto-Ley 2/2021 de 26 de enero de 2021, con vigencia desde 27/01/2021

[167] Dada nueva redacción apartado 1 por disposición final 5 apartado 4 de Real Decreto-Ley 2/2021 de 26 de enero de 2021, con vigencia desde 27/01/2021

Se exceptúan de lo dispuesto en el párrafo anterior los procedimientos relativos a la inscripción de empresas y a la afiliación, altas y bajas y variaciones de datos de los trabajadores iniciados a solicitud de los interesados, así como los de convenios especiales, en los que la falta de resolución expresa en el plazo previsto tendrá como efecto la estimación de la respectiva solicitud por silencio administrativo. [168]

4. La Administración de la Seguridad Social facilitará a los interesados el ejercicio de sus derechos, la presentación de documentos o la realización de cualquier servicio o trámite a través de los medios electrónicos disponibles en la Sede Electrónica de la Secretaría de Estado de la Seguridad Social y Pensiones o a través de otros medios que garanticen la verificación de la identidad del interesado y la expresión de su voluntad y consentimiento, en los términos y condiciones que se establezcan mediante resolución de la Secretaría de Estado de la Seguridad Social y Pensiones [169] .

Asimismo, en la tramitación de los procedimientos de protección por desempleo, el Servicio Público Estatal facilitará a los interesados el ejercicio de sus derechos, la presentación de documentos o la realización de cualquier servicio o trámite a través de los medios electrónicos disponibles en la Sede Electrónica del Servicio Público de Empleo Estatal o a través de otros medios que garanticen la verificación de la identidad del interesado y la expresión de su voluntad y consentimiento, en los términos y condiciones que se establezcan mediante resolución de la Dirección General del Servicio Público de Empleo Estatal.

A tal efecto, en dichas resoluciones se establecerán métodos seguros de identificación de la persona física a través del canal telefónico o de voz, la videollamada o videoidentificación o el contraste de datos, u otros que así se establezcan, todos ellos equivalentes a la fiabilidad de

---

[168] Véase RD 286/2003, de 7 marzo, por el que se establece la duración de los plazos para la resolución de los procedimientos administrativos para el reconocimiento de prestaciones en materia de Seguridad Social

[169] Véase la Res. de 8 marzo de 2023, por la que se habilitan trámites y actuaciones a través de los canales telefónico y telemático mediante determinados sistemas de identificación y expresión de la voluntad y se regulan aspectos relativos a la presentación y firma de solicitudes mediante formularios electrónicos a través de ambos canales

la presencia física. Esos métodos garantizarán, además, la gestión de la evidencia de la identificación realizada. [170]

5. En la tramitación de procedimientos de la Administración de la Seguridad Social y del Servicio Público de Empleo Estatal se considerará válida, a los efectos del artículo 10.1 de la Ley 39/2015, de 1 de octubre, la firma insertada en los documentos a que se refiere el artículo 11.2 de dicha ley, o en documento adjunto a los mismos, siempre que se acompañe copia del Documento Nacional de Identidad o documento identificativo equivalente y se efectúe la correspondiente comprobación favorable a través del Servicio de Verificación de Datos de Identidad y Residencia (SVDIR). [171]

6. Mediante resolución de la Secretaría de Estado de la Seguridad Social y Pensiones o del titular de la Dirección General del Servicio Público de Empleo Estatal en materia de protección por desempleo, se podrán establecer sistemas de firma electrónica no criptográfica en sus relaciones con los interesados, respecto a los procedimientos y trámites que se determinen [172].

Los sistemas de firma electrónica no criptográfica requerirán la previa verificación de la identidad del interesado, a través de los medios a que se refiere el apartado 4.

Las aplicaciones informáticas en las que se utilice un sistema de firma electrónica no criptográfica requerirán de forma expresa el consentimiento y la voluntad de firma del interesado, y deberán garantizar el no repudio, la trazabilidad del caso, la gestión de la evidencia de autenticación y el sellado de la información presentada. [173]

---

[170] Añadido apartado 4 por disposición final 5 apartado 4 de Real Decreto-Ley 2/2021 de 26 de enero de 2021, con vigencia desde 27/01/2021

[171] Añadido apartado 5 por disposición final 5 apartado 4 de Real Decreto-Ley 2/2021 de 26 de enero de 2021, con vigencia desde 27/01/2021

[172] Véase la Res. de 4 julio de 2024, por la que se establecen las condiciones de uso de firma electrónica no criptográfica, en las relaciones de las personas interesadas con las entidades gestoras y servicios comunes de la Seguridad Social adscritos a la Secretaría de Estado de la Seguridad Social y Pensiones

[173] Añadido apartado 6 por disposición final 5 apartado 4 de Real Decreto-Ley 2/2021 de 26 de enero de 2021, con vigencia desde 27/01/2021

130. *Tramitación electrónica de procedimientos en materia de Seguridad Social.* [174] De acuerdo con lo dispuesto en el artículo 41.1 de la Ley 40/2015, de 1 de octubre, de Régimen Jurídico del Sector Público, podrán adoptarse y notificarse resoluciones de forma automatizada en los procedimientos de gestión tanto de la protección por desempleo previstos en el título III como de las restantes prestaciones del sistema de la Seguridad Social previstas en esta ley, excluidas las pensiones no contributivas, así como en los procedimientos de afiliación, cotización y recaudación.

A tal fin, mediante resolución de la persona titular de la Dirección General del Instituto Nacional de la Seguridad Social, del Servicio Público de Empleo Estatal o de la Tesorería General de la Seguridad Social, o de la persona titular de la Dirección del Instituto Social de la Marina, según proceda, se establecerá previamente el procedimiento o procedimientos de que se trate y el órgano u órganos competentes, según los casos, para la definición de las especificaciones, programación, mantenimiento, supervisión y control de calidad y, en su caso, auditoría del sistema de información y de su código fuente. Asimismo, se indicará el órgano que debe ser considerado responsable a efectos de impugnación.

131. *Aportaciones de datos de Seguridad Social por medios electrónicos.* A efectos de la gestión recaudatoria de los recursos del sistema de la Seguridad Social, el titular del Ministerio de Empleo y Seguridad Social podrá determinar los supuestos y condiciones en que las empresas deberán presentar por medios electrónicos los datos relativos a sus actuaciones en materia de encuadramiento, cotización y recaudación en el ámbito de la Seguridad Social, así como cualesquiera otros exigidos en su normativa.

De igual modo, el titular del Ministerio de Empleo y Seguridad Social podrá determinar los supuestos y condiciones en que las empresas deberán presentar por medios electrónicos los partes de baja y alta, correspondientes a procesos de incapacidad temporal, de los trabajadores a su servicio.

---

[174] Dada nueva redacción por disposición final 4 apartado 5 de Ley 19/2021 de 20 de diciembre de 2021, con vigencia desde 01/01/2022

132. *Notificaciones de actos administrativos por medios electrónicos.* 1. Las notificaciones por medios electrónicos de actos administrativos en el ámbito de la Seguridad Social se efectuarán en la sede electrónica de la Seguridad Social, respecto a los sujetos obligados que se determinen por el titular del Ministerio de Empleo y Seguridad Social así como respecto a quienes, sin estar obligados, hubiesen optado por dicha clase de notificación.

Los sujetos no obligados a ser notificados por medios electrónicos en la sede electrónica de la Seguridad Social que no hubiesen optado por dicha forma de notificación serán notificados en el domicilio que expresamente hubiesen indicado para cada procedimiento y, en su defecto, en el que figure en los registros de la Administración de la Seguridad Social.

2. Las notificaciones de los actos administrativos que traigan causa o se dicten como consecuencia de los datos que deban comunicarse electrónicamente a través del Sistema RED, realizadas a los autorizados para dicha transmisión, se efectuarán obligatoriamente por medios electrónicos en la sede electrónica de la Seguridad Social, siendo válidas y vinculantes a todos los efectos legales para las empresas y sujetos obligados a los que se refieran dichos datos, salvo que estos últimos hubiesen manifestado su preferencia porque dicha notificación en sede electrónica se les efectúe directamente a ellos o a un tercero.

3. A los efectos previstos en el artículo 59.4 de la Ley 30/1992, de 26 de noviembre, las notificaciones realizadas en la sede electrónica de la Seguridad Social se entenderán rechazadas, cuando, existiendo constancia de la puesta a disposición del interesado del acto objeto de notificación, transcurran diez días naturales sin que se acceda a su contenido.

4. En los supuestos previstos en el artículo 59.5 de la Ley 30/1992, de 26 de noviembre, las notificaciones que no hayan podido realizarse en la sede electrónica de la Seguridad Social o en el domicilio del interesado, conforme a lo indicado en los apartados anteriores, se practicarán exclusivamente por medio de un anuncio publicado en el «Boletín Oficial del Estado», de acuerdo con la disposición adicional vigésima primera de la citada ley.

Fuera de los supuestos indicados en el párrafo anterior, los anuncios, acuerdos, resoluciones y comunicaciones emitidos por la Administración de la Seguridad Social en ejercicio de sus competencias, y cualesquiera otras informaciones de interés general de dicha administración, se publicarán en el Tablón de Anuncios de la Seguridad Social, situado en su sede electrónica y gestionado por la Secretaría de Estado de la Seguridad Social. Esta publicación tendrá carácter complementario con relación a aquellos actos en que una norma exija su publicación por otros medios.

Las publicaciones en dicho tablón se efectuarán en los términos que se determinen por orden del Ministerio de Empleo y Seguridad Social [175].

CAPÍTULO IX
Inspección e infracciones y sanciones en materia de Seguridad Social

133. *Competencias de la Inspección.* 1. La inspección en materia de Seguridad Social se ejercerá a través de la Inspección de Trabajo y Seguridad Social, desarrollando las funciones y competencias que tiene atribuidas por la Ley 23/2015, de 21 de julio, Ordenadora del Sistema de Inspección de Trabajo y Seguridad Social, la presente ley y normas concordantes.

2. Específicamente corresponderá a la Inspección de Trabajo y Seguridad Social:

a) La vigilancia en el cumplimiento de las obligaciones que derivan de la presente ley y, en especial, de los fraudes y morosidad en el ingreso y recaudación de cuotas de la Seguridad Social.

b) La inspección de la gestión, funcionamiento y cumplimiento de la legislación que les sea de aplicación a las entidades colaboradoras en la gestión.

c) La asistencia técnica a entidades y organismos de la Seguridad Social, cuando les sea solicitada.

3. Las competencias transcritas serán ejercidas de acuerdo con las facultades y procedimientos establecidos en las disposiciones aplicables. [176]

4. Lo dispuesto en la presente ley en materia de inspección no será de aplicación a los Regímenes Especiales de Funcionarios Civiles del

---

[175] Véase Orden ESS/1222/2015, de 22 de junio, por la que se regula el tablón de anuncios de la Seguridad Social

[176] Véase Ley 42/1997, de 14 noviembre, ordenadora de la Inspección de Trabajo y Seguridad Social

Estado, Fuerzas Armadas y Funcionarios al servicio de la Administración de Justicia, en tanto no se disponga otra cosa por el Gobierno.

134. *Colaboración con la Inspección.* Las entidades gestoras y colaboradoras y los servicios comunes de la Seguridad Social prestarán su colaboración a la Inspección de Trabajo y Seguridad Social en orden a la vigilancia que esta tiene atribuida respecto al cumplimiento de las obligaciones de empresarios y trabajadores establecidas en la presente ley.

135. *Infracciones y sanciones.* 1. En materia de infracciones y sanciones, se estará a lo dispuesto en la presente ley y en el texto refundido de la Ley sobre Infracciones y Sanciones en el Orden Social, aprobado por el Real Decreto Legislativo 5/2000, de 4 de agosto.

2. Las resoluciones relativas a las sanciones que las entidades gestoras de las prestaciones impongan a los trabajadores y beneficiarios de prestaciones, conforme a lo establecido en el artículo 47 del texto refundido de la Ley sobre Infracciones y Sanciones del Orden Social, serán recurribles ante los órganos jurisdiccionales del orden social, previa reclamación ante la entidad gestora competente en la forma prevista en el artículo 71 de la Ley 36/2011, de 10 de octubre, reguladora de la jurisdicción social.

TÍTULO II
Régimen General de la Seguridad Social

CAPÍTULO I
Campo de aplicación

136. *Extensión.* 1. Estarán obligatoriamente incluidos en el campo de aplicación del Régimen General de la Seguridad Social los trabajadores por cuenta ajena y los asimilados a los que se refiere el artículo 7.1.a) de esta ley, salvo que por razón de su actividad deban quedar comprendidos en el campo de aplicación de algún régimen especial de la Seguridad Social.

2. A los efectos de esta ley se declaran expresamente comprendidos en el apartado anterior:

a) Los trabajadores incluidos en el Sistema Especial para Empleados de Hogar y en el Sistema Especial para Trabajadores por Cuenta Ajena Agrarios, así como en cualquier otro de los sistemas especiales a que se refiere el artículo 11, establecidos en el Régimen General de la Seguridad Social.

b) Los trabajadores por cuenta ajena y los socios trabajadores de las sociedades de capital, aun cuando sean miembros de su órgano de administración, si el desempeño de este cargo no conlleva la realización de las funciones de dirección y gerencia de la sociedad, ni posean su control en los términos previstos por el artículo 305.2.b). [177]

c) Como asimilados a trabajadores por cuenta ajena, los consejeros y administradores de las sociedades de capital, siempre que no posean su control en los términos previstos por el artículo 305.2.b), cuando el desempeño de su cargo conlleve la realización de las funciones de dirección y gerencia de la sociedad, siendo retribuidos por ello o por su condición de trabajadores por cuenta de la misma.

Estos consejeros y administradores quedarán excluidos de la protección por desempleo y del Fondo de Garantía Salarial.

d) Los socios trabajadores de las sociedades laborales, cuya participación en el capital social se ajuste a lo establecido en el artículo 1.2.b) de la Ley 44/2015, de 14 de octubre, de Sociedades Laborales y Participadas, y aun cuando sean miembros de su órgano de administración, si el desempeño de este cargo no conlleva la realización de las funciones de dirección y gerencia de la sociedad, ni posean su control en los términos previstos por el artículo 305.2.e).

e) Como asimilados a trabajadores por cuenta ajena, los socios trabajadores de las sociedades laborales que, por su condición de administradores de las mismas, realicen funciones de dirección y gerencia de la sociedad, siendo retribuidos por ello o por su vinculación simultánea a la sociedad laboral mediante una relación laboral de carácter especial de alta dirección, y no posean su control en los términos previstos por el artículo 305.2.e).

---

[177] Véanse Res. de 21 noviembre 2005, por la que se imparten instrucciones para la inclusión en el régimen general de la Seguridad Social de los abogados que mantienen relación laboral de carácter especial, en aplicación de lo previsto en la disposición adicional primera de la Ley 22/2005, de 18 de noviembre, y art. 34.4 Ley 50/1998, de 30 diciembre, de Medidas Fiscales, Administrativas y del Orden Social

Estos socios trabajadores quedarán excluidos de la protección por desempleo y del Fondo de Garantía Salarial, salvo cuando el número de socios de la sociedad laboral no supere los veinticinco.

f) El personal contratado al servicio de notarías, registros de la propiedad y demás oficinas o centros similares. [178]

g) Los trabajadores que realicen las operaciones de manipulación, empaquetado, envasado y comercialización del plátano, tanto si dichas labores se llevan a cabo en el lugar de producción del producto como fuera del mismo, ya provengan de explotaciones propias o de terceros y ya se realicen individualmente o en común mediante cualquier tipo de asociación o agrupación, incluidas las cooperativas en sus distintas clases.

h) Las personas que presten servicios retribuidos en entidades o instituciones de carácter benéfico-social.

i) Los laicos o seglares que presten servicios retribuidos en los establecimientos o dependencias de las entidades o instituciones eclesiásticas. Por acuerdo especial con la jerarquía eclesiástica competente se regulará la situación de los trabajadores laicos y seglares que presten sus servicios retribuidos a organismos o dependencias de la Iglesia y cuya misión primordial consista en ayudar directamente en la práctica del culto.

j) Los conductores de vehículos de turismo al servicio de particulares.

k) El personal civil no funcionario de las administraciones públicas y de las entidades y organismos vinculados o dependientes de ellas siempre que no estén incluidos en virtud de una ley especial en otro régimen obligatorio de previsión social.

l) El personal funcionario al servicio de las administraciones públicas y de las entidades y organismos vinculados o dependientes de ellas, incluido su periodo de prácticas, salvo que estén incluidos en el Régimen de Clases Pasivas del Estado o en otro régimen en virtud de una ley especial.

m) El personal funcionario a que se refiere la disposición adicional tercera, en los términos previstos en ella.

---

[178] Véase O de 21 febrero 1996, por la que se dispone la publicación del Acuerdo del Consejo de Ministros por el que se procede a integrar en el RGSS al personal que viniere percibiendo la acción protectora en sustitución de la establecida en el Sistema de la Seguridad Social a través de la Mutualidad de Empleados de Notarías

n) Los funcionarios del Estado transferidos a las comunidades autónomas que hayan ingresado o ingresen voluntariamente en cuerpos o escalas propios de la comunidad autónoma de destino, cualquiera que sea el sistema de acceso.

ñ) Los altos cargos de las administraciones públicas y de las entidades y organismos vinculados o dependientes de ellas, que no tengan la condición de funcionarios públicos.

o) Los miembros de las corporaciones locales y los miembros de las Juntas Generales de los Territorios Históricos Forales, Cabildos Insulares Canarios y Consejos Insulares Baleares que desempeñen sus cargos con dedicación exclusiva o parcial, a salvo de lo previsto en los artículos 74 y 75 de la Ley 7/1985, de 2 de abril, Reguladora de las Bases del Régimen Local. [179]

p) Los cargos representativos de las organizaciones sindicales constituidas al amparo de la Ley Orgánica 11/1985, de 2 de agosto, de Libertad Sindical, que ejerzan funciones sindicales de dirección con dedicación exclusiva o parcial y percibiendo una retribución.

q) Cualesquiera otras personas que, por razón de su actividad, sean objeto de la asimilación prevista en el apartado 1 mediante real decreto, a propuesta del Ministerio de Empleo y Seguridad Social. [180]

137. *Exclusiones.* No darán lugar a inclusión en este Régimen General los siguientes trabajos:

a) Los que se ejecuten ocasionalmente mediante los llamados servicios amistosos, benévolos o de buena vecindad.

---

[179] Véanse RD 1108/2007, de 24 agosto; Res. de 12 diciembre 2007, sobre el alcance del requisito de ejercicio retribuido del cargo de miembro de una corporación local, exigido por el art. 1 RD 1108/2007, de 24 agosto y art. 41 RDL 12/1995, de 28diciembre, sobre Medidas urgentes en materia Presupuestaria, Tributaria y Financiera

[180] Véanse RD 2398/1977, de 27 agosto (Clero); RD 2805/1979, de 7 diciembre (Españoles no residentes en territorio nacional que ostenten la condición de Funcionarios o Empleados de Organizaciones Internacionales); RD 2234/1981, de 20 agosto (Personal al servicio de la Administración Pública en el extranjero); RD 1820/1991, de 27 diciembre (Ciclistas Profesionales); RD 287/2003, de 7 marzo (Deportistas Profesionales); Res. de 28 febrero 2005, de la Secretaría de Estado de Universidades e Investigación, por la que se dictan instrucciones sobre la incorporación al RGSS y cobertura del seguro privado de asistencia sanitaria y accidentes de los becarios de los programas de becas posdoctorales y de postgrado de la Dirección General de Universidades; RD 615/2007, de 11 mayo (Cuidadores de las personas en situación de dependencia) y RD 1493/2011 de 24 octubre (Personas que participen en programas de formación)

b) Los que den lugar a la inclusión en alguno de los regímenes especiales de la Seguridad Social.

c) Los realizados por los profesores universitarios eméritos, de conformidad con lo previsto en el apartado 2 de la disposición adicional vigésima segunda de la Ley Orgánica 6/2001, de 21 de diciembre, de Universidades, así como por el personal licenciado sanitario emérito nombrado al amparo de la disposición adicional cuarta de la Ley 55/2003, de 16 de diciembre, del Estatuto Marco del personal estatutario de los servicios de salud.

CAPÍTULO II
Inscripción de empresas y normas sobre afiliación, cotización y recaudación

Sección 1ª
Inscripción de empresas y afiliación de trabajadores

138. *Inscripción de empresas.* 1. Los empresarios, como requisito previo e indispensable a la iniciación de sus actividades, solicitarán su inscripción en el Régimen General de la Seguridad Social, haciendo constar la entidad gestora o, en su caso, la mutua colaboradora con la Seguridad Social por la que hayan optado para proteger las contingencias profesionales, y en su caso, la prestación económica por incapacidad temporal derivada de contingencias comunes del personal a su servicio [181].

Los empresarios deberán comunicar las variaciones que se produzcan de los datos facilitados al solicitar su inscripción, en especial la referente al cambio de la entidad que deba asumir la cobertura de las contingencias indicadas anteriormente, así como su extinción o el

[181] Véanse RD 84/1996, de 26 enero, por el que se aprueba el Reglamento general sobre Inscripción de Empresas y Afiliación, altas, bajas y variaciones de datos de trabajadores en la Seguridad Social, y Res. de 30 abril 1996, de la Secretaría General para la Seguridad Social, por la que se dictan Instrucciones sobre la asignación y exigibilidad del Número de la Seguridad Social y para la expedición de la Tarjeta Individual de la Seguridad Social

cese temporal o definitivo de su actividad, a efectos de practicar su baja. [182]

2. Las actuaciones en materia de inscripción a que se refiere el apartado anterior se efectuarán ante el correspondiente organismo de la Administración de la Seguridad Social, a nombre de la persona física o jurídica o entidad sin personalidad titular de la empresa. Dicho organismo podrá, también, realizar de oficio tales actuaciones cuando por cualquiera de los procedimientos a que se refiere el artículo 16.4 de esta ley constate el incumplimiento de la obligación de efectuarlas, así como proceder a la revisión de oficio de sus actos dictados en esas materias, en los supuestos a que se refiere el apartado 5 del citado artículo. [183]

3. A los efectos de la presente ley se considerará empresario, aunque su actividad no esté motivada por ánimo de lucro, a toda persona física o jurídica o entidad sin personalidad, pública o privada, por cuya cuenta trabajen las personas incluidas en el artículo 136. [184]

139. *Afiliación, altas y bajas.* 1. Los empresarios estarán obligados a solicitar la afiliación al Sistema de la Seguridad Social de los trabajadores que ingresen a su servicio, así como a comunicar dicho ingreso y, en su caso, el cese en la empresa de tales trabajadores para que sean dados, respectivamente, de alta y de baja en el Régimen General. [185]

2. En el caso de que el empresario incumpla las obligaciones que le impone el apartado anterior, el trabajador podrá instar su afiliación, alta o baja, directamente al organismo competente de la Administración de la Seguridad Social. Dicho organismo podrá, también, efectuar tales actos de oficio en los supuestos a que se refiere el artículo 16.4 de esta ley, así como proceder a la revisión de oficio de sus actos dictados en

---

[182] Dada nueva redacción apartado 1 por disposición final 4 apartado 3 de Real Decreto-Ley 1/2023 de 10 de enero de 2023, con vigencia desde 12/01/2023

[183] Dada nueva redacción apartado 2 por disposición final 4 apartado 3 de Real Decreto-Ley 1/2023 de 10 de enero de 2023, con vigencia desde 12/01/2023

[184] Véase art. 1.2 ET

[185] Véase el capítulo IV del título II RD 84/1996, de 26 enero, por el que se aprueba el Reglamento general sobre Inscripción de Empresas y Afiliación, altas, bajas y variaciones de datos de trabajadores en la Seguridad Social

esas materias, en los supuestos a que se refiere el apartado 5 del citado artículo. [186]

3. El reconocimiento del derecho al alta y a la baja en el Régimen General corresponderá al organismo de la Administración de la Seguridad Social que reglamentariamente se establezca.

4. Salvo disposición legal expresa en contrario, la situación de alta del trabajador en este Régimen General condicionará la aplicación al mismo de las normas del presente título.

140. *Procedimiento y plazos.* 1. El cumplimiento de las obligaciones que se establecen en los artículos anteriores se ajustará, en cuanto a la forma, plazos y procedimiento, a lo establecido reglamentariamente. [187]

2. La afiliación y altas sucesivas solicitadas fuera de plazo por el empresario o el trabajador no tendrán efecto retroactivo alguno. Cuando tales actos se practiquen de oficio, su eficacia temporal e imputación de responsabilidades resultantes serán las que se determinan en esta ley y sus disposiciones de aplicación y desarrollo.

Sección 2ª
Cotización

Subsección 1ª
Disposiciones generales

141. *Sujetos obligados.* 1. Estarán sujetos a la obligación de cotizar al Régimen General de la Seguridad Social los trabajadores y asimila-

---

[186] Dada nueva redacción apartado 2 por disposición final 4 apartado 4 de Real Decreto-Ley 1/2023 de 10 de enero de 2023, con vigencia desde 12/01/2023

[187] Véanse O ESS/484/2013, de 26 marzo, por el que se regula el Sistema de remisión electrónica de datos en el ámbito de la Seguridad Social, y Res. de 8 abril 2003, de la Dirección General de la TGSS, sobre la implantación del estándar de comunicaciones basado en el protocolo IP, conocido como Internet, como única plataforma de comunicación entre la Tesorería General de la Seguridad Social y los autorizados al sistema de remisión electrónica de datos (RED)

dos comprendidos en su campo de aplicación y los empresarios por cuya cuenta trabajen. [188]

2. La cotización comprenderá dos aportaciones:

a) De los empresarios, y

b) de los trabajadores.

3. No obstante lo dispuesto en los apartados anteriores, por las contingencias de accidentes de trabajo y enfermedades profesionales la cotización completa correrá a cargo exclusivamente de los empresarios.

142. *Sujeto responsable.* 1. El empresario es sujeto responsable del cumplimiento de la obligación de cotizar e ingresará las aportaciones propias y las de sus trabajadores, en su totalidad. [189]

Responderán, asimismo, solidaria, subsidiariamente o mortis causa las personas o entidades sin personalidad a que se refieren los artículos 18 y 168.1 y 2.

La responsabilidad solidaria por sucesión en la titularidad de la explotación, industria o negocio que se establece en el citado artículo 168 se extiende a la totalidad de las deudas generadas con anterioridad al hecho de la sucesión. Se entenderá que existe dicha sucesión aun cuando sea una sociedad laboral la que continúe la explotación, industria o negocio, esté o no constituida por trabajadores que prestaran servicios por cuenta del empresario anterior.

En caso de que el empresario sea una sociedad o entidad disuelta y liquidada, sus obligaciones de cotización a la Seguridad Social pendientes se transmitirán a los socios o partícipes en el capital, que responderán de ellas solidariamente y hasta el límite del valor de la cuota de liquidación que se les hubiere adjudicado.

2. El empresario descontará a sus trabajadores, en el momento de hacerles efectivas sus retribuciones, la aportación que corresponda a cada uno de ellos. Si no efectuase el descuento en dicho momento no podrá realizarlo con posterioridad, quedando obligado a ingresar la totalidad de las cuotas a su exclusivo cargo.

---

[188] Véase RD 2064/1995, de 22 diciembre, por el que se aprueba el Reglamento general sobre Cotización y Liquidación de otros Derechos de la Seguridad Social

[189] Véase art. 3 RD 928/1998, de 14 mayo, por el que se aprueba el Reglamento general sobre Procedimientos para la imposición de sanciones por infracciones de orden social y para los expedientes liquidatorios de cuotas de la Seguridad Social

En los justificantes de pago de dichas retribuciones, el empresario deberá informar a los trabajadores de la cuantía total de la cotización a la Seguridad Social indicando, de acuerdo con lo establecido en el artículo 141.2, la parte de la cotización que corresponde a la aportación del empresario y la parte correspondiente al trabajador, en los términos que reglamentariamente se determinen.

3. El empresario que habiendo efectuado tal descuento no ingrese dentro de plazo la parte de cuota correspondiente a sus trabajadores, incurrirá en responsabilidad ante ellos y ante los organismos de la Administración de la Seguridad Social afectados, sin perjuicio de las responsabilidades penal y administrativa que procedan. [190]

143. *Nulidad de pactos.* Será nulo todo pacto, individual o colectivo, por el cual el trabajador asuma la obligación de pagar total o parcialmente la prima o parte de cuota a cargo del empresario.

Igualmente, será nulo todo pacto que pretenda alterar las bases de cotización que se fijan en el artículo 147.

144. *Duración de la obligación de cotizar.* 1. La obligación de cotizar nacerá con el inicio de la prestación del trabajo, incluido el período de prueba. La mera solicitud de la afiliación o alta del trabajador al organismo competente de la Administración de la Seguridad Social surtirá en todo caso idéntico efecto.

2. La obligación de cotizar se mantendrá por todo el período en que el trabajador esté en alta en el Régimen General o preste sus servicios, aunque estos revistan carácter discontinuo. Dicha obligación subsistirá asimismo respecto a los trabajadores que se encuentren cumpliendo deberes de carácter público o desempeñando cargos de representación sindical, siempre que ello no dé lugar a la excedencia en el trabajo. [191]

3. Dicha obligación solo se extinguirá con la solicitud en regla de la baja en el Régimen General al organismo competente de la Administración de la Seguridad Social. Sin embargo, dicha comunicación no extinguirá la obligación de cotizar si continuase la prestación de trabajo.

---

[190] Véase art. 307 CP

[191] Véanse arts. 45 f) y 46.4 ET

4. La obligación de cotizar continuará en la situación de incapacidad temporal, cualquiera que sea su causa, incluidas las situaciones especiales de incapacidad temporal por menstruación incapacitante secundaria, interrupción del embarazo, sea voluntaria o no, gestación desde el día primero de la semana trigésima novena y aquella en la que se encuentren las personas donantes de órganos o tejidos para su trasplante; en la de nacimiento y cuidado de menor; en la de riesgo durante el embarazo y en la de riesgo durante la lactancia natural; así como en las demás situaciones previstas en el artículo 166 en que así se establezca reglamentariamente.

Sin perjuicio de lo dispuesto en el párrafo anterior, las empresas tendrán derecho a una reducción del 75 por ciento de las cuotas empresariales a la Seguridad Social por contingencias comunes durante la situación de incapacidad temporal de aquellos trabajadores que hubieran cumplido la edad de 62 años. A estas reducciones de cuotas no les resultará de aplicación lo establecido en el artículo 20.1. [192]

5. La obligación de cotizar se suspenderá durante las situaciones de huelga y cierre patronal. [193]

6. La obligación de cotizar por las contingencias de accidentes de trabajo y enfermedades profesionales existirá aunque la empresa, con infracción de lo dispuesto en esta ley, no tuviera establecida la protección de su personal, o de parte de él, respecto a dichas contingencias. En tal caso, las primas debidas se devengarán a favor de la Tesorería General de la Seguridad Social.

145. *Tipo de cotización.* 1. El tipo de cotización tendrá carácter único para todo el ámbito de protección de este Régimen General. Su establecimiento y su distribución, para determinar las aportaciones respectivas del empresario y trabajador obligados a cotizar, se efectuarán en la correspondiente Ley de Presupuestos Generales del Estado. [194]

---

[192] Dada nueva redacción apartado 4 por art. 1 apartado 1 de Ley 6/2024 de 20 de diciembre de 2024, con vigencia desde 03/03/2025

[193] Véanse arts. 6.3 y 12.2 RDL 17/1977, de 4 marzo, sobre Relaciones de Trabajo

[194] Véase, para 2023, el art. 122 Ley 31/2022 de 23 diciembre y para 2022, el art. 106 Ley 22/2021, de 28 diciembre

2. El tipo de cotización se reducirá en el porcentaje o porcentajes correspondientes a aquellas situaciones y contingencias que no queden comprendidas en la acción protectora que se determine de acuerdo con lo previsto en el artículo 155.2, para quienes sean asimilados a trabajadores por cuenta ajena, así como para otros supuestos establecidos legal o reglamentariamente. [195]

146. *Cotización por accidentes de trabajo y enfermedades profesionales.* 1. No obstante lo dispuesto en el artículo anterior, la cotización por las contingencias de accidentes de trabajo y enfermedades profesionales se realizará mediante la aplicación de los tipos de cotización establecidos para cada actividad económica, ocupación, o situación en la tarifa de primas establecida legalmente. Para el cálculo de dichos tipos de cotización se computará el coste de las prestaciones y las exigencias de los servicios preventivos y rehabilitadores.

2. De igual forma se podrán establecer, para las empresas que ofrezcan riesgos de enfermedades profesionales, tipos adicionales a la cotización de accidentes de trabajo, en relación a la peligrosidad de la industria o clase de trabajo y a la eficacia de los medios de prevención empleados.

3. La cuantía de los tipos de cotización a que se refieren los apartados anteriores podrá reducirse en el supuesto de empresas que se distingan por el empleo de medios eficaces de prevención. Asimismo, dicha cuantía podrá aumentarse en el caso de empresas que incumplan sus obligaciones en materia de seguridad y salud en el trabajo. La reducción y el aumento previstos en este apartado no podrán exceder del 10 por ciento de los tipos de cotización, si bien el aumento podrá llegar hasta un 20 por ciento en caso de reiterado incumplimiento de las aludidas obligaciones. [196]

4. Los empresarios que ocupen a trabajadores, a quienes en razón de su actividad les resulte de aplicación un coeficiente reductor de la edad de jubilación, deberán cotizar por el tipo de cotización por

---

[195] Véase el art. 19 de este texto refundido

[196] Véanse disposición adicional 2 RD 1993/1995, de 7 diciembre, por el que se aprueba el Reglamento sobre colaboración de las Mutuas de Accidentes de Trabajo y Enfermedades Profesionales de la Seguridad Social, y RD 231/2017 de 10 marzo, por el que se regula el establecimiento de un sistema de reducción de las cotizaciones por contingencias profesionales a las empresas que hayan disminuido de manera considerable la siniestralidad laboral

accidentes de trabajo y enfermedades profesionales más alto de los establecidos, siempre y cuando el establecimiento de ese coeficiente reductor no lleve aparejada una cotización adicional por tal concepto.

Lo previsto en este apartado no será de aplicación a los empresarios que ocupen a trabajadores incluidos en el ámbito de aplicación del Real Decreto 1539/2003, de 5 de diciembre, por el que se establecen coeficientes reductores de la edad de jubilación a favor de los trabajadores que acreditan un grado importante de discapacidad. Tampoco resultará de aplicación a los trabajadores embarcados en barcos de pesca hasta 10 Toneladas de Registro Bruto incluidos en el Régimen Especial de Trabajadores del Mar [197] . [198]

147. *Base de cotización.* [199]

1. La base de cotización para todas las contingencias y situaciones amparadas por la acción protectora del Régimen General, incluidas las de accidente de trabajo y enfermedad profesional, estará constituida por la remuneración total, cualquiera que sea su forma o denominación, tanto en metálico como en especie, que con carácter mensual tenga derecho a percibir el trabajador o asimilado, o la que efectivamente perciba de ser esta superior, por razón del trabajo que realice por cuenta ajena.

Las percepciones de vencimiento superior al mensual se prorratearán a lo largo de los doce meses del año.

Las percepciones correspondientes a vacaciones anuales devengadas y no disfrutadas y que sean retribuidas a la finalización de la relación laboral serán objeto de liquidación y cotización complementaria a la del mes de la extinción del contrato. La liquidación y cotización complementaria comprenderán los días de duración de las vacaciones, aun cuando alcancen también el siguiente mes natural o se inicie una nueva relación laboral durante los mismos, sin prorrateo alguno y con aplicación, en su caso, del tope máximo de cotización correspondiente al mes o meses que resulten afectados.

---

[197] Véase art.122.Dos.2.b) Ley 31/2022, de 23 diciembre, de Presupuestos Generales del Estado para el año 2023

[198] Añadido apartado 4 por disposición final 2 apartado 3 de Real Decreto-Ley 28/2018 de 28 de diciembre de 2018, con vigencia desde 01/01/2019

[199] Véase: - para el año 2023 art. 122 Ley 31/2022 de 23 diciembre. - para el año 2022 art. 106 Ley 22/2021 de 28 diciembre

No obstante lo establecido en el párrafo anterior, serán aplicables las normas generales de cotización en los términos que reglamentariamente se determinen cuando, mediante ley o en ejecución de la misma, se establezca que la remuneración del trabajador debe incluir, conjuntamente con el salario, la parte proporcional correspondiente a las vacaciones devengadas.

2. Únicamente no se computarán en la base de cotización los siguientes conceptos:

a) Las asignaciones para gastos de locomoción del trabajador que se desplace fuera de su centro habitual de trabajo para realizar el mismo en lugar distinto, cuando utilice medios de transporte público, siempre que el importe de dichos gastos se justifique mediante factura o documento equivalente.

b) Las asignaciones para gastos de locomoción del trabajador que se desplace fuera de su centro habitual de trabajo para realizar el mismo en lugar distinto, no comprendidos en el apartado anterior, así como para gastos normales de manutención y estancia generados en municipio distinto del lugar del trabajo habitual del perceptor y del que constituya su residencia, en la cuantía y con el alcance previstos en la normativa estatal reguladora del Impuesto sobre la Renta de la Personas Físicas.

c) Las indemnizaciones por fallecimiento y las correspondientes a traslados, suspensiones y despidos.

Las indemnizaciones por fallecimiento y las correspondientes a traslados y suspensiones estarán exentas de cotización hasta la cuantía máxima prevista en norma sectorial o convenio colectivo aplicable.

Las indemnizaciones por despido o cese del trabajador estarán exentas en la cuantía establecida con carácter obligatorio en el texto refundido de la Ley del Estatuto de los Trabajadores, en su normativa de desarrollo o, en su caso, en la normativa reguladora de la ejecución de sentencias, sin que pueda considerarse como tal la establecida en virtud de convenio, pacto o contrato.

Cuando se extinga el contrato de trabajo con anterioridad al acto de conciliación, estarán exentas las indemnizaciones por despido que no excedan de la que hubiera correspondido en el caso de que este hubiera sido declarado improcedente, y no se trate de extinciones de mutuo acuerdo en el marco de planes o sistemas colectivos de bajas incentivadas.

Sin perjuicio de lo dispuesto en los párrafos anteriores, en los supuestos de despido o cese como consecuencia de despidos colectivos, tramitados de conformidad con lo dispuesto en el artículo 51 del texto refundido de la Ley del Estatuto de los Trabajadores, o producidos por las causas previstas en el artículo 52.c) del citado texto refundido, siempre que en ambos casos se deban a causas económicas, técnicas, organizativas, de producción o por fuerza mayor, quedará exenta la parte de indemnización percibida que no supere los límites establecidos con carácter obligatorio en el mencionado Estatuto para el despido improcedente.

d) Las prestaciones de la Seguridad Social, las mejoras de las prestaciones por incapacidad temporal concedidas por las empresas y las asignaciones destinadas por estas para satisfacer gastos de estudios dirigidos a la actualización, capacitación o reciclaje del personal a su servicio, cuando tales estudios vengan exigidos por el desarrollo de sus actividades o las características de los puestos de trabajo.

e) Las horas extraordinarias, salvo para la cotización por accidentes de trabajo y enfermedades profesionales de la Seguridad Social.

3. Los empresarios deberán comunicar a la Tesorería General de la Seguridad Social en cada período de liquidación el importe de todos los conceptos retributivos abonados a sus trabajadores, con independencia de su inclusión o no en la base de cotización a la Seguridad Social y aunque resulten de aplicación bases únicas. [200]

Las contribuciones empresariales satisfechas a los planes de pensiones, en su modalidad de sistema de empleo, en el marco del texto refundido de la Ley de Regulación de Planes y Fondos de Pensiones, aprobada por el Real Decreto Legislativo 1/2002, de 29 de noviembre, y a instrumentos de modalidad de empleo propios establecidos por la legislación de las Comunidades Autónomas con competencia exclusiva en materia de mutualidades no integradas en la Seguridad Social se deberán comunicar, respecto de cada trabajador, código de cuenta de cotización y período de liquidación a la Tesorería General de la Seguridad Social antes de solicitarse el cálculo de la liquidación de cuotas correspondiente. [201]

---

[200] Téngase en cuenta la disp. final 1ª RD 637/2014 de 25 julio, que establece, respecto a los períodos de liquidación de diciembre de 2013 a julio de 2014, una nueva ampliación del plazo de liquidación e ingreso de la cotización correspondiente a los nuevos conceptos e importes computables en la base de cotización al Régimen General de la Seguridad Social

[201] Añadido apartado 3 párrafo 2 por disposición final 4 apartado 2 de Ley 12/2022 de 30 de junio de 2022, con vigencia desde 01/01/2023

4. No obstante lo dispuesto en el apartado 2.e), el Ministerio de Empleo y Seguridad Social podrá establecer el cómputo de las horas extraordinarias, ya sea con carácter general, ya sea por sectores laborales en los que la prolongación de la jornada sea característica de su actividad.

148. *Topes máximo y mínimo de la base de cotización.* 1. El tope máximo de la base de cotización, único para todas las actividades, categorías profesionales y contingencias incluidas en este Régimen, será el establecido, para cada año, en la correspondiente Ley de Presupuestos Generales del Estado. [202]

2. El tope máximo de la base de cotización así establecido será aplicable igualmente en los casos de pluriempleo. A los efectos de esta ley se entenderá por pluriempleo la situación de quien trabaje en dos o más empresas distintas, en actividades que den lugar a su inclusión en el campo de aplicación de este Régimen General.

3. La base de cotización tendrá como tope mínimo la cuantía establecida en el artículo 19.2.

4. El Ministerio de Empleo y Seguridad Social adecuará, en función de los días y horas trabajados, los topes mínimos y las bases mínimas fijados para cada grupo de categorías profesionales, en relación con los supuestos en que, por disposición legal, se establezca expresamente la cotización por días o por horas [203].

149. *Cotización adicional por horas extraordinarias.* La remuneración que obtengan los trabajadores por el concepto de horas extraordinarias, con independencia de su cotización a efectos de accidentes de trabajo y enfermedades profesionales, estará sujeta a una cotización adicional por parte de empresarios y trabajadores, con arreglo a los tipos que se establezcan en la correspondiente Ley de Presupuestos Generales del Estado.

La cotización adicional por horas extraordinarias estructurales que superen el tope máximo de ochenta horas establecido en el artículo 35.2 del texto refundido de la Ley del Estatuto de los Trabajadores

---

[202] Véanse art. 66 RDL 1/2025 de 28 enero y art. 2 O PJC/178/2025, de 25 febrero

[203] Véase el art. 245 de este texto refundido

se efectuará mediante la aplicación del tipo general de cotización establecido para las horas extraordinarias en la Ley de Presupuestos Generales del Estado. [204]

150. *Normalización.* El Ministerio de Empleo y Seguridad Social establecerá la normalización de las bases de cotización que resulten con arreglo a lo establecido en la presente sección.

Subsección 2ª
Cotización en supuestos especiales

151. *Cotización adicional en contratos de duración determinada.* [205] 1. Los contratos de duración determinada inferior a 30 días tendrán una cotización adicional a cargo del empresario a la finalización del mismo.

2. Dicha cotización adicional se calculará multiplicando por tres la cuota resultante de aplicar a la base mínima diaria de cotización del grupo 8 del Régimen General de la Seguridad Social para contingencias comunes, el tipo general de cotización a cargo de la empresa para la cobertura de las contingencias comunes.

3. Esta cotización adicional no se aplicará a los contratos a los que se refiere este artículo, cuando sean celebrados con trabajadores incluidos en el Sistema Especial para Trabajadores por Cuenta Ajena Agrarios, en el Sistema Especial para Empleados de Hogar, en el Régimen Especial para la Minería del Carbón, o en la relación laboral especial de las personas artistas que desarrollan su actividad en las artes escénicas, audiovisuales y musicales, así como de las personas que realizan actividades, técnicas o auxiliares necesarias para el desarrollo de dicha actividad; ni a los contratos por sustitución. [206]

---

[204] Véase art. 5 Orden PJC/178/2025 de 25 febrero

[205] Dada nueva redacción por art. 3 apartado 1 de Real Decreto-Ley 32/2021 de 28 de diciembre de 2021, con vigencia desde 31/12/2021

[206] Dada nueva redacción apartado 3 por disposición final 1 de Real Decreto-Ley 5/2022 de 22 de marzo de 2022, con vigencia desde 31/03/2022

152. *Cotización al Régimen General a partir de la edad de jubilación.* [207] 1. Las empresas y las personas trabajadoras quedarán exentas de cotizar a la Seguridad Social por contingencias comunes, salvo por incapacidad temporal derivada de dichas contingencias, respecto de los trabajadores por cuenta ajena y de los socios trabajadores o de trabajo de las cooperativas, una vez hayan alcanzado la edad de acceso a la pensión de jubilación que en cada caso resulte de aplicación según lo establecido en el artículo 205.1.a) [208] .

2. La exención en la cotización prevista en este artículo comprenderá también las aportaciones por desempleo, Fondo de Garantía Salarial y formación profesional.

3. Las exenciones establecidas en este artículo no serán aplicables a las cotizaciones relativas a trabajadores que presten sus servicios en las administraciones públicas o en los organismos públicos regulados en la Ley 40/2015, de 1 de octubre, de Régimen Jurídico del Sector Público.

4. Los períodos en los que resulte de aplicación la exención prevista en este artículo serán computados como cotizados a los efectos de acceso y determinación de la cuantía de las prestaciones. La base reguladora de la prestación se determinará, en relación con estos períodos, conforme a lo dispuesto en el artículo 161.4.

153. *Cotización en supuestos de compatibilidad de jubilación y trabajo.* [209] Durante la realización de un trabajo por cuenta ajena compatible con la pensión de jubilación, en los términos establecidos en el artículo 214, los empresarios y los trabajadores cotizarán al Régimen General únicamente por incapacidad temporal y por contingencias profesionales, según la normativa reguladora de dicho Régimen, si bien quedarán sujetos a una cotización especial de solidaridad del 9 por ciento sobre la base de cotización por contingencias comunes, no computable a efectos de prestaciones, que se distribuirá entre ellos,

[207] Dada nueva redacción por art. 1 apartado 3 de Ley 21/2021 de 28 de diciembre de 2021, con vigencia desde 01/01/2022

[208] Téngase en cuenta el periodo transitorio de aplicación de este precepto establecido en la disp. trans. 7ª

[209] Dada nueva redacción por disposición final 38 apartado 1 de Ley 11/2020 de 30 de diciembre de 2020, con vigencia desde 01/01/2021

corriendo a cargo del empresario el 7 por ciento y del trabajador el 2 por ciento.

153 bis. *Cotización en los supuestos de reducción de jornada o suspensión de contrato.* [210] En los supuestos de reducción temporal de jornada o suspensión temporal del contrato de trabajo, ya sea por decisión del empresario al amparo de lo establecido en los artículos 47 o 47 bis del texto refundido de la Ley del Estatuto de los Trabajadores, o en virtud de resolución judicial adoptada en el seno de un procedimiento concursal, la empresa está obligada al ingreso de las cuotas correspondientes a la aportación empresarial. [211]

En caso de causarse derecho a la prestación por desempleo o a la prestación a la que se refiere la disposición adicional cuadragésima primera, corresponde a la entidad gestora de la prestación el ingreso de la aportación del trabajador en los términos previstos en el artículo 273.2 y en dicha disposición adicional, respectivamente.

En estos supuestos, las bases de cotización a la Seguridad Social para el cálculo de la aportación empresarial por contingencias comunes y por contingencias profesionales, estarán constituidas por el promedio de las bases de cotización en la empresa afectada correspondientes a dichas contingencias de los seis meses naturales inmediatamente anteriores al mes anterior al del inicio de cada situación de reducción de jornada o suspensión del contrato. Para el cálculo de dicho promedio, se tendrá en cuenta el número de días en situación de alta, en la empresa de que se trate, durante el período de los seis meses indicados.

Las bases de cotización calculadas conforme a lo indicado anteriormente se reducirán, en los supuestos de reducción temporal de jornada, en función de la jornada de trabajo no realizada.

No obstante, en los supuestos en que la persona trabajadora haya causado alta en la empresa en el mes anterior al inicio de cada situa-

---

[210] Dada nueva redacción por disposición final 4 apartado 5 de Real Decreto-Ley 1/2023 de 10 de enero de 2023, con vigencia desde 12/01/2023

[211] Véanse: - En relación con la DANA ocurrida entre el 28 de octubre y el 4 de noviembre de 2024, la exención en la cotización a la Seguridad Social del art. 18 RDL 6/2024, de 5 de noviembre, respecto a las cuotas devengadas el 28 y 31 de octubre, y a los meses de noviembre de 2024 a febrero de 2025. A partir de marzo de 2025 será de aplicación la disp. adic. 44ª LGSS - En relación con la reconstrucción de La Palma, las exenciones en la cotización aplicables en las unidades poblacionales de Puerto Naos y la Bombilla del art. 80 RDL 1/2025 de 28 enero, respecto a los ERTE prorrogados en virtud del art. 77 del citado RDL

ción, o en el mismo mes del inicio de la situación, para el cálculo de dicho promedio se tomarán las bases de cotización en la empresa afectada correspondiente al mes inmediatamente anterior al del inicio de la situación, o al mes del inicio de situación, respectivamente.

Durante los períodos de suspensión temporal de contrato de trabajo y de reducción temporal de jornada, respecto de la jornada de trabajo no realizada, no resultarán de aplicación las normas de cotización correspondientes a las situaciones de incapacidad temporal, descanso por nacimiento y cuidado de menor, y riesgo durante el embarazo y la lactancia natural.

153 ter. *Cotización de las personas pensionistas de jubilación cuando realicen actividades artísticas.* [212] Durante la realización de un trabajo por cuenta ajena regulado en el artículo 249 quater compatible con la pensión de jubilación, los empresarios estarán obligados a solicitar el alta y cotizar en el Régimen General de la Seguridad Social únicamente por contingencias profesionales, según la normativa reguladora de dicho régimen, si bien quedarán sujetos a una cotización especial de solidaridad del 9 por ciento sobre la base de cotización por contingencias comunes, no computable a efectos de prestaciones, que se distribuirá entre empresario y trabajador, quedando a cargo del empresario el 7 por ciento y del trabajador el 2 por ciento.

Sección 3ª
Recaudación

154. *Normas generales.* 1. A efectos de lo dispuesto en el capítulo III del título I de esta ley, los empresarios y, en su caso, las personas señaladas en los artículos 18 y 168.1 y 2, serán los obligados a ingresar la totalidad de las cuotas de este Régimen General en el plazo, lugar

---

[212] Añadido por disposición final 4 apartado 6 de Real Decreto-Ley 1/2023 de 10 de enero de 2023, con vigencia desde 01/04/2023

y forma establecidos en esta ley y en sus normas de aplicación y desarrollo. [213]

2. Serán imputables a los sujetos responsables del cumplimiento de la obligación de cotizar los recargos y el interés de demora establecidos en los artículos 30 y 31.

3. El ingreso de las cuotas fuera de plazo reglamentario se efectuará con arreglo al tipo de cotización vigente en la fecha en que las cuotas se devengaron.

CAPÍTULO III
Aspectos comunes de la acción protectora

155. *Alcance de la acción protectora.* 1. La acción protectora del Régimen General será la establecida en el artículo 42, con excepción de la protección por cese de actividad y las prestaciones no contributivas.

Las prestaciones y beneficios se facilitarán en las condiciones que se determinan en el presente título y en sus disposiciones reglamentarias.

2. En el supuesto de asimilación a trabajadores por cuenta ajena a que se refiere el artículo 136.2.q), la propia norma en la que se disponga dicha asimilación determinará el alcance de la protección otorgada.

156. *Concepto de accidente de trabajo.* 1. Se entiende por accidente de trabajo toda lesión corporal que el trabajador sufra con ocasión o por consecuencia del trabajo que ejecute por cuenta ajena.

2. Tendrán la consideración de accidentes de trabajo: [214]

a) Los que sufra el trabajador al ir o al volver del lugar de trabajo.

b) Los que sufra el trabajador con ocasión o como consecuencia del desempeño de cargos electivos de carácter sindical, así como los

---

[213] Véanse RD 1415/2004, de 11 junio, por el que se aprueba el Reglamento General de Recaudación de la Seguridad Social y O TAS/1562/2005 de 25 mayo, por la que se establecen normas para la aplicación y desarrollo del Reglamento General de Recaudación de la Seguridad Social

[214] Téngase en cuenta, en relación con la DANA ocurrida entre el 28 de octubre y el 4 de noviembre de 2024, la consideración excepcional de situación asimilada a accidente de trabajo a efectos de la prestación económica de incapacidad temporal y pensiones de incapacidad permanente, muerte y supervivencia, en los términos del art. 25 RDL 6/2024, de 5 de noviembre

ocurridos al ir o al volver del lugar en que se ejerciten las funciones propias de dichos cargos.

c) Los ocurridos con ocasión o por consecuencia de las tareas que, aun siendo distintas a las de su grupo profesional, ejecute el trabajador en cumplimiento de las órdenes del empresario o espontáneamente en interés del buen funcionamiento de la empresa.

d) Los acaecidos en actos de salvamento y en otros de naturaleza análoga, cuando unos y otros tengan conexión con el trabajo.

e) Las enfermedades, no incluidas en el artículo siguiente, que contraiga el trabajador con motivo de la realización de su trabajo, siempre que se pruebe que la enfermedad tuvo por causa exclusiva la ejecución del mismo.

f) Las enfermedades o defectos, padecidos con anterioridad por el trabajador, que se agraven como consecuencia de la lesión constitutiva del accidente.

g) Las consecuencias del accidente que resulten modificadas en su naturaleza, duración, gravedad o terminación, por enfermedades intercurrentes, que constituyan complicaciones derivadas del proceso patológico determinado por el accidente mismo o tengan su origen en afecciones adquiridas en el nuevo medio en que se haya situado el paciente para su curación.

3. Se presumirá, salvo prueba en contrario, que son constitutivas de accidente de trabajo las lesiones que sufra el trabajador durante el tiempo y en el lugar del trabajo.

4. No obstante lo establecido en los apartados anteriores, no tendrán la consideración de accidente de trabajo:

a) Los que sean debidos a fuerza mayor extraña al trabajo, entendiéndose por esta la que sea de tal naturaleza que no guarde relación alguna con el trabajo que se ejecutaba al ocurrir el accidente.

En ningún caso se considerará fuerza mayor extraña al trabajo la insolación, el rayo y otros fenómenos análogos de la naturaleza.

b) Los que sean debidos a dolo o a imprudencia temeraria del trabajador accidentado.

5. No impedirán la calificación de un accidente como de trabajo:

a) La imprudencia profesional que sea consecuencia del ejercicio habitual de un trabajo y se derive de la confianza que este inspira.

b) La concurrencia de culpabilidad civil o criminal del empresario, de un compañero de trabajo del accidentado o de un tercero, salvo que no guarde relación alguna con el trabajo.

157. *Concepto de enfermedad profesional.* Se entenderá por enfermedad profesional la contraída a consecuencia del trabajo ejecutado por cuenta ajena en las actividades que se especifiquen en el cuadro que se apruebe por las disposiciones de aplicación y desarrollo de esta ley, y que esté provocada por la acción de los elementos o sustancias que en dicho cuadro se indiquen para cada enfermedad profesional. [215]

En tales disposiciones se establecerá el procedimiento que haya de observarse para la inclusión en dicho cuadro de nuevas enfermedades profesionales que se estime deban ser incorporadas al mismo. Dicho procedimiento comprenderá, en todo caso, como trámite preceptivo, el informe del Ministerio de Sanidad, Servicios Sociales e Igualdad. [216]

158. *Concepto de accidente no laboral y de enfermedad común.* 1. Se considerará accidente no laboral el que, conforme a lo establecido en el artículo 156, no tenga el carácter de accidente de trabajo.

2. Se considerará que constituyen enfermedad común las alteraciones de la salud que no tengan la condición de accidentes de trabajo ni de enfermedades profesionales, conforme a lo dispuesto, respectivamente, en los apartados 2.e), f) y g) del artículo 156 y en el artículo 157.

159. *Concepto de las restantes contingencias.* El concepto legal de las restantes contingencias será el que resulte de las condiciones exigidas para el reconocimiento del derecho a las prestaciones otorgadas en consideración a cada una de ellas.

---

[215] Véase O TAS/1/2007, de 2 enero, por la que se establece el modelo de parte de enfermedad profesional, se dictan normas para su elaboración y transmisión y se crea el correspondiente fichero de datos personales

[216] Véase RD 1299/2006, de 10 noviembre, por el que se aprueba el cuadro de enfermedades profesionales en el sistema de la Seguridad Social y se establecen criterios para su notificación y registro

160. *Riesgos catastróficos.* En ningún caso serán objeto de protección por el Régimen General los riesgos declarados catastróficos al amparo de su legislación especial.

CAPÍTULO IV
Normas generales en materia de prestaciones

161. *Cuantía de las prestaciones.* 1. La cuantía de las prestaciones económicas no determinada en la presente ley será fijada en sus normas de desarrollo.

2. La cuantía de las pensiones y de las demás prestaciones cuyo importe se calcule sobre una base reguladora se determinará en función de la totalidad de las bases por las que se haya cotizado durante los períodos que se señalen para cada una de ellas. [217]

La cotización adicional por horas extraordinarias a que se refiere el artículo 149 no será computable a efectos de determinar la base reguladora de las prestaciones.

En todo caso, la base reguladora de cada prestación no podrá rebasar el tope máximo de la base de cotización previsto en el artículo 148.

3. En los casos de pluriempleo, la base reguladora de las prestaciones se determinará en función de la suma de las bases por las que se haya cotizado en las distintas empresas, siendo de aplicación a la base reguladora así determinada el tope máximo a que se refiere el apartado anterior. [218]

4. Por los períodos de actividad en los que no se hayan efectuado cotizaciones por contingencias comunes, en los términos previstos en el artículo 152, a efectos de determinar la base reguladora de las prestaciones excluidas de cotización, las bases de cotización correspondientes a las mensualidades de cada ejercicio económico exentas de cotización no podrán ser superiores al resultado de incrementar el promedio de las bases de cotización del año natural inmediatamente

[217] Téngase en cuenta, respecto de los efectos en las pensiones de las cotizaciones superpuestas a varios regímenes, el art. 11 RDL 2/2003, de 25 abril, de medidas de reforma económica

[218] Véase art. 9 RD 2064/1995, de 22 diciembre, por el que se aprueba el Reglamento general sobre Cotización y Liquidación de otros Derechos de la Seguridad Social

anterior en el porcentaje de variación media conocida del Índice de Precios de Consumo en el último año indicado más dos puntos porcentuales.

162. *Caracteres de las prestaciones.* 1. Las prestaciones del Régimen General de la Seguridad Social tendrán los caracteres establecidos genéricamente en el artículo 44.

2. Las prestaciones que deban satisfacer los empresarios a su cargo, conforme a lo establecido en el artículo 167.2 y en el párrafo segundo del artículo 173.1, o por su colaboración en la gestión y, en su caso, las mutuas colaboradoras con la Seguridad Social en régimen de liquidación, tendrán el carácter de créditos privilegiados, gozando, al efecto, del régimen establecido en el artículo 32 del texto refundido de la Ley del Estatuto de los Trabajadores.

3. Lo dispuesto en los apartados anteriores será también de aplicación al recargo de prestaciones a que se refiere el artículo 164.

163. *Incompatibilidad de pensiones.* 1. Las pensiones de este Régimen General serán incompatibles entre sí cuando coincidan en un mismo beneficiario, a no ser que expresamente se disponga lo contrario, legal o reglamentariamente.

En caso de que se cause derecho a una nueva pensión que resulte incompatible con la que se viniera percibiendo, la entidad gestora iniciará el pago o, en su caso, continuará con el abono de la pensión de mayor cuantía, en términos anuales, con suspensión de la pensión que conforme a lo anterior corresponda.

No obstante, el interesado podrá solicitar que se revoque dicho acuerdo y optar por percibir la pensión suspendida. Esta opción producirá efectos económicos a partir del día primero del mes siguiente a la solicitud. [219]

2. El régimen de incompatibilidad establecido en el apartado anterior será también aplicable a la indemnización a tanto alzado prevista en el artículo 196.2 como prestación sustitutiva de pensión de incapacidad permanente en el grado de total.

---

[219] Dada nueva redacción apartado 1 por disposición final 38 apartado 2 de Ley 11/2020 de 30 de diciembre de 2020, con vigencia desde 01/01/2021

164. *Recargo de las prestaciones económicas derivadas de accidente de trabajo y enfermedad profesional.* 1. Todas las prestaciones económicas que tengan su causa en accidente de trabajo o enfermedad profesional se aumentarán, según la gravedad de la falta, de un 30 a un 50 por ciento, cuando la lesión se produzca por equipos de trabajo o en instalaciones, centros o lugares de trabajo que carezcan de los medios de protección reglamentarios, los tengan inutilizados o en malas condiciones, o cuando no se hayan observado las medidas generales o particulares de seguridad y salud en el trabajo, o las de adecuación personal a cada trabajo, habida cuenta de sus características y de la edad, sexo y demás condiciones del trabajador. [220]

2. La responsabilidad del pago del recargo establecido en el apartado anterior recaerá directamente sobre el empresario infractor y no podrá ser objeto de seguro alguno, siendo nulo de pleno derecho cualquier pacto o contrato que se realice para cubrirla, compensarla o trasmitirla. [221]

3. La responsabilidad que regula este artículo es independiente y compatible con las de todo orden, incluso penal, que puedan derivarse de la infracción. [222]

165. *Condiciones del derecho a las prestaciones.* 1. Para causar derecho a las prestaciones del Régimen General, las personas incluidas en su campo de aplicación habrán de cumplir, además de los requisitos particulares exigidos para acceder a cada una de ellas, el requisito general de estar afiliadas y en alta en dicho Régimen o en situación asimilada a la de alta al sobrevenir la contingencia o situación protegida, salvo disposición legal expresa en contrario. [223]

2. En las prestaciones cuyo reconocimiento o cuantía esté subordinado, además, al cumplimiento de determinados períodos de coti-

---

[220] Véase art. 42.3 Ley de Prevención de riesgos laborales

[221] Véase art. 16.2 Ley 14/1994, de 1 junio, por la que se regulan las Empresas de Trabajo Temporal

[222] Véanse art. 3 LISOS, arts. 5 y 27 RD 928/1998, de 14 mayo, por el que se aprueba el Reglamento general sobre Procedimientos para la imposición de sanciones por infracciones de orden social y para los expedientes liquidatorios de cuotas de la Seguridad Social, y arts. 316 y 317 CP

[223] Véase art. 195.4 de la presente Ley

zación, solamente serán computables a tales efectos las cotizaciones efectivamente realizadas o las expresamente asimiladas a ellas en esta ley o en sus disposiciones reglamentarias. [224]

3. Las cuotas correspondientes a la situación de incapacidad temporal, de maternidad, de paternidad, de riesgo durante el embarazo o de riesgo durante la lactancia natural serán computables a efectos de los distintos períodos previos de cotización exigidos para el derecho a las prestaciones.

4. No se exigirán períodos previos de cotización para el derecho a las prestaciones derivadas de accidente, sea o no de trabajo, o de enfermedad profesional, salvo disposición legal expresa en contrario.

5. El período de suspensión con reserva del puesto de trabajo, contemplado en el artículo 48.8 del texto refundido de la Ley del Estatuto de los Trabajadores para supuestos de violencia de género o violencia sexual, tendrá la consideración de período de cotización efectiva a efectos de las correspondientes prestaciones de la Seguridad Social por jubilación, incapacidad permanente, muerte y supervivencia, nacimiento y cuidado de menor, desempleo y cuidado de menores afectados por cáncer u otra enfermedad grave. [225]

6. El período por maternidad o paternidad que subsista a la fecha de extinción del contrato de trabajo, o que se inicie durante la percepción de la prestación por desempleo, será considerado como período de cotización efectiva a efectos de las correspondientes prestaciones de la Seguridad Social por jubilación, incapacidad permanente, muerte y supervivencia, maternidad, paternidad y cuidado de menores afectados por cáncer u otra enfermedad grave.

---

[224] Véanse Ley 18/1984, de 8 junio, sobre reconocimiento como años trabajados a efectos de la Seguridad Social de los períodos de prisión sufridos como consecuencia de los supuestos contemplados en la Ley de Amnistía de 15 octubre 1977, arts. 3.3 y 41 RD 625/1985, de 2 abril, por el que se desarrolla la Ley 31/1984, de 2 agosto, de Protección por Desempleo, disposición adicional 10 Ley 13/1996, de 30 diciembre, de Medidas Fiscales, Administrativas y del Orden Social y RD 788/2007, de 15 junio, sobre reconocimiento de los períodos de dedicación a la enseñanza del euskera como cotizados a la Seguridad Social.

[225] Dada nueva redacción apartado 5 por disposición final 16 apartado 1 de Ley Orgánica 10/2022 de 6 de septiembre de 2022, con vigencia desde 07/10/2022

166. *Situaciones asimiladas a la de alta.* [226]

1. A los efectos indicados en el artículo 165.1, la situación legal de desempleo total durante la que el trabajador perciba prestación por dicha contingencia será asimilada a la de alta.

2. También tendrá la consideración de situación asimilada a la de alta, con cotización, salvo en lo que respecta a los subsidios por riesgo durante el embarazo y por riesgo durante la lactancia natural, la situación del trabajador durante el período correspondiente a vacaciones anuales retribuidas que no hayan sido disfrutadas por el mismo con anterioridad a la finalización del contrato.

3. Los casos de excedencia forzosa, traslado por la empresa fuera del territorio nacional, convenio especial con la Administración de la Seguridad Social y los demás que señale el Ministerio de Empleo y Seguridad Social, podrán ser asimilados a la situación de alta para determinadas contingencias, con el alcance y condiciones que reglamentariamente se establezcan. [227]

4. Los trabajadores comprendidos en el campo de aplicación de este Régimen General se considerarán, de pleno derecho, en situación de alta a efectos de accidentes de trabajo, enfermedades profesionales y desempleo, aunque su empresario hubiera incumplido sus obligaciones. Igual norma se aplicará a los exclusivos efectos de la asistencia sanitaria por enfermedad común, maternidad y accidente no laboral.

5. El Gobierno, a propuesta del titular del Ministerio de Empleo y Seguridad Social y previa la determinación de los recursos financieros precisos, podrá extender la presunción de alta a que se refiere el apartado anterior a alguna o algunas de las restantes contingencias reguladas en el presente título. [228]

6. Lo establecido en los dos apartados anteriores se entenderá sin perjuicio de la obligación de los empresarios de solicitar el alta de sus

[226] Véase art. 36 RD 84/1996, de 26 enero, por el que se aprueba el Reglamento general sobre Inscripción de Empresas y Afiliación, altas, bajas y variaciones de datos de trabajadores en la Seguridad Social

[227] Véanse O ISM/835/2023, de 20 julio, por la que se regula la situación asimilada a la de alta en el sistema de la Seguridad Social de las personas trabajadoras desplazadas al extranjero al servicio de empresas que ejercen sus actividades en territorio español y O TAS/2865/2003, de 13 octubre, por la que se regula el convenio especial en el Sistema de la Seguridad Social

[228] Véase O TAS/4033/2004, de 25 noviembre, por la que se establece la situación asimilada a la de alta en el Sistema de la Seguridad Social, a efectos de pensiones, de los trabajadores afectados por el síndrome del aceite tóxico

trabajadores en el Régimen General, conforme a lo dispuesto en el artículo 139, y de la responsabilidad empresarial que resulte procedente de acuerdo con lo previsto en el artículo siguiente.

7. Durante las situaciones de huelga y cierre patronal el trabajador permanecerá en situación de alta especial en la Seguridad Social. [229]

167. *Responsabilidad en orden a las prestaciones.* 1. Cuando se haya causado derecho a una prestación por haberse cumplido las condiciones a que se refiere el artículo 165, la responsabilidad correspondiente se imputará, de acuerdo con sus respectivas competencias, a las entidades gestoras, mutuas colaboradoras con la Seguridad Social o empresarios que colaboren en la gestión o, en su caso, a los servicios comunes.

2. El incumplimiento de las obligaciones en materia de afiliación, altas y bajas y de cotización determinará la exigencia de responsabilidad, en cuanto al pago de las prestaciones, previa la fijación de los supuestos de imputación y de su alcance y la regulación del procedimiento para hacerla efectiva.

3. No obstante lo establecido en el apartado anterior, las entidades gestoras, mutuas colaboradoras con la Seguridad Social o, en su caso, los servicios comunes procederán, de acuerdo con sus respectivas competencias, al pago de las prestaciones a los beneficiarios en aquellos casos, incluidos en dicho apartado, en los que así se determine reglamentariamente, con la consiguiente subrogación en los derechos y acciones de tales beneficiarios. El indicado pago procederá aun cuando se trate de empresas desaparecidas o de aquellas que por su especial naturaleza no puedan ser objeto de procedimiento de apremio. Igualmente, las mencionadas entidades, mutuas y servicios asumirán el pago de las prestaciones, en la medida en que se atenúe el alcance de la responsabilidad de los empresarios respecto a dicho pago.

El anticipo de las prestaciones, en ningún caso, podrá exceder de la cantidad equivalente a dos veces y media el importe del indicador público de renta de efectos múltiples vigente en el momento del hecho causante o, en su caso, del importe del capital coste necesario para el pago anticipado, con el límite indicado por las entidades gestoras, mutuas o servicios. En todo caso, el cálculo del importe de las presta-

---

[229] Véanse arts. 6.3 y 12.2 RDLey 17/1977, de 4 marzo, sobre Relaciones de Trabajo

ciones o del capital coste para el pago de las mismas por las mutuas o empresas declaradas responsables de aquellas incluirá el interés de capitalización y el recargo por falta de aseguramiento establecido pero con exclusión del recargo por falta de medidas de seguridad y salud en el trabajo a que se refiere el artículo 164. [230]

Los derechos y acciones que, por subrogación en los derechos y acciones de los beneficiarios, correspondan a aquellas entidades, mutuas o servicios frente al empresario declarado responsable de prestaciones por resolución administrativa o judicial o frente a las entidades de la Seguridad Social en funciones de garantía, únicamente podrán ejercitarse contra el responsable subsidiario tras la previa declaración administrativa o judicial de insolvencia, provisional o definitiva, de dicho empresario.

Cuando, en virtud de lo dispuesto en este apartado, las entidades gestoras, las mutuas y, en su caso, los servicios comunes se subrogasen en los derechos y acciones de los beneficiarios, aquellos podrán utilizar frente al empresario responsable la misma vía administrativa o judicial que se hubiera seguido para la efectividad del derecho y de la acción objeto de subrogación.

4. Corresponderá a la entidad gestora competente la declaración, en vía administrativa, de la responsabilidad en orden a las prestaciones cualquiera que sea la prestación de que se trate, así como de la entidad que, en su caso, deba anticipar aquella o constituir el correspondiente capital coste. [231]

168. *Supuestos especiales de responsabilidad en orden a las prestaciones.* 1. Sin perjuicio de lo dispuesto en el artículo 42 del texto refundido de la Ley del Estatuto de los Trabajadores para las contratas y subcontratas de obras y servicios correspondientes a la propia actividad del empresario contratante, cuando un empresario haya sido declarado responsable, en todo o en parte, del pago de una prestación, a tenor de lo previsto en el artículo anterior, si la correspondiente obra

---

[230] Véanse O TAS/4054/2005 y Res.27 mayo 2009, por la que se dictan instrucciones en materia de cálculo de capitales coste y sobre constitución por las mutuas de accidentes de trabajo y enfermedades profesionales de la Seguridad Social del capital coste correspondiente a determinadas prestaciones derivadas de enfermedades profesionales

[231] Téngase en cuenta que, a falta de desarrollo reglamentario de este precepto, han de entenderse vigentes los arts. 94 a 96 LGSS de 1966

o industria estuviera contratada, el propietario de esta responderá de las obligaciones del empresario si el mismo fuese declarado insolvente.

No habrá lugar a esta responsabilidad subsidiaria cuando la obra contratada se refiera exclusivamente a las reparaciones que pueda contratar el titular de un hogar respecto a su vivienda.

2. En los casos de sucesión en la titularidad de la explotación, industria o negocio, el adquirente responderá solidariamente con el anterior o con sus herederos del pago de las prestaciones causadas antes de dicha sucesión. La misma responsabilidad se establece entre el empresario cedente y cesionario en los casos de cesión temporal de mano de obra, aunque sea a título amistoso o no lucrativo, sin perjuicio de lo establecido en el art. 16.3 de la Ley 14/1994, de 1 de junio, por la que se regulan las empresas de trabajo temporal. [232]

Reglamentariamente se regulará la expedición de certificados por la Administración de la Seguridad Social que impliquen garantía de no responsabilidad para los adquirentes.

3. Cuando la prestación haya tenido como origen supuestos de hecho que impliquen responsabilidad criminal o civil de alguna persona, incluido el empresario, la prestación será hecha efectiva, cumplidas las demás condiciones, por la entidad gestora, servicio común o mutua colaboradora con la Seguridad Social, en su caso, sin perjuicio de aquellas responsabilidades. En estos casos, el trabajador o sus derechohabientes podrán exigir las indemnizaciones procedentes de los presuntos responsables criminal o civilmente.

Con independencia de las acciones que ejerciten los trabajadores o sus causahabientes, el Instituto Nacional de Gestión Sanitaria o comunidad autónoma correspondiente y, en su caso, las mutuas colaboradoras con la Seguridad Social, tendrán derecho a reclamar al tercero responsable o, en su caso, al subrogado legal o contractualmente en sus obligaciones, el coste de las prestaciones sanitarias que hubiesen satisfecho. Igual derecho asistirá, en su caso, al empresario que colabore en la gestión de la asistencia sanitaria, conforme a lo previsto en la presente ley.

Para ejercitar el derecho al resarcimiento a que se refiere el párrafo anterior, la entidad gestora que en el mismo se señala y, en su caso, las mutuas colaboradoras con la Seguridad Social o empresarios, tendrán plena facultad para personarse directamente en el procedimiento penal

---

[232] Véanse arts. 43 y 44 ET

o civil seguido para hacer efectiva la indemnización, así como para promoverlo directamente, considerándose como terceros perjudicados al efecto del artículo 113 del Código Penal.

CAPÍTULO V
Incapacidad temporal [233]

169. *Concepto.* 1. Tendrán la consideración de situaciones determinantes de incapacidad temporal:

a) Las debidas a enfermedad común o profesional y a accidente, sea o no de trabajo, mientras el trabajador reciba asistencia sanitaria de la Seguridad Social y esté impedido para el trabajo, con una duración máxima de trescientos sesenta y cinco días, prorrogables por otros ciento ochenta días cuando se presuma que durante ellos puede el trabajador ser dado de alta médica por curación.

Tendrán la consideración de situaciones especiales de incapacidad temporal por contingencias comunes aquellas en que pueda encontrarse la mujer en caso de menstruación incapacitante secundaria, así como la debida a la interrupción del embarazo, voluntaria o no, mientras reciba asistencia sanitaria por el Servicio Público de Salud y esté impedida para el trabajo, sin perjuicio de aquellos supuestos en que la interrupción del embarazo sea debida a accidente de trabajo o enfermedad profesional, en cuyo caso tendrá la consideración de situación de incapacidad temporal por contingencias profesionales.

Se considerará también situación especial de incapacidad temporal por contingencias comunes la de gestación de la mujer trabajadora desde el día primero de la semana trigésima novena.

Se considerará situación especial de incapacidad temporal por contingencias comunes aquella en la que se encuentre la persona trabajadora donante de órganos o tejidos para su trasplante. Esta situación comprenderá tanto los días discontinuos como ininterrumpidos, en los que el donante reciba asistencia sanitaria de la Seguridad Social

---

[233] Véanse RD 625/2014, de 18 de julio, por el que se regulan determinados aspectos de la gestión y control de los procesos por incapacidad temporal en los primeros trescientos sesenta y cinco días de su duración y O TAS/399/2004, de 12 febrero, sobre presentación en soporte informático de los partes médicos de baja, confirmación de la baja y alta correspondientes a procesos de incapacidad temporal.

y esté impedido para el trabajo como consecuencia de la preparación médica de la cirugía, como los transcurridos desde el día del ingreso hospitalario para la realización de esta preparación o la realización del trasplante hasta que sea dado de alta por curación. [234]

b) Los períodos de observación por enfermedad profesional en los que se prescriba la baja en el trabajo durante los mismos, con una duración máxima de ciento ochenta días, prorrogables por otros ciento ochenta días cuando se estime necesario para el estudio y diagnóstico de la enfermedad. [235]

2. A efectos del período máximo de duración de la situación de incapacidad temporal que se señala en la letra a) del apartado anterior, y de su posible prórroga, se computarán los períodos de recaída y de observación.

Se considerará que existe recaída en un mismo proceso cuando se produzca una nueva baja médica por la misma o similar patología dentro de los ciento ochenta días naturales siguientes a la fecha de efectos de alta médica anterior, salvo los procesos por bajas médicas por menstruación incapacitante secundaria en los que cada proceso se considerará nuevo sin computar a los efectos del período máximo de duración de la situación de incapacidad temporal, y de su posible prórroga. [236]

170. *Competencias sobre los procesos de incapacidad temporal.* [237] [238]

1. Hasta el cumplimiento del plazo de duración de trescientos sesenta y cinco días de los procesos de incapacidad temporal, el Instituto Nacional de la Seguridad Social ejercerá, a través de su inspección

---

[234] Añadido un cuarto párrafo al apartado 1 letra a por art. 1 apartado 2 de Ley 6/2024 de 20 de diciembre de 2024, con vigencia desde 03/03/2025

[235] Dada nueva redacción apartado 1 apartado b por art. único apartado 17 de Real Decreto-Ley 2/2023 de 16 de marzo de 2023, con vigencia desde 17/05/2023

[236] Dada nueva redacción apartado 2 por disposición fnal 3 apartado 2 de Ley Orgánica 1/2023 de 28 de febrero de 2023, con vigencia desde 01/06/2023

[237] Dada nueva redacción por art. único apartado 18 de Real Decreto-Ley 2/2023 de 16 de marzo de 2023, con vigencia desde 17/05/2023

[238] Véanse RD 625/2014 de 18 julio, por el que se regulan determinados aspectos de la gestión y control de los procesos por incapacidad temporal en los primeros trescientos sesenta y cinco días de su duración y art. 78 Ley 13/1996, de 30 diciembre, de Medidas Fiscales, Administrativas y del Orden Social

médica, las mismas competencias que la Inspección de Servicios Sanitarios de la Seguridad Social u órgano equivalente del respectivo servicio público de salud para emitir un alta médica a todos los efectos, así como para considerar que existe recaída en un mismo proceso, cuando se produzcan las circunstancias que se recogen en el último párrafo del apartado 2 del artículo anterior.

Cuando el alta haya sido expedida por el Instituto Nacional de la Seguridad Social, este será el único competente, a través de su inspección médica, para emitir una nueva baja médica producida por la misma o similar patología en los ciento ochenta días siguientes a la citada alta médica.

2. Agotado el plazo de duración de trescientos sesenta y cinco días indicado en el apartado anterior, la inspección médica del Instituto Nacional de la Seguridad Social será la única competente para emitir el alta médica por curación, por mejoría que permita la reincorporación al trabajo, con propuesta de incapacidad permanente o por incomparecencia injustificada a los reconocimientos médicos convocados por dicha entidad gestora. De igual modo, la citada inspección médica será la única competente para emitir una nueva baja médica en la situación de incapacidad temporal producida, por la misma o similar patología, en los ciento ochenta días naturales posteriores a la citada alta médica.

La falta de alta médica, una vez agotado dicho plazo, supondrá que el trabajador se encuentra en la situación de prórroga de incapacidad temporal a que se refiere el artículo 169.1.a) por presumirse que, dentro del período subsiguiente de ciento ochenta días, aquel puede ser dado de alta médica por curación o mejoría.

La colaboración obligatoria en el pago de la prestación se mantendrá hasta que se notifique al interesado el alta médica por curación, por mejoría o por incomparecencia injustificada a los reconocimientos médicos, o hasta el último día del mes en que el Instituto Nacional de la Seguridad Social haya expedido el alta médica con propuesta de incapacidad permanente, o hasta que se cumpla el periodo máximo de quinientos cuarenta y cinco días, finalizando en todo caso en esta fecha.

Las empresas colaboradoras en la gestión de la Seguridad Social a las que hace referencia el artículo 102.1.a) mantendrán el pago a su cargo de la prestación hasta la fecha en que se notifique al interesado el alta médica o la resolución por la que se extinga el derecho al subsidio, incluida, en su caso, la situación de prolongación de efectos económicos de la incapacidad temporal a que se refiere el artículo 174.5.

3. Frente al alta médica por curación, por mejoría o por incomparecencia injustificada a los reconocimientos médicos emitida por la inspección médica del Instituto Nacional de la Seguridad Social una vez agotado el plazo de duración de los trescientos sesenta y cinco días indicado en el apartado anterior, el interesado podrá manifestar, en el plazo máximo de cuatro días naturales, su disconformidad ante la inspección médica del servicio público de salud. Si esta discrepara del criterio de la inspección médica del Instituto Nacional de la Seguridad Social, tendrá la facultad de proponerle, en el plazo máximo de siete días naturales, la reconsideración de su decisión, especificando las razones y fundamento de su discrepancia.

Si la inspección médica del servicio público de salud se pronunciara confirmando la decisión de la Inspección médica del Instituto Nacional de la Seguridad Social o si no se produjera pronunciamiento alguno en los once días naturales siguientes a la fecha de la resolución, la mencionada alta médica adquirirá plenos efectos. Durante el período de tiempo transcurrido entre la fecha del alta médica y aquella en la que la misma adquiera plenos efectos se considerará prorrogada la situación de incapacidad temporal.

Si, en el aludido plazo máximo de siete días naturales, la inspección médica del servicio público de salud hubiera manifestado su discrepancia con el alta emitida por la inspección médica del Instituto Nacional de la Seguridad Social, esta última se pronunciará expresamente en los siete días naturales siguientes, notificando al interesado la reconsideración del alta médica o su confirmación, que será también comunicada a la inspección médica del servicio público de salud. Si reconsiderara el alta médica, se reconocerá al interesado la prórroga de su situación de incapacidad temporal a todos los efectos. Si, por el contrario, se reafirmara en su decisión, para lo cual aportará las pruebas complementarias que la fundamenten, solo se prorrogará la situación de incapacidad temporal hasta la fecha de la última resolución.

Durante la prórroga de la situación de incapacidad temporal se mantendrá la colaboración obligatoria en el pago de la prestación, así como la colaboración voluntaria, en su caso.

4. En el desarrollo reglamentario de este artículo, se regulará la forma de efectuar las comunicaciones precisas para el ejercicio de las competencias previstas en el mismo, así como la obligación de poner

en conocimiento de las empresas las decisiones que se adopten y que les afecten.

5. Asimismo, de acuerdo con lo previsto en la disposición adicional decimonovena de la Ley 40/2007, de 4 de diciembre, de medidas en materia de Seguridad Social, reglamentariamente se regulará el procedimiento administrativo de revisión, por el Instituto Nacional de la Seguridad Social y a instancia del interesado, de las altas que expidan las entidades colaboradoras en los procesos de incapacidad temporal.

6. Los procesos de impugnación de las altas médicas emitidas por el Instituto Nacional de la Seguridad Social se regirán por lo establecido en los artículos 71 y 140 de la Ley 36/2011, de 10 de octubre, reguladora de la jurisdicción social.

171. *Prestación económica.* [239] La prestación económica en las diversas situaciones constitutivas de incapacidad temporal consistirá en un subsidio equivalente a un tanto por ciento sobre la base reguladora, que se fijará y se hará efectivo en los términos establecidos en esta ley y en sus normas de desarrollo.

No obstante, en la situación especial de incapacidad temporal por donación de órganos o tejidos para su trasplante, prevista en el párrafo cuarto del artículo 169, apartado 1, letra a), la prestación consistirá en un subsidio equivalente al cien por ciento de la base reguladora establecida para la prestación de incapacidad temporal derivada de contingencias comunes.

172. *Beneficiarios.* [240] Serán beneficiarios del subsidio por incapacidad temporal las personas incluidas en este Régimen General que se encuentren en cualquiera de las situaciones determinadas en el artículo 169, siempre que, además de reunir la condición general exigida en el artículo 165.1, acrediten los siguientes períodos mínimos de cotización [241] :

a) En caso de enfermedad común, ciento ochenta días dentro de los cinco años inmediatamente anteriores al hecho causante. En las

---

[239] Dada nueva redacción por art. 1 apartado 3 de Ley 6/2024 de 20 de diciembre de 2024, con vigencia desde 03/03/2025

[240] Dada nueva redacción por art. 1 apartado 4 de Ley 6/2024 de 20 de diciembre de 2024, con vigencia desde 03/03/2025

[241] Véanse art. 12.5 i) ET y art. 249 de la presente Ley

situaciones especiales previstas en los párrafos segundo y cuarto del artículo 169.1.a), no se exigirán periodos mínimos de cotización.

En la situación especial prevista en el párrafo tercero del artículo 169.1.a) se exigirá que la interesada acredite los periodos mínimos de cotización señalados en el artículo 178.1, según la edad que tenga cumplida en el momento de inicio del descanso.

b) En caso de accidente, sea o no de trabajo, y de enfermedad profesional, no se exigirá ningún período previo de cotización.

173. *Nacimiento y duración del derecho al subsidio.* [242] 1. En caso de accidente de trabajo o enfermedad profesional, el subsidio se abonará desde el día siguiente al de la baja en el trabajo, estando a cargo del empresario el salario íntegro correspondiente al día de la baja.

En caso de enfermedad común o de accidente no laboral, el subsidio se abonará a partir del cuarto día de baja en el trabajo, si bien desde el día cuarto al decimoquinto de baja, ambos inclusive, el subsidio estará a cargo del empresario.

En las situaciones especiales de incapacidad temporal por menstruación incapacitante secundaria y por donación de órganos o tejidos para su trasplante previstas en los párrafos segundo y cuarto del artículo 169.1.a), el subsidio se abonará a cargo de la entidad gestora o colaboradora que cubra la incapacidad temporal por contingencias comunes desde el mismo día de baja.

En la situación especial de incapacidad temporal por interrupción del embarazo prevista en el mismo párrafo segundo del artículo 169.1.a), así como en la situación especial de gestación desde el día primero de la semana trigésima novena de gestación, prevista en el párrafo tercero del mismo artículo, el subsidio se abonará a cargo de la entidad gestora o colaboradora que cubra la incapacidad temporal por contingencias comunes desde el día siguiente al de la baja en el trabajo, estando a cargo del empresario el salario íntegro correspondiente al día de la baja. [243]

---

[242] Dada nueva redacción por disposición final 3 apartado 4 de Ley Orgánica 1/2023 de 28 de febrero de 2023, con vigencia desde 01/06/2023

[243] Dada nueva redacción apartado 1 por art. 1 apartado 5 de Ley 6/2024 de 20 de diciembre de 2024, con vigencia desde 03/03/2025

2. El subsidio se abonará mientras el beneficiario se encuentre en situación de incapacidad temporal, conforme a lo establecido en el artículo 169.

No obstante, en la situación especial de incapacidad temporal a partir de la semana trigésima novena de gestación, el subsidio se abonará desde que se inicie la baja laboral hasta la fecha del parto, salvo que la trabajadora hubiera iniciado anteriormente una situación de riesgo durante el embarazo, supuesto en el cual permanecerá percibiendo la prestación correspondiente a dicha situación en tanto ésta deba mantenerse.

3. Durante las situaciones de huelga y cierre patronal el trabajador no tendrá derecho a la prestación económica por incapacidad temporal.

174. *Extinción del derecho al subsidio.* [244] 1. El derecho al subsidio se extinguirá por el transcurso del plazo máximo de quinientos cuarenta y cinco días naturales desde la baja médica; por alta médica por curación o mejoría que permita al trabajador realizar su trabajo habitual; por ser dado de alta el trabajador con o sin declaración de incapacidad permanente; por el reconocimiento de la pensión de jubilación; por la incomparecencia injustificada a cualquiera de las convocatorias para los exámenes y reconocimientos establecidos por la inspección médica del Instituto Nacional de la Seguridad Social o por los médicos de la mutua colaboradora con la Seguridad Social; o por fallecimiento.

A efectos de determinar la duración del subsidio, se computarán los períodos de recaída en un mismo proceso.

Cuando, iniciado un expediente de incapacidad permanente antes de que hubieran transcurrido los quinientos cuarenta y cinco días naturales de duración del subsidio de incapacidad temporal, se denegara el derecho a la prestación de incapacidad permanente, el Instituto Nacional de la Seguridad Social, a través de su inspección médica, será el único competente para emitir, dentro de los ciento ochenta días naturales posteriores a la resolución denegatoria, una nueva baja médica por la misma o similar patología. En estos casos se reanudará

---

[244] Dada nueva redacción por art. único apartado 19 de Real Decreto-Ley 2/2023 de 16 de marzo de 2023, con vigencia desde 17/05/2023

el proceso de incapacidad temporal hasta el cumplimiento de los quinientos cuarenta y cinco días, como máximo.

2. Cuando el derecho al subsidio se extinga por el transcurso del período de quinientos cuarenta y cinco días naturales fijado en el apartado anterior, se examinará necesariamente, en el plazo máximo de noventa días naturales, el estado del incapacitado a efectos de su calificación, en el grado de incapacidad permanente que corresponda.

No obstante, en aquellos casos en los que, continuando la necesidad de tratamiento médico por la expectativa de recuperación o la mejora del estado del trabajador, con vistas a su reincorporación laboral, la situación clínica del interesado hiciera aconsejable demorar la citada calificación, esta podrá retrasarse por el período preciso, sin que en ningún caso se puedan rebasar los setecientos treinta días naturales sumados los de incapacidad temporal y los de prolongación de sus efectos.

Durante los períodos previstos en este apartado, de noventa días y de demora de la calificación, no subsistirá la obligación de cotizar.

3. Extinguido el derecho a la prestación de incapacidad temporal por el transcurso del plazo de quinientos cuarenta y cinco días naturales de duración, con o sin declaración de incapacidad permanente, solo podrá generarse un nuevo derecho a la prestación de incapacidad temporal por la misma o similar patología, si media un período superior a ciento ochenta días naturales, a contar desde la resolución de la incapacidad permanente.

Este nuevo derecho se causará siempre que el trabajador reúna, en la fecha de la nueva baja médica, los requisitos exigidos para ser beneficiario del subsidio de incapacidad temporal derivado de enfermedad común o profesional, o de accidente, sea o no de trabajo. A estos efectos, para acreditar el período de cotización necesario para acceder al subsidio de incapacidad temporal derivada de enfermedad común, se computarán exclusivamente las cotizaciones efectuadas a partir de la resolución de la incapacidad permanente.

No obstante, aun cuando se trate de la misma o similar patología y no hubiesen transcurrido ciento ochenta días naturales desde la denegación de la incapacidad permanente, podrá iniciarse un nuevo proceso de incapacidad temporal, por una sola vez, cuando el Instituto Nacional de la Seguridad Social, a través de los órganos competentes para evaluar, calificar y revisar la situación de incapacidad permanente del trabajador, considere que el trabajador puede recuperar su capacidad laboral. Para ello, el Instituto Nacional de la Seguridad Social acordará la baja a los exclusivos efectos de la prestación económica por incapacidad temporal.

4. El alta médica con propuesta de incapacidad permanente, cualquiera que sea el momento en el que sea expedida, extinguirá la situación de incapacidad temporal.

5. Sin perjuicio de lo dispuesto en los apartados anteriores, cuando la extinción se produjera por alta médica con propuesta de incapacidad permanente, o por el transcurso de los quinientos cuarenta y cinco días naturales, el trabajador estará en la situación de prolongación de efectos económicos de la incapacidad temporal hasta que se notifique la resolución en la que se califique la incapacidad permanente.

En los supuestos a los que se refiere el párrafo anterior, cuando se reconozca la prestación de incapacidad permanente sus efectos coincidirán con la fecha de la resolución de la entidad gestora por la que se reconozca, salvo que dicha prestación sea superior a la que venía percibiendo el trabajador en concepto de prolongación de los efectos de la incapacidad temporal, en cuyo caso se retrotraerán los efectos de la incapacidad permanente al día siguiente al de extinción de la incapacidad temporal.

En aquellos casos en los que, de acuerdo con lo establecido en el artículo 49.1.n) del texto refundido del Estatuto de los Trabajadores, la declaración de incapacidad permanente en los grados de total, absoluta o gran incapacidad no determine la extinción de la relación laboral, por llevar a cabo la empresa la adaptación razonable, necesaria y adecuada del puesto de trabajo a la nueva situación de incapacidad declarada o por haber destinado a otro puesto a la persona trabajadora, la prestación de incapacidad permanente se suspenderá durante el desempeño del mismo puesto de trabajo con adaptaciones u otro que resulte incompatible con la percepción de la pensión que corresponda, de acuerdo con el artículo 198.

En caso de extinción de la incapacidad temporal anterior al agotamiento de los quinientos cuarenta y cinco días naturales de duración de la misma sin que exista ulterior declaración de incapacidad permanente, subsistirá la obligación de cotizar mientras no se extinga la relación laboral o hasta la extinción del citado plazo de quinientos cuarenta y cinco días naturales, de producirse con posterioridad dicha declaración de inexistencia de incapacidad permanente. [245]

175. *Pérdida o suspensión del derecho al subsidio.* 1. El derecho al subsidio por incapacidad temporal podrá ser denegado, anulado o suspendido:

a) Cuando el beneficiario haya actuado fraudulentamente para obtener o conservar dicha prestación.

b) Cuando el beneficiario trabaje por cuenta propia o ajena.

2. También podrá ser suspendido el derecho al subsidio cuando, sin causa razonable, el beneficiario rechace o abandone el tratamiento que le fuere indicado. [246]

3. La incomparecencia del beneficiario a cualquiera de las convocatorias realizadas por los médicos adscritos al Instituto Nacional de la Seguridad Social y a las mutuas colaboradoras con la Seguridad Social para examen y reconocimiento médico producirá la suspensión cautelar del derecho, al objeto de comprobar si aquella fue o no justificada. Reglamentariamente se regulará el procedimiento de suspensión del derecho y sus efectos.

176. *Periodos de observación y obligaciones especiales en caso de enfermedad profesional.* 1. A efectos de lo dispuesto en el artículo 169.1.b), se considerará como período de observación el tiempo necesario para el estudio médico de la enfermedad profesional cuando haya necesidad de aplazar el diagnóstico definitivo.

2. Lo dispuesto en el apartado anterior se entenderá sin perjuicio de las obligaciones establecidas, o que puedan establecerse en lo sucesivo, a cargo de este Régimen General o de los empresarios, cuando por causa de enfermedad profesional se acuerde respecto de un trabajador el traslado de puesto de trabajo, su baja en la empresa u otras medidas análogas. [247]

---

[245] Dada nueva redacción apartado 5 por art. 2 de Ley 2/2025 de 29 de abril de 2025, con vigencia desde 01/05/2025

[246] Véase art. 2.4 Ley 41/2002, de 14 noviembre, básica reguladora de la autonomía del paciente y de derechos y obligaciones en materia de información y documentación clínica

[247] Véanse arts. 25 y 26 Ley de Prevención de Riesgos laborales

CAPÍTULO VI
Nacimiento y cuidado de menor [248]

Sección 1ª
Supuesto general

177. *Situaciones protegidas.* [249] *A efectos de la prestación por nacimiento y cuidado de menor prevista en esta sección, se consideran situaciones protegidas el nacimiento, la adopción, la guarda con fines de adopción y el acogimiento familiar, de conformidad con el Código Civil o las leyes civiles de las comunidades autónomas que lo regulen, durante los períodos de descanso que por tales situaciones se disfruten, de acuerdo con lo previsto en los apartados 4, 5 y 6 del artículo 48 del texto refundido de la Ley del Estatuto de los Trabajadores, y en el artículo 49.a), b) y c) del texto refundido de la Ley del Estatuto Básico del Empleado Público.* [250]

178. *Beneficiarios.* [251] 1. Serán beneficiarios del subsidio por nacimiento y cuidado de menor las personas incluidas en este Régimen General, cualquiera que sea su sexo, que disfruten de los descansos

---

[248] Dada nueva redacción por art. 4 apartado 2 de Real Decreto-Ley 6/2019 de 1 de marzo de 2019, con vigencia desde 08/03/2019

[249] Declarado inconstitucional pero no nulo por sentencia 140/2024 del Tribunal Constitucional de 6 de noviembre de 2024, con vigencia desde 06/12/2024

[250] Téngase en cuenta el alcance de la declaración de inconstitucionalidad señalado en el f.j. 7º STC (Pleno) 140/2024, de 6 de noviembre, donde se precisa de un lado, el mantenimiento de la vigencia de este precepto al apreciarse la inconstitucionalidad por insuficiencia normativa y de otro lado que, en tanto el legislador no se pronuncie al respecto, en las familias monoparentales el permiso a que hace referencia el art. 48.4 LET, y en relación con el art. 177 LGSS, ha de ser interpretado en el sentido de adicionarse al permiso del primer párrafo para la madre biológica (dieciséis semanas), el previsto en el segundo para progenitor distinto (diez semanas, al excluirse las seis primeras). La modificación introducida por el RDL 9/2025, de 29 de julio, en el art. 48 del ET, amplía la duración del permiso por nacimiento y cuidado de menor hasta las 19 semanas para cada progenitor o hasta las 32 semanas en caso de familia monoparental. Dos de estas semanas, cuatro en caso de familia monoparental, se aplican a los hechos causantes producidos a partir del 2 de agosto de 2024 y podrán disfrutarse hasta que el menor cumpla los ocho años de edad

[251] Dada nueva redacción por art. 4 apartado 4 de Real Decreto-Ley 6/2019 de 1 de marzo de 2019, con vigencia desde 08/03/2019

referidos en el artículo anterior, siempre que, además de reunir la condición general exigida en el artículo 165.1 y las demás que reglamentariamente se establezcan, acrediten los siguientes períodos mínimos de cotización:

a) Si la persona trabajadora tiene menos de veintiún años de edad en la fecha del nacimiento, o en la fecha de la decisión administrativa de acogimiento o de guarda con fines de adopción o de la resolución judicial por la que se constituye la adopción, no se exigirá período mínimo de cotización.

b) Si la persona trabajadora tiene cumplidos veintiún años de edad y es menor de veintiséis en la fecha del nacimiento, o en la fecha de la decisión administrativa de acogimiento o de guarda con fines de adopción o de la resolución judicial por la que se constituye la adopción, el período mínimo de cotización exigido será de noventa días cotizados dentro de los siete años inmediatamente anteriores al momento de inicio del descanso. Se considerará cumplido el mencionado requisito si, alternativamente, acredita ciento ochenta días cotizados a lo largo de su vida laboral, con anterioridad a esta última fecha.

c) Si la persona trabajadora tiene cumplidos veintiséis años de edad en la fecha del nacimiento, o en la fecha de la decisión administrativa de acogimiento o de guarda con fines de adopción o de la resolución judicial por la que se constituye la adopción, el período mínimo de cotización exigido será de ciento ochenta días cotizados dentro de los siete años inmediatamente anteriores al momento de inicio del descanso. Se considerará cumplido el mencionado requisito si, alternativamente, acredita trescientos sesenta días cotizados a lo largo de su vida laboral, con anterioridad a esta última fecha.

2. En el supuesto de nacimiento, la edad señalada en el apartado anterior será la que tenga cumplida la interesada en el momento de inicio del descanso, tomándose como referente el momento del parto a efectos de verificar la acreditación del período mínimo de cotización que, en su caso, corresponda.

3. En los supuestos de adopción internacional previstos en el tercer párrafo del artículo 48.5 del texto refundido de la Ley del Estatuto de los Trabajadores, y en el párrafo cuarto del artículo 49.b) del texto refundido de la Ley del Estatuto Básico del Empleado Público, la edad señalada en el apartado 1 será la que tengan cumplida los interesados en el momento de inicio del descanso, tomándose como referente el

momento de la resolución a efectos de verificar la acreditación del período mínimo de cotización que, en su caso, corresponda.

4. Al inicio de cada uno de los periodos de descanso la persona trabajadora deberá encontrarse en situación de alta o asimilada a la de alta. [252]

179. *Prestación económica.* [253] [254]

1. La prestación económica por nacimiento y cuidado de menor consistirá en un subsidio equivalente al 100 por ciento de la base reguladora correspondiente. A tales efectos, con carácter general, la base reguladora será la base de cotización por contingencias comunes del mes inmediatamente anterior al mes previo al del hecho causante, dividida entre el número de días a que dicha cotización se refiera.

A efectos de lo dispuesto en el párrafo anterior, cuando la persona trabajadora perciba retribución mensual y haya permanecido en alta en la empresa todo el mes natural, la base de cotización correspondiente se dividirá entre treinta.

2. No obstante, en los supuestos en que la persona trabajadora haya ingresado en la empresa en el mes anterior al del hecho causante, para el cálculo de la base reguladora se tomará la base de cotización por contingencias comunes correspondiente al mes inmediatamente anterior al del inicio del descanso o del permiso por nacimiento y cuidado de menor.

Si la persona trabajadora hubiera ingresado en la empresa en el mismo mes del hecho causante, para el cálculo de la base reguladora se tomará la base de cotización por contingencias comunes de dicho mes.

3. En los supuestos señalados en los apartados anteriores, el subsidio podrá reconocerse por el Instituto Nacional de la Seguridad Social mediante resolución provisional teniendo en cuenta la última base de cotización por contingencias comunes que conste en las bases corporativas del sistema, en tanto no esté incorporada a las mismas la base de

---

[252] Añadido apartado 4 por art. 3 apartado 1 de Real Decreto-Ley 9/2025 de 29 de julio de 2025, con vigencia desde 31/07/2025

[253] Dada nueva redacción por art. 1 apartado 3 de Real Decreto-Ley 13/2022 de 26 de julio de 2022, con vigencia desde 01/01/2023

[254] Véase cap. II RD 295/2009, de 6 de marzo, por el que se regulan las prestaciones económicas del sistema de la Seguridad Social por maternidad, paternidad, riesgo durante el embarazo y riesgo durante la lactancia natural

cotización por contingencias comunes a que se hace referencia en los apartados anteriores.

Si posteriormente se comprobase que la base de cotización que correspondiera de conformidad con lo previsto en los apartados anteriores fuese diferente a la aplicada en la resolución provisional, se recalculará la prestación y se emitirá resolución definitiva. Si la base de cotización no hubiese variado, la resolución provisional devendrá definitiva en un plazo de tres meses desde su emisión.

180. *Pérdida o suspensión del derecho al subsidio por nacimiento y cuidado de menor.* [255] El derecho al subsidio por nacimiento y cuidado de menor podrá ser denegado, anulado o suspendido, cuando el beneficiario hubiera actuado fraudulentamente para obtener o conservar dicha prestación, así como cuando trabajara por cuenta propia o ajena durante los correspondientes períodos de descanso.

Sección 2ª
Supuesto especial

181. *Personas beneficiarias.* [256] Serán personas beneficiarias del subsidio por nacimiento y cuidado de menor previsto en esta sección las personas trabajadoras incluidas en el Régimen General que, producida la situación de nacimiento, adopción, guarda con fines de adopción o acogimiento familiar a que se refiere el artículo 177, reúnan todos los requisitos establecidos para acceder a la prestación por nacimiento y cuidado de menor regulada en la sección anterior, salvo el período mínimo de cotización establecido en el artículo 178.

---

[255] Dada nueva redacción por art. 4 apartado 6 de Real Decreto-Ley 6/2019 de 1 de marzo de 2019, con vigencia desde 08/03/2019

[256] Dada nueva redacción por art. 3 apartado 2 de Real Decreto-Ley 9/2025 de 29 de julio de 2025, con vigencia desde 31/07/2025

182. *Prestación económica.* [257] 1. La prestación económica por nacimiento y cuidado de menor regulada en esta sección tendrá la consideración de no contributiva a los efectos del artículo 109.

2. La cuantía de la prestación será igual al 100 por ciento del indicador público de renta de efectos múltiples (IPREM) vigente en cada momento, salvo que la base reguladora calculada conforme al artículo 179 o al artículo 248 fuese de cuantía inferior, en cuyo caso se estará a esta.

3. La duración de la prestación será la que se corresponda con el periodo de descanso obligatorio, que deberá disfrutarse a jornada completa de forma obligatoria e ininterrumpida inmediatamente después del parto, de la resolución judicial por la que se constituye la adopción o bien de la decisión administrativa de guarda con fines de adopción o de acogimiento, pudiendo denegarse, anularse o suspenderse el derecho por las mismas causas establecidas en el artículo 180.

Dicha duración se incrementará en catorce días naturales en los siguientes supuestos:

a) Nacimiento de hijo, adopción, guarda con fines de adopción o acogimiento en una familia numerosa o en la que, con tal motivo, adquiera dicha condición, de acuerdo con lo dispuesto en la Ley 40/2003, de 18 de noviembre, de Protección a las Familias Numerosas.

b) Nacimiento de hijo o hija, adopción, guarda con fines de adopción o acogimiento en caso de monoparentalidad por existir un único progenitor, guardador con fines de adopción o acogedor.

c) Nacimiento, adopción, guarda con fines de adopción o acogimiento múltiples, entendiendo que existe el mismo cuando el número de personas nacidas, adoptadas, en guarda o acogidas sea igual o superior a dos.

d) Discapacidad en un grado igual o superior al sesenta y cinco por ciento de la persona progenitora, adoptante, guardadora o acogedora, beneficiaria del subsidio regulado en esta sección o del hijo, hija o persona menor adoptada, en guarda o acogimiento.

La duración del subsidio de cada una de las personas beneficiarias de este subsidio únicamente podrá incrementarse en catorce días naturales, aun cuando concurran dos o más circunstancias de las señaladas.

---

[257] Dada nueva redacción por art. 3 apartado 3 de Real Decreto-Ley 9/2025 de 29 de julio de 2025, con vigencia desde 31/07/2025

CAPÍTULO VII
Corresponsabilidad en el cuidado del lactante [258]

183. *Situación protegida.* [259] A efectos de la prestación económica por ejercicio corresponsable del cuidado del lactante, se considera situación protegida la reducción de la jornada de trabajo en media hora que, de acuerdo con lo previsto en el párrafo cuarto del artículo 37.4 del texto refundido de la Ley del Estatuto de los Trabajadores, lleven a cabo con la misma duración y régimen los dos progenitores, adoptantes, guardadores con fines de adopción o acogedores de carácter permanente, cuando ambos trabajen, para el cuidado del lactante desde que cumpla nueve meses hasta los doce meses de edad.

La acreditación del ejercicio corresponsable del cuidado del lactante se realizará mediante certificación de la reducción de la jornada por las empresas en que trabajen sus progenitores, adoptantes, guardadores o acogedores.

Reglamentariamente se determinarán los requisitos que deberá cumplir esta documentación.

184. *Beneficiarios.* [260] 1. Para el acceso al derecho a la prestación económica por ejercicio corresponsable del cuidado del lactante, se exigirán los mismos requisitos y en los mismos términos y condiciones que los establecidos para la prestación por nacimiento y cuidado de menor regulada en la sección 1.ª del capítulo VI.

2. Cuando concurran en ambos progenitores, adoptantes, guardadores con fines de adopción o acogedores de carácter permanente, las circunstancias necesarias para tener la condición de beneficiarios de la prestación, el derecho a percibirla solo podrá ser reconocido a favor de uno de ellos.

3. Las previsiones contenidas en este capítulo no serán aplicables a los funcionarios públicos, que se regirán por lo establecido en el

---

[258] Dada nueva redacción por art. 4 apartado 9 de Real Decreto-Ley 6/2019 de 1 de marzo de 2019, con vigencia desde 08/03/2019

[259] Dada nueva redacción por art. 4 apartado 9 de Real Decreto-Ley 6/2019 de 1 de marzo de 2019, con vigencia desde 08/03/2019

[260] Dada nueva redacción por art. 4 apartado 9 de Real Decreto-Ley 6/2019 de 1 de marzo de 2019, con vigencia desde 08/03/2019

artículo 48.f) del texto refundido de la Ley del Estatuto Básico del Empleado Público, y en la normativa que lo desarrolle.

185. *Prestación económica.* [261] 1. La prestación económica por ejercicio corresponsable del cuidado de lactante consistirá en un subsidio equivalente al 100 por ciento de la base reguladora establecida para la prestación de incapacidad temporal derivada de contingencias comunes, y en proporción a la reducción que experimente la jornada de trabajo.

2. Esta prestación se extinguirá cuando el o la menor cumpla doce meses de edad.

CAPÍTULO VIII
Riesgo durante el embarazo

186. *Situación protegida.* A los efectos de la prestación económica por riesgo durante el embarazo, se considera situación protegida el periodo de suspensión del contrato de trabajo en los supuestos en que, debiendo la mujer trabajadora cambiar de puesto de trabajo por otro compatible con su estado, en los términos previstos en el artículo 26.3 de la Ley 31/1995, de 8 de noviembre, de Prevención de Riesgos Laborales, dicho cambio de puesto no resulte técnica u objetivamente posible, o no pueda razonablemente exigirse por motivos justificados.

La prestación correspondiente a la situación de riesgo durante el embarazo tendrá la naturaleza de prestación derivada de contingencias profesionales.

187. *Prestación económica.* [262]

1. La prestación económica por riesgo durante el embarazo se reconocerá a la mujer trabajadora en los términos y condiciones previstos en esta ley para la prestación económica de incapacidad temporal

[261] Dada nueva redacción por art. 4 apartado 9 de Real Decreto-Ley 6/2019 de 1 de marzo de 2019, con vigencia desde 08/03/2019

[262] Véase cap. IV RD 295/2009, de 6 de marzo, por el que se regulan las prestaciones económicas del sistema de la Seguridad Social por maternidad, paternidad, riesgo durante el embarazo y riesgo durante la lactancia natural

derivada de contingencias profesionales, con las particularidades establecidas en los apartados siguientes.

2. La prestación económica nacerá el día en que se inicie la suspensión del contrato de trabajo y finalizará el día anterior a aquel en que se inicie la suspensión del contrato de trabajo por maternidad o al de reincorporación de la mujer trabajadora a su puesto de trabajo anterior o a otro compatible con su estado.

3. La prestación económica consistirá en un subsidio equivalente al 100 por cien de la base reguladora correspondiente. A tales efectos, la base reguladora será equivalente a la que esté establecida para la prestación de incapacidad temporal derivada de contingencias profesionales.

4. La gestión y el pago de la prestación económica por riesgo durante el embarazo corresponderá a la entidad gestora o a la mutua colaboradora con la Seguridad Social en función de la entidad con la que la empresa tenga concertada la cobertura de los riesgos profesionales.

CAPÍTULO IX
Riesgo durante la lactancia natural

188. *Situación protegida.* A los efectos de la prestación económica por riesgo durante la lactancia natural, se considera situación protegida el período de suspensión del contrato de trabajo en los supuestos en que, debiendo la mujer trabajadora cambiar de puesto de trabajo por otro compatible con su situación, en los términos previstos en el artículo 26.4 de la Ley 31/1995, de 8 de noviembre, de Prevención de Riesgos Laborales, dicho cambio de puesto no resulte técnica u objetivamente posible, o no pueda razonablemente exigirse por motivos justificados.

189. *Prestación económica.* [263]

La prestación económica por riesgo durante la lactancia natural se reconocerá a la mujer trabajadora en los términos y condiciones

---

[263] Véase cap. V RD 295/2009, de 6 de marzo, por el que se regulan las prestaciones económicas del sistema de la Seguridad Social por maternidad, paternidad, riesgo durante el embarazo y riesgo durante la lactancia natural

previstos en esta ley para la prestación económica por riesgo durante el embarazo, y se extinguirá en el momento en que el hijo cumpla nueve meses, salvo que la beneficiaria se haya reincorporado con anterioridad a su puesto de trabajo anterior o a otro compatible con su situación, en cuyo caso se extinguirá el día anterior al de dicha reincorporación.

CAPÍTULO X
Cuidado de menores afectados por cáncer u otra enfermedad grave

190. *Situación protegida.* [264] 1. A efectos de la prestación económica por cuidado de hijos o personas sujetas a guarda con fines de adopción o acogida con carácter permanente, menores de 18 años, afectados por cáncer u otra enfermedad grave, se considera situación protegida la reducción de la jornada de trabajo de, al menos, un 50 por ciento que, de acuerdo con lo previsto en el párrafo tercero del artículo 37.6 del texto refundido de la Ley del Estatuto de los Trabajadores, lleven a cabo los progenitores, guardadores con fines de adopción o acogedores de carácter permanente, cuando ambos trabajen, o cuando solo haya un progenitor por tratarse de familias monoparentales, para el cuidado directo, continuo y permanente del menor a su cargo afectado por cáncer (tumores malignos, melanomas y carcinomas) o por cualquier otra enfermedad grave que requiera ingreso hospitalario de larga duración, durante el tiempo de hospitalización y tratamiento continuado de la enfermedad.

2. La acreditación del padecimiento del cáncer u otra enfermedad grave, así como de la necesidad de hospitalización y tratamiento, y de cuidado durante el mismo, en los términos indicados en el apartado anterior, se realizará mediante informe del servicio público de salud u órgano administrativo sanitario de la comunidad autónoma correspondiente.

3. Se mantendrá la prestación económica hasta los 23 años cuando, alcanzada la mayoría de edad, persistiera el padecimiento del cáncer o la enfermedad grave, diagnosticada anteriormente, y subsistiera la

---

[264] Dada nueva redacción por disposición final 28 apartado 3 de Ley 22/2021 de 28 de diciembre de 2021, con vigencia desde 01/01/2022

necesidad de hospitalización, tratamiento y cuidado durante el mismo, en los términos y con la acreditación que se exigen en los apartados anteriores.

No obstante, cumplidos los 18 años, se podrá reconocer la prestación hasta que el causante cumpla 23 años en los supuestos de padecimiento de cáncer o enfermedad grave diagnosticada antes de alcanzar la mayoría de edad, siempre que en el momento de la solicitud se acrediten los requisitos establecidos en los apartados anteriores, salvo la edad.

Asimismo, se mantendrá la prestación económica hasta que el causante cumpla 26 años si antes de alcanzar los 23 años acreditara, además, un grado de discapacidad igual o superior al 65 por ciento. [265]

4. Reglamentariamente se determinarán las enfermedades consideradas graves, a efectos del reconocimiento de la prestación económica prevista en este capítulo [266].

191. *Beneficiarios.* [267] 1. Para el acceso al derecho a la prestación económica de la situación protegida prevista en el artículo anterior, se exigirán los mismos requisitos y en los mismos términos y condiciones que los establecidos para la prestación por nacimiento y cuidado de menor regulada en la sección 1.ª del capítulo VI.

2. Cuando concurran en ambos progenitores, guardadores con fines de adopción o acogedores de carácter permanente las circunstancias necesarias para tener la condición de beneficiarios de la prestación, el derecho a percibirla solo podrá ser reconocido a favor de uno de ellos.

No obstante, en los supuestos de nulidad, separación, divorcio o extinción de la pareja de hecho constituida en los términos del artículo 221, así como cuando se acredite ser víctima de violencia de género, el derecho se reconocerá a favor del progenitor, guardador o acogedor

[265] Dada nueva redacción apartado 3 por art. único apartado 20 de Real Decreto-Ley 2/2023 de 16 de marzo de 2023, con vigencia desde 01/04/2023

[266] Véase el RD 1148/2011 de 29 julio, para la aplicación y desarrollo, en el sistema de la Seguridad Social, de la prestación económica por cuidado de menores afectados por cáncer u otra enfermedad grave

[267] Dada nueva redacción por disposición final 28 apartado 3 de Ley 22/2021 de 28 de diciembre de 2021, con vigencia desde 01/01/2022

que conviva con la persona enferma, aunque el otro no trabaje, siempre que se cumplan el resto de los requisitos exigidos. [268]

3. Cuando la persona enferma que se encuentre en el supuesto previsto en el apartado 3 del artículo anterior, contraiga matrimonio o constituya una pareja de hecho, tendrá derecho a la prestación quien sea su cónyuge o pareja de hecho, siempre que acredite las condiciones para ser beneficiario.

4. Las previsiones contenidas en este capítulo no serán aplicables a los funcionarios públicos, que se regirán por lo establecido en el artículo 49.e) del texto refundido de la Ley del Estatuto Básico del Empleado Público, aprobado por el Real Decreto Legislativo 5/2015, de 30 de octubre, y en la normativa que lo desarrolle.

192. *Prestación económica.* [269] 1. La prestación económica de la situación protegida prevista en el artículo 190, consistirá en un subsidio equivalente al 100 por ciento de la base reguladora establecida para la prestación de incapacidad temporal derivada de contingencias profesionales, y en proporción a la reducción que experimente la jornada de trabajo.

2. Esta prestación se extinguirá cuando, previo informe del servicio público de salud u órgano administrativo sanitario de la comunidad autónoma correspondiente, cese la necesidad del cuidado directo, continuo y permanente del hijo o de la persona sujeta a acogimiento de carácter permanente o guarda con fines de adopción, o cuando esta cumpla los 23 años. Asimismo, en el supuesto del artículo 190.3, párrafo tercero, la prestación se extinguirá si la persona enferma dejara de acreditar el grado de discapacidad requerido o, en todo caso, cuando cumpla los 26 años. [270]

3. La gestión y el pago de la prestación económica corresponderá a la mutua colaboradora con la Seguridad Social o, en su caso, a la

---

[268] Dada nueva redacción apartado 2 por art. único apartado 21 de Real Decreto-Ley 2/2023 de 16 de marzo de 2023, con vigencia desde 01/04/2023

[269] Dada nueva redacción por disposición final 28 apartado 3 de Ley 22/2021 de 28 de diciembre de 2021, con vigencia desde 01/01/2022

[270] Dada nueva redacción apartado 2 por art. único apartado 22 de Real Decreto-Ley 2/2023 de 16 de marzo de 2023, con vigencia desde 01/04/2023

entidad gestora con la que la empresa tenga concertada la cobertura de los riesgos profesionales.

CAPÍTULO XI
Incapacidad permanente contributiva

193. *Concepto.* 1. La incapacidad permanente contributiva es la situación de la persona trabajadora que, después de haber estado sometida al tratamiento prescrito, presenta reducciones anatómicas o funcionales graves, susceptibles de determinación objetiva y previsiblemente definitivas, que disminuyan o anulen su capacidad laboral. No obstará a tal calificación la posibilidad de recuperación de la capacidad laboral de la persona incapacitada, si dicha posibilidad se estima médicamente como incierta o a largo plazo.

El requisito de haber estado sometido previamente al tratamiento prescrito podrá no ser exigible en aquellos supuestos en los que, atendiendo a las características de la patología de la persona trabajadora, el estadio de la enfermedad, su previsible evolución, y la gravedad de las reducciones anatómicas y funcionales, estas queden suficientemente objetivadas y sean previsiblemente definitivas.

Las reducciones anatómicas o funcionales existentes en la fecha de la afiliación del interesado en la Seguridad Social no impedirán la calificación de la situación de incapacidad permanente, cuando se trate de personas con discapacidad y con posterioridad a la afiliación tales reducciones se hayan agravado, provocando por sí mismas o por concurrencia con nuevas lesiones o patologías una disminución o anulación de la capacidad laboral que tenía el interesado en el momento de su afiliación. [271]

2. La incapacidad permanente habrá de derivarse de la situación de incapacidad temporal, salvo que afecte a quienes carezcan de protección en cuanto a dicha incapacidad temporal, bien por encontrarse en una situación asimilada a la de alta, de conformidad con lo previsto en el artículo 166, que no la comprenda, bien en los supuestos de asimilación a trabajadores por cuenta ajena, en los que se dé la misma

---

[271] Dada nueva redacción apartado 1 por disposición final 2 de Ley 3/2024 de 30 de octubre de 2024, con vigencia desde 01/11/2024

circunstancia, de acuerdo con lo previsto en el artículo 155.2, bien en los casos de acceso a la incapacidad permanente desde la situación de no alta, a tenor de lo previsto en el artículo 195.4. Tampoco será necesario que la incapacidad permanente derive de una situación de incapacidad temporal en los supuestos señalados en el segundo párrafo del apartado anterior. [272]

194. *Grados de incapacidad permanente.* [273]

1. La incapacidad permanente, cualquiera que sea su causa determinante, se clasificará, en función del porcentaje de reducción de la capacidad de trabajo del interesado, valorado de acuerdo con la lista de enfermedades que se apruebe reglamentariamente en los siguientes grados:

a) Incapacidad permanente parcial.

b) Incapacidad permanente total.

c) Incapacidad permanente absoluta.

d) Gran incapacidad. [274]

2. La calificación de la incapacidad permanente en sus distintos grados se determinará en función del porcentaje de reducción de la capacidad de trabajo que reglamentariamente se establezca.

A efectos de la determinación del grado de la incapacidad, se tendrá en cuenta la incidencia de la reducción de la capacidad de trabajo en el desarrollo de la profesión que ejercía el interesado o del grupo profesional, en que aquella estaba encuadrada, antes de producirse el hecho causante de la incapacidad permanente.

3. La lista de enfermedades, la valoración de las mismas, a efectos de la reducción de la capacidad de trabajo, y la determinación de los distintos grados de incapacidad, así como el régimen de incompatibilidades de los mismos, serán objeto de desarrollo reglamentario por el

---

[272] Dada nueva redacción apartado 2 por disposición final 2 de Ley 3/2024 de 30 de octubre de 2024, con vigencia desde 01/11/2024

[273] Téngase en cuenta que conforme la disp. trans. 26ª esta redacción del art. 194 no entrará en vigor hasta que lo hagan las disposiciones reglamentarias a que se refiere el apartado 3, estableciéndose la redacción vigente hasta ese momento en dicha disposición

[274] Dada nueva redacción apartado 1 apartado d por disposición adicional única de Ley 2/2025 de 29 de abril de 2025, sustituyendo «gran invalidez» por «gran incapacidad», con vigencia desde 01/05/2025

Gobierno, previo informe del Consejo General del Instituto Nacional de la Seguridad Social.

195. *Beneficiarios.* 1. Tendrán derecho a las prestaciones por incapacidad permanente las personas incluidas en el Régimen General que sean declaradas en tal situación y que, además de reunir la condición general exigida en el artículo 165.1, hubieran cubierto el período mínimo de cotización que se determina en los apartados 2 y 3 de este artículo, salvo que aquella sea debida a accidente, sea o no laboral, o a enfermedad profesional, en cuyo caso no será exigido ningún período previo de cotización. [275]

No se reconocerá el derecho a las prestaciones de incapacidad permanente derivada de contingencias comunes cuando el beneficiario, en la fecha del hecho causante, tenga la edad prevista en el artículo 205.1.a) y reúna los requisitos para acceder a la pensión de jubilación en el sistema de la Seguridad Social.

2. En el caso de incapacidad permanente parcial, el período mínimo de cotización exigible será el de mil ochocientos días, que han de estar comprendidos en los diez años inmediatamente anteriores a la fecha en la que se haya extinguido la incapacidad temporal de la que se derive la incapacidad permanente.

El Gobierno, mediante real decreto, a propuesta del titular del Ministerio de Empleo y Seguridad Social, podrá modificar el período de cotización que para la indicada prestación se exige en este apartado.

3. En el caso de pensiones por incapacidad permanente, el período mínimo de cotización exigible será:

a) Si el sujeto causante tiene menos de treinta y un años de edad, la tercera parte del tiempo transcurrido entre la fecha en que cumplió los dieciséis años y la del hecho causante de la pensión.

b) Si el causante tiene cumplidos treinta y un años de edad, la cuarta parte del tiempo transcurrido entre la fecha en que cumplió los veinte años y la del hecho causante de la pensión, con un mínimo, en todo caso, de cinco años. En este supuesto, al menos la quinta parte del

---

[275] Ténganse en cuenta la Sent. de 28 enero 2013, la Sent. de 23 septiembre 2013 y la Sent. de 18 septiembre 2013, del Tribunal Supremo, por las que se fija doctrina jurisprudencial en relación con el cómputo de los denominados días-cuota por gratificaciones extraordinarias a efectos de prestaciones por incapacidad permanente y jubilación

período de cotización exigible deberá estar comprendida dentro de los diez años inmediatamente anteriores al hecho causante.

En los supuestos en que se acceda a la pensión de incapacidad permanente desde una situación de alta o asimilada a la de alta, sin obligación de cotizar, el período de los diez años, dentro de los cuales deba estar comprendido, al menos, una quinta parte del período de cotización exigible, se computará, hacia atrás, desde la fecha en que cesó la obligación de cotizar.

En los casos a que se refiere el párrafo anterior y respecto de la determinación de la base reguladora de la pensión, se aplicará lo establecido, respectivamente, en el artículo 197, apartados 1, 2 y 4.

4. No obstante lo establecido en el apartado 1, las pensiones de incapacidad permanente en los grados de incapacidad permanente absoluta o gran incapacidad derivadas de contingencias comunes podrán causarse aunque los interesados no se encuentren en el momento del hecho causante en alta o situación asimilada a la de alta. [276]

En tales supuestos, el período mínimo de cotización exigible será, en todo caso, de quince años, distribuidos en la forma prevista en el último inciso del apartado 3.b).

5. Para causar pensión en el Régimen General y en otro u otros del sistema de la Seguridad Social, en los casos a que se refiere el apartado anterior, será necesario que las cotizaciones acreditadas en cada uno de ellos se superpongan, al menos, durante quince años.

196. *Prestaciones económicas.* 1. La prestación económica correspondiente a la incapacidad permanente parcial, consistirá en una cantidad a tanto alzado.

2. La prestación económica correspondiente a la incapacidad permanente total consistirá en una pensión vitalicia, que podrá excepcionalmente ser sustituida por una indemnización a tanto alzado cuando el beneficiario fuese menor de sesenta años.

Los declarados afectos de incapacidad permanente total percibirán la pensión prevista en el párrafo anterior incrementada en el porcentaje que reglamentariamente se determine, cuando por su edad, falta de

---

[276] Dada nueva redacción apartado 4 párrafo 1 por disposición adicional única de Ley 2/2025 de 29 de abril de 2025, sustituyendo «gran invalidez» por «gran incapacidad», con vigencia desde 01/05/2025

preparación general o especializada y circunstancias sociales y laborales del lugar de residencia, se presuma la dificultad de obtener empleo en actividad distinta de la habitual anterior. [277]

La cuantía de la pensión de incapacidad permanente total derivada de enfermedad común no podrá resultar inferior al importe mínimo fijado anualmente en la Ley de Presupuestos Generales del Estado para la pensión de incapacidad permanente total derivada de enfermedad común de titulares menores de sesenta años con cónyuge no a cargo. [278]

3. La prestación económica correspondiente a la incapacidad permanente absoluta consistirá en una pensión vitalicia.

4. Si el trabajador fuese calificado como gran inválido, tendrá derecho a una pensión vitalicia según lo establecido en los apartados anteriores, incrementándose su cuantía con un complemento, destinado a que el inválido pueda remunerar a la persona que le atienda. El importe de dicho complemento será equivalente al resultado de sumar el 45 por ciento de la base mínima de cotización vigente en el momento del hecho causante y el 30 por ciento de la última base de cotización del trabajador correspondiente a la contingencia de la que derive la situación de incapacidad permanente. En ningún caso el complemento señalado podrá tener un importe inferior al 45 por ciento de la pensión percibida, sin el complemento, por el trabajador.

5. En los casos en que el trabajador, con sesenta y siete o más años acceda a la pensión de incapacidad permanente derivada de contingencias comunes, por no reunir los requisitos para el reconocimiento del derecho a pensión de jubilación, la cuantía de la pensión de incapacidad permanente será equivalente al resultado de aplicar a la correspondiente base reguladora el porcentaje que corresponda al período mínimo de cotización que esté establecido, en cada momento, para el acceso a la pensión de jubilación. Cuando la incapacidad permanente derive de enfermedad común, se considerará como base reguladora el resultado de aplicar únicamente lo establecido en la norma a) del apartado 1 del artículo 197.

---

[277] Véanse Res. de 11 abril 1990, de la Secretaría General para la Seguridad Social, por la que se fijan criterios para la aplicación del complemento del 20 por 100 a reconocer a los pensionistas de IPT para la profesión habitual, mayores de cincuenta y cinco años, y disposición adicional 1 Ley 40/2007, de 4 diciembre, de medidas en materia de Seguridad Social

[278] Dada nueva redacción apartado 2 por disposición final 2 apartado 6 de Real Decreto-Ley 28/2018 de 28 de diciembre de 2018, con vigencia desde 01/01/2019

6. Las prestaciones a que se refiere el presente artículo se harán efectivas en la cuantía y condiciones que se determinen en las normas de desarrollo de esta ley.

197. *Base reguladora de las pensiones de incapacidad permanente derivada de contingencias comunes.* 1. La base reguladora de las pensiones de incapacidad permanente derivada de enfermedad común se determinará de conformidad con las siguientes normas:

a) Se hallará el cociente que resulte de dividir por 112 las bases de cotización del interesado durante los 96 meses anteriores al mes previo al del hecho causante.

El cómputo de dichas bases se realizará conforme a las siguientes reglas, de las que es expresión matemática la fórmula que figura al final de las mismas:

1.ª Las bases correspondientes a los veinticuatro meses anteriores al mes previo al del hecho causante se computarán en su valor nominal.

2.ª Las restantes bases de cotización se actualizarán de acuerdo con la evolución que haya experimentado el Índice de Precios de Consumo desde los meses a que aquellas correspondan hasta el mes inmediato anterior a aquel en que se inicie el período de bases no actualizables a que se refiere la regla anterior.

$$B_r = \frac{\sum_{i=1}^{24} B_i + \sum_{i=25}^{96} B_i \frac{I_{25}}{I_i}}{112}$$

Siendo:

B_r = Base reguladora.

B_i = Base de cotización del mes i-ésimo anterior al mes previo al del hecho causante.

I_i = Índice General de Precios al Consumo del mes i-ésimo anterior al mes previo al del hecho causante.

Siendo i = 1,2,...,96.

b) Al resultado obtenido en razón a lo establecido en la norma anterior se le aplicará el porcentaje que corresponda en función de los años de cotización, según la escala prevista en el artículo 210.1, considerándose a tal efecto como cotizados los años que le resten al interesado, en la fecha del hecho causante, para cumplir la edad ordinaria de jubilación vigente en cada momento. En el caso de no alcanzarse quince años de cotización, el porcentaje aplicable será del 50 por ciento.

El importe resultante constituirá la base reguladora a la que, para obtener la cuantía de la pensión que corresponda, habrá de aplicarse el porcentaje previsto para el grado de incapacidad reconocido.

2. En los supuestos en que se exija un período mínimo de cotización inferior a ocho años, la base reguladora se obtendrá de forma análoga a la establecida en el apartado anterior, pero computando bases mensuales de cotización en número igual al de meses de que conste el período mínimo exigible, sin tener en cuenta las fracciones de mes, y excluyendo, en todo caso, de la actualización las bases correspondientes a los veinticuatro meses inmediatamente anteriores al mes previo a aquel en que se produzca el hecho causante.

3. Respecto a las pensiones de incapacidad permanente absoluta o gran incapacidad derivadas de accidente no laboral a que se refiere artículo 195.4, para el cómputo de su base reguladora, se aplicarán las reglas previstas en el apartado 1.a) del presente artículo. [279]

4. Si en el período que haya de tomarse para el cálculo de la base reguladora aparecieran meses durante los cuales no hubiese existido obligación de cotizar, las primeras cuarenta y ocho mensualidades se integrarán con la base mínima de entre todas las existentes en cada momento, y el resto de mensualidades con el 50 por ciento de dicha base mínima.

En los supuestos en que en alguno de los meses a tener en cuenta para la determinación de la base reguladora, la obligación de cotizar exista solo durante una parte del mismo, procederá la integración señalada en el párrafo anterior, por la parte del mes en que no exista obligación de cotizar, siempre que la base de cotización correspondiente al primer período no alcance la cuantía de la base mínima mensual señalada. En tal supuesto, la integración alcanzará hasta esta última cuantía.

198. *Compatibilidades en el percibo de prestaciones económicas por incapacidad permanente.* 1. En caso de incapacidad permanente total,

---

[279] Dada nueva redacción apartado 3 por disposición adicional única de Ley 2/2025 de 29 de abril de 2025, sustituyendo «gran invalidez» por «gran incapacidad», con vigencia desde 01/05/2025

la pensión vitalicia correspondiente será compatible con el salario que pueda percibir el trabajador en la misma empresa o en otra distinta, siempre y cuando las funciones no coincidan con aquellas que dieron lugar a la incapacidad permanente total.

De igual forma podrá determinarse la incompatibilidad entre la percepción del incremento previsto en el artículo 196.2, párrafo segundo, y la realización de trabajos, por cuenta propia o ajena, incluidos en el campo de aplicación del sistema de la Seguridad Social.

2. Las pensiones vitalicias en caso de incapacidad permanente absoluta o de gran incapacidad no impedirán el ejercicio de aquellas actividades, sean o no lucrativas, compatibles con el estado del incapacitado y que no representen un cambio en su capacidad de trabajo a efectos de revisión.

En el supuesto de que el pensionista realice un trabajo o actividad que de lugar a la inclusión en un régimen de la seguridad social, la entidad gestora suspenderá el pago de la pensión. La entidad gestora reanudará el pago de la misma cuando se produzca el cese en el trabajo o actividad. Todo ello sin perjuicio de la eventual revisión del grado de incapacidad permanente.

Sin perjuicio de lo previsto en el párrafo anterior, el complemento de gran incapacidad destinado a que la persona beneficiaria pueda remunerar a la persona que le atienda no se suspenderá por la realización de un trabajo incompatible con la pensión. [280]

3. El disfrute de la pensión de incapacidad permanente absoluta y de gran incapacidad a partir de la edad de acceso a la pensión de jubilación será incompatible con el desempeño por el pensionista de un trabajo, por cuenta propia o por cuenta ajena, que determine su inclusión en alguno de los regímenes del Sistema de la Seguridad Social, en los mismos términos y condiciones que los regulados para la pensión de jubilación en su modalidad contributiva en el artículo 213.1. [281]

199. *Norma especial sobre incapacidad permanente derivada de enfermedad profesional.* Las disposiciones de desarrollo de la presente

---

[280] Dada nueva redacción apartado 2 por disposición adicional única de Ley 2/2025 de 29 de abril de 2025, sustituyendo «gran invalidez» por «gran incapacidad», con vigencia desde 01/05/2025

[281] Dada nueva redacción apartado 3 por disposición adicional única de Ley 2/2025 de 29 de abril de 2025, sustituyendo «gran invalidez» por «gran incapacidad», con vigencia desde 01/05/2025

ley adaptarán, en cuanto a enfermedades profesionales, las normas de este capítulo a las peculiaridades y características especiales de dicha contingencia.

200. *Calificación y revisión.* 1. Corresponde al Instituto Nacional de la Seguridad Social, a través de los órganos que reglamentariamente se establezcan y en todas las fases del procedimiento, declarar la situación de incapacidad permanente, a los efectos de reconocimiento de las prestaciones económicas a que se refiere este capítulo. [282]

2. Toda resolución, inicial o de revisión, por la que se reconozca el derecho a las prestaciones de incapacidad permanente, en cualquiera de sus grados, o se confirme el grado reconocido previamente, hará constar necesariamente el plazo a partir del cual se podrá instar la revisión por agravación o mejoría del estado incapacitante profesional, en tanto que el beneficiario no haya cumplido la edad mínima establecida en el artículo 205.1.a), para acceder al derecho a la pensión de jubilación. Este plazo será vinculante para todos los sujetos que puedan promover la revisión.

No obstante lo anterior, si el pensionista de incapacidad permanente estuviera ejerciendo cualquier trabajo, por cuenta ajena o propia, el Instituto Nacional de la Seguridad Social podrá, de oficio o a instancia del propio interesado, promover la revisión, con independencia de que haya o no transcurrido el plazo señalado en la resolución.

Las revisiones fundadas en error de diagnóstico podrán llevarse a cabo en cualquier momento, en tanto el interesado no haya cumplido la edad a que se refiere el primer párrafo de este apartado.

3. Las disposiciones que desarrollen la presente ley regularán el procedimiento de revisión y la modificación y transformación de las prestaciones económicas que se hubiesen reconocido al trabajador, así como los derechos y obligaciones que a consecuencia de dichos cambios correspondan a las entidades gestoras o colaboradoras y servicios comunes que tengan a su cargo tales prestaciones.

Cuando, como consecuencia de revisiones por mejoría del estado incapacitante profesional proceda reintegrar, parcialmente o en su totalidad, la parte no consumida de los capitales coste constituidos por

---

[282] Véase RD 1300/1995, de 21 julio, por el que se desarrolla, en materia de incapacidades laborales del sistema de la Seguridad Social, la Ley 42/1994, de 30 diciembre, de medidas fiscales, administrativas y de orden social

las mutuas colaboradoras con la Seguridad Social o por las empresas que hubieran sido declaradas responsables de su ingreso, este último no tendrá la consideración de ingreso indebido, a los efectos previstos en el artículo 26, apartados 1, 2, 3 y 5 de esta ley, sin perjuicio de la aplicación de lo dispuesto en el artículo 24 de la Ley 47/2003, de 26 de noviembre, General Presupuestaria.

4. Las pensiones de incapacidad permanente, cuando sus beneficiarios cumplan la edad de sesenta y siete años, pasarán a denominarse pensiones de jubilación. La nueva denominación no implicará modificación alguna, respecto de las condiciones de la prestación que se viniese percibiendo.

CAPÍTULO XII
Lesiones permanentes no incapacitantes

201. *Indemnizaciones por baremo.* [283]

Las lesiones, mutilaciones y deformidades de carácter definitivo, causadas por accidentes de trabajo o enfermedades profesionales que, sin llegar a constituir una incapacidad permanente conforme a lo establecido en el capítulo anterior, supongan una disminución o alteración de la integridad física del trabajador y aparezcan recogidas en el baremo anejo a las disposiciones de desarrollo de esta ley, serán indemnizadas, por una sola vez, con las cantidades alzadas que en el mismo se determinen, por la entidad que estuviera obligada al pago de las prestaciones de incapacidad permanente, todo ello sin perjuicio del derecho del trabajador a continuar al servicio de la empresa.

202. *Beneficiarios.* Serán beneficiarios de las indemnizaciones a que se refiere el artículo anterior los trabajadores integrados en este Régimen General que reúnan la condición general exigida en el artículo 165.1 y hayan sido dados de alta médica.

---

[283] Véase cap. IV O de 15 abril de 1969, por la que se establecen normas para la aplicación y desarrollo de las Prestaciones por Invalidez en el Régimen General de la Seguridad Social y O ISM/450/2023 de 4 mayo, por la que se actualizan las cantidades a tanto alzado de las indemnizaciones por lesiones, mutilaciones y deformidades de carácter definitivo y no incapacitantes

203. *Incompatibilidad con las prestaciones por incapacidad permanente.* Las indemnizaciones a tanto alzado que procedan por las lesiones, mutilaciones y deformidades que se regulan en este capítulo serán incompatibles con las prestaciones económicas establecidas para la incapacidad permanente, salvo en el caso de que dichas lesiones, mutilaciones y deformidades sean totalmente independientes de las que hayan sido tomadas en consideración para declarar tal incapacidad permanente y el grado de la misma.

CAPÍTULO XIII
Jubilación en su modalidad contributiva

204. *Concepto.* La prestación económica por causa de jubilación, en su modalidad contributiva, será única para cada beneficiario y consistirá en una pensión vitalicia que le será reconocida, en las condiciones, cuantía y forma que reglamentariamente se determinen, cuando, alcanzada la edad establecida, cese o haya cesado en el trabajo por cuenta ajena.

205. *Beneficiarios.* 1. Tendrán derecho a la pensión de jubilación regulada en este capítulo, las personas incluidas en el Régimen General que, además de la general exigida en el artículo 165.1, reúnan las siguientes condiciones: [284]

a) Haber cumplido sesenta y siete años de edad, o sesenta y cinco años cuando se acrediten treinta y ocho años y seis meses de cotización, sin que se tenga en cuenta la parte proporcional correspondiente a las pagas extraordinarias. [285]

Para el cómputo de los períodos de cotización se tomarán años y meses completos, sin que se equiparen a ellos las fracciones de los mismos.

b) Tener cubierto un período mínimo de cotización de quince años, de los cuales al menos dos deberán estar comprendidos dentro de

---

[284] Véase el art. 1 RD 1716/2012 de 28 diciembre, de desarrollo de las disposiciones establecidas, en materia de prestaciones, por la Ley 27/2011, de 1 de agosto, sobre actualización, adecuación y modernización del sistema de la Seguridad Social

[285] Téngase en cuenta el periodo transitorio de aplicación de este precepto establecido en la disp. trans. 7ª

los quince años inmediatamente anteriores al momento de causar el derecho. A efectos del cómputo de los años cotizados no se tendrá en cuenta la parte proporcional correspondiente a las pagas extraordinarias.

En los supuestos en que se acceda a la pensión de jubilación desde una situación de alta o asimilada a la de alta, sin obligación de cotizar, el período de dos años a que se refiere el párrafo anterior deberá estar comprendido dentro de los quince años inmediatamente anteriores a la fecha en que cesó la obligación de cotizar.

En los casos a que se refiere el párrafo anterior, y respecto de la determinación de la base reguladora de la pensión, se aplicará lo establecido en el artículo 209.1.

2. También tendrán derecho a la pensión de jubilación, quienes se encuentren en situación de prolongación de efectos económicos de la incapacidad temporal y reúnan las condiciones que se establecen en el apartado 1.

3. No obstante lo dispuesto en el párrafo primero del apartado 1, la pensión de jubilación podrá causarse, aunque los interesados no se encuentren en el momento del hecho causante en alta o situación asimilada a la de alta, siempre que reúnan los requisitos de edad y cotización contemplados en el citado apartado 1.

En el supuesto previsto en el párrafo anterior, para causar pensión en el Régimen General y en otro u otros del sistema de la Seguridad Social será necesario que las cotizaciones acreditadas en cada uno de ellos se superpongan, al menos, durante quince años.

206. *Jubilación anticipada por razón de la actividad.* [286] 1. La edad mínima de acceso a la pensión de jubilación a la que se refiere el artículo 205.1.a) podrá ser rebajada por real decreto, a propuesta del titular del Ministerio de Inclusión, Seguridad Social y Migraciones, en aquellos grupos o actividades profesionales cuyos trabajos sean de naturaleza excepcionalmente penosa, tóxica, peligrosa o insalubre y acusen elevados índices de morbilidad o mortalidad, siempre que los

[286] Dada nueva redacción por art. 1 apartado 4 de Ley 21/2021 de 28 de diciembre de 2021, con vigencia desde 01/01/2022

trabajadores afectados acrediten en la respectiva profesión o trabajo el mínimo de actividad que se establezca. [287]

A tales efectos, reglamentariamente se determinará el procedimiento general para establecer coeficientes reductores que permitan anticipar la edad de jubilación en el sistema de la Seguridad Social, que incluirá, entre otras, la realización previa de estudios sobre siniestralidad en el sector, penosidad, peligrosidad y toxicidad de las condiciones del trabajo, su incidencia en los procesos de incapacidad laboral de los trabajadores y los requerimientos físicos o psíquicos exigidos para continuar con el desarrollo de la actividad a partir de una determinada edad. [288]

El establecimiento de coeficientes reductores de la edad de jubilación solo procederá cuando no sea posible la modificación de las condiciones de trabajo.

2. En los términos que se establezcan reglamentariamente, el inicio del procedimiento deberá instarse conjuntamente por organizaciones empresariales y sindicales más representativas, si el colectivo afectado está constituido por trabajadores por cuenta ajena; y por asociaciones representativas de trabajadores autónomos y organizaciones empresariales y sindicales más representativas, cuando se trate de trabajadores por cuenta propia. Cuando el procedimiento afecte al personal de las administraciones públicas la iniciativa corresponderá conjuntamente a las organizaciones sindicales más representativas y a la administración de la que dependa el colectivo.

3. La solicitud se presentará por medios telemáticos y deberá ir acompañada de la identificación de la actividad laboral a nivel nacional a través de la categoría CNAE, subgrupo CNAE secundario, subgrupo y grupo de la clasificación nacional de actividades económicas, así como de la identificación de la ocupación o del grupo profesional, según el caso, especificando, en ambos supuestos, las funciones concretas que se desarrollan y que determinan que la actividad laboral que se realiza es de naturaleza excepcionalmente penosa, tóxica, peligrosa o insalubre y que acusa elevados índices de morbilidad o mortalidad.

---

[287] Véase RD 383/2008, de 14 marzo, por el que se establece el coeficiente reductor de la edad de jubilación en favor de los bomberos al servicio de las administraciones y organismos públicos

[288] Véase RD 402/2025, de 27 mayo, por el que se regula el procedimiento previo para determinar los supuestos en los que procede permitir anticipar la edad de jubilación en el sistema de la Seguridad Social mediante la aplicación de coeficientes reductores

Reglamentariamente se establecerán indicadores que acrediten la concurrencia de circunstancias objetivas que justifiquen la aplicación de tales coeficientes a partir de, entre otros, la incidencia, persistencia y duración de los procesos de baja laboral, así como las incapacidades permanentes o fallecimientos que se puedan causar. Su valoración corresponderá a una comisión integrada por los ministerios de Inclusión, Seguridad Social y Migraciones, Trabajo y Economía Social, y Hacienda y Función Pública, junto a las organizaciones empresariales y sindicales más representativas a nivel estatal que estará encargada de evaluar y, en su caso, instar la aprobación de los correspondientes reales decretos de reconocimiento de coeficientes reductores.

4. Con la finalidad de mantener el equilibrio financiero del sistema, la aplicación de los coeficientes reductores que se establezcan llevará consigo un incremento en la cotización a la Seguridad Social, a efectuar en relación con el colectivo, sector y actividad que se delimiten en la norma correspondiente, en los términos y condiciones que, asimismo, se establezcan. Dicho incremento consistirá en aplicar un tipo de cotización adicional sobre la base de cotización por contingencias comunes, tanto a cargo de la empresa como del trabajador.

5. Los coeficientes reductores para la anticipación de la edad de jubilación establecidos en su normativa específica serán objeto de revisión cada diez años, con sujeción al procedimiento que se determine reglamentariamente. Los efectos de la revisión de los coeficientes reductores para la anticipación de la edad de jubilación no afectarán a la situación de los trabajadores que, con anterioridad a la misma, hubiesen desarrollado su actividad y por los períodos de ejercicio de aquélla.

6. La aplicación de los correspondientes coeficientes reductores de la edad en ningún caso dará lugar a que el interesado pueda acceder a la pensión de jubilación con una edad inferior a la de cincuenta y dos años. [289]

Los coeficientes reductores de la edad de jubilación no serán tenidos en cuenta, en ningún caso, a efectos de acreditar la exigida para acceder a la jubilación parcial, a los beneficios establecidos en el artículo 210.2, y a cualquier otra modalidad de jubilación anticipada.

---

[289] Véase disp. trans. 2ª Ley 40/2007, de 4 diciembre, de medidas en materia de Seguridad Social

206 bis. *Jubilación anticipada en caso de discapacidad.* [290] 1. La edad mínima de acceso a la pensión de jubilación a que se refiere el artículo 205.1.a) podrá ser reducida en el caso de personas con discapacidad en un grado igual o superior al 65 por ciento, en los términos contenidos en el correspondiente real decreto acordado a propuesta del titular del Ministerio de Inclusión, Seguridad Social y Migraciones, o también en un grado de discapacidad igual o superior al 45 por ciento, siempre que, en este último supuesto, se trate de discapacidades reglamentariamente determinadas respecto de las que existan evidencias contrastadas que determinan de forma generalizada una reducción significativa de la esperanza de vida. [291]

2. La aplicación de los correspondientes coeficientes reductores de la edad en ningún caso dará lugar a que el interesado pueda acceder a la pensión de jubilación con una edad inferior a la de cincuenta y dos años.

Los coeficientes reductores de la edad de jubilación no serán tenidos en cuenta, en ningún caso, a efectos de acreditar la exigida para acceder a la jubilación parcial, a los beneficios establecidos en el artículo 210.2, y a cualquier otra modalidad de jubilación anticipada.

207. *Jubilación anticipada por causa no imputable al trabajador.* [292] 1. El acceso a la jubilación anticipada derivada del cese en el trabajo por causa no imputable a la libre voluntad del trabajador exigirá los siguientes requisitos:

a) Tener cumplida una edad que sea inferior en cuatro años, como máximo, a la edad que en cada caso resulte de aplicación según lo establecido en el artículo 205.1.a) sin que a estos efectos resulten de aplicación los coeficientes reductores a que se refieren los artículos 206 y 206 bis.

b) Encontrarse inscrito en las oficinas de empleo como demandante de empleo durante un plazo de, al menos, seis meses inmediatamente anteriores a la fecha de la solicitud de la jubilación.

---

[290] Añadido por art. 1 apartado 5 de Ley 21/2021 de 28 de diciembre de 2021, con vigencia desde 01/01/2022

[291] Véase el Real Decreto 1851/2009, de 4 de diciembre

[292] Dada nueva redacción por art. 1 apartado 6 de Ley 21/2021 de 28 de diciembre de 2021, con vigencia desde 01/01/2022

c) Acreditar un período mínimo de cotización efectiva de 33 años, sin que, a tales efectos, se tenga en cuenta la parte proporcional por pagas extraordinarias. A estos exclusivos efectos, solo se computará el período de prestación del servicio militar obligatorio o de la prestación social sustitutoria, o del servicio social femenino obligatorio, con el límite máximo de un año.

d) Que el cese en el trabajo se haya producido por alguna de las causas siguientes:

1.ª El despido colectivo por causas económicas, técnicas, organizativas o de producción, conforme al artículo 51 del texto refundido de la Ley del Estatuto de los Trabajadores.

2.ª El despido por causas objetivas conforme al artículo 52 del texto refundido de la Ley del Estatuto de los Trabajadores.

3.ª La extinción del contrato por resolución judicial en los supuestos contemplados en el texto refundido de la Ley concursal, aprobado por el Real Decreto Legislativo 1/2020, de 5 de mayo.

4.ª La muerte, jubilación o incapacidad del empresario individual, sin perjuicio de lo dispuesto en el artículo 44 del texto refundido de la Ley del Estatuto de los Trabajadores, o la extinción de la personalidad jurídica del contratante.

5.ª La extinción del contrato de trabajo motivada por la existencia de fuerza mayor constatada por la autoridad laboral conforme a lo establecido en el artículo 51.7 del texto refundido de la Ley del Estatuto de los Trabajadores.

6.ª La extinción del contrato por voluntad del trabajador por las causas previstas en los artículos 40.1, 41.3 y 50 del texto refundido de la Ley del Estatuto de los Trabajadores.

7.ª La extinción del contrato por voluntad de la trabajadora por ser víctima de la violencia de género o violencia sexual prevista en el artículo 49.1.m) del texto refundido de la Ley del Estatuto de los Trabajadores [293]

En los supuestos contemplados en las causas 1.ª, 2.ª y 6.ª, para poder acceder a esta modalidad de jubilación anticipada, será necesario que el trabajador acredite haber percibido la indemnización correspondiente derivada de la extinción del contrato de trabajo o haber

---

[293] Dada nueva redacción apartado 1 apartado d número 7 por disposición final 16 apartado 2 de Ley Orgánica 10/2022 de 6 de septiembre de 2022, con vigencia desde 07/10/2022

interpuesto demanda judicial en reclamación de dicha indemnización o de impugnación de la decisión extintiva.

El percibo de la indemnización se acreditará mediante documento de la transferencia bancaria recibida o documentación acreditativa equivalente.

2. En los casos de acceso a la jubilación anticipada a que se refiere este artículo, la pensión será objeto de reducción mediante la aplicación, por cada mes o fracción de mes que, en el momento del hecho causante, le falte al trabajador para cumplir la edad legal de jubilación que en cada caso resulte de la aplicación de lo establecido en el artículo 205.1.a), de los coeficientes que resultan del siguiente cuadro en función del período de cotización acreditado y los meses de anticipación: [294]

Meses que se adelanta la jubilación	Periodo cotizado: menos de 38 años y 6 meses	Periodo cotizado: igual o superior a 38 años y 6 meses e inferior a 41 años y 6 meses	Periodo cotizado: igual o superior a 41 años y 6 meses e inferior a 44 años y 6 meses	Periodo cotizado: igual o superior a 44 años y 6 meses
	% reducción	% reducción	% reducción	% reducción
48	30,00	28,00	26,00	24,00
47	29,38	27,42	25,46	23,50
46	28,75	26,83	24,92	23,00
45	28,13	26,25	24,38	22,50
44	27,50	25,67	23,83	22,00
43	26,88	25,08	23,29	21,50
42	26,25	24,50	22,75	21,00
41	25,63	23,92	22,21	20,50
40	25,00	23,33	21,67	20,00
39	24,38	22,75	21,13	19,50

[294] Véase el art. 3 RD 1716/2012 de 28 diciembre, de desarrollo de las disposiciones establecidas, en materia de prestaciones, por la Ley 27/2011, de 1 de agosto, sobre actualización, adecuación y modernización del sistema de la Seguridad Social

	Periodo cotizado: menos de 38 años y 6 meses	Periodo cotizado: igual o superior a 38 años y 6 meses e inferior a 41 años y 6 meses	Periodo cotizado: igual o superior a 41 años y 6 meses e inferior a 44 años y 6 meses	Periodo cotizado: igual o superior a 44 años y 6 meses
Meses que se adelanta la jubila-ción	% reducción	% reducción	% reducción	% reducción
38	23,75	22,17	20,58	19,00
37	23,13	21,58	20,04	18,50
36	22,50	21,00	19,50	18,00
35	21,88	20,42	18,96	17,50
34	21,25	19,83	18,42	17,00
33	20,63	19,25	17,88	16,50
32	20,00	18,67	17,33	16,00
31	19,38	18,08	16,79	15,50
30	18,75	17,50	16,25	15,00
29	18,13	16,92	15,71	14,50
28	17,50	16,33	15,17	14,00
27	16,88	15,75	14,63	13,50
26	16,25	15,17	14,08	13,00
25	15,63	14,58	13,54	12,50
24	15,00	14,00	13,00	12,00
23	14,38	13,42	12,46	11,50
22	13,75	12,83	11,92	11,00
21	12,57	12,00	11,38	10,00
20	11,00	10,50	10,00	9,20
19	9,78	9,33	8,89	8,40
18	8,80	8,40	8,00	7,60
17	8,00	7,64	7,27	6,91
16	7,33	7,00	6,67	6,33
15	6,77	6,46	6,15	5,85
14	6,29	6,00	5,71	5,43
13	5,87	5,60	5,33	5,07
12	5,50	5,25	5,00	4,75

Meses que se adelanta la jubila-ción	Periodo cotizado: menos de 38 años y 6 meses	Periodo cotizado: igual o superior a 38 años y 6 meses e inferior a 41 años y 6 meses	Periodo cotizado: igual o superior a 41 años y 6 meses e inferior a 44 años y 6 meses	Periodo cotizado: igual o superior a 44 años y 6 meses
	% reducción	% reducción	% reducción	% reducción
11	5,18	4,94	4,71	4,47
10	4,89	4,67	4,44	4,22
9	4,63	4,42	4,21	4,00
8	4,40	4,20	4,00	3,80
7	4,19	4,00	3,81	3,62
6	3,75	3,50	3,25	3,00
5	3,13	2,92	2,71	2,50
4	2,50	2,33	2,17	2,00
3	1,88	1,75	1,63	1,50
2	1,25	1,17	1,08	1,00
1	0,63	0,58	0,54	0,50

A los exclusivos efectos de determinar dicha edad legal de jubilación, se considerará como tal la que le hubiera correspondido al trabajador de haber seguido cotizando durante el plazo comprendido entre la fecha del hecho causante y el cumplimiento de la edad legal de jubilación que en cada caso resulte de la aplicación de lo establecido en el artículo 205.1.a).

Para el cómputo de los períodos de cotización se tomarán períodos completos, sin que se equipare a un período la fracción del mismo.

208. *Jubilación anticipada por voluntad del interesado.* 1. El acceso a la jubilación anticipada por voluntad del interesado exigirá los siguientes requisitos:

a) Tener cumplida una edad que sea inferior en dos años, como máximo, a la edad que en cada caso resulte de aplicación según lo establecido en el artículo 205.1.a), sin que a estos efectos resulten de aplicación los coeficientes reductores a que se refieren los artículos 206 y 206 bis. [295]

b) Acreditar un período mínimo de cotización efectiva de treinta y cinco años, sin que, a tales efectos, se tenga en cuenta la parte proporcional por pagas extraordinarias. A estos exclusivos efectos, solo se computará el período de prestación del servicio militar obligatorio o de la prestación social sustitutoria, o del servicio social femenino obligatorio, con el límite máximo de un año. [296]

c) Una vez acreditados los requisitos generales y específicos de dicha modalidad de jubilación, el importe de la pensión a percibir ha de resultar superior a la cuantía de la pensión mínima que correspondería al interesado por su situación familiar al cumplimiento de los sesenta y cinco años de edad. En caso contrario, no se podrá acceder a esta fórmula de jubilación anticipada.

2. En los casos de acceso a la jubilación anticipada a que se refiere este artículo, la pensión será objeto de reducción mediante la aplicación, por cada mes o fracción de mes que, en el momento del hecho causante, le falte al trabajador para cumplir la edad legal de jubilación fijada en el artículo 205.1.a), de los coeficientes que resultan del siguiente cuadro en función del período de cotización acreditado y los meses de anticipación: [297]

---

[295] Dada nueva redacción apartado 1 apartado a por art. 1 apartado 7 de Ley 21/2021 de 28 de diciembre de 2021, con vigencia desde 01/01/2022

[296] Dada nueva redacción apartado 1 apartado b por art. 1 apartado 7 de Ley 21/2021 de 28 de diciembre de 2021, con vigencia desde 01/01/2022

[297] Véase el art. 3 RD 1716/2012 de 28 diciembre, de desarrollo de las disposiciones establecidas, en materia de prestaciones, por la Ley 27/2011, de 1 de agosto, sobre actualización, adecuación y modernización del sistema de la Seguridad Social

	Periodo cotizado: menos de 38 años y 6 meses	Periodo cotizado: igual o superior a 38 años y 6 meses e inferior a 41 años y 6 meses	Periodo cotizado: igual o superior a 41 años y 6 meses e inferior a 44 años y 6 meses	Periodo cotizado: igual o superior a 44 años y 6 meses
Meses que se adelanta la jubilación	% reducción	% reducción	% reducción	% reducción
24	21,00	19,00	17,00	13,00
23	17,60	16,50	15,00	12,00
22	14,67	14,00	13,33	11,00
21	12,57	12,00	11,43	10,00
20	11,00	10,50	10,00	9,20
19	9,78	9,33	8,89	8,40
18	8,80	8,40	8,00	7,60
17	8,00	7,64	7,27	6,91
16	7,33	7,00	6,67	6,33
15	6,77	6,46	6,15	5,85
14	6,29	6,00	5,71	5,43
13	5,87	5,60	5,33	5,07
12	5,50	5,25	5,00	4,75
11	5,18	4,94	4,71	4,47
10	4,89	4,67	4,44	4,22
9	4,63	4,42	4,21	4,00
8	4,40	4,20	4,00	3,80
7	4,19	4,00	3,81	3,62
6	4,00	3,82	3,64	3,45
5	3,83	3,65	3,48	3,30
4	3,67	3,50	3,33	3,17
3	3,52	3,36	3,20	3,04
2	3,38	3,23	3,08	2,92
1	3,26	3,11	2,96	2,81

A los exclusivos efectos de determinar dicha edad legal de jubilación, se considerará como tal la que le hubiera correspondido al trabajador de haber seguido cotizando durante el plazo comprendido entre la fecha del hecho causante y el cumplimiento de la edad legal de jubilación que en cada caso resulte de la aplicación de lo establecido en el artículo 205.1.a).

Para el cómputo de los períodos de cotización se tomarán períodos completos, sin que se equipare a un período la fracción del mismo. [298]

3. Cuando en el momento de acogerse a esta modalidad de jubilación el trabajador esté percibiendo el subsidio por desempleo del artículo 274, y lo haya hecho durante al menos tres meses, serán de aplicación los coeficientes reductores previstos para la jubilación anticipada por causas no imputables al trabajador, sin perjuicio del cumplimiento de los requisitos del apartado 1 de este precepto. [299]

209. *Base reguladora de la pensión de jubilación.* 1. La base reguladora de la pensión de jubilación será el cociente que resulte de dividir por trescientos cincuenta, las bases de cotización del interesado durante los trescientos meses inmediatamente anteriores al mes previo al del hecho causante, teniendo en cuenta lo siguiente: [300]

a) El cómputo de las referidas bases de cotización se realizará conforme a las siguientes reglas, de las que es expresión matemática la fórmula que figura al final de la presente letra:

1.ª Las bases correspondientes a los veinticuatro meses anteriores al mes previo al del hecho causante se computarán en su valor nominal.

2.ª Las restantes bases se actualizarán de acuerdo con la evolución que haya experimentado el Índice de Precios de Consumo desde el mes a que aquellas correspondan, hasta el mes inmediato anterior a aquel en que se inicie el período a que se refiere la regla anterior.

$$B_r = \frac{\sum_{i=1}^{24} B_i + \sum_{i=25}^{300} B_i \frac{I_{25}}{I_i}}{350}$$

---

[298] Dada nueva redacción apartado 2 por art. 1 apartado 7 de Ley 21/2021 de 28 de diciembre de 2021, con vigencia desde 01/01/2022

[299] Añadido apartado 3 por art. 1 apartado 7 de Ley 21/2021 de 28 de diciembre de 2021, con vigencia desde 01/01/2022

[300] Téngase en cuenta el periodo transitorio de aplicación de este precepto establecido en la disp. trans. 8ª y el art. 3 RD 453/2022 de 14 junio en cuanto a la determinación de la fecha del hecho causante

Siendo:

B_r = Base reguladora.

B_i = Base de cotización del mes i-ésimo anterior al mes previo al del hecho causante.

I_i = Índice general de precios al consumo del mes i-ésimo anterior al mes previo al del hecho causante.

Siendo i = 1,2,...,300

b) Si en el período que haya de tomarse para el cálculo de la base reguladora aparecieran meses durante los cuales no hubiese existido obligación de cotizar, las primeras cuarenta y ocho mensualidades se integrarán con la base mínima de entre todas las existentes en cada momento, y el resto de mensualidades con el 50 por ciento de dicha base mínima.

En los supuestos en que en alguno de los meses a tener en cuenta para la determinación de la base reguladora, la obligación de cotizar exista solo durante una parte del mismo, procederá la integración señalada en el párrafo anterior, por la parte del mes en que no exista obligación de cotizar, siempre que la base de cotización correspondiente al primer período no alcance la cuantía de la base mínima mensual señalada. En tal supuesto, la integración alcanzará hasta esta última cuantía.

2. Sin perjuicio de lo establecido en el artículo 161.2, para la determinación de la base reguladora de la pensión de jubilación no se podrán computar los incrementos de las bases de cotización producidos en los dos últimos años, que sean consecuencia de aumentos salariales superiores al incremento medio interanual experimentado en el convenio colectivo aplicable o, en su defecto, en el correspondiente sector.

3. Se exceptúan de la norma general establecida en el apartado anterior los incrementos salariales que sean consecuencia de la aplicación estricta de las normas contenidas en disposiciones legales y convenios colectivos sobre antigüedad y ascensos reglamentarios de categoría profesional.

Quedarán asimismo exceptuados, en los términos contenidos en el párrafo anterior, aquellos incrementos salariales que deriven de cualquier otro concepto retributivo establecido con carácter general y regulado en las citadas disposiciones legales o convenios colectivos.

No obstante, la referida norma general será de aplicación cuando los incrementos salariales a que se refiere este apartado se produzcan exclusivamente por decisión unilateral de la empresa en virtud de sus facultades organizativas.

4. No obstante lo dispuesto en el apartado anterior, en ningún caso se computarán aquellos incrementos salariales que excedan del límite establecido en el apartado 2 y que hayan sido pactados exclusiva o fundamentalmente en función del cumplimiento de una determinada edad próxima a la jubilación.

5. A efectos del cálculo de la base reguladora de la pensión de jubilación en las situaciones de pluriempleo, las bases por las que se haya cotizado a las diversas empresas se computarán en su totalidad, sin que la suma de dichas bases pueda exceder del límite máximo de cotización vigente en cada momento.

210. *Cuantía de la pensión.* 1. La cuantía de la pensión de jubilación se determinará aplicando a la base reguladora, calculada conforme a lo dispuesto en el artículo precedente, los porcentajes siguientes:

a) Por los primeros quince años cotizados, el 50 por ciento.

b) A partir del año decimosexto, por cada mes adicional de cotización, comprendido entre los meses uno y doscientos cuarenta y ocho, se añadirá el 0,19 por ciento, y por cada uno de los que rebasen el mes doscientos cuarenta y ocho, se añadirá el 0,18 por ciento, sin que el porcentaje aplicable a la base reguladora supere el 100 por cien, salvo en el supuesto a que se refiere el apartado siguiente [301] .

Apartado 1 párrafo 2 (Derogado) [302]

2. Cuando se acceda a la pensión de jubilación a una edad superior a la que resulte de aplicar en cada caso lo establecido en el artículo 205.1.a), siempre que al cumplir esta edad se hubiera reunido el período mínimo de cotización establecido en el artículo 205.1.b), se reconocerá al interesado un complemento económico que se abonará de alguna de las siguientes maneras, a elección del interesado.

a) Un porcentaje adicional de un 4 por ciento por cada año completo cotizado entre la fecha en que cumplió dicha edad y la del hecho causante de la pensión, siempre que acredite el resto de los requisitos legales exigidos.

---

[301] Téngase en cuenta el periodo transitorio de aplicación de este precepto establecido en la disp. trans. 9ª

[302] Derogado apartado 1 párrafo 2 por disposición derogatoria única apartado 2 de Ley 21/2021 de 28 de diciembre de 2021, con vigencia desde 01/01/2022

A partir del segundo año completo de demora, para el cálculo del porcentaje se podrán computar periodos superiores a 6 meses e inferiores a un año, correspondiendo a dichos periodos un 2 por ciento adicional.

El porcentaje adicional obtenido según lo establecido en los párrafos anteriores se sumará al que con carácter general corresponda al interesado de acuerdo con el apartado 1, aplicándose el porcentaje resultante a la respectiva base reguladora a efectos de determinar la cuantía de la pensión, que no podrá ser superior en ningún caso al límite establecido en el artículo 57.

En el supuesto de que la cuantía de la pensión reconocida alcance el indicado límite sin aplicar el porcentaje adicional o aplicándolo solo parcialmente, el interesado tendrá derecho, además, a percibir anualmente una cantidad cuyo importe se obtendrá aplicando al importe de dicho límite vigente en cada momento el porcentaje adicional no utilizado para determinar la cuantía de la pensión, redondeado a la unidad más próxima por exceso. La citada cantidad se devengará por meses vencidos y se abonará en catorce pagas, sin que la suma de su importe y el de la pensión o pensiones que tuviera reconocidas el interesado, en cómputo anual, pueda superar la cuantía del tope máximo de la base de cotización vigente en cada momento, también en cómputo anual.

b) Una cantidad a tanto alzado, cuya cuantía vendrá determinada en función de los años de cotización acreditados en la fecha en que cumplió la edad a que se refiere el artículo 205.1.a), siendo la fórmula de cálculo la siguiente:

1.º Por cada año completo cotizado entre la fecha en que cumplió dicha edad y la del hecho causante de la pensión, el complemento económico se corresponderá con el resultado de multiplicar la cuantía resultante de la fórmula siguiente por el número de años cotizados.

Si ha cotizado menos de 44 años y 6 meses:

$$\text{Pago único} = 800 \left(\frac{\text{Pensión inicial anual}}{500} \right)^{1/1.65}$$

Si ha cotizado, al menos, 44 años y 6 meses la cifra anterior se aumenta en un 10 %:

$$\text{Pago único} = 880 \left(\frac{\text{Pensión inicial anual}}{500} \right)^{1/1.65}$$

2.º A partir del segundo año completo de demora, para el cálculo del complemento se podrán computar periodos superiores a 6 meses e inferiores a un año, correspondiendo a dichos periodos el resultado de multiplicar la cuantía de la formula anterior por 0,5.

c) Una combinación de las opciones anteriores en los términos que se determinen reglamentariamente [303].

La elección se llevará a cabo por una sola vez en el momento de la solicitud en que se adquiere el derecho a percibir el complemento económico, no pudiendo ser modificada con posterioridad. De no ejercitarse esta facultad, se aplicará el complemento contemplado en la letra a).

La percepción de este complemento en todas las modalidades es compatible con el acceso a la jubilación activa regulada en el artículo 214. En todo caso, mientras se mantenga este tipo de jubilación no se generará incremento alguno del complemento.

El complemento económico establecido en este apartado no se aplicará en los supuestos de jubilación parcial, ni en el de jubilación flexible al que se refiere el párrafo segundo del artículo 213.1, ni en los supuestos de acceso a la jubilación desde una situación asimilada al alta. [304]

3. Cuando para determinar la cuantía de una pensión de jubilación anticipada por voluntad del interesado prevista en el artículo 208 hubieran de aplicarse coeficientes reductores por edad en el momento del hecho causante, aquellos se aplicarán sobre el importe de la pensión resultante de aplicar a la base reguladora el porcentaje que corresponda por meses de cotización.

No obstante, en el supuesto de que el importe de la pensión resultante de aplicar a la base reguladora el porcentaje que corresponda en función de los meses de cotización acreditados fuese superior al límite de la cuantía inicial de las pensiones, establecido en el artículo

---

[303] Véase el art. 3 RD 371/2023 de 16 mayo

[304] Dada nueva redacción apartado 2 por art. 1 apartado 1 de Real Decreto-Ley 11/2024 de 23 de diciembre de 2024, con vigencia desde 01/04/2025

57, los coeficientes reductores por edad se aplicarán sobre el indicado límite [305] . [306]

4. Cuando para determinar la cuantía de una pensión de jubilación anticipada por causas no imputables al trabajador hubieran de aplicarse coeficientes reductores por edad en el momento del hecho causante, aquellos se aplicarán sobre el importe de la pensión resultante de aplicar a la base reguladora el porcentaje que corresponda por meses de cotización. Una vez aplicados los referidos coeficientes reductores, el importe resultante de la pensión no podrá ser superior a la cuantía que resulte de reducir el tope máximo de pensión en un 0,50 por ciento por cada trimestre o fracción de trimestre de anticipación. Este sistema de cálculo se extenderá a los supuestos contemplados en el apartado 3 del artículo 208. [307]

5. El coeficiente del 0,50 por ciento a que se refiere el apartado anterior y lo previsto en el apartado 3 no será de aplicación en los casos de jubilaciones anticipadas conforme a las previsiones de los artículos 206 y 206 bis, en relación con los grupos o actividades profesionales cuyos trabajos sean de naturaleza excepcionalmente penosa, tóxica, peligrosa o insalubre, o con las personas con discapacidad. [308]

211. *Factor de sostenibilidad de la pensión de jubilación.* [309] *(Derogado)*

212. *Imprescriptibilidad.* El derecho al reconocimiento de la pensión de jubilación es imprescriptible, sin perjuicio de que, en los supuestos de jubilación en situación de alta, los efectos de tal reconocimien-

---

[305] Téngase en cuenta la aplicación gradual de este párrafo conforme al apartado 2 disp. trans. 34.ª de la presente ley

[306] Dada nueva redacción apartado 3 por art. 1 apartado 1 de Real Decreto-Ley 11/2024 de 23 de diciembre de 2024, con vigencia desde 01/04/2025

[307] Dada nueva redacción apartado 4 por art. 1 apartado 8 de Ley 21/2021 de 28 de diciembre de 2021, con vigencia desde 01/01/2022

[308] Añadido apartado 5 por art. 1 apartado 8 de Ley 21/2021 de 28 de diciembre de 2021, con vigencia desde 01/01/2022

[309] Derogado por disposición derogatoria única apartado 2 de Ley 21/2021 de 28 de diciembre de 2021, con vigencia desde 01/01/2022

to se produzcan a partir de los tres meses anteriores a la fecha en que se presente la correspondiente solicitud.

213. *Incompatibilidades.* 1. El disfrute de la pensión de jubilación será incompatible con el trabajo del pensionista, con las salvedades y en los términos que legal o reglamentariamente se determinen.

No obstante, las personas que accedan a la jubilación podrán compatibilizar el percibo de la pensión con un trabajo a tiempo parcial en los términos que reglamentariamente se establezcan. [310]

2. El desempeño de un puesto de trabajo en el sector público delimitado en el párrafo segundo del artículo 1.1 de la Ley 53/1984, de 26 de diciembre, de Incompatibilidades del Personal al Servicio de las Administraciones Públicas, es incompatible con la percepción de pensión de jubilación, en su modalidad contributiva. [311]

La percepción de la pensión indicada quedará en suspenso por el tiempo que dure el desempeño de dicho puesto, sin que ello afecte a sus revalorizaciones.

La incompatibilidad a que se refiere este apartado no será de aplicación a los profesores universitarios eméritos ni al personal licenciado sanitario emérito a los que se refiere el artículo 137.c).

3. También será incompatible el percibo de la pensión de jubilación, en su modalidad contributiva, con el desempeño de los altos cargos a los que se refiere el artículo 1 de la Ley 3/2015, de 30 de mayo, reguladora del ejercicio del alto cargo de la Administración General del Estado.

4. El percibo de la pensión de jubilación será compatible con la realización de trabajos por cuenta propia cuyos ingresos anuales totales no superen el salario mínimo interprofesional, en cómputo anual. Quienes realicen estas actividades económicas no estarán obligados a cotizar por las prestaciones de la Seguridad Social.

Las actividades especificadas en el párrafo anterior, por las que no se cotice, no generarán nuevos derechos sobre las prestaciones de la Seguridad Social.

---

[310] Dada nueva redacción apartado 1 por art. 1 apartado 2 de Real Decreto-Ley 11/2024 de 23 de diciembre de 2024, con vigencia desde 01/04/2025

[311] Véase art. 52 Ley 44/1983, de 28 diciembre, de Presupuestos Generales del Estado para 1984

214. *Pensión de jubilación activa.* [312] 1. Siempre que en la fecha de cumplimiento de la edad que en cada caso resulte de aplicación según lo establecido en el artículo 205.1.a), se hubiera reunido el periodo mínimo de cotización establecido en el artículo 205.1.b), y entre dicha fecha y la del hecho causante de la pensión de jubilación haya transcurrido al menos un año, la percepción de la pensión de jubilación, en su modalidad contributiva, será compatible con la realización de cualquier trabajo por cuenta ajena, a tiempo completo o a tiempo parcial, o por cuenta propia del pensionista. A efectos del cómputo de la edad, no serán admisibles jubilaciones acogidas a bonificaciones o anticipaciones.

Si el periodo mínimo de cotización se reuniera en una fecha posterior a la del cumplimiento de la edad ordinaria de jubilación, el periodo mínimo de un año se computará entre dicha fecha y la del hecho causante de la pensión de jubilación.

2. La cuantía de la pensión de jubilación compatible con el trabajo será equivalente a un porcentaje del importe resultante en el reconocimiento inicial en los términos establecidos en el artículo 210 de esta Ley o la que esté percibiendo, incluido el complemento de maternidad o el de la brecha de género cuando se perciba, y excluido, en todo caso, el complemento por mínimos cualquiera que sea la jornada laboral o la actividad que realice el pensionista; este porcentaje del importe de la pensión de jubilación se calculará en función del número de años que se haya demorado el acceso a dicha pensión de acuerdo con la siguiente escala:

a) Si se demora un año el acceso a la pensión de jubilación de acuerdo con lo establecido en el apartado 1.a), el porcentaje será del 45 por ciento de la pensión.

b) Si se demora dos años el acceso a la pensión de jubilación, el porcentaje a percibir será del 55 por ciento de la pensión.

c) Si se demora tres años el acceso a la pensión de jubilación, el porcentaje será del 65 por ciento de la pensión.

d) Si se demora cuatro años el acceso a la pensión de jubilación, el porcentaje será del 80 por ciento de la pensión.

e) Si se demora cinco años o más el acceso a la pensión de jubilación, el porcentaje será del 100 por ciento de la pensión.

---

[312] Dada nueva redacción por art. 1 apartado 3 de Real Decreto-Ley 11/2024 de 23 de diciembre de 2024, con vigencia desde 01/04/2025

El porcentaje que resulte de la escala anterior se incrementará 5 puntos porcentuales por cada 12 meses ininterrumpidos que permanezca en la situación de jubilación activa, con el máximo del 100 por ciento de la pensión. En el supuesto de trabajadores fijos discontinuos, para acreditar este periodo, se aplicará la regla general prevista en el artículo 247.2, párrafo primero, de esta ley.

Este incremento comenzará a percibirse el día primero del mes de siguiente a aquel en que se haya cumplido dicho periodo de 12 meses.

A efectos de la aplicación de los porcentajes establecidos en este apartado se tomarán años completos, sin que se equiparen a ellos las fracciones de estos.

3. En el supuesto de que la actividad se realice por cuenta propia y se acredite tener contratado para la realización de la propia actividad, al menos, a un trabajador por cuenta ajena con carácter indefinido con una antigüedad mínima de 18 meses, o si se contrata con carácter indefinido a un nuevo trabajador por cuenta ajena que no haya tenido vínculo laboral con el trabajador autónomo en los dos años anteriores al inicio de la jubilación activa, la cuantía de la pensión compatible con el trabajo alcanzará el 75 por ciento, cuando la demora en el acceso a la pensión de jubilación haya sido entre uno y tres años, a partir del cuarto año será de aplicación lo previsto en el apartado anterior. En ambos supuestos, se aplicará el incremento de 5 puntos porcentuales por cada 12 meses ininterrumpidos que permanezca en la situación de jubilación activa en los términos previstos en el apartado 2.

Si no se acreditan las condiciones establecidas en el párrafo anterior, se aplicará la escala prevista en el apartado 2.

4. La cotización efectuada durante la situación de jubilación activa no dará lugar a ningún incremento del porcentaje aplicable a la base reguladora de la pensión que se tenga reconocida, ni tampoco incrementará el complemento económico de demora que hubiera correspondido.

5. La pensión se revalorizará en su integridad en los términos establecidos para las pensiones del sistema de la Seguridad Social. No obstante, en tanto se mantenga el trabajo compatible, al importe de la pensión más las revalorizaciones acumuladas se le aplicará el porcentaje que corresponda conforme a lo dispuesto en este artículo.

6. El pensionista no tendrá derecho a los complementos para pensiones inferiores a la mínima durante el tiempo en el que compatibilice la pensión con el trabajo.

7. El beneficiario tendrá la consideración de pensionista a todos los efectos.

8. Finalizada la relación laboral por cuenta ajena o el trabajo por cuenta propia, se restablecerá el percibo íntegro de la pensión de jubilación.

9. La regulación contenida en este artículo se entenderá aplicable sin perjuicio del régimen jurídico previsto para cualesquiera otras modalidades de compatibilidad entre pensión y trabajo, establecidas legal o reglamentariamente.

Las previsiones de este artículo no serán aplicables en los supuestos de desempeño de un puesto de trabajo o alto cargo en el sector público, delimitado en el párrafo segundo del artículo 1.1 de la Ley 53/1984, de 26 de diciembre, de Incompatibilidades del Personal al Servicio de las Administraciones Públicas, que será incompatible con la percepción de la pensión de jubilación.

215. *Jubilación parcial.* [313] 1. Los trabajadores que hayan cumplido la edad a que se refiere el artículo 205.1.a) y reúnan los requisitos para causar derecho a la pensión de jubilación, siempre que se produzca una reducción de su jornada de trabajo comprendida entre un mínimo del 25 por ciento y un máximo del 75 por ciento, podrán acceder a la jubilación parcial sin necesidad de la celebración simultánea de un contrato de relevo. Los porcentajes indicados se entenderán referidos a la jornada de un trabajador a tiempo completo comparable.

2. Asimismo, siempre que con carácter simultáneo se celebre un contrato de relevo en los términos previstos en el artículo 12 del texto refundido de la Ley del Estatuto de los Trabajadores, los trabajadores a tiempo completo que no hayan alcanzado la edad ordinaria de jubilación podrán acceder a la jubilación parcial cuando reúnan los siguientes requisitos:

a) Tener cumplida en la fecha del hecho causante una edad que sea inferior en tres años, como máximo, a la edad que en cada caso resulte de aplicación según lo establecido en el artículo 205.1.a), y acreditar un periodo de cotización de treinta y tres años, sin que, a tales efectos, se tengan en cuenta las bonificaciones o anticipaciones de la edad de

---

[313] Dada nueva redacción por art. 1 apartado 4 de Real Decreto-Ley 11/2024 de 23 de diciembre de 2024, con vigencia desde 01/04/2025

jubilación que pudieran ser de aplicación al interesado, ni la parte proporcional correspondiente por pagas extraordinarias.

En el supuesto de personas con discapacidad en grado igual o superior al 33 por ciento, el período de cotización de 33 años indicado en el párrafo anterior se reducirá al de veinticinco años.

A los exclusivos efectos de determinar el periodo de cotización, sólo se computará el período de prestación del servicio militar obligatorio o de la prestación social sustitutoria, o del servicio social femenino obligatorio, con el límite máximo de un año.

También, a los exclusivos efectos de determinar la edad legal de jubilación, se considerará como tal la que le hubiera correspondido al trabajador de haber seguido cotizando durante el plazo comprendido entre la fecha del hecho causante de la jubilación parcial y el cumplimiento de la edad legal de jubilación que en cada caso resulte de la aplicación de lo establecido en el artículo 205.1.a).

Para el cómputo de los períodos de cotización se tomarán períodos completos, sin que se equipare a un período la fracción del mismo.

b) Acreditar un período de antigüedad en la empresa de, al menos, seis años inmediatamente anteriores a la fecha de la jubilación parcial. A tal efecto se computará la antigüedad acreditada en la empresa anterior si ha mediado una sucesión de empresa en los términos previstos en el artículo 44 del texto refundido de la Ley del Estatuto de los Trabajadores, o en empresas pertenecientes al mismo grupo.

c) Que la reducción de su jornada de trabajo se halle comprendida entre un mínimo de un 25 por ciento y un máximo del 75. Dichos porcentajes se entenderán referidos a la jornada de un trabajador a tiempo completo comparable.

En los supuestos de anticipación del acceso a la jubilación parcial en más de dos años respecto de la edad ordinaria de jubilación, la reducción de jornada de trabajo durante el primer año se fijará entre un 20 y un 33 por ciento. En estos casos, a partir del segundo año las partes podrán alterar la reducción de la jornada dentro de los márgenes establecidos en el párrafo anterior.

d) Que exista una correspondencia entre las bases de cotización del trabajador relevista y del jubilado parcial, de modo que la correspondiente al trabajador relevista no podrá ser inferior al 65 por ciento del promedio de las bases de cotización correspondientes a los seis últimos meses del período de base reguladora de la pensión de jubilación parcial.

e) Los contratos de relevo que se establezcan como consecuencia de una jubilación parcial tendrán carácter indefinido y a tiempo completo. Estos contratos deberán mantenerse al menos durante los dos años posteriores a la extinción de la jubilación parcial.

En el supuesto de que el contrato de relevo se extinga antes de que el jubilado parcial acceda a la jubilación plena en cualquiera de sus modalidades, el empresario estará obligado a celebrar un nuevo contrato en los mismos términos del extinguido. En caso de incumplimiento por parte del empresario, de las condiciones establecidas en el presente artículo en materia de contrato de relevo, será responsable del reintegro de la pensión que haya percibido el pensionista a tiempo parcial.

f) Sin perjuicio de la reducción de jornada a que se refiere la letra c), durante el período de disfrute de la jubilación parcial, empresa y trabajador cotizarán por la base de cotización que, en su caso, hubiese correspondido de seguir trabajando este a jornada completa.

3. En aquellos casos en los que se acceda a la jubilación parcial antes del cumplimiento de la edad legal de jubilación que en cada caso resulte de la aplicación de lo establecido en el artículo 205.1.a), la compatibilidad efectiva entre trabajo y pensión permitirá, la acumulación del tiempo de trabajo en periodos de días en la semana, semanas en el mes, meses en el año u otros periodos de tiempo, de conformidad con lo dispuesto en pacto individual o, en su caso, en la negociación colectiva, en todas sus expresiones, incluido el acuerdo de centro de trabajo, sin que en ningún ámbito se pueda limitar o impedir su uso.

4. La percepción de la pensión de jubilación parcial será compatible con el puesto de trabajo a tiempo parcial resultante de la reducción de jornada.

5. El régimen jurídico de la jubilación parcial a que se refieren los apartados anteriores será el que reglamentariamente se establezca [314].

6. Podrán acogerse a la jubilación parcial regulada en este artículo los socios trabajadores o de trabajo de las cooperativas, asimilados a trabajadores por cuenta ajena en los términos del artículo 14, que reduzcan su jornada y derechos económicos en las condiciones previstas

---

[314] Véanse RD 1131/2002, de 31 octubre, por el que se regula la Seguridad Social de los trabajadores contratados a tiempo parcial, así como la jubilación parcial y RD 1132/2002, de 31 octubre, de desarrollo de determinados preceptos de la Ley 35/2002, de 12 julio, de medidas para el establecimiento de un sistema de jubilación gradual y flexible

en el texto refundido de la Ley del Estatuto de los Trabajadores y cumplan los requisitos establecidos en este artículo, cuando la cooperativa concierte con un socio de duración determinada de la misma o con un desempleado la realización, en calidad de socio trabajador o de socio de trabajo en los mismos términos previstos en el Estatuto de los Trabajadores para el contrato de relevo por lo que afecta a la duración de la jornada y al vínculo como socio.

CAPÍTULO XIV
Muerte y supervivencia

216. *Prestaciones.* 1. En caso de muerte, cualquiera que fuera su causa, cuando concurran los requisitos exigibles se reconocerán, según los supuestos, alguna o algunas de las prestaciones siguientes:

a) Un auxilio por defunción.

b) Una pensión vitalicia de viudedad.

c) Una prestación temporal de viudedad.

d) Una pensión de orfandad.

e) Una pensión vitalicia o, en su caso, subsidio temporal en favor de familiares.

2. En caso de muerte causada por accidente de trabajo o enfermedad profesional se reconocerá, además, una indemnización a tanto alzado.

3. Asimismo, en caso de muerte, tendrán derecho a una prestación de orfandad las hijas e hijos de la causante fallecida como consecuencia de violencia contra la mujer, en los términos en que se defina por la ley o por los instrumentos internacionales ratificados por España, siempre que se hallen en circunstancias equiparables a una orfandad absoluta, con las excepciones establecidas en los artículos siguientes, y que no reúnan los requisitos necesarios para causar una pensión de orfandad, en los términos establecidos reglamentariamente. [315]

217. *Sujetos causantes.* 1. Podrán causar derecho a las prestaciones enumeradas en el artículo anterior:

---

[315] Dada nueva redacción apartado 3 por art. 5 apartado 1 de Ley Orgánica 2/2022 de 21 de marzo de 2022, con vigencia desde 23/03/2022

a) Las personas incluidas en el Régimen General que cumplan la condición general exigida en el artículo 165.1

b) Los perceptores de los subsidios de incapacidad temporal, riesgo durante el embarazo, maternidad, paternidad o riesgo durante la lactancia natural, que cumplan el período de cotización que, en su caso, esté establecido.

c) Los titulares de pensiones contributivas de jubilación e incapacidad permanente.

2. Se reputarán de derecho muertos a consecuencia de accidente de trabajo o de enfermedad profesional quienes tengan reconocida por tales contingencias una incapacidad permanente absoluta o la condición de gran inválido.

Si no se da el supuesto previsto en el párrafo anterior, deberá probarse que la muerte ha sido debida al accidente de trabajo o a la enfermedad profesional. En caso de accidente de trabajo dicha prueba solo se admitirá si el fallecimiento hubiera ocurrido dentro de los cinco años siguientes a la fecha del accidente. En caso de enfermedad profesional se admitirá tal prueba cualquiera que sea el tiempo transcurrido.

3. Los trabajadores que hubieran desaparecido con ocasión de un accidente, sea o no de trabajo, en circunstancias que hagan presumible su muerte y sin que se hayan tenido noticias suyas durante los noventa días naturales siguientes al del accidente, podrán causar las prestaciones por muerte y supervivencia, excepción hecha del auxilio por defunción. Los efectos económicos de las prestaciones se retrotraerán a la fecha del accidente, en las condiciones que reglamentariamente se determinen.

218. *Auxilio por defunción.* El fallecimiento del causante dará derecho a la percepción inmediata de un auxilio por defunción para hacer frente a los gastos de sepelio a quien los haya soportado. Se presumirá, salvo prueba en contrario, que dichos gastos han sido satisfechos por este orden: por el cónyuge superviviente, el sobreviviente de una pareja de hecho en los términos regulados en el artículo 221, los hijos y los parientes del fallecido que conviviesen con él habitualmente.

219. *Pensión de viudedad del cónyuge superviviente.* 1. Tendrá derecho a la pensión de viudedad, con carácter vitalicio, salvo que se

produzca alguna de las causas de extinción que legal o reglamentariamente se establezcan, el cónyuge superviviente de alguna de las personas a que se refiere el artículo 217.1, siempre que si el sujeto causante
se encontrase en alta o en situación asimilada a la de alta en la fecha
de su fallecimiento hubiera completado un período de cotización de
quinientos días, dentro de los cinco años inmediatamente anteriores
a la fecha del hecho causante de la pensión. En los supuestos en que
esta se cause desde una situación de alta o de asimilada a la de alta
sin obligación de cotizar, el período de cotización de quinientos días
deberá estar comprendido dentro de los cinco años inmediatamente
anteriores a la fecha en que cesó la obligación de cotizar. En cualquier
caso, si la causa de la muerte fuera un accidente, sea o no de trabajo,
o una enfermedad profesional, no se exigirá ningún período previo de
cotización. [316]

También tendrá derecho a la pensión de viudedad el cónyuge superviviente aunque el causante, a la fecha de fallecimiento, no se encontrase en alta o en situación asimilada a la de alta, siempre que el mismo
hubiera completado un período mínimo de cotización de quince años.

2. En los supuestos excepcionales en que el fallecimiento del causante derivara de enfermedad común, no sobrevenida tras el vínculo
conyugal, se requerirá, además, que el matrimonio se hubiera celebra-
do con un año de antelación como mínimo a la fecha del fallecimiento
o, alternativamente, la existencia de hijos comunes. No se exigirá dicha
duración del vínculo matrimonial cuando en la fecha de celebración
del mismo se acreditara un período de convivencia con el causante,
en los términos establecidos en el artículo 221.2, que, sumado al de
duración del matrimonio, hubiera superado los dos años.

220. *Pensión de viudedad en supuestos de separación, divorcio o
nulidad matrimonial.* 1. En los casos de separación o divorcio, el derecho a la pensión de viudedad corresponderá a quien, concurriendo
los requisitos en cada caso exigidos en el artículo 219, sea o haya
sido cónyuge legítimo, en este último caso siempre que no hubiera
contraído nuevas nupcias o hubiera constituido una pareja de hecho
en los términos a que se refiere el artículo siguiente.

Asimismo, se requerirá que las personas divorciadas o separadas
judicialmente sean acreedoras de la pensión compensatoria a que se

---

[316] Véase art. 44 CC

refiere el artículo 97 del Código Civil y esta quedara extinguida a la muerte del causante. En el supuesto de que la cuantía de la pensión de viudedad fuera superior a la pensión compensatoria, aquella se disminuirá hasta alcanzar la cuantía de esta última.

En todo caso, tendrán derecho a la pensión de viudedad las mujeres que, aun no siendo acreedoras de pensión compensatoria, pudieran acreditar que eran víctimas de violencia de género en el momento de la separación judicial o el divorcio mediante sentencia firme, o archivo de la causa por extinción de la responsabilidad penal por fallecimiento; en defecto de sentencia, a través de la orden de protección dictada a su favor o informe del Ministerio Fiscal que indique la existencia de indicios de ser víctima de violencia de género, así como por cualquier otro medio de prueba admitido en Derecho.

2. Si, habiendo mediado divorcio, se produjera una concurrencia de beneficiarios con derecho a pensión, esta será reconocida en cuantía proporcional al tiempo vivido por cada uno de ellos con el causante, garantizándose, en todo caso, el 40 por ciento a favor del cónyuge superviviente o, en su caso, del que, sin ser cónyuge, conviviera con el causante en el momento del fallecimiento y resultara beneficiario de la pensión de viudedad en los términos a que se refiere el artículo siguiente.

3. En caso de nulidad matrimonial, el derecho a la pensión de viudedad corresponderá al superviviente al que se le haya reconocido el derecho a la indemnización a que se refiere el artículo 98 del Código Civil, siempre que no hubiera contraído nuevas nupcias o hubiera constituido una pareja de hecho en los términos a que se refiere el artículo siguiente. Dicha pensión será reconocida en cuantía proporcional al tiempo vivido con el causante, sin perjuicio de los límites que puedan resultar por la aplicación de lo previsto en el apartado anterior en el supuesto de concurrencia de varios beneficiarios.

221. *Pensión de viudedad de parejas de hecho.* [317] 1. También tendrán derecho a la pensión de viudedad, con carácter vitalicio, salvo que se produzca alguna de las causas de extinción que legal o reglamentariamente se establezcan, quienes cumpliendo los requisitos

---

[317] Dada nueva redacción por art. 1 apartado 10 de Ley 21/2021 de 28 de diciembre de 2021, con vigencia desde 01/01/2022

establecidos en el artículo 219, se encuentren unidos al causante en el momento de su fallecimiento como pareja de hecho.

2. A efectos de lo establecido en este artículo, se reconocerá como pareja de hecho la constituida, con análoga relación de afectividad a la conyugal, por quienes, no hallándose impedidos para contraer matrimonio, no tengan vínculo matrimonial con otra persona ni constituida pareja de hecho, y acrediten, mediante el correspondiente certificado de empadronamiento, una convivencia estable y notoria con carácter inmediato al fallecimiento del causante y con una duración ininterrumpida no inferior a cinco años, salvo que existan hijos en común, en cuyo caso solo deberán acreditar la constitución de la pareja de hecho de conformidad con lo previsto en el párrafo siguiente.

La existencia de pareja de hecho se acreditará mediante certificación de la inscripción en alguno de los registros específicos existentes en las comunidades autónomas o ayuntamientos del lugar de residencia o mediante documento público en el que conste la constitución de dicha pareja. Tanto la mencionada inscripción como la formalización del correspondiente documento público deberán haberse producido con una antelación mínima de dos años con respecto a la fecha del fallecimiento del causante.

3. Cuando la pareja de hecho constituida en los términos del apartado anterior se extinga por voluntad de uno o ambos convivientes, el posterior fallecimiento de uno de ellos solo dará derecho a pensión de viudedad con carácter vitalicio al superviviente cuando, además de concurrir los requisitos exigidos en cada caso en el artículo 219, no haya constituido una nueva pareja de hecho en los términos indicados en el apartado 2 ni contraído matrimonio.

Asimismo, se requerirá que la persona supérstite sea acreedora de una pensión compensatoria y que ésta se extinga con motivo de la muerte del causante. La pensión compensatoria deberá estar determinada judicialmente o mediante convenio o pacto regulador entre los miembros de la pareja otorgado en documento público, siempre que para fijar el importe de la pensión se haya tenido en cuenta la concurrencia en el perceptor de las mismas circunstancias relacionadas en el artículo 97 del Código Civil.

En el supuesto de que la cuantía de la pensión de viudedad fuera superior a la pensión compensatoria, aquella se disminuirá hasta alcanzar la cuantía de esta última.

En todo caso, tendrán derecho a la pensión de viudedad las mujeres que, aun no siendo acreedoras de pensión compensatoria, pudieran acreditar que eran víctimas de violencia de género en el momento de la extinción de la pareja de hecho mediante sentencia firme, o archivo de la causa por extinción de la responsabilidad penal por fallecimiento; en defecto de sentencia, a través de la orden de protección dictada a su favor o informe del Ministerio Fiscal que indique la existencia de indicios de ser víctima de violencia de género, así como por cualquier otro medio de prueba admitido en Derecho.

222. *Prestación temporal de viudedad.* [318] Cuando el cónyuge o la pareja de hecho superviviente no pueda acceder al derecho a pensión de viudedad por no acreditar, respectivamente, que su matrimonio con el causante ha tenido una duración de un año en los términos del artículo 219.2, o por la inexistencia de hijos comunes, o que su inscripción como pareja de hecho en alguno de los registros específicos existentes en las comunidades autónomas o ayuntamientos del lugar de residencia o su constitución mediante documento público se han producido con una antelación mínima de dos años respecto de la fecha del fallecimiento del causante, pero concurran el resto de requisitos enumerados en el artículo 219, tendrá derecho a una prestación temporal en cuantía igual a la de la pensión de viudedad que le hubiera correspondido y con una duración de dos años.

223. *Compatibilidad y extinción de las prestaciones de viudedad.* [319] 1. La pensión de viudedad será compatible con cualesquiera rentas de trabajo.

La pensión de viudedad, causada en las condiciones establecidas en el segundo párrafo del artículo 219.1, incluido el supuesto de parejas de hecho, será incompatible con el reconocimiento de otra pensión de viudedad, en cualquiera de los regímenes de la Seguridad Social, salvo que las cotizaciones acreditadas en cada uno de los regímenes se superpongan, al menos, durante quince años.

2. El derecho a pensión de viudedad se extinguirá, en todo caso, cuando el beneficiario contraiga matrimonio o constituya una pareja

---

[318] Dada nueva redacción por art. 1 apartado 11 de Ley 21/2021 de 28 de diciembre de 2021, con vigencia desde 01/01/2022

[319] Dada nueva redacción por art. 1 apartado 12 de Ley 21/2021 de 28 de diciembre de 2021, con vigencia desde 01/01/2022

de hecho en los términos regulados en el artículo 221, sin perjuicio de las excepciones establecidas reglamentariamente.

3. Lo previsto en el presente artículo resulta de aplicación a la prestación temporal de viudedad.

224. *Pensión de orfandad y prestación de orfandad.* [320] [321]

1. Tendrán derecho a la pensión de orfandad, en régimen de igualdad, cada uno de los hijos e hijas del causante o de la causante fallecida, cualquiera que sea la naturaleza de su filiación, siempre que, en el momento de la muerte, sean menores de veintiún años o estén incapacitados para el trabajo y que el causante se encontrase en alta o situación asimilada a la de alta, o fuera pensionista en los términos del artículo 217.1.c).

Será de aplicación, asimismo, a las pensiones de orfandad lo previsto en el segundo párrafo del artículo 219.1.

Tendrán derecho a la prestación de orfandad, en régimen de igualdad, cada uno de los hijos e hijas de la causante fallecida, cualquiera que sea la naturaleza de su filiación, cuando el fallecimiento se hubiera producido por violencia contra la mujer, en los términos en que se defina por la ley o por los instrumentos internacionales ratificados por España, y en todo caso cuando se deba a la comisión contra la mujer de alguno de los supuestos de violencias sexuales determinados por la Ley Orgánica de garantía integral de la libertad sexual, siempre que los hijos e hijas se hallen en circunstancias equiparables a una orfandad absoluta y no reúnan los requisitos necesarios para causar una pensión de orfandad. La cuantía de esta prestación será el 70 por ciento de su base reguladora, siempre que los rendimientos de la unidad familiar de convivencia, incluidas las personas huérfanas, dividido por el número de miembros que la componen, no superen en cómputo anual el 75 por ciento del Salario Mínimo Interprofesional

[320] Dada nueva redacción por art. único apartado 3 de Ley 3/2019 de 1 de marzo de 2019, con vigencia desde 03/03/2019

[321] Véanse arts. 9 y 11 RD 1647/1997, de 31 octubre, por el que se desarrollan determinados aspectos de la Ley 24/1997, de 15 julio, de consolidación y racionalización del sistema de la Seguridad Social

vigente en cada momento, excluida la parte proporcional de las pagas extraordinarias. [322]

En el supuesto de que hubiera más de una persona beneficiaria de esta prestación, el importe conjunto de las mismas podrá situarse en el 118 por ciento de la base reguladora, y nunca será inferior al mínimo equivalente a la pensión de viudedad con cargas familiares.

2. El derecho a la pensión de orfandad y al incremento previsto reglamentariamente para los casos de orfandad absoluta y, en su caso, a la prestación de orfandad, se suspenderá en el supuesto de adopción de los hijos e hijas de la causante fallecida como consecuencia de violencia sobre la mujer, cuando los rendimientos de la unidad de convivencia en que se integran, divididos por el número de miembros que la componen, incluidas las personas huérfanas adoptadas, superen en cómputo anual el 75 por ciento del Salario Mínimo Interprofesional vigente en cada momento, excluida la parte proporcional de las pagas extraordinarias.

Asimismo, cuando la muerte por violencia contra la mujer de la causante de la pensión o prestación de orfandad hubiera sido producida por un agresor distinto del progenitor de los hijos e hijas de la causante, se reconocerá el derecho a la pensión de orfandad con el incremento que correspondiese o, en su caso, la prestación de orfandad, cuando los rendimientos de la unidad de convivencia en que se integran no superen el mismo porcentaje establecido en el párrafo anterior. En otro caso, se suspenderá el derecho a su percibo.

En los supuestos anteriores, la suspensión tendrá efectos desde el día siguiente a aquél en que concurra la causa de la suspensión.

El derecho a la pensión o a la prestación se recuperará cuando los ingresos de la unidad de convivencia no superen los límites señalados anteriormente. La recuperación tendrá efectos desde el día siguiente a aquél en que se modifique la cuantía de los ingresos percibidos, siempre que se solicite dentro de los tres meses siguientes a la indicada fecha. En caso contrario, la pensión o prestación recuperada tendrá una retroactividad máxima de tres meses, a contar desde la solicitud.

En los casos en que se haya mantenido el percibo de la pensión o de la prestación de orfandad, aunque se haya constituido la adopción, la nueva pensión o prestación de orfandad que pudiese generarse como

---

[322] Dada nueva redacción apartado 1 párrafo 3 por disposición final 16 apartado 3 de Ley Orgánica 10/2022 de 6 de septiembre de 2022, con vigencia desde 07/10/2022

consecuencia del fallecimiento de una de las personas adoptantes, será incompatible con la pensión o prestación de orfandad que se venía percibiendo, debiendo optar por una de ellas.

A los efectos previstos en este artículo, se presumirá la orfandad absoluta cuando se hubiera producido abandono de la responsabilidad familiar del progenitor supérstite y se hubiera otorgado el acogimiento o tutela de la persona huérfana por violencia contra la mujer a favor de terceros o familiares, así como en otros supuestos determinados reglamentariamente. [323]

3. Podrá ser beneficiario de la pensión de orfandad o de la prestación de orfandad, siempre que en la fecha del fallecimiento del causante fuera menor de veinticinco años, el hijo del causante que no efectúe un trabajo lucrativo por cuenta ajena o propia, o cuando realizándolo, los ingresos que obtenga resulten inferiores, en cómputo anual, a la cuantía vigente para el salario mínimo interprofesional, también en cómputo anual.

Si el huérfano estuviera cursando estudios y cumpliera los veinticinco años durante el transcurso del curso escolar, la percepción de la pensión y la prestación de orfandad se mantendrá hasta el día primero del mes inmediatamente posterior al de inicio del siguiente al curso académico. [324]

4. La pensión de orfandad y la prestación de orfandad se abonará a quien tenga a su cargo a los beneficiarios según determinación reglamentaria [325] . [326]

225. *Compatibilidad de la pensión y prestación de orfandad* [327] . 1. Sin perjuicio de lo previsto en el apartado 2 del artículo anterior, la pensión o prestación de orfandad será compatible

[323] Añadido apartado 2 por art. 5 apartado 2 de Ley Orgánica 2/2022 de 21 de marzo de 2022, con vigencia desde 23/03/2022

[324] Renumerado apartado 2 por art. 5 apartado 2 de Ley Orgánica 2/2022 de 21 de marzo de 2022 como apartado 3, con vigencia desde 23/03/2022

[325] Véase disp. adic. 1ª.2 LO 1/2004, de 28 diciembre, de medidas de protección integral contra la violencia de género

[326] Renumerado apartado 3 por art. 5 apartado 2 de Ley Orgánica 2/2022 de 21 de marzo de 2022 como apartado 4, con vigencia desde 23/03/2022

[327] Dada nueva redacción leyenda por art. único apartado 4 de Ley 3/2019 de 1 de marzo de 2019, con vigencia desde 03/03/2019

con cualquier renta del trabajo de quien sea o haya sido cónyuge del causante, o del propio huérfano, así como, en su caso, con la pensión de viudedad que aquel perciba.

Será de aplicación a las pensiones de orfandad lo previsto, respecto de las pensiones de viudedad, en el segundo párrafo del artículo 223.1, salvo que el fallecimiento se hubiera producido como consecuencia de violencia contra la mujer, en los términos en que se defina por la ley o por los instrumentos internacionales ratificados por España, en cuyo caso será compatible con el reconocimiento de otra pensión de orfandad en cualquiera de los regímenes de Seguridad Social. [328]

2. Los huérfanos incapacitados para el trabajo con derecho a pensión de orfandad, cuando perciban otra pensión de la Seguridad Social en razón a la misma incapacidad, podrán optar entre una u otra. Cuando el huérfano haya sido declarado incapacitado para el trabajo con anterioridad al cumplimiento de la edad de dieciocho años, la pensión de orfandad que viniera percibiendo será compatible con la de incapacidad permanente que pudiera causar, después de los dieciocho años, como consecuencia de unas lesiones distintas a las que dieron lugar a la pensión de orfandad, o en su caso, con la pensión de jubilación que pudiera causar en virtud del trabajo que realice por cuenta propia o ajena. [329]

3. Reglamentariamente se determinarán los efectos de la concurrencia en los mismos beneficiarios de pensiones de orfandad causadas por el padre y la madre.

226. *Prestaciones en favor de familiares.* 1. En las normas de desarrollo de esta ley se determinarán aquellos otros familiares o asimilados que, reuniendo las condiciones que para cada uno de ellos se establezcan y previa prueba de su dependencia económica del causan-

---

[328] Dada nueva redacción apartado 1 por art. único apartado 4 de Ley 3/2019 de 1 de marzo de 2019, con vigencia desde 03/03/2019

[329] Véase art. 10 RD 1647/1997, de 31 octubre, por el que se desarrollan determinados aspectos de la Ley 24/1997, de 15 julio, de consolidación y racionalización del sistema de la Seguridad Social

te, tendrán derecho a pensión o subsidio por muerte de este, en la cuantía que respectivamente se fije. [330]

Será de aplicación a las prestaciones en favor de familiares lo establecido en el párrafo segundo del artículo 219.1.

2. En todo caso, se reconocerá derecho a pensión a los hijos o hermanos de beneficiarios de pensiones contributivas de jubilación e incapacidad permanente, en quienes se den, en los términos que se establezcan reglamentariamente, las siguientes circunstancias:

a) Haber convivido con el causante y a su cargo.

b) Ser mayores de cuarenta y cinco años y solteros, divorciados o viudos.

c) Acreditar dedicación prolongada al cuidado del causante.

d) Carecer de medios propios de vida.

3. La duración de los subsidios temporales por muerte y supervivencia será objeto de determinación en las normas de desarrollo de esta ley.

4. A efectos de estas prestaciones, quienes se encuentren en situación legal de separación tendrán, respecto de sus ascendientes o descendientes, los mismos derechos que los que les corresponderían de estar disuelto su matrimonio.

5. Será de aplicación a las pensiones en favor de familiares lo previsto para las pensiones de viudedad en el segundo párrafo del artículo 223.1.

227. *Indemnización especial a tanto alzado.* 1. En el caso de muerte por accidente de trabajo o enfermedad profesional, el cónyuge superviviente, el sobreviviente de una pareja de hecho en los términos regulados en el artículo 221 y los huérfanos tendrán derecho a una indemnización a tanto alzado, cuya cuantía uniforme se determinará en las normas de desarrollo de esta ley. [331]

En los supuestos de separación, divorcio o nulidad será de aplicación, en su caso, lo previsto en el artículo 220.

---

[330] Véase cap. V Orden de 13 de febrero de 1967, por la que se establecen normas para la aplicación y desarrollo de las prestaciones de muerte y supervivencia del Régimen General de la Seguridad Social

[331] Véanse cap. VI Orden de 13 de febrero de 1967, por la que se establecen normas para la aplicación y desarrollo de las prestaciones de muerte y supervivencia del Régimen General de la Seguridad Social y art. 12 Decreto 1646/1972, de 23 de junio

2. Cuando no existieran otros familiares con derecho a pensión por muerte y supervivencia, el padre o la madre que vivieran a expensas del trabajador fallecido, siempre que no tengan, con motivo de la muerte de este, derecho a las prestaciones a que se refiere el artículo anterior, percibirán la indemnización que se establece en el apartado 1 del presente artículo.

228. *Base reguladora de las prestaciones por muerte y supervivencia derivadas de contingencias comunes.* Para el cálculo de la base reguladora en los supuestos de prestaciones derivadas de contingencias comunes se computará la totalidad de las bases por las que se haya efectuado la cotización durante el periodo establecido reglamentariamente anterior al mes previo al del hecho causante. [332]

La prestación de orfandad se calculará aplicando el porcentaje correspondiente a la base mínima de cotización de entre todas las existentes vigente en el momento del hecho causante. [333]

229. *Límite de las cuantías de las pensiones.* 1. La suma de las cuantías de las pensiones por muerte y supervivencia no podrá exceder del importe de la base reguladora que corresponda, conforme a lo previsto en el artículo 161.2, en función de las cotizaciones efectuadas por el causante. Esta limitación se aplicará a la determinación inicial de las expresadas cuantías, pero no afectará a las revalorizaciones periódicas de las pensiones que procedan en lo sucesivo, conforme a lo previsto en el artículo 58.

2. A los efectos de la limitación establecida en este artículo, las pensiones de orfandad tendrán preferencia sobre las pensiones a favor de otros familiares. Asimismo, y por lo que respecta a estas últimas prestaciones, se establece el siguiente orden de preferencia:

1.º Nietos y hermanos del causante, menores de dieciocho años o mayores incapacitados.

2.º Padre y madre del causante.

3.º Abuelos y abuelas del causante.

---

[332] Véase art. 7 D 1646/1972 de 23 junio

[333] Añadido párrafo 2 por art. único apartado 5 de Ley 3/2019 de 1 de marzo de 2019, con vigencia desde 03/03/2019

4.º Hijos y hermanos del titular de una pensión contributiva de jubilación o incapacidad permanente mayores de cuarenta y cinco años y que reúnan los demás requisitos establecidos.

3. Sin perjuicio de lo previsto con carácter general en este artículo, el límite establecido podrá ser rebasado en caso de concurrencia de varias pensiones de orfandad con una pensión de viudedad cuando el porcentaje a aplicar a la correspondiente base reguladora para el cálculo de esta última sea superior al 52 por ciento, si bien, en ningún caso, la suma de las pensiones de orfandad podrá superar el 48 por ciento de la base reguladora que corresponda. [334]

230. *Imprescriptibilidad.* El derecho al reconocimiento de las prestaciones por muerte y supervivencia, con excepción del auxilio por defunción, será imprescriptible, sin perjuicio de que los efectos de tal reconocimiento se produzcan a partir de los tres meses anteriores a la fecha en que se presente la correspondiente solicitud.

231. *Impedimento para ser beneficiario de las prestaciones de muerte y supervivencia.* 1. Sin perjuicio de lo establecido en la disposición adicional primera de la Ley Orgánica 1/2004, de 28 de diciembre, de Medidas de Protección Integral contra la Violencia de Género, no podrá tener la condición de beneficiario de las prestaciones de muerte y supervivencia que hubieran podido corresponderle, quien fuera condenado por sentencia firme por la comisión de un delito doloso de homicidio en cualquiera de sus formas, cuando la víctima fuera el sujeto causante de la prestación.

2. La entidad gestora podrá revisar, por sí misma y en cualquier momento, la resolución por la cual hubiera reconocido el derecho a una prestación de muerte y supervivencia a quien fuera condenado por sentencia firme en el supuesto indicado, viniendo el mismo obligado a devolver las cantidades que, en su caso, hubiera percibido por tal concepto.

La facultad de revisión de oficio a que se refiere el párrafo anterior no estará sujeta a plazo, si bien la obligación de reintegro del importe de las prestaciones percibidas prescribirá en el plazo previsto en

[334] Dada nueva redacción apartado 3 por disposición final 40 apartado 1 de Ley 6/2018 de 3 de julio de 2018, con vigencia desde 01/08/2018

el artículo 55.3. En todo caso, la prescripción de esta obligación se interrumpirá cuando recaiga resolución judicial de la que se deriven indicios racionales de que el sujeto investigado es responsable de un delito doloso de homicidio, así como por la tramitación del proceso penal y de los diferentes recursos.

En el acuerdo de inicio del procedimiento de revisión del reconocimiento de la prestación a que se refiere este artículo se acordará, si no se hubiera producido antes, la suspensión cautelar de su percibo hasta la resolución firme que ponga fin a dicho procedimiento.

232. *Suspensión cautelar del abono de las prestaciones de muerte y supervivencia, en determinados supuestos.* 1. La entidad gestora suspenderá cautelarmente el abono de las prestaciones de muerte y supervivencia que, en su caso, hubiera reconocido, cuando recaiga resolución judicial de la que se deriven indicios racionales de que el sujeto investigado es responsable de un delito doloso de homicidio en cualquiera de sus formas, si la víctima fuera el sujeto causante de la prestación, con efectos del día primero del mes siguiente a aquel en que le sea comunicada tal circunstancia.

Cuando la entidad gestora tenga conocimiento, antes o durante el trámite del procedimiento para el reconocimiento de la prestación de muerte y supervivencia, de que ha recaído contra el solicitante resolución judicial de la que deriven indicios racionales de criminalidad por la comisión del indicado delito, procederá a su reconocimiento si concurrieran todos los restantes requisitos para ello, con suspensión cautelar de su abono desde la fecha en que hubiera debido tener efectos económicos.

En los casos indicados en los dos párrafos precedentes, la suspensión cautelar se mantendrá hasta que recaiga sentencia firme u otra resolución firme que ponga fin al procedimiento penal, o determine la no culpabilidad del beneficiario.

Si el beneficiario de la prestación fuera finalmente condenado por sentencia firme por la comisión del indicado delito, procederá la revisión del reconocimiento y, en su caso, el reintegro de las prestaciones percibidas, de acuerdo con lo previsto en el artículo 231. Cuando recaiga sentencia absolutoria o resolución judicial firme que declare la no culpabilidad del beneficiario, se rehabilitará el pago de la prestación suspendida con los efectos que hubieran procedido de no haberse acordado la suspensión, una vez descontadas, en su caso, las cantidades satisfechas en concepto de obligación de alimentos conforme a lo dispuesto en el apartado 3.

2. No obstante, si recayera sentencia absolutoria en primera instancia y esta fuera recurrida, la suspensión cautelar se alzará hasta la resolución del recurso por sentencia firme. En este caso, si la sentencia firme recaída en dicho recurso fuese también absolutoria, se abonarán al beneficiario las prestaciones dejadas de percibir desde que se acordó la suspensión cautelar hasta que se alzó esta, con descuento de las cantidades que, en su caso, se hubieran satisfecho a terceros en concepto de obligación de alimentos conforme a lo dispuesto en el apartado 3. Por el contrario, si la sentencia firme recaída en el recurso resultara condenatoria, procederá la revisión del reconocimiento de la prestación así como la devolución de las prestaciones percibidas por el condenado, conforme a lo indicado en el apartado 1 de este artículo, incluidas las correspondientes al período en que estuvo alzada la suspensión.

3. Durante la suspensión del pago de una pensión de viudedad, acordada conforme a lo previsto en este artículo, se podrán hacer efectivas con cargo a la misma, hasta el límite del importe que le hubiera correspondido por tal concepto al beneficiario de dicha pensión, las obligaciones de alimentos a favor de los titulares de pensión de orfandad o en favor de familiares causada por la víctima del delito, siempre que dichos titulares hubieran de ser beneficiarios de los incrementos a que se refiere el artículo 233 si finalmente recayera sentencia firme condenatoria de aquel. La cantidad a percibir en concepto de alimentos por cada uno de los pensionistas de orfandad o en favor de familiares no podrá superar el importe que, en cada momento, le hubiera correspondido por dicho incremento.

233. *Incremento de las pensiones de orfandad y en favor de familiares, en determinados supuestos.* 1. Cuando, a tenor de lo establecido en el artículo 231, el condenado por sentencia firme por la comisión de un delito doloso de homicidio en cualquiera de sus formas no pudiese adquirir la condición de beneficiario de la pensión de viudedad, o la hubiese perdido, los hijos del mismo que sean titulares de la pensión de orfandad causada por la víctima del delito tendrán derecho al incremento previsto reglamentariamente para los casos de orfandad absoluta.

Los titulares de la pensión en favor de familiares podrán, en esos mismos supuestos, ser beneficiarios del incremento previsto reglamentariamente, siempre y cuando no haya otras personas con derecho a pensión de muerte y supervivencia causada por la víctima.

2. Los efectos económicos del citado incremento se retrotraerán a la fecha de efectos del reconocimiento inicial de la pensión de orfandad o en favor de familiares, cuando no se hubiera reconocido previamente la pensión de viudedad a quien resulte condenado por sentencia firme. En otro caso, dichos efectos económicos se iniciarán a partir de la fecha en que hubiera cesado el pago de la pensión de viudedad, como consecuencia de la revisión de su reconocimiento por la entidad gestora conforme a lo previsto en el artículo 231 o, en su caso, a partir de la fecha de la suspensión cautelar contemplada en el artículo 232.

En todo caso, el abono del incremento de la pensión de orfandad o en favor de familiares por los períodos en que el condenado hubiera percibido la pensión de viudedad solo podrá llevarse a cabo una vez que este haga efectivo su reintegro, sin que la entidad gestora, de no producirse el reintegro, sea responsable subsidiaria ni solidaria del abono al pensionista de orfandad o en favor de familiares del incremento señalado, ni venga obligada a su anticipo.

De las cantidades que correspondan en concepto de incremento de la pensión de orfandad o en favor de familiares se descontará, en su caso, el importe que por alimentos hubiera percibido su beneficiario a cargo de la pensión de viudedad suspendida, conforme a lo dispuesto en el artículo 232.

3. Las hijas e hijos que sean titulares de la pensión de orfandad causada por la víctima de violencia contra la mujer, en los términos en los que se defina por la ley o por los instrumentos internacionales ratificados por España, tendrán derecho al incremento previsto reglamentariamente para los casos de orfandad absoluta.

En el supuesto de que hubiera más de una persona beneficiaria de esta pensión, el importe conjunto de las mismas podrá situarse en el 118 por ciento de la base reguladora, y nunca será inferior al mínimo equivalente a la pensión de viudedad con cargas familiares.

El incremento previsto reglamentariamente para los casos de orfandad absoluta alcanzará el 70 por ciento de la base reguladora, siempre que los rendimientos de la unidad familiar de convivencia, incluidas las personas huérfanas, dividido por el número de miembros que la componen, no superen en cómputo anual el 75 por ciento del Salario Mínimo Interprofesional vigente en cada momento, excluida la parte proporcional de las pagas extraordinarias. [335]

234. *Abono de las pensiones de orfandad, en determinados supuestos.* [336] En el supuesto de que los hijos de quien fuera condenado por sentencia firme por la comisión de un delito doloso de homicidio en cualquiera de sus formas, en los términos señalados en el artículo 231, siendo menores de edad o mayores de edad con medidas de apoyo a su capacidad jurídica para percibir la pensión, fueran beneficiarios de pensión de orfandad causada por la víctima, dicha pensión no se abonará a la persona condenada.

En todo caso, la entidad gestora pondrá en conocimiento del Ministerio Fiscal la existencia de la pensión de orfandad, así como toda resolución judicial de la que se deriven indicios racionales de que el progenitor es responsable de un delito doloso de homicidio para que, en cumplimiento de lo dispuesto en el artículo 158 del Código Civil, proceda, en su caso, a instar la adopción de las medidas oportunas en relación con la persona física o institución tutelar del menor o, en su caso, curatelar de la persona mayor de edad a las que debe abonarse la pensión de orfandad. Adoptadas dichas medidas con motivo de dicha situación procesal, la entidad gestora, cuando así proceda, comunicará también al Ministerio Fiscal la resolución por la que se ponga fin al proceso y la firmeza o no de la resolución judicial en que se acuerde.

CAPÍTULO XV
Protección a la familia

235. *Periodos de cotización asimilados por parto.* A efectos de las pensiones contributivas de jubilación y de incapacidad permanente, se computarán a favor de la trabajadora solicitante de la pensión un total de ciento doce días completos de cotización por cada parto de

---

[335] Añadido apartado 3 por art. único apartado 6 de Ley 3/2019 de 1 de marzo de 2019, con vigencia desde 03/03/2019

[336] Dada nueva redacción por art. único apartado 24 de Real Decreto-Ley 2/2023 de 16 de marzo de 2023, con vigencia desde 01/04/2023

un solo hijo y de catorce días más por cada hijo a partir del segundo, este incluido, si el parto fuera múltiple, salvo que, por ser trabajadora o funcionaria en el momento del parto, se hubiera cotizado durante la totalidad de las dieciséis semanas o durante el tiempo que corresponda si el parto fuese múltiple.

236. *Beneficios por cuidado de hijos o menores.* 1. Sin perjuicio de lo dispuesto en el artículo anterior, se computará como periodo cotizado a todos los efectos, salvo para el cumplimiento del período mínimo de cotización exigido, aquel en el que se haya interrumpido la cotización a causa de la extinción de la relación laboral o de la finalización del cobro de prestaciones por desempleo cuando tales circunstancias se hayan producido entre los nueve meses anteriores al nacimiento, o los tres meses anteriores a la adopción o acogimiento permanente de un menor, y la finalización del sexto año posterior a dicha situación.

El período computable como cotizado será como máximo de doscientos setenta días por hijo o menor adoptado o acogido, sin que en ningún caso pueda ser superior a la interrupción real de la cotización.

Este beneficio solo se reconocerá a uno de los progenitores. En caso de controversia entre ellos se otorgará el derecho a la madre.

2. En cualquier caso, la aplicación de los beneficios establecidos en este artículo no podrá dar lugar a que el período de cuidado de hijo o menor, considerado como período cotizado, supere cinco años por beneficiario. Esta limitación se aplicará, de igual modo, cuando los mencionados beneficios concurran con los contemplados en el artículo 237.1.

237. *Prestación familiar en su modalidad contributiva.* 1. Los períodos de hasta tres años de excedencia que los trabajadores, de acuerdo con el artículo 46.3 del texto refundido de la Ley del Estatuto de los Trabajadores, disfruten en razón del cuidado de cada hijo o menor en régimen de acogimiento permanente o de guarda con fines de adopción, tendrán la consideración de periodo de cotización efectiva a efectos de las correspondientes prestaciones de la Seguridad Social por jubilación, incapacidad permanente, muerte y supervivencia, maternidad y paternidad.

2. De igual modo, se considerarán efectivamente cotizados a los efectos de las prestaciones indicadas en el apartado anterior, los tres primeros años del período de excedencia que los trabajadores disfruten, de acuerdo con el artículo 46.3 del texto refundido de la Ley del Estatuto de los Trabajadores, en razón del cuidado de otros familiares, hasta el segundo grado de consanguinidad o afinidad, que, por razones de edad, accidente, enfermedad o discapacidad, no puedan valerse por sí mismos, y no desempeñen una actividad retribuida. [337]

3. Las cotizaciones realizadas durante los tres primeros años del período de reducción de jornada por cuidado de menor previsto en el primer párrafo del artículo 37.6 del texto refundido de la Ley del Estatuto de los Trabajadores, se computarán incrementadas hasta el 100 por cien de la cuantía que hubiera correspondido si se hubiera mantenido sin dicha reducción la jornada de trabajo, a efectos de las prestaciones señaladas en el apartado 1. Dicho incremento se referirá igualmente a los tres primeros años en los demás supuestos de reducción de jornada contemplados en el primer y segundo párrafo del mencionado artículo.

Las cotizaciones realizadas durante los períodos en que se reduce la jornada en el último párrafo del apartado 4, así como en el tercer párrafo del apartado 6 del artículo 37 del texto refundido de la Ley del Estatuto de los Trabajadores, se computarán incrementadas hasta el 100 por cien de la cuantía que hubiera correspondido si se hubiera mantenido sin dicha reducción la jornada de trabajo, a efectos de las prestaciones por jubilación, incapacidad permanente, muerte y supervivencia, nacimiento y cuidado de menor, riesgo durante el embarazo, riesgo durante la lactancia natural e incapacidad temporal. [338]

4. Cuando las situaciones de excedencia señaladas en los apartados 1 y 2 hubieran estado precedidas por una reducción de jornada en los términos previstos en el artículo 37.6 del texto refundido de la Ley del Estatuto de los Trabajadores, a efectos de la consideración como cotizados de los períodos de excedencia que correspondan, las cotizaciones realizadas durante la reducción de jornada se computarán incrementadas hasta el 100 por cien de la cuantía que hubiera corres-

---

[337] Dada nueva redacción apartado 2 por art. único apartado 25 de Real Decreto-Ley 2/2023 de 16 de marzo de 2023, con vigencia desde 18/03/2023

[338] Dada nueva redacción apartado 3 por art. único apartado 25 de Real Decreto-Ley 2/2023 de 16 de marzo de 2023, con vigencia desde 18/03/2023

pondido si se hubiera mantenido sin dicha reducción la jornada de trabajo.

CAPÍTULO XVI
Disposiciones comunes del Régimen General

Sección 1ª
Mejoras voluntarias de la acción protectora del Régimen General

238. *Mejoras de la acción protectora.* 1. Las mejoras voluntarias de la acción protectora de este Régimen General podrán efectuarse a través de:
a) Mejora directa de las prestaciones.
b) Establecimiento de tipos de cotización adicionales.
2. La concesión de mejoras voluntarias por las empresas deberá ajustarse a lo establecido en esta sección y en las normas dictadas para su aplicación y desarrollo.

239. *Mejora directa de las prestaciones.* Las empresas podrán mejorar directamente las prestaciones de este Régimen General, costeándolas a su exclusivo cargo. Excepcionalmente, y previa aprobación del Ministerio de Empleo y Seguridad Social, podrá establecerse una aportación económica a cargo de los trabajadores, siempre que se les faculte para acogerse o no, individual y voluntariamente, a las mejoras concedidas por los empresarios con tal condición.

No obstante el carácter voluntario para los empresarios de la implantación de las mejoras a que este artículo se refiere, cuando al amparo de las mismas un trabajador haya causado el derecho a la mejora de una prestación periódica, ese derecho no podrá ser anulado o disminuido si no es de acuerdo con las normas que regulan su reconocimiento.

240. *Modos de gestión de la mejora directa.* 1. Las empresas, en las condiciones que reglamentariamente se determinen, podrán realizar la mejora de prestaciones a que se refiere el artículo anterior por sí mismas o a través de la Administración de la Seguridad Social, fundaciones laborales, montepíos y mutualidades de previsión social o entidades aseguradoras de cualquier clase.

2. Las fundaciones laborales legalmente constituidas para el cumplimiento de los fines que les sean propios gozarán del trato fiscal y de las demás exenciones concedidas, en los términos que las normas aplicables establezcan.

241. *Mejora por establecimiento de tipos de cotización adicionales.* El Ministerio de Empleo y Seguridad Social, a instancia de los interesados, podrá aprobar cotizaciones adicionales efectuadas mediante el aumento del tipo de cotización al que se refiere el artículo 145, con destino a la revalorización de las pensiones u otras prestaciones periódicas ya causadas y financiadas con cargo al mismo o para mejorar las futuras.

Sección 2ª
Disposiciones sobre seguridad y salud en el trabajo en el Régimen General

242. *Incumplimientos en materia de accidentes de trabajo.* El incumplimiento por parte de las empresas de las órdenes de la Inspección de Trabajo y Seguridad Social y de las resoluciones de la autoridad laboral en materia de paralización de trabajos que no cumplan las normas de seguridad y salud se equiparará, respecto de los accidentes de trabajo que en tal caso pudieran producirse, a la falta de formalización de la protección por dicha contingencia de los trabajadores afectados, con independencia de cualquier otra responsabilidad o sanción a que hubiera lugar. [339]

243. *Normas específicas para enfermedades profesionales.* 1. Todas las empresas que hayan de cubrir puestos de trabajo con riesgo de enfermedades profesionales están obligadas a practicar un reconocimiento médico previo a la admisión de los trabajadores que hayan de

---

[339] Véanse arts. 9.1 f), 43 y 44 Ley de Prevención de Riesgos Laborales

ocupar aquellos y a realizar los reconocimientos periódicos que para cada tipo de enfermedad se establezcan en las normas que, al efecto, apruebe el Ministerio de Empleo y Seguridad Social. [340]

2. Los reconocimientos serán a cargo de la empresa y tendrán el carácter de obligatorios para el trabajador, a quien abonará aquella, si a ello hubiera lugar, los gastos de desplazamiento y la totalidad del salario que por tal causa pueda dejar de percibir.

3. Las indicadas empresas no podrán contratar trabajadores que en el reconocimiento médico no hayan sido calificados como aptos para desempeñar los puestos de trabajo de que se trate. Igual prohibición se establece respecto a la continuación del trabajador en su puesto de trabajo cuando no se mantenga la declaración de aptitud en los reconocimientos sucesivos.

4. Las disposiciones de aplicación y desarrollo determinarán los casos excepcionales en los que, por exigencias de hecho de la contratación laboral, se pueda conceder un plazo para efectuar los reconocimientos inmediatamente después de la iniciación del trabajo.

244. *Responsabilidades por falta de reconocimientos médicos.* 1. Las entidades gestoras y las colaboradoras con la Seguridad Social están obligadas, antes de tomar a su cargo la protección por accidente de trabajo y enfermedad profesional del personal empleado en empresas con riesgo específico de esta última contingencia, a conocer el certificado del reconocimiento médico previo a que se refiere el artículo anterior, haciendo constar en la documentación correspondiente que tal obligación ha sido cumplida. De igual forma deberán conocer las entidades mencionadas los resultados de los reconocimientos médicos periódicos.

2. El incumplimiento por parte de la empresa de la obligación de efectuar los reconocimientos médicos previos o periódicos la constituirá en responsable directa de todas las prestaciones que puedan derivarse, en tales casos, de enfermedad profesional, tanto si la empresa estuviera asociada a una mutua colaboradora con la Seguridad Social, como si tuviera cubierta la protección de dicha contingencia en una entidad gestora.

3. El incumplimiento por las mutuas de lo dispuesto en el apartado 1 les hará incurrir en las siguientes responsabilidades:

---

[340] Véanse arts. 22 y 25 Ley de Prevención de Riesgos Laborales

a) Obligación de ingresar en el Fondo de Contingencias Profesionales de la Seguridad Social a que se refiere el artículo 97, el importe de las primas percibidas, con un recargo que podrá llegar al 100 por ciento de dicho importe.

b) Obligación de ingresar, con el destino antes fijado, una cantidad igual a la que equivalgan las responsabilidades a cargo de la empresa, en los supuestos a que se refiere el apartado anterior de este artículo, incluyéndose entre tales responsabilidades las que procedan de acuerdo con lo dispuesto en el artículo 164.

c) Anulación, en caso de reincidencia, de la autorización para colaborar en la gestión.

d) Cualesquiera otras responsabilidades que procedan de acuerdo con lo dispuesto en esta ley y en sus disposiciones de aplicación y desarrollo.

CAPÍTULO XVII
Disposiciones aplicables a determinados trabajadores del Régimen General

Sección 1ª
Trabajadores contratados a tiempo parcial

245. *Protección social.* 1. La protección social derivada de los contratos de trabajo a tiempo parcial se regirá por el principio de asimilación del trabajador a tiempo parcial al trabajador a tiempo completo y específicamente por lo establecido en este capítulo y en los artículos 269.2 y 270.1 con relación a la protección por desempleo.

2. Las reglas contenidas en esta sección se aplicarán a los trabajadores con contrato a tiempo parcial, de relevo a tiempo parcial y contrato fijo-discontinuo, de conformidad con lo establecido en los artículos 12 y 16 del texto refundido de la Ley del Estatuto de los Trabajadores, comprendidos en el campo de aplicación del Régimen General, incluidos los trabajadores a tiempo parcial o fijos discontinuos pertenecien-

tes al Sistema Especial para Empleados de Hogar, sin perjuicio de las particularidades en función de cada modalidad de contrato. [341]

246. *Cotización.* 1. La base de cotización a la Seguridad Social y de las aportaciones que se recaudan conjuntamente con las cuotas de aquella será siempre mensual y estará constituida por las retribuciones efectivamente percibidas en función de las horas trabajadas, tanto ordinarias como complementarias.

2. La base de cotización así determinada no podrá ser inferior a las cantidades que reglamentariamente se determinen.

3. Las horas complementarias cotizarán a la Seguridad Social sobre las mismas bases y tipos que las horas ordinarias.

247. *Cómputo de los periodos de cotización.* [342] 1. Para los trabajadores a tiempo parcial, a efectos de acreditar los períodos de cotización necesarios para causar derecho a las prestaciones de jubilación, incapacidad permanente, muerte y supervivencia, incapacidad temporal y nacimiento y cuidado de menor se tendrán en cuenta los distintos períodos durante los cuales el trabajador haya permanecido en alta con un contrato a tiempo parcial, cualquiera que sea la duración de la jornada realizada en cada uno de ellos.

2. En relación con los trabajadores fijos-discontinuos, a efectos de acreditar los períodos de cotización necesarios para causar derecho a las prestaciones de jubilación, incapacidad permanente y muerte y supervivencia, se computará todo el período durante el cual hayan permanecido en situación de alta con un contrato fijo-discontinuo. Dicho periodo se multiplicará por un coeficiente de 1,5, sin que el número total de días computables como cotizados anualmente por el trabajador pueda superar el número de días naturales de cada año.

Para causar derecho a las prestaciones de incapacidad temporal y por nacimiento y cuidado de menor, a efectos de acreditar los períodos de cotización necesarios, se tendrán en cuenta los distintos períodos

---

[341] Dada nueva redacción apartado 2 por art. 1 apartado 5 de Real Decreto-Ley 11/2024 de 23 de diciembre de 2024, con vigencia desde 01/04/2025

[342] Dada nueva redacción por art. 1 apartado 6 de Real Decreto-Ley 11/2024 de 23 de diciembre de 2024, con vigencia desde 01/04/2025

durante los cuales el trabajador haya estado en situación de alta con un contrato fijo-discontinuo.

248. *Cuantía de las prestaciones económicas.* [343] 1. En la determinación de la base reguladora de las prestaciones económicas se tendrán en cuenta las siguientes reglas:

a) La base reguladora de las prestaciones de jubilación e incapacidad permanente se calculará conforme a la regla general.

b) La base reguladora diaria de la prestación por nacimiento y cuidado de menor será el resultado de dividir entre trescientos sesenta y cinco la suma de las bases de cotización acreditadas en la empresa en los doce meses naturales inmediatamente anteriores al mes previo al del hecho causante.

Si las bases de cotización acreditadas en la empresa con anterioridad al mes previo al del hecho causante se refieren a un período inferior a doce meses, la base reguladora diaria será el resultado de dividir la suma de las bases cotizadas acreditadas entre el número de días naturales a que esas cotizaciones correspondan.

En los supuestos en que la persona haya ingresado en la empresa en el mes anterior al del hecho causante o en el mismo mes de éste, para el cálculo de la base reguladora se tendrán en cuenta las reglas establecidas, respectivamente, en los párrafos primero y segundo del artículo 179.2.

No obstante, la prestación por nacimiento y cuidado de menor podrá reconocerse mediante resolución provisional conforme a lo previsto en el artículo 179.3.

c) La base reguladora diaria de la prestación por incapacidad temporal será el resultado de dividir la suma de las bases de cotización a tiempo parcial acreditadas desde la última alta, con un máximo de tres meses inmediatamente anteriores al mes previo al del hecho causante, entre el número de días naturales comprendidos en el período.

Para las personas con contrato fijo-discontinuo la base reguladora diaria de la prestación por incapacidad temporal será el resultado de dividir la suma de las bases de cotización acreditadas desde su alta en el correspondiente régimen a consecuencia del inicio de la prestación de servicios motivado por el último llamamiento, con un máximo de

[343] Dada nueva redacción por art. 1 apartado 7 de Real Decreto-Ley 11/2024 de 23 de diciembre de 2024, con vigencia desde 01/04/2025

tres meses inmediatamente anteriores al mes previo al del hecho causante, entre el número de días naturales comprendidos en el período.

La prestación económica se abonará durante todos los días naturales en que la persona beneficiaria se encuentre en la situación de incapacidad temporal.

2. Cuando proceda la integración de períodos durante los que no haya habido obligación de cotizar, ésta se llevará a cabo con la base mínima de cotización de entre las aplicables en cada momento, correspondiente al número de horas contratadas en último término [344].

3. Para determinar el porcentaje aplicable a la base reguladora de las pensiones de jubilación y de incapacidad permanente derivada de enfermedad común, se tendrán en cuenta los distintos períodos durante los cuales el trabajador haya permanecido en alta con un contrato a tiempo parcial, cualquiera que sea la duración de la jornada realizada en cada uno de ellos.

En el caso de los trabajadores fijos discontinuos, todo el período durante el cual el trabajador haya estado en situación de alta con un contrato fijo-discontinuo se multiplicará por un coeficiente de 1,5, sin que el número total de días cotizados anualmente pueda superar el número de días naturales de cada año.

4. A los trabajadores que, conforme a lo previsto en el artículo 210.2, prolonguen su actividad con un contrato a tiempo parcial o fijo discontinuo se les reconocerá el complemento económico de la pensión de jubilación previsto en dicho artículo.

En el caso de los trabajadores a tiempo parcial, para alcanzar cada año completo cotizado se tendrán en cuenta los periodos de cotización establecidos en el artículo 247.1. En el caso de los trabajadores fijos discontinuos, se tendrán en cuenta los periodos de cotización aplicando lo previsto en el artículo 247.2.

---

[344] Nota informativa: el apartado 2 fue modificado el 17 marzo 2023 por el apartado 27 del artículo único RDL 11/2024 de 23 diciembre, con efectos 1 enero 2026, fecha posterior que la de entrada en vigor de la presente redacción

Sección 2ª
Trabajadores contratados para la formación y el aprendizaje

249. *Acción protectora y cotización.* [345] 1. La acción protectora de la Seguridad Social del trabajador contratado para la formación y el aprendizaje comprenderá todas las contingencias, situaciones protegibles y prestaciones de aquella, incluido el desempleo.

Respecto a la protección por desempleo, resultará de aplicación lo establecido en el título III con las especialidades previstas en el artículo 290.

2. Los contratos suscritos conforme a lo dispuesto en el apartado anterior de este artículo estarán exentos de la cotización por formación profesional.

Sección 3ª [346]

249 bis. *Cómputo de los periodos de cotización en contratos de corta duración.* [347] 1. A los exclusivos efectos de acreditar los periodos mínimos de cotización necesarios para causar derecho a las prestaciones de jubilación, incapacidad permanente, muerte y supervivencia, incapacidad temporal, maternidad y paternidad, y cuidado de menores afectados por cáncer u otra enfermedad grave, en los contratos de carácter temporal cuya duración efectiva sea igual o inferior a cinco días, regulados en el artículo 151 de esta ley, cada día de trabajo se considerará como 1,4 días de cotización, sin que en ningún caso pueda computarse mensualmente un número de días mayor que el que corresponda al mes respectivo.

2. Esta previsión no será de aplicación en los supuestos de contratos a tiempo parcial, de relevo a tiempo parcial y contrato fijo-discontinuo.

---

[345] Dada nueva redacción por disposición final 2 apartado 7 de Real Decreto-Ley 28/2018 de 28 de diciembre de 2018, con vigencia desde 01/01/2019

[346] Añadida por disposición final 2 apartado 8 de Real Decreto-Ley 28/2018 de 28 de diciembre de 2018, con vigencia desde 01/01/2019

[347] Añadido por disposición final 2 apartado 8 de Real Decreto-Ley 28/2018 de 28 de diciembre de 2018, con vigencia desde 01/01/2019

Sección 4ª

Artistas en espectáculos públicos [348]

249 ter. *Inactividad de artistas en espectáculos públicos incluidos en el Régimen General de la Seguridad Social.* [349] 1. Los artistas en espectáculos públicos podrán continuar incluidos en el Régimen General de la Seguridad Social durante sus periodos de inactividad de forma voluntaria, siempre y cuando acrediten, al menos, veinte días en alta con prestación real de servicios en dicha actividad en los doce meses naturales anteriores a aquel en que soliciten dicha inclusión a la Tesorería General de la Seguridad Social, debiendo superar las retribuciones percibidas por esos días la cuantía de dos veces el salario mínimo interprofesional en cómputo mensual. Dicha inclusión deberá solicitarse a la Tesorería General de la Seguridad Social en cualquier momento y, de reconocerse, tendrá efectos desde el día primero del mes siguiente a la fecha de la solicitud.

Dicha inclusión no procederá cuando previamente se hubiera producido la baja de oficio prevista en el apartado 3.b) de este artículo y el solicitante no se encontrara al corriente en el pago de las cuotas debidas. [350]

2. La inclusión en el Régimen General a que se refiere el apartado anterior será incompatible con la inclusión del trabajador en cualquier otro Régimen del sistema de la Seguridad Social, con independencia de la actividad de que se trate.

3. Durante los períodos de inactividad, podrá producirse la baja en el Régimen General como artista:

a) A solicitud del trabajador, en cuyo caso los efectos de la baja tendrán lugar desde el día primero del mes siguiente al de la presentación de aquella ante la Tesorería General de la Seguridad Social.

b) De oficio por la Tesorería General de la Seguridad Social, por falta de abono de las cuotas correspondientes a períodos de inactividad durante dos mensualidades consecutivas.

---

[348] Añadida por art. 4 de Real Decreto-Ley 26/2018 de 28 de diciembre de 2018, con vigencia desde 29/12/2018

[349] Añadido por art. 4 de Real Decreto-Ley 26/2018 de 28 de diciembre de 2018, con vigencia desde 29/12/2018

[350] Dada nueva redacción apartado 1 por art. 6 de Real Decreto-Ley 8/2019 de 8 de marzo de 2019, con vigencia desde 13/03/2019

Los efectos de la baja, en este supuesto, tendrán lugar desde el día primero del mes siguiente a la segunda mensualidad no ingresada, salvo que el trabajador se encuentre, en esa fecha, en situación de incapacidad temporal, maternidad, paternidad, riesgo durante el embarazo o riesgo durante la lactancia natural, en cuyo caso tales efectos tendrán lugar desde el día primero del mes siguiente a aquel en que finalice la percepción de la correspondiente prestación económica, de no haberse abonado antes las cuotas debidas.

Producida la baja en el Régimen General de la Seguridad Social en cualquiera de los supuestos a que se refiere este apartado, los artistas en espectáculos públicos podrán volver a solicitar la inclusión y consiguiente alta en el mismo, durante sus periodos de inactividad, en los términos y condiciones señalados en el apartado 1.

4. La cotización durante los periodos de inactividad se llevará a cabo de acuerdo con las siguientes reglas:

a) El propio trabajador será el sujeto responsable del cumplimiento de la obligación de cotizar y del ingreso de las cuotas correspondientes.

b) La cotización tendrá carácter mensual.

c) La base de cotización aplicable será la base mínima vigente en cada momento, por contingencias comunes, correspondiente al grupo 7 de la escala de grupos de cotización del Régimen General.

d) El tipo de cotización aplicable será el 11,50 por ciento.

5. Una vez efectuada la liquidación definitiva anual correspondiente a los artistas por contingencias comunes y desempleo, prevista en el artículo 32.5 del Reglamento general sobre cotización y liquidación de otros derechos de la Seguridad Social, aprobado por el Real Decreto 2064/1995, de 22 de diciembre, la Tesorería General de la Seguridad Social procederá a reintegrar el importe de las cuotas correspondientes a los días cotizados en situación de inactividad que se hubieran superpuesto, en su caso, con otros períodos cotizados por aquellos.

Si el artista con derecho al reintegro fuera deudor de la Seguridad Social por cuotas o por otros recursos del sistema, el crédito por el reintegro será aplicado al pago de las deudas pendientes con aquélla en la forma que legalmente proceda.

Los artistas en situación de inactividad incluidos en el Régimen General conforme a lo dispuesto en este artículo, no podrán realizar la opción contemplada en el artículo 32.5.c) párrafo segundo, del Reglamento general sobre cotización y liquidación de otros derechos de la Seguridad Social.

6. Durante los períodos de inactividad a que se refiere esta disposición, la acción protectora comprenderá las prestaciones económicas por maternidad, paternidad, incapacidad permanente y muerte y supervivencia derivadas de contingencias comunes, así como jubilación.

También quedará protegida, durante los periodos de inactividad, la situación de la trabajadora embarazada o en periodo de lactancia natural hasta que el hijo cumpla 9 meses, que no pueda continuar realizando la actividad laboral que dio lugar a su inclusión en el Régimen General como artista en espectáculos públicos a consecuencia de su estado, debiendo acreditarse dicha situación por la inspección médica del Instituto Nacional de la Seguridad Social. En estos supuestos se reconocerá a la trabajadora un subsidio equivalente al 100 por ciento de la base de cotización establecida en el apartado anterior.

El pago de dicha prestación será asumido mediante la modalidad de pago directo por el Instituto Nacional de la Seguridad Social.

249 quater. *Compatibilidad de la pensión de jubilación con la actividad artística.* [351] 1. El percibo del 100 por ciento del importe de la pensión de jubilación contributiva será compatible con la actividad artística en los términos del presente artículo:

a) Con el trabajo por cuenta ajena y por cuenta propia de las personas que desarrollen una actividad artística

A estos efectos, se entiende por actividad artística, la realizada por las personas que desarrollan actividades artísticas, sean dramáticas, de doblaje, coreográfica, de variedades, musicales, canto, baile, de figuración, de especialistas, de dirección artística, de cine, de orquesta, de adaptación musical, de escena, de realización, de coreografía, de obra audiovisual, artista de circo, artista de marionetas, magia, guionistas, y, en todo caso, la desarrollada por cualquier persona cuya actividad sea reconocida como artista intérprete o ejecutante del título I del libro segundo del texto refundido de la Ley de Propiedad Intelectual, aprobado por del Real Decreto Legislativo 1/1996, de 12 de abril, regularizando, aclarando y armonizando las disposiciones legales vigentes sobre la materia, o como artista, artista intérprete o ejecutante por los convenios colectivos que sean de aplicación en las artes escénicas, la

---

[351] Añadido por disposición final 4 apartado 7 de Real Decreto-Ley 1/2023 de 10 de enero de 2023, tras modificación introducida por el RDL 2/2023 de 16 marzo, con vigencia desde 01/04/2023

actividad audiovisual y la musical, conforme al artículo 1. 2, párrafo 2.º del RD 1435/1985, de 1 de agosto, por el que se regula la relación laboral especial de las personas artistas que desarrollan su actividad en las artes escénicas, audiovisuales y musicales, así como de las personas que realizan actividades técnicas o auxiliares necesarias para el desarrollo de dicha actividad.

b) Con el trabajo por cuenta ajena y la actividad por cuenta propia desempeñada por autores de obras literarias, artísticas o científicas, tal como se definen en el capítulo I del título II del libro primero de la Ley de Propiedad Intelectual, aprobado por del Real Decreto Legislativo 1/1996, de 12 de abri l, se perciban o no derechos de propiedad intelectual por dicha actividad, incluidos los generados por su transmisión a terceros y con independencia de que por la misma actividad perciban otras remuneraciones conexas.

2. El importe de la pensión de jubilación contributiva compatible con la actividad artística incluye el complemento para pensiones inferiores a la mínima y el complemento por maternidad o reducción de la brecha de género.

3. El beneficiario de la situación de compatibilidad tendrá la consideración de pensionista a todos los efectos.

4. No podrá acogerse a esta modalidad de compatibilidad el beneficiario de una pensión contributiva de jubilación de la Seguridad Social que, además de desarrollar la actividad artística, realice cualquier otro trabajo por cuenta ajena o por cuenta propia diferente a la indicada actividad que dé lugar a su inclusión en el campo de aplicación del Régimen General o de alguno de los regímenes especiales de la Seguridad Social.

De igual forma, se excluye del ámbito de este artículo cualquier modalidad de jubilación anticipada en tanto su titular no cumpla la edad ordinaria de jubilación que le corresponda de acuerdo con el artículo 205.1.a).

5. Como alternativa al régimen de compatibilidad previsto en este artículo, el beneficiario de una pensión contributiva de jubilación de la Seguridad Social en que concurran las circunstancias previstas en los apartados anteriores podrá optar por la aplicación del régimen jurídico previsto para cualesquiera otras modalidades de compatibilidad entre pensión y trabajo, establecidas legal o reglamentariamente, cuando reúna los requisitos para ello.

De igual forma, el pensionista de jubilación en quien concurran las circunstancias previstas en este artículo también podrá optar por la suspensión del percibo de su pensión. En tal caso, el alta y la cotización a la Seguridad Social se realizará conforme a las normas que rijan en el régimen de Seguridad Social que corresponda en función de su actividad.

6. La prestación de incapacidad temporal causada durante la compatibilidad prevista en el presente artículo se extinguirá en la fecha en la que se cause baja en el régimen correspondiente de la Seguridad Social.

CAPÍTULO XVIII
Sistemas Especiales para Empleados de Hogar y para Trabajadores por Cuenta Ajena Agrarios

Sección 1ª
Sistema especial para empleados de hogar

250. *Ámbito de aplicación.* 1. Quedarán comprendidos en este Sistema Especial para Empleados de Hogar los trabajadores sujetos a la relación laboral especial a que se refiere el artículo 2.1.b) del texto refundido de la Ley del Estatuto de los Trabajadores.

Quedarán excluidos de este sistema especial los trabajadores que presten servicios domésticos no contratados directamente por los titulares del hogar familiar, sino a través de empresas, de acuerdo con lo previsto en la disposición adicional decimoséptima de la Ley 27/2011, de 1 de agosto, sobre actualización, adecuación y modernización del sistema de Seguridad Social.

2. El régimen jurídico de este Sistema Especial será el establecido en este título II y en sus normas de aplicación y desarrollo, con las particularidades que en ellas se establezcan.

251. *Acción protectora.* Los trabajadores incluidos en el Sistema Especial para Empleados de Hogar tendrán derecho a las prestaciones de la Seguridad Social en los términos y condiciones establecidos en este Régimen General de la Seguridad Social, con las siguientes peculiaridades:

a) El subsidio por incapacidad temporal, en caso de enfermedad común o accidente no laboral, se abonará a partir del noveno día de la baja en el trabajo, estando a cargo del empleador el abono de la prestación al trabajador desde los días cuarto al octavo de la citada baja, ambos inclusive.

b) El pago de subsidio por incapacidad temporal causado por los trabajadores incluidos en este sistema especial se efectuará directamente por la entidad a la que corresponda su gestión, no procediendo el pago delegado del mismo.

c) Con respecto a las contingencias profesionales del Sistema Especial para Empleados de Hogar, no será de aplicación el régimen de responsabilidades en orden a las prestaciones regulado en el artículo 167.

Letra d (Derogada) [352]

Sección 2ª
Sistema especial para trabajadores por cuenta ajena agrarios

252. *Ámbito de aplicación.* 1. Quedarán comprendidos en el Sistema Especial para Trabajadores por Cuenta Ajena Agrarios quienes realicen labores agrarias, sean propiamente agrícolas, forestales o pecuarias o sean complementarias o auxiliares de las mismas, en explotaciones agrarias, así como los empresarios a los que presten sus servicios en los términos que reglamentariamente se establezcan.

No obstante, no tendrán la consideración de labores agrarias las operaciones de manipulado, empaquetado, envasado y comercialización del plátano, a que se refiere el artículo 136.2.g), aunque para el mismo empresario presten servicios otros trabajadores dedicados a la obtención directa, almacenamiento y transporte a los lugares de acondicionamiento y acopio del propio producto y todo ello sin perjuicio de lo establecido respecto de su venta en el último párrafo del artículo 2.1 de la Ley 19/1995, de 4 de julio, de Modernización de las Explotaciones Agrarias.

[352] Derogada letra d por art. 3 apartado 1 de Real Decreto-Ley 16/2022 de 6 de septiembre de 2022, con vigencia desde 09/09/2022

2. El régimen jurídico de este Sistema Especial será el establecido en este título II y en sus normas de aplicación y desarrollo, con las particularidades que en ellas se establezcan.

253. *Reglas de inclusión.* 1. La inclusión en el Sistema Especial para Trabajadores por Cuenta Ajena Agrarios establecido en el Régimen General, que se producirá como consecuencia y de forma simultánea al alta en dicho régimen, determinará la obligación de cotizar, tanto durante los períodos de actividad por la realización de labores agrarias como durante los períodos de inactividad en dichas labores, con la consiguiente alta en el Régimen General y con arreglo a lo dispuesto en los apartados siguientes.

A los efectos indicados en el párrafo anterior, se entenderá que existen períodos de inactividad dentro de un mes natural cuando el número de jornadas reales en él realizadas sea inferior al 76,67 por ciento de los días naturales en que el trabajador figure incluido en el sistema especial en dicho mes.

Sin perjuicio de lo señalado en el párrafo anterior, no existirán períodos de inactividad dentro del mes natural cuando el trabajador realice en él, para un mismo empresario, un mínimo de cinco jornadas reales semanales en cumplimiento de lo establecido en el convenio colectivo que resulte de aplicación.

2. Para quedar incluido en este sistema especial durante los períodos de inactividad serán requisitos necesarios que el trabajador haya realizado un mínimo de 30 jornadas reales en un período continuado de trescientos sesenta y cinco días y que solicite expresamente la inclusión dentro de los tres meses naturales siguientes al de la realización de la última de dichas jornadas.

Una vez cumplidos los requisitos señalados en el párrafo anterior, la inclusión en el sistema especial y la cotización durante los períodos de inactividad en las labores agrarias tendrán efectos a partir del día primero del mes siguiente a aquel en que se haya presentado la solicitud de inclusión.

3. A los efectos previstos en los apartados anteriores, se computarán todas las jornadas reales efectuadas por el trabajador en el período indicado, incluidas las prestadas en un mismo día para distintos empresarios.

A efectos del cumplimiento del requisito establecido en el apartado 2, se asimilarán a jornadas reales los días en que los trabajadores se encuentren en las situaciones de incapacidad temporal derivada de contingencias profesionales, maternidad, paternidad, riesgo durante el embarazo y riesgo durante la lactancia natural, procedentes de un período de actividad en este sistema especial; los períodos de percepción de prestaciones por desempleo de nivel contributivo en este sistema especial, así como los días en que aquellos se encuentren en alta en algún régimen de la Seguridad Social como consecuencia de programas de fomento de empleo agrario.

4. La exclusión del Sistema Especial para Trabajadores por Cuenta Ajena Agrarios durante los períodos de inactividad, con la consiguiente baja en el Régimen General, podrá producirse:

a) A solicitud del trabajador, en cuyo caso los efectos de la exclusión tendrán lugar desde el día primero del mes siguiente al de la presentación de aquella ante la Tesorería General de la Seguridad Social.

b) De oficio por la Tesorería General de la Seguridad Social, en los siguientes supuestos:

1.º Cuando el trabajador no realice un mínimo de 30 jornadas de labores agrarias en un período continuado de trescientos sesenta y cinco días, computados desde el siguiente a aquel en que finalice el período anterior.

Los efectos de la exclusión, en este supuesto, tendrán lugar desde el día primero del mes siguiente al de la notificación de la resolución por la que se acuerde aquella.

2.º Por falta de abono de las cuotas correspondientes a períodos de inactividad durante dos mensualidades consecutivas.

Los efectos de la exclusión, en este supuesto, tendrán lugar desde el día primero del mes siguiente a la segunda mensualidad no ingresada, salvo que el trabajador se encuentre, en esa fecha, en situación de incapacidad temporal, maternidad, paternidad, riesgo durante el embarazo o riesgo durante la lactancia natural, en cuyo caso tales efectos tendrán lugar desde el día primero del mes siguiente a aquel en que finalice la percepción de la correspondiente prestación económica, de no haberse abonado antes las cuotas debidas.

La exclusión a que se refiere este apartado no impedirá que, en caso de nuevos períodos de actividad en las labores agrarias, los trabajadores queden incluidos en el sistema especial durante los días en que presten sus servicios, con las consiguientes altas y bajas en el Régimen General y la cotización que corresponda por tales períodos.

5. De haberse procedido a la exclusión de este sistema especial durante los períodos de inactividad por alguna de las causas señaladas

en el apartado anterior, procederá la reincorporación en él cuando los trabajadores por cuenta ajena agrarios cumplan los siguientes requisitos:

a) Haber realizado un mínimo de treinta jornadas reales dentro del período continuado de trescientos sesenta y cinco días anteriores a la fecha de efectos del reinicio de la cotización por períodos de inactividad.

Este requisito no será exigible cuando el trabajador solicite su reincorporación en el sistema especial tras haber quedado excluido del mismo voluntariamente, con ocasión del desempeño de otra actividad que hubiera determinado su alta en cualquier régimen de la Seguridad Social o de encontrarse en una situación asimilada a la de alta que hubiera resultado computable para acceder a cualquiera de las prestaciones comprendidas en la acción protectora a que se refiere el artículo 256. Para ello, deberá presentarse la solicitud correspondiente dentro de los tres meses siguientes a la fecha de efectos de la baja en la citada actividad o de la extinción de la situación asimilada antes señalada.

b) Estar al corriente en el ingreso de las cuotas correspondientes a períodos de inactividad.

Los efectos de la reincorporación en el sistema especial, a efectos de la cotización durante los períodos de inactividad, tendrán lugar:

1.º Cuando la exclusión se hubiera producido voluntariamente, desde el día primero del mes siguiente al de la presentación de la solicitud de reincorporación por parte del trabajador.

En el supuesto de que el trabajador provenga de una situación de alta por otra actividad o de una situación asimilada a la de alta y solicite su reincorporación dentro de los tres meses antes señalados, podrá optar porque sus efectos tengan lugar bien desde la fecha de efectos de la baja por esa otra actividad o de la extinción de dicha situación asimilada o bien desde el día primero del mes siguiente al de presentación de la solicitud.

2.º Cuando la exclusión se hubiera producido de oficio por incumplimiento del requisito relativo a la realización del mínimo de jornadas reales exigido, desde el día primero del mes siguiente al del cumplimiento de dicho requisito.

3.º Cuando la exclusión se hubiera producido de oficio por falta de ingreso de la cotización correspondiente a los períodos de inactividad, desde el día primero del mes siguiente al de la presentación de la solicitud de reincorporación salvo que el trabajador opte porque los efectos tengan lugar desde el día primero del mes de ingreso de las cuotas debidas.

254. *Afiliación, altas, bajas y variaciones de datos.* La afiliación y las altas, bajas y variaciones de datos de los trabajadores agrarios por cuenta ajena se tramitarán en los términos, plazos y condiciones establecidos en los artículos 139 y 140 y en sus disposiciones de aplicación y desarrollo.

Sin perjuicio de lo previsto en el párrafo anterior, de contratarse a trabajadores eventuales o fijos discontinuos el mismo día en que comiencen su prestación de servicios, las solicitudes de alta podrán presentarse hasta las doce horas de dicho día, cuando no haya sido posible formalizarlas con anterioridad al inicio de dicha jornada. No obstante, si la jornada de trabajo finalizase antes de las doce horas, las solicitudes de alta deberán presentarse antes de la finalización de esa jornada.

255. *Cotización.* 1. La cotización correspondiente a los trabajadores incluidos en el Sistema Especial para Trabajadores por Cuenta Ajena Agrarios y a los empresarios a los que presten sus servicios se ajustará a lo dispuesto para el Régimen General de la Seguridad Social, con las particularidades establecidas en los apartados siguientes.

2. Durante los períodos de actividad en las labores agrarias se aplicarán las siguientes reglas:

a) El empresario será el sujeto responsable del cumplimiento de la obligación de cotizar en los términos del artículo 142, debiendo comunicar, asimismo, las jornadas reales realizadas por sus trabajadores en el plazo que reglamentariamente se determine.

b) La cotización podrá efectuarse, a opción del empresario, por bases diarias, en función de las jornadas reales realizadas, o por bases mensuales. De no ejercitarse expresamente dicha opción, se aplicará la modalidad de bases mensuales de cotización.

La modalidad de cotización por bases mensuales resultará obligatoria para los trabajadores agrarios por cuenta ajena con contrato indefinido, sin incluir entre ellos a los que presten servicios con carácter fijo discontinuo, respecto a los cuales tendrá carácter opcional.

c) Las bases de cotización por contingencias comunes y profesionales se determinarán conforme a lo dispuesto en el artículo 147.

Cuando la cotización se efectúe por bases diarias, lo indicado en el párrafo anterior se entenderá referido a cada jornada real realizada, sin que pueda ser inferior a la base mínima diaria de cotización que se establezca en cada ejercicio por la Ley de Presupuestos Generales del Estado.

d) Los tipos de cotización aplicables, respecto a las contingencias comunes, serán los establecidos en la Ley de Presupuestos Generales del Estado correspondiente a cada ejercicio, y respecto a las contingencias profesionales, los establecidos para cada actividad económica, ocupación, o situación, en la tarifa de primas establecidas legalmente.

e) La cotización por desempleo, Fondo de Garantía Salarial y formación profesional se efectuará con arreglo a la base de cotización por contingencias profesionales.

Los tipos de cotización aplicables para la cotización por estos conceptos serán los siguientes:

1.º Para la contingencia de desempleo, los fijados en cada ejercicio por la correspondiente Ley de Presupuestos Generales del Estado.

2.º Para la cotización al Fondo de Garantía Salarial, el 0,10 por ciento, a cargo exclusivo del empresario.

3.º Para la cotización por formación profesional, el 0,18 por ciento, siendo el 0,15 por ciento a cargo del empresario y el 0,03 por ciento a cargo del trabajador.

3. Durante los períodos de inactividad en las labores agrarias se aplicarán las siguientes reglas:

a) El propio trabajador será el sujeto responsable del cumplimiento de la obligación de cotizar y del ingreso de las cuotas correspondientes.

b) La cotización tendrá carácter mensual y se calculará mediante la fórmula que se determine en la Ley de Presupuestos Generales del Estado correspondiente a cada ejercicio.

c) La base de cotización aplicable será la base mínima vigente en cada momento, por contingencias comunes, correspondiente al grupo 7 de la escala de grupos de cotización del Régimen General.

d) El tipo de cotización aplicable será el 11,50 por ciento.

4. Durante las situaciones de incapacidad temporal, riesgo durante el embarazo y riesgo durante la lactancia natural, así como de maternidad y paternidad causadas durante los períodos de actividad, se aplicarán las siguientes reglas:

a) El empresario deberá ingresar únicamente las aportaciones a su cargo.

Las aportaciones a cargo del trabajador serán ingresadas por la entidad que efectúe el pago directo de las prestaciones correspondientes a las situaciones indicadas.

b) Respecto de los trabajadores agrarios con contrato indefinido, la cotización durante las referidas situaciones se efectuará con arreglo a las normas generales del Régimen General.

c) Respecto de los trabajadores agrarios con contrato temporal y fijo discontinuo, resultará de aplicación lo establecido en la letra b) en cuanto a los días contratados en los que no hayan podido prestar sus servicios por encontrarse en alguna de las situaciones antes indicadas.

Respecto a los días en los que no esté prevista la prestación de servicios, estos trabajadores estarán obligados a ingresar la cotización correspondiente a los periodos de inactividad, excepto en los supuestos de percepción de los subsidios por maternidad y paternidad, que tendrán la consideración de períodos de cotización efectiva a efectos de las correspondientes prestaciones por jubilación, incapacidad permanente y muerte y supervivencia.

5. En este sistema especial no resultará de aplicación el incremento de la aportación empresarial a la cuota por contingencias comunes que para los contratos de trabajo temporales cuya duración efectiva sea inferior a siete días se prevé en el artículo 151.

256. *Acción protectora.* 1. Los trabajadores incluidos en el Sistema Especial para Trabajadores por Cuenta Ajena Agrarios tendrán derecho a las prestaciones de la Seguridad Social en los términos y condiciones establecidos en el Régimen General de la Seguridad Social, con las peculiaridades que se señalan en los apartados siguientes.

2. Para el reconocimiento de las correspondientes prestaciones económicas será necesario que los trabajadores se hallen al corriente en el pago de las cotizaciones correspondientes a los períodos de inactividad, de cuyo ingreso son responsables.

3. Durante los períodos de inactividad, la acción protectora del sistema especial comprenderá las prestaciones económicas por maternidad, paternidad, incapacidad permanente y muerte y supervivencia derivadas de contingencias comunes, así como jubilación.

4. Para el acceso a las modalidades de jubilación anticipada previstas en los artículos 207 y 208 y a efectos de acreditar el requisito del período mínimo de cotización efectiva establecido para ellas en tal artículo, será necesario que, en los últimos diez años cotizados,

al menos seis correspondan a períodos de actividad efectiva en este sistema especial. A estos efectos, se computarán también los períodos de percepción de prestaciones por desempleo de nivel contributivo en este sistema especial.

5. Durante la situación de incapacidad temporal derivada de enfermedad común y en los términos reglamentariamente establecidos, la cuantía de la base reguladora del subsidio no podrá ser superior al promedio mensual de la base de cotización correspondiente a los días efectivamente trabajados durante los últimos doce meses anteriores a la baja médica.

6. La prestación económica por incapacidad temporal causada por los trabajadores incluidos en el sistema especial será abonada directamente por la entidad a la que corresponda su gestión, no procediendo el pago delegado de la misma, a excepción de los supuestos en que aquellos estén percibiendo la prestación contributiva por desempleo y pasen a la situación de incapacidad temporal, a que se refiere el artículo 283.2.

7. Para el cálculo de la base reguladora de las pensiones de incapacidad permanente derivada de contingencias comunes y de jubilación causadas por los trabajadores agrarios por cuenta ajena respecto de los periodos cotizados en este sistema especial solo se tendrán en cuenta los períodos realmente cotizados, no resultando de aplicación lo previsto en los artículos 197.4 y 209.1.b).

8. Respecto a la protección por desempleo, resultará de aplicación lo establecido en el título III con las particularidades previstas en la sección 1.ª del capítulo V de dicho título.

CAPÍTULO XIX
Gestión

257. *Gestión y colaboración en la gestión.* La gestión del Régimen General de la Seguridad Social, así como la colaboración en la gestión por parte de las mutuas colaboradoras con la Seguridad Social y empresas, se regirá por lo dispuesto en los capítulos V y VI del título I.

258. *Conciertos para la prestación de servicios administrativos y sanitarios.* Para el mejor desempeño de sus funciones, los organismos de la Administración de la Seguridad Social, de acuerdo con sus respectivas competencias, podrán concertar con entidades públicas o privadas la mera prestación de servicios administrativos, sanitarios o de recuperación profesional.

Los conciertos que al efecto se establezcan serán aprobados por los departamentos ministeriales competentes y la compensación económica que en los mismos se estipule no podrá consistir en la entrega de un porcentaje de las cuotas de este Régimen General ni entrañar, en forma alguna, sustitución en la función gestora encomendada a aquellos organismos.

CAPÍTULO XX
Régimen financiero

259. *Sistema financiero.* El sistema financiero del Régimen General de la Seguridad Social será el previsto en el artículo 110, con las particularidades que, en materia de accidentes de trabajo y enfermedades profesionales, se establecen en el artículo siguiente.

260. *Normas específicas en materia de accidentes de trabajo y enfermedades profesionales.* 1. Las mutuas colaboradoras con la Seguridad Social y, en su caso, las empresas responsables constituirán en la Tesorería General de la Seguridad Social, hasta el límite de su respectiva responsabilidad, el valor actual del capital coste de las pensiones que, con arreglo a esta ley, se causen por incapacidad permanente o muerte debidas a accidente de trabajo o enfermedad profesional. El Ministerio de Empleo y Seguridad Social aprobará las tablas de mortalidad y la tasa de interés aplicables para la determinación de los valores aludidos. [353]

2. En relación con la protección de accidentes de trabajo y enfermedades profesionales a que se refiere el presente artículo, el Ministerio

---

[353] Véanse O TAS/4054/2005, de 27 diciembre, por la que se desarrollan los criterios técnicos para la liquidación de capitales coste de pensiones y otras prestaciones periódicas de la Seguridad Social, y Res. 27 de mayo de 2009, de la Dirección General de Ordenación de la Seguridad Social, por la que se dictan instrucciones en materia de cálculo de capitales coste y sobre constitución por las mutuas de accidentes de trabajo y enfermedades profesionales de la Seguridad Social del capital coste correspondiente a determinadas prestaciones derivadas de enfermedades profesionales

de Empleo y Seguridad Social podrá establecer la obligación de las mutuas colaboradoras con la Seguridad Social de reasegurar en la Tesorería General de la Seguridad Social el porcentaje de los riesgos asumidos que se determine, sin que, en ningún caso, pueda ser inferior al 10 por ciento ni superior al 30 por ciento. A tales efectos, se incluirán en la protección por reaseguro obligatorio exclusivamente las prestaciones de carácter periódico derivadas de los riesgos de incapacidad permanente y muerte y supervivencia que asuman respecto de sus trabajadores protegidos, correspondiendo a dicho Servicio Común, como compensación, el porcentaje de las cuotas satisfechas por las empresas asociadas por tales contingencias que se determine por el Ministerio de Empleo y Seguridad Social. Dicho reaseguro no se extenderá a prestaciones que fueren anticipadas por las mutuas colaboradoras con la Seguridad Social, sin perjuicio de sus derechos tanto a repetir frente al empresario responsable de tales prestaciones como, en caso de declaración de insolvencia del empresario, a ser reintegradas en su totalidad por las entidades de la Seguridad Social en funciones de garantía.

En relación con el exceso de pérdidas, no reaseguradas de conformidad con el párrafo anterior, las mutuas constituirán los oportunos depósitos o concertarán, facultativamente, reaseguros complementarios de los anteriores en las condiciones que se establezcan.

El Ministerio Empleo y Seguridad Social podrá disponer la sustitución de las obligaciones que se establecen en el presente apartado por la aplicación de otro sistema de compensación de resultados de la gestión de la protección por accidentes de trabajo y enfermedades profesionales.

3. Las mutuas colaboradoras con la Seguridad Social o, en su caso, las empresas responsables de las prestaciones deberán ingresar en la Tesorería General de la Seguridad Social los capitales en la cuantía necesaria para constituir una renta cierta temporal durante veinticinco años, del 30 por ciento del salario de los trabajadores que mueran como consecuencia mediata o inmediata de accidente de trabajo o enfermedad profesional sin dejar ningún familiar con derecho a pensión. [354]

---

[354] Véase RD 1993/1995, de 7 diciembre, por el que se aprueba el Reglamento sobre colaboración de las Mutuas de Accidentes de Trabajo y Enfermedades Profesionales de la Seguridad Social

CAPÍTULO XXI
Aplicación de las normas generales del sistema

261. *Derecho supletorio.* En lo no previsto expresamente en el presente título se estará a lo dispuesto en el título I, así como en las disposiciones que se dicten para su aplicación y desarrollo.

TÍTULO III
Protección por desempleo

CAPÍTULO I
Normas generales

262. *Objeto de la protección.* 1. El presente título tiene por objeto regular la protección de la contingencia de desempleo en que se encuentren quienes, pudiendo y queriendo trabajar, pierdan su empleo o vean suspendido su contrato o reducida su jornada ordinaria de trabajo, en los términos previstos en el artículo 267. [355]

2. El desempleo será total cuando el trabajador cese, con carácter temporal o definitivo, en la actividad que venía desarrollando y sea privado, consiguientemente, de su salario.

A estos efectos, se entenderá por desempleo total el cese total del trabajador en la actividad por días completos, continuados o alternos, durante, al menos, una jornada ordinaria de trabajo, en virtud de suspensión temporal de contrato o reducción temporal de jornada, decididas por el empresario al amparo de lo establecido en el artículo 47 del texto refundido de la Ley del Estatuto de los Trabajadores o de resolución judicial adoptada en el seno de un procedimiento concursal.

3. El desempleo será parcial cuando el trabajador vea reducida temporalmente su jornada diaria ordinaria de trabajo, entre un mínimo de un 10 y un máximo de un 70 por ciento, siempre que el salario sea objeto de análoga reducción.

---

[355] Véase RD 625/1985, de 2 abril, por el que se desarrolla la Ley 31/1984, de 2 agosto, de protección por Desempleo

A estos efectos, se entenderá por reducción temporal de la jornada diaria ordinaria de trabajo, aquella que se decida por el empresario al amparo de lo establecido en el artículo 47 del texto refundido de la Ley del Estatuto de los Trabajadores o de resolución judicial adoptada en el seno de un procedimiento concursal, sin que estén comprendidas las reducciones de jornadas definitivas o que se extiendan a todo el período que resta de la vigencia del contrato de trabajo.

263. *Niveles de protección.* 1. La protección por desempleo se estructura en un nivel contributivo y en un nivel asistencial, ambos de carácter público y obligatorio.

2. El nivel contributivo tiene como objeto proporcionar prestaciones sustitutivas de las rentas salariales dejadas de percibir como consecuencia de la pérdida de un empleo anterior o de la suspensión del contrato o reducción de la jornada.

3. El nivel asistencial, complementario del anterior, garantiza la protección a los trabajadores desempleados que se encuentren en alguno de los supuestos incluidos en el artículo 274.

264. *Personas protegidas.* 1. Estarán comprendidos en la protección por desempleo, siempre que tengan previsto cotizar por esta contingencia [356] :

a) Los trabajadores por cuenta ajena incluidos en el Régimen General de la Seguridad Social.

b) Los trabajadores por cuenta ajena incluidos en los regímenes especiales de la Seguridad Social que protegen dicha contingencia, con las peculiaridades que se establezcan reglamentariamente. [357]

c) Los trabajadores emigrantes que retornen a España y los liberados de prisión, en las condiciones previstas en este título. [358]

---

[356] Véanse art. 11.2 h) ET, y disposición adicional 13 RD 2393/2004, de 30 diciembre, por el que se aprueba el Reglamento de la LO 4/2000, de 11 enero, sobre derechos y libertades de los extranjeros en España y su integración social

[357] Véanse RD 1469/1981, de 19 junio; RD 864/2006, de 14 julio; RD 5/1997, de 10 enero; Ley 1/1997, de 7 marzo; RD 426/2003, de 11 de abril y art. 3 d) y e) RD Ley 3/2004, de 25 junio

[358] Véase art. 12 RD 625/1985, de 2 abril, por el que se desarrolla la Ley 31/1984, de 2 agosto, de Protección por Desempleo

d) Los funcionarios interinos, el personal eventual, así como el personal contratado en su momento en régimen de derecho administrativo al servicio de las administraciones públicas.

e) Los miembros de las corporaciones locales y los miembros de las Juntas Generales de los Territorios Históricos Forales, Cabildos Insulares Canarios y Consejos Insulares Baleares y los cargos representativos de las organizaciones sindicales constituidas al amparo de la Ley Orgánica 11/1985, de 2 de agosto, de Libertad Sindical, que ejerzan funciones sindicales de dirección, siempre que todos ellos desempeñen los indicados cargos con dedicación exclusiva o parcial y perciban por ello una retribución, en las condiciones previstas en este título para los trabajadores por cuenta ajena. [359]

f) Los altos cargos de las administraciones públicas con dedicación exclusiva que sean retribuidos por ello y no sean funcionarios públicos, en las condiciones previstas en este título para los trabajadores por cuenta ajena, salvo que tengan derecho a percibir retribuciones, indemnizaciones o cualquier otro tipo de prestación compensatoria como consecuencia de su cese.

2. Las personas a que se refieren las letras e) y f) del apartado anterior están obligadas a cotizar por la contingencia de desempleo, así como las corporaciones locales y las Juntas Generales de los Territorios Históricos Forales, Cabildos Insulares Canarios y Consejos Insulares Baleares, las administraciones públicas y las organizaciones sindicales en los que dichas personas ejerzan sus cargos, a quienes serán de aplicación las obligaciones y derechos establecidos para los trabajadores y los empresarios respectivamente.

En los supuestos a los que se refiere el presente apartado, el tipo de cotización por desempleo será el establecido en cada momento con carácter general para la contratación de duración determinada a tiempo completo o parcial.

3. El Gobierno podrá ampliar la cobertura de la contingencia de desempleo a otros colectivos. [360]

---

[359] Véanse RD 1108/2007, de 24 agosto y Res. de 12 diciembre 2007, de la TGSS, sobre el alcance del requisito de ejercicio retribuido del cargo de miembro de una corporación local

[360] Véanse RD 1167/1983, de 27 abril; RD 960/1990, de 13 julio; RD 474/1987, de 3 abril; RD 1043/1985, de 19 junio y RD 42/1996, de 19 enero

265. *Acción protectora.* 1. La protección por desempleo comprenderá las prestaciones siguientes:
a) En el nivel contributivo:
1.º Prestación por desempleo total o parcial.
2.º Abono de la aportación de la empresa correspondiente a las cotizaciones a la Seguridad Social durante la percepción de las prestaciones por desempleo, salvo en los supuestos previstos en el artículo 273.2.
b) En el nivel asistencial:
1.º Subsidio por desempleo.
2.º Abono, en su caso, de la cotización a la Seguridad Social correspondiente a la contingencia de jubilación durante la percepción del subsidio por desempleo, en los supuestos que se establecen en el artículo 280.
3.º Derecho a las prestaciones de asistencia sanitaria y, en su caso, a las prestaciones familiares, en las mismas condiciones que los trabajadores incluidos en algún régimen de Seguridad Social.
2. La acción protectora comprenderá, además, acciones específicas de formación, perfeccionamiento, orientación, reconversión e inserción profesional en favor de los trabajadores desempleados y aquellas otras que tengan por objeto el fomento del empleo estable. Todo ello sin perjuicio, en su caso, de las competencias de gestión de las políticas activas de empleo que se desarrollarán por la Administración General del Estado o por la Administración Autonómica correspondiente, de acuerdo con la normativa de aplicación. [361]
3. Los trabajadores que provengan de los países miembros del Espacio Económico Europeo, o de los países con los que exista convenio de protección por desempleo, obtendrán las prestaciones por desempleo en la forma prevista en las normas de la Unión Europea o en los convenios correspondientes.

CAPÍTULO II
Nivel contributivo

266. *Requisitos para el nacimiento del derecho a las prestaciones.* Para tener derecho a las prestaciones por desempleo las

---

[361] Véanse RD 1369/2006, de 24 noviembre (renta activa de inserción), art. 2 RDL 1/2011 de 11 febrero de 2011 (Programa de recualificación profesional de las personas que agoten su protección por desempleo) y RDL 16/2014 de 19 diciembre (Programa de Activación para el Empleo)

personas comprendidas en el artículo 264 deberán reunir los requisitos siguientes:

a) Estar afiliadas a la Seguridad Social y en situación de alta o asimilada al alta en los casos que legal o reglamentariamente se determinen. [362]

b) Tener cubierto el período mínimo de cotización a que se refiere el artículo 269.1, dentro de los seis años anteriores a la situación legal de desempleo o al momento en que cesó la obligación de cotizar.

Para el supuesto de que en el momento de la situación legal de desempleo se mantengan uno o varios contratos a tiempo parcial se tendrán en cuenta exclusivamente, a los solos efectos de cumplir el requisito de acceso a la prestación, los períodos de cotización en los trabajos en los que se haya perdido el empleo o se haya visto suspendido el contrato o reducida la jornada ordinaria de trabajo.

c) Encontrarse en situación legal de desempleo, acreditar disponibilidad para buscar activamente empleo y para aceptar colocación adecuada a través de la suscripción del acuerdo de actividad al que se refiere el artículo 3 de la Ley 3/2023, de 28 de febrero, de Empleo. [363]

d) No haber cumplido la edad ordinaria que se exija en cada caso para causar derecho a la pensión contributiva de jubilación, salvo que el trabajador no tuviera acreditado el período de cotización requerido para ello o se trate de supuestos de suspensión de contrato o reducción de jornada.

e) Estar inscrito como demandante de empleo en el servicio público de empleo competente.

267. *Situación legal de desempleo.* 1. Se encontrarán en situación legal de desempleo los trabajadores que estén incluidos en alguno de los siguientes supuestos:

a) Cuando se extinga su relación laboral: [364]

1.º En virtud de despido colectivo, adoptado por decisión del empresario al amparo de lo establecido en el artículo 51 del texto refundi-

---

[362] Véanse art. 2 RD 625/1985, de 2 abril, por el que se desarrolla la Ley 31/1984, de 2 agosto, de protección por Desempleo y art. 4 Ley 4/1995, de 23 marzo, de regulación del Permiso Parental y por Maternidad

[363] Dada nueva redacción letra c por disposición final 4 apartado 2 de Ley 3/2023 de 28 de febrero de 2023, con vigencia desde 02/03/2023

[364] Véase art. 49.1 ET

do de la Ley del Estatuto de los Trabajadores, o de resolución judicial adoptada en el seno de un procedimiento concursal.

2.º Por muerte, jubilación o incapacidad del empresario individual, cuando determinen la extinción del contrato de trabajo.

3.º Por despido y por la extinción del contrato por motivos inherentes a la persona trabajadora regulada en la disposición adicional tercera de la Ley 32/2006, de 18 de octubre, reguladora de la subcontratación en el Sector de la Construcción.

En el supuesto previsto en el artículo 111.1.b) de la Ley 36/2011, de 10 de octubre, reguladora de la jurisdicción social, durante la tramitación del recurso contra la sentencia que declare la improcedencia del despido el trabajador se considerará en situación legal de desempleo involuntario, con derecho a percibir las prestaciones por desempleo, siempre que se cumplan los requisitos exigidos en el presente título, por la duración que le corresponda conforme a lo previsto en los artículos 269 o 277.2 de la presente ley, en función de los períodos de ocupación cotizada acreditados.

4.º Por extinción del contrato por causas objetivas. [365]

5.º Por resolución voluntaria por parte del trabajador, en los supuestos previstos en los artículos 40, 41.3, 49.1.m) y 50 del texto refundido de la Ley del Estatuto de los Trabajadores.

6.º Por expiración del tiempo convenido en el contrato formativo o en el contrato de trabajo de duración determinada, por circunstancias de la producción o por sustitución de persona trabajadora, siempre que dichas causas no hayan actuado por denuncia del trabajador.

En el supuesto previsto en el artículo 147 de la Ley 36/2011, de 10 de octubre y sin perjuicio de lo señalado en el mismo, los trabajadores se entenderán en la situación legal de desempleo establecida en el párrafo anterior por finalización del último contrato temporal y la entidad gestora les reconocerá las prestaciones por desempleo si reúnen el resto de los requisitos exigidos.

7.º Por resolución de la relación laboral durante el período de prueba a instancia del empresario, siempre que la extinción de la relación laboral anterior se hubiera debido a alguno de los supuestos

---

[365] Véanse arts. 52 y 53 ET

contemplados en este apartado o haya transcurrido un plazo de tres meses desde dicha extinción. [366]

8.º Por extinción del contrato de trabajo de acuerdo con lo recogido en el artículo 11.2 del Real Decreto 1620/2011, de 14 de noviembre, por el que se regula la relación laboral de carácter especial del servicio del hogar familiar. [367]

b) Cuando se suspenda el contrato:

1.º Por decisión del empresario al amparo de lo establecido en el artículo 47 del texto refundido de la Ley del Estatuto de los Trabajadores o en virtud de resolución judicial adoptada en el seno de un procedimiento concursal, en ambos casos en los términos del artículo 262.2 de esta ley.

2.º Por decisión de las trabajadoras víctimas de violencia de género o de violencia sexual al amparo de lo dispuesto en el artículo 45.1.n) del Texto Refundido de la Ley del Estatuto de los Trabajadores. [368]

c) Cuando se reduzca temporalmente la jornada ordinaria diaria de trabajo, por decisión del empresario al amparo de lo establecido en el artículo 47 del texto refundido de la Ley del Estatuto de los Trabajadores o en virtud de resolución judicial adoptada en el seno de un procedimiento concursal, en ambos casos en los términos del artículo 262.3 de esta ley.

d) Durante los períodos de inactividad productiva de los trabajadores fijos-discontinuos. [369]

e) Cuando los trabajadores retornen a España por extinguírseles la relación laboral en el país extranjero, siempre que no obtengan prestación por desempleo en dicho país y acrediten cotización suficiente antes de salir de España. [370]

---

[366] Véase art. 14 ET

[367] Añadido apartado 1 letra a número 8 por art. 3 apartado 2 de Real Decreto-Ley 16/2022 de 6 de septiembre de 2022, con vigencia desde 09/09/2022

[368] Dada nueva redacción apartado 1 apartado b número 2 por disposición final 16 apartado 4 de Ley Orgánica 10/2022 de 6 de septiembre de 2022, con vigencia desde 07/10/2022

[369] Véase art. 1.5 RD 625/1985, de 2 abril, por el que se desarrolla la Ley 31/1984, de 2 agosto, de Protección por Desempleo

[370] Véase art. 11 RD 625/1985, de 2 abril, por el que se desarrolla la Ley 31/1984, de 2 agosto, de Protección por Desempleo

f) Cuando, en los supuestos previstos en los párrafos e) y f) del artículo 264.1, se produzca el cese involuntario y con carácter definitivo en los correspondientes cargos o cuando, aun manteniendo el cargo, se pierda con carácter involuntario y definitivo la dedicación exclusiva o parcial. [371]

2. No se considerará en situación legal de desempleo a los trabajadores que se encuentren en alguno de los siguientes supuestos:

a) Cuando cesen voluntariamente en el trabajo, salvo lo previsto en el apartado 1.a) 5.º.

b) Cuando, aun encontrándose en alguna de las situaciones previstas en el apartado 1, no acrediten su disponibilidad para buscar activamente empleo y para aceptar colocación adecuada, a través del acuerdo de actividad. [372]

c) Cuando, declarado improcedente o nulo el despido por sentencia firme y comunicada por el empleador la fecha de reincorporación al trabajo, no se ejerza tal derecho por parte del trabajador o no se hiciere uso, en su caso, de las acciones previstas en el artículo 279 de la Ley 36/2011, de 10 de octubre, reguladora de la jurisdicción social.

d) Cuando no hayan solicitado el reingreso al puesto de trabajo en los casos y plazos establecidos en la legislación vigente. [373]

3. La acreditación de la situación legal de desempleo en los supuestos que se citan a continuación se realizará del modo siguiente: [374]

a) Las situaciones legales de desempleo recogidas en los apartados 1.a) 1.º, 1.b) 1.º y 1.c) de este artículo, que se produzcan al amparo de lo establecido, respectivamente, en los artículos 51 y 47 del texto refundido de la Ley del Estatuto de los Trabajadores, se acreditarán mediante una de las siguientes formas:

1.º Comunicación escrita del empresario al trabajador en los términos establecidos en los artículos 51 o 47 del texto refundido de la Ley del Estatuto de los Trabajadores. La causa y fecha de efectos de la situación legal de desempleo deberá figurar en el certificado de

---

[371] Dada nueva redacción apartado 1 por art. 3 apartado 3 de Real Decreto-Ley 32/2021 de 28 de diciembre de 2021, con vigencia desde 31/12/2021

[372] Dada nueva redacción apartado 2 letra b por disposición final 4 apartado 3 de Ley 3/2023 de 28 de febrero de 2023, con vigencia desde 02/03/2023

[373] Véanse arts. 46.1 y 48 ET

[374] Véase art. 1 RD 625/1985, de 2 abril, por el que se desarrolla la Ley 31/1984, de 2 agosto, de Protección por Desempleo

empresa considerándose documento válido para su acreditación. La fecha de efectos de la situación legal de desempleo indicada en el certificado de empresa habrá de ser en todo caso coincidente con, o posterior a la fecha en que se comunique por el empresario a la autoridad laboral la decisión empresarial adoptada sobre el despido colectivo, o la suspensión de contratos, o la reducción de jornada. Se respetará el plazo establecido en el artículo 51.4 del texto refundido de la Ley del Estatuto de los Trabajadores para los despidos colectivos.

2.º Acta de conciliación administrativa o judicial o resolución judicial definitiva.

En los dos casos anteriores la acreditación de la situación legal de desempleo deberá completarse con la comunicación de la autoridad laboral a la entidad gestora de las prestaciones por desempleo, de la decisión del empresario adoptada al amparo de lo establecido en los artículos 51 o 47 del texto refundido de la Ley del Estatuto de los Trabajadores, en la que deberá constar la fecha en la que el empresario ha comunicado su decisión a la autoridad laboral, la causa de la situación legal de desempleo, los trabajadores afectados, si el desempleo es total o parcial, y en el primer caso si es temporal o definitivo. Si fuese temporal se deberá hacer constar el plazo por el que se producirá la suspensión o reducción de jornada, y si fuera parcial se indicará el número de horas de reducción y el porcentaje que esta reducción supone respecto a la jornada diaria ordinaria de trabajo.

b) La situación legal de desempleo prevista en los apartados 1.a).5.º y 1.b).2.º de este artículo cuando se refieren, respectivamente, a los supuestos de los artículos 49.1.m) y 45.1.n) del texto refundido de la Ley del Estatuto de los Trabajadores, se acreditará por comunicación escrita del empresario sobre la extinción o suspensión temporal de la relación laboral, junto con la orden de protección a favor de la víctima o, en su defecto, junto con cualquiera de los documentos a los que se refieren el artículo 23 de la Ley Orgánica 1/2004, de 28 de diciembre, de Medidas de Protección Integral contra la Violencia de Género, o el artículo 37 de la Ley Orgánica de garantía integral de la libertad sexual. [375]

c) La situación legal de desempleo prevista en el apartado 1.f) de este artículo se acreditará por certificación del órgano competente

---

[375] Dada nueva redacción apartado 3 apartado b por disposición final 16 apartado 4 de Ley Orgánica 10/2022 de 6 de septiembre de 2022, con vigencia desde 07/10/2022

de la corporación local, Junta General del Territorio Histórico Foral, Cabildo Insular, Consejo Insular o Administración Pública o sindicato, junto con una declaración del titular del cargo cesado de que no se encuentra en situación de excedencia forzosa, ni en ninguna otra que le permita el reingreso a un puesto de trabajo.

268. *Solicitud, nacimiento y conservación del derecho a las prestaciones.* 1. Las personas que cumplan los requisitos establecidos en el artículo 266 deberán solicitar a la entidad gestora competente el reconocimiento del derecho a las prestaciones que nacerá a partir de que se produzca la situación legal de desempleo, siempre que se solicite dentro del plazo de los quince días siguientes. La solicitud requerirá la inscripción como persona demandante de empleo. Asimismo, en la fecha de solicitud se deberá suscribir el acuerdo de actividad al que se refiere el artículo 3 de la Ley 3/2023, de 28 de febrero, de Empleo. [376]

La inscripción como demandante de empleo deberá mantenerse durante todo el período de duración de la prestación como requisito necesario para la conservación de su percepción, suspendiéndose el abono, en caso de incumplirse dicho requisito, de acuerdo con lo establecido en el artículo 271.

2. Quienes acrediten cumplir los requisitos establecidos en el artículo 266, pero presenten la solicitud transcurrido el plazo de quince días a que se refiere el apartado 1, tendrán derecho al reconocimiento de la prestación a partir de la fecha de la solicitud, perdiendo tantos días de prestación como medien entre la fecha en que hubiera tenido lugar el nacimiento del derecho de haberse solicitado en tiempo y forma y aquella en que efectivamente se hubiese formulado la solicitud. [377]

3. En el caso de que el período que corresponde a las vacaciones anuales retribuidas no haya sido disfrutado con anterioridad a la finalización de la relación laboral, o con anterioridad a la finalización de la actividad de temporada o campaña de los trabajadores fijos discontinuos, la situación legal de desempleo y el nacimiento del derecho a las prestaciones se producirá una vez transcurrido dicho período,

---

[376] Dada nueva redacción apartado 1 párrafo 1 por disposición final 4 apartado 4 de Ley 3/2023 de 28 de febrero de 2023, con vigencia desde 02/03/2023

[377] Véase art. 5.3 RD 625/1985, de 2 abril, por el que se desarrolla la Ley 31/1984, de 2 agosto, de Protección por Desempleo

siempre que se solicite dentro del plazo de los quince días siguientes a la finalización del mismo.

El citado período deberá constar en el certificado de empresa a estos efectos.

4. En el supuesto de despido o extinción de la relación laboral, la decisión del empresario de extinguir dicha relación se entenderá, por sí misma y sin necesidad de impugnación, como causa de situación legal de desempleo. El ejercicio de la acción contra el despido o extinción no impedirá que se produzca el nacimiento del derecho a la prestación.

5. En las resoluciones recaídas en procedimientos de despido o extinción del contrato de trabajo:

a) Cuando el despido sea considerado improcedente y se opte por la indemnización, el trabajador continuará percibiendo las prestaciones por desempleo o, si no las estuviera percibiendo, comenzará a percibirlas con efectos desde la fecha del cese efectivo en el trabajo, siempre que se cumpla lo establecido en el apartado 1, tomando como fecha inicial para tal cumplimiento la del acta de conciliación o providencia de opción por la indemnización o, en su caso, la de la resolución judicial.

b) Cuando se produzca la readmisión del trabajador, mediante conciliación o sentencia firme, o aunque aquella no se produzca en el supuesto al que se refiere el artículo 284 de la Ley reguladora de la jurisdicción social, las cantidades percibidas por este en concepto de prestaciones por desempleo se considerarán indebidas por causa no imputable al trabajador.

En tal caso, la entidad gestora cesará en el abono de las prestaciones por desempleo y reclamará a la Tesorería General de la Seguridad Social las cotizaciones efectuadas durante la percepción de las prestaciones. El empresario deberá ingresar a la entidad gestora las cantidades percibidas por el trabajador, deduciéndolas de los salarios dejados de percibir que hubieran correspondido, con el límite de la suma de tales salarios.

A efectos de lo dispuesto en los párrafos anteriores, se aplicará lo establecido en el artículo 295.1, respecto al reintegro de prestaciones de cuyo pago sea directamente responsable el empresario, así como de la reclamación al trabajador si la cuantía de la prestación hubiera superado la del salario.

c) En los supuestos a que se refieren los artículos 281.2 y 286.1 de la Ley reguladora de la jurisdicción social, si el trabajador no estuviera percibiendo las prestaciones comenzará a percibirlas a partir del momento en que se declare extinguida la relación laboral.

En ambos casos, se estará a lo establecido en la letra a) de este apartado respecto a las prestaciones percibidas hasta la extinción de la relación laboral.

6. En los supuestos a los que se refiere el artículo 56 del texto refundido de la Ley del Estatuto de los Trabajadores el empresario deberá instar el alta y la baja del trabajador y cotizar a la Seguridad Social durante el período correspondiente a los salarios de tramitación que se considerará como de ocupación cotizada a todos los efectos.

En los supuestos a que se refiere el párrafo b) del apartado anterior, el empresario deberá instar el alta en la Seguridad Social con efectos desde la fecha del despido o extinción inicial, cotizando por ese período, que se considerará como de ocupación cotizada a todos los efectos.

269. *Duración de la prestación por desempleo.* 1. La duración de la prestación por desempleo estará en función de los períodos de ocupación cotizada en los seis años anteriores a la situación legal de desempleo o al momento en que cesó la obligación de cotizar, con arreglo a la siguiente escala:

Periodo de cotización (en días)	Periodo de prestación (en días)
Desde 360 hasta 539	120
Desde 540 hasta 719	180
Desde 720 hasta 899	240
Desde 900 hasta 1.079	300
Desde 1.080 hasta 1.259	360
Desde 1.260 hasta 1.439	420
Desde 1.440 hasta 1.619	480
Desde 1.620 hasta 1.799	540
Desde 1.800 hasta 1.979	600

Periodo de cotización (en días)	Periodo de prestación (en días)
Desde 1.980 hasta 2.159	660
Desde 2.160	720

El Gobierno podrá modificar esta escala previo informe al Consejo General del Servicio Público de Empleo Estatal, en función de la tasa de desempleo y las posibilidades del régimen de financiación.

2. A efectos de determinación del período de ocupación cotizada a que se refiere el apartado anterior, se tendrán en cuenta todas las cotizaciones que no hayan sido computadas para el reconocimiento de un derecho anterior, tanto de nivel contributivo como asistencial. No obstante, no se considerará como derecho anterior el que se reconozca en virtud de la suspensión de la relación laboral prevista en el artículo 45.1.n) del texto refundido de la Ley del Estatuto de los Trabajadores.

En el supuesto de que se hayan realizado trabajos a tiempo parcial durante los períodos a que hace referencia el apartado anterior, para determinar los períodos de cotización se estará a lo que se determine en la normativa reglamentaria de desarrollo.

No se computarán las cotizaciones correspondientes al tiempo de abono de la prestación que efectúe la entidad gestora o, en su caso, la empresa, excepto cuando la prestación se perciba en virtud de la suspensión de la relación laboral prevista en el artículo 45.1.n) del texto refundido de la Ley del Estatuto de los Trabajadores, tal como establece el artículo 165.5 de esta ley.

3. Cuando el derecho a la prestación se extinga por realizar el titular uno o varios trabajos de duración acumulada igual o superior a doce meses, sin reanudar entre ellos la prestación por desempleo, podrá optar, en el caso de que se le reconozca una nueva prestación, entre reabrir el derecho inicial por el período que le restaba y las bases y tipos que le correspondían, o percibir la prestación generada por las nuevas cotizaciones efectuadas. Cuando el trabajador opte por la prestación anterior, las cotizaciones que generaron aquella prestación por

la que no hubiera optado no podrán computarse para el reconocimiento de un derecho posterior, de nivel contributivo o asistencial. [378]

4. El período que corresponde a las vacaciones, al que se refiere el artículo 268.3, se computará como período de cotización a los efectos previstos en el apartado 1 de este artículo y en el artículo 277.2, y durante dicho período se considerará al trabajador en situación asimilada a la de alta, de acuerdo con lo establecido en el artículo 166.1.

5. En el caso de desempleo parcial a que se refiere el artículo 262.3, la consunción de prestaciones generadas se producirá por horas y no por días. A tal fin, el porcentaje consumido será equivalente al de reducción de jornada decidida por el empresario, al amparo de lo establecido en el artículo 47 del texto refundido de la Ley del Estatuto de los Trabajadores o de resolución judicial adoptada en el seno de un procedimiento concursal.

270. *Cuantía de la prestación por desempleo.* 1. La base reguladora de la prestación por desempleo será el promedio de la base por la que se haya cotizado por dicha contingencia durante los últimos ciento ochenta días del período a que se refiere el apartado 1 del artículo anterior.

En el cálculo de la base reguladora de la prestación por desempleo se excluirá la retribución por horas extraordinarias, con independencia de su inclusión en la base de cotización por dicha contingencia fijada en el artículo 19. A efectos de ese cálculo dichas retribuciones tampoco se incluirán en el certificado de empresa. [379]

En el supuesto de que se hayan realizado trabajos a tiempo parcial, para determinar los períodos de cálculo de la base reguladora de las prestaciones por desempleo se estará a lo que se determine en la normativa reglamentaria de desarrollo.

2. La cuantía de la prestación se determinará aplicando a la base reguladora los siguientes porcentajes: el 70 por ciento durante los

---

[378] Dada nueva redacción apartado 3 por art. 2 apartado 1 de Real Decreto-Ley 2/2024 de 21 de mayo de 2024, con vigencia desde 01/11/2024

[379] Véase art. 4.1 RD 625/1985, de 2 abril, por el que se desarrolla la Ley 31/1984, de 2 agosto, de protección por Desempleo

ciento ochenta primeros días y el 60 por ciento a partir del día ciento ochenta y uno. [380]

3. La cuantía máxima de la prestación por desempleo será del 175 por ciento del indicador público de rentas de efectos múltiples, salvo cuando el trabajador tenga uno o más hijos a su cargo, en cuyo caso la cuantía será, respectivamente, del 200 por ciento o del 225 por ciento de dicho indicador.

La cuantía mínima de la prestación por desempleo será del 107 por ciento o del 80 por ciento del indicador público en rentas de efectos múltiples, según que el trabajador tenga o no, respectivamente, hijos a su cargo.

En caso de desempleo por pérdida de empleo a tiempo parcial o a tiempo completo, las cuantías máximas y mínimas de la prestación, contempladas en los párrafos anteriores, se determinarán teniendo en cuenta el indicador público de rentas de efectos múltiples calculado en función del promedio de las horas trabajadas durante el período de los últimos 180 días, a que se refiere el apartado 1, ponderándose tal promedio en relación con los días en cada empleo a tiempo parcial o completo durante dicho período.

A los efectos de lo previsto en este apartado, se tendrá en cuenta el indicador público de rentas de efectos múltiples mensual vigente en el momento del nacimiento del derecho, incrementado en una sexta parte. [381]

4. Cuando el trabajador tenga dos contratos a tiempo parcial y pierda uno de ellos, la base reguladora de la prestación por desempleo será el promedio de las bases por las que se haya cotizado por dicha contingencia en ambos trabajos durante los ciento ochenta días del periodo a que se refiere el artículo 269.1, y las cuantías máxima y mínima a que se refiere el apartado anterior se determinarán teniendo en cuenta el indicador público de rentas de efectos múltiples en función de las horas trabajadas en ambos trabajos.

---

[380] Dada nueva redacción apartado 2 por disposición final 25 apartado 8 de Ley 31/2022 de 23 de diciembre de 2022, con vigencia desde 01/01/2023

[381] Véanse el art. 2 RD Ley 3/2004, de 25 junio, para la racionalización de la regulación del salario mínimo interprofesional y para el incremento de su cuantía y la disp. adic. 90.ª Ley 31/2022 de 23 diciembre, de Presupuestos Generales del Estado para el año 2023. Téngase en cuenta el art. 8.4 RDL 30/2020, de 29 de septiembre, de medidas sociales en defensa del empleo

5. La prestación por desempleo parcial se determinará, según las reglas señaladas en los apartados anteriores, en proporción a la reducción de la jornada de trabajo.

6. En los supuestos de reducción de jornada previstos en los apartados 5, 6 y 8 del artículo 37 del texto refundido de la Ley del Estatuto de los Trabajadores, para el cálculo de la base reguladora, las bases de cotización se computarán incrementadas hasta el 100 por ciento de la cuantía que hubiera correspondido si se hubiera mantenido, sin reducción, el trabajo a tiempo completo o parcial.

Si la situación legal de desempleo se produce estando el trabajador en las situaciones de reducción de jornada citadas, las cuantías máxima y mínima a que se refieren los apartados anteriores se determinarán teniendo en cuenta el indicador público de rentas de efectos múltiples en función de las horas trabajadas antes de la reducción de la jornada.

271. *Suspensión del derecho.* [382] 1. El derecho a la percepción de la prestación por desempleo se suspenderá por la entidad gestora en los siguientes casos: [383]

a) Durante el periodo que corresponda por imposición de sanción por infracciones leves y graves en los términos establecidos en el texto refundido de la Ley sobre Infracciones y Sanciones en el Orden Social.

Si finalizado el período a que se refiere el párrafo anterior, el beneficiario de prestaciones no se encontrará inscrito como demandante de empleo o mantuviera suspendido el acuerdo de actividad, la reanudación de la prestación requerirá la previa acreditación de dicha inscripción y de la reactivación del acuerdo de actividad por parte del beneficiario, ante la entidad gestora, mediante cualquier medio válido en derecho.

b) Durante la situación de nacimiento, adopción, guarda con fines de adopción o acogimiento, en los términos previstos en el artículo 284.

c) Mientras el titular del derecho esté cumpliendo condena que implique privación de libertad. No se suspenderá el derecho si el titular solicita su continuidad acreditando que la suma de las rentas de su

---

[382] Dada nueva redacción por art. 2 apartado 2 de Real Decreto-Ley 2/2024 de 21 de mayo de 2024, con vigencia desde 01/11/2024

[383] Véanse arts. 6 y 6 bis RD 625/1985, de 2 abril, por el que se desarrolla la Ley 31/1984, de 2 agosto, de protección por Desempleo

unidad familiar, dividida entre el número de miembros que la componen no exceda del salario mínimo interprofesional. A estos efectos, la unidad familiar se constituirá en los términos del artículo 275.

d) Mientras el titular del derecho realice un trabajo por cuenta ajena, a tiempo completo o a tiempo parcial, de duración inferior a doce meses, salvo en los supuestos y durante el periodo máximo previstos en el artículo 282.2 y 3 o mientras el titular del derecho realice un trabajo por cuenta propia de duración inferior a sesenta meses en el supuesto de trabajadores por cuenta propia que causen alta en el Régimen Especial de la Seguridad Social de los Trabajadores por Cuenta Propia o Autónomos o en el Régimen Especial de la Seguridad Social de los Trabajadores del Mar, o a veinticuatro meses, en el caso de actividades con alta en alguna mutualidad de previsión social alternativa al Régimen Especial de la Seguridad Social de los Trabajadores por Cuenta Propia o Autónomos.

e) En los supuestos a que se refiere el artículo 297 de la Ley reguladora de la jurisdicción social, mientras el trabajador continúe prestando servicios o no los preste por voluntad del empresario en los términos regulados en dicho artículo durante la tramitación del recurso. Una vez que se produzca la resolución definitiva se procederá conforme a lo establecido en el artículo 268.5.

f) En los supuestos de traslado de residencia al extranjero en los que el beneficiario declare que es para la búsqueda o realización de trabajo, perfeccionamiento profesional o cooperación internacional, por un período continuado inferior a doce meses, siempre que la salida al extranjero esté previamente comunicada y autorizada por la entidad gestora, sin perjuicio de la aplicación de lo previsto sobre la exportación de las prestaciones en las normas de la Unión Europea.

g) En los supuestos de estancia en el extranjero por un período, continuado o no, de hasta noventa días naturales como máximo durante cada año natural, siempre que la salida al extranjero esté previamente comunicada y autorizada por la entidad gestora.

No tendrá consideración de estancia ni de traslado de residencia la salida al extranjero por tiempo no superior a treinta días naturales por una sola vez cada año, sin perjuicio del cumplimiento de las obligaciones establecidas en el artículo 299.

h) Cuando los beneficiarios de las prestaciones por desempleo incumplan la obligación de presentar, en los plazos establecidos, los documentos que les sean requeridos por la entidad gestora, siempre que los mismos puedan afectar a la conservación del derecho a las prestaciones.

i) Durante los períodos en los que los beneficiarios no figuren inscritos como demandantes de empleo en el servicio público de empleo competente, salvo que se encuentren trabajando por cuenta ajena a jornada completa y compatibilizando la prestación o el subsidio como complemento de apoyo al empleo conforme a lo establecido en el artículo 282.3.

j) Durante los periodos en los que, de acuerdo con la comunicación del Servicio Público de Empleo competente, se incumpla o suspenda el acuerdo de actividad.

k) En caso de incumplimiento de lo previsto en el artículo 299.1.k), la suspensión tendrá lugar cuando la entidad gestora detecte que las personas beneficiarias de prestaciones hubieran incumplido durante un ejercicio fiscal la obligación de presentar la declaración del Impuesto sobre la Renta de las Personas Físicas, en las condiciones y plazos previstos en la normativa tributaria aplicable.

l) Cuando los trabajadores fijos-discontinuos que sean llamados a reiniciar su actividad no se reincorporen a su puesto de trabajo, salvo causa justificada.

2. La suspensión del derecho a la prestación supondrá la interrupción del abono de la misma y no afectará al período de su percepción, salvo en el supuesto previsto en el apartado 1.a), en el cual el período de percepción de la prestación se reducirá por tiempo igual al de la sanción impuesta.

3. La prestación por desempleo se reanudará:

a) De oficio por la entidad gestora, en los supuestos recogidos en el apartado 1.a) siempre que el período de derecho no se encuentre agotado.

b) Previa solicitud del interesado, en los supuestos recogidos en las letras b), c), d), e), f) y g) del apartado 1, siempre que se acredite que ha finalizado la causa de suspensión, que, en su caso, esa causa constituye situación legal de desempleo o inscripción como demandante de empleo en el caso de los trabajadores por cuenta propia.

Si tras el cese en el trabajo por cuenta propia el trabajador tuviera derecho a la protección por cese de actividad, podrá optar entre percibir esta o reabrir el derecho a la protección por desempleo suspendida.

El derecho a la reanudación nacerá a partir del término de la causa de suspensión siempre que se solicite en el plazo de los quince días siguientes, y el reconocimiento de la reanudación requerirá la inscripción como demandante de empleo y la reactivación del acuerdo de actividad a que se refiere el artículo 3 de la Ley 3/2023, de 28 de febrero, salvo en aquellos casos en los que la entidad gestora exija la suscripción de un nuevo acuerdo.

Si se presenta la solicitud transcurrido el plazo citado, se producirán los efectos previstos en el artículo 268.2.

En el caso de que el período que corresponde a las vacaciones anuales retribuidas no haya sido disfrutado, será de aplicación lo establecido en el artículo 268.3.

c) A partir de la fecha en que queda acreditado que cumple los requisitos legales establecidos para el mantenimiento del derecho, en los supuestos del apartado 1.h) y k).

d) A partir de la fecha de la inscripción como demandante de empleo, o reactivación del acuerdo de actividad, salvo que proceda el mantenimiento de la suspensión de la prestación o su extinción por alguna de las causas previstas en esta u otra norma, en los supuestos previstos en el apartado 1. i) y j).

e) Previa solicitud del interesado acreditando una nueva situación legal de desempleo, en el supuesto previsto en la letra l) del apartado 1. El derecho a la reanudación nacerá a partir del día siguiente al de la situación legal de desempleo siempre que se solicite en el plazo de los quince días hábiles siguientes. En caso contrario, se producirán los efectos previstos en el artículo 268.2.

El reconocimiento de la reanudación requerirá la inscripción como demandante de empleo y la reactivación del acuerdo de actividad a que se refiere el artículo 3 de la Ley 3/2023, de 28 de febrero, salvo en aquellos casos en los que la entidad gestora exija la suscripción de un nuevo acuerdo.

272. *Extinción del derecho.* [384] El derecho a la percepción de la prestación por desempleo se extinguirá en los casos siguientes:

a) Agotamiento del plazo de duración de la prestación.

b) Imposición de sanción en los términos previstos en el texto refundido de la Ley sobre Infracciones y Sanciones en el Orden Social, aprobado por el Real Decreto Legislativo 5/2000, de 4 de agosto.

---

[384] Dada nueva redacción por disposición final 4 apartado 6 de Ley 3/2023 de 28 de febrero de 2023, con vigencia desde 02/03/2023

c) Realización de un trabajo por cuenta ajena de duración igual o superior a doce meses, sin perjuicio del derecho de opción establecido en el artículo 269.3 o realización de un trabajo por cuenta propia, por tiempo igual o superior a sesenta meses en el supuesto de trabajadores por cuenta propia que causen alta en el Régimen Especial de la Seguridad Social de los Trabajadores por Cuenta Propia o Autónomos o en el Régimen Especial de la Seguridad Social de los Trabajadores del Mar, o a veinticuatro meses, en el caso de actividades con alta en alguna mutualidad de previsión social alternativa al Régimen Especial de la Seguridad Social de los Trabajadores por Cuenta Propia o Autónomos. [385]

d) Cumplimiento, por parte del titular del derecho, de la edad ordinaria exigida en cada caso para causar derecho a la pensión contributiva de jubilación, con las salvedades establecidas en el artículo 266.d). [386]

e) Pasar a ser pensionista de jubilación, o de incapacidad permanente en los grados de incapacidad permanente total, incapacidad permanente absoluta o gran incapacidad. No obstante, en estos casos, el beneficiario podrá optar por la prestación más favorable [387]. [388]

f) Traslado de residencia o estancia en el extranjero, salvo en los supuestos que sean causa de suspensión recogidos en las letras f) y g) del artículo 271.1.

g) Renuncia voluntaria al derecho.

h) Transcurso del plazo de seis años desde la fecha de baja de la prestación sin haber reanudado el derecho. [389]

273. *Cotización durante la situación de desempleo.* 1. Durante el período de percepción de la prestación por desempleo, la entidad

---

[385] Dada nueva redacción letra c por art. 2 apartado 3 de Real Decreto-Ley 2/2024 de 21 de mayo de 2024, con vigencia desde 01/11/2024

[386] Dada nueva redacción letra d por art. 2 apartado 3 de Real Decreto-Ley 2/2024 de 21 de mayo de 2024, con vigencia desde 01/11/2024

[387] Véase art. 16.1 RD 625/1985, de 2 abril, por el que se desarrolla la Ley 31/1984, de 2 agosto, de protección por Desempleo

[388] Dada nueva redacción letra e por disposición adicional única de Ley 2/2025 de 29 de abril de 2025, sustituyendo «gran invalidez» por «gran incapacidad», con vigencia desde 01/05/2025

[389] Añadida letra h por art. 2 apartado 3 de Real Decreto-Ley 2/2024 de 21 de mayo de 2024, con vigencia desde 01/11/2024

gestora ingresará las cotizaciones a la Seguridad Social, asumiendo la aportación empresarial y descontando de la cuantía de la prestación, incluidos los supuestos a que hace referencia el artículo 270.3, la aportación que corresponda al trabajador.

2. En los supuestos de reducción de jornada o suspensión del contrato, la entidad gestora ingresará únicamente la aportación del trabajador, una vez efectuado el descuento a que se refiere el apartado anterior. [390]

3. Cuando se haya extinguido la relación laboral, la cotización a la Seguridad Social no comprenderá las cuotas correspondientes a desempleo, accidentes de trabajo y enfermedades profesionales, Fondo de Garantía Salarial y formación profesional.

CAPÍTULO III
Nivel asistencial

274. *Beneficiarios del subsidio por desempleo.* [391] 1. Serán beneficiarios del subsidio los desempleados que, cumpliendo los requisitos establecidos en el apartado 2, se encuentren en alguna de las siguientes situaciones:

a) Haber agotado la prestación por desempleo. En caso de ser menor de cuarenta y cinco años sin responsabilidades familiares se exigirá, además, que la prestación por desempleo agotada haya tenido una duración igual o superior a trescientos sesenta días.

b) Encontrarse en situación legal de desempleo sin tener cubierto el periodo mínimo de cotización para tener derecho a la prestación contributiva, siempre que hayan cotizado al menos noventa días.

En el caso de que en los seis meses anteriores a la solicitud se acrediten varias situaciones legales de desempleo, a efectos de determinación del período de ocupación cotizada para el reconocimiento de este subsidio, se estará a lo establecido en el artículo 269.2.

Podrán acceder a estos subsidios quienes mantengan uno o varios contratos a tiempo parcial, siempre que la suma de las jornadas tra-

---

[390] Dada nueva redacción apartado 2 por art. 3 apartado 4 de Real Decreto-Ley 32/2021 de 28 de diciembre de 2021, con vigencia desde 31/12/2021

[391] Dada nueva redacción por art. 2 apartado 4 de Real Decreto-Ley 2/2024 de 21 de mayo de 2024, con vigencia desde 01/11/2024

bajadas en dichos contratos sea inferior a una jornada completa y cumplan el resto de los requisitos.

2. Además, en la fecha de la solicitud del subsidio se exigirá no tener derecho a la prestación contributiva por desempleo, no encontrase en supuesto de incompatibilidad y carecer de rentas propias, o bien, alternativamente, acreditar responsabilidades familiares.

3. Serán beneficiarios del subsidio para trabajadores mayores de cincuenta y dos años quienes cumplan los requisitos establecidos en el artículo 280.

4. En todos los casos, el reconocimiento del derecho al subsidio exigirá la inscripción como demandante de empleo, así como la suscripción del acuerdo de actividad regulado en el artículo 3 de la Ley 3/2023, de 28 de febrero.

275. *Carencia de rentas y responsabilidades familiares.* [392] 1. Se entenderá cumplido el requisito de carencia de rentas propias en la fecha de la solicitud del alta inicial o de las prórrogas o reanudaciones del subsidio cuando las rentas de cualquier naturaleza de la persona solicitante o beneficiaria durante el mes natural anterior a dichas fechas no superen el 75 por ciento del salario mínimo interprofesional, excluida la parte proporcional de dos pagas extraordinarias.

2. Se entenderá cumplido el requisito de responsabilidades familiares en la fecha de la solicitud del alta inicial o de las prórrogas o reanudaciones del subsidio cuando la suma de las rentas obtenidas durante el mes natural anterior a dichas fechas por el conjunto de la unidad familiar, incluida la persona solicitante o beneficiaria, dividida entre el número de miembros que la componen, no supere el 75 por ciento del salario mínimo interprofesional, excluida la parte proporcional de dos pagas extraordinarias.

3. A los efectos previstos en este artículo se entenderá por unidad familiar la compuesta por la persona solicitante o beneficiaria, su cónyuge o pareja de hecho y los hijos e hijas menores de veintiséis años, o mayores con discapacidad, o menores acogidos y acogidas o en

---

[392] Dada nueva redacción por art. 2 apartado 5 de Real Decreto-Ley 2/2024 de 21 de mayo de 2024, con vigencia desde 01/11/2024

guarda con fines de adopción o acogimiento, que convivan o dependan económicamente de la persona solicitante o beneficiaria [393].

Se considerará pareja de hecho la constituida con análoga relación de afectividad a la conyugal por quienes, no hallándose impedidos para contraer matrimonio, no tengan vínculo matrimonial, ni constituida pareja de hecho con otra persona y acrediten mediante certificación de la inscripción en alguno de los registros específicos existentes en las Comunidades Autónomas o Ayuntamientos del lugar de residencia, en su caso, o documento público en el que conste la constitución de dicha pareja. Tanto la mencionada inscripción como la formalización del correspondiente documento público deberán haberse producido con una antelación mínima de dos años con respecto a la fecha de la solicitud del subsidio. No se exigirá el requisito de inscripción en un registro de parejas de hecho, ni constitución de dicha pareja en documento público, en el caso de que se tengan hijos o hijas comunes.

4. Se considerarán como rentas o ingresos computables cualesquiera bienes, derechos o rendimientos derivados del trabajo, del capital mobiliario o inmobiliario, de las actividades económicas y los de naturaleza prestacional contributiva o no contributiva, públicas o privadas. También se considerarán rentas las pensiones alimenticias y las compensatorias, acordadas en caso de separación, divorcio, nulidad matrimonial o en procesos de adopción de medidas paternofiliales cuando no exista convivencia entre los progenitores.

Además, son rentas los incrementos patrimoniales derivados de actos inter vivos o mortis causa, las plusvalías o ganancias patrimoniales, así como los rendimientos que puedan deducirse del montante económico del patrimonio, aplicando a su valor el 100 por ciento del tipo de interés legal del dinero vigente, con la excepción de la vivienda habitualmente ocupada por el trabajador y de los bienes cuyas rentas hayan sido computadas, todo ello en los términos que se establezcan reglamentariamente.

Las rentas se computarán por su rendimiento íntegro o bruto. El rendimiento que procede de las actividades empresariales, profesionales, agrícolas, ganaderas o artísticas, se computará por la diferencia entre los ingresos y los gastos necesarios para su obtención.

5. No se consideran rentas o ingresos computables:

---

[393] Véanse apartados 2 a 4 art. 18 RD 625/1985, de 2 abril, por el que se desarrolla la Ley 31/1984, de 2 agosto, de protección por Desempleo

a) El importe de las cuotas destinadas a la financiación del convenio especial con la Administración de la Seguridad Social percibidas por la persona solicitante o beneficiaria.

b) El importe correspondiente a la indemnización legal prevista en el texto refundido de la Ley del Estatuto de los Trabajadores para cada uno de los supuestos de extinción del contrato de trabajo, con independencia de que su pago sea único o periódico. En todo caso, a los efectos previstos en este artículo, se computará como renta el exceso que sobre dicha cantidad pueda haberse pactado.

c) El importe de las percepciones económicas obtenidas por asistencia a acciones de formación profesional o en el trabajo o para realizar prácticas académicas externas que formen parte del plan de estudios, obtenidas por la persona solicitante o beneficiaria o por cualquier otro miembro de la unidad familiar [394].

d) A efectos de reanudaciones y prórrogas del subsidio, las rentas derivadas del trabajo por cuenta ajena a tiempo completo o a tiempo parcial devengadas por la persona beneficiaria, durante el periodo de percepción del complemento de apoyo al empleo.

e) Las rentas del trabajo y las prestaciones públicas percibidas por la persona solicitante que no se mantengan en la fecha de la solicitud.

6. A los efectos de determinar si se cumplen los requisitos de carencia de rentas, o de responsabilidades familiares, en la solicitud de alta inicial, reanudación y de las prórrogas del subsidio, el interesado suscribirá una declaración responsable en la que deberá hacer constar todas las rentas e ingresos obtenidos durante el mes natural anterior tanto por él, como, en su caso, por el resto de los miembros de su unidad familiar. Dicha declaración será posteriormente contrastada con los datos que consten en sus declaraciones tributarias.

La ocultación de rentas a la entidad gestora por parte de los solicitantes que, de haberlas tenido en cuenta, hubieran supuesto la denegación de la solicitud de reanudación o de prórroga implicará que el importe correspondiente al derecho reconocido en base a la misma sea declarado indebidamente percibido por la persona trabajadora, por lo que se le reclamará conforme a lo establecido en el artículo 295. Dicho periodo, indebidamente percibido, además, se entenderá como consumido a todos los efectos.

---

[394] Téngase en cuenta que la presente redacción de esta letra c) entró en vigor el 23 de mayo de 2024, conforme a la disp. trans. 1.ª del RDL 2/2024, de 21 de mayo

7. Los requisitos de carencia de rentas y, en su caso, de existencia de responsabilidades familiares deberán concurrir en la fecha de la solicitud del subsidio, así como en la fecha de la solicitud de sus prórrogas o reanudaciones.

276. *Solicitudes, nacimiento y prórroga del derecho al subsidio.* [395] 1. El derecho al subsidio por desempleo nace a partir del día siguiente al del hecho causante siempre que se solicite en los quince días hábiles siguientes a la fecha del mismo. Solicitado fuera de dicho plazo, pero dentro de los seis meses siguientes a la fecha del hecho causante, nacerá el día de presentación de la solicitud.

Si el subsidio por desempleo se solicitara una vez transcurridos los seis meses desde la fecha del hecho causante, la solicitud será denegada, salvo que en el último día de este plazo el solicitante se encontrara realizando trabajos por cuenta propia o ajena, o percibiendo la prestación por incapacidad temporal o por nacimiento y cuidado de menor, en cuyo caso se ampliará el plazo de solicitud hasta los quince días hábiles siguientes a la finalización del trabajo o extinción de la prestación.

Se considerará fecha del hecho causante del subsidio la del agotamiento de la prestación contributiva por desempleo si se accede al subsidio por esta circunstancia, y, la de la última situación legal de desempleo si se accede por acreditar cotizaciones insuficientes para el acceso a la prestación contributiva.

En caso de que con posterioridad a la fecha del hecho causante se hubiera trabajado por cuenta propia o ajena, para acceder al subsidio será necesario que el cese en el último trabajo sea, respectivamente, involuntario o con situación legal de desempleo.

2. A los efectos de que se produzca la prórroga del subsidio hasta su duración máxima prevista en el artículo 277, cada vez que se hayan devengado tres meses de su percepción, los beneficiarios deberán presentar una solicitud de prórroga, acompañada de la documentación acreditativa del mantenimiento de los requisitos de acceso. Dicha solicitud deberá presentarse en el plazo de los quince días hábiles siguientes a la finalización del periodo trimestral. Presentada en dicho

---

[395] Dada nueva redacción por art. 2 apartado 6 de Real Decreto-Ley 2/2024 de 21 de mayo de 2024, con vigencia desde 01/11/2024

plazo, el subsidio se prorrogará desde el día siguiente a la fecha de agotamiento del período de derecho trimestral.

En otro caso, el derecho a la prórroga tendrá efectividad a partir del día de su solicitud, siempre que esta se presente dentro de los seis meses siguientes a la fecha del agotamiento del periodo trimestral. Si la prórroga se solicita fuera de este plazo de seis meses, la solicitud será denegada, salvo que, en el último día de este plazo, el solicitante se encontrara realizando trabajos por cuenta propia o ajena, en cuyo caso se ampliará el plazo de solicitud hasta los quince días hábiles siguientes a la finalización del trabajo. En este caso se exigirá que el último cese previo al reconocimiento de la prórroga sea involuntario o constituya situación legal de desempleo.

277. *Duración del subsidio.* [396] 1. En los supuestos contemplados en el artículo 274.1.a), la duración máxima del subsidio por desempleo se determinará en función de la edad de la persona solicitante en la fecha de agotamiento de la prestación por desempleo, la acreditación de responsabilidades familiares y la duración de la prestación por desempleo agotada, con arreglo a la siguiente tabla:

Acreditación responsabilidades familiares	Edad en la fecha de agotamiento de la prestación	Duración de la prestación por desempleo agotada	Duración máxima del subsidio
No.	<45	>= 360 días	6 meses.
	>45	>= 120 días	
Sí.	Indiferente	>= 120 días	24 meses.
		>=180 días	30 meses.

Quienes hubieran accedido al subsidio sin acreditar responsabilidades familiares, podrán hacerlo posteriormente, siempre que dicha acreditación y la solicitud de ampliación del subsidio tenga lugar dentro del plazo de los doce meses siguientes a la fecha del hecho causante del subsidio. En este caso, se ampliará la duración máxima del subsidio inicialmente reconocido hasta la que corresponda en función de la duración de la prestación contributiva agotada.

2. En los supuestos contemplados en el artículo 274.1.b), la duración máxima del subsidio se determinará en función del periodo de

---

[396] Dada nueva redacción por art. 2 apartado 7 de Real Decreto-Ley 2/2024 de 21 de mayo de 2024, con vigencia desde 01/11/2024

ocupación cotizado y de la acreditación de responsabilidades familiares, con arreglo a la siguiente tabla:

Periodo mínimo de ocupación cotizada	Acreditación de responsabilidades familiares	Duración máxima del subsidio
90 días.	No.	3 meses.
120 días.	No.	4 meses.
150 días.	No.	5 meses.
180 días.	No.	6 meses.
	Sí.	21 meses.

Las cotizaciones que sirvieron para el nacimiento del subsidio no
podrán ser tenidas en cuenta para el reconocimiento de un futuro
derecho a la prestación o al subsidio por desempleo.

Quienes hubieran accedido al subsidio por acreditar seis meses de
cotización sin responsabilidades familiares, podrán hacerlo posteriormente, siempre que dicha acreditación y la solicitud de ampliación
del subsidio tenga lugar dentro del plazo de doce meses siguiente a
la fecha del hecho causante del subsidio. En este caso, se ampliará
la duración máxima del subsidio inicialmente reconocido hasta los
veintiún meses.

3. En todos los casos el subsidio se reconocerá por periodos trimes-
trales, prorrogables hasta agotar la duración máxima.

278. *Cuantía del subsidio.* [397] La cuantía del subsidio será igual
a los siguientes porcentajes del indicador público de rentas de efectos
múltiples mensual vigente en cada momento [398] : el 95 por ciento
durante los ciento ochenta primeros días, el 90 por ciento desde el día
ciento ochenta y uno al día trescientos sesenta, y el 80 por ciento a
partir del día trescientos sesenta y uno.

---

[397] Dada nueva redacción por art. 2 apartado 8 de Real Decreto-Ley 2/2024 de 21
de mayo de 2024, con vigencia desde 01/11/2024

[398] Véanse el art. 2 RD Ley 3/2004, de 25 junio, para la racionalización de la
regulación del salario mínimo interprofesional y para el incremento de su cuantía y
la disp. adic. 90.ª Ley 31/2022 de 23 diciembre, de Presupuestos Generales del Estado
para el año 2023

279. *Suspensión, reanudación y extinción del derecho al subsidio.* [399] 1.Una vez reconocido un periodo trimestral del subsidio previsto en el artículo 274.1, este se suspenderá por las causas previstas en el artículo 271 y se reanudará en la forma y plazos previstos en el mismo, siempre que el beneficiario acredite que mantiene el cumplimiento de los requisitos de acceso.

En el caso de que, en la fecha en que finalice la situación que supuso la suspensión del subsidio, el interesado no cumpla el requisito exigido de carencia de rentas o el de responsabilidades familiares, podrá solicitar su reanudación cuando lo cumpla, siempre que dicha solicitud se presente dentro del plazo de los seis meses siguientes a la fecha de finalización de la causa de suspensión. En este caso, la reanudación tendrá efectos desde la fecha de la solicitud, sin días consumidos.

Salvo en el supuesto de que el trabajador se hubiera encontrado en la situación prevista en el último párrafo del artículo 276.2, no procederá la reanudación del subsidio si la solicitud, cumpliendo todos los requisitos exigidos para su reconocimiento, se presenta fuera del plazo de los seis meses siguientes a la fecha en que finalizó la situación específica que implicó su suspensión sin que, a los efectos del cómputo de dicho plazo puedan acumularse, a la primera, otras situaciones de suspensión.

2. El subsidio previsto en el artículo 274.1 se extinguirá por las causas previstas en el artículo 272, excepto la regulada en su letra h), así como por el transcurso de seis meses desde el agotamiento de la prórroga trimestral o desde la finalización de la situación específica que implicó su suspensión, salvo, en ambos casos, en el supuesto de que el trabajador se encuentre en esa fecha en la situación prevista en el último párrafo del artículo 276.2, en cuyo caso se extinguirá por el transcurso del plazo de los quince días hábiles siguientes a la finalización del trabajo sin haber solicitado la prórroga o reanudación acreditando cumplir todos los requisitos para su reconocimiento.

3. El subsidio para trabajadores mayores de 52 años previsto en el artículo 274.3 se suspenderá, reanudará y extinguirá conforme a lo previsto en el artículo 280.

---

[399] Dada nueva redacción por art. 2 apartado 9 de Real Decreto-Ley 2/2024 de 21 de mayo de 2024, con vigencia desde 01/11/2024

280. *Beneficiarios del subsidio por desempleo para mayores de cincuenta y dos años.* [400] 1. Podrán acceder al subsidio para mayores de cincuenta y dos años los trabajadores que, en la fecha en que se encuentren en el supuesto previsto en el artículo 274.1 tengan cumplida dicha edad y además en la fecha del hecho causante del subsidio establecido en el artículo 276.1, acrediten todos los requisitos, salvo la edad, para acceder a cualquier tipo de pensión contributiva de jubilación en el sistema de la Seguridad Social, hayan cotizado efectivamente en España por desempleo durante al menos seis años a lo largo de su vida laboral, sin que a estos efectos resulte de aplicación el artículo 235, y cumplan los requisitos establecidos en el apartado 2.

Las personas que, en la fecha en que se encontraron en el supuesto previsto en el artículo 274.1, cumplieran todos los requisitos establecidos en el primer párrafo de este apartado, salvo el de tener cumplida la edad de cincuenta y dos años, podrán solicitar el acceso a este subsidio a partir de la fecha en que cumplan dicha edad, siempre que cumplan el resto de requisitos establecidos en el párrafo primero y que hayan permanecido inscritos ininterrumpidamente como demandantes de empleo en los servicios públicos de empleo desde la fecha del agotamiento de la prestación contributiva o de la situación legal de desempleo, hasta la fecha de la solicitud. En este supuesto se considerará como fecha del hecho causante la del cumplimiento de la edad de cincuenta y dos años.

A los efectos previstos en este precepto, las personas que hayan percibido o agotado la Renta Activa de Inserción regulada en el Real Decreto 1369/2006, de 24 de noviembre, por el que se regula el programa de renta activa de inserción para desempleados con especiales necesidades económicas y dificultad para encontrar empleo, la prestación por cese de actividad regulada en el título V o el subsidio extraordinario por desempleo previsto en la disposición adicional vigésima séptima de esta ley, no se asimilan a quienes se encuentren en la situación prevista en el artículo 274.1.

Se entenderá cumplido el requisito de inscripción ininterrumpida cuando cada una de las posibles interrupciones haya tenido una duración inferior a noventa días naturales, no computándose los períodos que correspondan a la realización de actividad por cuenta propia o

---

[400] Dada nueva redacción por art. 2 apartado 10 de Real Decreto-Ley 2/2024 de 21 de mayo de 2024, con vigencia desde 01/11/2024

ajena. En este último caso, el trabajador no podrá acceder al subsidio cuando el cese en el último trabajo fuera voluntario.

También podrán solicitar el subsidio para trabajadores mayores de cincuenta y dos años quienes cumplan todos los requisitos previstos en el primer párrafo de este apartado en la fecha en la que tengan derecho a reanudar cualquier subsidio, así como quienes, reuniendo dichos requisitos, cumplan la edad de cincuenta y dos años durante la percepción de cualquiera de los subsidios previstos en el artículo 274. En este supuesto se considerará como fecha del hecho causante la de la reanudación del subsidio.

2. Para acceder al subsidio para mayores de cincuenta y dos años los trabajadores deberán acreditar, en la fecha de presentación de la solicitud, que carecen de rentas propias, en los términos previstos en el artículo 275.1.

El cumplimiento del requisito de carencia de rentas propias deberá mantenerse durante todo el tiempo de percepción del subsidio.

3. El derecho al subsidio por desempleo nacerá a partir del día siguiente al del hecho causante, siempre que se solicite en el plazo de quince días hábiles siguientes a la fecha del mismo. Solicitado fuera de dicho plazo, el derecho el subsidio nacerá el día de presentación de la solicitud.

4. La cuantía del subsidio por desempleo para trabajadores mayores de cincuenta y dos años será igual al 80 por ciento del indicador público de rentas de efectos múltiples mensual vigente en cada momento.

5. El subsidio para trabajadores mayores de cincuenta y dos años se suspenderá por las causas previstas en el artículo 271 y se reanudará en la forma y plazos previstos en el mismo.

Asimismo, el subsidio para trabajadores mayores de cincuenta y dos años se suspenderá por las siguientes causas:

a) Cuando se cumplan doce meses desde la fecha de nacimiento del derecho o de su última reanudación, en el supuesto de que el interesado no haya presentado la declaración anual de rentas prevista en el apartado 8 dentro del plazo establecido en el mismo.

b) En la fecha en que se deje de cumplir el requisito de carencia de rentas propias, si dicho incumplimiento tiene una duración inferior a doce meses.

El derecho se reanudará, en el supuesto previsto en la letra a) anterior, a partir de la fecha en que se solicite la misma aportando la declaración anual de rentas que acredite el mantenimiento de los requisitos, y en el supuesto previsto en la letra b), a partir de la fecha en que de nuevo se cumpla el requisito de carencia de rentas, siempre que en este caso, la solicitud de reanudación se presente dentro del plazo de los quince días hábiles siguientes al de dicho cumplimiento. En caso contrario, el subsidio se reanudará a partir de la fecha de su solicitud.

Procederá la denegación de la reanudación solicitada una vez transcurridos doce meses desde la fecha de efectos de la suspensión del subsidio.

Este plazo de doce meses se ampliará por el periodo equivalente a aquél durante el cual se realicen trabajos por cuenta propia o ajena. En este caso se exigirá que el último cese previo a la reanudación sea involuntario o constituya situación legal de desempleo.

6. El subsidio se extinguirá por las causas previstas en el artículo 272, excepto la regulada en la letra h) de dicho artículo, así como por el incumplimiento del requisito de carencia de rentas durante un periodo igual o superior a doce meses. Igualmente se producirá la extinción del subsidio por el transcurso de doce meses desde la fecha de efectos de su suspensión sin haberse reanudado, salvo lo previsto en el último párrafo del apartado anterior.

7. Los beneficiarios del subsidio para mayores de cincuenta y dos años vendrán obligados a comunicar a la entidad gestora cualquier incremento en sus rentas que pudieran afectar al mantenimiento de su derecho, en el momento en que dicha circunstancia se produzca.

8. Sin perjuicio de lo previsto en el apartado anterior, para mantener la percepción del subsidio para trabajadores mayores de cincuenta y dos años los beneficiarios deberán presentar ante la entidad gestora una declaración anual de sus rentas, acompañada de la documentación acreditativa que corresponda.

Dicha declaración se deberá presentar cada vez que transcurran doce meses desde la fecha del nacimiento del derecho o desde la fecha de su última reanudación, en el plazo de los quince días hábiles siguientes a aquel en el que se cumpla el período señalado.

Cuando, con ocasión de la tramitación de la declaración anual de rentas, el beneficiario comunique o la entidad gestora detecte que, durante algún periodo dentro de los doce meses anteriores, se han dejado de cumplir los requisitos de carencia de rentas, se procederá a la suspensión del subsidio por el periodo durante el que se hayan dejado de reunir dichos requisitos, regularizando los periodos e importes percibidos.

Si el incumplimiento de los requisitos durante algún periodo dentro de los doce meses anteriores a la fecha en la que se ha de presentar la declaración anual de rentas no fuera comunicado por el beneficiario en el momento de producirse ni con ocasión de la primera declaración anual de rentas tras producirse dicha circunstancia, ni hubiera podido ser detectado durante la tramitación de esta primera declaración anual de rentas por la entidad gestora, una vez constatado por ésta, procederá a la regularización del derecho por el periodo que corresponda por incumplimiento de los requisitos, así como al inicio del correspondiente procedimiento sancionador por no comunicar la concurrencia de una causa de suspensión del derecho en el momento de producirse.

9. La entidad gestora cotizará por la contingencia de jubilación durante la percepción del subsidio por desempleo para trabajadores mayores de cincuenta y dos años.

Las cotizaciones efectuadas conforme a lo previsto en el párrafo anterior tendrán efecto para el cálculo de la base reguladora de la pensión de jubilación y porcentaje aplicable a aquella en cualquiera de sus modalidades, así como para completar el tiempo necesario para el acceso a la jubilación anticipada. En ningún caso dichas cotizaciones tendrán validez y eficacia jurídica para acreditar el período mínimo de cotización exigido en el artículo 205.1.b), que, de conformidad con lo dispuesto en el apartado 1, ha debido quedar acreditado en la fecha de solicitud del subsidio regulado en este artículo.

A efectos de determinar la cotización se tomará como base de cotización el 125 por cien de la base mínima de cotización en el Régimen General de la Seguridad Social, vigente en cada momento.

En caso de percibir el complemento de apoyo al empleo, la base por la que deberá cotizarse se reducirá en proporción a la jornada trabajada.

El Gobierno podrá extender a otros colectivos de trabajadores lo dispuesto en este apartado.

CAPÍTULO IV
Régimen de las prestaciones

281. *Automaticidad del derecho a las prestaciones.* La entidad gestora competente pagará las prestaciones por desempleo en los supuestos de incumplimiento de las obligaciones de afiliación, alta y de cotización, sin perjuicio de las acciones que pueda adoptar contra la empresa infractora y la responsabilidad que corresponda a esta por las prestaciones abonadas.

282. *Incompatibilidades.* [401] 1. La prestación y el subsidio por desempleo serán incompatibles con el trabajo por cuenta propia aunque su realización no implique la inclusión obligatoria en alguno de los regímenes de la Seguridad Social o en alguna mutualidad de previsión social alternativa al Régimen Especial de la Seguridad Social de los Trabajadores por Cuenta Propia o Autónomos. [402]

Con carácter general, la prestación y el subsidio por desempleo, serán incompatibles con la obtención de prestaciones contributivas de carácter económico de la Seguridad Social, salvo que éstas hubieran sido compatibles con el trabajo que originó la prestación o el subsidio.

2. La prestación por desempleo será incompatible con el trabajo por cuenta ajena, excepto cuando éste se realice a tiempo parcial y se haya solicitado la compatibilidad por el trabajador, en cuyo caso se deducirá del importe de la prestación, la parte proporcional al tiempo trabajado. Si la compatibilidad se solicita dentro de los quince días hábiles siguientes a la fecha de inicio de la relación laboral, se aplicará desde dicha fecha. En caso contrario se aplicará desde la fecha de la solicitud, siempre que ésta se presente antes de que transcurran doce meses desde la fecha de inicio de la relación laboral. [403]

La deducción a que se refiere el párrafo anterior se efectuará además de cuando el trabajador esté percibiendo la prestación por desempleo como consecuencia de la pérdida de un trabajo a tiempo completo o parcial y obtenga un nuevo trabajo a tiempo parcial, cuando tenga varios contratos a tiempo parcial y pierda uno de ellos.

3. Para quienes accedan al subsidio por desempleo manteniendo uno o varios contratos a tiempo parcial así como para quienes siendo beneficiarios del mismo inicien una relación laboral a tiempo comple-

---

[401] Dada nueva redacción por art. 2 apartado 11 de Real Decreto-Ley 2/2024 de 21 de mayo de 2024, con vigencia desde 01/11/2024

[402] Téngase en cuenta la excepción establecida por art. 33 Ley 20/2007, de 11 de julio, del Estatuto del trabajo autónomo

[403] Véase art.16.4 RD 625/1985, de 2 abril, por el que se desarrolla la Ley 31/1984, de 2 agosto, de protección por Desempleo

to o parcial, el subsidio se compatibilizará como complemento de apoyo al empleo conforme a lo previsto en este artículo.

La cuantía del complemento de apoyo al empleo se determinará, cada trimestre, en función de la jornada pactada al inicio de la compatibilización y del trimestre en que se encuentre en cada momento el perceptor del complemento de apoyo respecto al inicio del subsidio conforme a la siguiente tabla:

Trimestre en que se encuentre el perceptor respecto al inicio del subsidio	CAE. Empleo a tiempo completo (% IPREM)	CAE. Empleo a tiempo parcial >= 75 % de la jornada (% IPREM)	CAE. Empleo a tiempo parcial <75 % y >=50 % de la jornada (% IPREM)	CAE. Empleo a tiempo parcial <50 % de la jornada (% IPREM)
En el 1 trimestre.	80	75	70	60
En el 2 trimestre.	60	50	45	40
En el 3 trimestre.	40	35	30	25
En el 4 trimestre.	30	25	20	15
En el 5 trimestre y siguientes.	20	15	10	5

Las situaciones de pluriempleo y modificaciones de jornada sobrevenidas tras la determinación de la cuantía del complemento de apoyo al empleo no producirán ningún efecto sobre la misma.

El complemento de apoyo al empleo se percibirá mientras se mantenga la relación laboral que lo originó. Durante su percepción, con independencia del porcentaje aplicado, se consumirán tantos días de la duración del subsidio como los días percibidos en concepto de complemento de apoyo al empleo.

Su duración máxima será de ciento ochenta días, que podrán percibirse en uno o sucesivos periodos de compatibilidad, con el límite del número de días que restasen por percibir de la duración máxima del subsidio reconocido. Llegado al límite anterior o agotada la duración máxima del subsidio, este quedará suspendido por realización de un trabajo por cuenta ajena y sujeto a las condiciones generales de reanudación por esta causa o extinguido por agotamiento, respectivamente.

La extinción o suspensión de la relación laboral, o la interrupción de la actividad fija discontinua que haya originado el complemento de apoyo al empleo, deberá ser comunicada a la entidad gestora por el beneficiario, en el plazo de los quince días hábiles siguientes, e implicará la suspensión del subsidio, que podrá reanudarse sin compatibilidad previa solicitud del interesado siempre que acredite situación legal de desempleo e inscripción como demandante de empleo y que cumpla los requisitos de carencia de rentas o de responsabilidades familiares.

No obstante, si en la fecha de extinción o suspensión de dicha relación laboral, o de interrupción de la actividad, se mantuviera otra, se podrá seguir percibiendo el complemento de apoyo al empleo según lo regulado en este apartado, previo ajuste de su cuantía considerando la jornada ordinaria de trabajo pactada y el trimestre en que se encuentre el subsidio en el momento de surtir efectos la variación.

No se podrá compatibilizar el subsidio con el desempeño de un empleo por cuenta ajena cuando la contratación sea efectuada por:

a) Empresas que tengan autorizado expediente de regulación de empleo en el momento de la contratación.

b) Empresas en las que el desempleado beneficiario del subsidio haya trabajado en los últimos doce meses anteriores.

Tampoco se aplicará la compatibilidad prevista en este apartado respecto de las relaciones laborales suspendidas en virtud de expediente de regulación de empleo o del Mecanismo RED, ni cuando se trate de contrataciones que afecten al cónyuge, ascendientes, descendientes y demás parientes por consanguinidad o afinidad, o en su caso por adopción, hasta el segundo grado inclusive, del empresario o de quienes ostenten cargos de dirección o sean miembros de los órganos de administración de las entidades o de las empresas que revistan la forma jurídica de sociedad, así como las que se produzcan con estos últimos.

4. La prestación y el subsidio serán compatibles con la percepción de cualquier tipo de rentas mínimas, salarios sociales o ayudas análogas de asistencia social concedidas por cualquier Administración Pública, y con la percepción de las prestaciones económicas no contributivas de la Seguridad Social, excepto la de jubilación.

5. La prestación y el subsidio serán compatibles con la realización de prácticas formativas, prácticas académicas externas incluidas en

programas de formación profesional o programas de formación en el trabajo [404].

6. Las prestaciones y el subsidio por desempleo regulados en el título III y en las disposiciones adicionales quincuagésima séptima y quincuagésima octava, son incompatibles con las medidas de protección social previstas en la disposición adicional cuadragésima primera y cuadragésima sexta de la misma, dirigidas, respectivamente, a las personas trabajadoras afectadas por el Mecanismo RED y por expedientes de regulación temporal de empleo autorizados con base en lo previsto en el artículo 47.5 y 6 del texto refundido de la Ley del Estatuto de los Trabajadores.

7. Cuando así lo establezca algún programa de fomento al empleo destinado a colectivos con dificultad de inserción en el mercado de trabajo, se podrá compatibilizar la percepción de la prestación contributiva por desempleo pendiente de percibir con el trabajo por cuenta propia, en cuyo caso la entidad gestora podrá abonar al trabajador el importe mensual de la prestación en la cuantía y duración que se determinen, sin incluir la cotización a la Seguridad Social.

283. *Prestación por desempleo e incapacidad temporal.* 1. Cuando el trabajador se encuentre en situación de incapacidad temporal derivada de contingencias comunes y durante la misma se extinga su contrato, seguirá percibiendo la prestación por incapacidad temporal en cuantía igual a la prestación por desempleo hasta que se extinga dicha situación, pasando entonces a la situación legal de desempleo en el supuesto de que la extinción se haya producido por alguna de las causas previstas en el artículo 267.1 y a percibir, si reúne los requisitos necesarios, la prestación por desempleo contributivo que le corresponda de haberse iniciado la percepción de la misma en la fecha de extinción del contrato de trabajo, o el subsidio por desempleo. En tal caso, se descontará del período de percepción de la prestación por desempleo, como ya consumido, el tiempo que hubiera permanecido en la situación de incapacidad temporal a partir de la fecha de la extinción del contrato de trabajo.

La entidad gestora de las prestaciones por desempleo efectuará las cotizaciones a la Seguridad Social conforme a lo previsto en el artículo

[404] Téngase en cuenta que la presente redacción del apartado 5 entró en vigor el 23 mayo 2024, conforme a la disp. trans. 1.ª RDL 2/2024 de 21 mayo

265.1.a) 2.º, asumiendo en este caso la aportación que corresponde al trabajador en su totalidad por todo el período que se descuente como consumido, incluso cuando no se haya solicitado la prestación por desempleo y sin solución de continuidad se pase a una situación de incapacidad permanente o jubilación, o se produzca el fallecimiento del trabajador que dé derecho a prestaciones de muerte y supervivencia.

Cuando el trabajador se encuentre en situación de incapacidad temporal derivada de contingencias profesionales y durante la misma se extinga su contrato de trabajo, seguirá percibiendo la prestación por incapacidad temporal, en cuantía igual a la que tuviera reconocida, hasta que se extinga dicha situación, pasando entonces, en su caso, a la situación legal de desempleo en el supuesto de que la extinción se haya producido por alguna de las causas previstas en el artículo 267.1, y a percibir, si reúne los requisitos necesarios, la correspondiente prestación por desempleo sin que, en este caso, proceda descontar del período de percepción de la misma el tiempo que hubiera permanecido en situación de incapacidad temporal tras la extinción del contrato, o el subsidio por desempleo.

2. Cuando el trabajador esté percibiendo la prestación de desempleo total y pase a la situación de incapacidad temporal que constituya recaída de un proceso anterior iniciado durante la vigencia de un contrato de trabajo, percibirá la prestación por esta contingencia en cuantía igual a la prestación por desempleo. En este caso, y en el supuesto de que el trabajador continuase en situación de incapacidad temporal una vez finalizado el período de duración establecido inicialmente para la prestación por desempleo, seguirá percibiendo la prestación por incapacidad temporal en la misma cuantía en la que la venía percibiendo.

Cuando el trabajador esté percibiendo la prestación de desempleo total y pase a la situación de incapacidad temporal que no constituya recaída de un proceso anterior iniciado durante la vigencia de un contrato de trabajo, percibirá la prestación por esta contingencia en cuantía igual a la prestación por desempleo. En este caso, y en el supuesto de que el trabajador continuase en situación de incapacidad temporal una vez finalizado el período de duración establecido inicialmente para la prestación por desempleo, seguirá percibiendo la prestación por incapacidad temporal en cuantía igual al 80 por ciento del indicador público de rentas de efectos múltiples mensual.

El período de percepción de la prestación por desempleo no se ampliará por la circunstancia de que el trabajador pase a la situación de incapacidad temporal. Durante dicha situación, la entidad gestora de las prestaciones por desempleo continuará satisfaciendo las cotizaciones a la Seguridad Social conforme a lo previsto en el artículo 265.1.a).2.º

3. Lo establecido en los apartados anteriores será de aplicación a los trabajadores fijos discontinuos durante los periodos de inactividad productiva. [405]

284. *Prestación por desempleo y nacimiento y cuidado de menor.* [406] 1. Cuando el trabajador se encuentre en situación de nacimiento, adopción, guarda con fines de adopción o acogimiento y durante las mismas pase a estar incluido en alguno de los supuestos previstos en el artículo 267.1 seguirá percibiendo la correspondiente prestación hasta que se extingan dichas situaciones, pasando entonces a la situación legal de desempleo y a percibir, si reúne los requisitos necesarios, la prestación por desempleo. En este caso no se descontará del período de percepción de la prestación por desempleo de nivel contributivo el tiempo que hubiera permanecido en situación de nacimiento, adopción, guarda con fines de adopción o acogimiento.

2. Cuando el trabajador esté percibiendo la prestación por desempleo total y pase a la situación de nacimiento, adopción, guarda con fines de adopción o acogimiento percibirá la prestación por estas últimas contingencias en la cuantía que corresponda.

En este supuesto se le suspenderá la prestación por desempleo y la cotización a la Seguridad Social prevista en el artículo 265.1.a).2.º y pasará a percibir la prestación correspondiente a su situación, gestionada directamente por su entidad gestora. Una vez extinguida esta, se reanudará la prestación por desempleo, en los términos recogidos en el artículo 271.4.b) por la duración que restaba por percibir y la cuantía que correspondía en el momento de la suspensión.

---

[405] Añadido apartado 3 por art. 2 apartado 12 de Real Decreto-Ley 2/2024 de 21 de mayo de 2024, con vigencia desde 01/11/2024

[406] Dada nueva redacción por art. 2 apartado 13 de Real Decreto-Ley 2/2024 de 21 de mayo de 2024, con vigencia desde 01/11/2024

285. *Subsidio por desempleo de mayores de 52 años y jubilación.* [407] Cuando el trabajador perciba el subsidio por desempleo previsto en el artículo 274.4 y alcance la edad ordinaria que le permita acceder a la pensión contributiva de jubilación, los efectos económicos de la citada pensión se retrotraerán a la fecha de efectos de la extinción del subsidio por alcanzar dicha edad. Para ello será necesario que la solicitud de la jubilación se produzca en el plazo de los tres meses siguientes a la resolución firme de extinción. En otro caso, tendrá una retroactividad máxima de tres meses desde la solicitud.

CAPÍTULO V
Disposiciones especiales aplicables a determinados colectivos

Sección 1ª
Trabajadores incluidos en el sistema especial para trabajadores por cuenta ajena agrarios

286. *Normas aplicables.* 1. Los trabajadores incluidos en el Sistema Especial para Trabajadores por Cuenta Ajena Agrarios están obligados a cotizar por la contingencia de desempleo y tienen derecho a la protección por desempleo conforme a lo establecido con carácter general en este título, con las especialidades establecidas en esta sección.

No cotizarán por la contingencia de desempleo, ni tendrán derecho a las prestaciones por desempleo por los periodos de actividad correspondientes, el cónyuge, los descendientes, ascendientes y demás parientes, por consanguinidad o afinidad hasta el segundo grado inclusive y, en su caso, por adopción, del titular de la explotación agraria en la que trabajen siempre que convivan con este, salvo que se demuestre su condición de asalariados. [408]

---

[407] Dada nueva redacción por art. 1 apartado 7 de Real Decreto-Ley 8/2019 de 8 de marzo de 2019, con vigencia desde 13/03/2019

[408] Dada nueva redacción apartado 1 por art. 2 apartado 14 de Real Decreto-Ley 2/2024 de 21 de mayo de 2024, con vigencia desde 01/11/2024

2. La cotización a la Seguridad Social durante la percepción de las prestaciones se regirá por lo dispuesto en el artículo 289.

287. *Protección por desempleo de los trabajadores agrarios eventuales.* [409] 1. Para tener derecho a las prestaciones por desempleo reguladas en este título, los trabajadores por cuenta ajena eventuales agrarios deberán reunir los requisitos establecidos en el artículo 266. Sin embargo, si de forma inmediatamente anterior figuraron de alta en Seguridad Social como trabajadores autónomos o por cuenta propia, el período mínimo de cotización necesario para el acceso a la prestación por desempleo será de setecientos veinte días, aplicándose, a partir de ese período, la escala prevista en el artículo 269.1.

2. Lo previsto en el apartado anterior se aplicará con independencia de que el trabajo en el que se acredite situación legal de desempleo sea o no eventual agrario, si el mayor número de cotizaciones al desempleo acreditadas corresponden a dicho trabajo eventual agrario.

3. Las cotizaciones por jornadas reales que hayan sido computadas para el reconocimiento de las prestaciones por desempleo de carácter general o del subsidio establecido en el artículo 274.1.b) no podrán computarse para el reconocimiento del subsidio por desempleo en favor de los trabajadores agrarios eventuales establecido en el Real Decreto 5/1997, de 10 de enero, ni para el reconocimiento de la renta agraria regulada en el Real Decreto 426/2003, de 11 de abril; y las computadas para reconocer el citado subsidio o la renta agraria, no podrán computarse para obtener prestaciones por desempleo de carácter general.

4. Si el trabajador eventual agrario reúne los requisitos para obtener la protección por desempleo de nivel contributivo o asistencial regulada en este título, así como para acceder al subsidio por desempleo establecido en el Real Decreto 5/1997, de 10 de enero, o la renta agraria, regulada en el Real Decreto 426/2003, de 11 de abril, podrá optar por uno de los dos derechos, aplicándose la regla siguiente:

Si solicita el subsidio por desempleo regulado en el Real Decreto 5/1997, de 10 de enero, o la renta agraria establecida en el Real Decreto 426/2003, de 11 de abril, todas las jornadas reales cubiertas en el Sistema Especial para Trabajadores por Cuenta Ajena Agrarios, cualquiera

---

[409] Dada nueva redacción por art. 2 apartado 15 de Real Decreto-Ley 2/2024 de 21 de mayo de 2024, con vigencia desde 01/11/2024

que sea su número, se tendrán en cuenta para acreditar los requisitos establecidos, respectivamente, en los artículos 2.1.c) y 2.1.d) de los citados reales decretos. Las cotizaciones por desempleo anteriores a la fecha del reconocimiento de dicho subsidio o renta agraria, que no se hayan computado para la obtención de tales derechos, podrán computarse para el reconocimiento de un derecho posterior, de nivel contributivo o asistencial.

288. *Protección por desempleo de los trabajadores agrarios eventuales residentes en Andalucía y Extremadura.* 1. Los trabajadores por cuenta ajena eventuales agrarios, incluidos en el Sistema Especial para Trabajadores por Cuenta Ajena Agrarios y residentes en las Comunidades Autónomas de Andalucía y Extremadura, tendrán derecho a la protección regulada en el artículo anterior.

2. Asimismo tendrán derecho al subsidio por desempleo regulado por el Real Decreto 5/1997, de 10 de enero, por el que se regula el subsidio por desempleo en favor de los trabajadores eventuales incluidos en el Régimen Especial Agrario de la Seguridad Social, y por el apartado siguiente o bien a la renta agraria regulada por el Real Decreto 426/2003, de 11 de abril, por el que se regula la renta agraria para los trabajadores eventuales incluidos en el Régimen Especial Agrario de la Seguridad Social residentes en las Comunidades Autónomas de Andalucía y Extremadura, cuando en el momento de producirse su situación de desempleo acrediten su condición de trabajadores eventuales agrarios y reúnan los requisitos exigidos en dichas normas, con las particularidades que se señalan a continuación:

a) Las referencias al Régimen Especial Agrario de la Seguridad Social y al censo de dicho régimen se entenderán hechas al Régimen General de la Seguridad Social y a la inclusión en el Sistema Especial para Trabajadores por Cuenta Ajena Agrarios.

b) Las referencias a las jornadas reales cotizadas se entenderán hechas al número efectivo de jornadas reales trabajadas mientras el trabajador permanece incluido en el Sistema Especial para Trabajadores por Cuenta Ajena Agrarios. Para computar dichas jornadas, si se mantiene el alta y la cotización en su modalidad mensual, en un mes completo se computarán veintitrés jornadas reales trabajadas y por periodos en alta y cotizados inferiores al mes se aplicará esa equivalencia para determinar las jornadas reales trabajadas que correspondan.

c) La entidad gestora abonará directamente a la Tesorería General de la Seguridad Social la cotización al Régimen General de la Seguridad Social dentro del Sistema Especial para Trabajadores por Cuenta Ajena Agrarios durante el período de percepción del subsidio agrario o de la renta agraria, aplicando al tope mínimo de cotización vigente en cada momento el tipo de cotización que corresponda a los periodos de inactividad.

3. Solo podrán ser beneficiarios del subsidio por desempleo regulado en el Real Decreto 5/1997, de 10 de enero, aquellos desempleados que, reuniendo los requisitos exigidos en el mismo, hayan sido beneficiarios de dicho subsidio en alguno de los tres años naturales inmediatamente anteriores a la fecha de solicitud del mismo.

Las personas trabajadoras en la fecha de solicitud del subsidio deberán suscribir un acuerdo de actividad en los términos a que se refiere el artículo 3 de la Ley 3/2023, de 28 de febrero, de Empleo. [410]

289. *Cotización durante la percepción de las prestaciones.* 1. La cotización a la Seguridad Social durante la percepción de la prestación por desempleo de nivel contributivo o del subsidio por desempleo de nivel asistencial se abonará por la entidad gestora directamente a la Tesorería General de la Seguridad Social, en los términos establecidos en este artículo.

2. Durante la percepción de la prestación por desempleo de nivel contributivo, la base de cotización a la Seguridad Social de aquellos trabajadores por los que exista obligación legal de cotizar será la establecida, con carácter general, en la correspondiente Ley de Presupuestos Generales del Estado tanto en los supuestos de extinción de la relación laboral como en los de suspensión de esta y de reducción de jornada, calculada en función de las bases correspondientes a los períodos de actividad.

El tipo de cotización será el correspondiente a los períodos de inactividad, a que se refiere el artículo 255.3.

Durante la percepción de la prestación por desempleo, el 73,50 por ciento de la aportación del trabajador a la Seguridad Social correrá a cargo de la entidad gestora, siendo el 26,50 por ciento restante a cargo del trabajador y descontándose de la cuantía de la prestación.

---

[410] Dada nueva redacción apartado 3 párrafo 2 por disposición final 4 apartado 8 de Ley 3/2023 de 28 de febrero de 2023, con vigencia desde 02/03/2023

3. Durante la percepción del subsidio por desempleo del artículo 274, la base de cotización a la Seguridad Social será el tope mínimo de cotización vigente en cada momento en el Régimen General.

El tipo de cotización será el correspondiente a los períodos de inactividad y se cotizará exclusivamente por la contingencia de jubilación en los casos en los que así venga establecido en el artículo 280, aplicando a la cuota el coeficiente reductor que se determine por el Ministerio de Empleo y Seguridad Social.

Durante la percepción de los subsidios por desempleo en los que le corresponda cotizar por jubilación, la entidad gestora tendrá a su cargo la parte de cotización que se establezca, por los días que se perciban de subsidio, conforme a la base y el tipo indicados en el párrafo anterior, correspondiendo el resto de la cotización al trabajador, que será descontado de la cuantía del subsidio y se abonará a la Tesorería General de la Seguridad Social, en su totalidad, por la entidad gestora.

4. Durante los períodos en los que la entidad gestora esté obligada a cotizar, los beneficiarios a los que se haya reconocido el derecho a la percepción de la prestación o de los subsidios por desempleo o de la renta agraria, en los términos establecidos en los artículos anteriores, deberán permanecer en el Sistema Especial para Trabajadores por Cuenta Ajena Agrarios.

5. En el caso de los trabajadores agrarios eventuales cuando para la obtención de la prestación se hayan computado cotizaciones efectuadas a distintos regímenes o sistemas de la Seguridad Social, la cotización a la Seguridad Social durante la percepción de las prestaciones se efectuará al régimen o sistema en el que se acredite un mayor período cotizado.

Sección 2ª
Otros colectivos

290. *Trabajadores contratados para la formación y aprendizaje.* 1. La cotización por la contingencia de desempleo en el contrato para la formación y el aprendizaje se efectuará por la cuota fija resultante de aplicar a la base mínima correspondiente a las contingencias de accidentes de trabajo y enfermedades profesionales el mismo tipo de cotización y distribución entre empresario y trabajador establecidos para el contrato en prácticas.

2. Para determinar la base reguladora y la cuantía de la prestación por desempleo se aplicará lo establecido en el artículo 270 de esta ley.

291. *Trabajadores del Régimen Especial de la Seguridad Social de los Trabajadores del Mar.* Sin perjuicio de lo establecido en el artículo 19 de esta ley, a las bases de cotización para desempleo en el Régimen Especial de la Seguridad Social de los Trabajadores del Mar les será también de aplicación lo dispuesto en el artículo 11 de la Ley 47/2015, de 21 de octubre, reguladora de la protección social de las personas trabajadoras del sector marítimo-pesquero.

292. *Militares profesionales de tropa y marinería.* 1. Los militares profesionales de tropa y marinería que mantienen una relación de servicios de carácter temporal se encontrarán en situación legal de desempleo, a efectos de la protección correspondiente, cuando finalice el compromiso que tengan suscrito o se resuelva el mismo por causas independientes de su voluntad.

2. La prestación o el subsidio por desempleo serán compatibles con la asignación de reservista de especial disponibilidad. No obstante, el importe de esa asignación se computará como renta a efectos del subsidio por desempleo en los términos indicados en el artículo 275.2.

3. Los militares profesionales de tropa y marinería que pasen a encontrarse en situación de desempleo, serán objeto de un seguimiento activo e individualizado por parte del Ministerio de Defensa, en colaboración con el Ministerio de Empleo y Seguridad Social, con el objeto de facilitarles una rápida integración en el mercado laboral.

CAPÍTULO VI
Régimen financiero y gestión de las prestaciones

293. *Financiación.* 1. La acción protectora regulada en este título se financiará mediante la cotización de empresarios y trabajadores y la aportación del Estado.

2. La cuantía de la aportación del Estado será cada año la fijada en la correspondiente Ley de Presupuestos Generales del Estado.

294. *Entidad gestora.* 1. Corresponde al Servicio Público de Empleo Estatal gestionar las funciones y servicios derivados de las prestaciones de protección por desempleo y declarar el reconocimiento, suspensión, extinción y reanudación de las prestaciones, sin perjuicio de las atribuciones reconocidas a los órganos competentes de la Administración laboral en materia de sanciones.

2. Las empresas colaborarán con la entidad gestora asumiendo el pago delegado de la prestación por desempleo en los supuestos y en las condiciones que reglamentariamente se determinen.

295. *Reintegro de pagos indebidos.* [411] 1. Corresponde a la entidad gestora competente declarar y exigir la devolución de las prestaciones indebidamente percibidas por los trabajadores y el reintegro de las prestaciones de cuyo pago sea directamente responsable el empresario. [412]

Transcurrido el respectivo plazo fijado para el reintegro de las prestaciones indebidamente percibidas o de responsabilidad empresarial sin haberse efectuado el mismo, corresponderá a la Tesorería General de la Seguridad Social proceder a su recaudación en vía ejecutiva de conformidad con las normas reguladoras de la gestión recaudatoria de la Seguridad Social, devengándose el recargo y el interés de demora en los términos y condiciones establecidos en esta ley.

2. Para el ejercicio de esta competencia la entidad gestora podrá concertar los servicios que considere convenientes con la Tesorería General de la Seguridad Social o con cualquiera de las administraciones públicas.

3. La entidad gestora podrá conceder la compensación parcial, así como el fraccionamiento de pago para el reintegro de las prestaciones por desempleo indebidamente percibidas, en los términos y condiciones que se establezcan reglamentariamente, a solicitud del sujeto responsable del mismo, que deberá ser presentada con anterioridad al inicio de su recaudación en vía ejecutiva. Tanto la compensación parcial como el fraccionamiento del pago comprenderán el principal de la deuda, así como el recargo que fuera exigible en la fecha de su

---

[411] Dada nueva redacción por art. 2 apartado 16 de Real Decreto-Ley 2/2024 de 21 de mayo de 2024, con vigencia desde 23/05/2024

[412] Véase art.33 RD 625/1985, de 2 abril, por el que se desarrolla la Ley 31/1984, de 2 agosto, de protección por Desempleo

solicitud. Además, el fraccionamiento del pago devengará intereses, desde el momento de su concesión hasta la fecha de pago, conforme al interés de demora que se encuentre vigente en cada momento durante su duración.

296. *Pago de las prestaciones.* 1. La entidad gestora deberá dictar resolución motivada, reconociendo o denegando el derecho a las prestaciones por desempleo, en el plazo de los quince días siguientes a la fecha en que se hubiera formulado la solicitud en tiempo y forma.

2. El pago de la prestación será efectuado por la entidad gestora o por la propia empresa, en los supuestos y en las condiciones que reglamentariamente se determinen.

3. Cuando así lo establezca algún programa de fomento del empleo, la entidad gestora podrá abonar de una sola vez el valor actual del importe, total o parcial, de la prestación por desempleo de nivel contributivo a que tenga derecho el trabajador y que esté pendiente por percibir. [413]

Asimismo, podrá abonar a través de pagos parciales el importe de la prestación por desempleo de nivel contributivo a que tenga derecho el trabajador para subvencionar la cotización del mismo a la Seguridad Social.

4. Cuando así lo establezca algún programa de fomento de empleo para facilitar la movilidad geográfica, la entidad gestora podrá abonar el importe de un mes de la duración de las prestaciones por desempleo o de tres meses de la duración del subsidio por desempleo, pendientes por percibir, a los beneficiarios de las mismas para ocupar un empleo que implique cambio de la localidad de residencia.

297. *Control de las prestaciones.* [414]

1. Corresponde a la entidad gestora controlar el cumplimiento de lo establecido en este título y comprobar las situaciones de fraude que puedan cometerse sin perjuicio de las facultades de los servicios

---

[413] Téngase en cuenta, para su tratamiento fiscal, el art. 7 n) RDLeg. 3/2004, de 5 marzo, por el que se aprueba el texto refundido de la Ley del IRPF

[414] Téngase en cuenta que la STC Pleno 61/2018, de 6 junio 2018, anula, desde el 7 julio 2018, la nueva redacción dada al art. 229 RDLeg. 1/1994 de 20 junio 1994, por el RDL 5/2013, de 15 marzo, que ha sido refundido en los apartados 1, 2 y 3 de este artículo

competentes en cuanto a inspección y control en orden a la sanción de las infracciones que pudieran cometerse en la percepción de las prestaciones por desempleo.

2. La entidad gestora podrá exigir a los trabajadores cuya relación laboral se haya extinguido de acuerdo con lo dispuesto en lospárrafos 3.º, 4.º y 5.º del artículo 267.1.a), acreditación de haber percibido la indemnización legal correspondiente.

En el caso de que la indemnización no se hubiera percibido, ni se hubiera interpuesto demanda judicial en reclamación de dicha indemnización o de impugnación de la decisión extintiva, o cuando la extinción de la relación laboral no lleve aparejada la obligación de abonar una indemnización al trabajador, se reclamará la actuación de la Inspección de Trabajo y Seguridad Social a los efectos de comprobar la involuntariedad del cese en la relación laboral.

3. La entidad gestora podrá suspender el abono de las prestaciones por desempleo cuando se aprecien indicios suficientes de fraude en el curso de las investigaciones realizadas por los órganos competentes en materia de lucha contra el fraude.

4. La Administración tributaria colaborará con la entidad gestora de las prestaciones por desempleo, en los términos establecidos en el artículo 95 de la Ley 58/2003, de 17 de diciembre, General Tributaria, facilitándole la información tributaria necesaria para el cumplimiento de sus funciones en materia de gestión y control de las prestaciones y subsidios por desempleo.

CAPÍTULO VII
Régimen de obligaciones, infracciones y sanciones

298. *Obligaciones de los empresarios.* Son obligaciones de los empresarios:

a) Cotizar por la aportación empresarial a la contingencia de desempleo.

b) Ingresar las aportaciones propias y las de sus trabajadores en su totalidad, siendo responsables del cumplimiento de la obligación de cotizar.

c) Proporcionar la documentación e información que reglamentariamente se determinen a efectos del reconocimiento, suspensión, extinción o reanudación del derecho a las prestaciones. [415]

d) Entregar al trabajador el certificado de empresa, en el tiempo y forma que reglamentariamente se determinen. [416]

e) Abonar a la entidad gestora competente las prestaciones satisfechas por esta a los trabajadores cuando la empresa hubiese sido declarada responsable de la prestación por haber incumplido sus obligaciones en materia de afiliación, alta o cotización.

f) Proceder, en su caso, al pago delegado de las prestaciones por desempleo.

g) Comunicar la readmisión del trabajador despedido en el plazo de cinco días desde que se produzca e ingresar en la entidad gestora competente las prestaciones satisfechas por esta a los trabajadores en los supuestos regulados en el artículo 268.5.

h) Comunicar, con carácter previo a que se produzcan, las variaciones realizadas en el calendario, o en el horario inicialmente previsto para cada uno de los trabajadores afectados, en los supuestos de aplicación de medidas de suspensión de contratos o de reducción de jornada previstas en el artículo 47 del texto refundido de la Ley del Estatuto de los Trabajadores.

299. *Obligaciones de los trabajadores, solicitantes y beneficiarios de prestaciones por desempleo.* [417] 1. Son obligaciones de los trabajadores y de los solicitantes y beneficiarios de prestaciones por desempleo:

a) Cotizar por la aportación correspondiente a la contingencia de desempleo.

b) Proporcionar la documentación e información que reglamentariamente se determinen a efectos del reconocimiento, suspensión, ex-

---

[415] Véanse O TAS/3261/2006, de 19 octubre, por la que se regula la comunicación del contenido del certificado de empresa y de otros datos relativos a los períodos de actividad laboral de los trabajadores y el uso de medios telemáticos en relación con aquélla y Orden TIN/790/2010, de 24 de marzo, por la que se regula el envío por las empresas de los datos del certificado de empresa al Servicio Público de Empleo Estatal por medios electrónicos

[416] Véanse art. 5.1 O TAS/3261/2006, de 19 octubre y arts. 1.3 y 7 O TIN/790/2010, de 24 marzo

[417] Dada nueva redacción por art. 2 apartado 17 de Real Decreto-Ley 2/2024 de 21 de mayo de 2024, con vigencia desde 01/11/2024

tinción o reanudación del derecho a las prestaciones y comunicar a los servicios públicos de empleo autonómicos y a la entidad gestora, el domicilio y, en su caso, el cambio del domicilio, facilitado a efectos de notificaciones, en el momento en que este se produzca.

Sin perjuicio de lo anterior, cuando no quedara garantizada la recepción de las comunicaciones en el domicilio facilitado por el solicitante o beneficiario de las prestaciones, este estará obligado a proporcionar a los servicios públicos de empleo autonómicos y a la entidad gestora los datos que precisen para que la comunicación se pueda realizar por medios electrónicos.

c) Inscribirse como persona demandante de empleo, mantener la inscripción, suscribir y cumplir las exigencias del acuerdo de actividad en los términos a que se refiere el artículo 3 de la Ley 3/2023, de 28 de febrero.

d) Comparecer, cuando haya sido previamente requerido, ante la entidad gestora, los servicios públicos de empleo o las agencias de colocación cuando desarrollen actividades en el ámbito de colaboración con aquellos.

e) Buscar activamente empleo y participar en acciones de mejora de la ocupabilidad que se determinen por los servicios públicos de empleo competentes, en su caso, dentro de un itinerario de inserción.

Las personas beneficiarias de prestaciones acreditarán ante el Servicio Público de Empleo Estatal, el Instituto Social de la Marina y los servicios públicos de empleo autonómicos, cuando sean requeridos para ello, las actuaciones que han efectuado dirigidas a la búsqueda activa de empleo, su reinserción laboral o a la mejora de su ocupabilidad. Esta acreditación se efectuará en la forma en que estos organismos determinen en el marco de la mutua colaboración. La no acreditación tendrá la consideración de incumplimiento del acuerdo de actividad.

f) Participar en los programas de empleo, o en acciones de promoción, formación o reconversión profesionales, que determinen los servicios públicos de empleo, o las agencias de colocación cuando desarrollen actividades en el ámbito de colaboración con aquellos y aceptar la colocación adecuada que le sea ofrecida por los servicios públicos de empleo o por dichas agencias

g) Devolver a los servicios públicos de empleo, o, en su caso, a las agencias de colocación cuando desarrollen actividades en el ámbito de colaboración con aquellos, en el plazo de cinco días, el correspondiente justificante de haber comparecido en el lugar y fecha indicados para cubrir las ofertas de empleo facilitadas por los mismos.

h) Solicitar la baja en las prestaciones por desempleo cuando se produzcan situaciones de incompatibilidad, suspensión o extinción del derecho o se dejen de reunir los requisitos exigidos para su percepción, en el momento de la producción de dichas situaciones.

i) Comunicar las situaciones de interrupción de la actividad fija discontinua suspensión o extinción de la relación laboral que originó el complemento de apoyo al empleo.

j) Reintegrar las prestaciones indebidamente percibidas.

k) Presentar anualmente la declaración correspondiente al Impuesto sobre la Renta de las Personas Físicas.

2. A estos efectos tendrán la consideración de beneficiarios de prestaciones por desempleo los trabajadores desempleados durante el plazo de quince días hábiles de solicitud de las prórrogas del subsidio por desempleo establecida en el artículo 276.2, así como durante la suspensión cautelar o definitiva de la prestación o subsidio por desempleo como consecuencia de un procedimiento sancionador o de lo establecido en el artículo 271.1.h).

300. *Acuerdo de actividad.* [418] A los efectos previstos en este título, se entenderá por acuerdo de actividad el así definido en el artículo 3 de la Ley 3/2023, de 28 de febrero, de Empleo.

301. *Colocación adecuada.* [419] A los efectos previstos en este título, se entenderá por colocación adecuada la así definida en el artículo 3 de la Ley 3/2023, de 28 de febrero, de Empleo.

302. *Infracciones y sanciones.* En materia de infracciones y sanciones, se estará a lo dispuesto en este título y en el texto refundido de

---

[418] Dada nueva redacción por disposición final 4 apartado 10 de Ley 3/2023 de 28 de febrero de 2023, con vigencia desde 02/03/2023

[419] Dada nueva redacción por disposición final 4 apartado 11 de Ley 3/2023 de 28 de febrero de 2023, con vigencia desde 02/03/2023

la Ley sobre Infracciones y Sanciones en el Orden Social, aprobado por el Real Decreto Legislativo 5/2000, de 4 de agosto. [420]

303. *Impugnación de actos.* 1. Las decisiones de la entidad gestora competente, relativas al reconocimiento, denegación, suspensión o extinción de cualquiera de las prestaciones por desempleo, serán recurribles ante los órganos jurisdiccionales del orden social.

2. También serán recurribles ante los órganos jurisdiccionales del orden social las resoluciones de la entidad gestora relativas a:

a) La exigencia de devolución de las prestaciones indebidamente percibidas y al reintegro de las prestaciones de cuyo pago sea directamente responsable el empresario, a que se refieren los artículos 268.5.b) y 295.1 de esta ley, a excepción de las actuaciones en materia de gestión recaudatoria conforme a lo establecido en el artículo 3.f) de la Ley 36/2011, de 10 de octubre, reguladora de la jurisdicción social.

b) El abono de la prestación por desempleo en su modalidad de pago único, establecido en el artículo 296.3 de esta ley.

c) La imposición de sanciones a los trabajadores conforme a lo establecido en el artículo 48.5 del texto refundido de la Ley sobre Infracciones y Sanciones en el Orden Social.

3. En los supuestos contemplados en los apartados anteriores será requisito necesario para formular demanda que los interesados interpongan reclamación previa ante la entidad gestora, en los términos establecidos en el artículo 71 de la Ley reguladora de la jurisdicción social.

CAPÍTULO VIII
Derecho supletorio

304. *Derecho supletorio.* En lo no previsto expresamente en el presente título se estará a lo dispuesto en los títulos I y II.

---

[420] Véase RD 928/1998, de 14 mayo, por el que se aprueba el Reglamento general sobre procedimientos para la imposición de sanciones por infracciones de orden social y para los expedientes liquidatorios de cuotas de la Seguridad Social

TÍTULO IV
Régimen Especial de la Seguridad Social de los Trabajadores por Cuenta Propia o Autónomos

CAPÍTULO I
Campo de aplicación

305. *Extensión.* 1. Estarán obligatoriamente incluidas en el campo de aplicación del Régimen Especial de la Seguridad Social de los Trabajadores por Cuenta Propia o Autónomos las personas físicas mayores de dieciocho años que realicen de forma habitual, personal, directa, por cuenta propia y fuera del ámbito de dirección y organización de otra persona, una actividad económica o profesional a título lucrativo, den o no ocupación a trabajadores por cuenta ajena, en los términos y condiciones que se determinen en esta ley y en sus normas de aplicación y desarrollo.

2. A los efectos de esta ley se declaran expresamente comprendidos en este régimen especial:

a) Los trabajadores incluidos en el Sistema Especial para Trabajadores por Cuenta Propia Agrarios.

b) Quienes ejerzan las funciones de dirección y gerencia que conlleva el desempeño del cargo de consejero o administrador, o presten otros servicios para una sociedad de capital, a título lucrativo y de forma habitual, personal y directa, siempre que posean el control efectivo, directo o indirecto, de aquella. Se entenderá, en todo caso, que se produce tal circunstancia, cuando las acciones o participaciones del trabajador supongan, al menos, la mitad del capital social.

Se presumirá, salvo prueba en contrario, que el trabajador posee el control efectivo de la sociedad cuando concurra alguna de las siguientes circunstancias:

1.º Que, al menos, la mitad del capital de la sociedad para la que preste sus servicios esté distribuido entre socios con los que conviva y a quienes se encuentre unido por vínculo conyugal o de parentesco por consanguinidad, afinidad o adopción, hasta el segundo grado.

2.º Que su participación en el capital social sea igual o superior a la tercera parte del mismo.

3.º Que su participación en el capital social sea igual o superior a la cuarta parte del mismo, si tiene atribuidas funciones de dirección y gerencia de la sociedad.

En los supuestos en que no concurran las circunstancias anteriores, la Administración podrá demostrar, por cualquier medio de prueba, que el trabajador dispone del control efectivo de la sociedad.

c) Los socios industriales de sociedades regulares colectivas y de sociedades comanditarias a los que se refiere el artículo 1.2.a) de la Ley 20/2007, de 11 de julio, del Estatuto del trabajo autónomo.

d) Los comuneros de las comunidades de bienes y los socios de sociedades civiles irregulares, salvo que su actividad se limite a la mera administración de los bienes puestos en común, a los que se refiere el artículo 1.2.b) de la Ley 20/2007, de 11 de julio.

e) Los socios trabajadores de las sociedades laborales cuando su participación en el capital social junto con la de su cónyuge y parientes por consanguinidad, afinidad o adopción hasta el segundo grado con los que convivan alcance, al menos, el 50 por ciento, salvo que acrediten que el ejercicio del control efectivo de la sociedad requiere el concurso de personas ajenas a las relaciones familiares.

f) Los trabajadores autónomos económicamente dependientes a los que se refiere la Ley 20/2007, de 11 de julio.

g) Quienes ejerzan una actividad por cuenta propia, en las condiciones establecidas en el apartado 1, que requiera la incorporación a un colegio profesional, sin perjuicio de lo previsto en la disposición adicional decimoctava.

h) Los miembros del Cuerpo Único de Notarios.

i) Los miembros del Cuerpo de Registradores de la Propiedad, Mercantiles y de Bienes Muebles, así como los del Cuerpo de Aspirantes.

j) Las personas incluidas en el ámbito de aplicación de la Ley 55/2003, de 16 de diciembre, del Estatuto Marco del personal estatutario de los servicios de salud, que presten servicios, a tiempo completo, en los servicios de salud de las diferentes comunidades autónomas o en los centros dependientes del Instituto Nacional de Gestión Sanitaria, por las actividades complementarias privadas que realicen y que determinen su inclusión en el sistema de la Seguridad Social, sin perjuicio de lo previsto en la disposición adicional decimoctava.

k) El cónyuge y los parientes del trabajador por cuenta propia o autónomo que, conforme a lo señalado en el artículo 12.1 y en el apartado 1 de este artículo, realicen trabajos de forma habitual y no tengan la consideración de trabajadores por cuenta ajena.

l) Los socios trabajadores de las cooperativas de trabajo asociado dedicados a la venta ambulante que perciban ingresos directamente de los compradores.

m) Quienes ejerzan por cuenta propia cualquiera de las actividades artísticas a que se refiere el artículo 249 quater.1. [421]

n) Cualesquiera otras personas que, por razón de su actividad, sean objeto de inclusión mediante norma reglamentaria, conforme a lo dispuesto en el artículo 7.1.b). [422]

306. *Exclusiones.* 1. Estarán excluidos de este régimen especial los trabajadores por cuenta propia o autónomos a que se refiere el artículo anterior cuando por razón de su actividad marítimo-pesquera deban quedar comprendidos en el Régimen Especial de la Seguridad Social de los Trabajadores del Mar.

2. No estarán comprendidos en el sistema de Seguridad Social los socios, sean o no administradores, de sociedades de capital cuyo objeto social no esté constituido por el ejercicio de actividades empresariales o profesionales, sino por la mera administración del patrimonio de los socios.

CAPÍTULO II
Afiliación, cotización y recaudación

307. *Afiliación, altas, bajas y variaciones de datos.* [423] Las personas trabajadoras autónomas están obligadas a solicitar su afiliación al sistema de la Seguridad Social y a comunicar sus altas, bajas y variaciones de datos en el Régimen Especial de los Trabajadores por

---

[421] Añadido apartado 2 apartado m por disposición final 4 apartado 8 de Real Decreto-Ley 1/2023 de 10 de enero de 2023, con vigencia desde 01/04/2023

[422] Renumerado apartado 2 apartado m por disposición final 4 apartado 8 de Real Decreto-Ley 1/2023 de 10 de enero de 2023 como letra n), con vigencia desde 01/04/2023

[423] Dada nueva redacción por art. 1 apartado 4 de Real Decreto-Ley 13/2022 de 26 de julio de 2022, con vigencia desde 01/01/2023

Cuenta Propia o Autónomos en los términos, plazos y condiciones establecidos en esta ley y en sus disposiciones de aplicación y desarrollo.

308. *Cotización y recaudación.* [424] 1. Las personas trabajadoras por cuenta propia o autónomas incluidas en este régimen especial de acuerdo con lo establecido en el artículo 305, cotizarán en función de los rendimientos anuales obtenidos en el ejercicio de sus actividades económicas, empresariales o profesionales, en los términos señalados en los párrafos a), b) y c) de este apartado [425].

A efectos de determinar la base de cotización en este régimen especial se tendrán en cuenta la totalidad de los rendimientos netos obtenidos por los referidos trabajadores, durante cada año natural, por sus distintas actividades profesionales o económicas, aunque el desempeño de algunas de ellas no determine su inclusión en el sistema de la Seguridad Social y con independencia de que las realicen a título individual o como socios o integrantes de cualquier tipo de entidad, con o sin personalidad jurídica, siempre y cuando no deban figurar por ellas en alta como trabajadores por cuenta ajena o asimilados a estos.

En este sentido, la Ley de Presupuestos Generales del Estado establecerá anualmente una tabla general y una tabla reducida de bases de cotización para este régimen especial. Ambas tablas se dividirán en tramos consecutivos de importes de rendimientos netos mensuales. A cada uno de dichos tramos de rendimientos netos se asignará una base de cotización mínima mensual y una base de cotización máxima mensual.

En el caso de la tabla general de rendimientos, el tramo 1 tendrá como límite inferior de rendimientos el importe de la base mínima de cotización establecida para el Régimen General de la Seguridad Social.

La cotización a que se refiere este apartado se determinará en los términos siguientes:

a) La base de cotización para todas las contingencias y situaciones amparadas por la acción protectora de este régimen especial se deter-

---

[424] Dada nueva redacción por art. 1 apartado 5 de Real Decreto-Ley 13/2022 de 26 de julio de 2022, tras modificación introducida por el RDL 14/2022 de 1 agosto, con vigencia desde 01/01/2023

[425] Téngase en cuenta, durante los ejercicios 2023, 2024 y 2025, la disp. trans. 1.ª 2 RDL 13/2022 de 26 julio

minará durante cada año natural conforme a las siguientes reglas, así como a las demás condiciones que se determinen reglamentariamente:

1.ª Las personas trabajadoras por cuenta propia o autónomas deberán elegir la base de cotización mensual que corresponda en función de su previsión del promedio mensual de sus rendimientos netos anuales dentro de la tabla general de bases fijada en la respectiva Ley de Presupuestos Generales del Estado.

2.ª Cuando prevean que el promedio mensual de sus rendimientos netos anuales pueda quedar por debajo del importe de aquellos que determinen la base mínima del tramo 1 de la tabla general establecida para cada ejercicio en este régimen especial, las personas trabajadoras por cuenta propia o autónomas deberán elegir una base de cotización mensual inferior a aquella, dentro de la tabla reducida de bases que se determinará al efecto, anualmente en la Ley de Presupuestos Generales del Estado.

3.ª Las personas trabajadoras por cuenta propia o autónomas deberán cambiar su base de cotización, en los términos que se determinen reglamentariamente, a fin de ajustar su cotización anual a las previsiones que vayan teniendo de sus rendimientos netos anuales, pudiendo optar a tal efecto por cualquiera de las bases de cotización comprendidas en las tablas a que se refieren las reglas 1.ª y 2.ª, excepto en los supuestos a que se refieren las reglas 4.ª y 5.ª

4.ª Los familiares de las personas trabajadoras por cuenta propia o autónomas incluidas en este régimen especial al amparo de lo establecido en el artículo 305.2.k), así como las personas trabajadoras por cuenta propia o autónomas incluidas en este régimen especial al amparo de lo establecido en las letras b) y e) del artículo 305.2 de esta ley no podrán elegir una base de cotización mensual inferior a aquella que determine la correspondiente Ley de Presupuestos Generales del Estado como base de cotización mínima para contingencias comunes para los trabajadores incluidos en el Régimen General de la Seguridad Social del grupo de cotización 7. A tal efecto, en el procedimiento de regularización a que se refiere el apartado c) del presente artículo, la base de cotización definitiva no podrá ser inferior a dicha base mínima.

Para la aplicación de esta base de cotización mínima bastará con haber figurado noventa días en alta en este régimen especial, en cualquiera de los supuestos contemplados en las referidas letras, durante el período a regularizar al que se refiere la letra c).

5.ª En los supuestos de alta de oficio en este régimen especial, durante el período comprendido entre la fecha del alta y el último día del mes natural inmediatamente anterior a la fecha de efectos del alta, así como durante el período comprendido entre el inicio de la actividad por cuenta propia y el mes en el que se solicite el alta, de formularse esta solicitud a partir del mes siguiente al del inicio de la actividad, la base de cotización mensual aplicable será la base mínima del tramo 1 de la tabla general a que se refiere la regla 1.ª, establecida en cada ejercicio, salvo que, en las altas de oficio efectuadas a propuesta de la Inspección de Trabajo y Seguridad Social, esta hubiese fijado expresamente otra base de cotización mensual superior. En los períodos indicados no resultará de aplicación el procedimiento de regularización a que se refiere el párrafo c) de este apartado 1.

6.ª Las bases de cotización mensuales elegidas dentro de cada año conforme a lo indicado en las reglas 1.ª a 5.ª tendrán carácter provisional, hasta que se proceda a su regularización en los términos del párrafo c).

b) La cotización mensual en este régimen especial se obtendrá mediante la aplicación, a la base de cotización determinada conforme al párrafo a), de los tipos de cotización que la Ley de Presupuestos Generales del Estado establezca cada año para financiar las contingencias comunes y profesionales de la Seguridad Social, la protección por cese de actividad y la formación profesional de las personas trabajadoras por cuenta propia o autónomas incluidas en el mismo.

La falta de ingreso de la cotización dentro de plazo reglamentario determinará su reclamación junto con los recargos e intereses que correspondan, en los términos previstos en los artículos 28 y siguientes de esta ley y en sus disposiciones de aplicación y desarrollo.

c) La regularización de la cotización en este régimen especial, a efectos de determinar las bases de cotización y las cuotas mensuales definitivas del correspondiente año, se efectuará en función de los rendimientos anuales una vez obtenidos y comunicados telemáticamente por la correspondiente Administración tributaria a partir del año siguiente, respecto a cada persona trabajadora por cuenta propia o autónoma, conforme a las siguientes reglas:

1.ª Los importes económicos que determinarán las bases de cotización y las cuotas mensuales definitivas estarán constituidos por los rendimientos computables procedentes de todas las actividades económicas, empresariales o profesionales, ejercidas por la persona trabajadora por cuenta propia o autónoma en cada ejercicio, a título individual o como socio o integrante de cualquier tipo de entidad en los términos establecidos en el presente artículo.

El rendimiento computable de cada una de las actividades ejercidas por la persona trabajadora por cuenta propia o autónoma se calculará de acuerdo con lo previsto en las normas del Impuesto sobre la Renta de las Personas Físicas para el cálculo del rendimiento neto, en los términos previstos en el presente artículo.

Para las actividades económicas que determinen el rendimiento neto por el método de estimación directa, el rendimiento computable será el rendimiento neto, incrementado en el importe de las cuotas de la Seguridad Social y aportaciones a mutualidades alternativas del titular de la actividad.

Para las actividades económicas que determinen el rendimiento neto por el método de estimación objetiva, el rendimiento computable será el rendimiento neto previo minorado en el caso de actividades agrícolas, forestales y ganaderas y el rendimiento neto previo en el resto de supuestos.

Para los rendimientos de actividades económicas imputados al contribuyente por entidades en atribución de rentas, el rendimiento computable imputado a la persona trabajadora por cuenta propia o autónoma será, para el método de estimación directa, el rendimiento neto y, para el método de estimación objetiva, en el caso de actividades agrícolas, forestales y ganaderas, el rendimiento neto minorado, y el rendimiento neto previo en el resto de los supuestos.

En el caso de los trabajadores por cuenta propia o autónomos a los que se refiere el artículo 305.2.b), se computarán en los términos que se determinen reglamentariamente, la totalidad de los rendimientos íntegros, dinerarios o en especie, derivados de la participación en los fondos propios de aquellas entidades en las que reúna, en la fecha de devengo del Impuesto sobre Sociedades, una participación igual o superior al 33 % del capital social o teniendo la condición de administrador, una participación igual o superior al 25%, así como la totalidad de los rendimientos de trabajo derivados de su actividad en dichas entidades.

Del mismo modo se computarán, de manera adicional a los rendimientos que pudieran obtener de su propia actividad económica, los rendimientos íntegros de trabajo o capital mobiliario, dinerarios o en especie, derivados de su condición de socios trabajadores de las cooperativas de trabajo asociado que hayan optado por su inclusión en el Régimen Especial de Trabajadores Autónomos en virtud de lo establecido en el artículo 14.

En el caso de las personas trabajadoras por cuenta propia o autónomas a los que se refiere el artículo 305.2, c), d) y e) se computarán además la totalidad de los rendimientos íntegros de trabajo o capital mobiliario, dinerarios o en especie, derivados de su condición de socios o comuneros en las entidades a las que se refiere dicho artículo.

2.ª A los rendimientos indicados en la regla anterior se les aplicará una deducción por gastos genéricos del 7 por ciento, salvo en el caso de las personas trabajadoras por cuenta propia o autónomas incluidos en este régimen especial al amparo de lo establecido en las letras b) y e) del artículo 305.2 de esta ley, en que la deducción será del 3 por ciento.

Para la aplicación del último porcentaje indicado del 3 por ciento bastará con haber figurado noventa días en alta en este régimen especial, en cualquiera de los supuestos contemplados en las referidas letras, durante el período a regularizar.

3.ª Una vez fijado el importe de los rendimientos, se distribuirá proporcionalmente en el período a regularizar y se determinarán las bases de cotización mensuales definitivas y se procederá a regularizar la cotización provisional mensual efectuada por cada persona trabajadora por cuenta propia o autónoma en el año anterior, en los términos que se establezcan reglamentariamente, siempre y cuando su base de cotización definitiva no esté comprendida entre la base de cotización mínima y la máxima correspondiente al tramo en el que estén comprendidos sus rendimientos.

4.ª Si la cotización provisional efectuada fuese inferior a la cuota correspondiente a la base mínima de cotización del tramo en el que estén comprendidos sus rendimientos, el trabajador por cuenta propia deberá ingresar la diferencia entre ambas cotizaciones hasta el último día del mes siguiente a aquel en que se le notifique el resultado de la regularización, sin aplicación de interés de demora ni recargo alguno de abonarse en ese plazo.

Si la cotización provisional efectuada fuese superior a la cuota correspondiente a la base máxima del tramo en el que estén comprendidos sus rendimientos, la Tesorería General de la Seguridad Social procederá a devolver de oficio la diferencia entre ambas cotizaciones, sin aplicación de interés alguno, antes del 30 de abril del ejercicio siguiente a aquel en que la correspondiente Administración tributaria haya comunicado los rendimientos computables a la Tesorería General de la Seguridad Social.

Sin perjuicio de lo indicado en los párrafos anteriores, determinada la base de cotización definitiva, las deudas generadas por las cuotas no ingresadas en período voluntario calculadas de acuerdo con las bases de cotización provisionales no serán objeto de devolución o modificación alguna. Con independencia de lo anterior, conforme a lo establecido en el primer párrafo si la base de cotización definitiva fuese superior al importe de la base de cotización provisional por la que se generó deuda, la diferencia deberá ser ingresada conforme a lo indicado en dicho primer párrafo.

En ningún caso serán objeto de devolución los recargos e intereses.

5.ª La base de cotización definitiva para aquellas personas trabajadoras por cuenta propia o autónomas que no hubiesen presentado la declaración del Impuesto de la Renta de las Personas Físicas ante la correspondiente Administración tributaria o que, habiéndola presentado, no hayan declarado ingresos a efectos de la determinación de los rendimientos netos cuando resulte de aplicación el régimen de estimación directa, será la base mínima de cotización para contingencias comunes para los trabajadores incluidos en el Régimen General de la Seguridad Social del grupo de cotización 7.

6.ª En caso de que la correspondiente Administración tributaria efectúe modificaciones posteriores en los importes de los rendimientos anuales de la persona trabajadora por cuenta propia o autónoma que se han computado para la regularización, ya sea como consecuencia de actuaciones de oficio o a solicitud del trabajador, este podrá, en su caso, solicitar la devolución de lo ingresado indebidamente.

En el caso de que la modificación posterior de los importes de los rendimientos anuales determine que los mismos sean superiores a los aplicados en la regularización, se pondrá en conocimiento del Organismo Estatal Inspección de Trabajo y Seguridad Social a efecto de que el mismo establezca, en su caso, la correspondiente regularización y determine los importes a ingresar, en los términos establecidos en el marco de la colaboración administrativa regulada en el artículo 141 de la Ley 40/2015, de 1 de octubre, de Régimen Jurídico del Sector Público.

A tal efecto la correspondiente Administración tributaria comunicará dichas modificaciones tanto a la Tesorería General de la Seguridad

Social como al Organismo Estatal Inspección de Trabajo y Seguridad Social, a través de medios telemáticos.

En los supuestos de este apartado, no se modificará, en caso alguno, el importe de las prestaciones de Seguridad Social causadas cuya cuantía será, por tanto, definitiva, resultando de aplicación lo establecido en el artículo 309.

2. Sin perjuicio de lo dispuesto en los apartados anteriores de este artículo y de las especialidades reguladas en los artículos siguientes, en materia de cotización, liquidación y recaudación se aplicarán a este régimen especial las normas establecidas en el capítulo III del título I, y en sus disposiciones de aplicación y desarrollo.

309. *Cotización en los supuestos de reconocimiento de una prestación económica de la Seguridad Social con anterioridad a la regularización anual.* [426] 1. Quedarán excluidas de la regularización prevista en la letra c) del artículo 308.1. las cotizaciones correspondientes a los meses cuyas bases de cotización hubiesen sido tenidas en cuenta para el cálculo de la base reguladora de cualquier prestación económica del sistema de la Seguridad Social reconocida con anterioridad a la fecha en que se hubiese realizado dicha regularización.

Igualmente, quedarán excluidas de la regularización las bases de cotización posteriores a las referidas en el párrafo anterior hasta el mes en que se produzca el hecho causante.

En consecuencia, las bases de cotización a las que se ha hecho referencia en los párrafos anteriores adquirirán carácter definitivo respecto de esos meses, sin que proceda la revisión del importe de las prestaciones causadas.

Del mismo modo, durante los períodos en que las personas trabajadoras por cuenta propia o autónomas perciban prestaciones por incapacidad temporal, riesgo durante el embarazo, riesgo durante la lactancia natural, nacimiento y cuidado de menor y ejercicio corresponsable del cuidado del lactante, así como por cese de actividad o para la sostenibilidad de la actividad de las personas trabajadoras por cuenta propia o autónomas en su modalidad cíclica o sectorial, en aquellos supuestos en los que deban permanecer en alta en este régimen especial, la base de cotización mensual aplicada adquirirá ca-

---

[426] Dada nueva redacción por art. 1 apartado 6 de Real Decreto-Ley 13/2022 de 26 de julio de 2022, con vigencia desde 01/01/2023

rácter definitivo y, en consecuencia, no será objeto de la regularización prevista en la letra c) del artículo 308.1.

2. En la situación de incapacidad temporal con derecho a prestación económica, transcurridos sesenta días en dicha situación desde la baja médica, corresponderá hacer efectivo el pago de las cuotas, por todas las contingencias, a la mutua colaboradora con la Seguridad Social o, en su caso, al Servicio Público de Empleo Estatal.

310. *Cotización en supuestos de compatibilidad de jubilación y trabajo por cuenta propia.* [427] 1. Durante la realización de un trabajo por cuenta propia compatible con la pensión de jubilación, en los términos establecidos en el artículo 214, las personas trabajadoras por cuenta propia o autónomas cotizarán a este régimen especial únicamente por incapacidad temporal y por contingencias profesionales, conforme a lo previsto en este capítulo, si bien quedarán sujetos a una cotización especial de solidaridad del 9 por ciento sobre su base de cotización por contingencias comunes, no computable a efectos de prestaciones.

2. También estarán sujetos a una cotización de solidaridad del 9 por ciento sobre la base mínima de cotización del tramo 1 de la tabla general a la que se refiere la regla 1.ª del artículo 308.1 los pensionistas de jubilación que compatibilicen la pensión con una actividad económica o profesional por cuenta propia estando incluidos en una mutualidad alternativa al citado régimen especial al amparo de lo establecido en la disposición adicional decimoctava, la cual no será computable a efectos de prestaciones.

La cuota correspondiente se deducirá mensualmente del importe de la pensión.

310 bis. *Cotización de los perceptores de pensión de jubilación cuando realicen actividades artísticas.* [428] Durante la realización de un trabajo por cuenta propia compatible con la pensión de jubilación, en los términos establecidos en el artículo 249 quater, las personas

---

[427] Dada nueva redacción por art. 1 apartado 7 de Real Decreto-Ley 13/2022 de 26 de julio de 2022, con vigencia desde 01/01/2023

[428] Añadido por disposición final 4 apartado 9 de Real Decreto-Ley 1/2023 de 10 de enero de 2023, con vigencia desde 01/04/2023

estarán obligadas a solicitar el alta y cotizar en este régimen especial únicamente por contingencias profesionales y quedarán sujetas a una cotización especial de solidaridad del 9 por ciento sobre su base de cotización por contingencias comunes, no computable a efectos de prestaciones.

311. *Cotización al régimen especial a partir de la edad de jubilación.* [429] Los trabajadores incluidos en este régimen especial quedarán exentos de cotizar a la Seguridad Social, salvo, por incapacidad temporal y por contingencias profesionales, una vez hayan alcanzado la edad de acceso a la pensión de jubilación que en cada caso resulte de aplicación según lo establecido en el artículo 205.1.a). [430]

312. *Base mínima de cotización para determinados trabajadores autónomos.* [431] (Derogado)

313. *Cotización en supuestos de pluriactividad.* [432] Las personas trabajadoras por cuenta propia o autónomas que, en razón de un trabajo por cuenta ajena desarrollado simultáneamente, coticen en régimen de pluriactividad, teniendo en cuenta tanto las cotizaciones efectuadas en este régimen especial como las aportaciones empresariales y las correspondientes al trabajador en el régimen de Seguridad Social que corresponda por su actividad por cuenta ajena, tendrán derecho al reintegro del 50 por ciento del exceso en que sus cotizaciones por contingencias comunes superen la cuantía que se establezca a tal efecto por la Ley de Presupuestos Generales del Estado para cada ejercicio, con el tope del 50 por ciento de las cuotas ingresadas en

---

[429] Dada nueva redacción por art. 1 apartado 13 de Ley 21/2021 de 28 de diciembre de 2021, con vigencia desde 01/01/2022

[430] Téngase en cuenta el periodo transitorio de aplicación del art. 205.1.a) establecido en la disp. trans. 7ª

[431] Derogado por disposición derogatoria única letra c de Real Decreto-Ley 13/2022 de 26 de julio de 2022, con vigencia desde 01/01/2023

[432] Dada nueva redacción por art. 1 apartado 8 de Real Decreto-Ley 13/2022 de 26 de julio de 2022, con vigencia desde 01/01/2023

este régimen especial en razón de su cotización por las contingencias comunes. [433]

En tales supuestos, la Tesorería General de la Seguridad Social procederá a abonar el reintegro que en cada caso corresponda en un plazo máximo de cuatro meses desde la regularización prevista en el artículo 308.1.c) salvo cuando concurran especialidades en la cotización que impidan efectuarlo en ese plazo o resulte necesaria la aportación de datos por parte del interesado, en cuyo caso el reintegro se realizará con posterioridad al mismo.

313 bis. *Cotización de los artistas con bajos ingresos integrados en el Régimen Especial de la Seguridad Social de los Trabajadores por Cuenta Propia o Autónomos.* [434] 1. La base de cotización por contingencias comunes de los artistas de bajos ingresos integrados en el Régimen Especial de la Seguridad Social de los Trabajadores por Cuenta Propia o Autónomos se determinará por la Ley de Presupuestos Generales del Estado [435].

A estos efectos, se considerarán como artistas autónomos de bajos ingresos aquellos cuyos rendimientos netos durante cada ejercicio determinados conforme a lo establecido en el artículo 308.1.c), sean iguales o inferiores a los establecidos en la disposición adicional primera del Real Decreto-ley 5/2022, de 22 de marzo, por el que se adapta el régimen de la relación laboral de carácter especial de las personas dedicadas a las actividades artísticas, así como a las actividades técnicas y auxiliares necesarias para su desarrollo, y se mejoran las condiciones laborales del sector.

La base de cotización establecida conforme a los párrafos anteriores resultará de aplicación, en los términos establecidos en el artículo 308.1.a), una vez solicitada expresamente por el trabajador autónomo, a través de los procedimientos automatizados que establezca específicamente la Tesorería General de la Seguridad Social. Dicha base de cotización se aplicará con los mismos efectos temporales a los estable-

---

[433] Véanse para el año 2025 el art. 66.4 RDL 1/2025 de 28 enero y el art. 18.8 O PJC/178/2025 de 25 febrero

[434] Añadido por disposición final 4 apartado 10 de Real Decreto-Ley 1/2023 de 10 de enero de 2023, con vigencia desde 01/04/2023

[435] Fijada la base de cotización en 526,14 euros mensuales para 2023 conforme a la disp. trans. 4.ª RDL 1/2023 de 10 enero

cidos con carácter general para los cambios de base de cotización del Régimen Especial de Trabajadores por Cuenta Propia o Autónomos en función de la fecha de solicitud de dicha base de cotización, salvo que esta solicitud se haya realizado junto con la solicitud de alta, en cuyo caso se aplicará desde la fecha de efectos de esta.

2. Cuando en el procedimiento de regularización de cuotas previsto en el artículo 308.1.c) se compruebe que el promedio de los rendimientos netos mensuales efectivamente obtenidos es igual o inferior al promedio mensual de los rendimientos a que se refiere el párrafo segundo del apartado 1, no se procederá a la citada regularización de cuotas, salvo que el Organismo Estatal Inspección de Trabajo y Seguridad Social verifique la falta de condición de artista del trabajador autónomo en el periodo anual de que se trate, en cuyo caso se procederá a la regularización de cuotas hasta la base mínima de cotización del tramo 1 de la tabla reducida de bases de cotización establecida para este régimen especial. A tal efecto, la Tesorería General de la Seguridad Social suministrará la información oportuna al citado Organismo Estatal.

Cuando en el citado procedimiento de regularización de cuotas se compruebe que el promedio de los rendimientos netos mensuales efectivamente obtenidos es superior al promedio mensual de los rendimientos a que se refiere el párrafo segundo del apartado 1, se procederá a dicha regularización de cuotas conforme a lo establecido en el artículo 308.1.c).

3. El plazo reglamentario de ingreso de las cuotas será el establecido con carácter general, salvo que el interesado solicite expresamente, a través de los procedimientos automatizados que establezca la Tesorería General de la Seguridad Social, que el plazo de ingreso de las cuotas sea trimestral, de forma que las cuotas correspondientes a los meses de enero, febrero y marzo se ingresen en el mes de abril; las cuotas correspondientes a los meses de abril, mayo y junio, se ingresen en el mes de julio; las cuotas correspondientes a los meses de julio, agosto y septiembre, se ingresen en el mes de octubre; y las cuotas correspondientes a los meses de octubre, noviembre y diciembre, se ingresen en el mes de enero del año siguiente.

Las solicitudes presentadas en cada trimestre natural surtirán efectos a partir del primer mes del trimestre natural posterior.

CAPÍTULO III
Acción protectora

Sección 1ª
Contingencias protegibles

314. *Alcance de la acción protectora.* La acción protectora de este régimen especial será la establecida en el artículo 42, con excepción de la protección por desempleo y las prestaciones no contributivas.

Las prestaciones y beneficios se reconocerán en los términos y condiciones que se determinan en el presente título y en sus disposiciones de aplicación y desarrollo.

En todo caso, para el reconocimiento y abono de las prestaciones, los trabajadores incluidos en este régimen especial han de cumplir el requisito de estar al corriente en el pago de las cotizaciones previsto en el artículo 47.

315. *Cobertura de la incapacidad temporal.* [436] La cobertura de la contingencia por incapacidad temporal en este régimen especial tendrá carácter obligatorio, salvo que se tenga cubierta dicha contingencia en razón de la actividad realizada en otro régimen de la Seguridad Social. En este supuesto, podrá acogerse voluntariamente a la cobertura de dicha contingencia, así como, en su caso, renunciar a ella en los términos establecidos reglamentariamente.

Lo previsto en el párrafo anterior se entiende sin perjuicio de las excepciones establecidas en la disposición adicional vigésima octava respecto a los socios de cooperativas que dispongan de un sistema intercooperativo de prestaciones sociales, complementario al sistema público, y a los miembros de institutos de vida consagrada de la Iglesia Católica.

316. *Cobertura de las contingencias profesionales.* 1. La cobertura de las contingencias profesionales será obligatoria y se llevará a cabo con la misma entidad, gestora o colaboradora, con la que se haya

---

[436] Dada nueva redacción por art. 1 apartado 9 de Real Decreto-Ley 13/2022 de 26 de julio de 2022, con vigencia desde 01/01/2023

formalizado la cobertura de la incapacidad temporal y determinará la obligación de efectuar las correspondientes cotizaciones, en los términos previstos en el artículo 308.

Por las contingencias indicadas, se reconocerán las prestaciones que, por las mismas, se conceden a los trabajadores incluidos en el Régimen General de la Seguridad Social, en las condiciones que reglamentariamente se establezcan. [437]

2. Se entenderá como accidente de trabajo del trabajador autónomo el ocurrido como consecuencia directa e inmediata del trabajo que realiza por su propia cuenta y que determina su inclusión en el campo de aplicación de este régimen especial. Se entenderá, a idénticos efectos, por enfermedad profesional la contraída a consecuencia del trabajo ejecutado por cuenta propia, que esté provocada por la acción de los elementos y sustancias y en las actividades que se especifican en la lista de enfermedades profesionales con las relaciones de las principales actividades capaces de producirlas, anexa al Real Decreto 1299/2006, de 10 de noviembre, por el que se aprueba el cuadro de enfermedades profesionales en el sistema de la Seguridad Social y se establecen criterios para su notificación y registro.

También se entenderá como accidente de trabajo el sufrido al ir o al volver del lugar de la prestación de la actividad económica o profesional. A estos efectos se entenderá como lugar de la prestación el establecimiento en donde el trabajador autónomo ejerza habitualmente su actividad siempre que no coincida con su domicilio y se corresponda con el local, nave u oficina declarado como afecto a la actividad económica a efectos fiscales. [438]

3. Lo previsto en este artículo se entiende sin perjuicio de lo establecido en el artículo 317, respecto de las personas trabajadoras por cuenta propia o autónomas económicamente dependientes, en el artículo 326 respecto de los trabajadores del sistema especial para trabajadores por cuenta propia agrarios, en la disposición adicional vigésima octava, respecto de los socios de cooperativas que dispongan de un sistema intercooperativo de prestaciones sociales, complementario al

---

[437] Dada nueva redacción apartado 1 por disposición final 2 apartado 12 de Real Decreto-Ley 28/2018 de 28 de diciembre de 2018, con vigencia desde 01/01/2019

[438] Dada nueva redacción apartado 2 por art. 14 de Ley 6/2017 de 24 de octubre de 2017, con vigencia desde 26/10/2017

sistema público, y de los miembros de institutos de vida consagrada de la Iglesia Católica. [439]

317. *Acción protectora de los trabajadores autónomos económicamente dependientes.* [440] Los trabajadores autónomos económicamente dependientes tienen incluida obligatoriamente, dentro del ámbito de la acción protectora de la Seguridad Social, la cobertura de la incapacidad temporal y de los accidentes de trabajo y enfermedades profesionales.

A los efectos de esta cobertura, se entenderá por accidente de trabajo toda lesión corporal del trabajador autónomo económicamente dependiente que sufra con ocasión o por consecuencia de la actividad profesional, considerándose también accidente de trabajo el que sufra el trabajador al ir o volver del lugar de la prestación de la actividad, o por causa o consecuencia de la misma. Salvo prueba en contrario, se presumirá que el accidente no tiene relación con el trabajo cuando haya ocurrido fuera del desarrollo de la actividad profesional de que se trate.

Sección 2ª
Disposiciones en materia de prestaciones

318. *Normas aplicables.* Será de aplicación a este régimen especial:

a) En materia de protección por nacimiento y cuidado de menor, lo dispuesto en el capítulo VI del título II, excepto el artículo 179.1 y 2.

La prestación económica por nacimiento y cuidado de menor consistirá en un subsidio equivalente al 100 por ciento de una base reguladora cuya cuantía diaria será el resultado de dividir la suma de las bases de cotización acreditadas a este régimen especial durante los seis meses inmediatamente anteriores al mes previo al del hecho causante entre ciento ochenta.

---

[439] Dada nueva redacción apartado 3 por art. 1 apartado 10 de Real Decreto-Ley 13/2022 de 26 de julio de 2022, con vigencia desde 01/01/2023

[440] Dada nueva redacción por disposición final 2 apartado 13 de Real Decreto-Ley 28/2018 de 28 de diciembre de 2018, con vigencia desde 01/01/2019

De no haber permanecido en alta en el régimen especial durante la totalidad del referido período de seis meses, la base reguladora será el resultado de dividir las bases de cotización al régimen especial acreditadas en los seis meses inmediatamente anteriores al mes previo al del hecho causante entre los días en que el trabajador haya estado en alta en dicho régimen dentro de ese período.

Los períodos durante los que el trabajador por cuenta propia tendrá derecho a percibir el subsidio por nacimiento y cuidado de menor serán coincidentes, en lo relativo tanto a su duración como a su distribución, con los períodos de descanso laboral establecidos para los trabajadores por cuenta ajena. Los trabajadores de este régimen especial podrán igualmente percibir el subsidio por nacimiento y cuidado de menor en régimen de jornada parcial, en los términos y condiciones que se establezcan reglamentariamente. [441]

b) En materia de corresponsabilidad en el cuidado del lactante, riesgo durante el embarazo, riesgo durante la lactancia natural y cuidado de menores afectados por cáncer u otra enfermedad grave, lo dispuesto, respectivamente, en los capítulos VII, VIII, IX y X del título II, en los términos y condiciones que se establezcan reglamentariamente. [442]

c) En materia de incapacidad permanente, lo dispuesto en los artículos 194, apartados 2 y 3; 195 excepto el apartado 2; 197, apartados 1, 2 y 3; y 200.

Asimismo, será de aplicación lo previsto en el último párrafo del apartado 2 y el apartado 4 del artículo 196. A efectos de determinar el importe mínimo de la pensión y del cálculo del complemento a que se refieren, respectivamente, dichos apartados se tomará en consideración como base mínima de cotización la vigente en cada momento en el Régimen General, cualquiera que sea el régimen con arreglo a cuyas normas se reconozcan las pensiones de incapacidad permanente total y de gran incapacidad. [443]

---

[441] Dada nueva redacción letra a por art. 1 apartado 11 de Real Decreto-Ley 13/2022 de 26 de julio de 2022, con vigencia desde 01/01/2023

[442] Dada nueva redacción letra b por art. 4 apartado 10 de Real Decreto-Ley 6/2019 de 1 de marzo de 2019, con vigencia desde 08/03/2019

[443] Dada nueva redacción apartado c párrafo 2 por disposición adicional única de Ley 2/2025 de 29 de abril de 2025, sustituyendo «gran invalidez» por «gran incapacidad», con vigencia desde 01/05/2025

d) En materia de jubilación, lo dispuesto en los artículos 205; 206 y 206 bis; 208; 209, excepto la letra b) del apartado 1; 210; 213, 214, 249 quáter y la disposición transitoria trigésima cuarta.

Lo dispuesto en el artículo 215 será de aplicación en los términos y condiciones que se establezcan reglamentariamente. [444]

e) En materia de muerte y supervivencia, lo dispuesto en los artículos 219, 220, 221, 222, 223, 224, 225; 226, apartados 4 y 5; 227, apartado 1, párrafo segundo; 229; 231; 232; 233; y 234.

f) Las normas sobre protección a la familia contenidas en el capítulo XV del título II.

g) Lo dispuesto en el artículo 163. [445]

319. *Efectos de las cuotas anteriores al alta.* [446]

1. Cuando, reuniéndose los requisitos para estar incluidos en este régimen especial, no se hubiera solicitado la preceptiva alta en los términos reglamentariamente previstos, las cotizaciones exigibles correspondientes a períodos anteriores a la formalización del alta producirán efectos respecto a las prestaciones, una vez hayan sido ingresadas con los recargos que legalmente procedan.

2. Sin perjuicio de las sanciones administrativas que procedan por su ingreso fuera de plazo, las referidas cotizaciones darán también lugar al devengo de intereses, que serán exigibles desde la correspondiente fecha en que debieron ser ingresadas, de conformidad con el tipo de interés legal del dinero vigente en el momento del pago.

320. *Base reguladora en los supuestos de cotización reducida y de cotización con 65 o más años de edad.* [447] 1. Conforme a lo previsto en el artículo 38 ter de la Ley 20/2007, de 11 de julio, del Estatuto del trabajo autónomo, la aplicación de la cuota reducida en él regulada no afectará a la determinación de la cuantía de las prestaciones del

---

[444] Dada nueva redacción apartado d por disposición final 4 apartado 11 de Real Decreto-Ley 1/2023 de 10 de enero de 2023, tras modificación introducida por el RDL 2/2023 de 16 marzo, con vigencia desde 01/04/2023

[445] Añadido apartado g por disposición final 38 apartado 4 de Ley 11/2020 de 30 de diciembre de 2020, con vigencia desde 01/01/2021

[446] Véase la disp. trans. 20.ª de la presente ley

[447] Dada nueva redacción por art. 1 apartado 12 de Real Decreto-Ley 13/2022 de 26 de julio de 2022, con vigencia desde 01/01/2023

sistema de la Seguridad Social que puedan causar las personas trabajadoras por cuenta propia o autónomas que se hubieran beneficiado de dicha cuota, para cuyo cálculo se aplicará el importe de la base mínima vigente del tramo 1 de la tabla general de bases a que se refiere la regla 1.ª del artículo 308.1.a) de esta ley.

2. Por los períodos de actividad en los que los trabajadores incluidos en este régimen especial no hayan efectuado cotizaciones, en los términos previstos en el artículo 311, a efectos de determinar la base reguladora de las prestaciones excluidas de cotización, las bases de cotización correspondientes a las mensualidades de cada ejercicio económico exentas de cotización serán equivalentes al resultado de incrementar, el promedio de las bases de cotización del año natural inmediatamente anterior en el porcentaje de variación media conocida del Índice de Precios de Consumo en el último año indicado, sin que las bases así calculadas puedan ser inferiores a la cuantía de la base mínima de cotización del tramo 1 de la tabla general de bases a que se refiere la regla 1.ª del artículo 308.1.a), fijada anualmente en la Ley de Presupuestos Generales del Estado.

321. *Nacimiento y cuantía de la prestación de incapacidad temporal.* [448] 1. Para los trabajadores incluidos en este régimen especial, el nacimiento de la prestación económica por incapacidad temporal a que pudieran tener derecho se producirá, en los términos y condiciones que reglamentariamente se establezcan, a partir del cuarto día de la baja en la correspondiente actividad, salvo que el subsidio se hubiese originado a causa de un accidente de trabajo o enfermedad profesional, en cuyo caso la prestación nacerá a partir del día siguiente al de la baja.

2. Los porcentajes aplicables a la base reguladora para la determinación de la cuantía de la prestación económica por incapacidad temporal derivada de contingencias comunes serán los vigentes en el Régimen General respecto a los procesos derivados de las indicadas contingencias.

322. *Cuantía de la pensión de jubilación.* La cuantía de la pensión de jubilación en este régimen especial se determinará aplicando a la

---

[448] Dada nueva redacción por disposición final 2 apartado 14 de Real Decreto-Ley 28/2018 de 28 de diciembre de 2018, con vigencia desde 01/01/2019

base reguladora el porcentaje procedente de acuerdo con la escala establecida para el Régimen General, en función exclusivamente de los años de cotización efectiva del beneficiario.

CAPÍTULO IV
Sistema Especial para Trabajadores por Cuenta Propia Agrarios

323. *Ámbito de aplicación.* 1. Quedarán comprendidos en este sistema especial los trabajadores por cuenta propia agrarios, mayores de 18 años, que reúnan los requisitos establecidos en el artículo siguiente.

2. El régimen jurídico de este sistema especial se ajustará a lo dispuesto en este título y en sus normas de aplicación y desarrollo, con las particularidades que en ellos se establezcan.

324. *Reglas de inclusión.* 1. Quedarán incluidos en este sistema especial los trabajadores a que se refiere el artículo anterior que reúnan los siguientes requisitos:

a) Ser titulares de una explotación agraria y obtener, al menos, el 50 por ciento de su renta total de la realización de actividades agrarias u otras complementarias, siempre que la parte de renta procedente directamente de la actividad agraria realizada en su explotación no sea inferior al 25 por ciento de su renta total y el tiempo de trabajo dedicado a actividades agrarias o complementarias de las mismas, sea superior a la mitad de su tiempo de trabajo total.

b) Que los rendimientos anuales netos obtenidos de la explotación agraria por cada titular de la misma no superen la cuantía equivalente al 75 por ciento del importe, en cómputo anual, de la base máxima de cotización al Régimen General de la Seguridad Social vigente en el ejercicio en que se proceda a su comprobación.

c) La realización de labores agrarias de forma personal y directa en tales explotaciones agrarias, aun cuando ocupen trabajadores por cuenta ajena, siempre que no se trate de más de dos trabajadores que coticen con la modalidad de bases mensuales o, de tratarse de trabajadores que coticen con la modalidad de bases diarias, a las que se refiere el artículo 255, que el número total de jornadas reales efectivamente realizadas no supere las quinientas cuarenta y seis en un año, computado desde el 1 de enero al 31 de diciembre de cada año. El número de jornadas reales se reducirá proporcionalmente en función del número de días de alta del trabajador por cuenta propia agrario en este Sistema Especial durante el año natural de que se trate.

Las limitaciones en la contratación de trabajadores por cuenta ajena a que se refiere el párrafo anterior se entienden aplicables por cada explotación agraria. En el caso de que en la explotación agraria existan dos o más titulares, en alta todos ellos en el Sistema Especial para trabajadores por cuenta propia agrarios del Régimen Especial de los Trabajadores por Cuenta Propia o Autónomos, se añadirá al número de trabajadores o jornales previstos en el párrafo anterior un trabajador más con cotización por bases mensuales, o doscientos setenta y tres jornales al año, en caso de trabajadores con cotización por jornadas reales, por cada titular de la explotación agraria, excluido el primero.

Para determinar el cumplimiento de los requisitos establecidos en las letras a) y b) se podrá tomar en consideración la media simple de las rentas totales y de los rendimientos anuales netos de los tres ejercicios económicos inmediatamente anteriores a aquel en que se efectúe su comprobación, con la excepción del ejercicio o ejercicios afectados por circunstancias excepcionales tenidas en cuenta en aplicación de la normativa reguladora del Impuesto sobre la Renta de las Personas Físicas, en estos casos se tendrá en cuenta el ejercicio o ejercicios inmediatamente anteriores no afectados por tales circunstancias. [449]

2. A los efectos previstos en este sistema especial, se entiende por explotación agraria el conjunto de bienes y derechos organizados por su titular en el ejercicio de la actividad agraria, y que constituye en sí misma unidad técnico-económica, pudiendo la persona titular o titulares de la explotación serlo por su condición de propietaria, arrendataria, aparcera, cesionaria u otro concepto análogo, de las fincas o elementos materiales de la respectiva explotación agraria.

A este respecto se entiende por actividad agraria el conjunto de trabajos que se requiere para la obtención de productos agrícolas, ganaderos y forestales.

A los efectos previstos en este sistema especial, se considerará actividad agraria la venta directa por parte de la agricultora o agricultor de la producción propia sin transformación o la primera transformación de los mismos cuyo producto final esté incluido en el anexo I del artí-

---

[449] Dada nueva redacción apartado 1 por disposición final 12 de Ley 30/2022 de 23 de diciembre de 2022, con vigencia desde 02/01/2023

culo 38 del Tratado de Funcionamiento de la Unión Europea, dentro de los elementos que integren la explotación, en mercados municipales o en lugares que no sean establecimientos comerciales permanentes, considerándose también actividad agraria toda aquella que implique la gestión o la dirección y gerencia de la explotación.

Asimismo, se considerarán actividades complementarias la participación y presencia de la persona titular, como consecuencia de elección pública, en instituciones de carácter representativo, así como en órganos de representación de carácter sindical, cooperativo o profesional, siempre que estos se hallen vinculados al sector agrario.

Igualmente tendrán la consideración de actividades complementarias las actividades de transformación de los productos de su explotación y venta directa de los productos transformados, siempre y cuando no sea la primera especificada en el apartado anterior, así como las relacionadas con la conservación del espacio natural y protección del medio ambiente, el turismo rural o agroturismo, al igual que las cinemáticas y artesanales realizadas en su explotación. [450]

3. La incorporación a este sistema especial afectará, además de al titular de la explotación agraria, a su cónyuge y parientes por consanguinidad o afinidad hasta el tercer grado inclusive que no tengan la consideración de trabajadores por cuenta ajena, siempre que sean mayores de dieciocho años y realicen la actividad agraria de forma personal y directa en la correspondiente explotación familiar.

4. Los hijos del titular de la explotación agraria, menores de treinta años, aunque convivan con él, podrán ser contratados por aquel como trabajadores por cuenta ajena, en los términos previstos en el artículo 12.

5. Los interesados, en el momento de solicitar su incorporación al Sistema Especial para Trabajadores por Cuenta Propia Agrarios, deberán presentar declaración justificativa de la acreditación de los requisitos establecidos en los apartados anteriores para la inclusión en el mismo. La validez de dicha inclusión estará condicionada a la posterior comprobación por parte de la Tesorería General de la Seguridad Social de la concurrencia efectiva de los mencionados requisitos. La acreditación y posterior comprobación se efectuará en la forma y plazos que reglamentariamente se determinen.

---

[450] Dada nueva redacción apartado 2 por disposición final 12 de Ley 30/2022 de 23 de diciembre de 2022, con vigencia desde 02/01/2023

325. *Especialidades en materia de cotización.* [451] La incorporación al Sistema Especial para Trabajadores por Cuenta Propia Agrarios previsto en el artículo anterior determinará la aplicación de las normas de cotización al Régimen Especial de los Trabajadores por Cuenta Propia o Autónomos contenidas en los artículos 308 y siguientes, con las especialidades que se indican a continuación:

a) Respecto de las contingencias de cobertura obligatoria, si el trabajador optase por una base de cotización hasta el 120 por ciento de la base mínima del tramo 1 de la tabla general a que se refiere la regla 1.ª del artículo 308.1.a), el tipo de cotización aplicable será del 18,75 por ciento.

Si, en cambio, el trabajador optase por una base de cotización igual o superior a la señalada en el párrafo anterior, sobre la cuantía que exceda de aquella se aplicará el tipo de cotización vigente en cada momento en este régimen especial para las contingencias comunes.

Los tipos de cotización indicados anteriormente resultarán de aplicación, asimismo, a las bases de cotización definitivas que resulten del procedimiento de regularización a la que se refiere la letra c) del artículo 308.1.

b) Respecto de las contingencias de cobertura voluntaria, la cuota se determinará aplicando, tanto sobre la cuantía completa de la base de cotización provisional, como sobre la definitiva, los siguientes tipos de cotización:

Para la cobertura de la incapacidad temporal y de la protección por cese de actividad, se aplicarán los tipos establecidos en las correspondientes Leyes de Presupuestos Generales del Estado.

Para la cobertura de las contingencias de accidentes de trabajo y enfermedades profesionales, se aplicarán los tipos de cotización establecidos para cada actividad económica, ocupación o situación en la tarifa de primas establecidas legalmente, sin perjuicio de lo que las Leyes de Presupuestos Generales del Estado puedan establecer, en particular, respecto de la protección por incapacidad permanente y muerte y supervivencia derivadas de dichas contingencias profesionales, conforme a lo dispuesto en los artículos 19.3 y 326.

c) Las personas trabajadoras por cuenta propia o autónomas acogidos a la protección por contingencias profesionales o por cese de

---

[451] Dada nueva redacción por art. 1 apartado 13 de Real Decreto-Ley 13/2022 de 26 de julio de 2022, con vigencia desde 01/01/2023

actividad tendrán una reducción de 0,5 puntos porcentuales en la cotización por la cobertura de incapacidad temporal derivada de contingencias comunes.

Cuando no se haya optado por dar cobertura a la totalidad de las contingencias de accidente de trabajo y enfermedades profesionales, deberá efectuarse una cotización adicional para la financiación de las prestaciones previstas en los capítulos VIII y IX del Título II en los términos que, en su caso, puedan prever las Leyes de Presupuestos Generales del Estado.

326. *Cobertura de la incapacidad temporal y de las contingencias profesionales.* De conformidad con lo previsto en la disposición adicional tercera de la Ley 20/2007, de 11 de julio, del Estatuto del trabajo autónomo, la cobertura de la incapacidad temporal y de las contingencias de accidente de trabajo y enfermedad profesional tendrá carácter voluntario en este sistema especial, sin perjuicio de lo que las Leyes de Presupuestos Generales del Estado puedan establecer, en particular, respecto de la protección por incapacidad permanente y muerte y supervivencia derivadas de dichas contingencias profesionales.

TÍTULO V
Protección por cese de actividad [452]

CAPÍTULO I
Disposiciones generales

327. *Objeto y ámbito de aplicación.* [453] 1. El sistema específico de protección por el cese de actividad forma parte de la acción protectora del sistema de la Seguridad Social, es de carácter obligatorio y tiene por objeto dispensar a las personas trabajadoras por cuenta

---

[452] Se prorrogan hasta el 30-6-2025 las medidas extraordinarias relativas al cese de actividad a favor de los autónomos afectados por el volcán de La Palma, conforme al art. 79 RDL 1/2025 de 28 enero

[453] Dada nueva redacción por art. 1 apartado 14 de Real Decreto-Ley 13/2022 de 26 de julio de 2022, con vigencia desde 01/01/2023

propia o autónomas, afiliadas a la Seguridad Social y en alta en el Régimen Especial de Trabajadores por Cuenta Propia o Autónomos o en el Régimen Especial de los Trabajadores del Mar, las prestaciones y medidas establecidas en esta ley ante la situación de cese la actividad que originó el alta en el régimen especial, no obstante poder y querer ejercer una actividad económica o profesional a título lucrativo.

El cese de actividad podrá ser definitivo o temporal.

El cese temporal podrá ser total, que comporta la interrupción de todas las actividades que puedan originar el alta en el régimen especial en el que la persona trabajadora por cuenta propia o autónoma figure encuadrada, en los supuestos regulados en el artículo 331, o parcial, cuando se produzca una reducción de la actividad en los términos previstos en esta ley.

2. La protección por cese de actividad alcanzará también a los socios trabajadores de las cooperativas de trabajo asociado que hayan optado por su encuadramiento como trabajadores por cuenta propia en el régimen especial que corresponda, así como a los trabajadores autónomos que ejerzan su actividad profesional conjuntamente con otros en régimen societario o bajo cualquier otra forma jurídica admitida en derecho, siempre que, en ambos casos, cumplan con los requisitos regulados en este título con las peculiaridades contempladas, respectivamente, en los artículos 335 y 336.

328. *Régimen jurídico.* 1. La protección por cese de actividad se rige por lo dispuesto en esta ley y en sus normas de desarrollo, así como, supletoriamente, por las normas que regulan el régimen especial de la Seguridad Social de encuadramiento.

2. Las condiciones y supuestos específicos por los que se rija el sistema de protección de los trabajadores por cuenta propia incluidos en el Sistema Especial de Trabajadores por Cuenta Propia Agrarios se desarrollarán reglamentariamente.

329. *Acción protectora.* [454] 1. El sistema de protección por cese de actividad comprende las prestaciones siguientes:

a) La prestación económica por cese, temporal o definitivo, de la actividad.

---

[454] Dada nueva redacción por art. 1 apartado 15 de Real Decreto-Ley 13/2022 de 26 de julio de 2022, con vigencia desde 01/01/2023

La prestación señalada se regirá exclusivamente por esta ley y las disposiciones que la desarrollen y complementen.

b) El abono de la cotización a la Seguridad Social del trabajador autónomo al régimen correspondiente. A tales efectos, el órgano gestor se hará cargo de la cuota que corresponda durante la percepción de las prestaciones económicas por cese de actividad. La base de cotización durante ese período corresponde a la base reguladora de la prestación por cese de actividad en los términos establecidos en el artículo 339, sin que, en ningún caso, la base de cotización pueda ser inferior al importe de la base mínima o base única de cotización prevista en el correspondiente régimen.

En los supuestos previstos en los epígrafes 4.º y 5.º del apartado 1.a) del artículo 331, el órgano gestor se hará cargo del 50 por ciento de la cuota que corresponda durante la percepción de la prestación económica, siendo el otro 50 por ciento a cargo del trabajador. El órgano gestor abonará a la persona trabajadora autónoma, junto con la prestación por cese de la actividad, el importe de la cuota que le corresponda, siendo la persona trabajadora autónoma la responsable del ingreso de la totalidad de las cotizaciones a la Seguridad Social.

En los supuestos previstos en el artículo 331.1.d), no existirá la obligación de cotizar a la Seguridad Social, estando a lo previsto en el artículo 21.5 de la Ley Orgánica 1/2004, de 28 de diciembre, de Medidas de Protección Integral contra la Violencia de Género, y en el artículo 38.5 de la Ley Orgánica de garantía integral de la libertad sexual [455].

330. *Requisitos para el nacimiento del derecho a la protección.* [456]
1. El derecho a la protección por cese de actividad se reconocerá a las personas trabajadoras por cuenta propia o autónomas en las que concurran los requisitos siguientes:

---

[455] *Nota informativa*: el 7 septiembre 2022 el apartado 7 disp. final 16.ª LO 10/2022 de 6 septiembre dio nueva redacción al párrafo 2.º de la letra b) del apartado 1 (*sic*) de este art. 329, con efectos desde el 7 octubre 2022, fecha anterior a la de entrada en vigor de la presente redacción. Se muestra como párrafo 3.º de la letra b) del apartado 1 dicha redacción, por ser este párrafo el equivalente al anterior párafo 2.º de la letra b)

[456] Dada nueva redacción por art. 1 apartado 16 de Real Decreto-Ley 13/2022 de 26 de julio de 2022, tras modificación introducida por el RDL 14/2022 de 1 agosto, con vigencia desde 01/01/2023

a) Estar afiliadas y en alta en el Régimen Especial de Trabajadores por Cuenta Propia o Autónomos o en el Régimen Especial de los Trabajadores del Mar, en su caso.

b) Tener cubierto el período mínimo de cotización por cese de actividad a que se refiere el artículo 338.

c) Encontrarse en situación legal de cese de actividad, suscribir el acuerdo de actividad al que se refiere el artículo 3 de la Ley 3/2023, de 28 de febrero, de Empleo, y acreditar activa disponibilidad para la reincorporación al mercado de trabajo a través de las actividades formativas, de orientación profesional y de promoción de la actividad emprendedora a las que pueda convocarle el servicio público de empleo de la correspondiente Comunidad Autónoma, o en su caso el Instituto Social de la Marina. [457]

d) En el supuesto de cese definitivo, no haber cumplido la edad ordinaria para causar derecho a la pensión contributiva de jubilación, salvo que el trabajador autónomo no tuviera acreditado el período de cotización requerido para ello.

e) Hallarse al corriente en el pago de las cuotas a la Seguridad Social. No obstante, si en la fecha de cese de actividad no se cumpliera este requisito, el órgano gestor invitará al pago al trabajador autónomo para que en el plazo improrrogable de treinta días naturales ingrese las cuotas debidas. La regularización del descubierto producirá plenos efectos para la adquisición del derecho a la protección.

f) Para causar derecho al cese previsto en el artículo 331.1.a).4.º y 5.º, la persona trabajadora autónoma no podrá ejercer otra actividad salvo lo previsto en el apartado 3 del artículo 342.

2. Cuando la persona trabajadora por cuenta propia o autónoma tenga a uno o más trabajadores a su cargo y concurra alguna de las causas del artículo 331.1, será requisito previo al cese de actividad el cumplimiento de las garantías, obligaciones y procedimientos regulados en la legislación laboral.

La misma regla será aplicable en el caso de la persona trabajadora autónoma profesional que ejerza su actividad profesional conjuntamente con otros, con independencia de que hayan cesado o no el resto de los profesionales, así como en el supuesto de las cooperativas a que

---

[457] Dada nueva redacción apartado 1 letra c por disposición final 4 apartado 12 de Ley 3/2023 de 28 de febrero de 2023, con vigencia desde 02/03/2023

hace referencia el artículo 335 cuando se produzca el cese definitivo de la actividad.

331. *Situación legal de cese de actividad.* 1. Sin perjuicio de las peculiaridades previstas en el capítulo siguiente, se encontrarán en situación legal de cese de actividad todos aquellos trabajadores autónomos que cesen en el ejercicio de su actividad por alguna de las causas siguientes:

a) Por la concurrencia de motivos económicos, técnicos, productivos u organizativos determinantes de la inviabilidad de proseguir la actividad económica o profesional.

En caso de establecimiento abierto al público se exigirá el cierre del mismo durante la percepción del subsidio o bien su transmisión a terceros. No obstante, el autónomo titular del inmueble donde se ubica el establecimiento podrá realizar sobre el mismo los actos de disposición o disfrute que correspondan a su derecho, siempre que no supongan la continuidad del autónomo en la actividad económica o profesional finalizada.

Se entenderá que existen motivos económicos, técnicos, productivos u organizativos cuando concurra alguna de las circunstancias siguientes:

1.º Pérdidas derivadas del desarrollo de la actividad en un año completo, superiores al 10 por ciento de los ingresos obtenidos en el mismo periodo, excluido el primer año de inicio de la actividad.

2.º Ejecuciones judiciales o administrativas tendentes al cobro de las deudas reconocidas por los órganos ejecutivos, que comporten al menos el 30 por ciento de los ingresos del ejercicio económico inmediatamente anterior.

3.º La declaración judicial de concurso que impida continuar con la actividad, en los términos de la Ley 22/2003, de 9 de julio, Concursal.

4.º La reducción del 60 por ciento de la jornada de la totalidad de las personas en situación de alta con obligación de cotizar de la empresa o suspensión temporal de los contratos de trabajo de al menos del 60 por ciento del número de personas en situación de alta con obligación de cotizar de la empresa siempre que los dos trimestres fiscales previos a la solicitud presentados ante la Administración tributaria, el nivel de ingresos ordinarios o ventas haya experimentado una reducción del 75 por ciento de los registrados en los mismos periodos del ejercicio o ejercicios anteriores y los rendimientos netos mensuales del trabajador autónomo durante esos trimestres, por todas las actividades económicas, empresariales o profesionales, que desarrolle, no alcancen la cuantía del salario mínimo interprofesional o la de la base por la que viniera cotizando, si esta fuera inferior.

En estos casos no será necesario el cierre del establecimiento abierto al público o su transmisión a terceros.

5.º En el supuesto de trabajadores autónomos que no tengan trabajadores asalariados, el mantenimiento de deudas exigibles con acreedores cuyo importe supere el 150 por ciento de los ingresos ordinarios o ventas durante los dos trimestres fiscales previos a la solicitud, y que estos ingresos o ventas supongan a su vez una reducción del 75 por ciento respecto del registrado en los mismos períodos del ejercicio o ejercicios anteriores. A tal efecto no se computarán las deudas que por incumplimiento de sus obligaciones con la Seguridad Social o con la Administración tributaria mantenga.

Se exigirá igualmente que los rendimientos netos mensuales del trabajador autónomo durante esos trimestres, por todas las actividades económicas o profesionales que desarrolle, no alcancen la cuantía del salario mínimo interprofesional o la de la base por la que viniera cotizando, si esta fuera inferior. A tal efecto no se computarán las deudas que por incumplimiento de sus obligaciones con la Seguridad Social o con la Administración tributaria mantenga.

En estos casos no será necesario el cierre del establecimiento abierto al público o su transmisión a terceros. [458]

b) Por fuerza mayor, determinante del cese temporal o definitivo de la actividad económica o profesional.

Se entenderá que existen motivos de fuerza mayor en el cese temporal parcial cuando la interrupción de la actividad de la empresa afecte a un sector o centro de trabajo, exista una declaración de emergencia adoptada por la autoridad pública competente y se produzca una caída de ingresos del 75 por ciento de la actividad de la empresa con relación al mismo periodo del año anterior y los ingresos mensuales del trabajador autónomo no alcance el salario mínimo interprofesional

---

[458] Dada nueva redacción apartado 1 letra a por art. 1 apartado 17 de Real Decreto-Ley 13/2022 de 26 de julio de 2022, con vigencia desde 01/01/2023

o el importe de la base por la que viniera cotizando si esta fuera inferior. [459]

c) Por pérdida de la licencia administrativa, siempre que la misma constituya un requisito para el ejercicio de la actividad económica o profesional y no venga motivada por la comisión de infracciones penales.

d) La violencia de género o la violencia sexual determinante del cese temporal o definitivo de la actividad de la trabajadora autónoma. [460]

e) Por divorcio o separación matrimonial, mediante resolución judicial, en los supuestos en que el autónomo ejerciera funciones de ayuda familiar en el negocio de su excónyuge o de la persona de la que se ha separado, en función de las cuales estaba incluido en el correspondiente Régimen de la Seguridad Social.

2. En ningún caso se considerará en situación legal de cese de actividad:

a) A aquellos que cesen o interrumpan voluntariamente su actividad, salvo en el supuesto previsto en el artículo 333.1.b).

b) A los trabajadores autónomos previstos en el artículo 333 que tras cesar su relación con el cliente y percibir la prestación por cese de actividad, vuelvan a contratar con el mismo cliente en el plazo de un año, a contar desde el momento en que se extinguió la prestación, en cuyo caso deberán reintegrar la prestación recibida.

332. *Acreditación de la situación legal de cese de actividad.* [461]
1. Las situaciones legales de cese de actividad de los trabajadores autónomos se acreditarán mediante declaración jurada del solicitante, en la que se consignará el motivo o motivos concurrentes y la fecha de efectos del cese, a la que acompañará los documentos que seguidamente se establecen, sin perjuicio de aportarse, si aquel lo estima conveniente, cualquier medio de prueba admitido legalmente:

1.1 Los motivos económicos, técnicos, productivos u organizativos se acreditarán mediante los documentos contables, profesionales, fisca-

---

[459] Dada nueva redacción apartado 1 letra b por art. 1 apartado 17 de Real Decreto-Ley 13/2022 de 26 de julio de 2022, con vigencia desde 01/01/2023

[460] Dada nueva redacción apartado 1 letra d por disposición final 16 apartado 8 de Ley Orgánica 10/2022 de 6 de septiembre de 2022, con vigencia desde 07/10/2022

[461] Dada nueva redacción por art. 1 apartado 18 de Real Decreto-Ley 13/2022 de 26 de julio de 2022, con vigencia desde 01/01/2023

les, administrativos o judiciales que justifiquen la falta de viabilidad de la actividad.

a) Salvo en los supuestos previstos en los epígrafes b) y c), se deberán aportar los documentos que acrediten el cierre del establecimiento en los términos establecidos en el artículo 331.1.a), la baja en el Censo tributario de empresarios, profesionales y retenedores y la baja en el régimen especial de la Seguridad Social en el que estuviera encuadrado el solicitante. En el caso de que la actividad requiriera el otorgamiento de autorizaciones o licencias administrativas, se acompañará la comunicación de solicitud de baja correspondiente y, en su caso, la concesión de la misma, o bien el acuerdo de su retirada.

Sin perjuicio de los documentos señalados en el párrafo anterior, la concurrencia de motivos económicos se considerará acreditada mediante la aportación, en los términos que reglamentariamente se establezcan, de la documentación contable que confeccione el trabajador autónomo, en la que se registre el nivel de pérdidas exigido en los términos del artículo 331.1.a).1.º, así como mediante las declaraciones del Impuesto sobre el Valor Añadido, del Impuesto sobre la Renta de las Personas Físicas y demás documentos preceptivos que, a su vez, justifiquen las partidas correspondientes consignadas en las cuentas aportadas. En todo caso, las partidas que se consignen corresponderán a conceptos admitidos en las normas que regulan la contabilidad.

El trabajador autónomo podrá formular su solicitud aportando datos estimados de cierre, al objeto de agilizar la instrucción del procedimiento, e incorporará los definitivos con carácter previo al dictado de la resolución.

b) En los supuestos previstos en el artículo 331.1.a).4.º, deberá aportarse comunicación a la autoridad laboral de la decisión de adoptar la medida, así como de los documentos contables en el que se registren el nivel de perdidas exigidos, y las declaraciones del Impuesto sobre el Valor Añadido, del Impuesto sobre la Renta de las Personas Físicas y demás documentos preceptivos que, a su vez, justifiquen los ingresos del trabajador autónomo y las partidas correspondientes consignadas en las cuentas aportadas.

En estos casos no procederá la baja en el régimen especial de la Seguridad Social.

c) En los supuestos previstos en el artículo 331.1.a).5.º, deberán aportarse los documentos contables en el que se registren el nivel de perdidas exigidos, y las declaraciones del Impuesto sobre el Valor

Añadido, del Impuesto sobre la Renta de las Personas Físicas y demás documentos preceptivos que, a su vez, justifiquen los ingresos del trabajador autónomo y las partidas correspondientes consignadas en las cuentas aportadas.

En estos casos no procederá la baja en el régimen especial de la Seguridad Social.

También deberán aportarse los acuerdos singulares de refinanciación de la deuda reflejados en escritura pública con los acreedores, individual o conjuntamente, cuya duración sea igual o superior al tiempo del derecho del percibo de la prestación por cese de actividad, y donde se justifiquen tales acuerdos, así como los actos y negocios realizados entre el trabajador autónomo y los acreedores que suscriban los mismos.

1.2 La fuerza mayor determinante del cese definitivo o temporal total de la actividad económica o profesional se acreditará mediante documentación que acredite la existencia de la misma y la imposibilidad del ejercicio de la actividad ya sea de forma definitiva o temporal.

Si el cese es definitivo deberá aportar la solicitud de baja en el Censo tributario de empresarios, profesionales y retenedores y la baja en el régimen especial de la Seguridad Social en el que estuviera encuadrado el solicitante. En el caso de que la actividad requiriera el otorgamiento de autorizaciones o licencias administrativas, se acompañará la comunicación de solicitud de baja correspondiente y, en su caso, la concesión de la misma, o bien el acuerdo de su retirada.

Si el cese es temporal parcial, deberá aportarse además de los documentes que acrediten la existencia de la fuerza mayor, el acuerdo de la administración pública competente al que hace referencia el artículo 331.1.b).

En el cese temporal total y parcial no procederá la baja en el régimen especial de la Seguridad Social.

1.3 La pérdida de la licencia administrativa que habilitó el ejercicio de la actividad mediante resolución correspondiente.

1.4 La violencia de género o la violencia sexual, por la declaración escrita de la solicitante de haber cesado o interrumpido su actividad económica o profesional, a la que se adjuntará cualquiera de los documentos a los que se refieren el artículo 23 de la Ley Orgánica 1/2004, de 28 de diciembre, de Medidas de Protección Integral contra la Violencia de Género o el artículo 37 de la Ley Orgánica de garantía integral de la libertad sexual.

De tratarse de una trabajadora autónoma económicamente dependiente, aquella declaración podrá ser sustituida por la comunicación escrita del cliente del que dependa económicamente en la que se hará constar el cese o la interrupción de la actividad. Tanto la declaración como la comunicación han de contener la fecha a partir de la cual se ha producido el cese o la interrupción [462].

1.5 El divorcio o acuerdo de separación matrimonial de los familiares incursos en la situación prevista en el artículo 331.1.e) se acreditará mediante la correspondiente resolución judicial, a la que acompañarán la documentación correspondiente en la que se constate la pérdida de ejercicio de las funciones de ayuda familiar directa en el negocio, que venían realizándose con anterioridad a la ruptura o separación matrimoniales.

2. Reglamentariamente se desarrollará la documentación a presentar por los trabajadores autónomos con objeto de acreditar la situación legal de cese de actividad prevista en este artículo.

CAPÍTULO II
Situación legal de cese de actividad en supuestos especiales

333. *Trabajadores autónomos económicamente dependientes.* 1. Se encontrarán en situación legal de cese de actividad los trabajadores autónomos económicamente dependientes que, sin perjuicio de lo previsto en el primer apartado del artículo 331, cesen su actividad por extinción del contrato suscrito con el cliente del que dependan económicamente, en los siguientes supuestos:

a) Por la terminación de la duración convenida en el contrato o conclusión de la obra o servicio.

b) Por incumplimiento contractual grave del cliente, debidamente acreditado.

c) Por rescisión de la relación contractual adoptada por causa justificada por el cliente, de acuerdo con lo establecido en la Ley 20/2007, de 11 de julio.

---

[462] *Nota informativa*: el 7 septiembre 2022 el apartado 9 disp. final. 16.ª LO 10/2022 de 6 septiembre dio nueva redacción a letra c) (*sic*) del apartado 1 de este art. 332, con efectos desde el 7 octubre 2022, fecha anterior a la de entrada en vigor de la presente redacción. Se muestra como apartado 1.4 dicha redacción, por ser éste apartado el equivalente a la anterior letra d) del apartado 1

d) Por rescisión de la relación contractual adoptada por causa injustificada por el cliente, de acuerdo con lo establecido en la Ley 20/2007, de 11 de julio.

e) Por muerte, incapacidad o jubilación del cliente, siempre que impida la continuación de la actividad.

2. La situación legal de cese de actividad establecida en el apartado 1 será también de aplicación a los trabajadores autónomos que carezcan del reconocimiento de económicamente dependientes, siempre que su actividad cumpla las condiciones establecidas en el artículo 11 de la Ley 20/2007, de 11 de julio, y en el artículo 2 del Real Decreto 197/2009, de 23 de febrero, por el que se desarrolla el Estatuto del trabajo autónomo en materia de contrato del trabajador autónomo económicamente dependiente y su registro y se crea el Registro Estatal de asociaciones profesionales de trabajadores autónomos.

3. Sin perjuicio de lo previsto en el artículo 332.1, las situaciones legales de cese de actividad de los trabajadores autónomos económicamente dependientes, así como de los mencionados en el apartado 2, se acreditarán a través de los siguientes medios:

a) La terminación de la duración convenida en contrato o conclusión de la obra o servicio, mediante su comunicación ante el registro correspondiente del servicio público de empleo con la documentación que así lo justifique.

b) El incumplimiento contractual grave del cliente, mediante comunicación por escrito del mismo en la que conste la fecha a partir de la cual tuvo lugar el cese de la actividad, mediante el acta resultante de la conciliación previa, o mediante resolución judicial.

c) La causa justificada del cliente, a través de comunicación escrita expedida por este en un plazo de diez días desde su concurrencia, en la que deberá hacerse constar el motivo alegado y la fecha a partir de la cual se produce el cese de la actividad del trabajador autónomo. En el caso de no producirse la comunicación por escrito, el trabajador autónomo podrá solicitar al cliente que cumpla con dicho requisito, y si transcurridos diez días desde la solicitud el cliente no responde, el trabajador autónomo económicamente dependiente podrá acudir al órgano gestor informando de dicha situación, aportando copia de la solicitud realizada al cliente y solicitando le sea reconocido el derecho a la protección por cese de actividad.

d) La causa injustificada, mediante comunicación expedida por el cliente en un plazo de diez días desde su concurrencia, en la que deberá hacerse constar la indemnización abonada y la fecha a partir de la cual tuvo lugar el cese de la actividad, mediante el acta resultante de la conciliación previa o mediante resolución judicial, con independencia de que la misma fuese recurrida por el cliente. En el caso de no producirse la comunicación por escrito, el trabajador autónomo podrá solicitar al cliente que cumpla con dicho requisito, y si transcurridos diez días desde la solicitud el cliente no responde, el trabajador autónomo económicamente dependiente podrá acudir al órgano gestor informando de dicha situación, aportando copia de la solicitud realizada al cliente y solicitando le sea reconocido el derecho a la protección por cese de actividad.

e) La muerte, la incapacidad o la jubilación del cliente, mediante certificación de defunción del Registro Civil, o bien resolución de la entidad gestora correspondiente acreditativa del reconocimiento de la pensión de jubilación o incapacidad permanente.

4. Reglamentariamente se desarrollará la documentación a presentar por los trabajadores autónomos con objeto de acreditar la situación legal de cese de actividad prevista en este artículo.

334. *Trabajadores autónomos por su condición de socios de sociedades de capital.* 1. La situación legal de cese de la actividad de los trabajadores autónomos incluidos en el Régimen Especial de los Trabajadores por Cuenta Propia o Autónomos por aplicación del artículo 305. 2.b), se producirá cuando cesen involuntariamente en el cargo de consejero o administrador de la sociedad o en la prestación de servicios a la misma y la sociedad haya incurrido en pérdidas en los términos previstos en el artículo 331.1.a).1.º o bien haya disminuido su patrimonio neto por debajo de las dos terceras partes de la cifra del capital social.

2. El cese de actividad de los socios de las entidades capitalistas se acreditará mediante el acuerdo adoptado en junta, por el que se disponga el cese en el cargo de administrador o consejero junto con el certificado emitido por el Registro Mercantil que acredite la inscripción del acuerdo. En el supuesto de cese en la prestación de servicios se requerirá la aportación del documento que lo acredite así como el acuerdo de la Junta de reducción del capital por pérdidas.

En ambos casos se requerirá la acreditación de la situación de pérdidas o de disminución del patrimonio neto en los términos establecidos en el apartado 1.

335. *Socios trabajadores de cooperativas de trabajo asociado.* 1. Se considerarán en situación legal de cese de actividad los socios trabajadores de cooperativas de trabajo asociado que se encuentren en alguno de los siguientes supuestos:

a) Los que hubieren cesado, con carácter definitivo o temporal, en la prestación de trabajo y, por tanto, en la actividad desarrollada en la cooperativa, perdiendo los derechos económicos derivados directamente de dicha prestación por alguna de las siguientes causas:

1.º Por expulsión improcedente de la cooperativa.

2.º Por causas económicas, técnicas, organizativas, productivas o de fuerza mayor.

3.º Por finalización del período al que se limitó el vínculo societario de duración determinada.

4.º Por causa de violencia de género o violencia sexual, en las socias trabajadoras. [463]

5.º Por pérdida de licencia administrativa de la cooperativa.

b) Los aspirantes a socios en período de prueba que hubieran cesado en la prestación de trabajo durante el mismo por decisión unilateral del Consejo Rector u órgano de administración correspondiente de la cooperativa.

2. La declaración de la situación legal de cese de actividad de los socios trabajadores de cooperativas de trabajo asociado se efectuará con arreglo a las siguientes normas:

a) En el supuesto de expulsión del socio será necesaria la notificación del acuerdo de expulsión por parte del Consejo Rector de la cooperativa u órgano de administración correspondiente, indicando su fecha de efectos, y en todo caso el acta de conciliación judicial o la resolución definitiva de la jurisdicción competente que declare expresamente la improcedencia de la expulsión.

b) En el caso de cese definitivo o temporal de la actividad por motivos económicos, técnicos, organizativos o de producción, en los

---

[463] Dada nueva redacción apartado 1 apartado a apartado 4 por disposición final 16 apartado 10 de Ley Orgánica 10/2022 de 6 de septiembre de 2022, con vigencia desde 07/10/2022

términos expresados en el artículo 331.1.a). No se exigirá el cierre de establecimiento abierto al público en los casos en los que no cesen la totalidad de los socios trabajadores de la cooperativa de trabajo asociado.

Tales causas se acreditarán mediante la aportación, por parte de la sociedad cooperativa, de los documentos a que se refiere el artículo 332.1.a). Asimismo, se deberá acreditar certificación literal del acuerdo de la asamblea general del cese definitivo o temporal de la prestación de trabajo y de actividad de los socios trabajadores.

c) En el supuesto de finalización del período al que se limitó el vínculo societario de duración determinada, será necesaria certificación del Consejo Rector u órgano de administración correspondiente de la baja en la cooperativa por dicha causa y su fecha de efectos.

d) En el caso de violencia de género o violencia sexual, por la declaración escrita de la solicitante de haber cesado o interrumpido su prestación de trabajo en la sociedad cooperativa, a la que se adjuntará cualquiera de los documentos a los que se refieren el artículo 23 de la Ley Orgánica 1/2004, de 28 de diciembre, de Medidas de Protección Integral contra la Violencia de Género, o el artículo 37 de la Ley Orgánica de garantía integral de la libertad sexual. La declaración ha de contener la fecha a partir de la cual se ha producido el cese o la interrupción. [464]

e) En el caso de cese durante el período de prueba será necesaria comunicación del acuerdo de no admisión por parte del Consejo Rector u órgano de administración correspondiente de la cooperativa al aspirante.

3. No estarán en situación legal de cese de actividad los socios trabajadores de las cooperativas de trabajo asociado que, tras cesar definitivamente en la prestación de trabajo, y por tanto, en la actividad desarrollada en la cooperativa, y haber percibido la prestación por cese de actividad, vuelvan a ingresar en la misma sociedad cooperativa en un plazo de un año, a contar desde el momento en que se extinguió la prestación. Si el socio trabajador reingresa en la misma sociedad cooperativa en el plazo señalado, deberá reintegrar la prestación percibida.

4. Los socios trabajadores que se encuentren en situación legal de cese de actividad deberán solicitar el reconocimiento del derecho a las

[464] Dada nueva redacción apartado 2 apartado d por disposición final 16 apartado 10 de Ley Orgánica 10/2022 de 6 de septiembre de 2022, con vigencia desde 07/10/2022

prestaciones al órgano gestor del artículo 346, salvo lo establecido en el apartado 3 de dicho artículo y hasta el último día del mes siguiente a la declaración de la situación legal de cese de actividad, en los términos expresados en el apartado 2.

En caso de presentar la solicitud fuera del indicado plazo se estará a lo dispuesto en las normas de carácter general de este título.

336. *Trabajadores autónomos que ejercen su actividad profesional conjuntamente.* Se considerarán en situación legal de cese de actividad los trabajadores autónomos profesionales que hubieren cesado, con carácter definitivo o temporal en la profesión desarrollada conjuntamente con otros, por alguna de las siguientes causas:

a) Por la concurrencia de motivos económicos, técnicos, productivos u organizativos a que se refiere el artículo 331.1.a), y determinantes de la inviabilidad de proseguir con la profesión, con independencia de que acarree o no el cese total de actividad de la sociedad o forma jurídica en la que estuviera ejerciendo su profesión.

No se exigirá el cierre de establecimiento abierto al público en los casos en los que no cesen la totalidad de los profesionales de la entidad, salvo en aquellos casos en los que el establecimiento esté a cargo exclusivamente del profesional. No obstante, en este caso no podrá declararse la situación legal de cese de actividad cuando el trabajador autónomo, tras cesar en su actividad y percibir la prestación por cese de actividad, vuelva a ejercer la actividad profesional en la misma entidad en un plazo de un año, a contar desde el momento en que se extinguió la prestación. En caso de incumplimiento de esta cláusula, deberá reintegrar la prestación percibida.

b) Por fuerza mayor, determinante del cese temporal o definitivo de la profesión.

c) Por pérdida de la licencia administrativa, siempre que la misma constituya un requisito para el ejercicio de la actividad económica o profesional y no venga motivada por la comisión de infracciones penales.

d) La violencia de género o violencia sexual determinante del cese temporal o definitivo de la profesión de la trabajadora autónoma. [465]

---

[465] Dada nueva redacción apartado d por disposición final 16 apartado 11 de Ley Orgánica 10/2022 de 6 de septiembre de 2022, con vigencia desde 07/10/2022

e) Por divorcio o acuerdo de separación matrimonial, mediante la correspondiente resolución judicial, en los supuestos en que el autónomo divorciado o separado ejerciera funciones de ayuda familiar en el negocio de su excónyuge o de la persona de la que se ha separado, en función de las cuales estaba incluido en el correspondiente régimen de la Seguridad Social, y que dejan de ejercerse a causa de la ruptura o separación matrimoniales.

CAPÍTULO III
Régimen de la protección

337. *Solicitud y nacimiento del derecho a la protección por cese de actividad.* [466] 1. Los trabajadores autónomos que cumplan los requisitos establecidos en el artículo 330 deberán solicitar a la mutua colaboradora con la Seguridad Social a la que se encuentren adheridos o a la entidad gestora con la que tengan cubierta la protección dispensada por contingencias derivadas de accidentes de trabajo y enfermedades profesionales, el reconocimiento del derecho a la protección por cese de actividad. [467]

2. El derecho al percibo de la correspondiente prestación económica nacerá, en los supuestos previstos en el artículo 331.1.a), el día siguiente a aquel en que tenga efectos la baja en el régimen especial al que estuvieran adscritos. No obstante, en los supuestos de cese de actividad previsto en el artículo 331.1.a).4.º, dado que no procede la baja en el régimen de Seguridad Social correspondiente, el derecho al percibo nacerá el primer día del mes siguiente a la comunicación a la autoridad laboral de la decisión empresarial de reducción del 60 por ciento de la jornada laboral de todos los trabajadores de la empresa, o a la suspensión temporal de los contratos de trabajo del 60 por ciento de la plantilla de la empresa.

De igual modo, en los supuestos a que se refiere el artículo 331.1.a).5.º, al no proceder tampoco la baja en el régimen especial

---

[466] Dada nueva redacción por art. 1 apartado 19 de Real Decreto-Ley 13/2022 de 26 de julio de 2022, con vigencia desde 01/01/2023

[467] Véase, en relación con la DANA ocurrida entre el 28 de octubre y el 4 de noviembre de 2024, el art. 24 RDL 6/2024, de 5 de noviembre, que posibilita la solicitud de la prestación sin acreditar fuerza mayor ni período mínimo de cotización

correspondiente, el derecho al percibo nacerá el primer día del mes siguiente al de la solicitud.

En los supuestos de suspensión temporal total o parcial de actividad como consecuencia de fuerza mayor previstos en el artículo 331.1.b), el nacimiento del derecho se producirá el día en que quede acreditada la concurrencia de la fuerza mayor a través de los documentos oportunos, no siendo necesaria la baja en el régimen especial correspondiente.

En el resto de los supuestos regulados en el artículo 331, el nacimiento del derecho se producirá el día primero del mes siguiente a aquel en que tenga efectos la baja como consecuencia del cese en la actividad.

3. Cuando el trabajador autónomo económicamente dependiente haya finalizado su relación con el cliente principal, para tener derecho al percibo de la prestación, no podrá tener actividad con otros clientes a partir del día en que inicie el cobro de la prestación.

4. El reconocimiento de la situación legal de cese de actividad se podrá solicitar hasta el último día del mes siguiente al que se produjo el cese de actividad. No obstante, en las situaciones legales de cese de actividad causadas por motivos económicos, técnicos, productivos u organizativos, de fuerza mayor, por violencia de género, violencia sexual, por voluntad del cliente, fundada en causa justificada y por muerte, incapacidad y jubilación del cliente, el plazo comenzará a computar a partir de la fecha que se hubiere hecho constar en los correspondientes documentos que acrediten la concurrencia de tales situaciones [468].

5. En caso de presentación de la solicitud una vez transcurrido el plazo fijado en el apartado anterior, y siempre que el trabajador autónomo cumpla con el resto de los requisitos legalmente previstos, se descontarán del período de percepción los días que medien entre la fecha en que debería haber presentado la solicitud y la fecha en que la presentó.

6. El órgano gestor se hará cargo de la cuota de Seguridad Social que le corresponda durante el periodo de percepción de la prestación,

---

[468] *Nota informativa*: el 7 septiembre 2022 el apartado 12 disp. final 16.ª LO 10/2022 de 6 septiembre dio nueva redacción al apartado 2 de este art. 337, con efectos desde el 7 octubre 2022, fecha anterior a la de entrada en vigor de la presente redacción. Se muestra como apartado 4 dicha redacción, por ser este apartado el equivalente al anterior apartado 2

siempre que se hubiere solicitado en el plazo previsto en el apartado 4. En otro caso, el órgano gestor se hará cargo a partir del día primero del mes siguiente al de la solicitud.

Cuando el trabajador autónomo económicamente dependiente haya finalizado su relación con el cliente principal, en el supuesto de que, en el mes posterior al hecho causante, tuviera actividad con otros clientes, el órgano gestor estará obligado a cotizar a partir de la fecha de inicio de la prestación.

338. *Duración de la prestación económica.* 1. La duración de la prestación por cese de actividad estará en función de los períodos de cotización efectuados dentro de los cuarenta y ocho meses anteriores a la situación legal de cese de actividad de los que, al menos, doce meses deben estar comprendidos en los veinticuatro meses inmediatamente anteriores a dicha situación de cese con arreglo a la siguiente escala: [469]

Período de cotización - Meses	Período de la protección - Meses
De doce a diecisiete	4
De dieciocho a veintitrés	6
De veinticuatro a veintinueve	8
De treinta a treinta y cinco	10
De treinta y seis a cuarenta y dos	12
De cuarenta y tres a cuarenta y siete	16
De cuarenta y ocho en adelante	24

[470]

---

[469] Dada nueva redacción apartado 1 párrafo 1 por art. 1 apartado 20 de Real Decreto-Ley 13/2022 de 26 de julio de 2022, con vigencia desde 01/01/2023

[470] Dada nueva redacción apartado 1 tabla 14 por disposición final 2 apartado 19 de Real Decreto-Ley 28/2018 de 28 de diciembre de 2018, con vigencia desde 01/01/2019

Apartado 2 (Derogado) [471]

3. El trabajador autónomo al que se le hubiere reconocido el derecho a la protección económica por cese de actividad podrá volver a solicitar un nuevo reconocimiento, siempre que concurran los requisitos legales y hubieren transcurrido dieciocho meses desde el reconocimiento del último derecho a la prestación.

4. A efectos de determinar los períodos de cotización a que se refieren los apartados 1 y 2:

a) Se tendrán en cuenta exclusivamente las cotizaciones por cese de actividad efectuadas al régimen especial correspondiente.

b) Se tendrán en cuenta las cotizaciones por cese de actividad que no hubieren sido computadas para el reconocimiento de un derecho anterior de la misma naturaleza.

c) Los meses cotizados se computarán como meses completos.

d) Las cotizaciones que generaron la última prestación por cese de actividad no podrán computarse para el reconocimiento de un derecho posterior.

e) En el Régimen Especial de los Trabajadores del Mar, los períodos de veda obligatoria aprobados por la autoridad competente no se tendrán en cuenta para el cómputo del período de doce meses continuados e inmediatamente anteriores a la situación legal de cese de actividad, siempre y cuando en esos períodos de veda no se hubiera percibido la prestación por cese de actividad.

339. *Cuantía de la prestación económica por cese de la actividad.* [472] 1. La base reguladora de la prestación económica por cese de actividad será el promedio de las bases por las que se hubiere cotizado durante los doce meses continuados e inmediatamente anteriores a la situación legal de cese.

En el Régimen Especial de los Trabajadores del Mar la base reguladora se calculará sobre la totalidad de la base de cotización por esta contingencia, sin aplicación de los coeficientes correctores de cotización, y además, los períodos de veda obligatoria aprobados por la autoridad competente no se tendrán en cuenta para el computo del

---

[471] Derogado apartado 2 por disposición final 2 apartado 19 de Real Decreto-Ley 28/2018 de 28 de diciembre de 2018, con vigencia desde 01/01/2019

[472] Dada nueva redacción por art. 1 apartado 21 de Real Decreto-Ley 13/2022 de 26 de julio de 2022, con vigencia desde 01/01/2023

período de doce meses continuados e inmediatamente anteriores a la situación legal de cese de actividad, siempre y cuando en esos períodos de veda no se hubiera percibido la prestación por cese de actividad.

2. La cuantía de la prestación, durante todo su período de disfrute, se determinará aplicando a la base reguladora el 70 por ciento, salvo en los supuestos previstos en los epígrafes 4.º y 5.º del artículo 331.1.a) y en los supuestos de suspensión temporal parcial debidas a fuerza mayor, donde la cuantía de la prestación será del 50 por ciento.

3. La cuantía máxima de la prestación por cese de actividad será del 175 por ciento del indicador público de rentas de efectos múltiples, salvo cuando el trabajador autónomo tenga uno o más hijos a su cargo, en cuyo caso la cuantía será, respectivamente, del 200 por ciento o del 225 por ciento de dicho indicador.

La cuantía mínima de la prestación por cese de actividad será del 107 por ciento o del 80 por ciento del indicador público de rentas de efectos múltiples, según el trabajador autónomo tenga hijos a su cargo, o no.

Lo dispuesto en este apartado no se aplicará a los supuestos previstos en los epígrafes 4.º y 5.º del apartado 1.a) del artículo 331 ni a los supuestos de suspensión temporal parcial debidas a fuerza mayor previstos en el artículo 331.1.b).

4. A efectos de calcular las cuantías máxima y mínima de la prestación por cese de actividad, se entenderá que se tienen hijos a cargo, cuando estos sean menores de veintiséis años, o mayores con una discapacidad en grado igual o superior al 33 por ciento, carezcan de rentas de cualquier naturaleza iguales o superiores al salario mínimo interprofesional excluida la parte proporcional de las pagas extraordinarias, y convivan con el beneficiario.

A los efectos de la cuantía máxima y mínima de la prestación por cese de actividad, se tendrá en cuenta el indicador público de rentas de efectos múltiples mensual, incrementado en una sexta parte, vigente en el momento del nacimiento del derecho.

340. *Suspensión del derecho a la protección.* 1. El derecho a la protección por cese de actividad se suspenderá por el órgano gestor en los siguientes supuestos:

a) Durante el período que corresponda por imposición de sanción por infracción leve o grave, en los términos establecidos en el texto refundido de la Ley sobre Infracciones y Sanciones en el Orden Social.

b) Durante el cumplimiento de condena que implique privación de libertad.

c) Durante el período de realización de un trabajo por cuenta propia o por cuenta ajena, salvo en los supuestos de cese de actividad previsto en los epígrafes 4.º y 5.º del artículo 331.1.a), o de cese temporal parcial de la actividad derivado de fuerza mayor, que serán compatible con la actividad que causa el cese, en los términos previstos en el artículo 342.1, y sin perjuicio de la extinción del derecho a la protección por cese de actividad en el supuesto establecido en el artículo 341.1.c). [473]

2. La suspensión del derecho comportará la interrupción del abono de la prestación económica y de la cotización sin afectar al período de su percepción, salvo en el supuesto previsto en la letra a) del apartado anterior, en el que el período de percepción se reducirá por tiempo igual al de la suspensión producida. [474]

3. La protección por cese de actividad se reanudará previa solicitud del interesado, siempre que este acredite que ha finalizado la causa de suspensión y que se mantiene la situación legal de cese de actividad.

El derecho a la reanudación nacerá a partir del término de la causa de suspensión, siempre que se solicite en el plazo de los quince días siguientes.

El reconocimiento de la reanudación dará derecho al disfrute de la correspondiente prestación económica pendiente de percibir, así como a la cotización, a partir del primer día del mes siguiente al de la solicitud de la reanudación. En caso de presentarse la solicitud transcurrido el plazo citado, se estará a lo previsto en el artículo 337.3.

341. *Extinción del derecho a la protección.* 1. El derecho a la protección por cese de actividad se extinguirá en los siguientes casos:

a) Por agotamiento del plazo de duración de la prestación.

b) Por imposición de las sanciones en los términos establecidos en el texto refundido de la Ley sobre Infracciones y Sanciones en el Orden Social.

---

[473] Dada nueva redacción apartado 1 letra c por art. 1 apartado 22 de Real Decreto-Ley 13/2022 de 26 de julio de 2022, con vigencia desde 01/01/2023

[474] Dada nueva redacción apartado 2 por disposición final 2 apartado 20 de Real Decreto-Ley 28/2018 de 28 de diciembre de 2018, con vigencia desde 01/01/2019

c) Por realización de un trabajo por cuenta ajena o propia durante un tiempo igual o superior a doce meses, en este último caso siempre que genere derecho a la protección por cese de actividad como trabajador autónomo.

d) Por cumplimiento de la edad de jubilación ordinaria o, en el caso de los trabajadores por cuenta propia encuadrados en el Régimen Especial de los Trabajadores del Mar, edad de jubilación teórica, salvo cuando no se reúnan los requisitos para acceder a la pensión de jubilación contributiva. En este supuesto la prestación por cese de actividad se extinguirá cuando el trabajador autónomo cumpla con el resto de requisitos para acceder a dicha pensión o bien se agote el plazo de duración de la protección.

e) Por reconocimiento de pensión de jubilación o de incapacidad permanente, sin perjuicio de lo establecido en el artículo 342.1. [475]

f) Por traslado de residencia al extranjero, salvo en los casos que reglamentariamente se determinen.

g) Por renuncia voluntaria al derecho.

h) Por fallecimiento del trabajador autónomo.

2. Cuando el derecho a la prestación se extinga en los casos de la letra c) del apartado anterior, el trabajador autónomo podrá optar, en el caso de que se le reconozca una nueva prestación, entre reabrir el derecho inicial por el período que le restaba y las bases y tipos que le correspondían, o percibir la prestación generada por las nuevas cotizaciones efectuadas. Cuando el trabajador autónomo opte por la prestación anterior, las cotizaciones que generaron aquella prestación por la que no hubiera optado no podrán computarse para el reconocimiento de un derecho posterior.

342. *Incompatibilidades.* 1. La percepción de la prestación económica por cese de actividad es incompatible con el trabajo por cuenta propia, aunque su realización no implique la inclusión obligatoria en el Régimen Especial de la Seguridad Social de los Trabajadores por Cuenta Propia o Autónomos o en el Régimen Especial de la Seguridad Social de los Trabajadores del Mar, así como con el trabajo por cuenta ajena, salvo que la percepción de prestación por cese de actividad

[475] Dada nueva redacción apartado 1 letra e por art. 1 apartado 23 de Real Decreto-Ley 13/2022 de 26 de julio de 2022, con vigencia desde 01/01/2023

venga determina por lo dispuesto en los epígrafes 4.º y 5.º del artículo 331.1.a), o por cese temporal parcial de la actividad derivado de fuerza mayor, que serán compatibles con la actividad que cause el cese, siempre que los rendimientos netos mensuales obtenidos durante la percepción de la prestación no sean superiores a la cuantía del salario mínimo interprofesional o al importe de la base por la que viniera cotizando, si esta fuera inferior. [476]

La incompatibilidad con el trabajo por cuenta propia establecida en el párrafo anterior tendrá como excepción los trabajos agrarios sin finalidad comercial en las superficies dedicadas a huertos familiares para el autoconsumo, así como los dirigidos al mantenimiento en buenas condiciones agrarias y medioambientales previsto en la normativa de la Unión Europea para las tierras agrarias. Esta excepción abarcará asimismo a los familiares colaboradores incluidos en el Régimen Especial de la Seguridad Social de los Trabajadores por Cuenta Propia o Autónomos que también sean perceptores de la prestación económica por cese de actividad. Esta excepción será desarrollada mediante norma reglamentaria.

Será asimismo incompatible con la obtención de pensiones o prestaciones de carácter económico del sistema de la Seguridad Social, salvo que estas hubieran sido compatibles con el trabajo que dio lugar a la prestación por cese de actividad, así como con las medidas de fomento del cese de actividad reguladas por normativa sectorial para diferentes colectivos, o las que pudieran regularse en el futuro con carácter estatal.

2. Por lo que se refiere a los trabajadores por cuenta propia incluidos en el Régimen Especial de los Trabajadores del Mar, la prestación por cese de actividad será incompatible con la percepción de las ayudas por paralización de la flota.

3. En los supuestos en los que el trabajador autónomo se encuentre en situación de pluriactividad, en el momento del hecho causante de la prestación por cese de actividad, la prestación por cese será compatible con la percepción de la remuneración por el trabajo por cuenta ajena que se venía desarrollando, siempre y cuando de la suma de la retribución mensual media de los últimos cuatro meses inmediatamente anteriores al nacimiento del derecho y la prestación por cese de

---

[476] Dada nueva redacción apartado 1 párrafo 1 por art. 1 apartado 24 de Real Decreto-Ley 13/2022 de 26 de julio de 2022, con vigencia desde 01/01/2023

actividad, resulte una cantidad media mensual inferior al importe del salario mínimo interprofesional vigente en el momento del nacimiento del derecho. [477]

343. *Cese de actividad, incapacidad temporal, maternidad y paternidad.* 1. En el supuesto en que el hecho causante de la protección por cese de actividad se produzca mientras el trabajador autónomo se encuentre en situación de incapacidad temporal, este seguirá percibiendo la prestación por incapacidad temporal en la misma cuantía que la prestación por cese de actividad hasta que la misma se extinga, en cuyo momento pasará a percibir, siempre que reúna los requisitos legalmente establecidos, la prestación económica por cese de actividad que le corresponda. En tal caso, se descontará del período de percepción de la prestación por cese de actividad, como ya consumido, el tiempo que hubiera permanecido en la situación de incapacidad temporal a partir de la fecha de la situación legal de cese de actividad.

2. En el supuesto en que el hecho causante de la protección por cese de actividad se produzca cuando el trabajador autónomo se encuentre en situación de maternidad o paternidad, se seguirá percibiendo la prestación por maternidad o por paternidad hasta que las mismas se extingan, en cuyo momento se pasará a percibir, siempre que reúnan los requisitos legalmente establecidos, la prestación económica por cese de actividad que les corresponda.

3. Si durante la percepción de la prestación económica por cese de actividad el trabajador autónomo pasa a la situación de incapacidad temporal que constituya recaída de un proceso previo iniciado con anterioridad a la situación legal de cese en la actividad, percibirá la prestación por esta contingencia en cuantía igual a la prestación por cese en la actividad. En este caso, y en el supuesto de que el trabajador autónomo continuase en situación de incapacidad temporal una vez finalizado el período de duración establecido inicialmente para la prestación por cese en la actividad, seguirá percibiendo la prestación por incapacidad temporal en la misma cuantía en la que la venía percibiendo.

---

[477] Añadido apartado 3 por art. 1 apartado 24 bis de Real Decreto-Ley 13/2022 de 26 de julio de 2022, tras modificación introducida por el RDL 14/2022 de 1 agosto, con vigencia desde 01/01/2023

Cuando el trabajador autónomo esté percibiendo la prestación por cese en la actividad y pase a la situación de incapacidad temporal que no constituya recaída de un proceso anterior iniciado anteriormente, percibirá la prestación por esta contingencia en cuantía igual a la prestación por cese en la actividad. En este caso, y en el supuesto de que el trabajador autónomo continuase en situación de incapacidad temporal una vez finalizado el período de duración establecido inicialmente para la prestación por cese en la actividad, seguirá percibiendo la prestación por incapacidad temporal en cuantía igual al 80 por ciento del indicador público de rentas de efectos múltiples mensual.

El período de percepción de la prestación por cese de actividad no se ampliará como consecuencia de que el trabajador autónomo pase a la situación de incapacidad temporal. Durante dicha situación el órgano gestor de la prestación se hará cargo de las cotizaciones a la Seguridad Social, en los términos previstos en el artículo 329.1.b) hasta el agotamiento del período de duración de la prestación al que el trabajador autónomo tuviere derecho.

4. Si durante la percepción de la prestación económica por cese de actividad la persona beneficiaria se encuentra en situación de maternidad o paternidad pasará a percibir la prestación que por estas contingencias le corresponda. Una vez extinguida esta, el órgano gestor, de oficio, reanudará el abono de la prestación económica por cese de actividad hasta el agotamiento del período de duración a que se tenga derecho.

CAPÍTULO IV
Régimen financiero y gestión de las prestaciones

344. *Financiación, base y tipo de cotización.* [478] 1. La protección por cese de actividad se financiará exclusivamente con cargo a la cotización por dicha contingencia. La fecha de efectos de la cobertura se determinará reglamentariamente.

2. La base de cotización por cese de actividad se corresponderá con la base de cotización del Régimen Especial de los Trabajadores

---

[478] Dada nueva redacción por disposición final 2 apartado 21 de Real Decreto-Ley 28/2018 de 28 de diciembre de 2018, con vigencia desde 01/01/2019

por Cuenta Propia o Autónomos que hubiere elegido, como propia, el trabajador autónomo con arreglo a lo establecido en las normas de aplicación, o bien la que le corresponda como trabajador por cuenta propia en el Régimen Especial de los Trabajadores del Mar.

3. El tipo de cotización correspondiente a la protección de la Seguridad Social por cese de actividad, aplicable a la base determinada en el apartado anterior, se establecerá de conformidad con lo dispuesto en el artículo 19. No obstante, al objeto de mantener la sostenibilidad financiera del sistema de protección, la Ley de Presupuestos Generales del Estado de cada ejercicio establecerá el tipo de cotización aplicable al ejercicio al que se refieran de acuerdo con las siguientes reglas:

a) El tipo de cotización expresado en tanto por cien será el que resulte de la siguiente fórmula:

$TC_t = G / BC * 100$

Siendo:

t = año al que se refieran los Presupuestos Generales del Estado en el que estará en vigor el nuevo tipo de cotización.

TC_t = tipo de cotización aplicable para el año t.

G = suma del gasto por prestaciones de cese de actividad de los meses comprendidos desde 1 de agosto del año t-2 hasta el 31 de julio del año t-1

BC = suma de las bases de cotización por cese de actividad de los meses comprendidos desde 1 de agosto del año t-2 hasta el 31 de julio del año t-1.

b) No obstante lo anterior, no corresponderá aplicar el tipo resultante de la fórmula, manteniéndose el tipo vigente, cuando:

1.º Suponga incrementar el tipo de cotización vigente en menos de 0,5 puntos porcentuales.

2.º Suponga reducir el tipo de cotización vigente en menos de 0,5 puntos porcentuales, o cuando siendo la reducción del tipo mayor de 0,5 puntos porcentuales las reservas de esta prestación a las que se refiere el artículo 346.2 previstas al cierre del año t-1 no superen el gasto presupuestado por la prestación de cese de actividad para el año t.

c) En todo caso, el tipo de cotización a fijar anualmente no podrá ser inferior al 0,7 por ciento ni superior al 4 por ciento.

Cuando el tipo de cotización a fijar en aplicación de lo previsto en este apartado exceda del 4 por ciento, se procederá necesariamente a revisar al alza todos los períodos de carencia previstos en el artículo

338.1 de esta ley, que quedarán fijados en la correspondiente Ley de Presupuestos Generales del Estado. Dicha revisión al alza será al menos de dos meses.

4. La Autoridad Independiente de Responsabilidad Fiscal podrá emitir opinión, conforme a lo dispuesto en el artículo 23 de la Ley Orgánica 6/2013, de 14 de noviembre, de creación de la Autoridad Independiente de Responsabilidad Fiscal, respecto a la aplicación por el Ministerio de Trabajo, Migraciones y Seguridad Social de lo previsto en los apartados anteriores, así como respecto a la sostenibilidad financiera del sistema de protección por cese de actividad.

345. *Recaudación.* 1. La cuota de protección por cese de actividad se recaudará por la Tesorería General de la Seguridad Social conjuntamente con la cuota o las cuotas del Régimen Especial de los Trabajadores por Cuenta Propia o Autónomos, o del Régimen Especial de los Trabajadores del Mar, liquidándose e ingresándose de conformidad con las normas reguladoras de la gestión recaudatoria de la Seguridad Social para dichos regímenes especiales.

2. Las normas reguladoras de la recaudación de cuotas, tanto en vía voluntaria como ejecutiva, serán de aplicación a la cotización por cese en la actividad a la Seguridad Social para los regímenes señalados.

346. *Órgano gestor.* 1. Salvo lo establecido en el artículo anterior y en el apartado 3 de este artículo, corresponde a las mutuas colaboradoras con la Seguridad Social la gestión de las funciones y servicios derivados de la protección por cese de actividad, sin perjuicio de las competencias atribuidas a los órganos competentes en materia de sanciones por infracciones en el orden social y de las competencias de dirección y tutela atribuidas al Ministerio de Empleo y Seguridad Social en el artículo 98.1.

A tal fin, la gestión de la prestación por cese de actividad corresponderá a la mutua con quien el trabajador autónomo haya formalizado el documento de adhesión, mediante la suscripción del anexo correspondiente. El procedimiento de formalización de la protección por cese de actividad, su periodo de vigencia y efectos se regirán por las normas de aplicación a la colaboración de las mutuas en la gestión de la Seguridad Social.

2. El resultado positivo anual que las mutuas obtengan de la gestión del sistema de protección se destinará a la constitución de una Reserva

de Estabilización por Cese de Actividad, cuyo nivel mínimo de dotación equivaldrá al 5 por ciento de las cuotas ingresadas durante el ejercicio por esta contingencia, que podrá incrementarse voluntariamente hasta alcanzar el 25 por ciento de las mismas cuotas, que constituirá el nivel máximo de dotación, y cuya finalidad será atender los posibles resultados negativos futuros que se produzcan en esta gestión.

Una vez dotada con cargo al cierre del ejercicio la Reserva de Estabilización en los términos establecidos, el excedente se ingresará en la Tesorería General de la Seguridad Social, con destino a la dotación de una Reserva Complementaria de Estabilización por Cese de Actividad, cuya finalidad será asimismo la cancelación de los déficits que puedan generar las mutuas después de aplicada su reserva de cese de actividad, y la reposición de la misma hasta el nivel mínimo señalado, de acuerdo con lo establecido en el artículo 95.4.

En ningún caso será de aplicación el sistema de responsabilidad mancomunada establecido para los empresarios asociados.

3. En el supuesto de trabajadores autónomos que tengan cubierta la protección dispensada a las contingencias derivadas de accidentes de trabajo y enfermedades profesionales con una entidad gestora de la Seguridad Social, la tramitación de la solicitud y la gestión de la prestación por cese de actividad corresponderá:

a) En el ámbito del Régimen Especial de la Seguridad Social de los Trabajadores del Mar, al Instituto Social de la Marina.

b) En el ámbito del Régimen Especial de los Trabajadores por Cuenta Propia o Autónomos, al Servicio Público de Empleo Estatal.

4. El Consejo del Trabajo Autónomo podrá recabar del órgano gestor la información que estime pertinente en relación con el sistema de protección por cese de actividad y proponer al Ministerio de Empleo y Seguridad Social aquellas medidas que se estimen oportunas para el mejor funcionamiento del mismo.

El órgano gestor presentará al Consejo del Trabajo Autónomo un informe anual sobre la evolución del sistema de protección por cese de actividad. El Consejo podrá recabar cuanta información complementaria estime pertinente en relación con dicho sistema.

CAPÍTULO V
Régimen de obligaciones, infracciones y sanciones

347. *Obligaciones de los trabajadores autónomos.* [479] Son obligaciones de los trabajadores autónomos solicitantes y beneficiarios de la protección por cese de actividad:

a) Solicitar a la misma mutua colaboradora con la Seguridad Social a la que se encuentren adheridos la cobertura de la protección por cese de actividad.

b) Cotizar por la aportación correspondiente a la protección por cese de actividad.

c) Proporcionar la documentación e información que resulte necesaria a los efectos del reconocimiento, suspensión, extinción o reanudación de la prestación.

d) Solicitar la baja en la prestación por cese de actividad cuando se produzcan situaciones de suspensión o extinción del derecho o se dejen de reunir los requisitos exigidos para su percepción, en el momento en que se produzcan dichas situaciones.

e) No trabajar por cuenta propia o ajena durante la percepción de la prestación.

f) Reintegrar las prestaciones indebidamente percibidas.

348. *Reintegro de prestaciones indebidamente percibidas.* Sin perjuicio de lo dispuesto en el artículo 47.3 del texto refundido de la Ley sobre Infracciones y Sanciones en el Orden Social, aprobado por el Real Decreto Legislativo 5/2000, de 4 de agosto, en el supuesto de que se incumpla lo dispuesto en los artículos 347.1.e), 331.2.b), 335.3 y en el párrafo segundo del artículo 336.a) de esta ley, será aplicable para el reintegro de prestaciones indebidamente percibidas lo establecido en el artículo 55 de esta ley y en el artículo 80 del Reglamento General de Recaudación de la Seguridad Social, aprobado por el Real Decreto 1415/2004, de 11 de junio, correspondiendo al órgano gestor la declaración como indebida de la prestación.

---

[479] Dada nueva redacción por art. 1 apartado 25 de Real Decreto-Ley 13/2022 de 26 de julio de 2022, con vigencia desde 01/01/2023

349. *Infracciones.* En materia de infracciones y sanciones se estará a lo dispuesto en esta ley y en el texto refundido de la Ley sobre Infracciones y Sanciones en el Orden Social.

350. *Jurisdicción competente y reclamación previa.* [480] 1. Los órganos jurisdiccionales del orden social serán los competentes para conocer de las decisiones del órgano gestor relativas al reconocimiento, suspensión o extinción de las prestaciones por cese de actividad, así como al pago de las mismas. El interesado podrá formular reclamación previa ante el órgano gestor antes de acudir al órgano jurisdiccional del orden social competente. La resolución del órgano gestor habrá de indicar expresamente la posibilidad de presentar reclamación, el órgano ante el que se debe interponer, así como el plazo para su interposición.

2. Cuando se formule reclamación previa contra las resoluciones de las mutuas colaboradoras con la Seguridad Social en materia de prestaciones por cese de actividad, antes de su resolución, emitirá informe vinculante una comisión paritaria en la que estarán representadas las mutuas colaboradoras con la Seguridad Social, las asociaciones representativas de los trabajadores autónomos y la Administración de la Seguridad Social. Actuará como presidente de la comisión el representante de la Administración de la Seguridad Social y como secretario no miembro de la misma una persona al servicio de la mutua competente para resolver. Podrá formar parte de la comisión, como asesor con voz pero sin voto, un Letrado de la Administración de la Seguridad Social integrado en el Servicio Jurídico de la Administración de la Seguridad Social.

La mutua competente para resolver remitirá a la comisión, para que esta se pronuncie al efecto, la propuesta motivada de resolución de la reclamación previa. El secretario levantará acta de cada sesión dejando constancia de los acuerdos adoptados, debiendo realizar, asimismo, las comunicaciones entre la comisión y la mutua competente. Las mutuas deberán prestar el apoyo financiero y administrativo preciso para el funcionamiento de la comisión suscribiendo los convenios que resulten oportunos. Mediante resolución del Secretario de Estado de la Seguridad Social se establecerá la determinación de la com-

---

[480] Dada nueva redacción por disposición final 2 apartado 23 de Real Decreto-Ley 28/2018 de 28 de diciembre de 2018, con vigencia desde 01/01/2019

posición, organización y demás extremos precisos para el adecuado funcionamiento de dicha comisión, aplicándose, en lo no previsto, lo establecido para el funcionamiento de los órganos colegiados en la Ley 40/2015, de 1 de octubre, de Régimen Jurídico del Sector Público.

El resto de reclamaciones previas serán resueltas por el mismo órgano gestor que emitió la resolución impugnada.

TÍTULO VI
Prestaciones no contributivas [481]

CAPÍTULO I
Prestaciones familiares en su modalidad no contributiva

Sección 1ª
Prestaciones

351. *Enumeración.* [482] Las prestaciones familiares de la Seguridad Social, en su modalidad no contributiva, consistirán en:

a) Una asignación económica por cada hijo menor de dieciocho años de edad y afectado por una discapacidad en un grado igual o superior al 33 por ciento, o mayor de dicha edad cuando el grado de discapacidad sea igual o superior al 65 por ciento, a cargo del beneficiario, cualquiera que sea la naturaleza legal de la filiación, así como por los menores a su cargo en régimen de acogimiento familiar permanente o guarda con fines de adopción, que cumplan los mismos requisitos.

El causante no perderá la condición de hijo o de menor a cargo por el mero hecho de realizar un trabajo lucrativo por cuenta propia o ajena siempre que continúe viviendo con el beneficiario de la prestación y que los ingresos anuales del causante, en concepto de rendimientos

---

[481] Véase el RDL 20/2020 de 29 mayo, por el que se establece el ingreso mínimo vital

[482] Dada nueva redacción por disposición final 3 apartado 1 de Real Decreto-Ley 30/2020 de 29 de septiembre de 2020, con vigencia desde 30/09/2020

del trabajo, no superen el 100 por cien del salario mínimo interprofesional, también en cómputo anual.

Tal condición se mantendrá aunque la afiliación del causante como trabajador suponga su encuadramiento en un régimen de Seguridad Social distinto a aquel en el que esté afiliado el beneficiario de la prestación.

b) Una prestación económica de pago único a tanto alzado por nacimiento o adopción de hijo, en supuestos de familias numerosas, monoparentales y en los casos de madres o padres con discapacidad. [483]

c) Una prestación económica de pago único por parto o adopción múltiples.

Sección 2ª
Asignación económica por hijo o menor a cargo

352. *Beneficiarios.* [484] 1. Tendrán derecho a la asignación económica por hijo o menor a cargo quienes:

a) Residan legalmente en territorio español.

b) Tengan a su cargo hijos o menores en régimen de acogimiento familiar permanente o guarda con fines de adopción en quienes concurran las circunstancias señaladas en la letra a) del artículo anterior y que residan en territorio español.

En los casos de separación judicial o divorcio, el derecho al percibo de la asignación se conservará para el padre o la madre por los hijos o menores que tenga a su cargo.

c) No tengan derecho, ni el padre ni la madre, a prestaciones de esta misma naturaleza en cualquier otro régimen público de protección social.

2. Serán, asimismo, beneficiarios de la asignación que, en su caso y en razón de ellos, hubiera correspondido a sus padres:

a) Los huérfanos de padre y madre, menores de dieciocho años y que sean personas con discapacidad en un grado igual o superior

---

[483] Dada nueva redacción apartado b por disposición final 4 apartado 4 de Ley 19/2021 de 20 de diciembre de 2021, con vigencia desde 01/01/2022

[484] Dada nueva redacción por disposición final 4 apartado 5 de Real Decreto-Ley 20/2020 de 29 de mayo de 2020, con vigencia desde 01/06/2020

al 33 por ciento o mayores de dicha edad y que sean personas con discapacidad en un grado igual o superior al 65 por ciento.

b) Quienes no sean huérfanos y hayan sido abandonados por sus padres, siempre que concurran en ellos las circunstancias señaladas en la letra a) del artículo 351 y no se encuentren en régimen de acogimiento familiar permanente o guarda con fines de adopción. [485]

c) Los hijos con discapacidad mayores de dieciocho años respecto de los que no se haya establecido ninguna medida de apoyo a su capacidad para ser beneficiarios de asignaciones del sistema de la Seguridad Social serán beneficiarios de las asignaciones que debido a ellos corresponderían a sus padres. [486]

353. *Cuantía de las asignaciones.* [487] 1. La cuantía de la asignación económica a que se refiere el artículo 351.a) se fijará, en su importe anual, en la correspondiente ley de presupuestos generales del Estado [488].

2. En dicha Ley, además de la cuantía general, se establecerá otra cuantía específica en el supuesto de hijo a cargo mayor de dieciocho años, con un grado de discapacidad igual o superior al 75 por ciento y que, como consecuencia de pérdidas anatómicas o funcionales, necesite el concurso de otra persona para realizar los actos más esenciales de la vida, tales como vestirse, desplazarse, comer o análogos.

354. *Determinación del grado de discapacidad y de la necesidad del concurso de otra persona.* [489] El grado de discapacidad, a efectos del reconocimiento de las asignaciones por hijo o menor a cargo, así como la situación de dependencia y la necesidad del concurso de otra perso-

---

[485] Dada nueva redacción apartado 2 por disposición final 4 apartado 4 de Ley 19/2021 de 20 de diciembre de 2021, con vigencia desde 01/01/2022

[486] Dada nueva redacción apartado 2 apartado c por art. único apartado 29 de Real Decreto-Ley 2/2023 de 16 de marzo de 2023, con vigencia desde 01/04/2023

[487] Dada nueva redacción por disposición final 4 apartado 5 de Real Decreto-Ley 20/2020 de 29 de mayo de 2020, con vigencia desde 01/06/2020

[488] Véase: - para el año 2025, el art. 65.6 RDL 1/2025, de 28 enero y el art. 24.1 a) y b) RD 316/2025, de 15 abril; - para el año 2024, el art. 78.6 RDL 8/2023, de 27 diciembre

[489] Dada nueva redacción por disposición final 3 apartado 3 de Real Decreto-Ley 30/2020 de 29 de septiembre de 2020, con vigencia desde 30/09/2020

na a que se refiere el apartado 2 del artículo anterior se determinarán mediante la aplicación del baremo aprobado por el Gobierno mediante real decreto.

355. *Declaración y efectos de las variaciones familiares.* 1. Todo beneficiario estará obligado a declarar cuantas variaciones se produzcan en su familia, siempre que estas deban ser tenidas en cuenta a efectos del nacimiento, modificación o extinción del derecho.

En ningún caso será necesario acreditar documentalmente aquellos hechos o circunstancias, tales como el importe de las pensiones y subsidios, que la Administración de la Seguridad Social deba conocer por sí directamente. [490]

2. Cuando se produzcan las variaciones a que se refiere el apartado anterior, surtirán efecto:

a) En caso de nacimiento del derecho, a partir del día primero del trimestre natural inmediatamente siguiente a la fecha en que se haya solicitado el reconocimiento del mismo.

b) En caso de extinción del derecho, a partir del último día del trimestre natural dentro del cual se haya producido la variación de que se trate.

356. *Devengo y abono.* 1. Las asignaciones económicas por hijo o menor a cargo se devengarán en función de las mensualidades a que, dentro de cada ejercicio económico, tenga derecho el beneficiario.

2. El abono de las asignaciones económicas por hijo o menor a cargo se efectuará con la periodicidad que se establezca en las normas de desarrollo de esta ley.

---

[490] Dada nueva redacción apartado 1 por disposición final 3 apartado 4 de Real Decreto-Ley 30/2020 de 29 de septiembre de 2020, con vigencia desde 30/09/2020

Sección 3ª
Prestación económica por nacimiento o adopción de hijo en supuestos de familias numerosas, monoparentales y de madres o padres con discapacidad [491]

357. *Prestación y beneficiarios.* [492] 1. En los casos de nacimiento o adopción de hijo en España en una familia numerosa o que, con tal motivo, adquiera dicha condición, en una familia monoparental o en los supuestos de madres o padres que tengan reconocido un grado de discapacidad igual o superior al 65 por ciento se tendrá derecho a una prestación económica del sistema de la Seguridad Social en la cuantía y en las condiciones que se establecen en esta sección.

2. A los efectos de la consideración como familia numerosa, se estará a lo dispuesto en la Ley de Protección a las Familias Numerosas.

Se entenderá por familia monoparental la constituida por un solo progenitor con el que convive el hijo nacido o adoptado y que constituye el sustentador único de la familia.

3. A efectos de la consideración de beneficiario de la prestación, será necesario que el padre, la madre o, en su defecto, la persona que reglamentariamente se establezca, reúna los requisitos establecidos en las letras a) y c) del artículo 352.1 y, además, no perciba ingresos anuales, de cualquier naturaleza, superiores a la cuantía que anualmente establezca la correspondiente Ley de Presupuestos Generales del Estado [493].

Dicha cuantía contemplará un incremento del 15 por ciento por cada hijo a cargo, a partir del segundo, este incluido.

A los exclusivos efectos de la determinación del límite de ingresos, se considerará a cargo el hijo menor de dieciocho años, o mayor de dicha edad afectado por una discapacidad en un grado igual o superior al 65 por ciento, así como por los menores a cargo en régimen de acogimiento familiar permanente o guarda con fines de adopción.

No obstante lo anterior, si se trata de personas que forman parte de familias numerosas de acuerdo con lo establecido en la Ley 40/2003,

---

[491] Dada nueva redacción por disposición final 3 apartado 5 de Real Decreto-Ley 30/2020 de 29 de septiembre de 2020, con vigencia desde 30/09/2020

[492] Dada nueva redacción por disposición final 3 apartado 6 de Real Decreto-Ley 30/2020 de 29 de septiembre de 2020, con vigencia desde 30/09/2020

[493] Véase: - para el año 2025 el art. 65.6 RDL 1/2025 de 28 enero y el art. 24.1 c) RD 316/2025, de 15 abril; - para el año 2024 el art. 78.6 RDL 8/2023 de 27 diciembre

de 18 de noviembre, de Protección a las Familias Numerosas, también tendrán derecho a la prestación si sus ingresos anuales no son superiores al importe que a tales efectos establezca la Ley de Presupuestos Generales del Estado para los supuestos en que concurran tres hijos a cargo según la citada ley, incrementándose en la cuantía que igualmente establezca dicha Ley por cada hijo a partir del cuarto, este incluido.

En el supuesto de convivencia de ambos progenitores, si la suma de los ingresos percibidos por ambos superase los límites de ingresos establecidos en los párrafos anteriores, no se reconocerá la condición de beneficiario a ninguno de ellos.

Los límites de ingresos anuales a que se refiere este apartado se actualizarán anualmente en la Ley de Presupuestos Generales del Estado, respecto de la cuantía establecida en el ejercicio anterior, al menos, en el mismo porcentaje que en dicha Ley se establezca como incremento general de las pensiones contributivas de la Seguridad Social.

358. *Cuantía de la prestación.* 1. La prestación por nacimiento o adopción de hijo, regulada en la presente sección, consistirá en un pago único de 1.000 euros.

2. En los casos en que los ingresos anuales percibidos, de cualquier naturaleza, superen el límite establecido en el artículo 357.3 pero sean inferiores al resultado de sumar a dicho límite el importe de la prestación, la cuantía de esta última será igual a la diferencia entre los ingresos percibidos por el beneficiario y el resultado de la indicada suma.

No se reconocerá la prestación en los supuestos en que la diferencia a que se refiere el párrafo anterior sea inferior al importe establecido en la Ley de Presupuestos Generales del Estado [494] . [495]

---

[494] Importe establecido en 10,00 euros para 2025, conforme al art. 24.1 c) RD 316/2025, de 15 abril

[495] Dada nueva redacción apartado 2 por disposición final 3 apartado 7 de Real Decreto-Ley 30/2020 de 29 de septiembre de 2020, con vigencia desde 30/09/2020

Sección 4ª
Prestación por parto o adopción múltiples

359. *Beneficiarios.* [496] Serán beneficiarios de la prestación económica por parto o adopción múltiples producidos en España las personas, padre o madre o, en su defecto, quien reglamentariamente se establezca, que reúnan los requisitos establecidos en las letras a) y c) del artículo 352.1.

Se entenderá que existe parto o adopción múltiple cuando el número de nacidos o adoptados sea igual o superior a dos.

360. *Cuantía.* La cuantía de la prestación económica por parto o adopción múltiples será la siguiente:

Número de hijos nacidos o adoptados	Número de veces el salario mínimo interprofesional
2	4
3	8
4 y más	12

Sección 5ª
Disposiciones comunes

361. *Incompatibilidades.* 1. En el supuesto de que en el padre y la madre concurran las circunstancias necesarias para tener la condición de beneficiarios de las prestaciones reguladas en el presente capítulo, el derecho a percibirlas solo podrá ser reconocido en favor de uno de ellos.

2. Las prestaciones reguladas en el presente capítulo serán incompatibles con la percepción, por parte del padre o la madre, de cualquier otra prestación análoga establecida en los restantes regímenes públicos de protección social.

---

[496] Dada nueva redacción por disposición final 3 apartado 8 de Real Decreto-Ley 30/2020 de 29 de septiembre de 2020, con vigencia desde 30/09/2020

En los supuestos en que uno de los padres esté incluido, en razón de la actividad desempeñada o por su condición de pensionista, en un régimen público de Seguridad Social, la prestación correspondiente será reconocida por dicho régimen.

3. La percepción de las asignaciones económicas por hijo a cargo será incompatible con la condición, por parte del hijo, de pensionista de invalidez o jubilación en la modalidad no contributiva [497]

362. *Revalorización.* A las prestaciones familiares en la modalidad no contributiva reguladas en este capítulo les será de aplicación el criterio de revalorización establecido en el artículo 58.

CAPÍTULO II
Pensiones no contributivas

Sección 1ª
Incapacidad no contributiva [498] [499]

363. *Beneficiarios.* 1. Tendrán derecho a la pensión de incapacidad no contributiva las personas que cumplan los siguientes requisitos: [500]

a) Ser mayor de dieciocho y menor de sesenta y cinco años de edad.

b) Residir legalmente en territorio español y haberlo hecho durante cinco años, de los cuales dos deberán ser inmediatamente anteriores a la fecha de solicitud de la pensión.

---

[497] Dada nueva redacción apartado 3 por disposición final 3 apartado 9 de Real Decreto-Ley 30/2020 de 29 de septiembre de 2020, con vigencia desde 30/09/2020

[498] Véase cap. I RD 357/1991, de 15 marzo, por el que se desarrolla en materia de pensiones no contributivas la Ley 26/1990, de 20 diciembre, por la que se establecen en la Seguridad Social prestaciones no contributivas

[499] Dada nueva redacción por disposición adicional única de Ley 2/2025 de 29 de abril de 2025, sustituyendo «invalidez no contributiva» por «incapacidad no contributiva», con vigencia desde 01/05/2025

[500] Dada nueva redacción apartado 1 párrafo 1 por disposición adicional única de Ley 2/2025 de 29 de abril de 2025, sustituyendo «invalidez no contributiva» por «incapacidad no contributiva», con vigencia desde 01/05/2025

c) Estar afectadas por una discapacidad o por una enfermedad crónica, en un grado igual o superior al 65 por ciento. [501]

d) Carecer de rentas o ingresos suficientes. Se considerará que existen rentas o ingresos insuficientes cuando la suma, en cómputo anual, de los mismos sea inferior al importe, también en cómputo anual, de la prestación a que se refiere el apartado 1 del artículo siguiente.

Aunque el solicitante carezca de rentas o ingresos propios, en los términos señalados en el párrafo anterior, si convive con otras personas en una misma unidad económica, únicamente se entenderá cumplido el requisito de carencia de rentas o ingresos suficientes cuando la suma de los de todos los integrantes de aquella sea inferior al límite de acumulación de recursos obtenido conforme a lo establecido en los apartados siguientes.

Los beneficiarios de la pensión de incapacidad no contributiva que sean contratados por cuenta ajena, se establezcan por cuenta propia o se acojan a los programas de renta activa de inserción para trabajadores desempleados de larga duración mayores de cuarenta y cinco años recuperarán automáticamente, en su caso, el derecho a dicha pensión cuando, respectivamente, se les extinga su contrato, dejen de desarrollar su actividad laboral o cesen en el programa de renta activa de inserción, a cuyo efecto, no obstante lo previsto en el apartado 5, no se tendrán en cuenta, en el cómputo anual de sus rentas, las que hubieran percibido en virtud de su actividad laboral por cuenta ajena, propia o por su integración en el programa de renta activa de inserción en el ejercicio económico en que se produzca la extinción del contrato, el cese en la actividad laboral o en el citado programa. [502]

2. Los límites de acumulación de recursos, en el supuesto de unidad económica, serán equivalentes a la cuantía, en cómputo anual, de la pensión, más el resultado de multiplicar el 70 por ciento de dicha cifra por el número de convivientes, menos uno.

3. Cuando la convivencia, dentro de una misma unidad económica, se produzca entre el solicitante y sus descendientes o ascendientes en primer grado, los límites de acumulación de recursos serán equivalentes a dos veces y media la cuantía que resulte de aplicar lo dispuesto en el apartado 2.

---

[501] Véase disp. adic. 25ª de esta Ley

[502] Dada nueva redacción apartado 1 párrafo 3 por disposición adicional única de Ley 2/2025 de 29 de abril de 2025, sustituyendo «invalidez no contributiva» por «incapacidad no contributiva», con vigencia desde 01/05/2025

4. Existirá unidad económica en todos los casos de convivencia de un beneficiario con otras personas, sean o no beneficiarias, unidas con aquel por matrimonio o por lazos de parentesco de consanguinidad hasta el segundo grado. [503]

5. A efectos de lo establecido en los apartados anteriores, se considerarán como ingresos o rentas computables, cualesquiera bienes y derechos, derivados tanto del trabajo como del capital, así como los de naturaleza prestacional.

No obstante, no se computarán los rendimientos obtenidos por el ejercicio de actividades artísticas a las que se refiere el artículo 249 quater, en tanto no excedan del importe del salario mínimo interprofesional en cómputo anual. Los rendimientos que excedan de esta cuantía se tomarán en cuenta a efectos de la consideración de las rentas o ingresos anuales a que se refiere el artículo 364.2.

Cuando el solicitante o los miembros de la unidad de convivencia en que esté inserto dispongan de bienes muebles o inmuebles, se tendrán en cuenta sus rendimientos efectivos. Si no existen rendimientos efectivos, se valorarán según las normas establecidas para el Impuesto sobre la Renta de las Personas Físicas, con la excepción, en todo caso, de la vivienda habitualmente ocupada por el beneficiario. Tampoco se computarán las asignaciones periódicas por hijos a cargo. [504]

6. Las rentas o ingresos propios, así como los ajenos computables, por razón de convivencia en una misma unidad económica, la residencia en territorio español y el grado de discapacidad o de enfermedad crónica condicionan tanto el derecho a pensión como la conservación de la misma y, en su caso, la cuantía de aquella.

---

[503] Véase disp. adic. 1ª Ley 13/2005, de 1julio, por la que se modifica el CC en materia de derecho a contraer matrimonio

[504] Dada nueva redacción apartado 5 por disposición final 4 apartado 12 de Real Decreto-Ley 1/2023 de 10 de enero de 2023, con vigencia desde 01/04/2023

364. *Cuantía de la pensión.* 1. La cuantía de la pensión de incapacidad no contributiva se fijará, en su importe anual, en la correspondiente Ley de Presupuestos Generales del Estado [505] . [506]

Cuando en una misma unidad económica concurra más de un beneficiario con derecho a pensión de esta misma naturaleza, la cuantía de cada una de las pensiones vendrá determinada en función de las siguientes reglas:

a) Al importe referido en el primer párrafo de este apartado se le sumará el 70 por ciento de esa misma cuantía, tantas veces como número de beneficiarios, menos uno, existan en la unidad económica.

b) La cuantía de la pensión para cada uno de los beneficiarios será igual al cociente de dividir el resultado de la suma prevista en la letra anterior por el número de beneficiarios con derecho a pensión.

2. Las cuantías resultantes de lo establecido en el apartado anterior, calculadas en cómputo anual, son compatibles con las rentas o ingresos anuales de los que, en su caso, disponga cada beneficiario, siempre que los mismos no excedan del 35 por ciento del importe, en cómputo anual, de la pensión no contributiva. En otro caso, se deducirá del importe de dicha pensión la cuantía de las rentas o ingresos que excedan de tal porcentaje, salvo lo dispuesto en el artículo 366.

3. En los casos de convivencia del beneficiario o beneficiarios con personas no beneficiarias, si la suma de los ingresos o rentas anuales de la unidad económica más la pensión o pensiones no contributivas, calculadas conforme a lo dispuesto en los dos apartados anteriores, superara el límite de acumulación de recursos establecidos en los apartados 2 y 3 del artículo anterior, la pensión o pensiones se reducirán para no sobrepasar el mencionado límite, disminuyendo en igual cuantía cada una de las pensiones.

4. No obstante lo establecido en los apartados 2 y 3 de este artículo, la cuantía de la pensión reconocida será, como mínimo, del 25 por ciento del importe de la pensión a que se refiere el apartado 1.

---

[505] Véanse RD 1400/2007, de 29 octubre, por el que se establecen normas para el reconocimiento del complemento a los titulares de pensión de jubilación e invalidez de la Seguridad Social, en su modalidad no contributiva, que residan en una vivienda alquilada y art. 62 de la presente Ley

[506] Dada nueva redacción apartado 1 párrafo 1 por disposición adicional única de Ley 2/2025 de 29 de abril de 2025, sustituyendo «invalidez no contributiva» por «incapacidad no contributiva», con vigencia desde 01/05/2025

5. A efectos de lo dispuesto en los apartados anteriores, son rentas o ingresos computables los que se determinan como tales en el apartado 5 del artículo anterior.

6. Las personas que, cumpliendo los requisitos señalados en el apartado 1, a), b) y d) del artículo anterior, estén afectadas por una discapacidad o enfermedad crónica en un grado igual o superior al 75 por ciento y que, como consecuencia de pérdidas anatómicas o funcionales, necesiten el concurso de otra persona para realizar los actos más esenciales de la vida, tales como vestirse, desplazarse, comer o análogos, tendrán derecho a un complemento equivalente al 50 por ciento del importe de la pensión a que se refiere el primer párrafo del apartado 1. [507]

365. *Efectos económicos de las pensiones.* [508] Los efectos económicos del reconocimiento del derecho a las pensiones de incapacidad no contributiva se producirán a partir del día primero del mes siguiente a aquel en que se presente la solicitud.

366. *Compatibilidad de las pensiones.* [509] Las pensiones de incapacidad en su modalidad no contributiva no impedirán el ejercicio de aquellas actividades, sean o no lucrativas, compatibles con el estado del inválido, y que no representen un cambio en su capacidad de trabajo.

En el caso de personas que con anterioridad al inicio de una actividad lucrativa vinieran percibiendo pensión de incapacidad en su modalidad no contributiva, durante los cuatro años siguientes al inicio de la actividad, la suma de la cuantía de la pensión de invalidez y de los ingresos obtenidos por la actividad desarrollada no podrá ser superior, en cómputo anual, al importe, también en cómputo anual, de la suma del indicador público de renta de efectos múltiples, excluidas las pagas

---

[507] Véase RD 174/2011, de 11 febrero, por el que se aprueba el baremo de valoración de la situación de dependencia establecido por la Ley 39/2006, de 14 diciembre, de promoción de la autonomía personal y atención a las personas en situación de dependencia

[508] Dada nueva redacción por disposición adicional única de Ley 2/2025 de 29 de abril de 2025, sustituyendo «invalidez no contributiva» por «incapacidad no contributiva», con vigencia desde 01/05/2025

[509] Dada nueva redacción por disposición adicional única de Ley 2/2025 de 29 de abril de 2025, sustituyendo «invalidez no contributiva» por «incapacidad no contributiva», con vigencia desde 01/05/2025

extraordinarias y la pensión de invalidez no contributiva vigentes en cada momento. En caso de exceder de dicha cuantía, se minorará el importe de la pensión en la cuantía que resulte necesaria para no sobrepasar dicho límite. Esta reducción no afectará al complemento previsto en el artículo 364.6.

367. *Calificación.* 1. Podrán ser constitutivas de invalidez las deficiencias, previsiblemente permanentes, de carácter físico o psíquico, congénitas o no, que anulen o modifiquen la capacidad física, psíquica o sensorial de quienes las padecen. El grado de discapacidad o de la enfermedad crónica padecida, a efectos del reconocimiento de la pensión de incapacidad no contributiva, se determinará mediante la aplicación de un baremo, aprobado por el Gobierno, en el que serán objeto de valoración tanto los factores físicos, psíquicos o sensoriales de la persona presuntamente con discapacidad, como los factores sociales complementarios. [510]

2. Asimismo, la situación de dependencia y la necesidad del concurso de una tercera persona a que se refiere el artículo 364.6, se determinará mediante la aplicación de un baremo que será aprobado por el Gobierno. [511]

3. Las pensiones de incapacidad pasarán a denominarse pensiones de jubilación cuando sus beneficiarios cumplan la edad de sesenta y cinco años. La nueva denominación no implicará modificación alguna respecto de las condiciones de la prestación que viniesen percibiendo. [512]

368. *Obligaciones de los beneficiarios.* Los perceptores de las pensiones de incapacidad no contributiva estarán obligados a comunicar a la entidad que les abone la prestación cualquier variación de su

---

[510] Dada nueva redacción apartado 1 por disposición adicional única de Ley 2/2025 de 29 de abril de 2025, sustituyendo «invalidez no contributiva» por «incapacidad no contributiva», con vigencia desde 01/05/2025

[511] Véase RD 888/2022 de 18 octubre, por el que se establece el procedimiento para el reconocimiento, declaración y calificación del grado de discapacidad

[512] Dada nueva redacción apartado 3 por disposición adicional única de Ley 2/2025 de 29 de abril de 2025, sustituyendo «invalidez no contributiva» por «incapacidad no contributiva», con vigencia desde 01/05/2025

situación de convivencia, estado civil, residencia y cuantas puedan tener incidencia en la conservación o la cuantía de aquellas. [513]

En todo caso, el beneficiario deberá presentar, en el primer trimestre de cada año, una declaración de los ingresos de la respectiva unidad económica de la que forme parte, referida al año inmediato precedente.

Sección 2ª
Jubilación en su modalidad no contributiva

369. *Beneficiarios.* 1. Tendrán derecho a la pensión de jubilación en su modalidad no contributiva las personas que, habiendo cumplido sesenta y cinco años de edad, carezcan de rentas o ingresos en cuantía superior a los límites establecidos en el artículo 363, residan legalmente en territorio español y lo hayan hecho durante diez años entre la edad de dieciséis años y la edad de devengo de la pensión, de los cuales dos deberán ser consecutivos e inmediatamente anteriores a la solicitud de la prestación.

2. Las rentas e ingresos propios, así como los ajenos computables por razón de convivencia en una misma unidad económica, y la residencia en territorio español condicionan tanto el derecho a pensión como la conservación de la misma y, en su caso, su cuantía.

370. *Cuantía de la pensión.* Para la determinación de la cuantía de la pensión de jubilación en su modalidad no contributiva, se estará a lo dispuesto para la pensión de invalidez en el artículo 364.

371. *Efectos económicos del reconocimiento del derecho.* Los efectos económicos del reconocimiento del derecho a la pensión de jubilación en su modalidad no contributiva se producirán a partir del día primero del mes siguiente a aquel en que se presente la solicitud.

---

[513] Dada nueva redacción párrafo 1 por disposición adicional única de Ley 2/2025 de 29 de abril de 2025, sustituyendo «invalidez no contributiva» por «incapacidad no contributiva», con vigencia desde 01/05/2025

372. *Obligaciones de los beneficiarios.* [514] Los perceptores de la pensión de jubilación en su modalidad no contributiva estarán obligados al cumplimiento de lo establecido para la pensión de incapacidad no contributiva en el artículo 368.

CAPÍTULO III
Disposiciones comunes a las prestaciones no contributivas

373. *Gestión.* 1. La gestión de las prestaciones no contributivas se efectuará por las siguientes entidades gestoras:

a) El Instituto Nacional de la Seguridad Social, con excepción de las que se mencionan en la letra b) siguiente.

b) El Instituto de Mayores y Servicios Sociales, las pensiones no contributivas de incapacidad y jubilación [515] . [516]

2. Sin perjuicio de lo establecido en la letra b) del apartado anterior, las pensiones no contributivas de incapacidad y jubilación podrán ser gestionadas, en su caso, por las comunidades autónomas estatutariamente competentes, a las que hubiesen sido transferidos los servicios del instituto citado en aquella. [517]

3. El Gobierno podrá celebrar con las comunidades autónomas a las que no les hubieran sido transferidos los servicios del Instituto de Mayores y Servicios Sociales los oportunos conciertos para que puedan gestionar las pensiones no contributivas de la Seguridad Social.

---

[514] Dada nueva redacción por disposición adicional única de Ley 2/2025 de 29 de abril de 2025, sustituyendo «invalidez no contributiva» por «incapacidad no contributiva», con vigencia desde 01/05/2025

[515] Véase art. 1 RD 1226/2005, de 13 de octubre, por el que se establece la estructura orgánica y funciones del Instituto de Mayores y Servicios Sociales

[516] Dada nueva redacción apartado 1 apartado b por disposición adicional única de Ley 2/2025 de 29 de abril de 2025, sustituyendo «invalidez no contributiva» por «incapacidad no contributiva», con vigencia desde 01/05/2025

[517] Dada nueva redacción apartado 2 por disposición adicional única de Ley 2/2025 de 29 de abril de 2025, sustituyendo «invalidez no contributiva» por «incapacidad no contributiva», con vigencia desde 01/05/2025

4. Las pensiones de incapacidad y jubilación en su modalidad no contributiva quedarán incluidas en el Registro de Prestaciones Sociales Públicas que se regula en el artículo 72. [518]

A tal fin, las entidades y organismos que gestionen las pensiones de invalidez y jubilación aludidas vendrán obligados a comunicar al Instituto Nacional de la Seguridad Social los datos que, referentes a las pensiones que hubiesen concedido, se establezcan reglamentariamente.

DISPOSICIONES ADICIONALES

Disposición adicional primera. *Normas aplicables a los regímenes especiales.* 1. Al Régimen Especial de la Seguridad Social para la Minería del Carbón le será de aplicación lo previsto en los artículos 146.4;151; 152; 153; 161.4; los capítulos VI, VII, VIII, IX y X del título II; los artículos 194, apartados 2 y 3; 195, excepto el apartado 2; 197; 200; 205; 206 y 206 bis; 207; 208; 209; 210;213; 214; 215; 219; 220; 221; 222; 223; 224; 225; 226, apartados 4 y 5; 227, apartado 1, segundo párrafo; 229; 231; 232; 233; 234; y capítulos XV y XVII del título II. [519]

También será de aplicación en dicho régimen lo previsto en el último párrafo del apartado 2 y en el apartado 4 del artículo 196. A efectos de determinar el importe mínimo de la pensión y del cálculo del complemento a que se refieren, respectivamente, dichos apartados, se tomará en consideración como base mínima de cotización la vigente en cada momento en el Régimen General, cualquiera que sea el régimen con arreglo a cuyas normas se reconozcan las pensiones de incapacidad permanente total y de gran incapacidad. [520]

2. Sin perjuicio de lo previsto en la Ley 47/2015, de 21 de octubre, reguladora de la protección social de las personas trabajadoras del

---

[518] Dada nueva redacción apartado 4 párrafo 1 por disposición adicional única de Ley 2/2025 de 29 de abril de 2025, sustituyendo «invalidez no contributiva» por «incapacidad no contributiva», con vigencia desde 01/05/2025

[519] Dada nueva redacción apartado 1 párrafo 1 por art. 1 apartado 15 de Ley 21/2021 de 28 de diciembre de 2021, con vigencia desde 01/01/2022

[520] Dada nueva redacción apartado 1 párrafo 2 por disposición adicional única de Ley 2/2025 de 29 de abril de 2025, sustituyendo «gran invalidez» por «gran incapacidad», con vigencia desde 01/05/2025

sector marítimo-pesquero, y en particular respecto de la acción protectora en el capítulo IV del título I de dicha ley, serán de aplicación al Régimen Especial de la Seguridad Social de los Trabajadores del Mar las siguientes disposiciones de esta ley:

a) A los trabajadores por cuenta ajena, lo dispuesto en los artículos 146.4; 151; 152; 153 y capítulos XV y XVII del título II.

b) A los trabajadores por cuenta propia, lo dispuesto en los artículos 306.2; 308; 309; 310; 311 y 313, así como en el capítulo XV del título II. [521]

3. No obstante lo indicado en los apartados anteriores, lo dispuesto en el artículo 210.3, en lo que se refiere a la reducción del 0,50 por 100 prevista en su segundo inciso, así como el requisito de edad previsto en el artículo 215.2.a)y la escala de edades incluida en ladisposición transitoria décima, no será de aplicación a los trabajadores a que se refiere ladisposición transitoria primera de la Ley 47/2015, de 21 de octubre, reguladora de la protección social de las personas trabajadoras del sector marítimo-pesquero. [522]

4. El Instituto Nacional de la Seguridad Social ejercerá a través de su inspección médica las competencias previstas en el artículo 170, apartados 1, 2 y 3, y en el artículo 174, apartado 1, tanto respecto de los trabajadores incluidos en el Régimen General como de los comprendidos en alguno de los regímenes especiales del sistema de la Seguridad Social. [523]

Disposición adicional segunda. *Protección de los trabajadores emigrantes.* 1. El Gobierno adoptará las medidas necesarias para que la acción protectora de la Seguridad Social se extienda a los españoles que se trasladen a un país extranjero por causas de trabajo y a los familiares que tengan a su cargo o bajo su dependencia.

A tal fin, el Gobierno proveerá cuanto fuese necesario para garantizar a los emigrantes la igualdad o asimilación con los nacionales

---

[521] Dada nueva redacción apartado 2 por art. 1 apartado 26 de Real Decreto-Ley 13/2022 de 26 de julio de 2022, con vigencia desde 01/01/2023

[522] Téngase en cuenta que la STC Pleno 61/2018, de 6 junio 2018, anula, desde el 7 julio 2018, el apartado 6, añadido por el RDL 5/2013, de 15 marzo a la disp. adic. 8ª RDLeg. 1/1994 de 20 junio 1994, que ha sido refundido en este apartado 3

[523] Dada nueva redacción apartado 4 por art. único apartado 30 de Real Decreto-Ley 2/2023 de 16 de marzo de 2023, con vigencia desde 17/05/2023

del país de recepción en materia de Seguridad Social, directamente o a través de los organismos intergubernamentales competentes, así como mediante la ratificación de convenios internacionales de trabajo, la adhesión a convenios multilaterales y la celebración de tratados y acuerdos con los estados receptores.

En los casos en que no existan convenios o, por cualquier causa o circunstancia, estos no cubran determinadas prestaciones de la Seguridad Social, el Gobierno, mediante las disposiciones correspondientes, extenderá su acción protectora en la materia tanto a los emigrantes como a sus familiares residentes en España.

2. Los accidentes que se produzcan durante el viaje de salida o de regreso de los emigrantes en las operaciones realizadas por la Dirección General de Migraciones, o con su intervención, tendrán la consideración de accidentes de trabajo, siempre que concurran las condiciones que reglamentariamente se determinen, a cuyo efecto dicho centro directivo establecerá con la Administración de la Seguridad Social los correspondientes conciertos para la protección de esta contingencia. Las prestaciones económicas que correspondan por el accidente, conforme a lo dispuesto en el presente apartado, serán compatibles con cualesquiera otras indemnizaciones o prestaciones a que el mismo pudiera dar derecho.

Igual consideración tendrán las enfermedades que tengan su causa directa en el viaje de ida o de regreso.

Disposición adicional tercera. *Inclusión en el Régimen General de la Seguridad Social de los funcionarios públicos y de otro personal de nuevo ingreso.* 1. Con efectos de 1 de enero de 2011, el personal que se relaciona en el artículo 2.1 del texto refundido de la Ley de Clases Pasivas del Estado, aprobado por el Real Decreto Legislativo 670/1987, de 30 de abril, excepción hecha del comprendido en la letra i), estará obligatoriamente incluido, a los exclusivos efectos de lo dispuesto en dicha norma y en sus disposiciones de desarrollo, en el Régimen General de la Seguridad Social siempre que el acceso a la condición de que se trate se produzca a partir de aquella fecha.

2. La inclusión en el Régimen General de la Seguridad Social del personal a que se refiere el apartado anterior respetará, en todo caso, las especificidades de cada uno de los colectivos relativas a la edad de jubilación forzosa, así como, en su caso, las referidas a los tribunales

médicos competentes para la declaración de incapacidad o inutilidad del funcionario.

En particular, la inclusión en el Régimen General de la Seguridad Social del personal militar de carácter no permanente tendrá en cuenta las especificidades previstas respecto de las contingencias no contempladas por figuras equivalentes en la acción protectora de dicho Régimen.

Además, la citada inclusión respetará para el personal de las Fuerzas Armadas y Fuerzas y Cuerpos de la Seguridad del Estado, con las adaptaciones que sean precisas, el régimen de las pensiones extraordinarias previsto en la normativa de Clases Pasivas del Estado.

3. El personal incluido en el ámbito personal de cobertura del Régimen de Clases Pasivas a 31 de diciembre de 2010 que, con posterioridad a dicha fecha y sin solución de continuidad, ingrese, cualquiera que sea el sistema de acceso, o reingrese, en otro Cuerpo que hubiera motivado en dicha fecha su encuadramiento en el Régimen de Clases Pasivas, continuará incluido en dicho régimen.

4. Continuarán rigiéndose por la normativa reguladora del Régimen de Clases Pasivas del Estado los derechos pasivos que, en propio favor o en el de sus familiares, cause el personal comprendido en la letra i) del artículo 2.1 del texto refundido de la Ley de Clases Pasivas del Estado.

Disposición adicional cuarta. *Consideración de los servicios prestados en segundo puesto o actividad a las Administraciones Públicas.* En los supuestos de compatibilidad entre actividades públicas, autorizada al amparo de la Ley 53/1984, de 26 de diciembre, de Incompatibilidades del Personal al Servicio de las Administraciones Públicas, los servicios prestados en el segundo puesto o actividad no podrán ser computados a efectos de pensiones del sistema de la Seguridad Social, en la medida en que rebasen las prestaciones correspondientes a cualquiera de los puestos compatibilizados, desempeñados en régimen de jornada ordinaria. La cotización podrá adecuarse a esta situación en la forma que reglamentariamente se determine.

Disposición adicional quinta. *Régimen de Seguridad Social de los asegurados que presten servicios en la Administración de la Unión Europea.* El asegurado que hubiera estado comprendido en el ámbito personal de cobertura del sistema de la Seguridad Social que pase a prestar servicios en la Administración de la Unión Europea y que opte por ejercer el derecho que le concede el artículo 11, apartado 2, del anexo VIII del Estatuto de los Funcionarios de la Unión Europea, aprobado por el Reglamento (CEE, EURATOM, CECA) número 259/1968, del Consejo, de 29 de febrero de 1968, causará baja automática, si no se hubiera producido con anterioridad, en el citado sistema y se extinguirá la obligación de cotizar al mismo una vez se haya realizado la transferencia a la Unión Europea a que se refiere el citado Estatuto.

Sin perjuicio de lo establecido en el párrafo anterior, el interesado podrá, no obstante, continuar protegido por el sistema español de Seguridad Social si hubiera suscrito con anterioridad, o suscribiese posteriormente y en los plazos reglamentarios, el correspondiente convenio especial, de cuya acción protectora quedarán excluidas en todo caso la pensión de jubilación y las prestaciones por muerte y supervivencia.

No obstante lo señalado en los párrafos anteriores, si cesando su prestación de servicios en la Administración de la Unión Europea el interesado retornara a España, realizara una actividad laboral por cuenta ajena o propia que diera ocasión a su nueva inclusión en el sistema de la Seguridad Social y ejercitara el derecho que le confiere el artículo 11, apartado 1, del anexo VIII del citado Estatuto de los Funcionarios de la Unión Europea, una vez producido el correspondiente ingreso en la Tesorería General de la Seguridad Social, al momento de causar derecho a la pensión de jubilación o a las prestaciones por muerte y supervivencia en dicho sistema se le computará el tiempo que hubiera permanecido al servicio de la Unión Europea.

Disposición adicional sexta. *Estancias de formación, prácticas, colaboración o especialización.* 1. Las ayudas dirigidas a titulados académicos con objeto de subvencionar estancias de formación, prácticas, colaboración o especialización que impliquen la realización de tareas en régimen de prestación de servicios, deberán establecer en todo caso la cotización a la Seguridad Social como contratos formativos, supeditándose a la normativa laboral si obliga a la contratación laboral de sus beneficiarios, o a los convenios o acuerdos colectivos vigentes en la entidad de adscripción si establecen mejoras sobre el supuesto de aplicación general.

2. Las administraciones públicas competentes llevarán a cabo planes específicos para la erradicación del fraude laboral, fiscal y a la Seguridad Social asociado a las becas que encubren puestos de trabajo.

Disposición adicional séptima. *Régimen de la asistencia sanitaria de los funcionarios procedentes del extinguido Régimen Especial de Funcionarios de la Administración Local.* La cobertura de la asistencia sanitaria de los funcionarios procedentes del extinguido Régimen Especial de Funcionarios de la Administración Local, así como del personal procedente de esta última, que vinieran percibiendo la prestación del Sistema Nacional de Salud y con cargo a las corporaciones, instituciones o entidades que integran la Administración Local, queda a todos los efectos sometida al régimen jurídico y económico aplicable a la contingencia comprendida en la acción protectora del Régimen General de la Seguridad Social.

Disposición adicional octava. *Gestión de las prestaciones económicas por maternidad y por paternidad.* La gestión de las prestaciones económicas por maternidad y por paternidad reguladas en la presente ley corresponderá directa y exclusivamente a la entidad gestora correspondiente.

Disposición adicional novena. *Instituto Social de la Marina.* 1. El Instituto Social de la Marina continuará llevando a cabo las funciones y servicios que tiene encomendados en relación con la gestión del Régimen Especial de la Seguridad Social de los Trabajadores del Mar, sin perjuicio de los demás que le atribuyen sus leyes reguladoras y otras disposiciones vigentes en la materia.

2. De acuerdo con lo establecido en los artículos 74 y 104, los recursos económicos y la titularidad del patrimonio del Instituto Social de la Marina, se adscriben a la Tesorería General de la Seguridad Social, que asimismo, asumirá el pago de las obligaciones de dicho Instituto.

Las cuentas representativas del neto patrimonial del Instituto Social de la Marina se traspasarán a la Tesorería General para ser incluidas en el balance de este servicio común.

Disposición adicional décima. *Ingresos por venta de bienes y servicios prestados a terceros.* 1. No tendrán la naturaleza de recursos de la Seguridad Social los que resulten de las siguientes atenciones, prestaciones o servicios:

a) Los ingresos a los que se refieren los artículos 16.3 y 83 de la Ley 14/1986, de 25 de abril, General de Sanidad, procedentes de la asistencia sanitaria prestada por el Instituto Nacional de Gestión Sanitaria a los usuarios sin derecho a la asistencia sanitaria de la Seguridad Social, así como en los supuestos de seguros obligatorios privados y en todos aquellos supuestos, asegurados o no, en que aparezca un tercero obligado al pago.

b) Venta de productos, materiales de desecho o subproductos sanitarios o no sanitarios, no inventariables, resultantes de la actividad de los centros sanitarios en los supuestos en que puedan realizarse tales actividades con arreglo a la Ley General de Sanidad, el texto refundido de la Ley de garantías y uso racional de los medicamentos y productos sanitarios, aprobado por el Real Decreto Legislativo 1/2015, de 24 de julio, y demás disposiciones sanitarias.

c) Ingresos procedentes del suministro o prestación de servicios de naturaleza no estrictamente asistencial.

d) Ingresos procedentes de convenios, ayudas o donaciones finalistas o altruistas, para la realización de actividades investigadoras y docentes, la promoción de trasplantes, donaciones de sangre o de otras actividades similares. No estarán incluidos los ingresos que correspondan a programas especiales financiados en los presupuestos de los departamentos ministeriales.

e) En general, todos los demás ingresos correspondientes a atenciones o servicios sanitarios que no constituyan prestaciones de la Seguridad Social.

2. El Ministerio de Sanidad, Servicios Sociales e Igualdad fijará el régimen de precios y tarifas de tales atenciones, prestaciones y servicios, tomando como base sus costes estimados.

3. Destino de los ingresos:

a) Los ingresos a que se refieren los apartados anteriores generarán crédito por el total de su importe y se destinarán a cubrir gastos de funcionamiento, excepto retribuciones de personal, y de inversión de reposición de las instituciones sanitarias, así como a atender los objetivos sanitarios y asistenciales correspondientes.

No obstante, los ingresos derivados de contratos o convenios de colaboración para actividades investigadoras podrán generar crédito por el total de su importe y se destinarán a cubrir todos los gastos previstos para su realización. En el caso de que toda o parte de la generación de crédito afectase al capítulo I, el personal investigador no adquirirá por este motivo ningún derecho laboral al finalizar la actividad investigadora.

b) La distribución de tales fondos respetará el destino de los procedentes de ayudas o donaciones.

c) Dichos recursos serán reclamados por el Instituto Nacional de Gestión Sanitaria, en nombre y por cuenta de la Administración General del Estado, para su ingreso en el Tesoro Público. El Tesoro Público, por el importe de las generaciones de crédito aprobadas por el titular del Ministerio de Sanidad, Servicios Sociales e Igualdad, procederá a realizar las transferencias correspondientes a las cuentas que la Tesorería General de la Seguridad Social tenga abiertas, a estos efectos, para cada centro sanitario.

Disposición adicional undécima. *Competencias en materia de autorizaciones de gastos.* Las competencias que corresponden al Ministerio de Empleo y Seguridad Social en materia de autorizaciones de gastos serán ejercidas por el Ministerio de Sanidad, Servicios Sociales e Igualdad en relación con la gestión del Instituto Nacional de Gestión Sanitaria.

A su vez, y en relación con la gestión del Instituto de Mayores y Servicios Sociales, corresponderán al Ministerio de Sanidad, Servicios Sociales e Igualdad las competencias en materia de autorización de gastos de aquellas partidas que se financien con aportaciones finalistas del Presupuesto del Estado.

Disposición adicional duodécima. *Transferencia del Instituto Nacional de la Seguridad Social a las comunidades autónomas en relación a asegurados en otro Estado y que residen en España.* Anualmente, el Instituto Nacional de la Seguridad Social transferirá a las comunidades autónomas el saldo neto positivo obtenido en el ejercicio inmediato anterior y resultante de la diferencia, en el ámbito nacional, entre el importe recaudado en concepto de cuotas globales por la cobertura de la asistencia sanitaria a los miembros de la familia de un trabajador asegurado en otro Estado que residen en territorio español, así como a los titulares de pensión y miembros de su familia asegurados en otro Estado que residan en España, y el importe abonado a otros Estados por los familiares de un trabajador asegurado en España que residan en el territorio de otro Estado, así como por los titulares de pensión y sus familiares asegurados en España que residan en el territorio de otro Estado, todo ello al amparo de la normativa internacional.

La distribución entre comunidades autónomas del saldo neto obtenido conforme al apartado anterior se realizará de forma proporcional al número de residentes asegurados procedentes de otros Estados y al período de residencia en cada una de las comunidades autónomas, con cobertura sanitaria en base a certificado emitido por el organismo asegurador y debidamente inscrito en el Instituto Nacional de la Seguridad Social.

Disposición adicional decimotercera. *Régimen jurídico del convenio especial a suscribir en determinados expedientes de despido colectivo.* 1. En el convenio especial a que se refiere el artículo 51.9 del texto refundido de la Ley del Estatuto de los Trabajadores, las cotizaciones abarcarán el periodo comprendido entre la fecha en que se produzca el cese en el trabajo o, en su caso, en que cese la obligación de cotizar por extinción de la prestación por desempleo contributivo, y la fecha en la que el trabajador cumpla la edad a que se refiere el artículo 205.1.a), en los términos establecidos en los apartados siguientes.

2. A tal efecto, las cotizaciones por el referido periodo se determinarán aplicando al promedio de las bases de cotización del trabajador, en los últimos seis meses de ocupación cotizada, el tipo de cotización previsto en la normativa reguladora del convenio especial. De la cantidad resultante se deducirá la cotización, a cargo del Servicio Público de Empleo Estatal, correspondiente al periodo en el que el trabajador pueda tener derecho a la percepción del subsidio de desempleo, cuando corresponda cotizar por la contingencia de jubilación, calculándola en función de la base y tipo aplicable en la fecha de suscripción del convenio especial.

Las cotizaciones correspondientes al convenio serán a cargo del empresario hasta la fecha en que el trabajador cumpla los sesenta y tres años, salvo en los casos de expedientes de despido colectivo por causas económicas, en los que dicha obligación se extenderá hasta el cumplimiento, por parte del trabajador, de los sesenta y un años.

Dichas cotizaciones se ingresarán en la Tesorería General de la Seguridad Social, bien de una sola vez, dentro del mes siguiente al de la notificación por parte del citado servicio común de la cantidad a ingresar, bien de manera fraccionada garantizando el importe pendiente mediante aval solidario o a través de la sustitución del empresario en el cumplimiento de la obligación por parte de una entidad financiera o aseguradora, previo consentimiento de la Tesorería General de la Seguridad Social, en los términos que establezca el Ministerio de Empleo y Seguridad Social.

A partir del cumplimiento por parte del trabajador de la edad de sesenta y tres o, en su caso, sesenta y un años, las aportaciones al convenio especial serán obligatorias y a su exclusivo cargo, debiendo ser ingresadas, en los términos previstos en la normativa reguladora del convenio especial, hasta el cumplimiento de la edad a que se refiere el artículo 205.1.a), o hasta la fecha en que, en su caso, acceda a la pensión de jubilación anticipada, sin perjuicio de lo previsto en el apartado 4.

3. En caso de fallecimiento del trabajador o de reconocimiento de una pensión de incapacidad permanente durante el período de cotización correspondiente al empresario, este tendrá derecho al reintegro de las cuotas que, en su caso, se hubieran ingresado por el convenio especial correspondientes al período posterior a la fecha en que tuviera lugar el fallecimiento o el reconocimiento de la pensión, previa regularización anual y en los términos que reglamentariamente se establezcan.

4. Si durante el período de cotización a cargo del empresario el trabajador realizase alguna actividad por la que se efectúen cotizaciones al sistema de la Seguridad Social, las cuotas coincidentes con las correspondientes a la actividad realizada, hasta la cuantía de estas últimas, se aplicarán al pago del convenio especial durante el período a cargo del trabajador recogido en el último párrafo del apartado 2, en los términos que reglamentariamente se determinen y sin perjuicio del derecho del empresario al reintegro de las cuotas que procedan, de existir remanente en la fecha en que aquel cause la pensión de jubilación.

5. Los reintegros a que se refieren los apartados 3 y 4 devengarán el interés legal del dinero vigente en la fecha en que se produzca su hecho causante, calculado desde el momento en que tenga lugar hasta la propuesta de pago.

A tal efecto, el hecho causante del reintegro tendrá lugar en la fecha del fallecimiento del trabajador o en aquella en la que este hubiera causado pensión de incapacidad permanente para los supuestos previstos en el apartado 3, y en la fecha en que el trabajador hubiera causado pensión de jubilación, para el supuesto previsto en el apartado 4.

6. En lo no previsto en los apartados precedentes, este convenio especial se regirá por lo dispuesto en las normas reglamentarias reguladoras del convenio especial en el sistema de la Seguridad Social.

Disposición adicional decimocuarta. *Régimen jurídico de los convenios especiales de los cuidadores no profesionales de las personas en situación de dependencia.* [524] 1. A partir del 1 de abril de 2019, los convenios especiales que se suscriban según lo previsto en el Real Decreto 615/2007, de 11 de mayo, por el que se regula la Seguridad Social de los cuidadores de las personas en situación de dependencia, se regirán íntegramente por lo dispuesto en dicho real decreto.

2. Estos convenios especiales surtirán efectos desde la fecha de reconocimiento de la prestación económica regulada en el artículo 18 de la Ley 39/2006, de 14 de diciembre, de promoción de la autonomía personal y atención a las personas en situación de dependencia, siempre y cuando se solicite dentro de los 90 días naturales siguientes a esa fecha. Transcurrido dicho plazo, surtirán efectos desde la fecha en que se haya solicitado su suscripción.

3. Las cuotas a la Seguridad Social y por Formación Profesional establecidas cada año en función de lo previsto en el artículo 4 del Real Decreto 615/2007, de 11 de mayo, serán abonadas conjunta y directamente por el Instituto de Mayores y Servicios Sociales (IMSERSO) a la Tesorería General de la Seguridad Social.

4. Lo establecido en esta disposición no afecta al rango del Real Decreto 615/2007, de 11 de mayo, que podrá ser modificado mediante norma de igual rango.

Disposición adicional decimoquinta. *Comisión de seguimiento del Sistema Especial para Trabajadores por Cuenta Ajena Agrarios.* Una comisión, constituida por representantes de la Administración de la Seguridad Social, del Ministerio de Empleo y Seguridad Social y de otros departamentos ministeriales con competencias económicas o en el medio rural, agricultura y ganadería, junto con representantes de las organizaciones empresariales y sindicales más representativas de em-

---

[524] Dada nueva redacción por art. 4 apartado 12 de Real Decreto-Ley 6/2019 de 1 de marzo de 2019, con vigencia desde 08/03/2019

pleadores y trabajadores de ámbito estatal, velará porque los beneficios en la cotización aplicables en el Sistema Especial para Trabajadores por Cuenta Ajena Agrarios incentiven la estabilidad en el empleo, la mayor duración de los contratos, y la mayor utilización de los contratos fijos discontinuos, así como para evitar un incremento de costes perjudicial para la competitividad y el empleo de las explotaciones agrarias.

Esta comisión analizará, a partir del uno de enero de 2017, las cotizaciones efectivas y el cumplimiento de los criterios generales de separación de fuentes de financiación. Asimismo, revisará las reducciones establecidas en la disposición transitoria decimoctava en el supuesto de que los tipos de cotización generales se hayan modificado, al objeto de cumplir los objetivos expresados en el párrafo anterior.

Disposición adicional decimosexta. *Cónyuge del titular de la explotación agraria.* Las referencias al cónyuge del titular de la explotación agraria contenidas en el capítulo IV del título IV de esta ley se entenderán también realizadas a la persona ligada de forma estable con aquel por una relación de afectividad análoga a la conyugal una vez que se regule, en el ámbito del campo de aplicación del sistema de la Seguridad Social y de los regímenes que conforman el mismo, el alcance del encuadramiento de la pareja de hecho del empresario o del titular del negocio industrial o mercantil o de la explotación agraria o marítimo-pesquera.

Disposición adicional decimoséptima. *Adecuación del Régimen Especial de la Seguridad Social de los Trabajadores por Cuenta Propia o Autónomos.* [525] De acuerdo con lo previsto en la disposición adicional novena de la Ley 27/2011, de 1 de agosto, sobre actualización, adecuación y modernización del sistema de Seguridad Social, al objeto de hacer converger la intensidad de la acción protectora de los trabajadores por cuenta propia con la de los trabajadores por cuenta ajena, las bases medias de cotización del Régimen Especial de la Seguridad Social de los Trabajadores por Cuenta Propia o Autónomos experimentarán un crecimiento al menos similar al de las medias del Régimen General.

---

[525] Dada nueva redacción por art. 1 apartado 27 de Real Decreto-Ley 13/2022 de 26 de julio de 2022, con vigencia desde 01/01/2023

Las previsiones en materia de cotización del citado régimen especial recogidas en las Leyes de Presupuestos Generales del Estado se debatirán, con carácter previo, en el marco del diálogo social.

Se tendrá en cuenta la posibilidad, prevista en los artículos 25.3 y 27.2.c) de la Ley del Estatuto del trabajo autónomo, de establecer exenciones, reducciones o bonificaciones en las cotizaciones de la Seguridad Social para determinados colectivos de trabajadores autónomos que, por su naturaleza, tienen especiales dificultades para aumentar su capacidad económica y de generación de rentas, o para aquellos sectores profesionales que de forma temporal puedan sufrir recortes importantes en sus ingresos habituales.

Disposición adicional decimoctava. *Encuadramiento de los profesionales colegiados.* 1. Quienes ejerzan una actividad por cuenta propia, en las condiciones establecidas en esta ley y en el Decreto 2530/1970, de 20 de agosto, por el que se regula el régimen especial de la Seguridad Social de los trabajadores por cuenta propia o autónomos, que requiera la incorporación a un colegio profesional cuyo colectivo no hubiera sido integrado en el Régimen Especial de la Seguridad Social de los Trabajadores por Cuenta Propia o Autónomos, se entenderán incluidos en el campo de aplicación del mismo, debiendo solicitar, en su caso, la afiliación y, en todo caso, el alta en dicho régimen en los términos reglamentariamente establecidos.

Si el inicio de la actividad por el profesional colegiado se hubiera producido entre el 10 de noviembre de 1995 y el 31 de diciembre de 1998, el alta en el citado régimen especial, de no haber sido exigible con anterioridad a esta última fecha, deberá solicitarse durante el primer trimestre de 1999 y surtirá efectos desde el día primero del mes en que se hubiere formulado la correspondiente solicitud. De no formularse esta en el mencionado plazo, los efectos de las altas retrasadas serán los reglamentariamente establecidos, fijándose como fecha de inicio de la actividad el 1 de enero de 1999.

No obstante lo establecido en los párrafos anteriores, quedan exentos de la obligación de alta en dicho régimen especial los colegiados que opten o hubieren optado por incorporarse a la mutualidad de previsión social que pudiera tener establecida el correspondiente colegio profesional, siempre que la citada mutualidad sea alguna de las constituidas con anterioridad al 10 de noviembre de 1995 al amparo del apartado 2 del artículo 1 del Reglamento de Entidades de Previsión

Social, aprobado por el Real Decreto 2615/1985, de 4 de diciembre. Si el interesado, teniendo derecho, no optara por incorporarse a la mutualidad correspondiente, no podrá ejercitar dicha opción con posterioridad.

2. Quedarán exentos de la obligación de alta prevista en el primer párrafo del apartado anterior los profesionales colegiados que hubieran iniciado su actividad con anterioridad al 10 de noviembre de 1995, cuyos colegios profesionales no tuvieran establecida en tal fecha una mutualidad de las amparadas en el apartado 2 del artículo 1 del citado Reglamento de Entidades de Previsión Social, y que no hubieran sido incluidos antes de la citada fecha en este régimen especial. No obstante, los interesados podrán voluntariamente optar, por una sola vez y durante 1999, por solicitar el alta en el mencionado régimen especial, la cual tendrá efectos desde el día primero del mes en que se formule la solicitud.

Los profesionales colegiados que hubieran iniciado su actividad con anterioridad al 10 de noviembre de 1995 y estuvieran integrados en tal fecha en una mutualidad de las mencionadas en el apartado anterior, deberán solicitar el alta en dicho régimen especial en caso de que decidan no permanecer incorporados en la misma en el momento en que se lleve a término la adaptación prevenida en el apartado 3 de la disposición transitoria quinta de la Ley 30/1995, de 8 de noviembre, de Ordenación y Supervisión de los Seguros Privados. Si la citada adaptación hubiese tenido lugar antes del 1 de enero de 1999, mantendrá su validez la opción ejercitada por el interesado al amparo de lo establecido en la mencionada disposición transitoria.

3. En cualquiera de los supuestos contemplados en los apartados anteriores, la inclusión en el citado régimen especial se llevará a cabo sin necesidad de mediar solicitud previa de los órganos superiores de representación de los respectivos colegios profesionales.

4. Las mutualidades de previsión social autorizadas para actuar como alternativas al Régimen Especial de la Seguridad Social de los Trabajadores por Cuenta Propia o Autónomos, desde el 1 de marzo de 2021, deberán poner a disposición de la Tesorería General de la Seguridad Social antes de finalizar el mes natural siguiente a la situación de alta o de baja, de forma telemática, una relación de los profesionales colegiados integrados en las mismas como alternativas al citado régimen especial en la que se indique expresamente la fecha en que quedó

incluido cada uno de ellos, cuál es su actividad profesional y, en su caso, la fecha de baja en la mutualidad por cese de actividad. [526]

Disposición adicional decimonovena. *Ámbito de protección de las mutualidades de previsión social alternativas al Régimen Especial de la Seguridad Social de los Trabajadores por Cuenta Propia o Autónomos.* 1. Las mutualidades de previsión social que, en virtud de lo establecido en la disposición adicional decimoctava son alternativas al alta en el Régimen Especial de la Seguridad Social de los Trabajadores por Cuenta Propia o Autónomos con respecto a profesionales colegiados, deberán ofrecer a sus afiliados, mediante el sistema de capitalización individual y la técnica aseguradora bajo los que operan, de forma obligatoria, las coberturas de jubilación; incapacidad permanente; incapacidad temporal, incluyendo maternidad, paternidad y riesgo durante el embarazo; y fallecimiento que pueda dar lugar a viudedad y orfandad.

2. Las prestaciones que se otorguen por las mutualidades en su condición de alternativas al citado régimen especial, cuando adopten la forma de renta, habrán de alcanzar en el momento de producirse cualquiera de las contingencias cubiertas a que se refiere el apartado anterior, un importe no inferior al 60 por ciento de la cuantía mínima inicial que para la respectiva clase de pensión rija en el sistema de la Seguridad Social o, si resultara superior, el importe establecido para las pensiones no contributivas de la Seguridad Social. Si tales prestaciones adoptaran la forma de capital, este no podrá ser inferior al importe capitalizado de la cuantía mínima establecida para caso de renta.

Se considerará, asimismo, que se cumple con la obligación de cuantía mínima de la prestación, si las cuotas a satisfacer por el mutualista, cualesquiera que sean las contingencias contratadas con la mutualidad alternativa, de entre las obligatorias a que se refiere el apartado 1, equivalen al 80 por ciento de la cuota mínima que haya de satisfacerse con carácter general en este régimen especial.

3. Las aportaciones y cuotas que los mutualistas satisfagan a las mutualidades en su condición de alternativas al mencionado régimen especial, en la parte que tenga por objeto la cobertura de las contingencias cubiertas por el mismo, serán deducibles con el límite de la

---

[526] Añadido apartado 4 por disposición final 38 apartado 5 de Ley 11/2020 de 30 de diciembre de 2020, con vigencia desde 01/01/2021

cuota máxima por contingencias comunes que esté establecida, en cada ejercicio económico, en dicho régimen especial.

Disposición adicional vigésima. *Coeficientes reductores de la edad de jubilación de los miembros del Cuerpo de la Ertzaintza.* 1. La edad ordinaria exigida para el acceso a la pensión de jubilación conforme al artículo 205.1.a), se reducirá en un período equivalente al que resulte de aplicar el coeficiente reductor del 0,20 a los años completos efectivamente trabajados como miembros del Cuerpo de la Ertzaintza o como integrantes de los colectivos que quedaron incluidos en el mismo.

La aplicación de la reducción de la edad de jubilación prevista en el párrafo anterior en ningún caso dará ocasión a que el interesado pueda acceder a la pensión de jubilación con una edad inferior a los sesenta años, o a la de cincuenta y nueve años en los supuestos en que se acrediten treinta y cinco o más años de actividad efectiva y cotización en el Cuerpo de la Ertzaintza, o en los colectivos que quedaron incluidos en el mismo, sin cómputo de la parte proporcional correspondiente por pagas extraordinarias, por el ejercicio de la actividad a que se refiere el párrafo anterior.

2. El período de tiempo en que resulte reducida la edad de jubilación del trabajador, de acuerdo con lo establecido en el apartado anterior, se computará como cotizado al exclusivo efecto de determinar el porcentaje aplicable a la correspondiente base reguladora para calcular el importe de la pensión de jubilación.

Tanto la reducción de la edad como el cómputo, a efectos de cotización, del tiempo en que resulte reducida aquella, que se establecen en el apartado anterior, serán de aplicación a los miembros del Cuerpo de la Ertzaintza que hayan permanecido en situación de alta por dicha actividad hasta la fecha en que se produzca el hecho causante de la pensión de jubilación.

Asimismo, mantendrán el derecho a estos mismos beneficios quienes habiendo alcanzado la edad de acceso a la jubilación que en cada caso resulte de la aplicación de lo establecido en el apartado 1 de esta disposición adicional cesen en su actividad como miembro de dicho cuerpo pero permanezcan en alta por razón del desempeño de una actividad laboral diferente, cualquiera que sea el régimen de la Seguridad Social en el que por razón de esta queden encuadrados.

3. En relación con el colectivo al que se refiere esta disposición procederá aplicar un tipo de cotización adicional sobre la base de

cotización por contingencias comunes, tanto para la empresa como para el trabajador. Estos tipos de cotización se ajustarán a la situación del colectivo de activos y pasivos.

4. El sistema establecido en la presente disposición adicional será de aplicación después de que en la Comisión Mixta de Cupo se haga efectivo un acuerdo de financiación por parte del Estado de la cuantía anual correspondiente a las cotizaciones recargadas que se deban implantar como consecuencia de la pérdida de cotizaciones por el adelanto de la edad de jubilación y por el incremento en las prestaciones en los años en que se anticipe la edad de jubilación, en cuantía equiparable a la que la Administración del Estado abona en los casos de jubilación anticipada de los miembros de los Cuerpos y Fuerzas de Seguridad del Estado en el Régimen de Clases Pasivas.

Disposición adicional vigésima bis. *Coeficientes reductores de la edad de jubilación de los miembros del Cuerpo de Mossos d'Esquadra.* [527] 1. La edad ordinaria exigida para el acceso a la pensión de jubilación conforme al artículo 205.1.a), se reducirá en un período equivalente al que resulte de aplicar el coeficiente reductor del 0,20 a los años completos efectivamente trabajados como miembros del Cuerpo de Mossos d'Esquadra.

La aplicación de la reducción de la edad de jubilación prevista en el párrafo anterior en ningún caso dará ocasión a que el interesado pueda acceder a la pensión de jubilación con una edad inferior a los sesenta años, o a la de cincuenta y nueve años en los supuestos en que se acrediten treinta y cinco o más años de actividad efectiva y cotización en el Cuerpo de Mossos d'Esquadra sin cómputo de la parte proporcional correspondiente por pagas extraordinarias, por el ejercicio de la actividad a que se refiere el párrafo anterior.

2. El período de tiempo en que resulte reducida la edad de jubilación del trabajador, de acuerdo con lo establecido en el apartado anterior, se computará como cotizado al exclusivo efecto de determinar el porcentaje aplicable a la correspondiente base reguladora para calcular el importe de la pensión de jubilación.

Tanto la reducción de la edad como el cómputo, a efectos de cotización, del tiempo en que resulte reducida aquélla, que se establecen en

---

[527] Añadida por disposición final 28 apartado 4 de Ley 22/2021 de 28 de diciembre de 2021, con vigencia desde 01/01/2022

el apartado anterior, serán de aplicación a los miembros del Cuerpo de Mossos d'Esquadra que hayan permanecido en situación de alta por dicha actividad hasta la fecha en que se produzca el hecho causante de la pensión de jubilación.

Asimismo, mantendrán el derecho a estos mismos beneficios quienes habiendo alcanzado la edad de acceso a la jubilación que en cada caso resulte de la aplicación de lo establecido en el apartado 1 de esta disposición adicional cesen en su actividad como miembro de dicho cuerpo, pero permanezcan en alta por razón del desempeño de una actividad laboral diferente, cualquiera que sea el régimen de la Seguridad Social en el que por razón de ésta queden encuadrados.

3. En relación con el colectivo al que se refiere esta disposición, procederá aplicar un tipo de cotización adicional sobre la base de cotización por contingencias comunes, tanto para la empresa como para el trabajador.

4. El sistema establecido en la presente disposición adicional será de aplicación a partir de la entrada en vigor de esta ley y, en ejercicios posteriores, en el marco de la Comisión Bilateral Generalidad-Estado se ajustarán los tipos de cotización y se actualizará el cálculo de la transferencia nominativa con la que la Administración General del Estado financiará a la Generalitat de Catalunya el coste de la jubilación anticipada de la Policía de la Generalitat-Mossos d'Esquadra.

Disposición adicional vigésima ter. *Coeficientes reductores de la edad de jubilación de los miembros de la Policía Foral de Navarra.* [528] 1. La edad ordinaria exigida para el acceso a la pensión de jubilación conforme al artículo 205.1.a), se reducirá en un período equivalente al que resulte de aplicar el coeficiente reductor del 0,20 a los años completos efectivamente trabajados como miembros de la Policía Foral de Navarra.

La aplicación de la reducción de la edad de jubilación prevista en el párrafo anterior, en ningún caso dará ocasión a que el interesado pueda acceder a la pensión de jubilación con una edad inferior a los sesenta años, o a la de cincuenta y nueve años en los supuestos en que se acrediten treinta y cinco o más años de actividad efectiva y cotización en de la Policía Foral de Navarra sin cómputo de la parte

---

[528] Añadida por disposición final 28 apartado 5 de Ley 22/2021 de 28 de diciembre de 2021, con vigencia desde 01/01/2022

proporcional correspondiente por pagas extraordinarias, por el ejercicio de la actividad a que se refiere el párrafo anterior.

2. El período de tiempo en que resulte reducida la edad de jubilación del trabajador, de acuerdo con lo establecido en el apartado anterior, se computará como cotizado al exclusivo efecto de determinar el porcentaje aplicable a la correspondiente base reguladora para calcular el importe de la pensión de jubilación.

Tanto la reducción de la edad como el cómputo, a efectos de cotización, del tiempo en que resulte reducida aquélla, que se establecen en el apartado anterior, serán de aplicación a los miembros de la Policía Foral de Navarra que hayan permanecido en situación de alta por dicha actividad hasta la fecha en que se produzca el hecho causante de la pensión de jubilación.

Asimismo, mantendrán el derecho a estos mismos beneficios quienes habiendo alcanzado la edad de acceso a la jubilación que en cada caso resulte de la aplicación de lo establecido en el apartado 1 de esta disposición adicional cesen en su actividad como miembro de dicho cuerpo pero permanezcan en alta por razón del desempeño de una actividad laboral diferente, cualquiera que sea el régimen de la Seguridad Social en el que por razón de ésta queden encuadrados.

3. En relación con el colectivo al que se refiere esta disposición, procederá aplicar un tipo de cotización adicional sobre la base de cotización por contingencias comunes, tanto para la empresa como para el trabajador.

4. El sistema establecido en la presente disposición adicional será de aplicación después de que en la Comisión Coordinadora Estado-Navarra se haga efectivo un acuerdo de financiación por parte del Estado de la cuantía anual correspondiente a las cotizaciones recargadas que se deban implantar como consecuencia de la pérdida de cotizaciones por el adelanto de la edad de jubilación y por el incremento en las prestaciones en los años en que se anticipe la edad de jubilación.

Disposición adicional vigésima primera. *Cómputo de períodos cotizados a los Montepíos de las Administraciones Públicas de Navarra.* 1. A efectos de las pensiones de incapacidad permanente, jubilación y muerte y supervivencia del sistema de la Seguridad Social, en cualquiera de sus regímenes, se computarán los períodos cotizados por los trabajadores a alguno de los Montepíos de las Administraciones Públicas de Navarra, siempre que tales períodos no se superpongan a otros cotizados en el citado sistema, tanto para acreditar los períodos de carencia en cada caso exigidos para la adquisición del derecho a pensión, como para determinar, en su caso, el porcentaje por años de cotización para el cálculo de la misma. Cuando para el cálculo de la base reguladora de la correspondiente pensión hubieran de tomarse en cuenta períodos que sean objeto de dicho cómputo, la determinación de las bases de cotización a considerar se llevará a cabo, partiendo de las retribuciones reales de los trabajadores en esos períodos, aplicando las normas de cotización vigentes en cada momento en el ámbito del Régimen General de la Seguridad Social.

No obstante lo señalado en el párrafo anterior, no se computarán en ningún caso los períodos cotizados a los expresados Montepíos cuando por los mismos, acumulados en su caso a otros, se haya reconocido derecho a pensión en tales Montepíos.

2. Lo establecido en la presente disposición será aplicable con carácter retroactivo, siendo revisables, a instancia de parte, los expedientes que en su día fueron resueltos por la correspondiente entidad gestora de la Seguridad Social, si bien los efectos económicos de dichas revisiones solo se producirán a partir del día primero del mes siguiente al de la fecha de la correspondiente solicitud.

3. El cómputo que se regula en los párrafos anteriores se realizará en tanto en cuanto por la Comunidad Foral de Navarra se proceda en igual sentido en relación con los períodos de cotización acreditados en el sistema de la Seguridad Social, en aplicación de lo previsto al respecto, a partir de la Ley Foral 13/1993, de 30 de diciembre, en las sucesivas Leyes Forales de Presupuestos Generales de Navarra y en el artículo 30 de la Ley Foral 10/2003, de 5 de marzo, sobre régimen transitorio de los derechos pasivos del personal funcionario de los Montepíos de las Administraciones Públicas de Navarra.

La presente disposición no será de aplicación en relación al Régimen Especial de la Seguridad Social de los Funcionarios Civiles del Estado, al Régimen Especial de la Seguridad Social de las Fuerzas Armadas y al Régimen Especial de la Seguridad Social del personal al servicio de la Administración de Justicia.

Disposición adicional vigésima segunda. *Informe sobre la adecuación y suficiencia de las pensiones del sistema de la Seguridad Social.* El Gobierno elaborará quinquenalmente, desde la aprobación de la Ley 23/2013, de 23 de diciembre, reguladora del Factor de Sostenibilidad y del Índice de Revalorización del Sistema de Pensiones de la Seguridad Social, un estudio, para su presentación en el Congreso de los Diputados y en el ámbito del diálogo social con las organizaciones sindicales y empresariales, sobre los efectos de las medidas adoptadas en dicha norma en la suficiencia y adecuación de las pensiones de la Seguridad Social.

Disposición adicional vigésima tercera. *Bonificaciones de cuotas de la Seguridad Social y de aportaciones de recaudación conjunta en determinadas relaciones laborales de carácter especial y reducciones respecto de trabajadores de determinados ámbitos geográficos.* [529] *(Derogada)*

Disposición adicional vigésima cuarta. *Aplicación de los beneficios en la cotización en el Sistema Especial para Empleados de Hogar.* [530] *(Derogada)*

Disposición adicional vigésima quinta. *Asimilación a un grado de discapacidad igual o superior al 65 por ciento por resolución judicial.* [531] A efectos de la aplicación de esta ley, sin perjuicio de poder acreditarse el grado de discapacidad, en grado igual o superior al 65 por ciento, mediante el certificado emitido por el Instituto de Mayores y Servicios Sociales o por el órgano competente de la comunidad autónoma, se entenderá que están afectadas por una discapacidad, en un grado igual o superior al 65 por ciento, aquellas personas para las que, como medida de apoyo a su capacidad jurídica y mediante resolución judicial, se haya nombrado un curador con facultades de representación plenas para todos los actos jurídicos.

Disposición adicional vigésima sexta. *Cónyuges de titulares de establecimientos familiares.* En aquellos supuestos en que quede acreditado que uno de los cónyuges ha desempeñado, durante el tiempo

---

[529] Derogada por disposición derogatoria única letra i de Real Decreto-Ley 1/2023 de 10 de enero de 2023, con vigencia desde 01/09/2023

[530] Derogada por disposición derogatoria única letra a de Real Decreto-Ley 16/2022 de 6 de septiembre de 2022, con vigencia desde 01/01/2023

[531] Dada nueva redacción por art. único apartado 31 de Real Decreto-Ley 2/2023 de 16 de marzo de 2023, con vigencia desde 01/04/2023

de duración del matrimonio, trabajos a favor del negocio familiar sin que se hubiese cursado el alta en la Seguridad Social en el régimen que correspondiese, el juez que conozca del proceso de separación, divorcio o nulidad comunicará tal hecho a la Inspección de Trabajo y Seguridad Social, al objeto de que por esta se lleven a cabo las actuaciones que procedan. Las cotizaciones no prescritas que, en su caso, se realicen por los períodos de alta que se reconozcan surtirán todos los efectos previstos en el ordenamiento, para causar las prestaciones de Seguridad Social. El importe de tales cotizaciones será imputado al negocio familiar y, en consecuencia, su abono correrá por cuenta del titular del mismo.

Disposición adicional vigésima séptima. *Subsidio extraordinario por desempleo.* [532] *(Derogada)*

Disposición adicional vigésima octava. *Excepciones a la cobertura obligatoria de todas las contingencias en el Régimen Especial de la Seguridad Social de los Trabajadores por Cuenta Propia o Autónomos.* [533] 1. La cobertura de la contingencia por incapacidad temporal, por cese de actividad y de formación profesional, no resultará obligatoria en el caso de socios de cooperativas incluidos en el Régimen Especial de la Seguridad Social de los Trabajadores por Cuenta Propia o Autónomos que dispongan de un sistema intercooperativo de prestaciones sociales, complementario al sistema público, que cuente con la autorización de la Seguridad Social para colaborar en la gestión de la prestación económica de incapacidad temporal y otorgue la protección por las citadas contingencias, con un alcance al menos equivalente al regulado para el Régimen Especial de la Seguridad Social de los Trabajadores por Cuenta Propia o Autónomos.

2. La cobertura de la contingencia por incapacidad temporal, de las contingencias de accidente de trabajo y enfermedad profesional, por el cese de actividad y formación profesional, no resultará exigible en el caso de los miembros de institutos de vida consagrada de la Iglesia Católica, incluidos en el Régimen Especial de la Seguridad Social de

---

[532] Derogada por disposición derogatoria única apartado 2 de Real Decreto-Ley 2/2024 de 21 de mayo de 2024, con vigencia desde 01/11/2024.

[533] Dada nueva redacción por art. 1 apartado 28 de Real Decreto-Ley 13/2022 de 26 de julio de 2022, con vigencia desde 01/01/2023.

los Trabajadores por Cuenta Propia o Autónomos al amparo del Real Decreto 3325/1981, de 29 de diciembre, y de la Orden TAS/820/2004, de 12 de marzo.

Disposición adicional vigésima novena. *Convenio especial para los afectados por la crisis.* [534] Quienes acrediten, a la fecha de entrada en vigor de la norma reglamentaria que desarrolle esta modalidad de convenio, una edad entre los 35 y 43 años así como una laguna de cotización de al menos tres años entre el 2 de octubre de 2008 y el 1 de julio de 2018, podrán suscribir convenio especial con la Tesorería General de la Seguridad Social para la recuperación de un máximo de dos años en el periodo antes descrito.

Dichas cotizaciones computarán exclusivamente a los efectos de incapacidad permanente, jubilación y muerte y supervivencia, llevándose a cabo en los términos que se determine reglamentariamente.

Disposición adicional trigésima. *Aplicación del nuevo artículo 249 bis del texto refundido de la Ley General de la Seguridad Social, aprobado por Real Decreto Legislativo 8/2015, de 30 de octubre.* [535] Lo dispuesto en los artículos 151 y 249 bis de este texto refundido, conforme a lo establecido por el Real Decreto-ley para la revalorización de las pensiones públicas y otras medidas urgentes en materia social, laboral y de empleo, solo será de aplicación a los contratos de carácter temporal cuya duración sea igual o inferior a cinco días cuya prestación de servicios se inicie a partir de 1 de enero de 2019.

Disposición adicional trigésima primera. *Devolución de cuotas en supuestos de variación de datos de empresas y trabajadores.* [536] Cuando se solicite fuera de plazo reglamentario una variación de los datos aportados con anterioridad o una corrección de los mismos, tanto de empresarios como de trabajadores, y proceda la devolución de las cuotas ingresadas, únicamente se tendrá derecho al reintegro del

---

[534] Añadida por disposición final 2 apartado 26 de Real Decreto-Ley 28/2018 de 28 de diciembre de 2018, con vigencia desde 01/01/2019

[535] Añadida por disposición final 2 apartado 27 de Real Decreto-Ley 28/2018 de 28 de diciembre de 2018, con vigencia desde 01/01/2019

[536] Añadida por disposición final 3 apartado 1 de Real Decreto-Ley 35/2020 de 22 de diciembre de 2020, con vigencia desde 24/12/2020

importe que corresponda a las tres mensualidades anteriores a la fecha de la solicitud.

Disposición adicional trigésima segunda. *Financiación de la acción protectora de la Seguridad Social en cumplimiento del principio de separación de fuentes consagrado en el Pacto de Toledo.* [537] 1. En aras de hacer efectiva la separación de fuentes de financiación en cumplimiento de la recomendación primera del Pacto de Toledo, y de acuerdo con lo dispuesto en el artículo 109.1.a) de esta ley, la Ley de Presupuestos Generales del Estado contemplará anualmente una transferencia del Estado al Presupuesto de la Seguridad Social para la financiación de los beneficios y exenciones en cotización a la Seguridad Social de determinados regímenes y colectivos, el coste del reconocimiento de la prestación anticipada de jubilación por aplicación de coeficientes reductores cuando no se haya previsto cotización adicional, el coste de la integración de los periodos no cotizados en la determinación de la base reguladora y de la cuantía de las prestaciones del sistema, las reducciones legalmente establecidas en la cotización a la Seguridad Social, el coste de la pensión de jubilación anticipada involuntaria en edades inferiores a la edad ordinaria de jubilación, así como el incremento de la cuantía de las prestaciones contributivas sujetas a límites de ingresos.

Asimismo, y de conformidad con lo dispuesto en el inciso final del artículo 109.2, en la Ley de Presupuestos Generales del Estado se fijará, todos los años, el importe de las prestaciones que serán financiadas con una transferencia del Estado a la Seguridad Social, entre las que se incluirá la prestación contributiva de nacimiento y cuidado de menor, el complemento de pensiones contributivas para la reducción de la brecha de género, las pensiones y subsidios en favor de familiares, así como la prestación de orfandad cuando la causante hubiera fallecido como consecuencia de violencia contra la mujer.

2. Cualquiera otra transferencia del Estado al Presupuesto de la Seguridad Social destinada a la financiación de las prestaciones contributivas y no contributivas del Sistema de Seguridad Social deberá contar

[537] Dada nueva redacción por art. 1 apartado 16 de Ley 21/2021 de 28 de diciembre de 2021, con vigencia desde 01/01/2022

con informe previo del Ministerio de Hacienda y Función Pública para poder ser incorporado a la Ley de Presupuestos Generales del Estado.

Disposición adicional trigésima tercera. *Modificación de la competencia territorial de órganos provinciales de las entidades gestoras y servicios comunes de la Seguridad Social.* [538] 1. La competencia de las Direcciones Provinciales de las entidades gestoras y servicios comunes de la Seguridad Social y de las unidades dependientes de las mismas se podrá extender a procedimientos y actuaciones correspondientes a ámbitos territoriales diferentes al de su demarcación provincial, en las condiciones y términos establecidos mediante Resolución del máximo órgano de dirección de la entidad o servicio común, que habrá de ser objeto de publicación en el Boletín Oficial del Estado.

2. En los supuestos de extensión de la competencia territorial acordada de conformidad con lo establecido en el apartado anterior, a efectos de impugnaciones y recursos, se entenderá que el acto administrativo se ha adoptado por el órgano o unidad territorial al que le hubiere correspondido dictarlo de no haberse producido la extensión competencial referida.

Disposición adicional trigésima cuarta. *Habilitación a los autorizados del Sistema RED.* [539] Conforme a lo previsto en el artículo 131 de esta ley, los autorizados para actuar a través del Sistema de remisión electrónica de datos en el ámbito de la Seguridad Social (Sistema RED) estarán habilitados para efectuar por medios electrónicos las solicitudes y demás trámites relativos a la afiliación de los trabajadores, a los aplazamientos en el pago de deudas, a las moratorias en el pago de cotizaciones y a las devoluciones de ingresos indebidos con la Seguridad Social correspondientes a los sujetos responsables del cumplimiento de la obligación de cotizar en cuyo nombre actúen.

Los autorizados a los que se refiere esta disposición también podrán facilitar a la Administración de la Seguridad Social, a través del Sistema RED y previo consentimiento de los interesados, el teléfono móvil de los trabajadores o asimilados a ellos que causen alta en cualquiera

[538] Añadida por disposición final 5 apartado 6 de Real Decreto-Ley 2/2021 de 26 de enero de 2021, con vigencia desde 27/01/2021

[539] Añadida por disposición final 5 apartado 7 de Real Decreto-Ley 2/2021 de 26 de enero de 2021, con vigencia desde 27/01/2021

de los regímenes del sistema de la Seguridad Social. En tal consentimiento deberá incluirse de manera expresa la autorización para el uso del teléfono móvil como medio de identificación fehaciente de aquellos, así como la aceptación por su parte del envío de comunicaciones y avisos por la Administración de la Seguridad Social.

Disposición adicional trigésima quinta. *Convenios del Instituto Nacional de la Seguridad Social o del Instituto Social de la Marina con las Comunidades Autónomas y con el Instituto Nacional de Gestión Sanitaria.* [540] El Instituto Nacional de la Seguridad Social o del Instituto Social de la Marina incluirán en los correspondientes convenios que suscriba con las Comunidades Autónomas y, en su caso, con el Instituto Nacional de Gestión Sanitaria, objetivos específicos relacionados con el acceso electrónico a la historia clínica de los trabajadores previsto en el artículo 71.3 de la presente ley, así como con el intercambio de información y el seguimiento de dichos accesos.

Disposición adicional trigésima sexta. *Financiación del complemento de pensiones contributivas para la reducción de la brecha de género.* [541] La financiación del complemento de pensiones contributivas para la reducción de la brecha de género del artículo 60, se realizará mediante una transferencia del Estado al presupuesto de la Seguridad Social.

Disposición adicional trigésima séptima. *Alcance temporal de las acciones positivas para la reducción de la brecha de género en las pensiones contributivas.* [542] 1. A los efectos de esta ley, se entiende por brecha de género de las pensiones de jubilación el porcentaje que representa la diferencia entre el importe medio de las pensiones de jubilación contributiva causadas en un año por las mujeres respecto del importe de las pensiones causadas por los hombres.

---

[540] Añadida por disposición final 5 apartado 8 de Real Decreto-Ley 2/2021 de 26 de enero de 2021, con vigencia desde 27/01/2021

[541] Añadida por art. 1 apartado 3 de Real Decreto-Ley 3/2021 de 2 de febrero de 2021, con vigencia desde 04/02/2021

[542] Dada nueva redacción por art. único apartado 32 de Real Decreto-Ley 2/2023 de 16 de marzo de 2023, con vigencia desde 01/04/2023

El derecho al reconocimiento del complemento de pensiones contributivas, para la reducción de la brecha de género, previsto en el artículo 60 se mantendrá en tanto la brecha de género de las pensiones de jubilación, causadas en el año anterior, sea superior al 5 por ciento.

2. Además del complemento por brecha de género del artículo 60, en el marco del diálogo social, se podrán fijar con carácter temporal otras medidas de acción positiva para el cálculo de las prestaciones en favor de las mujeres.

3. Con el objetivo de garantizar la adecuación de la medida de corrección introducida para la reducción de la brecha de género en pensiones el Gobierno de España, en el marco del diálogo social, deberá realizar una evaluación periódica, cada cinco años, de sus efectos.

4. Una vez que la brecha de género de las pensiones de jubilación de un año sea igual o inferior al 5 por ciento, el Gobierno remitirá a las Cortes Generales un proyecto de ley para derogar el artículo 60 y las demás medidas que hayan podido ser adoptadas en dicha materia, previa consulta con los interlocutores sociales.

Disposición adicional trigésima octava. *Gastos de manutención y gastos y pluses de distancia por desplazamiento de los músicos.* [543] Uno. En la base de cotización al Régimen General de la Seguridad Social de los músicos sujetos a la relación laboral especial de los artistas en espectáculos públicos, regulada por el Real Decreto 1435/1985, de 1 de agosto, cuando se desplacen a realizar actuaciones mediante contratos de menos de cinco días, se computarán los gastos de manutención y los gastos y pluses de distancia por el desplazamiento de aquellos desde su domicilio a la localidad donde se celebre el espectáculo, en los mismos términos y condiciones establecidas para los conceptos regulados en los párrafos a) y b) del artículo 147.2 de esta ley.

Dos. En caso de que se haya producido un pronunciamiento judicial firme que tenga causa en procedimientos sancionadores y de liquidación de cuotas a la Seguridad Social antes de la entrada en vigor de la Ley 14/2021, de 11 de octubre, por la que se modifica el Real Decreto Ley 17/2020, de 5 de mayo, por la que se aprueban medidas de apoyo al sector cultural y de carácter tributario para hacer frente al impacto económico y social del COVID-2019, se procederá a la

---

[543] Dada nueva redacción por disposición final 1 de Ley 24/2022 de 25 de noviembre de 2022, con vigencia desde 26/11/2022

condonación de la deuda siempre y cuando no hayan transcurrido más de 5 años desde la fecha de levantamiento del Acta de la Inspección de Trabajo y Seguridad Social.

Disposición adicional trigésima novena. *Seguimiento de la revalorización de las pensiones y garantía de mantenimiento de poder adquisitivo de las pensiones.* [544] Con el objetivo de preservar el mantenimiento del poder adquisitivo de las pensiones y garantizar la suficiencia económica de los pensionistas, el Gobierno y las organizaciones empresariales y sindicales más representativas realizarán, en el marco del diálogo social, una evaluación periódica, cada cinco años, de los efectos de la revalorización anual de la que se dará traslado a la Comisión de Seguimiento y Evaluación de los Acuerdos del Pacto de Toledo. En caso de que se observase alguna desviación, dicha evaluación incorporará una propuesta de actuación para preservar el mantenimiento del poder adquisitivo de las pensiones.

Disposición adicional cuadragésima. *Pensión de viudedad de parejas de hecho en supuestos excepcionales.* [545] Con carácter excepcional, se reconocerá derecho a la pensión de viudedad, con efectos de entrada en vigor de la presente Disposición, cuando, habiéndose producido el fallecimiento de uno de los miembros de la pareja de hecho con anterioridad a la misma, concurran las siguientes circunstancias:

a) Que a la muerte del causante, reuniendo éste los requisitos de alta y cotización a que se refiere el artículo 219 del texto refundido de la Ley General de la Seguridad Social, no se hubiera podido causar derecho a pensión de viudedad.

b) Que el beneficiario pueda acreditar en el momento de fallecimiento del causante la existencia de pareja de hecho, en los términos establecidos en el apartado 2 del artículo 221.

c) Que el beneficiario no tenga reconocido derecho a pensión contributiva de la Seguridad Social.

d) Para acceder a la pensión regulada en la presente Disposición, la correspondiente solicitud deberá ser presentada en el plazo improrro-

---

[544] Añadida por art. 1 apartado 17 de Ley 21/2021 de 28 de diciembre de 2021, con vigencia desde 01/01/2022

[545] Añadida por art. 1 apartado 18 de Ley 21/2021 de 28 de diciembre de 2021, con vigencia desde 01/01/2022

gable de los doce meses siguientes a la entrada en vigor de la misma. La pensión reconocida tendrá efectos económicos desde el día primero del mes siguiente a la solicitud, siempre que se cumplan todos los requisitos previstos en esta Disposición.

Disposición adicional cuadragésima primera. *Medidas de protección social de las personas trabajadoras afectadas por la aplicación del Mecanismo RED de Flexibilidad y Estabilización del Empleo, regulado en el artículo 47 bis del texto refundido de la Ley del Estatuto de los Trabajadores.* [546] 1. Cuando, conforme a lo establecido en el artículo 47 bis del texto refundido de la Ley del Estatuto de los Trabajadores, por acuerdo del Consejo de Ministros, se active el Mecanismo RED de Flexibilidad y Estabilización del Empleo, y las empresas afectadas obtengan autorización de la autoridad laboral para su aplicación, podrán reducir la jornada de trabajo o suspender los contratos de trabajo de las personas trabajadoras, y estas acceder a la prestación regulada en esta disposición, en los términos y condiciones establecidos en la misma [547] .

Podrán acceder a esta prestación del Mecanismo RED las personas trabajadoras por cuenta ajena, cuando se suspenda temporalmente su contrato de trabajo o se reduzca temporalmente su jornada ordinaria de trabajo, siempre que su salario sea objeto de análoga reducción, sin que sea necesario acreditar un periodo mínimo de cotización previo a la Seguridad Social.

Asimismo, podrán acceder a dicha prestación las personas que tengan la condición de socias trabajadoras de cooperativas de trabajo asociado y de sociedades laborales incluidas en el Régimen General de la Seguridad Social o en algunos de los regímenes especiales que protejan la contingencia de desempleo

En todos los casos se requerirá que el inicio de la relación laboral o societaria en la empresa autorizada a aplicar el Mecanismo RED de Flexibilidad y Estabilización del Empleo sea anterior a la fecha del Acuerdo del Consejo de Ministros que declare la activación del mismo.

---

[546] Añadida por art. 3 apartado 5 de Real Decreto-Ley 32/2021 de 28 de diciembre de 2021, con vigencia desde 30/03/2022

[547] Véanse la disp. trans. 3.ª RDL 4/2022 de 15 marzo respecto a su aplicación hasta que se produzca el desarrollo reglamentario y la disp. trans. 8.ª RDL 32/2021 de 28 diciembre

Esta prestación será incompatible con la percepción de prestaciones o subsidios por desempleo, con la prestación por cese de actividad y con la renta activa de inserción, regulada por el Real Decreto 1369/2006, de 24 de noviembre.

Asimismo, es incompatible con la obtención de otras prestaciones económicas de la Seguridad Social, salvo que estas hubieran sido compatibles con el trabajo en el que se aplica el Mecanismo RED de Flexibilidad y Estabilización del Empleo.

Las personas trabajadoras no podrán percibir, de forma simultánea, prestaciones derivadas de dos o más Mecanismos RED de Flexibilidad y Estabilización del Empleo.

2. El procedimiento para la solicitud y el reconocimiento del derecho a esta prestación se desarrollará reglamentariamente, mediante orden de la persona titular del Ministerio de Trabajo y Economía Social, de conformidad con las siguientes reglas:

a) La empresa deberá formular la solicitud, en representación de las personas trabajadoras, en el modelo establecido al efecto en la página web o sede electrónica del Servicio Público de Empleo Estatal.

En dicha solicitud constarán los datos de todas las personas trabajadoras que pudieran resultar afectadas por la aplicación del Mecanismo RED, que sean necesarios para el reconocimiento del derecho. En todo caso se hará constar la naturaleza de la medida aprobada por la Autoridad Laboral y, en caso de reducción de jornada, el porcentaje máximo de reducción autorizado.

b) El plazo para la presentación de esta solicitud será de un mes, a computar desde la fecha de la notificación de la resolución de la autoridad laboral, en la que se autorice la aplicación del Mecanismo RED de Flexibilidad y Estabilización del Empleo o desde la del certificado del silencio administrativo.

En caso de presentación fuera de plazo, el derecho nacerá el día de la solicitud. En este supuesto, la empresa deberá abonar a la persona trabajadora el importe que hubiese percibido en concepto de prestación del mecanismo RED desde el primer día en que se hubiese aplicado la medida de reducción de jornada o suspensión del contrato.

c) El acceso a la prestación requerirá la inscripción de la persona trabajadora ante el servicio público de empleo competente.

3. La base reguladora de la prestación será el promedio de las bases de cotización en la empresa en la que se aplique el mecanismo por contingencias de accidentes de trabajo y enfermedades profesionales,

excluidas las retribuciones por horas extraordinarias, correspondientes a los 180 días inmediatamente anteriores a la fecha de inicio de aplicación de la medida a la persona trabajadora.

En caso de no acreditar 180 días de ocupación cotizada en dicha empresa, la base reguladora se calculará en función de las bases correspondientes al periodo inferior acreditado en la misma.

4. La cuantía de la prestación se determinará aplicando a la base reguladora, calculada de conformidad con el apartado anterior, el porcentaje del 70 por ciento, durante toda la vigencia de la medida.

No obstante, la cuantía máxima mensual a percibir será la equivalente al 225 por ciento del indicador público de rentas de efectos múltiples mensual vigente en el momento del nacimiento del derecho incrementado en una sexta parte.

En caso de que la relación laboral sea a tiempo parcial, la cuantía máxima contemplada en el párrafo anterior se determinará teniendo en cuenta el indicador público de rentas de efectos múltiples calculado en función del promedio de las horas trabajadas durante el período a que se refiere el apartado 3.

5. Durante la aplicación de las medidas de suspensión o reducción, la empresa ingresará la aportación de la cotización que le corresponda, debiendo la entidad gestora ingresar únicamente la aportación de la persona trabajadora, previo descuento de su importe de la cuantía de su prestación.

6. La prestación será incompatible con la realización de trabajo por cuenta propia o por cuenta ajena a tiempo completo. Será compatible con la realización de otro trabajo por cuenta ajena a tiempo parcial. En este caso, de su cuantía no se deducirá la parte proporcional al tiempo trabajado.

7. La duración de la prestación se extenderá, como máximo, hasta la finalización del período de aplicación del Mecanismo RED en la empresa.

8. El acceso a esta prestación no implicará el consumo de las cotizaciones previamente efectuadas a ningún efecto.

El tiempo de percepción de la prestación no se considerará como consumido de la duración en futuros accesos a la protección por desempleo.

El tiempo de percepción de la prestación no tendrá la consideración de periodo de ocupación cotizado, a los efectos de lo previsto en el artículo 269.1. No obstante, el período de seis años a que se refiere dicho precepto se retrotraerá por el tiempo equivalente al que el trabajador hubiera percibido la citada prestación.

En el caso de reducción de jornada, se entenderá como tiempo de percepción de prestación el que resulte de convertir a día a jornada completa el número de horas no trabajadas en el periodo temporal de referencia.

9. La prestación se suspenderá cuando la relación laboral se suspenda por una causa distinta de la aplicación del Mecanismo.

10. La prestación se extinguirá si se causa baja en la empresa por cualquier motivo. Igualmente se extinguirá por imposición de sanción, en los términos previstos en el texto refundido de la Ley sobre Infracciones y Sanciones en el Orden Social.

11. Corresponde al Servicio Público de Empleo Estatal gestionar las funciones y servicios derivados de la prestación regulada en esta disposición y declarar el reconocimiento, suspensión, extinción y reanudación de estas prestaciones, sin perjuicio de las atribuciones reconocidas a los órganos competentes de la Administración laboral en materia de sanciones.

Igualmente, corresponde a la entidad gestora competente declarar y exigir la devolución de las prestaciones indebidamente percibidas por las personas trabajadoras y el reintegro de las prestaciones de cuyo pago sea directamente responsable el empresario.

Cuando se trate de trabajadores por cuenta ajena incluidos dentro Régimen Especial de la Seguridad Social de los Trabajadores del Mar, las competencias a las que se refiere este apartado corresponderán al Instituto Social de la Marina.

12. Transcurrido el respectivo plazo fijado para el reintegro de las prestaciones indebidamente percibidas o de responsabilidad empresarial sin haberse efectuado el mismo, corresponderá a la Tesorería General de la Seguridad Social proceder a su recaudación en vía ejecutiva de conformidad con las normas reguladoras de la gestión recaudatoria de la Seguridad Social, devengándose el recargo y el interés de demora en los términos y condiciones establecidos en esta ley.

13. Frente a las resoluciones de la entidad gestora relativas a esta prestación, podrá la persona trabajadora formular reclamación previa, en el plazo de los treinta días hábiles siguientes a la notificación de la resolución, en los términos previstos en el artículo 71 de la Ley 36/2011, de 10 de octubre, reguladora de la jurisdicción social.

14. La prestación regulada en esta disposición se financiará con cargo al Fondo RED de Flexibilidad y Estabilización del Empleo.

Disposición adicional cuadragésima segunda. *Actuaciones del Servicio Público de Empleo Estatal y de la Tesorería General de la Seguridad Social para la simplificación de actuaciones administrativas.* [548] Al objeto de reducir las cargas administrativas de las empresas, reglamentariamente se establecerá por el Servicio Público de Empleo Estatal y la Tesorería General de la Seguridad Social, un procedimiento único a través del cual las empresas puedan comunicar, a ambas entidades, el inicio y finalización de los períodos de suspensión temporal de contratos de trabajo y reducción temporal de jornada de trabajo de los trabajadores afectados por un expediente de regulación temporal de empleo.

A través de dicho procedimiento las empresas deberán poder comunicar esta información de tal forma que la misma surta efecto para el desarrollo de la totalidad de las competencias de ambas entidades.

Disposición adicional cuadragésima tercera. *Cotización a la Seguridad Social de los contratos formativos en alternancia.* [549] 1. Respecto de los contratos para la formación en alternancia a los que se refiere el artículo 11.2 del texto refundido de la Ley del Estatuto de los Trabajadores, aprobado por el Real Decreto Legislativo 2/2015, de 23 de octubre, cuando se celebren a tiempo completo, el empresario estará obligado a cotizar a la Seguridad Social por la totalidad de las contingencias de la Seguridad Social, en los siguientes términos:

1.º Cuando la base de cotización mensual por contingencias comunes, determinada conforme a las reglas establecidas en el Régimen de la Seguridad Social que corresponda, no supere la base mínima mensual de cotización de dicho Régimen, el empresario ingresará mensualmente en la Seguridad Social, las cuotas únicas que determine para cada ejercicio la correspondiente Ley de Presupuestos Generales del Estado, siendo la cuota por contingencias comunes a cargo del empresario y del trabajador, y la cuota por contingencias profesionales a

---

[548] Añadida por art. 3 apartado 6 de Real Decreto-Ley 32/2021 de 28 de diciembre de 2021, con vigencia desde 31/12/2021

[549] Añadida por art. 3 apartado 7 de Real Decreto-Ley 32/2021 de 28 de diciembre de 2021, con vigencia desde 30/03/2022

cargo exclusivo del empresario. Igualmente, ingresará las cuotas únicas correspondientes al Fondo de Garantía Salarial, que serán a su exclusivo cargo, así como las correspondientes a desempleo y por formación profesional, que serán a cargo del empresario y del trabajador, en las cuantías igualmente fijadas en la correspondiente Ley de Presupuestos Generales del Estado.

2.º Cuando la base de cotización mensual por contingencias comunes, determinada conforme a las reglas establecidas en el Régimen de la Seguridad Social que corresponda, supere la base mínima mensual de cotización de dicho Régimen, la cuota a ingresar estará constituida por el resultado de sumar las cuotas únicas a las que se refiere el ordinal anterior y las cuotas resultantes de aplicar los tipos de cotización que correspondan al importe que exceda la base de cotización anteriormente indicada de la base mínima.

2. La base de cotización a efecto de prestaciones será la base mínima mensual de cotización en el Régimen General de la Seguridad Social, salvo que el importe de la base de cotización a que se refiere el ordinal 2.º del apartado anterior sea superior, en cuyo caso se aplicará esta.

3. A los contratos formativos en alternancia a tiempo parcial les resultarán de aplicación las normas de cotización indicadas en esta disposición para los contratos formativos en alternancia a tiempo completo.

4. A los contratos formativos en alternancia les resultarán de aplicación los beneficios en la cotización a la Seguridad Social que, a la entrada en vigor de esta disposición, estén establecidos para los contratos para la formación y el aprendizaje.

Disposición adicional cuadragésima cuarta. *Beneficios en la cotización a la Seguridad Social aplicables a los expedientes de regulación temporal de empleo y al Mecanismo RED.* [550] 1. Durante la aplicación de los expedientes de regulación temporal de empleo a los que se refieren los artículos 47 y 47 bis del texto refundido de la Ley del Estatuto de los Trabajadores, las empresas podrán acogerse voluntariamente, siempre y cuando concurran las condiciones y requisitos incluidos en esta disposición adicional, a las exenciones en la cotización a la Seguridad Social sobre la aportación empresarial por

---

[550] Dada nueva redacción por disposición final 4 apartado 13 de Real Decreto-Ley 1/2023 de 10 de enero de 2023, con vigencia desde 12/01/2023

contingencias comunes y por conceptos de recaudación conjunta a que se refiere el artículo 153.bis, que se indican a continuación:

a) El 20 por ciento a los expedientes de regulación temporal de empleo por causas económicas, técnicas, organizativas o de producción a los que se refieren los artículos 47.1 y 47.4 del texto refundido de la Ley del Estatuto de los Trabajadores.

b) El 90 por ciento a los expedientes de regulación temporal de empleo por causa de fuerza mayor temporal a los que se refiere el artículo 47.5 del texto refundido de la Ley del Estatuto de los Trabajadores.

c) El 90 por ciento a los expedientes de regulación temporal de empleo por causa de fuerza mayor temporal determinada por impedimentos o limitaciones en la actividad normalizada de la empresa, a los que se refiere el artículo 47.6 del texto refundido de la Ley del Estatuto de los Trabajadores.

d) En los expedientes de regulación temporal de empleo a los que resulte de aplicación el Mecanismo RED de Flexibilidad y Estabilización del Empleo en su modalidad cíclica, a los que se refiere al artículo 47 bis. 1. a) del texto refundido de la Ley del Estatuto de los Trabajadores:

1.º El 60 por ciento, desde la fecha en que se produzca la activación, por acuerdo del Consejo de Ministros, hasta el último día del cuarto mes posterior a dicha fecha de activación.

2.º El 30 por ciento, durante los cuatro meses inmediatamente siguientes a la terminación del plazo al que se refiere el párrafo 1.º anterior.

3.º El 20 por ciento, durante los cuatro meses inmediatamente siguientes a la terminación del plazo al que se refiere el párrafo 2.º anterior.

e) El 40 por ciento a los expedientes de regulación temporal de empleo a los que resulte de aplicación el Mecanismo RED de Flexibilidad y Estabilización del Empleo en su modalidad sectorial, a los que se refiere al artículo 47.bis.1.b) del texto refundido de la Ley del Estatuto de los Trabajadores.

Las exenciones previstas en letras a), d) y e) de este apartado resultarán de aplicación exclusivamente en el caso de que las empresas desarrollen las acciones formativas a las que se refiere la disposición adicional vigesimoquinta del texto refundido de la Ley del Estatuto de los Trabajadores.

Las exenciones reguladas en esta disposición se aplicarán respecto de las personas trabajadoras afectadas por las suspensiones de contratos o reducciones de jornada, en alta en los códigos de cuenta de cotización de los centros de trabajo afectados.

El Consejo de Ministros, atendiendo a las circunstancias que concurran en la coyuntura macroeconómica general o en la situación en la que se encuentre determinado sector o sectores de la actividad, podrá impulsar las modificaciones legales necesarias para modificar los porcentajes de las exenciones en la cotización a la Seguridad Social reguladas en esta disposición, así como establecer la aplicación de exenciones a la cotización debida por los trabajadores reactivados, tras los períodos de suspensión del contrato o de reducción de la jornada, en el caso de los expedientes de regulación temporal de empleo a los que se refiere el artículo 47 bis.1.a) de la Ley del Estatuto de los Trabajadores.

2. Las exenciones en la cotización a que se refiere esta disposición adicional no tendrán efectos para las personas trabajadoras, manteniéndose la consideración del período en que se apliquen como efectivamente cotizado a todos los efectos.

3. Para la aplicación de estas exenciones no resultará de aplicación lo establecido en los apartados 1 y 3 del artículo 20.

4. Las exenciones reguladas en esta disposición adicional, que se financiarán con aportaciones del Estado, serán a cargo de los presupuestos de la Seguridad Social, de las mutuas colaboradoras con la Seguridad Social, del Servicio Público de Empleo Estatal y del Fondo de Garantía Salarial, respecto a las exenciones que correspondan a cada uno de ellos.

5. Estas exenciones en la cotización se aplicarán por la Tesorería General de la Seguridad Social a instancia de la empresa, previa comunicación de la identificación de las personas trabajadoras y periodo de la suspensión o reducción de jornada y previa presentación de declaración responsable, respecto de cada código de cuenta de cotización, en el que figuren de alta las personas trabajadoras adscritas a los centros de trabajo afectados, y mes de devengo. Esta declaración hará referencia tanto a la existencia como al mantenimiento de la vigencia de los expedientes de regulación temporal de empleo y al cumplimiento de los requisitos establecidos para la aplicación de estas exenciones. La declaración hará referencia a haber obtenido, en su caso, la correspondiente resolución de la autoridad laboral emitida de forma expresa o por silencio administrativo.

Para que la exención resulte de aplicación estas declaraciones responsables se deberán presentar antes de solicitarse el cálculo de la liquidación de cuotas correspondiente al periodo de devengo de cuotas sobre el que tengan efectos dichas declaraciones.

6. Junto con la comunicación de la identificación de las personas trabajadoras y período de suspensión o reducción de jornada se realizará, en los supuestos a los que se refieren las letras a), d) y e) del apartado 1, una declaración responsable sobre el compromiso de la empresa de realización de las acciones formativas a las que se refiere esta disposición.

Para que la exención resulte de aplicación, esta declaración responsable se deberá presentar antes de solicitarse el cálculo de la liquidación de cuotas correspondiente al periodo de devengo de las primeras cuotas sobre las que tengan efectos dichas declaraciones. Si la declaración responsable se efectuase en un momento posterior a la última solicitud del cálculo de la liquidación de cuotas dentro del período de presentación en plazo reglamentario correspondiente, estas exenciones únicamente se aplicarán a las liquidaciones que se presenten con posterioridad, pero no a los períodos ya liquidados.

7. Las comunicaciones y declaraciones responsables a las que se refieren los apartados anteriores se deberán realizar, mediante la transmisión de los datos que establezca la Tesorería General de la Seguridad Social, a través del Sistema de remisión electrónica de datos en el ámbito de la Seguridad Social (Sistema RED), regulado en la Orden ESS/484/2013, de 26 de marzo.

8. La Tesorería General de la Seguridad Social comunicará al Servicio Público de Empleo Estatal la relación de personas trabajadoras por las que las empresas se han aplicado las exenciones, conforme a lo establecido en las letras a), d) y e) del apartado 1.

El Servicio Público de Empleo Estatal, por su parte, verificará la realización de las acciones formativas a las que se refiere la disposición adicional vigesimoquinta del texto refundido de la Ley del Estatuto de los Trabajadores, conforme a todos los requisitos establecidos en la misma y en la presente disposición.

Cuando no se hayan realizado las acciones formativas a las que se refiere este artículo, según la verificación realizada por el Servicio Público de Empleo Estatal, la Tesorería General de la Seguridad Social informará de tal circunstancia a la Inspección de Trabajo y Seguridad Social para que ésta inicie los expedientes sancionadores y liquidatorios de cuotas que correspondan, respecto de cada una de las personas trabajadoras por las que no se hayan realizado dichas acciones.

En el supuesto de que la empresa acredite la puesta a disposición de las personas trabajadoras de las acciones formativas no estará obligada al reintegro de las exenciones a las que se refieren las letras a), d) y e) del apartado 1, cuando la persona trabajadora no las haya realizado.

9. Las empresas que se hayan beneficiado de las exenciones conforme a lo establecido en las letras a), d) y e) del apartado 1, que incumplan las obligaciones de formación a las que se refieren estas letras deberán ingresar el importe de las cotizaciones de cuyo pago resultaron exoneradas respecto de cada trabajador en el que se haya incumplido este requisito, con el recargo y los intereses de demora correspondientes, según lo establecido en las normas recaudatorias de la Seguridad Social, previa determinación por la Inspección de Trabajo y Seguridad Social del incumplimiento de estas obligaciones y de los importes a reintegrar.

10. Las exenciones en la cotización reguladas en la presente disposición adicional estarán condicionadas al mantenimiento en el empleo de las personas trabajadoras afectadas durante un mínimo de seis meses y un máximo de dos años siguientes a la finalización del periodo de vigencia del expediente de regulación temporal de empleo.

Las empresas que incumplan este compromiso deberán reintegrar el importe de las cotizaciones de cuyo pago resultaron exoneradas en relación a la persona trabajadora respecto de la cual se haya incumplido este requisito, con el recargo y los intereses de demora correspondientes, según lo establecido en las normas recaudatorias de la Seguridad Social, previa comprobación del incumplimiento de este compromiso y la determinación de los importes a reintegrar por la Inspección de Trabajo y Seguridad Social.

No se considerará incumplido este compromiso cuando el contrato de trabajo se extinga por despido disciplinario declarado como procedente, dimisión, muerte, jubilación o incapacidad permanente total, absoluta o gran incapacidad de la persona trabajadora. Tampoco se considera incumplido por el fin del llamamiento de las personas con contrato fijo-discontinuo, cuando este no suponga un despido sino una interrupción del mismo. [551]

---

[551] Dada nueva redacción apartado 10 párrafo 3 por disposición adicional única de Ley 2/2025 de 29 de abril de 2025, sustituyendo «gran invalidez» por «gran incapacidad», con vigencia desde 01/05/2025

En particular, en el caso de contratos temporales, no se entenderá incumplido este requisito cuando el contrato se haya formalizado de acuerdo con lo previsto en el artículo 15 del Estatuto de los Trabajadores y se extinga por finalización de su causa, o cuando no pueda realizarse de forma inmediata la actividad objeto de contratación. [552]

Disposición adicional cuadragésima quinta. *Actuación de la Inspección de Trabajo y Seguridad Social.* [553] 1. Corresponde a la Inspección de Trabajo y Seguridad Social, en el ejercicio de sus competencias, la vigilancia del cumplimiento de los requisitos y de las obligaciones establecidas en relación a las exenciones en las cotizaciones de la Seguridad Social.

A tales efectos, la Inspección de Trabajo y Seguridad Social desarrollará acciones de control sobre la correcta aplicación de las exenciones en el pago de las cuotas de la Seguridad Social, pudiendo iniciarse en caso de incumplimiento de la normativa los correspondientes expedientes sancionadores y liquidatarios de cuotas.

En particular, vigilará la veracidad, inexactitud u omisión de datos o declaraciones responsables proporcionadas por las empresas o por cualquier otra información que haya sido utilizada para el cálculo de las correspondientes liquidaciones de cuotas, y sobre la indebida existencia de actividad laboral durante los períodos comunicados por la empresa de suspensión de la relación laboral o reducción de la jornada de trabajo, en los que se hayan aplicado exenciones en la cotización.

2. Sin perjuicio de las competencias que tiene atribuidas la Inspección de Trabajo y Seguridad Social en relación con la vigilancia en el cumplimiento de la normativa en materia de seguridad social, que incluye la correcta aplicación de las reducciones a que se refiere la Disposición adicional 47.ª, la Tesorería General de la Seguridad Social realizará sus funciones de control en la cotización de estas contribuciones empresariales y de las reducciones en la cotización u otros beneficios que se apliquen las empresas por tales contribuciones, en el marco de sus competencias en materia de gestión y control de la cotización y

---

[552] Dada nueva redacción apartado 10 por art. 69 de Real Decreto-Ley 1/2025 de 28 de enero de 2025, con vigencia desde 30/01/2025

[553] Dada nueva redacción por disposición final 4 apartado 3 de Ley 12/2022 de 30 de junio de 2022, con vigencia desde 01/01/2023

de la recaudación de las cuotas y demás recursos de financiación del sistema de la Seguridad Social.

Disposición adicional cuadragésima sexta. *Protección social de las personas trabajadoras en los expedientes de regulación temporal de empleo por fuerza mayor.* [554] Las personas trabajadoras afectadas por expedientes de regulación temporal de empleo autorizados con base en lo previsto en el artículo 47.5 y 6 del Estatuto de los Trabajadores se beneficiarán, en el ámbito de las prestaciones contributivas por desempleo vinculadas a dichos expedientes, de las medidas siguientes:

a) La cuantía de la prestación se determinará aplicando a la base reguladora el porcentaje del 70 por ciento, durante toda la vigencia de la medida. No obstante, serán de aplicación las cuantías máximas y mínimas previstas en el artículo 270.3.

b) El acceso a esta prestación no implicará el consumo de las cotizaciones previamente efectuadas a ningún efecto.

c) Las personas afectadas tendrán derecho al reconocimiento de la prestación contributiva por desempleo, aunque carezcan del período de ocupación cotizada mínimo necesario para ello.

Disposición adicional cuadragésima séptima. *Reducciones de cuotas de las contribuciones empresariales a los planes de empleo.* [555] 1. Por las contribuciones empresariales satisfechas mensualmente a los planes de pensiones, en su modalidad de sistema de empleo, en el marco del texto refundido de la Ley de Regulación de Planes y Fondos de Pensiones, y a los instrumentos de modalidad de empleo propios de previsión social establecidos por la legislación de las Comunidades Autónomas con competencia exclusiva en materia de mutualidades no integradas en la Seguridad Social, las empresas tendrán derecho a una reducción de las cuotas empresariales a la Seguridad Social por contingencias comunes, exclusivamente por el incremento en la cuota que derive directamente de la aportación empresarial al plan de pensiones en los términos dispuestos en el párrafo siguiente.

---

[554] Añadida por disposición final 1 de Real Decreto-Ley 2/2022 de 22 de febrero de 2022, con vigencia desde 24/02/2022

[555] Añadida por disposición final 4 apartado 4 de Ley 12/2022 de 30 de junio de 2022, con vigencia desde 01/01/2023

El importe máximo de estas contribuciones a las que se aplicará una reducción del cien por ciento es el que resulte de multiplicar por trece la cuota resultante de aplicar a la base mínima diaria de cotización del grupo 8 del Régimen General de la Seguridad Social para contingencias comunes, el tipo general de cotización a cargo de la empresa para la cobertura de dichas contingencias.

2. Estas reducciones de cuotas se aplicarán por la Tesorería General de la Seguridad Social a instancia de la empresa, previa comunicación de la identificación de las personas trabajadoras, periodo de liquidación e importe de las contribuciones empresariales efectivamente realizadas.

Para que la reducción de cuotas resulte de aplicación estas comunicaciones se deberán presentar, de conformidad con lo establecido en el artículo 147.3, antes de solicitarse el cálculo de la liquidación de cuotas correspondiente.

Las referidas comunicaciones se deberán realizar mediante la transmisión de los datos que establezca la Tesorería General de la Seguridad Social, a través del Sistema de remisión electrónica de datos en el ámbito de la Seguridad Social (Sistema RED), regulado en la Orden ESS/484/2013, de 26 de marzo.

3. Para la obtención de estas reducciones de cuotas la empresa deberá de encontrarse al corriente de pago en las cuotas de la Seguridad Social en los términos establecidos en el artículo 20, con excepción de lo indicado en su apartado 1.

Disposición adicional cuadragésima octava. *Prestación para la sostenibilidad de la actividad de las personas trabajadoras autónomas de un sector de actividad afectado por el Mecanismo RED de Flexibilidad y Estabilización del Empleo en su modalidad cíclica, regulado en el artículo 47 bis del texto refundido de la Ley del Estatuto de los Trabajadores.* [556] Uno. Podrán causar derecho a la prestación para la sostenibilidad de la actividad regulada en esta disposición, las personas trabajadoras autónomas que desarrollen su actividad en un sector afectado por el Acuerdo del Consejo de Ministros que active el Mecanismo RED en su modalidad cíclica, previsto en el artículo 47 bis del texto refundido de la Ley del Estatuto de los Trabajadores.

---

[556] Añadida por art. 1 apartado 29 de Real Decreto-Ley 13/2022 de 26 de julio de 2022, tras modificación introducida por el RDL 14/2022 de 1 agosto, con vigencia desde 01/01/2023

Dos. Son requisitos para causar derecho a esta prestación los siguientes:

1. Comunes a todos los trabajadores autónomos:

1.1 Estar de alta en el régimen especial al que se encuentre adscrita la actividad.

1.2 Estar al corriente en el pago de obligaciones tributarias y de Seguridad Social.

1.3 No prestar servicios por cuenta ajena o por cuenta propia en otra actividad no afectada por el mecanismo RED o, siéndolo, no haber adoptado las medidas previstas en el artículo 47 bis del texto refundido de la Ley del Estatuto de los Trabajadores salvo lo dispuesto en al apartado cuarto de esta disposición adicional sobre incompatibilidades.

1.4 No percibir una prestación de cese de actividad o para la sostenibilidad de la actividad.

1.5 No haber cumplido la edad ordinaria para causar derecho a la pensión contributiva de jubilación, salvo que el trabajador autónomo no tuviera acreditado el período de cotización requerido para ello.

2. En los supuestos de trabajadores autónomos, trabajadores autónomos por su condición de socios de sociedades de capital, trabajadores de cooperativas de trabajo asociado o trabajadores autónomos que ejercen su actividad profesional conjuntamente, cuyas empresas tengan trabajadores asalariados, se exigirá igualmente:

2.1 Resolución de la autoridad laboral autorizando la aplicación del mecanismo RED para los trabajadores de la empresa.

2.2 Que la adopción de las medidas del mecanismo RED afecte al 75 por ciento de las personas en situación de alta con obligación de cotizar de la empresa.

2.3 Que se produzca una reducción de ingresos ordinarios o ventas durante los dos trimestres fiscales previos a la solicitud presentados ante la Administración tributaria del 75 por ciento respecto de los registrados en los mismos periodos del ejercicio o ejercicios anteriores.

2.4 Que los rendimientos netos mensuales del trabajador autónomo durante los dos trimestres fiscales anteriores a la solicitud de la prestación, por todas las actividades económicas, empresariales o profesionales que desarrolle, no alcancen la cuantía del salario mínimo interprofesional o el de la base por la que viniera cotizando, si esta fuera inferior.

2.5 Cumplir la empresa con las obligaciones laborales adquiridas como consecuencia de la adopción de medidas al amparo del Mecanismo RED y estar al corriente en el pago de salarios de los trabajadores.

3. En los supuestos de trabajadores autónomos, trabajadores autónomos por su condición de socios de sociedades de capital, trabajadores de cooperativas de trabajo asociado o trabajadores autónomos que ejercen su actividad profesional conjuntamente, cuyas empresas no tengan trabajadores asalariados, se exigirá igualmente:

3.1 Que se produzca una reducción de ingresos ordinarios o ventas durante los dos trimestres fiscales previos a la solicitud presentados ante la Administración tributaria del 75 por ciento respecto de los registrados en los mismos periodos del ejercicio o ejercicios anteriores.

3.2 Que los rendimientos netos mensuales del trabajador autónomo durante los dos trimestres fiscales anteriores a la solicitud de la prestación, por todas las actividades económicas o profesionales que desarrolle, no alcancen la cuantía del salario mínimo interprofesional o el de la base por la que viniera cotizando, si esta fuera inferior.

Tres. Acción protectora.

El sistema de protección para la sostenibilidad de la actividad comprende las prestaciones siguientes:

1. Una prestación económica determinada aplicando a la base reguladora el 50 por ciento.

La base reguladora de la prestación económica será la correspondiente a la base prevista en el tramo 3 de la tabla reducida aplicable a las personas trabajadoras autónomas.

2. El abono por la entidad gestora de la prestación del 50 por ciento de la cotización a la Seguridad Social del trabajador autónomo al régimen correspondiente calculada sobre la base reguladora de la prestación, siendo a cargo del trabajador el otro 50 por ciento. La entidad gestora abonará a la persona trabajadora autónoma junto con esta prestación el importe de la cuota que le corresponda, siendo la persona trabajadora autónoma la responsable del ingreso de la totalidad de las cotizaciones a la Seguridad Social.

Cuatro. Incompatibilidades:

1. El percibo de esta prestación es incompatible con la percepción de una prestación de desempleo, de mecanismo RED, de cese de actividad, con la renta activa de inserción regulada por el Real Decreto 1369/2006, de 24 de noviembre, o con cualquier otra prestación del

sistema de Seguridad Social, distinta de las anteriores, salvo que fueran compatibles con el trabajo.

2. Las personas trabajadoras no podrán percibir, de forma simultánea, prestaciones derivadas de dos o más Mecanismos RED de Flexibilidad y Estabilización del Empleo, ya sea como consecuencia del trabajo por cuenta propia como por el trabajo por cuenta ajena, en caso de concurrir el derecho a causar dos prestaciones podrá elegir la más beneficiosa.

3. Es incompatible con otro trabajo por cuenta propia o por cuenta ajena. En los supuestos en los que el trabajador autónomo se encuentre en situación de pluriactividad, en el momento del hecho causante de la prestación para la sostenibilidad de la actividad, esta prestación será compatible con la percepción de la remuneración por el trabajo por cuenta ajena que se venía desarrollando, siempre y cuando de la suma de la retribución mensual media de los últimos cuatro meses inmediatamente anteriores al nacimiento del derecho y la prestación por cese de actividad, resulte una cantidad media mensual inferior al importe del salario mínimo interprofesional vigente en el momento del nacimiento del derecho.

Cinco. Extinción.

1. El derecho a la protección se extinguirá en los siguientes casos:

1.1 Causar derecho a una prestación del sistema de la Seguridad Social.

1.2 Transcurso del plazo previsto para la percepción de la prestación.

1.3 Aumento de los ingresos de la empresa o del trabajador autónomo por encima de los límites establecidos.

1.4 La prestación se extinguirá si se causa baja en el RETA por cualquier motivo. Igualmente se extinguirá por imposición de sanción, en los términos previstos en el texto refundido de la Ley sobre Infracciones y Sanciones en el Orden Social, aprobado por el Real Decreto Legislativo 5/2000, de 4 de agosto.

2. Los trabajadores autónomos con trabajadores asalariados verán extinguida su prestación, además de en los supuestos previstos en el apartado anterior, por los siguientes motivos:

2.1 Incumplimiento de las obligaciones adquiridas al adoptar el mecanismo RED.

2.2 La pérdida por la empresa de los beneficios a la Seguridad Social como consecuencia de la aplicación de lo dispuesto en la disposición adicional cuadragésima cuarta.

Seis. Duración.

1. En los supuestos de trabajadores autónomos, trabajadores autónomos por su condición de socios de sociedades de capital, trabajadores de cooperativas de trabajo asociado o trabajadores autónomos que ejercen su actividad profesional conjuntamente, cuyas empresas tengan trabajadores asalariados, la duración de la prestación será de tres meses, con posibilidad de prórroga con carácter trimestral, sin que en ningún caso pueda exceder de un año, incluida la prórroga.

2. En el caso de trabajadores autónomos, trabajadores autónomos por su condición de socios de sociedades de capital, trabajadores de cooperativas de trabajo asociado o trabajadores autónomos que ejercen su actividad profesional conjuntamente cuyas empresas no tengan trabajadores asalariados, la duración de la prestación será la que figure en la solicitud sin que pueda exceder de seis meses. Excepcionalmente podrá otorgarse tres prórrogas de dos meses hasta un máximo de seis meses, de forma que en ningún caso esta prestación podrá tener una duración superior a un año.

Siete. Suspensión.

El derecho al sistema de protección para la sostenibilidad de la actividad se suspenderá en los siguientes supuestos:

1. Durante el período que corresponda por imposición de sanción por infracción leve o grave, en los términos establecidos en el texto refundido de la Ley sobre Infracciones y Sanciones en el Orden Social.

2. Durante el cumplimiento de condena que implique privación de libertad.

El derecho a la percepción se reanudará previa solicitud del interesado, siempre que este acredite que ha finalizado la causa de suspensión y que se mantienen los requisitos.

El derecho a la reanudación nacerá a partir del término de la causa de suspensión, siempre que se solicite en el plazo de los quince días siguientes.

En caso de presentarse la solicitud transcurrido el plazo citado, la reanudación de la percepción tendrá efectos del primer día del mes siguiente a la solicitud.

Ocho. Obligaciones.

1. El trabajador autónomo con trabajadores por cuenta ajena perceptor de esta prestación deberá incorporarse a la actividad cuando se

acuerde el levantamiento de las medidas adoptada en el mecanismo RED, y mantenerse en el desarrollo de la actividad al menos seis meses consecutivos.

2. También deberá mantenerse al corriente en las cotizaciones a la Seguridad Social de los trabajadores de la empresa.

3. El trabajador autónomo sin trabajadores por cuenta ajena perceptor de esta prestación, deberá incorporarse a la actividad cuando finalice el derecho a la prestación, y mantenerse en el desarrollo de la actividad al menos seis meses consecutivos.

Nueve. El acceso a esta prestación no implicará el consumo de las cotizaciones realizadas al sistema de protección por cese de actividad ni se considerará como consumido a efectos de la duración en futuros accesos a la misma.

El tiempo de percepción de esta prestación tendrá la consideración de alta a efectos de poder acreditar el requisito de alta previsto en el artículo 330.1.a), y las cotizaciones efectuadas durante la percepción de la prestación se tendrán en cuenta para el reconocimiento de un derecho posterior.

Diez. Prestación para la sostenibilidad de la actividad de las personas trabajadoras autónomas e incapacidad temporal.

La percepción de la prestación por incapacidad temporal es incompatible con la percepción de la prestación para la sostenibilidad de la actividad de las personas trabajadoras autónomas. El tiempo en que se perciba la prestación por incapacidad temporal se descontará del tiempo de acceso a esta prestación.

Once. Prestación por nacimiento y cuidado de menor.

1. En el supuesto de que el hecho causante del acceso a esta prestación se produzca cuando el trabajador autónomo se encuentre en situación de nacimiento, adopción, guarda con fines de adopción o acogimiento familiar, se seguirá percibiendo la prestación por nacimiento y cuidado de menor hasta que las mismas se extingan, en cuyo momento se pasará a percibir esta prestación, siempre que reúnan los requisitos legalmente establecidos.

2. Si durante la percepción de esta prestación económica la persona beneficiaria se encontrase en situación de nacimiento, adopción, guarda con fines de adopción o acogimiento familiar, pasará a percibir la prestación por nacimiento y cuidado de menor. Una vez extinguida la prestación por nacimiento y cuidado de menor, el órgano gestor, de oficio, reanudará el abono de la prestación para la sostenibilidad de la

actividad de las personas trabajadoras autónomas hasta el agotamiento del período de duración a que se tenga derecho.

Doce. Trabajadores autónomos económicamente dependientes. Los trabajadores autónomos económicamente dependientes podrán causar derecho a la prestación para la sostenibilidad de la actividad de las personas trabajadoras autónomas siempre que no presten servicios en otras empresas y la empresa para la que preste servicios se haya acogido a alguna de las medidas del 47 bis del texto refundido de la Ley del Estatuto de los Trabajadores.

En todo caso se exigirá que se produzca una reducción de ingresos ordinarios o ventas durante los dos trimestres fiscales previos a la solicitud presentados ante la Administración tributaria del 50 por ciento respecto de los registrados en los mismos periodos del ejercicio o ejercicios anteriores, y que los rendimientos netos mensuales por todas las actividades económicas o profesionales que desarrolle, durante dicho período, no alcancen la cuantía del salario mínimo interprofesional o el de la base por la que viniera cotizando, si esta fuera inferior.

Trece. Órgano gestor.

El órgano gestor de la prestación será la mutua colaboradora o el Instituto Social de la Marina.

Catorce. Solicitud de la adopción de medidas por los trabajadores autónomos, autónomos por su condición de socios de sociedades de capital, trabajadores de cooperativas de trabajo asociado o trabajadores autónomos que ejercen su actividad profesional conjuntamente cuyas empresas tengan trabajadores asalariados.

Los trabajadores autónomos a los que hace referencia este apartado que hayan solicitado la adopción del mecanismo RED en su modalidad cíclica prevista en el artículo 47 bis del texto refundido de la Ley del Estatuto de los Trabajadores de al menos el 75 por ciento de la plantilla de la empresa, deberán solicitar a la autoridad laboral su inclusión en las medidas para poder tener acceso a esta prestación.

El informe que deba emitir la Inspección de Trabajo de conformidad con el artículo 47 bis del texto refundido de la Ley del Estatuto de los Trabajadores analizará la situación de estos trabajadores autónomos.

Quince. Solicitud de la prestación.

1. Los trabajadores autónomos, trabajadores autónomos por su condición de socios de sociedades de capital, trabajadores de cooperativas de trabajo asociado o trabajadores autónomos que ejercen su activi-

dad profesional conjuntamente cuyas empresas tengan trabajadores asalariados y hayan solicitado la adopción del mecanismo RED en su modalidad cíclica previstas en el artículo 47 bis del texto refundido de la Ley del Estatuto de los Trabajadores, podrán solicitar esta prestación dentro del plazo de quince días a contar del día siguiente a la recepción de la resolución de la Autoridad Laboral autorizando la misma ante la Mutua colaboradora con la que tenga cubierta la protección de cese de actividad o el Instituto Social de la Marina. Los efectos económicos serán desde la fecha de la solicitud.

No obstante, si la solicitud se presentara transcurrida el plazo previsto en el apartado anterior los efectos de económicos se producirán a partir del día primero del mes siguiente a la solicitud.

La solicitud deberá ir acompañada de la resolución de la autoridad laboral donde se haga constar el trabajador o los trabajadores autónomos que están afectados y el período en el que se producirá la reducción de la actividad o suspensión, así como del porcentaje de afectación de la plantilla que debe ser de al menos el 75 por ciento de los trabajadores de la empresa.

Presentada la solicitud las mutuas colaboradoras o el Instituto Social de la Marina recabarán los datos necesarios de la empresa o de las administraciones públicas para comprobar la concurrencia de los requisitos exigidos.

2. Los trabajadores autónomos, trabajadores autónomos por su condición de socios de sociedades de capital, trabajadores de cooperativas de trabajo asociado o trabajadores autónomos que ejercen su actividad profesional conjuntamente cuyas empresas no tengan trabajadores asalariados deberán presentar la solicitud a la mutua o al Instituto Social de la Marina, con una autorización para que la entidad gestora de la prestación pueda comprobar la concurrencia de los requisitos exigidos.

La entidad gestora de la prestación dará traslado de las resoluciones reconociendo la prestación a la Inspección de Trabajo y Seguridad Social.

Presentada la solicitud las mutuas colaboradoras o el Instituto Social de la Marina recabarán los datos necesarios de la empresa o del trabajador o de las administraciones públicas para comprobar la concurrencia de los requisitos exigidos.

Los efectos de la solicitud se producirán a partir del día primero del mes siguiente a la solicitud.

3. Los trabajadores autónomos económicamente dependiente deberán presentar la solicitud a la mutua o al Instituto Social de la Marina.

La solicitud deberá ir acompañada de la resolución de la autoridad laboral donde se haga constar el trabajador o los trabajadores autónomos económicamente dependientes que están afectados.

Asimismo, deberá presentar los documentos contables en el que se registren la reducción de ingresos ordinarios o ventas exigido, y las declaraciones del Impuesto sobre el Valor Añadido, del Impuesto sobre la Renta de las Personas Físicas y demás documentos preceptivos que, a su vez, justifiquen los rendimientos netos mensuales y las partidas correspondientes consignadas en las cuentas aportadas.

Presentada la solicitud las mutuas colaboradoras o el Instituto Social de la Marina recabarán los datos necesarios de la empresa o de las administraciones públicas para comprobar la concurrencia de los requisitos exigidos

Los efectos de la solicitud se producirán a partir del día primero del mes siguiente a la solicitud.

Dieciséis. Reintegro de prestaciones indebidamente percibidas.

Sin perjuicio de lo dispuesto en el artículo 47.3 del texto refundido de la Ley sobre Infracciones y Sanciones en el Orden Social, en el supuesto de que se incumpla lo dispuesto en las disposiciones que regulen esta prestación, será aplicable para el reintegro de prestaciones indebidamente percibidas lo establecido en el artículo 55 del texto refundido de la Ley General de la Seguridad Social y en el artículo 80 del Reglamento General de Recaudación de la Seguridad Social, aprobado por el Real Decreto 1415/2004, de 11 de junio, correspondiendo al órgano gestor la declaración como indebida de la prestación.

Diecisiete. Infracciones.

En materia de infracciones y sanciones se estará a lo dispuesto en esta ley y en el texto refundido de la Ley sobre Infracciones y Sanciones en el Orden Social.

Dieciocho. Jurisdicción competente y reclamación previa.

Los órganos jurisdiccionales del orden social serán los competentes para conocer de las decisiones del órgano gestor relativas al reconocimiento, suspensión o extinción de esta prestación, así como al pago de las mismas. El interesado deberá formular reclamación previa ante el órgano gestor antes de acudir al órgano jurisdiccional del orden social competente. La resolución del órgano gestor habrá de indicar expresamente la posibilidad de presentar reclamación, el órgano ante el que se debe interponer, así como el plazo para su interposición.

Diecinueve. Financiación.

Esta protección por cese de actividad se financiará con cargo a la cotización por dicha contingencia.

Disposición adicional cuadragésima novena. *Prestación para la sostenibilidad de la actividad de las personas trabajadoras autónomas de un sector de actividad afectado por el Mecanismo RED de Flexibilidad y Estabilización del Empleo en su modalidad sectorial, regulado en el artículo 47 bis del texto refundido de la Ley del Estatuto de los Trabajadores.* [557] Uno. Podrán causar derecho a la prestación para la sostenibilidad de la actividad regulada en esta disposición, las personas trabajadoras autónomas que desarrollen su actividad en un sector afectado por el Acuerdo del Consejo de Ministros que active el Mecanismo RED en su modalidad sectorial, previsto en el artículo 47 bis del texto refundido de la Ley del Estatuto de los Trabajadores.

Dos. Son requisitos para causar derecho a esta prestación los siguientes:

1. Comunes a todos los trabajadores autónomos:

1.1 Estar de alta en el régimen especial al que se encuentre adscrita la actividad.

1.2 Tener cubierto el periodo mínimo de cotización por cese de actividad a que se refiere el artículo 338.

1.3 Estar al corriente en el pago de obligaciones tributarias y de Seguridad Social.

1.4 No prestar servicios por cuenta ajena o por cuenta propia en otra actividad no afectada por el mecanismo RED o siéndolo no haber adoptado las medidas previstas en el artículo 47 bis del texto refundido de la Ley del Estatuto de los Trabajadores salvo lo dispuesto en el apartado cuatro de esta Disposición adicional sobre incompatibilidades.

1.5 No percibir una prestación de cese de actividad o para la sostenibilidad de la actividad.

1.6 El acceso a la prestación requerirá la suscripción del compromiso de actividad al que se refiere el artículo 300.

1.7 No haber cumplido la edad ordinaria para causar derecho a la pensión contributiva de jubilación, salvo que el trabajador autónomo no tuviera acreditado el período de cotización requerido para ello.

---

[557] Añadida por art. 1 apartado 30 de Real Decreto-Ley 13/2022 de 26 de julio de 2022, tras modificación introducida por el RDL 14/2022 de 1 agosto, con vigencia desde 01/01/2023

2. En los supuestos de trabajadores autónomos, trabajadores autónomos por su condición de socios de sociedades de capital, trabajadores de cooperativas de trabajo asociado o trabajadores autónomos que ejercen su actividad profesional conjuntamente, cuyas empresas tengan trabajadores asalariados, se exigirá igualmente:

2.1 Resolución de la autoridad laboral autorizando la aplicación del mecanismo RED en su modalidad sectorial para los trabajadores de la empresa.

2.2 Que la adopción de las medidas del mecanismo RED afecte al 75 por ciento de la plantilla de la empresa.

2.3 Que se produzca una reducción de ingresos ordinarios o ventas durante los dos trimestres fiscales previos a la solicitud presentados ante la Administración tributaria del 75 por ciento respecto de los registrados en los mismos periodos del ejercicio o ejercicios anteriores.

2.4 Que los rendimientos netos mensuales del trabajador autónomo durante los dos trimestres fiscales anteriores a la solicitud de la prestación, por todas las actividades económicas, empresariales o profesionales que desarrolle, no alcancen la cuantía del salario mínimo interprofesional o el de la base por la que viniera cotizando, si esta fuera inferior.

2.5 Cumplir la empresa con las obligaciones laborales adquiridas como consecuencia de la adopción de medidas al amparo del Mecanismo RED y estar al corriente en el pago de salarios de los trabajadores.

2.6 Presentar a la entidad gestora de la prestación un proyecto de inversión y actividad a desarrollar.

2.7 Participar en el plan de recualificación presentado a la autoridad laboral para los trabajadores por cuenta ajena.

3. En los supuestos de trabajadores autónomos, trabajadores autónomos por su condición de socios de sociedades de capital, trabajadores de cooperativas de trabajo asociado o trabajadores autónomos que ejercen su actividad profesional conjuntamente, cuyas empresas no tengan trabajadores asalariados, se exigirá igualmente:

3.1 Que se produzca una reducción de ingresos ordinarios o ventas durante los dos trimestres fiscales previos a la solicitud presentados ante la Administración tributaria del 75 por ciento respecto de los registrados en los mismos periodos del ejercicio o ejercicios anteriores.

3.2 Que los rendimientos netos mensuales del trabajador autónomo durante los dos trimestres fiscales anteriores a la solicitud de la prestación, por todas las actividades económicas, empresariales o profesionales que desarrolle, no alcancen la cuantía del salario mínimo interprofesional o el de la base por la que viniera cotizando, si esta fuera inferior.

3.3 Presentar a la entidad gestora de la prestación un proyecto de inversión y actividad a desarrollar.

3.4 Participar en un plan de recualificación que deberá ser presentado a la entidad gestora de la prestación.

Tres. Acción protectora. El sistema de protección para la sostenibilidad de la actividad comprende las prestaciones siguientes:

1. Una prestación económica de pago único, calculada teniendo en cuenta que:

1.1 En los supuestos de trabajadores autónomos, trabajadores autónomos por su condición de socios de sociedades de capital, trabajadores de cooperativas de trabajo asociado o trabajadores autónomos que ejercen su actividad profesional conjuntamente, cuyas empresas tengan trabajadores asalariados, la cuantía de la prestación será el 70 por ciento de la base reguladora y su determinación estará vinculada al tiempo de duración del mecanismo RED y en ningún caso podrá exceder de la que le corresponda atendiendo a lo previsto en el artículo 338.1.

1.2 En los supuestos de trabajadores autónomos, trabajadores autónomos por su condición de socios de sociedades de capital, trabajadores de cooperativas de trabajo asociado o trabajadores autónomos que ejercen su actividad profesional conjuntamente, cuyas empresas no tengan trabajadores asalariados, la cuantía de la prestación será el 70 por ciento de la base reguladora teniendo en cuenta los periodos de cotización de conformidad con lo previsto en el artículo 338.

1.3 La base reguladora de la prestación económica será el promedio de las bases de cotización de los doce meses continuados e inmediatamente anteriores al acuerdo del Consejo de Ministros.

2. El abono por la entidad gestora de la prestación del 50 por ciento de la cotización a la Seguridad Social del trabajador autónomo al régimen correspondiente calculada sobre la base reguladora de la prestación, siendo a cargo del trabajador el otro 50 por ciento. La entidad gestora abonará a la persona trabajadora autónoma, junto con la prestación por cese de la actividad, el importe de la cuota que le corresponda, siendo la persona trabajadora autónoma la responsable del ingreso de la totalidad de las cotizaciones a la Seguridad Social.

Cuatro. Incompatibilidades.

1. El percibo de esta prestación es incompatible con la percepción de una prestación de desempleo, de mecanismo RED, de cese de actividad, con la renta activa de inserción regulada por el Real Decreto 1369/2006, de 24 de noviembre, o con cualquier otra prestación del sistema de Seguridad Social, distintas de las anteriores, salvo que fueran compatibles con el trabajo.

2. Las personas trabajadoras no podrán percibir, de forma simultánea, prestaciones derivadas de dos o más Mecanismos RED de Flexibilidad y Estabilización del Empleo, ya sea como consecuencia del trabajo por cuenta propia como por el trabajo por cuenta ajena, en caso de concurrir el derecho a causar dos prestaciones podrá elegir la más beneficiosa.

3. Es incompatible con otro trabajo por cuenta propia o por cuenta ajena. En los supuestos en los que el trabajador autónomo se encuentre en situación de pluriactividad, en el momento del hecho causante de la prestación por cese de actividad, la prestación por cese será compatible con la percepción de la remuneración por el trabajo por cuenta ajena que se venía desarrollando, siempre y cuando de la suma de la retribución mensual media de los últimos cuatro meses inmediatamente anteriores al nacimiento del derecho y la prestación para la sostenibilidad de la actividad en cómputo mensual resulte una cantidad media mensual inferior al importe del salario mínimo interprofesional vigente en el momento del nacimiento del derecho.

Cinco. Obligaciones.

1. El trabajador autónomo con trabajadores por cuenta ajena perceptor de esta prestación deberá incorporarse a la actividad cuando se acuerde el levantamiento de las medidas adoptada en el mecanismo RED al menos a uno de los trabajadores de la empresa, y mantenerse en el desarrollo de la actividad al menos seis meses consecutivos.

2. Se mantiene la obligación de cotizar el 50 por ciento por todas las contingencias, incluido el cese de actividad.

3. También deberá mantenerse al corriente en las cotizaciones a la Seguridad Social, tanto de las propias, como la de los trabajadores o asimilados, de su empresa.

4. Invertir el importe de la prestación en una actividad económica o profesional como trabajadores autónomos o destinar el 100 por ciento de su importe a realizar una aportación al capital social de una entidad mercantil de nueva constitución o constituida en el plazo máximo de doce meses anteriores a la aportación, siempre que vayan a poseer

el control efectivo de la misma, conforme a lo previsto en el texto refundido de la Ley General de la Seguridad Social y a ejercer en ella una actividad, encuadrados como trabajadores por cuenta propia en el régimen especial de la Seguridad Social correspondiente por razón de su actividad.

Seis. Prestación para la sostenibilidad de la actividad de las personas trabajadoras autónomas e incapacidad temporal. La percepción de la prestación por incapacidad temporal es incompatible con la percepción de la prestación para la sostenibilidad de la actividad de las personas trabajadoras autónomas. El tiempo en que se perciba la prestación por incapacidad temporal se descontará del tiempo de acceso a esta prestación.

Siete. Prestación por nacimiento y cuidado de menor.

1. En el supuesto de que el hecho causante del acceso a esta prestación se produzca cuando el trabajador autónomo se encuentre en situación de nacimiento, adopción, guarda con fines de adopción o acogimiento familiar, se seguirá percibiendo la prestación por nacimiento y cuidado de menor hasta que las mismas se extingan, en cuyo momento se pasará a percibir esta prestación, siempre que reúnan los requisitos legalmente establecidos.

2. Si durante la percepción de esta prestación económica la persona beneficiaria se encontrase en situación de nacimiento, adopción, guarda con fines de adopción o acogimiento familiar, pasará a percibir la prestación por nacimiento y cuidado de menor. Una vez extinguida la prestación por nacimiento y cuidado de menor, el órgano gestor, de oficio, reanudará el abono de la prestación para la sostenibilidad de la actividad de las personas trabajadoras autónomas hasta el agotamiento del período de duración a que se tenga derecho.

Ocho. Trabajadores autónomos económicamente dependientes.

Los trabajadores autónomos económicamente dependientes podrán causar derecho a la prestación para la sostenibilidad de la actividad de las personas trabajadoras autónomas siempre que no presten servicios en otras empresas y la empresa para la que preste servicios se haya acogido a alguna de las medidas del 47 bis del texto refundido de la Ley del Estatuto de los Trabajadores para el mecanismo RED en su modalidad sectorial.

El trabajador autónomo deberá estar incluido en el plan de recualificación de las personas afectadas que la empresa deberá presentar a la autoridad laboral de conformidad con lo dispuesto en el artículo 47 bis.3 del texto refundido de la Ley del Estatuto de los Trabajadores.

En todo caso se exigirá que se produzca una reducción de ingresos ordinarios o ventas durante los dos trimestres fiscales previos a la solicitud presentados ante la Administración tributaria del 50 por ciento respecto de los registrados en los mismos periodos del ejercicio o ejercicios anteriores, y que los rendimientos netos mensuales por todas las actividades económicas o profesionales que desarrolle, durante dicho período, no alcancen la cuantía del salario mínimo interprofesional o el de la base por la que viniera cotizando, si esta fuera inferior.

La prestación económica del trabajador autónomo económicamente dependiente se regirá por lo dispuesto en el texto refundido de la Ley General de la Seguridad Social.

Nueve. Órgano gestor.

El órgano gestor de la prestación será la mutua colaboradora o el Instituto Social de la Marina.

Diez. Solicitud de la adopción de medidas por los trabajadores autónomos, autónomos por su condición de socios de sociedades de capital, trabajadores de cooperativas de trabajo asociado o trabajadores autónomos que ejercen su actividad profesional conjuntamente cuyas empresas tengan trabajadores asalariados.

Los trabajadores autónomos a los que hace referencia este apartado que hayan solicitado la adopción del mecanismo RED en su modalidad sectorial previstas en el artículo 47 bis del texto refundido de la Ley del Estatuto de los Trabajadores de al menos el 75 por ciento de la plantilla de la empresa, deberán solicitar a la autoridad laboral su inclusión en las medidas para poder tener acceso a esta prestación.

El informe que deba emitir la Inspección de Trabajo de conformidad con el artículo 47 bis del texto refundido de la Ley del Estatuto de los Trabajadores analizará la situación de estos trabajadores autónomos.

Once. Solicitud de la prestación.

1. Los trabajadores autónomos, trabajadores autónomos por su condición de socios de sociedades de capital, trabajadores de cooperativas de trabajo asociado o trabajadores autónomos que ejercen su actividad profesional conjuntamente cuyas empresas tengan trabajadores asalariados y hayan solicitado la adopción del mecanismo RED en su modalidad sectorial previstas en el artículo 47 bis del texto refundido de la Ley del Estatuto de los Trabajadores, podrán solicitar esta prestación

dentro del plazo de quince días a contar del día siguiente a la recepción de la resolución de la Autoridad Laboral autorizando la misma ante la Mutua colaboradora con la que tenga cubierta la protección de cese de actividad o el Instituto Social de la Marina. Los efectos económicos serán desde la fecha de la solicitud.

No obstante, si la solicitud se presentara transcurrida el plazo previsto en el apartado anterior los efectos de económicos se producirán a partir del día primero del mes siguiente a la solicitud.

La solicitud deberá ir acompañada de la resolución de la autoridad laboral donde se haga constar el trabajador o los trabajadores autónomos que están afectados y el período en el que se producirá la reducción de la actividad o suspensión, así como del porcentaje de afectación de la plantilla que debe ser de al menos el 75 por ciento de los trabajadores de la empresa.

Junto a la solicitud se acompañarán el proyecto de inversión y actividad a desarrollar, así como el plan de recualificación en el que participará.

Presentada la solicitud las mutuas colaboradoras o el Instituto Social de la Marina recabarán los datos necesarios de la empresa o de las administraciones públicas para comprobar la concurrencia de los requisitos exigidos.

2. Los trabajadores autónomos, trabajadores autónomos por su condición de socios de sociedades de capital, trabajadores de cooperativas de trabajo asociado o trabajadores autónomos que ejercen su actividad profesional conjuntamente cuyas empresas no tengan trabajadores asalariados deberán presentar la solicitud a la mutua o al Instituto Social de la Marina con una autorización para que la entidad gestora de la prestación pueda comprobar la concurrencia de los requisitos exigidos.

La entidad gestora de la prestación dará traslado de las resoluciones reconociendo la prestación a la Inspección de Trabajo y Seguridad Social.

Presentada la solicitud las mutuas colaboradoras o el Instituto Social de la Marina recabarán los datos necesarios de la empresa o del trabajador o de las administraciones públicas para comprobar la concurrencia de los requisitos exigidos.

3. Los trabajadores autónomos económicamente dependientes podrán solicitar esta prestación dentro del plazo de quince días a contar del día siguiente a la recepción de la resolución de la Autoridad Laboral autorizando las medidas previstas en el artículo 47 bis ante la

Mutua colaboradora con la que tenga cubierta la protección de cese de actividad o el Instituto Social de la Marina. Los efectos económicos de la solicitud serán desde la fecha de la solicitud.

La solicitud del trabajador autónomo deberá ir acompañada de la solicitud y el plan de recualificación de las personas afectadas que la empresa deberá presentar a la autoridad laboral de conformidad con lo dispuesto en el artículo 47 bis.3 del texto refundido de la Ley del Estatuto de los Trabajadores donde deberá estar incluido el trabajador autónomo económicamente dependiente.

Asimismo, deberá presentar los documentos contables en el que se registren la reducción de ingresos ordinarios o ventas exigido, y las declaraciones del Impuesto sobre el Valor Añadido, del Impuesto sobre la Renta de las Personas Físicas y demás documentos preceptivos que, a su vez, justifiquen los rendimientos netos mensuales y las partidas correspondientes consignadas en las cuentas aportadas.

Presentada la solicitud las mutuas colaboradoras o el Instituto Social de la Marina. recabarán los datos necesarios de la empresa o del trabajador o de las administraciones públicas para comprobar la concurrencia de los requisitos exigidos.

Doce. Reintegro de prestaciones indebidamente percibidas.

Sin perjuicio de lo dispuesto en el artículo 47.3 del texto refundido de la Ley sobre Infracciones y Sanciones en el Orden Social, será aplicable para el reintegro de prestaciones indebidamente percibidas lo establecido en el artículo 55 del texto refundido de la Ley General de la Seguridad Social y en el artículo 80 del Reglamento General de Recaudación de la Seguridad Social, correspondiendo al órgano gestor la declaración como indebida de la prestación.

Trece. Infracciones.

En materia de infracciones y sanciones se estará a lo dispuesto en esta ley y en el texto refundido de la Ley sobre Infracciones y Sanciones en el Orden Social.

Catorce. Jurisdicción competente y reclamación previa.

Los órganos jurisdiccionales del orden social serán los competentes para conocer de las decisiones del órgano gestor relativas al reconocimiento, suspensión o extinción de esta prestación, así como al pago de estas. El interesado deberá formular reclamación previa ante el órgano gestor antes de acudir al órgano jurisdiccional del orden social competente. La resolución del órgano gestor habrá de indicar expresamente la posibilidad de presentar reclamación, el órgano ante el que se debe interponer, así como el plazo para su interposición.

Quince. Esta protección por cese de actividad se financiará con cargo a la cotización por dicha contingencia.

Disposición adicional quincuagésima. *Observatorio para el análisis y seguimiento de la prestación por cese de actividad por causas económicas, así como de la integración de períodos sin obligación de cotizar de los trabajadores autónomos.* [558] En un plazo de tres meses desde el 1 de abril de 2023 y con el objetivo de mejorar la eficacia y cobertura de la prestación por cese de actividad por causas económicas de los trabajadores autónomos regulada en el artículo 331, así como de la integración de períodos sin obligación de cotizar regulada en el artículo 322, mediante orden ministerial, se creará un observatorio para el análisis y seguimiento de su funcionamiento integrado por representantes de la Secretaría de Estado de Seguridad Social y Pensiones, de las organizaciones empresariales y sindicales más representativas, así como de las asociaciones de autónomos. A tales efectos, de forma periódica, propondrá aquellas medidas tendentes a la adaptación de la regulación y cobertura de los trabajadores autónomos por esta contingencia.

Disposición adicional quincuagésima primera. *Prestación especial por desempleo de las personas trabajadoras sujetas a la relación laboral especial de los artistas que desarrollan su actividad en las artes escénicas, audiovisuales y musicales, así como de las personas que realizan actividades técnicas y auxiliares necesarias para el desarrollo de dicha actividad.* [559] 1. Las personas trabajadoras sujetas a la relación laboral especial de las personas dedicadas a las actividades artísticas, así como a las actividades técnicas y auxiliares necesarias para su desarrollo, tendrán derecho a la prestación por desempleo especial regulada en la presente disposición, en los términos y condiciones establecidas en la misma.

---

[558] Dada nueva redacción por art. único apartado 33 de Real Decreto-Ley 2/2023 de 16 de marzo de 2023, con vigencia desde 01/04/2023

[559] Añadida por disposición final 4 apartado 14 de Real Decreto-Ley 1/2023 de 10 de enero de 2023, con vigencia desde 01/07/2023

2. Podrán acceder a esta prestación las personas a las que se refiere el apartado anterior que reúnan las condiciones siguientes:

a) No tener derecho a la prestación contributiva por desempleo regulada en el título III, con la salvedad prevista en el apartado 3.

b) Cumplir todos los requisitos establecidos en el artículo 266, excepto el previsto en su letra b).

c) Acreditar sesenta días de alta con prestación real de servicios en la actividad artística en los dieciocho meses anteriores a la situación legal de desempleo o al momento en que cesó la obligación de cotizar, que no hayan sido computadas para el reconocimiento de un derecho anterior.

Alternativamente, se podrá acceder cuando se acrediten cotizaciones en el Régimen General de la Seguridad Social, por alta con prestación real de servicios en la actividad artística o por regularizaciones anuales ya realizadas, durante un periodo mínimo de 180 días, dentro de los seis años anteriores a la situación legal de desempleo o al momento en que cesó la obligación de cotizar, que no hayan sido computadas para el reconocimiento de un derecho anterior.

3. Quienes tengan suspendida la prestación contributiva por desempleo regulada en el título III y además acrediten la actividad y cotizaciones en el sector artístico previstas en los apartados 2.b) y c) de esta disposición, podrán optar por percibir la prestación especial generada por las nuevas cotizaciones efectuadas, en cuyo caso la prestación contributiva quedará extinguida.

4. Sin perjuicio de lo dispuesto en el apartado 2.c), no podrán computarse para el reconocimiento de un derecho posterior las cotizaciones acreditadas en los seis años anteriores a la fecha de la situación legal de desempleo o al momento en que cesó la obligación de cotizar, incluyendo las correspondientes a posibles regularizaciones que pudieran efectuarse con posterioridad a dicho reconocimiento, hayan sido o no computadas para el acceso a la prestación especial.

5. Si la prestación especial se solicita dentro del plazo de los quince días siguientes a la fecha de la situación legal de desempleo en la actividad artística, el derecho nacerá el día siguiente al de dicha situación legal de desempleo. La solicitud requerirá la inscripción como demandante de empleo, así como la suscripción del compromiso de actividad al que se refiere el artículo 300.

Quien acredite cumplir los requisitos exigidos, pero presente la solicitud transcurrido el plazo de quince días a que se refiere el párrafo anterior, tendrá derecho al reconocimiento de la prestación a partir de la fecha de la solicitud, perdiendo tantos días de prestación como medien entre la fecha en que hubiera tenido lugar el nacimiento del derecho de haberse solicitado en tiempo y forma y aquella en que efectivamente se hubiese formulado la solicitud.

6. La duración de la prestación por desempleo prevista en esta disposición será de 120 días.

7. La cuantía de esta prestación especial será igual al 80 por ciento del Indicador Público de Renta de Efectos Múltiples (IPREM) mensual vigente en cada momento, salvo cuando la media diaria de las bases de cotización correspondientes a los últimos sesenta días de prestación real de servicios en la actividad artística sea superior a 60 euros, en cuyo caso será igual al 100 por ciento del IPREM.

8. Durante el período de percepción de la prestación por desempleo especial prevista en esta disposición, la entidad gestora cotizará por la contingencia de jubilación. La base de cotización coincidirá con la base de cotización mínima vigente en cada momento, por contingencias comunes, correspondiente al grupo 7 de la escala de grupos de cotización del Régimen General de la Seguridad Social.

9. Una vez extinguida esta prestación especial, el trabajador podrá obtener de nuevo su reconocimiento cuando vuelva a encontrarse en situación legal de desempleo, reúna los requisitos exigidos al efecto y haya transcurrido un año, al menos, desde la fecha de dicha extinción.

10. La prestación especial quedará extinguida si su titular accede a la protección por desempleo de nivel contributivo o asistencial prevista en el título III de este texto refundido o al Programa de Renta Activa de Inserción regulado en el Real Decreto 1369/2006, de 24 de noviembre.

11. El agotamiento de la prestación regulada en esta disposición no constituye un supuesto de acceso a los subsidios previstos en la letra a) del apartado 1 del artículo 274 ni al subsidio para trabajadores mayores de cincuenta y dos años previsto en el artículo 280 de este texto refundido. Dicho agotamiento, tampoco dará derecho a acceder a la Renta Activa de Inserción en los supuestos en los que para ello se exige agotar una prestación o subsidio por desempleo. No obstante, en el caso de haber percibido la prestación especial tras haber agotado una prestación contributiva, se podrá acceder al subsidio por agotamiento de ésta, siempre que se solicite en el plazo de doce meses siguientes a dicho agotamiento.

12. Esta prestación será incompatible con el trabajo por cuenta propia, aunque su realización no implique la inclusión obligatoria en alguno de los regímenes de la Seguridad Social, o por cuenta ajena o con cualquier otra prestación, renta mínima, renta de inclusión, salario social o ayudas análogas concedidas por cualquier Administración Pública. No obstante lo anterior, sí será compatible con la percepción de derechos de propiedad intelectual y derechos de imagen.

En lo no previsto en esta disposición, serán de aplicación a la prestación especial regulada en la misma, las normas contenidas en el título III de este texto refundido, a excepción del capítulo III.

Disposición adicional quincuagésima segunda. *Inclusión en el sistema de Seguridad Social de alumnos que realicen prácticas formativas o prácticas académicas externas incluidas en programas de formación.* [560] 1. La realización de prácticas formativas en empresas, instituciones o entidades incluidas en programas de formación y la realización de prácticas académicas externas al amparo de la respectiva regulación legal y reglamentaria, determinará la inclusión en el sistema de la Seguridad Social de las personas que las realicen en los términos de esta disposición adicional.

Las prácticas a que se refiere el párrafo anterior comprenden:

a) Las realizadas por alumnos universitarios, tanto las dirigidas a la obtención de titulaciones oficiales de grado y máster, doctorado, como las dirigidas a la obtención de un título propio de la universidad, ya sea un máster de formación permanente, un diploma de especialización o un diploma de experto.

b) Las realizadas por alumnos de formación profesional, siempre que las mismas no se presten en el régimen de formación profesional intensiva.

c) Las realizadas por alumnos de Enseñanzas Artísticas Superiores, enseñanzas artísticas profesionales y enseñanzas deportivas del sistema educativo. [561]

2. Las personas que realicen las prácticas a que se refiere el apartado 1 quedarán comprendidas como asimiladas a trabajadores por cuenta

---

[560] Añadida por art. único apartado 34 de Real Decreto-Ley 2/2023 de 16 de marzo de 2023, tras modificación de la fecha de entrada en vigor por el RDL 5/2023 de 28 junio, con vigencia desde 01/01/2024

[561] Añadida apartado 1 letra c por art. 80 apartado 1 de Real Decreto-Ley 8/2023 de 27 de diciembre de 2023, con vigencia desde 01/01/2024

ajena en el Régimen General de la Seguridad Social, excluidos los sistemas especiales del mismo, salvo que la práctica o formación se realice a bordo de embarcaciones, en cuyo caso la inclusión se producirá en el Régimen Especial de la Seguridad Social de los Trabajadores del Mar.

3. La acción protectora será la correspondiente al régimen de Seguridad Social aplicable, con la exclusión de la protección por desempleo, de la cobertura del Fondo de Garantía Salarial y por Formación Profesional. En el supuesto de las prácticas no remuneradas se excluirá también la protección por la prestación de incapacidad temporal derivada de contingencias comunes.

Las prestaciones económicas por nacimiento y cuidado de menor, riesgo durante el embarazo y riesgo durante la lactancia natural, se abonarán por la entidad gestora o, en su caso, por la mutua colaboradora, mediante pago directo de la misma.

Las prestaciones que correspondan por la situación de incapacidad temporal derivada de contingencias comunes o profesionales se abonarán en todo caso mediante pago delegado.

4. El cumplimiento de las obligaciones a la Seguridad Social se ajustará a las siguientes reglas:

a) En el caso de las prácticas formativas remuneradas, el cumplimiento de las obligaciones de Seguridad Social corresponderá a la entidad u organismo que financie el programa de formación, que asumirá a estos efectos la condición de empresario. En el supuesto de que el programa esté cofinanciado por dos o más entidades u organismos, tendrá la condición de empresario aquel al que corresponda hacer efectiva la respectiva contraprestación económica.

Las altas y las bajas en la Seguridad Social se practicarán de acuerdo con la normativa general de aplicación.

b) En el caso de las prácticas formativas no remuneradas, el cumplimiento de las obligaciones de Seguridad Social corresponderá a la empresa, institución o entidad en la que se desarrollen aquellos, salvo que en el convenio o acuerdo de cooperación que, en su caso, se suscriba para su realización se disponga que tales obligaciones corresponderán al centro de formación responsable de la oferta formativa. Quien asuma la condición de empresario deberá comunicar los días efectivos de prácticas a partir de la información que facilite el centro donde se realice la práctica formativa.

Por la entidad que resulte responsable conforme a lo indicado en el párrafo anterior se solicitará de la Tesorería General de la Seguridad

Social la asignación de un código de cuenta de cotización específico para este colectivo de personas.

Las altas y las bajas en la Seguridad Social se practicarán de acuerdo con la normativa general de aplicación salvo las excepciones previstas en la presente norma, efectuándose el alta al inicio de las prácticas formativas y la baja a la finalización de estas, sin perjuicio de que para la cotización a la Seguridad social y su acción protectora se tengan en cuenta exclusivamente los días en que se realicen dichas prácticas. A estos efectos, el plazo para comunicar a la Tesorería General de la Seguridad Social dicha alta y baja será de diez días naturales desde el inicio o finalización de las prácticas.

5. La cotización a la Seguridad Social, tanto en el caso de las prácticas formativas remuneradas como en el de las no remuneradas, se ajustará a las siguientes previsiones:

a) En ambos casos, están expresamente excluida la cotización finalista del Mecanismo de Equidad Intergeneracional.

b) A las cuotas por contingencias comunes les resultará de aplicación una reducción del 95 por ciento sin que les sea de aplicación otros beneficios en la cotización distintos a esta reducción. A estas reducciones de cuotas les resultará de aplicación lo establecido en el artículo 20 de esta ley, a excepción de lo establecido en su apartado 1.

c) La entidad que asuma la condición de empresa a efecto de las obligaciones con la Seguridad, conforme a lo establecido en las letras a) y b) del apartado 4, adquiere la condición de sujeto obligado y responsable del ingreso de la totalidad de las cuotas.

6. La cotización en el supuesto de prácticas formativas remuneradas se ajustará a las siguientes previsiones [562]:

a) Se efectuará aplicando las reglas de cotización correspondientes a los contratos formativos en alternancia, establecidas en la respectiva Ley de Presupuestos Generales del Estado y en sus normas de aplicación y desarrollo, a excepción de lo establecido en el ordinal 2.º del apartado 1 de la disposición adicional cuadragésima tercera.

b) La base de cotización mensual aplicable a efectos de prestaciones será la base mínima de cotización vigente en cada momento respecto del grupo de cotización 7, salvo en aquellos meses en los que el alta no se extienda a la totalidad de los mismos, en los que la base de

---

[562] Véase, para 2024, la letra a) del apartado 3.º disp. trans. 9.ª RDL 8/2023 de 27 diciembre

cotización a efectos de prestaciones será la parte proporcional de dicha base mínima.

7. La cotización en el supuesto de prácticas formativas no remuneradas se ajustará a las siguientes previsiones [563] :

a) Consistirá en una cuota empresarial por cada día de prácticas formativas por contingencias comunes y por contingencias profesionales, que tendrá en cuenta la exclusión de la cobertura de la incapacidad temporal derivada de contingencias comunes, que serán establecidas para cada ejercicio en el correspondiente Ley de Presupuestos Generales del Estado, sin que pueda superarse la cuota máxima por contingencias comunes y profesionales que se determine, igualmente, en dicha ley.

b) La base de cotización mensual aplicable a efectos de prestaciones será el resultado de multiplicar la base mínima de cotización vigente en cada momento respecto del grupo de cotización 8, por el número de días de prácticas formativas realizadas en el mes natural con el límite, en todo caso, del importe de la base mínima de cotización mensual correspondiente al grupo de cotización 7.

c) El plazo reglamentario de ingreso de las cuotas correspondiente a los meses de enero, febrero y marzo será el mes de abril; el de las cuotas correspondientes a los meses de abril, mayo y junio, será el mes de julio; el de las cuotas correspondientes a los meses de julio, agosto y septiembre, será el mes de octubre; y el de las cuotas correspondientes a los meses de octubre, noviembre y diciembre, será el mes de enero.

Hasta el penúltimo día natural de cada uno de los meses que, conforme a lo indicado en el párrafo anterior, se constituyen como plazo reglamentario de ingreso de cuotas, las entidades que asumen la condición de empresa deberán comunicar a la Tesorería General de la Seguridad Social el número de días en que se haya realizado cualquier de prácticas y programas formativos no remunerados, realizados por las personas asimiladas a trabajadores por cuenta ajena a que se refiere este apartado, durante los tres meses inmediatamente anteriores.

d) En el caso de las personas que no hayan realizado día alguno de prácticas o programas formativos no remunerados en un determinado mes, se deberá informar expresamente de tal circunstancia. En cualquier caso, la empresa deberá solicitar de la Tesorería General de

---

[563] Véase, para 2024, la letra b) del apartado 3.º disp. trans. 9.ª RDL 8/2023 de 27 diciembre

la Seguridad Social la liquidación de cuotas correspondiente a los tres meses inmediatamente anteriores, hasta el penúltimo día natural del respectivo plazo de ingreso.

Cuando la persona que realice las practicas se encuentre en una situación de incapacidad temporal derivada de contingencias profesionales, nacimiento y cuidado de menor, riesgo durante el embarazo o durante la lactancia natural, la empresa deberá indicar a la Tesorería General de la Seguridad Social, los días previstos de realización de la práctica formativa.

En el supuesto de que la empresa no comunique los datos necesarios para la determinación de la cuota a ingresar conforme a lo establecido en el último párrafo de la letra c) anterior, o en los dos párrafos anteriores, en el plazo establecido en esta disposición, el importe de la deuda del período mensual al que se refiera la misma será el importe resultante de multiplicar la suma de las cuotas a las que se refiere el primer párrafo de la letra a) por el número de días de alta en el mes de que se trate, con el límite mensual al que se refiere el citado primer párrafo. En estos supuestos el número de días de alta a efectos de prestaciones serán dichos días.

e) A efectos de prestaciones, cada día de prácticas formativas no remuneradas será considerado como 1,61 días cotizados, sin que pueda sobrepasarse, en ningún caso, el número de días del mes correspondiente. Las fracciones de día que pudieran resultar del coeficiente anterior se computaran como un día completo.

8. Las personas a las que hace referencia la presente disposición que, con anterioridad a su fecha de entrada en vigor, se hubieran encontrado en la situación indicada en la misma, podrán suscribir un convenio especial, por una única vez, en el plazo, términos y condiciones que determine el Ministerio de Inclusión, Seguridad Social y Migraciones [564] , que les posibilite el cómputo de la cotización por los periodos de formación o realización de prácticas no laborales y académicas realizados antes de esa fecha de entrada en vigor, hasta un máximo de cinco años [565] .

9. Las administraciones públicas competentes llevarán a cabo planes específicos para la erradicación del fraude a la Seguridad Social asociado a las prácticas formativas que encubren puestos de trabajo.

---

[564] Véase la O ISM/386/2024, de 29 de abril
[565] Apartado 8 redactado conforme al art.211 RDL 5/2023 de 28 junio

10. En un plazo de tres meses a computar desde el 1 de abril de 2023 y con el objetivo de mejorar la eficacia de las medidas reguladas en esta disposición, mediante orden ministerial se creará un observatorio para el análisis y seguimiento de su aplicación y efectividad de las medidas adoptadas, que estará integrado por representantes del Ministerio de Educación y Formación profesional, del Ministerio de Universidades, de la Secretaría de Estado de Seguridad Social y Pensiones y de las organizaciones empresariales y sindicales más representativas. A tales efectos, de forma periódica, propondrá aquellas medidas tendentes a la adaptación de la regulación y cobertura de los alumnos que realicen prácticas formativas o prácticas académicas externas incluidas en los programas de formación.

11. No estarán comprendidas en el ámbito de aplicación de esta disposición adicional las personas que durante la realización de las prácticas a las que se refiere el apartado 1 figuren en alta en cualquiera de los regímenes del sistema de Seguridad Social por el desempeño de otra actividad, en situación asimilada a la de alta con obligación de cotizar, o durante la cual el periodo tenga la consideración de cotizado a efectos de prestaciones, o tengan la condición de pensionistas de jubilación o de incapacidad permanente de la Seguridad Social, tanto en su la modalidad contributiva como no contributiva.

La situación asimilada regulada en esta disposición adicional no afectará al derecho a la percepción de las prestaciones del sistema de la Seguridad Social. Asimismo, dicha inclusión no dará lugar a la modificación del título por el que se tuviera derecho a la prestación por asistencia sanitaria salvo la asistencia sanitaria derivada de contingencias profesionales. [566]

Disposición adicional quincuagésima tercera. *Pensiones mínimas e indicadores de suficiencia en cumplimiento de la recomendación 15 del Pacto de Toledo.* [567] 1. Desde el año 2027, la cuantía mínima de la pensión de jubilación contributiva para un titular mayor de 65 años con cónyuge a cargo, una vez revalorizada según lo dispuesto en el artículo 58.2, y que servirá de cuantía de referencia, no podrá ser

---

[566] Añadido apartado 11 por art. 80 apartado 1 de Real Decreto-Ley 8/2023 de 27 de diciembre de 2023, con vigencia desde 01/01/2024

[567] Añadida por art. único apartado 35 de Real Decreto-Ley 2/2023 de 16 de marzo de 2023, con vigencia desde 01/04/2023

inferior al umbral de la pobreza calculado para un hogar compuesto por dos adultos.

Para la determinación de dicho umbral de la pobreza se multiplicará por 1,5 el umbral de la pobreza correspondiente a un hogar unipersonal en los términos concretados para España en el último dato disponible de la Encuesta de Condiciones de Vida del Instituto Nacional de Estadística, actualizada hasta el año correspondiente de acuerdo con el crecimiento medio interanual de esa renta en los últimos ocho años.

2. La brecha existente entre la cuantía de referencia y el umbral de la pobreza calculado para un hogar de dos adultos, se reducirá progresivamente, de acuerdo con la siguiente escala:

– El 1 de enero de 2024 la cuantía de referencia se incrementará adicionalmente en el porcentaje necesario para reducir en un 20 por ciento la brecha que exista.

– El 1 de enero de 2025 la cuantía de referencia se incrementará adicionalmente en el porcentaje necesario para reducir en un 30 por ciento la brecha que exista.

– El 1 de enero de 2026 la cuantía de referencia se incrementará adicionalmente en el porcentaje necesario para reducir en un 50 por ciento la brecha que exista.

– El 1 de enero de 2027 la cuantía de referencia se incrementará adicionalmente, si ello fuese necesario, hasta alcanzar el umbral de pobreza calculado para un hogar de dos adultos.

3. La cuantía mínima de la pensión de viudedad con cargas familiares, las de pensiones contributivas con cónyuge a cargo, excepto la de incapacidad permanente total de menores de 60 años, serán desde el año 2024 iguales a la cuantía de referencia del apartado 1.

4. El resto de las cuantías mínimas de las pensiones contributivas, una vez revalorizadas, se incrementarán adicionalmente cada año y en el mismo periodo en un porcentaje equivalente al 50 por ciento de los porcentajes resultantes del apartado 2.

5. Las pensiones no contributivas, una vez revalorizadas conforme dispone el artículo 62, se incrementaran adicionalmente cada año, en el mismo período y por el mismo procedimiento previsto en el apartado 2, pero con la referencia de multiplicar por 0,75 el umbral de la pobreza de un hogar unipersonal.

6. La determinación de las cuantías a las que se refieren los apartados anteriores se efectuarán por las respectivas leyes presupuestos generales del Estado para cada año.

7. En cumplimiento de la recomendación 15 del Pacto de Toledo de 2020, el Gobierno realizará un seguimiento continuo de la evolución de las pensiones mínimas y de las pensiones no contributivas. A partir de este análisis, y con periodicidad anual, elevará un informe a la citada Comisión del Pacto de Toledo en el que evaluará el impacto de estas prestaciones en la reducción de la pobreza, con particular atención a la dimensión de género, y propondrá en su caso la revisión de los parámetros que inciden en la capacidad de estas prestaciones de eliminar la pobreza y dignificar el nivel de vida de sus perceptores.

Disposición adicional quincuagésima cuarta. *Garantía de servicios a personas beneficiarias del nivel asistencial.* [568] Las personas beneficiarias del subsidio por desempleo tendrán garantizado, en todo caso, el acceso al itinerario o plan personalizado adecuado a su perfil, previsto en el artículo 56.1.c) de la Ley 3/2023, de 28 de febrero, y dentro del marco del acuerdo de actividad previsto en el artículo 3 de la precitada Ley.

Disposición adicional quincuagésima quinta. *Evaluación financiera y de mejora de la empleabilidad.* [569] En el marco de la evaluación de la política de empleo establecida en el Título VI de la Ley 3/2023, de 28 de febrero, se llevará a cabo una evaluación específica de la eficacia e impacto del nivel asistencial de la protección por desempleo en la mejora de la empleabilidad de las personas beneficiarias de esta.

Disposición adicional quincuagésima sexta. *Acceso extraordinario a la prestación contributiva por desempleo de las personas trabajadoras transfronterizas en las ciudades autónomas de*

---

[568] Añadida por art. 2 apartado 18 de Real Decreto-Ley 2/2024 de 21 de mayo de 2024, con vigencia desde 01/11/2024

[569] Añadida por art. 2 apartado 19 de Real Decreto-Ley 2/2024 de 21 de mayo de 2024, con vigencia desde 01/11/2024

Ceuta y Melilla. [570] Los trabajadores residentes en el Reino de Marruecos que hayan desempeñado su última relación laboral en las ciudades de Ceuta y Melilla, amparados por autorización de trabajo para trabajadores transfronterizos, podrán acceder a la protección por desempleo de nivel contributivo sin necesidad de acreditar residencia en España, siempre que reúnan todos los requisitos establecidos en la legislación aplicable y en las condiciones que se establezcan reglamentariamente.

Disposición adicional quincuagésima séptima. *Acceso al subsidio por desempleo de emigrantes retornados.* [571] 1. Serán beneficiarios del subsidio por desempleo regulado en esta disposición los trabajadores españoles que acrediten su condición de emigrantes retornados mediante el Certificado de Emigrante retornado expedido por el Área o Dependencia de Trabajo e Inmigración de la Delegación o Subdelegación del Gobierno de la provincia correspondiente al domicilio en el que ha fijado su residencia en España, así como el cumplimiento de los siguientes requisitos:

a) Estar desempleados y no tener derecho a la prestación por desempleo de nivel contributivo.

b) Estar inscritos como demandantes de empleo y haber suscrito el acuerdo de actividad regulado en el artículo 3 de la Ley 3/2023 de 28 de febrero.

c) Haber retornado de países no pertenecientes al Espacio Económico Europeo, o con los que no exista convenio sobre protección por desempleo.

d) Haber trabajado en los citados países, como mínimo, doce meses en los últimos seis años desde su última salida de España. Los hijos o nietos de emigrantes españoles que por primera vez vayan a fijar su residencia permanente en España, han de haber ejercicio la nacionalidad española durante la realización de los doce meses de trabajo.

e) No haber obtenido prestaciones por desempleo en el país de emigración.

f) Carecer de rentas en los términos establecidos en el artículo 275.

---

[570] Añadida por art. 2 apartado 20 de Real Decreto-Ley 2/2024 de 21 de mayo de 2024, con vigencia desde 01/11/2024

[571] Añadida por art. 2 apartado 21 de Real Decreto-Ley 2/2024 de 21 de mayo de 2024, con vigencia desde 01/11/2024

2. La fecha del hecho causante para acceder al subsidio regulado en esta disposición es aquella en la que la persona retorna a España para fijar su residencia de forma permanente.

3. A los efectos de solicitudes, nacimiento y prórroga del derecho a este subsidio resultará de aplicación lo previsto en el artículo 276.

4. La duración máxima del subsidio será de dieciocho meses y su cuantía se determinará de acuerdo con lo previsto en el artículo 278.

5. Este subsidio es incompatible con el trabajo por cuenta propia, aunque no implique la inclusión obligatoria en alguno de los regímenes de la Seguridad Social o en alguna mutualidad de previsión social alternativa. Este subsidio aplicará el régimen de compatibilidad establecido en el artículo 282.3

6. El subsidio regulado en esta disposición se suspenderá, reanudará y extinguirá conforme a lo previsto en el artículo 279.1 y 2.

7. En lo no previsto expresamente en esta disposición se estará a lo establecido en el título III.

Disposición adicional quincuagésima octava. *Acceso al subsidio por desempleo por las personas víctimas de violencia de género o sexual.* [572] 1. Serán beneficiarias del subsidio por desempleo regulado en esta disposición las personas víctimas de violencia de género o sexual, que, además, reúnan los requisitos siguientes:

a) No tener derecho a la prestación por desempleo de nivel contributivo.

b) No haber sido beneficiarias de tres derechos al programa de renta activa de inserción regulados en el Real Decreto 1369/2006, de 24 de noviembre, aunque no se hubieran disfrutado por el periodo de duración máxima de la renta, salvo que, desde la fecha del nacimiento del primero de los derechos hasta la de la solicitud del subsidio regulado en esta disposición, hubieran transcurrido tres o más años.

c) Estar inscritas como demandantes de empleo y haber suscrito el acuerdo de actividad regulado en el artículo 3 de la Ley 3/2023, de 28 de febrero.

d) Carecer de rentas propias en los términos previstos en el artículo 275.1, salvo en el supuesto de que se tenga cónyuge, pareja de hecho y/o hijos menores de veintiséis años, o mayores con discapacidad, o

---

[572] Añadida por art. 2 apartado 22 de Real Decreto-Ley 2/2024 de 21 de mayo de 2024, con vigencia desde 01/11/2024

menores acogidos y acogidas o en guarda con fines de adopción o acogimiento, en cuyo caso, se deberá cumplir el requisito de tenencia de responsabilidades familiares conforme a lo establecido en los apartados 2 y 3 del mismo artículo.

2. Tendrán consideración de víctimas de violencia de género y sexual las personas a las que se refiere, respectivamente, el artículo 1.1 y 4 de la Ley Orgánica 1/2004, de 28 de diciembre, de Medidas de Protección Integral contra la Violencia de Género, y el artículo 3.1 y 2 de la Ley Orgánica 10/2022, de 6 de septiembre, de garantía integral de la libertad sexual.

3. Las situaciones de violencia de género o sexual que dan lugar al reconocimiento del subsidio por desempleo se acreditarán, respectivamente, conforme a lo establecido en el artículo 23 de la Ley Orgánica 1/2004, de 28 de diciembre, de Medidas de Protección Integral contra la Violencia de Género, y según lo dispuesto en el artículo 37 de la Ley Orgánica 10/2022, de 6 de septiembre, de garantía integral de la libertad sexual.

4. La fecha del hecho causante para acceder al subsidio regulado en esta disposición es aquella en que se emita por la Administración competente el correspondiente informe que acredite ser víctima de violencia de violencia de género o sexual, aquella en que se emita el informe del Ministerio Fiscal, o la de la notificación a la persona interesada de la correspondiente sentencia o resolución judicial.

5. A los efectos de solicitudes, nacimiento y prórroga del derecho a este subsidio resultará de aplicación lo previsto en el artículo 276.

6. La cuantía del subsidio previsto en esta disposición se determinará de acuerdo con lo previsto en el artículo 278.

7. La duración máxima del subsidio, en este supuesto, será de treinta meses, salvo que la persona hubiera sido beneficiaria con anterioridad de uno o dos derechos al programa de Renta Activa de Inserción regulada en el Real Decreto 1369/2006, de 24 de noviembre, en cuyo caso, la duración máxima será de veinte y de diez meses, respectivamente.

8. El subsidio regulado en esta disposición se suspenderá, reanudará y extinguirá conforme a lo previsto en el artículo 279.1 y 2.

9. Este subsidio es incompatible con el trabajo por cuenta propia, aunque no implique la inclusión obligatoria en alguno de los regímenes de la Seguridad Social o en alguna mutualidad de previsión social

alternativa. A este subsidio se le aplicará el régimen de compatibilidad establecido en el artículo 282.3.

10. Las personas que hayan agotado la duración máxima del subsidio que en cada caso corresponda por ser víctimas de violencia de género o sexual, podrán acceder de nuevo al mismo si lo solicitan, acreditando cumplir los requisitos exigidos, una vez transcurridos tres o más años desde el nacimiento del primer derecho a la renta activa de inserción como víctima de violencia de género o sexual o desde el nacimiento del derecho al subsidio regulado en esta disposición, en caso de no haber percibido previamente la renta activa de inserción como víctima de violencia de género o sexual.

11. Lo previsto en esta disposición resultará de aplicación a las víctimas de violencia ejercida por sus padres o por sus hijos. En este supuesto, la situación de violencia se acreditará mediante sentencia o cualquier otra resolución judicial que acuerde una medida cautelar a favor de la víctima, o bien por el informe del Ministerio Fiscal.

12. En lo no previsto expresamente en esta disposición se estará a lo establecido en el título III.

Disposición adicional quincuagésima novena. *Régimen de compatibilidad aplicable a las prestaciones por desempleo.* [573] 1. No obstante lo previsto en el artículo 282, las prestaciones contributivas por desempleo nacidas a partir del 1 de abril de 2025 cuyo periodo reconocido de derecho fuera superior a doce meses, una vez devengados los primeros nueve meses, serán compatibles con el trabajo por cuenta ajena a tiempo completo y a tiempo parcial en la misma forma, condiciones y efectos previstos para el subsidio por desempleo en el apartado 3 del citado artículo, con las particularidades previstas en esta disposición.

El beneficiario podrá desistir de la aplicación de la compatibilidad presentando solicitud al efecto. Si dicha solicitud se presenta en el plazo de los quince días hábiles siguientes a la efectividad del complemento de apoyo al empleo por inicio de la relación laboral o por inicio del décimo mes de devengo de la prestación manteniendo uno o varios contratos a tiempo parcial, la prestación quedará suspendida por realizar un trabajo por cuenta ajena a tiempo completo o a tiempo

---

[573] Añadida por art. 2 apartado 23 de Real Decreto-Ley 2/2024 de 21 de mayo de 2024, con vigencia desde 01/11/2024

parcial desde la fecha de inicio de dicho trabajo o desde el inicio del décimo mes de devengo. Solicitada fuera de dicho plazo, la prestación se suspenderá desde la fecha en que se solicite. En ambos casos, una vez suspendida la prestación, quedará sujeta a las condiciones generales de reanudación por colocación, sin posibilidad de compatibilizar la misma, a partir de entonces, con el trabajo a tiempo parcial conforme a lo previsto en el artículo 282.2

2. No obstante lo previsto en el artículo 282, las prestaciones contributivas por desempleo nacidas antes del 1 de abril de 2025, cuyo periodo de derecho fuera superior a doce meses, a partir de dicha fecha, y una vez devengados los primeros nueve meses, serán compatibles con el trabajo por cuenta ajena a tiempo completo, en la misma forma, condiciones y efectos previstos para el subsidio por desempleo en el apartado 3 del citado artículo, con las particularidades previstas en esta disposición, y previa solicitud del beneficiario. Presentada la solicitud en el plazo de los quince días hábiles siguientes al inicio de la relación laboral, se percibirá el complemento de apoyo al empleo desde el inicio de la relación laboral. Presentada la solicitud fuera de dicho plazo, producirá efectos desde la fecha de presentación de la solicitud.

3. La cuantía y duración del complemento de apoyo al empleo aplicable a las prestaciones contributivas, se determinará de acuerdo con la tabla siguiente:

Mes de prestación en que se percibe el complemento de apoyo al empleo	CAE. Empleo a tiempo completo (% IPREM)	CAE. Empleo a tiempo parcial >= 75 % de la jornada (% IPREM)	CAE. Empleo a tiempo parcial <75 % y >=50 % de la jornada (% IPREM)	CAE. Empleo a tiempo parcial <50 % de la jornada (% IPREM)	Duración máxima
10.ª	80	75	70	60	30
11.ª	80	75	70	60	60
12.ª	80	75	70	60	90
13.º a 15.º	80	75	70	60	180
16.º a 18.º	60	50	45	40	180
19.º a 21.º	40	35	30	25	180
22.º a 24.º	30	25	20	15	180

Para la determinación de la duración máxima se tendrá en cuenta el mes de prestación en que se inicie la compatibilización. La cuantía del complemento de apoyo al empleo se determinará, cada mes a partir del decimotercer mes, en función de la jornada pactada al inicio de la compatibilización y del mes en que se encuentre en cada momento el perceptor del complemento de apoyo conforme a la tabla anterior.

4. El acceso al subsidio previsto en el artículo 274.1.a) o en el artículo 280 como consecuencia del agotamiento de prestaciones por desempleo reconocidas a partir de 1 de abril de 2025, se entenderá, a efectos de determinación de la cuantía inicial del complemento de apoyo al empleo, como una continuación de la citada prestación. Así, para quien acceda a estos subsidios después de haber agotado una prestación por desempleo de más de doce meses, la cuantía del complemento de apoyo al empleo por compatibilidad con empleo a tiempo completo y a tiempo parcial se determinará de acuerdo con la tabla del artículo 282.3, considerándose como referencia temporal el número de meses transcurridos en cada momento a partir del decimotercer mes de prestación.

5. La prestación contributiva por desempleo será incompatible con el trabajo por cuenta ajena cuando el salario bruto mensual sea superior al 375 por ciento del IPREM en la forma que se establezca reglamentariamente.

6. El complemento de apoyo al empleo como compatibilidad de la prestación contributiva tendrá a todos los efectos naturaleza jurídica de prestación por desempleo de nivel contributivo.

7. Durante el periodo de percepción del complemento de apoyo al empleo por colocación a tiempo completo compatible con la prestación y el subsidio por desempleo, la entidad gestora no ingresará cotizaciones a la Seguridad Social. Cuando este complemento sea compatible con una colocación a tiempo parcial, la entidad gestora cotizará reduciendo la base de cotización de forma proporcional al tiempo trabajado.

Disposición adicional sexagésima. *Seguimiento de los convenios celebrados entre las mutuas colaboradoras con la Seguridad Social y los Servicios Públicos de Salud, así como de evaluación de la incapacidad temporal.* [574] En el plazo de 3 meses, se creará una comisión estatal para la vigilancia y el control de la ejecución de los convenios de los

---

[574] Añadida por art. 1 apartado 8 de Real Decreto-Ley 11/2024 de 23 de diciembre de 2024, con vigencia desde 25/12/2024

servicios públicos de salud con las mutuas, así como para evaluar el funcionamiento operativo de los mismos, estudiar y proponer la adopción de medidas necesarias para mejorar su efectividad e impulsar su aplicación. Además, dicha comisión procederá al análisis de la incapacidad temporal por contingencias comunes, incluyendo el seguimiento de las causas, la incidencia y duración de los procesos; procediéndose a estudiar el impacto que la respuesta del Sistema Nacional de Salud, en cada uno de los ámbitos, tiene en los procesos de incapacidad temporal; y establecer líneas de actuación dirigidas a proteger la salud de las personas trabajadoras y así reducir el número de procesos y su duración, incluido el seguimiento y evaluación de dichas actuaciones.

Dicha comisión estará integrada por el Gobierno, por medio de representantes de la Secretaría de Estado de Seguridad Social y pensiones, y por representantes de las organizaciones empresariales y sindicales más representativas a nivel estatal.

Igualmente, en cada Comunidad Autónoma se constituirá una comisión de seguimiento de los convenios para la mejora en la gestión de la incapacidad temporal y de asistencia sanitaria entre la respectiva Consejería competente en materia de Sanidad, las Mutuas Colaboradoras de la Seguridad Social y el Instituto Nacional de la Seguridad Social, de la que formarán parte cada uno de los agentes sociales que tengan representación en las comisiones ejecutivas del Instituto Nacional de Seguridad Social en ese territorio.

DISPOSICIONES TRANSITORIAS

Disposición transitoria primera. *Derechos transitorios derivados de la legislación anterior a 1967.* 1. Las prestaciones del Régimen General causadas con anterioridad a 1 de enero de 1967 continuarán rigiéndose por la legislación anterior. Igual norma se aplicará respecto a las prestaciones de los regímenes especiales que se causen con anterioridad a la fecha en que se inicien los efectos de cada uno de ellos, lo cual tendrá lugar en la forma que se preveía en el apartado 3 de la disposición final primera de la Ley de la Seguridad Social de 21 de abril de 1966.

Se entenderá por prestación causada aquella a la que tenga derecho el beneficiario por haberse producido las contingencias o situaciones objeto de protección y hallarse en posesión de todos los requisitos que condicionan su derecho, aunque aún no lo hubiera ejercitado.

2. También continuarán rigiéndose por la legislación anterior las revisiones y conversiones de las pensiones ya causadas que procedan en virtud de lo previsto en aquella legislación.

3. Subsistirán las mejoras voluntarias de prestaciones de la Seguridad Social establecidas por las empresas de acuerdo con la legislación anterior, sin perjuicio de las variaciones que sean necesarias para adaptarlas a las normas de la presente ley.

4. Quienes, de acuerdo con lo establecido en el artículo 21 del Reglamento General del Mutualismo Laboral, de 10 de septiembre de 1954, tuvieran la condición de mutualistas, la conservarán y seguirán rigiéndose a todos los efectos, por el citado reglamento general, sin alteración de los derechos y obligaciones dimanantes de su respectivo contrato.

Disposición transitoria segunda. *Prestaciones del extinguido Seguro Obligatorio de Vejez e Invalidez.* 1. Quienes en 1 de enero de 1967, cualquiera que fuese su edad en dicha fecha, tuviesen cubierto el período de cotización exigido por el extinguido Seguro de Vejez e Invalidez o que, en su defecto, hubiesen figurado afiliados al extinguido Régimen de Retiro Obrero Obligatorio, conservarán el derecho a causar las prestaciones del primero de dichos seguros, con arreglo a las condiciones exigidas por la legislación del mismo, y siempre que los interesados no tengan derecho a ninguna pensión a cargo de los regímenes que integran el sistema de la Seguridad Social, con excepción de las pensiones de viudedad de las que puedan ser beneficiarios; entre tales pensiones se entenderán incluidas las correspondientes a las entidades sustitutorias que han de integrarse en dicho sistema, de acuerdo con lo previsto en la disposición transitoria vigésima primera.

2. La cuantía de las pensiones del extinguido Seguro Obligatorio de Vejez e Invalidez, concurrentes o no con otras pensiones públicas, será la que se establezca en la correspondiente Ley de Presupuestos Generales del Estado. [575]

---

[575] Véanse, para 2025 art. 65.4 RDL 1/2025 de 28 enero y para 2024 art. 78.4 RDL 8/2023 de 27 diciembre

3. Cuando concurran la pensión de viudedad y la del Seguro Obligatorio de Vejez e Invalidez, su suma no podrá ser superior al doble del importe de la pensión mínima de viudedad para beneficiarios con sesenta y cinco o más años que esté establecido en cada momento. Caso de superarse dicho límite, se procederá a la minoración de la cuantía de la pensión del Seguro Obligatorio de Vejez e Invalidez, en el importe necesario para no exceder del límite indicado. [576]

4. Lo establecido en la disposición adicional quincuagésima tercera, apartado 4, se aplicará a la revalorización de las pensiones del Seguro Obligatorio de Vejez e Invalidez en los supuestos en que proceda dicha revalorización. [577]

Disposición transitoria tercera. *Cotizaciones efectuadas en anteriores regímenes.* 1. Las cotizaciones efectuadas en los anteriores regímenes de Seguros Sociales Unificados, Desempleo y Mutualismo Laboral se computarán para el disfrute de las prestaciones del Régimen General de la Seguridad Social.

2. Los datos sobre cotización que obren en la Administración de la Seguridad Social podrán ser impugnados ante la misma y, en su caso, ante los órganos jurisdiccionales del orden social. Los documentos oficiales de cotización que hayan sido diligenciados, en su día, por las oficinas recaudadoras constituirán el único medio de prueba admisible a tales efectos.

3. Las disposiciones de aplicación y desarrollo de esta ley fijarán las normas específicas para computar las cotizaciones efectuadas en los anteriores regímenes de Seguro de Vejez e Invalidez y de Mutualismo Laboral, a fin de determinar el número de años de cotización del que depende la cuantía de la pensión de jubilación establecida en la presente ley.

Dichas normas determinarán un sistema de cómputo que deberá ajustarse a los principios siguientes:

a) Tomar como base las cotizaciones realmente realizadas durante los siete años inmediatamente anteriores al 1 de enero de 1967.

---

[576] Véase disp. trans. única Ley 9/2005, de 6 junio, para compatibilizar las pensiones del Seguro Obligatorio de Vejez e Invalidez (SOVI) con las pensiones de viudedad del sistema de la Seguridad Social

[577] Añadido apartado 4 por art. 80 apartado 2 de Real Decreto-Ley 8/2023 de 27 de diciembre de 2023, con vigencia desde 01/01/2024

b) Inducir, con criterio general y partiendo del número de días cotizados en el indicado periodo, el de años de cotización, anteriores a la fecha mencionada en el apartado a), imputables a cada trabajador.

c) Ponderar las fechas en que se implantaron los regímenes de pensiones de vejez y jubilación ya derogados y las edades de los trabajadores en 1 de enero de 1967.

d) Permitir que los trabajadores, que en la fecha mencionada en el apartado a) tengan edades más avanzadas, puedan acceder, en su caso, al cumplir los sesenta y cinco años de edad, a niveles de pensiones que no podrían alcanzar dados los años de existencia de los regímenes derogados.

Disposición transitoria cuarta. *Aplicación de legislaciones anteriores para causar derecho a pensión de jubilación.* 1. El derecho a las pensiones de jubilación se regulará en el Régimen General de acuerdo con las siguientes normas:

1.ª) Las disposiciones de aplicación y desarrollo de la presente ley regularán las posibilidades de opción, así como los derechos que, en su caso, puedan reconocerse en el Régimen General a aquellos trabajadores que, con anterioridad a 1 de enero de 1967, estuvieran comprendidos en el campo de aplicación del Seguro de Vejez e Invalidez, pero no en el Mutualismo Laboral, o viceversa.

2.ª) Quienes tuvieran la condición de mutualista el 1 de enero de 1967 podrán causar el derecho a la pensión de jubilación a partir de los sesenta años. En tal caso, la cuantía de la pensión se reducirá en un 8 por ciento por cada año o fracción de año que, en el momento del hecho causante, le falte al trabajador para cumplir la edad de 65 años.

En los supuestos de trabajadores que, cumpliendo los requisitos señalados en el apartado anterior, y acreditando treinta o más años de cotización, soliciten la jubilación anticipada derivada del cese en el trabajo como consecuencia de la extinción del contrato de trabajo, en virtud de causa no imputable a la libre voluntad del trabajador, el porcentaje de reducción de la cuantía de la pensión a que se refiere el párrafo anterior será, en función de los años de cotización acreditados, el siguiente:

1.º Entre treinta y treinta y cuatro años acreditados de cotización: 7,5 por ciento.

2.º Entre treinta y cinco y treinta y siete años acreditados de cotización: 7 por ciento.

3.º Entre treinta y ocho y treinta y nueve años acreditados de cotización: 6,5 por ciento.

4.º Con cuarenta o más años acreditados de cotización: 6 por ciento.

A tales efectos, se entenderá por libre voluntad del trabajador la inequívoca manifestación de voluntad de quien, pudiendo continuar su relación laboral y no existiendo razón objetiva que la impida, decida poner fin a la misma. Se considerará, en todo caso, que el cese en la relación laboral se produjo de forma involuntaria cuando la extinción se haya producido por alguna de las causas previstas en el artículo 267.1.a). [578]

Asimismo, para el cómputo de los años de cotización se tomarán años completos, sin que se equipare a un año la fracción del mismo.

Se faculta al Gobierno para el desarrollo reglamentario de los supuestos previstos en los párrafos anteriores de la presente regla 2ª, quien podrá en razón del carácter voluntario o forzoso del acceso a la jubilación adecuar las condiciones señaladas para los mismos. [579]

Los coeficientes reductores de la edad de jubilación a los que se refieren los artículos 206 y 206 bis no serán tenidos en cuenta, en ningún caso, a efectos de acreditar la edad exigida para acceder a la jubilación regulada en la presente regla 2.ª Tampoco será de aplicación a la jubilación regulada en la presente regla el coeficiente del 0,50 previsto en el artículo 210.4 de esta ley. [580]

2. Los trabajadores que, reuniendo todos los requisitos para obtener el reconocimiento del derecho a pensión de jubilación en la fecha de entrada en vigor de la Ley 26/1985, de 31 de julio, de medidas urgentes para la racionalización de la estructura y de la acción protectora de la Seguridad Social, no lo hubieran ejercitado, podrán acogerse a la legislación anterior para obtener la pensión en las condiciones y cuantía a que hubieren tenido derecho el día anterior al de entrada en vigor de dicha ley.

3. Asimismo, podrán acogerse a la legislación anterior aquellos trabajadores que tuvieran reconocidas, antes de la entrada en vigor

---

[578] Véase disp. final 3ª.2 Ley 40/2007, de 4 diciembre, de medidas en materia de Seguridad Social

[579] Véase disp. adic. 4ª Ley 40/2007, de 4 diciembre, de medidas en materia de Seguridad Social

[580] Dada nueva redacción apartado 1 párrafo 6 por art. 1 apartado 19 de Ley 21/2021 de 28 de diciembre de 2021, con vigencia desde 01/01/2022

de la Ley 26/1985, de 31 de julio, ayudas equivalentes a jubilación anticipada, determinadas en función de su futura pensión de jubilación del sistema de la Seguridad Social, bien al amparo de planes de reconversión de empresas, aprobados conforme a las Leyes 27/1984, de 26 de julio sobre reconversión y reindustrialización, y 21/1982, de 9 de junio, sobre medidas para la reconversión industrial, bien al amparo de la correspondiente autorización del entonces Ministerio de Trabajo y Seguridad Social, dentro de las previsiones de los programas que venía desarrollando la extinguida Unidad Administradora del Fondo Nacional de Protección al Trabajo, o de los programas de apoyo al empleo aprobados por Orden de dicho Ministerio, de 12 de marzo de 1985.

El derecho establecido en el párrafo anterior también alcanzará a aquellos trabajadores comprendidos en planes de reconversión ya aprobados a la entrada en vigor de la Ley 26/1985, de 31 de julio, de acuerdo con las normas citadas en dicho párrafo, aunque aún no tengan solicitada individualmente la ayuda equivalente a jubilación anticipada.

4. Los trabajadores que, reuniendo todos los requisitos para obtener el reconocimiento del derecho a la pensión de jubilación en la fecha de entrada en vigor de la Ley 24/1997, de 15 de julio, de Consolidación y Racionalización del Sistema de Seguridad Social, no lo hubieran ejercitado, podrán optar por acogerse a la legislación anterior para obtener la pensión en las condiciones y cuantía a que hubiesen tenido derecho el día anterior al de entrada en vigor de dicha ley.

5. Se seguirá aplicando la regulación de la pensión de jubilación, en sus diferentes modalidades, requisitos de acceso, condiciones y reglas de determinación de prestaciones, vigentes antes de la entrada en vigor de la Ley 27/2011, de 1 de agosto, de actualización adecuación y modernización del sistema de la Seguridad Social, a las pensiones de jubilación que se causen, en los siguientes supuestos:

a) Las personas cuya relación laboral se haya extinguido antes de 1 de abril de 2013, siempre que con posterioridad a tal fecha no vuelvan a quedar incluidas en alguno de los regímenes del sistema de la Seguridad Social.

b) Las personas con relación laboral suspendida o extinguida como consecuencia de decisiones adoptadas en expedientes de regulación de empleo, o por medio de convenios colectivos de cualquier ámbito, acuerdos colectivos de empresa, así como por decisiones adoptadas en procedimientos concursales, aprobados, suscritos o declarados con anterioridad a 1 de abril de 2013.

Será condición indispensable que los indicados acuerdos colectivos de empresa se encuentren debidamente registrados en el Instituto Nacional de la Seguridad Social o en el Instituto Social de la Marina, en su caso, en el plazo que reglamentariamente se determine.

c) No obstante, para el reconocimiento del derecho a pensión de las personas a las que se refieren los apartados anteriores, la entidad gestora aplicará la legislación que esté vigente en la fecha del hecho causante de la misma, cuando resulte más favorable a estas personas. [581]

6. Se seguirá aplicando la regulación para la modalidad de jubilación parcial con simultánea celebración de contrato de relevo, vigente con anterioridad a la entrada en vigor de la Ley 27/2011, de 1 de agosto, de actualización, adecuación y modernización del sistema de la Seguridad Social, a pensiones causadas antes del 1 de enero de 2030, siempre que se acrediten los siguientes requisitos:

a) Que el trabajador que solicite el acceso a la jubilación parcial realice directamente funciones que requieran esfuerzo físico o alto grado de atención en tareas de fabricación, elaboración o transformación, así como en las de montaje, puesta en funcionamiento, mantenimiento y reparación especializados de maquinaria y equipo industrial en empresas clasificadas como industria manufacturera.

b) Que el trabajador que solicite el acceso a la jubilación parcial acredite un período de antigüedad en la empresa de, al menos, seis años inmediatamente anteriores a la fecha de la jubilación parcial. A tal efecto, se computará la antigüedad acreditada en la empresa anterior si ha mediado una sucesión de empresa en los términos previstos en el artículo 44 del texto refundido de la Ley del Estatuto de los Trabajadores, aprobado por el Real Decreto Legislativo 2/2015, de 23 de octubre, o en empresas pertenecientes al mismo grupo.

c) Que en el momento del hecho causante de la jubilación parcial el porcentaje de trabajadores en la empresa cuyo contrato de trabajo lo sea por tiempo indefinido, supere el 75 por ciento del total de los trabajadores de su plantilla.

d) Que la reducción de la jornada de trabajo del jubilado parcial se halle comprendida entre un mínimo de un 25 por ciento y un

---

[581] Dada nueva redacción apartado 5 por art. 1 apartado 19 de Ley 21/2021 de 28 de diciembre de 2021, con vigencia desde 01/01/2022

máximo del 67 por ciento, o del 80 por ciento para los supuestos en que el trabajador relevista sea contratado a jornada completa mediante un contrato de duración indefinida. Dichos porcentajes se entenderán referidos a la jornada de un trabajador a tiempo completo comparable.

e) Que exista una correspondencia entre las bases de cotización del trabajador relevista y del jubilado parcial, de modo que la del trabajador relevista no podrá ser inferior al 65 por ciento del promedio de las bases de cotización correspondientes a los seis últimos meses del período de base reguladora de la pensión de jubilación parcial.

f) Que se acredite un período de cotización de treinta y tres años en la fecha del hecho causante de la jubilación parcial, sin que a estos efectos se tenga en cuenta la parte proporcional correspondiente por pagas extraordinarias. A estos exclusivos efectos, solo se computará el período de prestación del servicio militar obligatorio o de la prestación social sustitutoria, o del servicio social femenino obligatorio, con el límite máximo de un año.

En el supuesto de personas con discapacidad en grado igual o superior al 33 por ciento, el período de cotización exigido será de veinticinco años.

g) Sin perjuicio de la reducción de jornada a que se refiere la letra d), durante el período de disfrute de la jubilación parcial, empresa y trabajador cotizarán por el 80 por ciento de la base de cotización que, en su caso, hubiese correspondido al jubilado parcial de seguir trabajando este a jornada completa. Esta cotización se aplicará de forma gradual de acuerdo con la siguiente escala:

– 1.º Durante el año 2025, la base de cotización será equivalente al 40 por ciento de la base de cotización que hubiera correspondido a jornada completa.

– 2.º Durante el año 2026, la base de cotización será equivalente al 50 por ciento de la base de cotización que hubiera correspondido a jornada completa.

– 3.º Durante el año 2027, la base de cotización será equivalente al 60 por ciento de la base de cotización que hubiera correspondido a jornada completa.

– 4.º Durante el año 2028, la base de cotización será equivalente al 70 por ciento de la base de cotización que hubiera correspondido a jornada completa.

– 5.º Durante el año 2029, la base de cotización será equivalente al 80 por ciento de la base de cotización que hubiera correspondido a jornada completa.

A efectos de la aplicación de lo establecido en este apartado, la compatibilidad efectiva entre trabajo y pensión permitirá la acumulación del tiempo de trabajo en periodos de días en la semana, semanas en el mes, meses en el año u otros periodos de tiempo, de conformidad con lo dispuesto en pacto individual o, en su caso, en la negociación colectiva, en todas sus expresiones, incluido el acuerdo de centro de trabajo, sin que en ningún ámbito se pueda limitar o impedir su uso. [582]

7. A los solos efectos del cálculo de la base reguladora de la pensión de jubilación, cuando el hecho causante se produzca con posterioridad al 31 de diciembre de 2025 y antes de 31 de diciembre de 2040, la entidad gestora aplicará en su integridad lo previsto en el artículo 209.1 en su redacción vigente el día 1 de enero de 2023 cuando dicho cálculo resulte más favorable que el vigente en la fecha en que se cause la pensión.

Para los hechos causantes que se produzcan durante el año 2041, la entidad gestora aplicará, en su integridad, lo previsto en el artículo 209.1, en su redacción vigente el día 1 de enero de 2023, con una la base reguladora que comprenderá las bases de cotización de los últimos 306 meses entre 357, cuando dicho cálculo resulte más favorable que el vigente en la fecha en que se cause la pensión.

En 2042, la entidad gestora aplicará, en su integridad, lo previsto en el artículo 209.1 en su redacción vigente el día 1 de enero de 2023, con una base reguladora que comprenderá las bases de cotización de los últimos 312 meses entre 364, cuando dicho cálculo resulte más favorable que el vigente en la fecha en que se cause la pensión.

En 2043, la entidad gestora aplicará, en su integridad, lo previsto en el artículo 209.1 en su redacción vigente el día 1 de enero de 2023, con una base reguladora que comprenderá las bases de cotización de los últimos 318 meses entre 371, cuando dicho cálculo resulte más favorable que el vigente en la fecha en que se cause la pensión.

[582] Dada nueva redacción apartado 6 por art. 1 apartado 9 de Real Decreto-Ley 11/2024 de 23 de diciembre de 2024, con vigencia desde 25/12/2024

A partir de 2044, se aplicará lo previsto en el artículo 209.1 en la redacción vigente desde el 1 de enero de 2026. [583]

Disposición transitoria quinta. *Jubilación anticipada en determinados casos especiales.* 1. Esta disposición será de aplicación a hechos causantes producidos a partir de 1 de abril de 1998, en los supuestos en que, habiéndose cotizado a varios regímenes del sistema de la Seguridad Social, el interesado no reúna todos los requisitos exigidos para acceder a la pensión de jubilación en ninguno de ellos, considerando únicamente las cotizaciones acreditadas en cada uno de los regímenes.

En los supuestos indicados, resolverá sobre el derecho a la pensión de jubilación el régimen en el que se acredite el mayor número de cotizaciones, computando como cotizadas al mismo la totalidad de las que acredite el interesado.

No obstante lo establecido en los párrafos anteriores, cuando el trabajador no haya cumplido la edad mínima para causar el derecho a la pensión de jubilación en el régimen por el que deba resolverse el derecho, por ser aquel en que se acredite el mayor número de cotizaciones, podrá reconocerse la pensión por dicho régimen, siempre que se acredite el requisito de edad en alguno de los demás regímenes que se hayan tenido en cuenta para la totalización de los períodos de cotización, en los términos que se establecen en los apartados siguientes.

2. Para la aplicación de lo establecido en el tercer párrafo del apartado anterior será necesaria la concurrencia de los siguientes requisitos:

a) Que el interesado tuviese la condición de mutualista el 1 de enero de 1967 o en cualquier fecha con anterioridad o que se le certifique por algún país extranjero períodos cotizados o asimilados, en razón de actividades realizadas en el mismo, con anterioridad a las fechas indicadas, que, de haberse efectuado en España, hubieran dado lugar a la inclusión de aquel en alguna de las mutualidades laborales, y que, en virtud de las normas de derecho internacional, deban ser tomadas en consideración.

b) Que, al menos, la cuarta parte de las cotizaciones totalizadas a lo largo de la vida laboral del trabajador se hayan efectuado en

[583] Añadido apartado 7 por art. único apartado 36 de Real Decreto-Ley 2/2023 de 16 de marzo de 2023, con vigencia desde 01/04/2023

los regímenes que reconozcan el derecho a la jubilación anticipada o a los precedentes de dichos regímenes, o a regímenes de Seguridad Social extranjeros, en los términos y condiciones señalados en la letra anterior, salvo que el total de cotizaciones a lo largo de la vida laboral del trabajador sea de treinta o más años, en cuyo caso, será suficiente con que se acredite un mínimo de cotizaciones de cinco años en los regímenes antes señalados.

3. El reconocimiento del derecho a la pensión de jubilación con menos de sesenta y cinco años, cuando se cumplan las exigencias establecidas en los apartados precedentes, se llevará a cabo por el régimen en que el interesado acredite mayor número de cotizaciones, aplicando sus normas reguladoras.

La pensión de jubilación será objeto de reducción, mediante la aplicación del porcentaje del 8 por ciento por cada año o fracción de año que, en el momento del hecho causante, le falte al interesado para el cumplimiento de los sesenta y cinco años.

Lo establecido en el párrafo precedente, se entiende sin perjuicio de lo previsto en el párrafo segundo, norma 2.ª, de la disposición transitoria cuarta de esta ley, así como en la disposición transitoria primera de la Ley 47/2015, de 21 de octubre, reguladora de la protección social de las personas trabajadoras del sector marítimo-pesquero.

4. Las referencias al 1 de enero de 1967 se entenderán realizadas a la fecha que se determine en sus respectivas normas reguladoras, respecto a los regímenes o colectivos que contemplen otra distinta, en orden a la posibilidad de anticipación de la edad de jubilación.

5. Esta disposición no será de aplicación en el Régimen de Clases Pasivas del Estado. El cómputo recíproco de cotizaciones entre dicho régimen y los demás regímenes del sistema de la Seguridad Social se regirá por lo establecido en el Real Decreto 691/1991, de 12 de abril, sobre cómputo recíproco de cuotas entre regímenes de Seguridad Social.

Disposición transitoria sexta. *Situación asimilada a la de alta en los procesos de reconversión.* 1. Durante el periodo de percepción de la ayuda equivalente a la jubilación anticipada prevista en la Ley 27/1984, de 26 de julio, sobre Reconversión y Reindustrialización, el beneficiario será considerado en situación asimilada a la de alta en el correspondiente régimen de la Seguridad Social, y continuará cotizándose por él según el tipo establecido para las contingencias generales del régimen de que se trate. A tal efecto, se tomará como base de cotización la remuneración media que haya servido para la determinación de la cuantía de la ayuda equivalente a la jubilación anticipada, con el coeficiente de actualización anual que establezca el Ministerio de Empleo y Seguridad Social, de modo que, al cumplir la edad general de jubilación, el beneficiario pueda acceder a la pensión con plenos derechos.

2. Las aportaciones que lleven a cabo las empresas o los fondos de promoción de empleo, tanto para la financiación de las ayudas equivalentes a la jubilación anticipada como a efectos de lo previsto en el apartado anterior, podrán equipararse, a efectos de recaudación, a las cuotas de la Seguridad Social.

Disposición transitoria séptima. *Aplicación paulatina de la edad de jubilación y de los años de cotización.* Las edades de jubilación y el período de cotización a que se refiere el artículo 205.1.a), así como las referencias a la edad que se contienen en los artículos 152.1, 207.1.a) y 2, 208.1.a) y 2, 214.1.a) y 311.1 se aplicarán de forma gradual, en los términos que resultan del siguiente cuadro: [584]

Año	Períodos cotizados	Edad exigida
2013	35 años y 3 meses o más.	65 años.
	Menos de 35 años y 3 meses.	65 años y 1 mes.
2014	35 años y 6 meses o más.	65 años.
	Menos de 35 años y 6 meses.	65 años y 2 meses.
2015	35 años y 9 meses o más.	65 años.
	Menos de 35 años y 9 meses.	65 años y 3 meses.
2016	36 o más años.	65 años.
	Menos de 36 años.	65 años y 4 meses.

---

[584] Véase el art. 1 RD 1716/2012 de 28 diciembre, de desarrollo de las disposiciones establecidas, en materia de prestaciones, por la Ley 27/2011, de 1 de agosto, sobre actualización, adecuación y modernización del sistema de la Seguridad Social

Año	Períodos cotizados	Edad exigida
2017	36 años y 3 meses o más.	65 años.
	Menos de 36 años y 3 meses.	65 años y 5 meses.
2018	36 años y 6 meses o más.	65 años.
	Menos de 36 años y 6 meses.	65 años y 6 meses.
2019	36 años y 9 meses o más.	65 años.
	Menos de 36 años y 9 meses.	65 años y 8 meses.
2020	37 o más años.	65 años.
	Menos de 37 años.	65 años y 10 meses.
2021	37 años y 3 meses o más.	65 años.
	Menos de 37 años y 3 meses.	66 años.
2022	37 años y 6 meses o más.	65 años.
	Menos de 37 años y 6 meses.	66 años y 2 meses.
2023	37 años y 9 meses o más.	65 años.
	Menos de 37 años y 9 meses.	66 años y 4 meses.
2024	38 o más años.	65 años.
	Menos de 38 años.	66 años y 6 meses.
2025	38 años y 3 meses o más.	65 años.
	Menos de 38 años y 3 meses.	66 años y 8 meses.
2026	38 años y 3 meses o más.	65 años.
	Menos de 38 años y 3 meses.	66 años y 10 meses.
A partir del año 2027	38 años y 6 meses o más.	65 años.
	Menos de 38 años y 6 meses.	67 años.

La edad de sesenta y siete años a que se refieren los artículos 196.5 y 200.4 se aplicará gradualmente teniendo en cuenta la más elevada de las establecidas para cada año en el cuadro anterior.

Disposición transitoria octava. *Normas transitorias sobre la base reguladora de la pensión de jubilación.* 1. Lo previsto en el artículo 209.1 se aplicará de forma gradual del siguiente modo:

A partir de 1 de enero de 2013, la base reguladora de la pensión de jubilación será el resultado de dividir por 224 las bases de cotización durante los 192 meses inmediatamente anteriores al mes previo al del hecho causante.

A partir de 1 de enero de 2014, la base reguladora de la pensión de jubilación será el resultado de dividir por 238 las bases de cotización durante los 204 meses inmediatamente anteriores al mes previo al del hecho causante.

A partir de 1 de enero de 2015, la base reguladora de la pensión de jubilación será el resultado de dividir por 252 las bases de cotización durante los 216 meses inmediatamente anteriores al mes previo al del hecho causante.

A partir de 1 de enero de 2016, la base reguladora de la pensión de jubilación será el resultado de dividir por 266 las bases de cotización durante los 228 meses inmediatamente anteriores al mes previo al del hecho causante.

A partir de 1 de enero de 2017, la base reguladora de la pensión de jubilación será el resultado de dividir por 280 las bases de cotización durante los 240 meses inmediatamente anteriores al mes previo al del hecho causante.

A partir de 1 de enero de 2018, la base reguladora de la pensión de jubilación será el resultado de dividir por 294 las bases de cotización durante los 252 meses inmediatamente anteriores al mes previo al del hecho causante.

A partir de 1 de enero de 2019, la base reguladora de la pensión de jubilación será el resultado de dividir por 308 las bases de cotización durante los 264 meses inmediatamente anteriores al mes previo al del hecho causante.

A partir de 1 de enero de 2020, la base reguladora de la pensión de jubilación será el resultado de dividir por 322 las bases de cotización durante los 276 meses inmediatamente anteriores al mes previo al del hecho causante.

A partir de 1 de enero de 2021, la base reguladora de la pensión de jubilación será el resultado de dividir por 336 las bases de cotización durante los 288 meses inmediatamente anteriores al mes previo al del hecho causante.

A partir de 1 de enero de 2022, la base reguladora de la pensión de jubilación se calculará aplicando, en su integridad, lo establecido en el artículo 209.1.

2. Desde el 1 de enero de 2013 hasta el 31 de diciembre de 2016, para quienes hayan cesado en el trabajo por causa no imputable a su libre voluntad, por las causas y los supuestos contemplados en el artículo 267.1.a) y, a partir del cumplimiento de los cincuenta y cinco años de edad y al menos durante veinticuatro meses, hayan experimentado una reducción de las bases de cotización respecto de la acreditada con anterioridad a la extinción de la relación laboral, la base reguladora será el resultado de dividir por 280 las bases de cotización durante los 240 meses inmediatamente anteriores al mes previo al del hecho causante, siempre que resulte más favorable que la que le hubiese correspondido de acuerdo con lo establecido en el apartado anterior. [585]

3. Desde el 1 de enero de 2017 hasta el 31 de diciembre de 2021, para quienes hayan cesado en el trabajo por causa no imputable a su libre voluntad, por las causas y los supuestos contemplados en el artículo 267.1.a) y, a partir del cumplimiento de los cincuenta y cinco años de edad y al menos durante veinticuatro meses, hayan experimentado una reducción de las bases de cotización respecto de la acreditada con anterioridad a la extinción de la relación laboral, la base reguladora será la establecida en el artículo 209.1, siempre que resulte más favorable que la que le hubiese correspondido de acuerdo con lo establecido en el apartado 1. [586]

4. La determinación de la base reguladora de la pensión, en los términos regulados en los apartados 2 y 3, resulta de aplicación a los trabajadores por cuenta propia o autónomos con respecto a los cuales

---

[585] Véase el art.2 RD 1716/2012 de 28 diciembre, de desarrollo de las disposiciones establecidas, en materia de prestaciones, por la Ley 27/2011, de 1 de agosto, sobre actualización, adecuación y modernización del sistema de la Seguridad Social

[586] Véase el art.2 RD 1716/2012 de 28 diciembre, de desarrollo de las disposiciones establecidas, en materia de prestaciones, por la Ley 27/2011, de 1 de agosto, sobre actualización, adecuación y modernización del sistema de la Seguridad Social

haya transcurrido un año desde la fecha en que se haya agotado la prestación por cese de actividad, regulada en el título V, siempre que dicho cese se produzca a partir del cumplimiento de los cincuenta y cinco años de edad. [587]

5. Lo previsto en el apartado 1 será de aplicación a todos los regímenes de la Seguridad Social.

Disposición transitoria novena. *Aplicación de los porcentajes a atribuir a los años cotizados para calcular la pensión de jubilación.* Los porcentajes a que se refiere el artículo 210.1.b) serán sustituidos por los siguientes:

Durante los años 2013 a 2019.	Por cada mes adicional de cotización entre los meses 1 y 163, el 0,21 por ciento y por cada uno de los 83 meses siguientes, el 0,19 por ciento.
Durante los años 2020 a 2022.	Por cada mes adicional de cotización entre los meses 1 y 106, el 0,21 por ciento y por cada uno de los 146 meses siguientes, el 0,19 por ciento.
Durante los años 2023 a 2026.	Por cada mes adicional de cotización entre los meses 1 y 49, el 0,21 por ciento y por cada uno de los 209 meses siguientes, el 0,19 por ciento.
A partir del año 2027.	Por cada mes adicional de cotización entre los meses 1 y 248, el 0,19 por ciento y por cada uno de los 16 meses siguientes, el 0,18 por ciento.

Los indicados porcentajes serán también de aplicación en el supuesto previsto en el artículo 248.3 segundo párrafo.

Disposición transitoria décima. *Normas transitorias sobre jubilación parcial.* [588] *(Derogada)*

---

[587] Véase el art.2 RD 1716/2012 de 28 diciembre, de desarrollo de las disposiciones establecidas, en materia de prestaciones, por la Ley 27/2011, de 1 de agosto, sobre actualización, adecuación y modernización del sistema de la Seguridad Social

[588] Derogada por art. 1 apartado 10 de Real Decreto-Ley 11/2024 de 23 de diciembre de 2024, con vigencia desde 01/04/2025

Disposición transitoria undécima. *Aplicación de coeficientes reductores de la edad de jubilación.* [589] De conformidad con la disposición transitoria segunda de la Ley 40/2007, de 4 de diciembre, de medidas en materia de Seguridad Social, lo previsto en el párrafo primero del artículo 206.6 de esta ley no se aplicará a los trabajadores incluidos en los diferentes regímenes especiales que, en la fecha de entrada en vigor de la citada ley tuviesen reconocidos coeficientes reductores de la edad de jubilación, siendo de aplicación las reglas establecidas en la normativa anterior.

Disposición transitoria duodécima. *Cómputo a efectos de jubilación de períodos con exoneración de cuotas de trabajadores con sesenta y cinco o más años.* Con respecto a los trabajadores que hayan dado lugar a las exenciones de la obligación de cotizar previstas en los artículos 152 y 311 con anterioridad a 1 de enero de 2013 y que accedan al derecho a la pensión de jubilación con posterioridad a dicha fecha, el período durante el que se hayan extendido dichas exenciones será considerado como cotizado a efectos del cálculo de la pensión correspondiente.

Disposición transitoria decimotercera. *Norma transitoria sobre pensión de viudedad en supuestos de separación judicial o divorcio anteriores al 1 de enero de 2008.* 1. El reconocimiento del derecho a la pensión de viudedad no quedará condicionado a que la persona divorciada o separada judicialmente sea acreedora de la pensión compensatoria a que se refiere el párrafo segundo del artículo 220.1, cuando entre la fecha del divorcio o de la separación judicial y la fecha del fallecimiento del causante de la pensión de viudedad haya transcurrido un periodo de tiempo no superior a diez años, siempre que el vínculo matrimonial haya tenido una duración mínima de diez años y además concurra en el beneficiario alguna de las condiciones siguientes:

a) La existencia de hijos comunes del matrimonio.

b) Que tenga una edad superior a los cincuenta años en la fecha del fallecimiento del causante de la pensión.

La cuantía de la pensión de viudedad resultante se calculará de acuerdo con la normativa vigente con anterioridad a la fecha de en-

---

[589] Dada nueva redacción por art. 1 apartado 20 de Ley 21/2021 de 28 de diciembre de 2021, con vigencia desde 01/01/2022

trada en vigor de la Ley 40/2007, de 4 de diciembre, de medidas en materia de Seguridad Social.

En los supuestos a que se refiere el primer párrafo de esta disposición transitoria, la persona divorciada o separada judicialmente que hubiera sido deudora de la pensión compensatoria no tendrá derecho a pensión de viudedad.

En cualquier caso, la separación o divorcio debe haberse producido con anterioridad a la fecha de la entrada en vigor de la Ley 40/2007, de 4 de diciembre.

Lo dispuesto en esta disposición transitoria será también de aplicación a los hechos causantes producidos entre el 1 de enero de 2008 y el 31 de diciembre de 2009, e igualmente les será de aplicación lo dispuesto en el artículo 220 de esta ley.

2. También tendrán derecho a la pensión de viudedad las personas que se encuentren en la situación señalada en el primer párrafo del apartado anterior, aunque no reúnan los requisitos señalados en el mismo, siempre que se trate de personas con sesenta y cinco o más años, no tengan derecho a otra pensión pública y la duración del matrimonio con el causante de la pensión no haya sido inferior a quince años.

La pensión se reconocerá en los términos previstos en el apartado anterior.

Disposición transitoria decimocuarta. *Aplicación de beneficios por cuidado de hijos o menores.* 1. Los beneficios previstos en el artículo 236 serán de aplicación a partir de 1 de enero de 2013, siendo para ese año el período máximo computable como cotizado de ciento doce días por cada hijo o menor adoptado o acogido. Dicho período se irá incrementando anualmente hasta alcanzar un máximo de doscientos setenta días por hijo en el año 2019, sin que en ningún caso el período computable pueda ser superior a la interrupción real de la cotización.

No obstante, a partir de 1 de enero de 2013 y a los exclusivos efectos de determinar la edad de acceso a la jubilación prevista en el artículo 205.1.a), el período computable será de un máximo de doscientos setenta días cotizados por cada hijo o menor acogido a cargo.

2. En función de las posibilidades económicas del sistema de la Seguridad Social, podrán adoptarse las disposiciones necesarias para que el cómputo, como cotización efectiva, del periodo de cuidado por hijo o menor, en los términos contenidos en el párrafo primero

del apartado anterior, se anticipe antes del 2018, en los supuestos de familias numerosas.

Disposición transitoria decimoquinta. *Valor del parámetro a de la expresión matemática para la determinación del índice de revalorización de las pensiones contributivas.* En el período de 2014 a 2019, ambos inclusive, a efectos de determinar el índice de revalorización de las pensiones previsto en el artículo 58, el valor del parámetro a de la expresión matemática recogida en su apartado 2 será 0,25.

Disposición transitoria decimosexta. *Bases y tipos de cotización y acción protectora en el Sistema Especial para Empleados de Hogar.* [590] [591]

1. Sin perjuicio de lo establecido en la sección segunda del capítulo II del título II de esta ley, la cotización a la Seguridad Social en el Sistema Especial para Empleados de Hogar establecido en el Régimen General de la Seguridad Social se efectuará conforme a las siguientes reglas:

a) Cálculo de las bases de cotización:

1.º Las bases de cotización por contingencias comunes y profesionales se determinarán con arreglo a la escala, en función de la retribución percibida por los empleados de hogar, prevista anualmente en la Ley de Presupuestos Generales del Estado.

2.º Hasta el año 2022, las retribuciones mensuales y las bases de cotización de la escala se actualizarán en idéntica proporción al incremento que experimente el salario mínimo interprofesional.

3.º En el año 2023, las retribuciones mensuales y las bases de cotización serán las contenidas en la siguiente escala:

Tramo	Retribución mensualEuros/mes				Base de cotizaciónEuros/mes
1.º	Hasta	269,00			250,00
2.º	Desde	269,01	Hasta	418,00	357,00

[590] Dada nueva redacción por art. 3 apartado 3 de Real Decreto-Ley 16/2022 de 6 de septiembre de 2022, con vigencia desde 09/09/2022

[591] Téngase en cuenta las bonificaciones en la cotización establecidas en la disp.adic. 1ª RDL 16/2022, de 6 septiembre

3.º	Desde	418,01	Hasta	568,00	493,00
4.º	Desde	568,01	Hasta	718,00	643,00
5.º	Desde	718,01	Hasta	869,00	794,00
6.º	Desde	869,01	Hasta	1.017,00	943,00
7.º	Desde	1.017,01	Hasta	1.166,669	1.166,70
8.º	Desde	1.166,67			Retribución mensual

Los intervalos de retribuciones, así como las bases de cotización se actualizarán en la misma proporción que lo haga el salario mínimo interprofesional para el año 2023.

4.º A partir del año 2024, las bases de cotización por contingencias comunes y profesionales se determinarán conforme a lo establecido en el artículo 147 de esta ley, sin que la cotización pueda ser inferior a la base mínima que se establezca legalmente [592].

b) Tipos de cotización aplicables:

1.º Para la cotización por contingencias comunes, sobre la base de cotización que corresponda según lo indicado en el apartado a) se aplicará, a partir del 1 de enero de 2019, el tipo de cotización y su distribución entre empleador y empleado que se establezca con carácter general, en la respectiva Ley de Presupuestos Generales del Estado, para el Régimen General de la Seguridad Social.

2.º Para la cotización por contingencias profesionales, sobre la base de cotización que corresponda según lo indicado en el apartado a) se aplicará el tipo de cotización previsto en la tarifa de primas establecidas legalmente, siendo la cuota resultante a cargo exclusivo del empleador.

3.º Para la cotización por desempleo y al Fondo de Garantía Salarial se aplicarán los tipos de cotización y su distribución que se establezcan en la correspondiente Ley de Presupuestos Generales del Estado [593].

2. Desde el año 2012 hasta el año 2023, a efectos de determinar el coeficiente de parcialidad a que se refiere la regla a) del artículo 247, aplicable a este Sistema Especial para Empleados de Hogar, las horas efectivamente trabajadas en el mismo se determinarán en función de

---

[592] Véanse las bases de cotización para 2025 establecidas conforme al apartado 1 art. 15 O PJC/178/2025 de 25 febrero

[593] Téngase en cuenta, para la cotización hasta el 31 diciembre 2022, la disp. trans. 2ª RDL 16/2022, de 6 septiembre

las bases de cotización a que se refieren los números 1.º, 2.º y 3.º del apartado 1.a) de esta disposición, divididas por el importe fijado para la base mínima horaria del Régimen General de la Seguridad Social por la Ley de Presupuestos Generales del Estado para cada uno de dichos ejercicios.

3. Lo previsto en el artículo 251.a) será de aplicación a partir de 1 de enero de 2012.

4. Desde el año 2012 hasta el año 2023, para el cálculo de la base reguladora de las pensiones de incapacidad permanente derivada de contingencias comunes y de jubilación causadas en dicho período por los empleados de hogar respecto de los periodos cotizados en este sistema especial solo se tendrán en cuenta los periodos realmente cotizados, no resultando de aplicación lo previsto en los artículos 197.4 y 209.1.b).

Disposición transitoria decimoséptima. *Trabajadores por cuenta ajena procedentes del Régimen Especial Agrario de la Seguridad Social.* 1. Los trabajadores provenientes del Régimen Especial Agrario de la Seguridad Social que a partir del 1 de enero de 2012 quedaron integrados en el Régimen General de la Seguridad Social e incorporados en el Sistema Especial para Trabajadores por Cuenta Ajena Agrarios, en virtud de la Ley 28/2011, de 22 de septiembre, por la que se procedió a dicha integración, se regirán por las normas aplicables en este sistema especial, con las siguientes particularidades:

a) A efectos de permanecer incluidos en el Sistema Especial para Trabajadores por Cuenta Ajena Agrarios durante los períodos de inactividad en las labores agrarias, con el consiguiente alta en el Régimen General, los trabajadores a que se refiere esta disposición no estarán obligados a cumplir el requisito establecido en el artículo 253.2.

b) La exclusión de tales trabajadores del sistema especial durante los períodos de inactividad, con la consiguiente baja en el Régimen General, cuando no haya sido expresamente solicitada por ellos, únicamente procederá en el caso de que el trabajador no ingrese la cuota correspondiente a dichos períodos, en los términos señalados en el artículo 253.4.b).2.º

c) La reincorporación al sistema especial de estos trabajadores determinará su permanencia en el mismo en las condiciones establecidas en el apartado 1.a) de esta disposición.

2. Las cotizaciones satisfechas al extinguido Régimen Especial Agrario de la Seguridad Social por los trabajadores a que se refiere esta disposición se entenderán efectuadas en el Régimen General de la Seguridad Social, teniendo plena validez tanto para perfeccionar el derecho como para determinar la cuantía de las prestaciones previstas en la acción protectora de dicho Régimen General a las que puedan acceder aquellos trabajadores, de acuerdo con lo previsto en esta ley.

Disposición transitoria decimoctava. *Aplicación paulatina de las bases y tipos de cotización y de reducciones en el Sistema Especial para Trabajadores por Cuenta Ajena Agrarios.* 1. Sin perjuicio de lo establecido en la sección segunda del capítulo II del título II de esta ley y, en particular, en el artículo 255 la cotización durante los períodos de actividad en el Sistema Especial para Trabajadores por Cuenta Ajena Agrarios se someterá a las siguientes condiciones:

A) A partir del año 2012, las bases de cotización por todas las contingencias y conceptos de recaudación conjunta se determinarán conforme a lo establecido en el artículo 147 según lo previsto en el artículo 255.

En el citado ejercicio, la base máxima de cotización aplicable será de 1.800 euros mensuales o 78,26 euros por jornada realizada. Las futuras Leyes de Presupuestos Generales del Estado, en un plazo de cuatro años a contar desde 2012, aumentarán la base máxima de cotización para equipararla a la existente en el Régimen General, estableciendo un incremento porcentual de las reducciones previstas en la letra C) de este apartado, de forma que los incrementos de cotización no superen, en términos anuales, los máximos previstos para las bases de cotización, situados en 1.800 euros.

B) Respecto a los trabajadores incluidos en los grupos de cotización 2 a 11, el tipo de cotización aplicable a cargo del empresario será del 15,95 por ciento en el año 2012, incrementándose anualmente en 0,45 puntos porcentuales durante el periodo 2013-2021, en 0,24 puntos porcentuales durante el periodo 2022-2026 y en 0,48 puntos porcentuales durante el periodo 2027-2031, alcanzándose en 2031 el tipo del 23,60 por ciento, con arreglo a la siguiente escala:

2012 - 15,95 %
2013 - 16,40 %
2014 - 16,85 %
2015 - 17,30 %

2016 - 17,75 %
2017 - 18,20 %
2018 - 18,65 %
2019 - 19,10 %
2020 - 19,55 %
2021 - 20,00 %
2022 - 20,24 %
2023 - 20,48 %
2024 - 20,72 %
2025 - 20,96 %
2026 - 21,20 %
2027 - 21,68 %
2028 - 22,16 %
2029 - 22,64 %
2030 - 23,12 %
2031 - 23,60 %

C) A partir del año 2012, se aplicarán las siguientes reducciones en la aportación empresarial a la cotización por contingencias comunes:

a) Respecto a los trabajadores incluidos en el grupo 1 de cotización se aplicará, durante el período 2012-2031, una reducción de 8,10 puntos porcentuales de la base de cotización, resultando un tipo efectivo de cotización por contingencias comunes del 15,50 por ciento para dicho período.

b) Respecto a los trabajadores incluidos en los grupos de cotización 2 a 11, la reducción se ajustará a las siguientes reglas:

1.ª Para bases de cotización iguales o inferiores a 986,70 € mensuales o a 42,90 € por jornada realizada, las reducciones a aplicar, en puntos porcentuales de la base de cotización, serán las establecidas en la siguiente tabla:

2012 - 6,15%
2013 - 6,33%
2014 - 6,50%
2015 - 6,68%
2016 - 6,83%
2017 - 6,97%
2018 - 7,11%
2019 - 7,20%
2020 - 7,29%
2021 - 7,36%

2022 - 7,40%
2023 - 7,40%
2024 - 7,40%
2025 - 7,40%
2026 - 7,40%
2027 - 7,60%
2028 - 7,75%
2029 - 7,90%
2030 - 8,00%
2031 - 8,10%

2.ª Para bases de cotización superiores a las cuantías indicadas en la regla anterior y hasta 1.800 euros mensuales o 78,26 euros por jornada realizada, les será de aplicación, durante el período 2012-2021, el porcentaje resultante de aplicar las siguientes fórmulas:

Para bases mensuales de cotización la fórmula a aplicar será:

$$\%reducci\acute{o}n\ mes\ (a\tilde{n}o\ X) = \%reducci\acute{o}n\ a\tilde{n}o\ X\ de\ la\ tabla \times \left(1 + \frac{Base\ mes\ (a\tilde{n}o\ X) - 986{,}70}{Base\ mes\ (a\tilde{n}o\ X)} \times 2{,}52 \times \frac{6{,}15\%}{\%reducci\acute{o}n\ a\tilde{n}o\ X\ de\ la\ tabla}\right)$$

X = año natural entre 2012 y 2021 para el que se calcula la reducción.

Para bases de cotización por jornadas reales la fórmula a aplicar será:

$$\%reducci\acute{o}n\ jornada\ (a\tilde{n}o\ X) = \%reducci\acute{o}n\ a\tilde{n}o\ X\ de\ la\ tabla \times \left(1 + \frac{Base\ jornada\ (a\tilde{n}o\ X) - 42{,}90}{Base\ jornada\ (a\tilde{n}o\ X)} \times 2{,}52 \times \frac{6{,}15\%}{\%reducci\acute{o}n\ a\tilde{n}o\ X\ de\ la\ tabla}\right)$$

X = año natural entre 2012 y 2021 para el que se calcula la reducción.

Para el período 2022-2030, las reducciones a aplicar en puntos porcentuales de la base de cotización serán las resultantes de la siguiente fórmula:

$$\%reducci\acute{o}n\ mes\ o\ jornada\ (a\tilde{n}o\ X) =$$
$$\%reducci\acute{o}n\ a\tilde{n}o\ 2021\ base\ mes\ o\ jornada\ (a\tilde{n}o\ X) + \left(\frac{8{,}1\% - \%reducci\acute{o}n\ a\tilde{n}o\ 2021\ base\ mes\ o\ jornada\ (a\tilde{n}o\ X)}{10} \times (a\tilde{n}o\ X - 2021)\right)$$

X = año natural entre 2022 y 2030 para el que se calcula la reducción.

Las reducciones para el año 2031 serán del 8,10 por ciento en todos los casos.

En los supuestos de cotización por bases mensuales, cuando los trabajadores inicien o finalicen su actividad sin coincidir con el principio o fin de un mes natural, las reducciones a que se refiere esta letra C) serán proporcionales a los días trabajados en el mes.

2. Durante las situaciones de incapacidad temporal, riesgo durante el embarazo y riesgo durante la lactancia natural, así como de maternidad y paternidad causadas durante los períodos de actividad, la aportación empresarial a la cotización será objeto de las siguientes reducciones:

a) En la cotización por contingencias comunes, una reducción en el año 2012 de 13,20 puntos porcentuales de la base de cotización que se incrementará anualmente en 0,45 puntos porcentuales durante el periodo 2013-2021, en 0,24 puntos porcentuales durante el periodo 2022-2026 y en 0,48 puntos porcentuales durante el periodo 2027-2031, alcanzándose en 2031 una reducción de 20,85 puntos porcentuales, con arreglo a la siguiente escala:

2012 - 13,20
2013 - 13,65
2014 - 14,10
2015 - 14,55
2016 - 15,00
2017 - 15,45
2018 - 15,90
2019 - 16,35
2020 - 16,80
2021 - 17,25
2022 - 17,49
2023 - 17,73
2024 - 17,97
2025 - 18,21
2026 - 18,45
2027 - 18,93
2028 - 19,41
2029 - 19,89
2030 - 20,37
2031 - 20,85

b) En la cotización por desempleo, una reducción en la cuota equivalente a 2,75 puntos porcentuales de la base de cotización.

3. Las reducciones en la cotización establecidas en esta disposición podrán actualizarse cada tres años mediante las futuras Leyes de Presupuestos Generales del Estado, en función de la evolución del Índice de Precios de Consumo experimentado en tales períodos de tiempo.

Disposición transitoria decimonovena. *Régimen de encuadramiento de determinados socios de trabajo.* Sin perjuicio de lo dispuesto en el artículo 14.2 de esta ley, las cooperativas que, al amparo de la disposición transitoria séptima de la Ley 3/1987, de 2 de abril, General de Cooperativas, optaron por mantener la asimilación de sus socios de trabajo a trabajadores autónomos, a efectos de Seguridad Social, conservarán ese derecho de opción en los términos establecidos en el artículo 14.1.

No obstante, si dichas cooperativas modificaran el régimen de encuadramiento de sus socios de trabajo, para su incorporación como trabajadores por cuenta ajena, en el régimen que corresponda, no podrán volver a ejercitar el derecho de opción.

Disposición transitoria vigésima. *Validez a efectos de prestaciones de cuotas anteriores al alta en el Régimen Especial de la Seguridad Social de los Trabajadores por Cuenta propia o Autónomos.* [594] Lo previsto en el artículo 319 únicamente será de plena aplicación respecto de las altas que se hayan formalizado a partir de 1 de enero de 1994.

Respecto de las altas anteriores a 1 de enero de 1994 el citado artículo únicamente será de aplicación a las prestaciones causadas desde el 1 de enero de 2022.

Disposición transitoria vigésima primera. *Integración de entidades sustitutorias.* El Gobierno, a propuesta del Ministerio de Empleo y Seguridad Social, determinará la forma y condiciones en que se integrarán en el Régimen General de la Seguridad Social, o en alguno de sus regímenes especiales, aquellos colectivos asegurados en entidades sustitutorias aún no integrados que, de acuerdo con lo dispuesto en esta ley, se encuentren comprendidos en el campo de aplicación del sistema de la Seguridad Social. Las normas que se establezcan contendrán las disposiciones de carácter económico que compensen, en cada caso, la integración dispuesta.

Disposición transitoria vigésima segunda. *Deudas con la Seguridad Social de los clubes de fútbol.* 1. En el marco del Convenio de Saneamiento del Fútbol Profesional a que se refiere la disposición

---

[594] Dada nueva redacción por disposición final 28 apartado 6 de Ley 22/2021 de 28 de diciembre de 2021, con vigencia desde 01/01/2022

adicional decimoquinta de la Ley 10/1990, de 15 de octubre, del Deporte, la Liga de Fútbol Profesional asumirá el pago de las deudas con la Seguridad Social a 31 de diciembre de 1989, de las que quedarán liberados los clubes de fútbol que hayan suscrito los correspondientes convenios particulares con la Liga Profesional.

Las deudas expresadas en el párrafo anterior se entienden referidas a las de aquellos clubes que, en las temporadas 1989/1990 y 1990/1991, participaban en competiciones oficiales de la Primera y Segunda División A de fútbol.

2. Igualmente, y al objeto de hacer frente a los compromisos contraídos en el Plan de Saneamiento de 1985, la Liga de Fútbol Profesional asumirá el pago de las deudas con la Seguridad Social referidas a aquellos otros Clubes incluidos en el citado Plan y no contemplados en el segundo párrafo del apartado anterior, que fueron devengadas con anterioridad a dicho Plan y que se encontraban pendientes de pago a 31 de diciembre de 1989.

3. En caso de impago total o parcial por la Liga Profesional de las deudas a que se alude en los números anteriores, las garantías a que se refiere el apartado 3 de la disposición transitoria tercera de la Ley 10/1990, de 15 de octubre, del Deporte, serán ejecutadas, en vía de apremio, por los órganos de recaudación de la Seguridad Social, imputándose el importe obtenido en proporción a las deudas impagadas.

4. En el marco del Convenio de Saneamiento, y una vez asumidas por la Liga Nacional de Fútbol Profesional las deudas de los clubes de fútbol que, por todos los conceptos, estos contrajeron con la Seguridad Social, se podrá acordar su aplazamiento de pago durante un período máximo de doce años, con sujeción a lo previsto en los artículos 31 y siguientes del vigente Reglamento General de Recaudación de la Seguridad Social, aprobado por el Real Decreto 1415/2004, de 11 de junio.

Los pagos se efectuarán mediante amortizaciones semestrales, devengando las cantidades aplazadas los correspondientes intereses de demora que se ingresarán en el último plazo de cada deuda aplazada.

Disposición transitoria vigésima tercera. *Conciertos para la recaudación.* La facultad de concertar los servicios de recaudación, concedida por el artículo 21 a la Tesorería General de la Seguridad

Social, subsistirá hasta tanto se organice un sistema de recaudación unificado para el Estado y la Seguridad Social.

Disposición transitoria vigésima cuarta. *Incompatibilidad de las prestaciones no contributivas.* 1. La condición de beneficiario de las pensiones no contributivas de la Seguridad Social será incompatible con la percepción de las pensiones asistenciales, reguladas en la Ley 45/1960, de 21 de julio, por la que se crean determinados Fondos Nacionales para la aplicación social del Impuesto y del Ahorro, y suprimidas por la Ley 28/1992, de 24 de noviembre, de Medidas Presupuestarias Urgentes, así como de los subsidios de garantía de ingresos mínimos y por ayuda de tercera persona, a que se refieren el artículo 8.3 y la disposición transitoria única del texto refundido de la Ley General de derechos de las personas con discapacidad y de su inclusión social, aprobado por Real Decreto Legislativo 1/2013, de 29 de noviembre.

2. La percepción de las asignaciones económicas por hijo con discapacidad a cargo, establecidas en el artículo 353.2. b) y c), será incompatible con la condición, por parte del hijo con discapacidad, de beneficiario de las pensiones asistenciales, reguladas en la Ley 45/1960, de 21 de julio, y suprimidas por la Ley 28/1992, de 24 de noviembre, o de los subsidios de garantía de ingresos mínimos y por ayuda de tercera persona, a que se refieren el artículo 8.3 y la disposición transitoria única del texto refundido de la Ley General de derechos de las personas con discapacidad y de su inclusión social.

Disposición transitoria vigésima quinta. *Pervivencia de subsidios económicos de personas con discapacidad.* 1. Las personas beneficiarias de los subsidios de garantía de ingresos mínimos y por ayuda de tercera persona continuarán con el derecho a la percepción de los mismos de acuerdo con lo establecido en el artículo 8.3 y la disposición transitoria única del texto refundido de la Ley General de derechos de las personas con discapacidad y de su inclusión social, aprobado por el Real Decreto Legislativo 1/2013, de 29 de noviembre, en los términos y condiciones que se prevén en la legislación específica que los regula, salvo que los interesados pasen a percibir una pensión no contributiva, en cuyo caso se estará a lo dispuesto en la disposición transitoria vigésima cuarta de la presente ley.

2. Sin perjuicio de lo dispuesto en el apartado anterior, las normas previstas en la legislación específica respecto a los importes a percibir por los beneficiarios del subsidio de garantía de ingresos mínimos, atendidos en centros públicos o privados, quedarán suprimidas, con independencia de la participación de los beneficiarios de este subsidio en el coste de la estancia, conforme a las normas vigentes de carácter general aplicables a la financiación de tales centros.

3. En los supuestos de contratación por cuenta ajena o establecimiento por cuenta propia de los beneficiarios del subsidio de garantía de ingresos mínimos, será de aplicación a los mismos, en cuanto a recuperación automática del derecho al subsidio, lo dispuesto al efecto para los beneficiarios de la pensión de incapacidad no contributiva en el artículo 363 de la presente ley. Asimismo, no se tendrán en cuenta para el cómputo anual de sus rentas, a los efectos previstos en su legislación específica aplicable, las que hubieran percibido en virtud de su actividad laboral por cuenta ajena o propia en el ejercicio económico en que se produzca la extinción del contrato o el cese de la actividad laboral. [595]

Disposición transitoria vigésima sexta. *Calificación de la incapacidad permanente.* Uno. Lo dispuesto en el artículo 194 de esta ley únicamente será de aplicación a partir de la fecha en que entren en vigor las disposiciones reglamentarias a que se refiere el apartado 3 del mencionado artículo 194. Hasta que no se desarrolle reglamentariamente dicho artículo será de aplicación la siguiente redacción: [596]

«**Artículo 194.** *Grados de incapacidad permanente*

1. La incapacidad permanente, cualquiera que sea su causa determinante, se clasificará con arreglo a los siguientes grados:

a) Incapacidad permanente parcial para la profesión habitual.

b) Incapacidad permanente total para la profesión habitual.

c) Incapacidad permanente absoluta para todo trabajo.

d) Gran incapacidad.

---

[595] Dada nueva redacción apartado 3 por disposición adicional única de Ley 2/2025 de 29 de abril de 2025, sustituyendo «invalidez no contributiva» por «incapacidad no contributiva», con vigencia desde 01/05/2025

[596] Dada nueva redacción apartado 1 letra d del art. 194, por disposición adicional única de Ley 2/2025 de 29 de abril de 2025, sustituyendo «gran invalidez» por «gran incapacidad», con vigencia desde 01/05/2025

2. Se entenderá por profesión habitual, en caso de accidente, sea o no de trabajo, la desempeñada normalmente por el trabajador al tiempo de sufrirlo. En caso de enfermedad común o profesional, aquella a la que el trabajador dedicaba su actividad fundamental durante el período de tiempo, anterior a la iniciación de la incapacidad, que reglamentariamente se determine.

3. Se entenderá por incapacidad permanente parcial para la profesión habitual la que, sin alcanzar el grado de total, ocasione al trabajador una disminución no inferior al 33 por ciento en su rendimiento normal para dicha profesión, sin impedirle la realización de las tareas fundamentales de la misma.

4. Se entenderá por incapacidad permanente total para la profesión habitual la que inhabilite al trabajador para la realización de todas o de las fundamentales tareas de dicha profesión, siempre que pueda dedicarse a otra distinta.

5. Se entenderá por incapacidad permanente absoluta para todo trabajo la que inhabilite por completo al trabajador para toda profesión u ofcio.

6. Se entenderá por gran incapacidad la situación del trabajador afecto de incapacidad permanente y que, por consecuencia de pérdidas anatómicas o funcionales, necesite la asistencia de otra persona para los actos más esenciales de la vida, tales como vestirse, desplazarse, comer o análogos.»[597]

Dos. Hasta que no se desarrolle reglamentariamente dicho artículo, todas las referencias que en este texto refundido y en las demás disposiciones se realizasen a la «incapacidad permanente parcial» deberán entenderse hechas a la «incapacidad permanente parcial para la profesión habitual»; las que se realizasen a la «incapacidad permanente total» deberán entenderse hechas a la «incapacidad permanente total para la profesión habitual»; y las hechas a la «incapacidad permanente absoluta», a la «incapacidad permanente absoluta para todo trabajo».

Disposición transitoria vigésima séptima. *Complementos por mínimos para pensiones contributivas.* 1. La limitación prevista en el

---

[597] Dada nueva redacción apartado 6 del art. 194 por disposición adicional única de Ley 2/2025 de 29 de abril de 2025, sustituyendo «gran invalidez» por «gran incapacidad», con vigencia desde 01/05/2025

artículo 59.2 con respecto a la cuantía de los complementos necesarios para alcanzar la cuantía mínima de pensiones, no será de aplicación en relación con las pensiones que hubieran sido causadas con anterioridad a 1 de enero de 2013.

2. Asimismo, el requisito de residencia en territorio español a que hace referencia el artículo 59.1 para tener derecho al complemento para alcanzar la cuantía mínima de las pensiones, se exigirá para aquellas pensiones cuyo hecho causante se produzca a partir del día 1 de enero de 2013.

Disposición transitoria vigésima octava. *Acreditación de determinadas situaciones legales de desempleo.* La situación legal de desempleo en los supuestos recogidos en los párrafos 2.º, 3.º y 4.º del apartado 1.a) del artículo 267, hasta que no se desarrolle reglamentariamente dicho artículo, se acreditará por el trabajador en la forma siguiente:

1.º En el caso de extinción del contrato por muerte, jubilación o incapacidad del empresario individual, mediante comunicación escrita del empresario, sus herederos o representante legal notificando al trabajador la extinción de la relación laboral por alguna de dichas causas o bien acta de conciliación administrativa o judicial, o resolución judicial definitiva, en los términos fijados en el párrafo siguiente.

2.º En el caso de despido, mediante la notificación por escrito a que se refiere el artículo 55.1 del texto refundido de la Ley del Estatuto de los Trabajadores. En defecto de dicha notificación la acreditación se realizará mediante certificado de empresa o informe de la Inspección de Trabajo y Seguridad Social en los que consten el cese involuntario en la prestación de trabajo y su fecha de efectos, o el acta de conciliación administrativa en la que conste que el trabajador impugna el despido y el empresario no comparece.

Asimismo podrá acreditarse mediante acta de conciliación administrativa o judicial o resolución judicial definitiva declarando la procedencia o improcedencia del despido. En el supuesto de improcedencia, deberá también acreditarse que el empresario, o el trabajador cuando sea representante legal de los trabajadores, no ha optado por la readmisión.

3.º En el caso de despido basado en causas objetivas, mediante comunicación escrita al trabajador en los términos previstos en el artículo 53 del texto refundido de la Ley del Estatuto de los Trabajadores, o bien acta de conciliación administrativa o judicial o resolución judicial definitiva en los términos fijados en el párrafo anterior.

Disposición transitoria vigésima novena. *Cobertura de la prestación económica por incapacidad temporal de los trabajadores incorporados al Régimen Especial de la Seguridad Social de los Trabajadores por Cuenta Propia o Autónomos con anterioridad al 1 de enero de 1998.* La obligación de formalizar con una mutua colaboradora con la Seguridad Social la protección por la prestación económica por incapacidad temporal establecida en el artículo 83.1.b) no será exigible a los trabajadores incorporados al Régimen Especial de Trabajadores por Cuenta Propia o Autónomos con anterioridad al 1 de enero de 1998 y que tuvieran cubierta la misma con la entidad gestora.

Disposición transitoria trigésima. *Acceso al subsidio extraordinario de desempleo en determinados supuestos.* [598] Podrán ser beneficiarios del subsidio extraordinario regulado en la disposición adicional vigésima séptima las personas que hayan agotado el subsidio por desempleo previsto en el artículo 274 en el período que media entre el 1 de marzo de 2018 y la fecha de entrada en vigor de la Ley de Presupuestos Generales del Estado para el año 2018, siempre que lo soliciten dentro del plazo de los dos meses siguientes a esta última fecha, y cumplan con los requisitos exigidos para el colectivo del apartado 1.a), en cuyo caso el derecho al subsidio extraordinario nacerá el día siguiente al de la solicitud.

En caso de que la presentación de la solicitud se realice transcurrido el plazo de dos meses se reducirá la duración del derecho en tantos días como medien entre la finalización de dicho plazo y aquella en que efectivamente se hubiera formulado la solicitud.

Disposición transitoria trigésima primera. *Convenios especiales en el Sistema de la Seguridad Social de los cuidadores no profesionales de las personas en situación de dependencia existentes a la fecha de entrada en vigor del Real Decreto-ley 6/2019, de 1 de marzo, de medidas urgentes para garantía de la igualdad de trato y de oportunidades entre*

---

[598] Añadida por disposición final 40 apartado 7 de Ley 6/2018 de 3 de julio de 2018, con vigencia desde 05/07/2018

mujeres y hombres en el empleo y la ocupación. [599] 1. Los convenios especiales en el sistema de la Seguridad Social de los cuidadores no profesionales de las personas en situación de dependencia, previstos en el Real Decreto 615/2007, de 11 de mayo, por el que se regula la Seguridad Social de los cuidadores de las personas en situación de dependencia, que se mantengan a la fecha de entrada en vigor del Real Decreto-ley 6/2019, de 1 de marzo, se entenderán subsistentes y se regirán íntegramente por lo dispuesto en el real decreto-ley citado, quedando la cuota a abonar a cargo de la Administración General del Estado, a partir del 1 de abril de 2019. [600]

2. Los cuidadores no profesionales que acrediten que las personas en situación de dependencia por ellos atendidas eran beneficiarias de la prestación económica regulada en el artículo 18 de la Ley 39/2006, de 14 de diciembre, de promoción de la autonomía personal y atención a las personas en situación de dependencia, con anterioridad al 1 de abril de 2019, fecha de entrada en vigor del artículo 2 del Real Decreto-ley 6/2019, de 1 de marzo, de medidas urgentes para garantía de la igualdad de trato y de oportunidades entre mujeres y hombres en el empleo y la ocupación, podrán solicitar la suscripción de este convenio especial con efectos desde esa fecha, siempre que formulen su solicitud dentro de los 90 días naturales siguientes a la misma. Transcurrido dicho plazo, los efectos tendrán lugar desde la fecha en que se haya solicitado su suscripción.

Disposición transitoria trigésima segunda. *Periodo transitorio para el abono del periodo no obligatorio de la prestación por nacimiento y cuidado de menor.* [601] En el supuesto de que los beneficiarios de la prestación por nacimiento y cuidado de menor regulada en el capítulo VI del título II del texto refundido de la Ley General de la Seguridad Social, aprobado por Real Decreto Legislativo 8/2015, de 30 de octubre, una vez transcurridas las primeras seis semanas inmediatamente posteriores al parto, disfruten de las diez semanas de

---

[599] Añadida por art. 4 apartado 13 de Real Decreto-Ley 6/2019 de 1 de marzo de 2019, con vigencia desde 08/03/2019

[600] Dada nueva redacción apartado 1 por disposición final 2 apartado 3 de Real Decreto-Ley 8/2019 de 8 de marzo de 2019, con vigencia desde 13/03/2019

[601] Añadida por art. 4 apartado 14 de Real Decreto-Ley 6/2019 de 1 de marzo de 2019, con vigencia desde 08/03/2019

manera interrumpida, el abono de la prestación de estos periodos no se producirá hasta el agotamiento total del disfrute de los mismos, en tanto no se realicen, por parte de la Entidad Gestora, los desarrollos informáticos necesarios en los aplicativos de gestión, trámite y pago de la citada prestación.

Disposición transitoria trigésima tercera. *Mantenimiento transitorio del complemento por maternidad en las pensiones contributivas del sistema de la Seguridad Social.* [602] Quienes en la fecha de entrada en vigor de la modificación prevista en el artículo 60, estuvieran percibiendo el complemento por maternidad por aportación demográfica, mantendrán su percibo.

La percepción de dicho complemento de maternidad será incompatible con el complemento de pensiones contributivas para la reducción de la brecha de género que pudiera corresponder por el reconocimiento de una nueva pensión pública, pudiendo las personas interesadas optar entre uno u otro.

En el supuesto de que el otro progenitor, de alguno de los hijos o hijas, que dio derecho al complemento de maternidad por aportación demográfica, solicite el complemento de pensiones contributivas para la reducción de la brecha de género y le corresponda percibirlo, por aplicación de lo establecido en el artículo 60 de esta ley o de la disposición adicional decimoctava del texto refundido de la Ley de Clases Pasivas del Estado, aprobado por el Real Decreto legislativo 670/1987, de 30 de abril, la cuantía mensual que le sea reconocida se deducirá del complemento por maternidad que se viniera percibiendo, con efectos económicos desde el primer día del mes siguiente al de la resolución, siempre que la misma se dicte dentro de los seis meses siguientes a la solicitud o, en su caso, al reconocimiento de la pensión que la cause; pasado dicho plazo, los efectos se producirán desde el primer día del séptimo mes siguiente a esta.

Disposición transitoria trigésima cuarta. *Aplicación gradual de coeficientes reductores de la edad de jubilación según lo previsto en el artículo 210.3 cuando la pensión supere el límite establecido para el*

---

[602] Añadida por art. 1 apartado 4 de Real Decreto-Ley 3/2021 de 2 de febrero de 2021, con vigencia desde 04/02/2021

importe de las pensiones. [603] 1. Lo dispuesto en el apartado 2 de esta disposición transitoria en relación con el segundo párrafo del artículo 210.3 de esta ley sólo resultará de aplicación en la medida en que la evolución de la pensión máxima del sistema absorba completamente el efecto del aumento de coeficientes respecto a los vigentes en 2021 para aquellos trabajadores con base reguladora superior a la pensión máxima, de manera que la pensión reconocida no resulte en ningún caso inferior a la que habría correspondido con la aplicación de las normas vigentes en 2021.

2. La previsión del segundo párrafo del apartado 3 del artículo 210 de esta ley entrará en vigor a partir del 1 de enero de 2024 y se hará de forma gradual en un plazo de diez años, de acuerdo con los coeficientes reductores que resultan de los siguientes cuadros, en función del periodo de cotización acreditado y los meses de anticipación; hasta esa fecha permanecerá vigente el párrafo segundo del artículo 210.3 en la redacción establecida por el Real Decreto-legislativo 8/2015, de 30 de octubre, por el que se aprueba el texto refundido de la Ley General de la Seguridad Social. Los cuadros de referencia son los que figuran a continuación:

Período cotizado inferior a treinta y ocho años y seis meses

Meses Antici-po	2024	2025	2026	2027	2028	2029	2030	2031	2032	2033
24	5,70	7,40	9,10	10,80	12,50	14,20	15,90	17,60	19,30	21,00
23	5,36	6,72	8,08	9,44	10,80	12,16	13,52	14,88	16,24	17,60
22	5,07	6,13	7,20	8,27	9,34	10,40	11,47	12,54	13,60	14,67
21	4,41	5,31	6,22	7,13	8,04	8,94	9,85	10,76	11,66	12,57
20	4,25	5,00	5,75	6,50	7,25	8,00	8,75	9,50	10,25	11,00
19	4,13	4,76	5,38	6,01	6,64	7,27	7,90	8,52	9,15	9,78
18	3,58	4,16	4,74	5,32	5,90	6,48	7,06	7,64	8,22	8,80
17	3,50	4,00	4,50	5,00	5,50	6,00	6,50	7,00	7,50	8,00
16	3,43	3,87	4,30	4,73	5,17	5,60	6,03	6,46	6,90	7,33
15	2,93	3,35	3,78	4,21	4,64	5,06	5,49	5,92	6,34	6,77
14	2,88	3,26	3,64	4,02	4,40	4,77	5,15	5,53	5,91	6,29

[603] Añadida por art. 1 apartado 21 de Ley 21/2021 de 28 de diciembre de 2021, con vigencia desde 01/01/2022

13	2,84	3,17	3,51	3,85	4,19	4,52	4,86	5,20	5,53	5,87
12	2,35	2,70	3,05	3,40	3,75	4,10	4,45	4,80	5,15	5,50
11	2,32	2,64	2,95	3,27	3,59	3,91	4,23	4,54	4,86	5,18
10	2,29	2,58	2,87	3,16	3,45	3,73	4,02	4,31	4,60	4,89
9	1,81	2,13	2,44	2,75	3,07	3,38	3,69	4,00	4,32	4,63
8	1,79	2,08	2,37	2,66	2,95	3,24	3,53	3,82	4,11	4,40
7	1,77	2,04	2,31	2,58	2,85	3,11	3,38	3,65	3,92	4,19
6	1,30	1,60	1,90	2,20	2,50	2,80	3,10	3,40	3,70	4,00
5	1,28	1,57	1,85	2,13	2,42	2,70	2,98	3,26	3,55	3,83
4	1,27	1,53	1,80	2,07	2,34	2,60	2,87	3,14	3,40	3,67
3	0,80	1,10	1,41	1,71	2,01	2,31	2,61	2,92	3,22	3,52
2	0,79	1,08	1,36	1,65	1,94	2,23	2,52	2,80	3,09	3,38
1	0,78	1,05	1,33	1,60	1,88	2,16	2,43	2,71	2,98	3,26

Período cotizado igual o superior a treinta y ocho años y seis meses e inferior a cuarenta y un años y seis meses

Meses Anticipo	2024	2025	2026	2027	2028	2029	2030	2031	2032	2033
24	5,50	7,00	8,50	10,00	11,50	13,00	14,50	16,00	17,50	19,00
23	5,25	6,50	7,75	9,00	10,25	11,50	12,75	14,00	15,25	16,50
22	5,00	6,00	7,00	8,00	9,00	10,00	11,00	12,00	13,00	14,00
21	4,35	5,20	6,05	6,90	7,75	8,60	9,45	10,30	11,15	12,00
20	4,20	4,90	5,60	6,30	7,00	7,70	8,40	9,10	9,80	10,50
19	4,08	4,67	5,25	5,83	6,42	7,00	7,58	8,16	8,75	9,33
18	3,54	4,08	4,62	5,16	5,70	6,24	6,78	7,32	7,86	8,40
17	3,46	3,93	4,39	4,86	5,32	5,78	6,25	6,71	7,18	7,64
16	3,40	3,80	4,20	4,60	5,00	5,40	5,80	6,20	6,60	7,00
15	2,90	3,29	3,69	4,08	4,48	4,88	5,27	5,67	6,06	6,46
14	2,85	3,20	3,55	3,90	4,25	4,60	4,95	5,30	5,65	6,00
13	2,81	3,12	3,43	3,74	4,05	4,36	4,67	4,98	5,29	5,60
12	2,33	2,65	2,98	3,30	3,63	3,95	4,28	4,60	4,93	5,25
11	2,29	2,59	2,88	3,18	3,47	3,76	4,06	4,35	4,65	4,94
10	2,27	2,53	2,80	3,07	3,34	3,60	3,87	4,14	4,40	4,67
9	1,79	2,08	2,38	2,67	2,96	3,25	3,54	3,84	4,13	4,42
8	1,77	2,04	2,31	2,58	2,85	3,12	3,39	3,66	3,93	4,20

7	1,75	2,00	2,25	2,50	2,75	3,00	3,25	3,50	3,75	4,00
6	1,28	1,56	1,85	2,13	2,41	2,69	2,97	3,26	3,54	3,82
5	1,27	1,53	1,80	2,06	2,33	2,59	2,86	3,12	3,39	3,65
4	1,25	1,50	1,75	2,00	2,25	2,50	2,75	3,00	3,25	3,50
3	0,79	1,07	1,36	1,64	1,93	2,22	2,50	2,79	3,07	3,36
2	0,77	1,05	1,32	1,59	1,87	2,14	2,41	2,68	2,96	3,23
1	0,76	1,02	1,28	1,54	1,81	2,07	2,33	2,59	2,85	3,11

Período cotizado igual o superior a cuarenta y un años y seis meses e inferior a cuarenta y cuatro años y seis meses

Meses Antici-po	2024	2025	2026	2027	2028	2029	2030	2031	2032	2033
24	5,30	6,60	7,90	9,20	10,50	11,80	13,10	14,40	15,70	17,00
23	5,10	6,20	7,30	8,40	9,50	10,60	11,70	12,80	13,90	15,00
22	4,93	5,87	6,80	7,73	8,67	9,60	10,53	11,46	12,40	13,33
21	4,29	5,09	5,88	6,67	7,47	8,26	9,05	9,84	10,64	11,43
20	4,15	4,80	5,45	6,10	6,75	7,40	8,05	8,70	9,35	10,00
19	4,04	4,58	5,12	5,66	6,20	6,73	7,27	7,81	8,35	8,89
18	3,50	4,00	4,50	5,00	5,50	6,00	6,50	7,00	7,50	8,00
17	3,43	3,85	4,28	4,71	5,14	5,56	5,99	6,42	6,84	7,27
16	3,37	3,73	4,10	4,47	4,84	5,20	5,57	5,94	6,30	6,67
15	2,87	3,23	3,60	3,96	4,33	4,69	5,06	5,42	5,79	6,15
14	2,82	3,14	3,46	3,78	4,11	4,43	4,75	5,07	5,39	5,71
13	2,78	3,07	3,35	3,63	3,92	4,20	4,48	4,76	5,05	5,33
12	2,30	2,60	2,90	3,20	3,50	3,80	4,10	4,40	4,70	5,00
11	2,27	2,54	2,81	3,08	3,36	3,63	3,90	4,17	4,44	4,71
10	2,24	2,49	2,73	2,98	3,22	3,46	3,71	3,95	4,20	4,44
9	1,77	2,04	2,31	2,58	2,86	3,13	3,40	3,67	3,94	4,21
8	1,75	2,00	2,25	2,50	2,75	3,00	3,25	3,50	3,75	4,00
7	1,73	1,96	2,19	2,42	2,66	2,89	3,12	3,35	3,58	3,81
6	1,26	1,53	1,79	2,06	2,32	2,58	2,85	3,11	3,38	3,64
5	1,25	1,50	1,74	1,99	2,24	2,49	2,74	2,98	3,23	3,48
4	1,23	1,47	1,70	1,93	2,17	2,40	2,63	2,86	3,10	3,33
3	0,77	1,04	1,31	1,58	1,85	2,12	2,39	2,66	2,93	3,20
2	0,76	1,02	1,27	1,53	1,79	2,05	2,31	2,56	2,82	3,08

| 1 | 0,75 | 0,99 | 1,24 | 1,48 | 1,73 | 1,98 | 2,22 | 2,47 | 2,71 | 2,96 |

Período cotizado igual o superior a cuarenta y cuatro años y seis meses

Meses Antici-po	2024	2025	2026	2027	2028	2029	2030	2031	2032	2033
24	4,90	5,80	6,70	7,60	8,50	9,40	10,30	11,20	12,10	13,00
23	4,80	5,60	6,40	7,20	8,00	8,80	9,60	10,40	11,20	12,00
22	4,70	5,40	6,10	6,80	7,50	8,20	8,90	9,60	10,30	11,00
21	4,15	4,80	5,45	6,10	6,75	7,40	8,05	8,70	9,35	10,00
20	4,07	4,64	5,21	5,78	6,35	6,92	7,49	8,06	8,63	9,20
19	3,99	4,48	4,97	5,46	5,95	6,44	6,93	7,42	7,91	8,40
18	3,46	3,92	4,38	4,84	5,30	5,76	6,22	6,68	7,14	7,60
17	3,39	3,78	4,17	4,56	4,96	5,35	5,74	6,13	6,52	6,91
16	3,33	3,67	4,00	4,33	4,67	5,00	5,33	5,66	6,00	6,33
15	2,84	3,17	3,51	3,84	4,18	4,51	4,85	5,18	5,52	5,85
14	2,79	3,09	3,38	3,67	3,97	4,26	4,55	4,84	5,14	5,43
13	2,76	3,01	3,27	3,53	3,79	4,04	4,30	4,56	4,81	5,07
12	2,28	2,55	2,83	3,10	3,38	3,65	3,93	4,20	4,48	4,75
11	2,25	2,49	2,74	2,99	3,24	3,48	3,73	3,98	4,22	4,47
10	2,22	2,44	2,67	2,89	3,11	3,33	3,55	3,78	4,00	4,22
9	1,75	2,00	2,25	2,50	2,75	3,00	3,25	3,50	3,75	4,00
8	1,73	1,96	2,19	2,42	2,65	2,88	3,11	3,34	3,57	3,80
7	1,71	1,92	2,14	2,35	2,56	2,77	2,98	3,20	3,41	3,62
6	1,25	1,49	1,74	1,98	2,23	2,47	2,72	2,96	3,21	3,45
5	1,23	1,46	1,69	1,92	2,15	2,38	2,61	2,84	3,07	3,30
4	1,22	1,43	1,65	1,87	2,09	2,30	2,52	2,74	2,95	3,17
3	0,75	1,01	1,26	1,52	1,77	2,02	2,28	2,53	2,79	3,04
2	0,74	0,98	1,23	1,47	1,71	1,95	2,19	2,44	2,68	2,92
1	0,73	0,96	1,19	1,42	1,66	1,89	2,12	2,35	2,58	2,81

3. Sin perjuicio de lo establecido en el apartado anterior, seguirán siendo de aplicación las reglas de acceso a la modalidad de jubilación anticipada por voluntad del interesado previas a la entrada en vigor de esta disposición transitoria a las personas a las que se refiere el segundo párrafo del apartado 3 del artículo 210, siempre que la extinción

del contrato de trabajo que da derecho al acceso a esta modalidad de jubilación anticipada cumpla alguna de las siguientes condiciones:

a) Que la extinción se haya producido antes de 1 de enero de 2022, siempre que con posterioridad a tal fecha la persona no vuelva a quedar incluida, por un periodo superior a 12 meses, en alguno de los regímenes del sistema de la Seguridad Social.

b) Que la extinción se produzca después de esa fecha como consecuencia de decisiones adoptadas en expedientes de regulación de empleo, o en virtud de convenios colectivos de cualquier ámbito, acuerdos colectivos de empresa o decisiones adoptadas en procedimientos concursales, que fueran aprobados con anterioridad al 1 de enero de 2022.

No obstante, para el reconocimiento del derecho a pensión de las personas a las que se refieren las letras a) y b) anteriores, la entidad gestora aplicará la legislación que esté vigente en la fecha del hecho causante de la misma, cuando resulte más favorable a estas personas.

Disposición transitoria trigésima quinta. *Compatibilidad de la pensión contributiva de jubilación con el trabajo de los facultativos de atención primaria médicos de familia y pediatras, adscritos al sistema nacional de salud con nombramiento estatutario o funcionario.* [604] 1. En los tres años a partir de la entrada en vigor de esta disposición transitoria, los facultativos de atención primaria, médicos de familia y pediatras, adscritos al Sistema Nacional de Salud con nombramiento estatutario o funcionario podrán continuar desempeñando sus funciones durante la prórroga en el servicio activo y, simultáneamente, acceder a la jubilación percibiendo el setenta y cinco por ciento del importe resultante en el reconocimiento inicial de la pensión, una vez aplicado, si procede, el límite máximo de pensión pública.

Asimismo, podrán acceder a esta compatibilidad los facultativos de atención primaria adscritos al sistema nacional de salud con nombramiento estatutario o funcionario que hubieran accedido a la pensión contributiva de jubilación y se reincorporen al servicio activo, siempre que el hecho causante de dicha pensión haya tenido lugar a partir del 1 de enero de 2022 o se hubieren acogido en su día a la compatibilidad de la pensión de jubilación con el nombramiento como personal estatutario o funcionario de las y los profesionales sanitarios,

---

[604] Añadida por art. 83 de Real Decreto-Ley 20/2022 de 27 de diciembre de 2022, con vigencia desde 28/12/2022

realizado al amparo del Real Decreto-ley 8/2021, de 4 de mayo, por el que se adoptan medidas urgentes en el orden sanitario, social y jurisdiccional, a aplicar tras la finalización de la vigencia del estado de alarma declarado por el Real Decreto 926/2020, de 25 de octubre, por el que se declara el estado de alarma para contener la propagación de infecciones causadas por el SARS-CoV-2.

2. La compatibilidad prevista en la presente disposición transitoria exigirá el cumplimiento de los siguientes requisitos:

a) El acceso a la pensión deberá haber tenido lugar una vez cumplida la edad que en cada caso resulte de aplicación, según lo establecido en el artículo 205.1.a) del texto refundido de la Ley General de la Seguridad Social, aprobado por Real Decreto Legislativo 8/2015, sin que, a tales efectos, sean admisibles jubilaciones acogidas a bonificaciones o anticipaciones de la edad de jubilación que pudieran ser de aplicación al interesado.

Lo previsto en el párrafo anterior no será de aplicación a los facultativos médicos que se hubieren acogido en su día a la compatibilidad de la pensión de jubilación con el nombramiento como personal estatutario o funcionario de las y los profesionales sanitarios, realizado al amparo del Real Decreto-ley 8/2021, de 4 de mayo.

b) La compatibilidad se aplicará en caso de jornada a tiempo completo, así como en caso de jornada parcial siempre que la reducción de jornada sea, en todo caso, del cincuenta por ciento respecto de la jornada de un trabajador a tiempo completo comparable.

c) El beneficiario tendrá derecho a los complementos para pensiones inferiores a la mínima durante el tiempo en el que compatibilice la pensión con sus funciones, siempre que reúna los requisitos establecidos para ello.

d) La percepción del complemento por demora de la pensión de jubilación es compatible con el acceso a la compatibilidad prevista en la presente disposición transitoria, sin que su importe sea minorado.

e) No podrá acogerse a esta modalidad de compatibilidad el beneficiario de una pensión contributiva de jubilación de la Seguridad Social que, además de desarrollar las funciones como facultativos médicos de atención primaria, realice cualquier otro trabajo por cuenta ajena o por cuenta propia que dé lugar a su inclusión en el campo de aplicación del Régimen General o de alguno de los regímenes especiales de la Seguridad Social.

3. El beneficiario tendrá la consideración de pensionista a todos los efectos.

4. Durante la realización del trabajo compatible con la pensión de jubilación, se aplicarán las obligaciones de afiliación, alta, baja y variación de datos prevista en el artículo 16 del texto refundido de la Ley General de la Seguridad Social y la obligación de cotizar en los términos de los artículos 18 y 19 del mismo texto legal, no siendo de aplicación lo dispuesto en su artículo 153.

5. Sin perjuicio de lo previsto en el apartado 6, durante la realización del trabajo compatible estarán protegidos frente a todas las contingencias comunes y profesionales, siempre que reúnan los requisitos necesarios para causarlas, siendo de aplicación el régimen de limitación de las pensiones, incompatibilidades y el ejercicio del derecho de opción, previstos en el texto refundido de la Ley General de la Seguridad Social.

No se requerirá periodo mínimo de cotización para acceder al subsidio por incapacidad temporal derivada de enfermedad común.

6. Si durante el periodo de compatibilización se iniciara un proceso de incapacidad temporal, en todo caso el abono de la pensión de jubilación se suspenderá el día primero del mes siguiente al de la baja médica y se reanudará el día primero del mes siguiente al del alta médica.

Lo establecido en el apartado anterior se aplicará igualmente en los supuestos de recaída.

En todo caso, el derecho al subsidio por incapacidad temporal se extinguirá por la finalización del trabajo compatible, además de por las causas generales previstas en la normativa vigente.

7. Una vez finalizado el trabajo compatible, las cotizaciones realizadas durante esta situación podrán dar lugar a la modificación del porcentaje aplicable a la base reguladora de la pensión de jubilación, la cual permanecerá inalterable.

Asimismo, las cotizaciones indicadas surtirán efectos para disminuir o, en su caso, suprimir, el coeficiente reductor que se hubiese aplicado, en el momento de causar derecho a la pensión, a aquellos facultativos médicos a los que se hace referencia en el párrafo segundo del apartado 2.a), que hubieren accedido a la jubilación anticipada.

Estas cotizaciones no surtirán efecto en relación con el complemento previsto en el artículo 210.2 del texto refundido de la Ley General de la Seguridad Social y en la disposición adicional decimoséptima del texto refundido de Ley de Clases Pasivas del Estado.

Disposición transitoria trigésima quinta (sic). *Distribución del excedente y constitución de las reservas de estabilización correspondientes al ejercicio 2022.* [605] Lo dispuesto en los artículos 95.2, 96.1 y 118.3 será de aplicación a la liquidación de las cuentas anuales correspondientes al ejercicio 2022 que realicen las mutuas colaboradoras con la Seguridad Social.

Disposición transitoria trigésima séptima. *Inspección médica del Instituto Nacional de la Seguridad Social.* [606] Las referencias efectuadas en esta ley a la inspección médica del Instituto Nacional de la Seguridad Social se entenderán realizadas al órgano que realice las mismas funciones en la comunidad autónoma donde el Instituto Nacional de la Seguridad Social aun no disponga de inspección médica, hasta tanto no se constituya y entre en funcionamiento la misma.

Disposición transitoria trigésima octava. *Norma transitoria para la aplicación del tope máximo de la base de cotización.* [607] 1. Desde el año 2024 hasta el año 2050, las sucesivas leyes de Presupuestos Generales del Estado aprobadas para ese período fijarán el tope máximo de las bases de cotización de los distintos regímenes de Seguridad de Social conforme a lo establecido en el artículo 19.3, si bien al porcentaje al que se refiere dicho artículo se le sumará una cuantía fija anual de 1,2 puntos porcentuales.

2. Cada cinco años, el Gobierno evaluará, en el marco del diálogo social, el impacto de esta subida de la base máxima y remitirá un informe a la Comisión no Permanente de Seguimiento y Evaluación de los Acuerdos del Pacto de Toledo.

---

[605] Añadida por disposición final 25 apartado 9 de Ley 31/2022 de 23 de diciembre de 2022, con vigencia desde 01/01/2023

[606] Añadida por art. único apartado 37 de Real Decreto-Ley 2/2023 de 16 de marzo de 2023, con vigencia desde 17/05/2023

[607] Añadida por art. único apartado 38 de Real Decreto-Ley 2/2023 de 16 de marzo de 2023, con vigencia desde 01/04/2023

Disposición transitoria trigésima novena. *Norma transitoria para la determinación del límite máximo para la pensión inicial desde 1 de enero de 2025.* [608] 1. A fin de determinar la cuantía máxima inicial prevista en el artículo 57 a las pensiones que se causen desde el año 2025, las sucesivas leyes de presupuestos generales del Estado, comenzando con la correspondiente al año 2025 y finalizando con la del año 2050, aplicarán a la cuantía máxima establecida en el año anterior el porcentaje previsto en el artículo 58.2 más un incremento adicional de 0,115 puntos porcentuales acumulativos cada año hasta 2050.

2. Las pensiones iniciales causadas desde 2025, cuyo importe se haya determinado conforme a lo dispuesto en al apartado 1, se revalorizarán en años sucesivos de acuerdo con lo establecido en el artículo 58.2.

3. Las pensiones causadas antes de 2025 cuya cuantía a 31 de diciembre de 2024 estuviese limitada por aplicación del límite máximo establecido en la Ley de Presupuestos Generales del Estado para ese año, se actualizarán en lo sucesivo aplicando al importe que tuvieran establecido en 2024 lo dispuesto en el artículo 58.2, efectuándose las sucesivas revalorizaciones anuales sobre el importe revalorizado el año anterior.

4. Desde 2051, el incremento anual adicional aplicable para determinar la cuantía máxima inicial de las pensiones causadas desde ese año hasta 2065 será el recogido en la siguiente tabla:

2051	3,2
2052	3,6
2053	4,1
2054	4,8
2055	5,5
2056	6,4
2057	7,4
2058	8,5
2059	9,8
2060	11,2
2061	12,7

[608] Añadida por art. único apartado 39 de Real Decreto-Ley 2/2023 de 16 de marzo de 2023, con vigencia desde 01/04/2023

2062	14,3
2063	16,1
2064	18,0
2065	20,0

En 2065, se valorará en el marco del diálogo social la conveniencia de mantener el proceso de convergencia hasta alcanzar un incremento total de 30 puntos porcentuales.

Disposición transitoria cuadragésima. *Normas transitorias sobre la base reguladora de la pensión de jubilación.* [609] La determinación de la base reguladora prevista en el artículo 209.1 se aplicará a todos los regímenes de la Seguridad Social de forma gradual del siguiente modo:

Desde 1 de enero de 2026, la base reguladora de la pensión de jubilación será el resultado de dividir entre 352,33 la suma de las 302 bases de cotización de mayor importe comprendidas dentro del período de los 304 meses inmediatamente anteriores al mes previo al del hecho causante.

Desde 1 de enero de 2027, la base reguladora de la pensión de jubilación será el resultado de dividir entre 354,67 la suma de las 304 bases de cotización de mayor importe comprendidas dentro del período de los 308 meses inmediatamente anteriores al mes previo al del hecho causante.

Desde 1 de enero de 2028, la base reguladora de la pensión de jubilación será el resultado de dividir entre 357,00 la suma de las 306 bases de cotización de mayor importe comprendidas dentro del período de los 312 meses inmediatamente anteriores al mes previo al del hecho causante.

Desde 1 de enero de 2029, la base reguladora de la pensión de jubilación será el resultado de dividir entre 359,33 la suma de las 308 bases de cotización de mayor importe comprendidas dentro de los 316 meses inmediatamente anteriores al mes previo al del hecho causante.

Desde 1 de enero de 2030, la base reguladora de la pensión de jubilación será el resultado de dividir entre 361,67 la suma de las 310 bases de cotización de mayor importe comprendidas dentro del

---

[609] Añadida por art. único apartado 40 de Real Decreto-Ley 2/2023 de 16 de marzo de 2023, con vigencia desde 01/04/2023

período de los 320 meses inmediatamente anteriores al mes previo al del hecho causante.

Desde 1 de enero de 2031, la base reguladora de la pensión de jubilación será el resultado de dividir entre 364 la suma de las 312 bases de cotización de mayor importe comprendidas dentro del período de los 324 meses inmediatamente anteriores al mes previo al del hecho causante.

Desde 1 de enero de 2032, la base reguladora de la pensión de jubilación será el resultado de dividir entre 366,33 la suma de las 314 bases de cotización de mayor importe comprendidas dentro del período de los 328 meses inmediatamente anteriores al mes previo al del hecho causante.

Desde 1 de enero de 2033, la base reguladora de la pensión de jubilación será el resultado de dividir entre 368,67 la suma de las 316 bases de cotización de mayor importe comprendidas dentro del período de los 332 meses inmediatamente anteriores al mes previo al del hecho causante.

Desde 1 de enero de 2034, la base reguladora de la pensión de jubilación será el resultado de dividir entre 371,00 la suma de las 318 bases de cotización de mayor importe comprendidas dentro del período de los 336 meses inmediatamente anteriores al mes previo al del hecho causante.

Desde 1 de enero de 2035, la base reguladora de la pensión de jubilación será el resultado de dividir entre 373,33 la suma de las 320 bases de cotización de mayor importe comprendidas dentro del período de los 340 meses inmediatamente anteriores al mes previo al del hecho causante.

Desde 1 de enero de 2036, la base reguladora de la pensión de jubilación será el resultado de dividir entre 375,67 la suma de las 322 bases de cotización de mayor importe comprendidas dentro del período de los 344 meses inmediatamente anteriores al mes previo al del hecho causante.

Desde de 1 de enero de 2037, la base reguladora de la pensión de jubilación se calculará aplicando, en su integridad, lo establecido en el artículo 209.1.

Disposición transitoria cuadragésima segunda. *Aplicación de la cotización adicional de solidaridad.* [610] La cuota adicional de solidaridad a la que se refiere el artículo 19 bis será el resultado de aplicar a cada tramo de retribución que supere la base máxima de cotización los siguientes porcentajes expresados en tanto por ciento, durante cada año desde el año 2025 hasta el año 2045 [611] :

Año	Retribuciones desde base máxima hasta 10 % adicional de la base máxima	Retribuciones desde el 10 % adicional de la base máxima hasta 50 % adicional de la base máxima	Retribuciones superiores al 50 % adicional de la base máxima
	Tipo cotización %	Tipo cotización %	Tipo cotización %
2025	0,92	1	1,17
2026	1,15	1,25	1,46
2027	1,38	1,5	1,75
2028	1,60	1,75	2,04
2029	1,83	2	2,33
2030	2,06	2,25	2,63
2031	2,29	2,5	2,92
2032	2,52	2,75	3,21
2033	2,75	3	3,50
2034	2,98	3,25	3,79
2035	3,21	3,5	4,08
2036	3,44	3,75	4,38
2037	3,67	4	4,67
2038	3,90	4,25	4,96
2039	4,13	4,5	5,25
2040	4,35	4,75	5,54
2041	4,58	5	5,83
2042	4,81	5,25	6,13
2043	5,04	5,5	6,42
2044	5,27	5,75	6,71

[610] Añadida por art. único apartado 42 de Real Decreto-Ley 2/2023 de 16 de marzo de 2023, con vigencia desde 01/04/2023

[611] Véase el art. 17 O PJC/178/2025 de 25 febrero, que determina desde el 1 de enero de 2025 la aplicación de la cotización adicional de solidaridad

Año	Retribuciones desde base máxima hasta 10 % adicional de la base máxima	Retribuciones desde el 10 % adicional de la base máxima hasta 50 % adicional de la base máxima	Retribuciones superiores al 50 % adicional de la base máxima
	Tipo cotización %	Tipo cotización %	Tipo cotización %
2045	5,50	6,00	7,00

La distribución de los tipos de cotización por solidaridad entre empresario y trabajador mantendrá la misma proporción que la distribución del tipo general de cotización a la seguridad social por contingencias comunes.

Disposición transitoria cuadragésima tercera. *Aplicación del Mecanismo de Equidad Intergeneracional.* [612] La cotización finalista del Mecanismo de Equidad Intergeneracional prevista en el artículo 127 bis tendrá efectos desde el 1 de enero de 2023 hasta el 31 de diciembre de 2050, con arreglo a la siguiente escala:

En el año 2023, será de 0,60 puntos porcentuales, de los que el 0,50 corresponderá a la empresa y el 0,10 al trabajador.

En el año 2024, será de 0,70 puntos porcentuales, de los que el 0,58 corresponderá a la empresa y el 0,12 al trabajador.

En el año 2025, será de 0,80 puntos porcentuales, de los que el 0,67 corresponderá a la empresa y el 0,13 al trabajador.

En el año 2026, será de 0,90 puntos porcentuales, de los que el 0,75 corresponderá a la empresa y el 0,15 al trabajador.

En el año 2027, será de 1 punto porcentual, del que el 0,83 corresponderá a la empresa y el 0,17 al trabajador.

En el año 2028, será de 1,10 puntos porcentuales, de los que el 0,92 corresponderá a la empresa y el 0,18 al trabajador.

En el año 2029, será de 1,2 puntos porcentuales, de los que el 1,00 corresponderá a la empresa y el 0,2 al trabajador.

Desde el año 2030 hasta 2050 se mantendrá el mismo porcentaje del 1,2, con igual distribución entre empresario y trabajador.

---

[612] Añadida por art. único apartado 43 de Real Decreto-Ley 2/2023 de 16 de marzo de 2023, con vigencia desde 01/04/2023

Disposición transitoria cuadragésima cuarta. *Aplicación del artículo 60 a hechos causantes anteriores.* [613] Lo dispuesto en el artículo 60 1.b).3.ª, en cuanto determina que para el cálculo de períodos cotizados y de bases de cotización no se tengan en cuenta los beneficios en la cotización establecidos en el artículo 237, será de aplicación para el reconocimiento del complemento de pensiones contributivas para la reducción de la brecha de género causadas desde el 4 de febrero de 2021.

Disposición transitoria cuadragésima cuarta. *Régimen transitorio de compatibilidad de las prestaciones por desempleo.* [614] El régimen de compatibilidad como complemento de apoyo al empleo de los subsidios para emigrantes retornados y para víctimas de violencia de género o sexual, regulados en las disposiciones adicionales quincuagésima séptima y quincuagésima octava, con el trabajo por cuenta ajena será de aplicación a partir de 1 de junio de 2025.

En el periodo desde el 1 de noviembre de 2024 hasta el 31 de mayo de 2025 ambos subsidios serán incompatibles con el trabajo por cuenta ajena, excepto cuando este se realice a tiempo parcial y se haya reconocido la compatibilidad por cumplir su beneficiario todos los requisitos exigidos para ello, en cuyo caso se deducirá de su importe la parte proporcional al tiempo trabajado. Esta deducción se efectuará además de cuando se acceda al subsidio manteniendo un contrato a tiempo parcial, cuando se esté percibiendo el subsidio y se obtenga un trabajo a tiempo parcial. En este último caso, si la compatibilidad se solicita dentro de los quince días hábiles siguientes a la fecha de inicio de la relación laboral, se aplicará desde dicha fecha, y si se solicita una vez transcurrido dicho plazo, se aplicará desde la fecha de la solicitud.

DISPOSICIONES FINALES

Disposición final primera. *Título competencial.* La regulación contenida en esta ley será de aplicación general al amparo de lo pre-

---

[613] Añadida por art. único apartado 44 de Real Decreto-Ley 2/2023 de 16 de marzo de 2023, con vigencia desde 18/03/2023

[614] Añadida por art. 2 apartado 24 de Real Decreto-Ley 2/2024 de 21 de mayo de 2024, con vigencia desde 01/11/2024

visto en el artículo 149.1.17ª de la Constitución, salvo los aspectos relativos al modo de ejercicio de las competencias y a la organización de los servicios en las comunidades autónomas que, de acuerdo con lo establecido en sus estatutos de autonomía, hayan asumido competencias en la materia regulada.

Disposición final segunda. *Competencias de otros departamentos ministeriales.* Las competencias que en esta ley se atribuyen al Ministerio de Empleo y Seguridad Social se entenderán sin perjuicio de las que, en relación con las distintas materias en ella reguladas, puedan corresponder a otros departamentos ministeriales.

Disposición final tercera. *Acomodación de las normas sobre pensión de jubilación por disminución de la edad.* El Gobierno, a propuesta del Ministerio de Empleo y Seguridad Social, acomodará la legislación vigente sobre pensión de jubilación en el sistema de Seguridad Social a efectos de la aplicación de lo previsto en el artículo 215 de la presente ley y en aquellos otros supuestos en los que la edad establecida con carácter general para tener derecho a dicha pensión haya de ser rebajada en desarrollo de medidas de fomento de empleo, siempre que las mismas conduzcan a la sustitución de unos trabajadores jubilados por otros en situación de desempleados.

Disposición final cuarta. *Trabajadores que permanezcan en activo.* El Gobierno podrá otorgar desgravaciones, o deducciones de cotizaciones sociales, en aquellos supuestos en que el trabajador opte por permanecer en activo, una vez alcanzada la edad prevista en el artículo 205.1, con suspensión proporcional al percibo de la pensión.

La regulación de los mismos se hará previa consulta a las organizaciones sindicales y asociaciones empresariales más representativas.

Disposición final quinta. *Disposiciones relativas a trabajadores por cuenta ajena agrarios.* 1. Reglamentariamente se regulará la posible inclusión de determinados trabajos agrarios actualmente encuadrados en el Régimen General de la Seguridad Social, en el Sistema Especial para Trabajadores por Cuenta Ajena Agrarios, observando los requisitos establecidos en la presente ley y con garantía de los derechos de Seguridad Social reconocidos a los trabajadores de estos colectivos, previa consulta a la Comisión de seguimiento prevista en la disposición adicional decimoquinta.

2. La cotización de los trabajadores agrarios con contrato de trabajo a tiempo parcial se llevará a cabo de forma proporcional a la parte de jornada realizada efectivamente, en los términos y condiciones que se determinen reglamentariamente, y sin perjuicio de la aplicación de las bases mínimas de cotización que la ley establezca en cada momento.

3. A efectos de la posible actualización del tipo de cotización por formación profesional a que se refiere el artículo 255.2.e), número 3.º, se tendrán en cuenta, en su caso, las propuestas que formule la correspondiente mesa de diálogo social.

Disposición final sexta. *Trabajadores autónomos dedicados a la venta ambulante o a domicilio.* [615] *(Derogada)*

Disposición final sexta bis. *Ampliación del régimen de compatibilidad entre la pensión de jubilación y el trabajo por cuenta ajena.* [616] Con posterioridad, y dentro del ámbito del diálogo social, y de los acuerdos en el seno del Pacto de Toledo, se procederá a aplicar al resto de la actividad por cuenta propia y al trabajo por cuenta ajena el mismo régimen de compatibilidad establecido entre la pensión de jubilación contributiva y la realización de trabajos regulado en el párrafo segundo del apartado 2 del artículo 214 de la presente Ley.

Disposición final séptima. *Competencias sobre la incapacidad temporal.* La Secretaría de Estado de la Seguridad Social, a propuesta del Instituto Nacional de la Seguridad Social, y mediante resolución publicada en el «Boletín Oficial del Estado», determinará la fecha a partir de la cual se asumirán las funciones atribuidas en el artículo 170.1.

Disposición final octava. *Desarrollo reglamentario.* Se faculta al Ministerio de Empleo y Seguridad Social para dictar las normas de

---

[615] Derogada por disposición derogatoria única letra c de Real Decreto-Ley 13/2022 de 26 de julio de 2022, con vigencia desde 01/01/2023

[616] Añadida por disposición final 5 apartado 2 de Ley 6/2017 de 24 de octubre de 2017, con vigencia desde 26/10/2017

aplicación y desarrollo de la presente ley y proponer al Gobierno para su aprobación los reglamentos generales de la misma.

El Gobierno aprobará, asimismo, cuantas otras disposiciones resulten necesarias para la aplicación y desarrollo de lo previsto en esta ley. En particular, se habilita al Gobierno a regular dentro de la acción protectora por desempleo y con el régimen financiero y de gestión establecido en el capítulo VI del título III de esta ley el establecimiento de una ayuda específica denominada Renta Activa de Inserción, dirigida a los desempleados con especiales necesidades económicas y dificultad para encontrar empleo que adquieran el compromiso de realizar actuaciones favorecedoras de su inserción laboral. [617]

Real Decreto-ley 2/2023, de 16 de marzo, de medidas urgentes para la ampliación de derechos de los pensionistas, la reducción de la brecha de género y el establecimiento de un nuevo marco de sostenibilidad del sistema público de pensiones

Único. *Modificación del texto refundido de la Ley General de la Seguridad Social, aprobado por el Real Decreto Legislativo 8/2015, de 30 de octubre.* El texto refundido de la Ley General de la Seguridad Social, aprobado por el Real Decreto Legislativo 8/2015, de 30 de octubre, queda modificado como sigue:

(...) Veintitrés. Se modifica el artículo 209.1, que queda redactado en los términos siguientes:

«1. La base reguladora de la pensión de jubilación será el cociente que resulte de dividir entre 378, la suma de las bases de cotización del interesado durante 324 meses anteriores al del mes previo al del hecho causante obtenidos de la siguiente forma:

a) Se seleccionarán los 348 meses consecutivos e inmediatamente anteriores al del mes previo al del hecho causante.

---

[617] Véase RD 1369/2006, de 24 noviembre, por el que se regula el programa de renta activa de inserción para desempleados con especiales necesidades económicas y dificultad para encontrar empleo, y téngase en cuenta que la cuantía de la renta activa de inserción será, según el art. 3.2 c) RD Ley 3/2004, de 25 junio, para la racionalización de la regulación del SMI y para el incremento de su cuantía, igual al 80% del IPREM vigente

b)   Si en el período que haya de tomarse para el cálculo de la base reguladora, según lo dispuesto en el apartado a), aparecieran meses durante los cuales no hubiese existido obligación de cotizar, las primeras cuarenta y ocho mensualidades se integrarán con la base mínima de cotización del Régimen General que corresponda al mes respectivo y el resto de las mensualidades con el 50 por ciento de dicha base mínima.

En los supuestos en que en alguno de los meses a tener en cuenta para la determinación de la base reguladora la obligación de cotizar hubiera existido solo durante una parte del mismo, procederá la integración señalada en el párrafo anterior por la parte del mes en que no exista obligación de cotizar, siempre que la base de cotización correspondiente al primer período no alcance la cuantía de la base mínima mensual establecida para el Régimen General. En tal supuesto, la integración alcanzará hasta esta última cuantía.

c)   Las bases correspondientes a los veinticuatro meses inmediatamente anteriores al mes previo al del hecho causante se computarán en su valor nominal.

d)   Las restantes bases se actualizarán de acuerdo con la evolución que haya experimentado el Índice de Precios de Consumo desde el mes a que aquellas correspondan, hasta el mes inmediato anterior a aquel en que se inicie el período a que se refiere la regla anterior.

e)   De las 348 bases calculadas conforme a las letras anteriores se elegirán de oficio las 324 bases de cotización de mayor importe.

La siguiente fórmula es la expresión matemática de las reglas precedentes:

$$BR = \frac{\sum_{i=1}^{24} B_i + \sum_{i=25}^{348} \frac{B_i I_{25}}{I_i}}{378}$$

Siendo:
BR = Base reguladora.

B$_i$=Base de cotización del mes i-ésimo anterior al mes previo al del hecho causante (tomará valores entre 25 y 348).

I$_{25}$ = Índice general de precios al consumo del mes 25 anterior al mes previo al del hecho causante.

Las 24 bases de cotización B$_i$ descartadas tomarán valor 0 en la fórmula.

Siendo i = 1, 2,…348.»

(…) Veintisiete.   Se modifica elartículo 248, que queda redactado en los siguientes términos:

«Artículo 248.   *Cuantía de las prestaciones económicas.*

1.   En la determinación de la base reguladora de las prestaciones económicas se tendrán en cuenta las siguientes reglas:

a)   La base reguladora de las prestaciones de jubilación e incapacidad permanente se calculará conforme a la regla general.

b)   La base reguladora diaria de la prestación por nacimiento y cuidado de menor será el resultado de dividir entre trescientos sesenta y cinco la suma de las bases de cotización acreditadas en la empresa en los doce meses naturales inmediatamente anteriores al mes previo al del hecho causante.

Si las bases de cotización acreditadas en la empresa con anterioridad al mes previo al del hecho causante se refieren a un período inferior a doce meses, la base reguladora diaria será el resultado de dividir la suma de las bases cotizadas acreditadas entre el número de días naturales a que esas cotizaciones correspondan.

En los supuestos en que la persona haya ingresado en la empresa en el mes anterior al del hecho causante o en el mismo mes de éste, para el cálculo de la base reguladora se tendrán en cuenta las reglas establecidas, respectivamente, en los párrafos primero y segundo del artículo 179.2.

No obstante, la prestación por nacimiento y cuidado de menor podrá reconocerse mediante resolución provisional conforme a lo previsto en el artículo 179.3.

c)   La base reguladora diaria de la prestación por incapacidad temporal será el resultado de dividir la suma de las bases de cotización a tiempo parcial acreditadas desde la última alta, con un máximo de tres meses inmediatamente anteriores al del hecho causante, entre el número de días naturales comprendidos en el período.

Para las personas con contrato fijo-discontinuo la base reguladora diaria de la prestación por incapacidad temporal será el resultado de dividir la suma de las bases de cotización acreditadas desde su alta en el correspondiente régimen a consecuencia del inicio de la prestación de servicios motivado por el último llamamiento, con un máximo de tres meses inmediatamente anteriores al del hecho causante, entre el número de días naturales comprendidos en el período.

La prestación económica se abonará durante todos los días naturales en que la persona beneficiaria se encuentre en la situación de incapacidad temporal.

2.   A efectos de calcular las pensiones de jubilación y de incapacidad permanente derivada de enfermedad común, la integración de los períodos durante los que no haya habido obligación de cotizar se llevará a cabo en los términos establecidos en los artículos 209.1 y 197.4, respectivamente.»

Veintiocho.   Se modifica el artículo 322 que queda redactado en los siguientes términos:

«Artículo 322.   *Cuantía de la pensión de jubilación.*

La cuantía de la pensión de jubilación en este régimen especial se determinará aplicando a la base reguladora el porcentaje procedente de acuerdo con la escala establecida para el Régimen General, en función exclusivamente de los años de cotización efectiva del beneficiario.

En los supuestos en que en el período que haya de tomarse para el cálculo de la base reguladora aparecieran, con posterioridad a la extinción de la prestación económica por cese de actividad, períodos durante los cuales no hubiese existido obligación de cotizar, se integrarán las lagunas de cotización de los siguientes seis meses de cada uno de dichos períodos con la base mínima de la tabla general de este régimen especial.»

(...) Cuarenta y uno.   Se introduce una nueva disposición transitoria cuadragésima primera en los siguientes términos:

«Disposición   transitoria   cuadragésima   primera.   *Integración de períodos sin obligación de cotizar para el cálculo de las pensiones de jubilación en tanto la brecha de género de las pensiones de jubilación sea superior al 5 por ciento.*

En tanto la brecha de género sea superior al 5 por ciento en los términos de la disposición adicional trigésima séptima, para el cálculo de la pensión de jubilación de las mujeres trabajadoras por cuenta ajena a las que sea de aplicación la integración de períodos sin obligación de cotizar según lo dispuesto en el artículo 209.1, los meses en los que no haya existido obligación de cotizar, desde la cuadragésima novena mensualidad hasta la sexagésima, se integrarán con el 100 por ciento de la base mínima de cotización del Régimen General que corresponda al mes respectivo. Este porcentaje será del 80 por ciento de la misma base desde la mensualidad sexagésima primera a la octagésima cuarta.

Para el cálculo de la pensión de jubilación de los hombres a los que sea de aplicación el artículo 209.1.b), se aplicará lo dispuesto en el párrafo anterior respecto a las mismas mensualidades y con igual importe, siempre que en relación con alguno de los hijos acrediten los requisitos establecidos en las reglas 1.ª o 2.ª del artículo 60.1.b), si bien no se exigirá que la pensión del hombre sea superior a la del otro progenitor ni que este deba tener derecho al complemento para la reducción de la brecha de género.

La integración a que se refiere esta disposición transitoria se aplicará sin perjuicio de lo previsto en el citado artículo 209.1.b).» (...)

Disposición final décima. *Entrada en vigor.* Este real decreto-ley entrará en vigor el día primero del mes siguiente al de su publicación en el «Boletín Oficial del Estado», excepto los siguientes preceptos:

(...) Entrarán en vigor el 1 de enero de 2026 los artículos 209.1, 248.2, 322 y la disposición transitoria cuadragésima primera del texto refundido de la Ley General de la Seguridad Social, redactados respectivamente por los apartados veintitrés, veintisiete, veintiocho y cuarenta y uno del artículo único de este real decreto-ley.

ÍNDICE ANALÍTICO

Resuelve rápidamente tus dudas

CÓDIGOS BÁSICOS

Los Códigos Básicos de Lefebvre recopilan **las claves fundamentales** sobre las diferentes leyes vigentes en el sistema jurídico español. Esenciales para todos los profesionales del derecho, otorgan acceso a información legislativa fundamental, actualizada y verificada por expertos, agilizando tus procesos de consulta legal.

TITULOS DE LA COLECCIÓN

- · Código Administrativo
- · Código Civil
- · Código Extranjería
- · Código Penal
- · Código Penal y Legislación Complementaria
- · Constitución Española y Ley Orgánica del Tribunal Constitucional
- · Estatuto de los Trabajadores
- · Ley Concursal
- · Ley de Enjuiciamiento Civil
- · Ley de Enjuiciamiento Criminal
- · Ley de la Jurisdicción Voluntaria
- · Ley de Propiedad Horizontal y Ley de Arrendamientos Urbanos
- · Ley de Sociedades de Capital
- · Ley General de la Seguridad Social
- · Ley Orgánica del Poder Judicial
- · Ley Reguladora de la Jurisdicción Social
- · Ley y Reglamento Hipotecario

 Lefebvre